U0514740

"十四五"时期国家重点出版物出版专项规划项目

 转型时代的中国财经战略论丛 ◢

国家自然科学基金面上项目（71872002，72274001）
安徽省哲学社会科学规划项目（AHSKY2018D15）
安徽省高校人文社会科学研究重大项目（SK2020ZD16）

灾后应急管理
及资源配置优化研究

Study on the Post-disaster Emergency Management and
Resource Allocation Optimization

王付宇　等著

中国财经出版传媒集团

 经济科学出版社
Economic Science Press

图书在版编目（CIP）数据

灾后应急管理及资源配置优化研究/王付宇等著
. --北京：经济科学出版社，2022.11
（转型时代的中国财经战略论丛）
ISBN 978 - 7 - 5218 - 4237 - 1

Ⅰ. ①灾…　Ⅱ. ①王…　Ⅲ. ①灾区 - 危机管理 - 研究
- 中国　Ⅳ. ①D632. 5

中国版本图书馆 CIP 数据核字（2022）第 208759 号

责任编辑：王红英　汪武静
责任校对：隗立娜
责任印制：王世伟

灾后应急管理及资源配置优化研究

王付宇　等著

经济科学出版社出版、发行　新华书店经销
社址：北京市海淀区阜成路甲 28 号　邮编：100142
总编部电话：010 - 88191217　发行部电话：010 - 88191522
网址：www. esp. com. cn
电子邮箱：esp@ esp. com. cn
天猫网店：经济科学出版社旗舰店
网址：http://jjkxcbs. tmall. com
北京季蜂印刷有限公司印装
710 × 1000　16 开　41 印张　680000 字
2022 年 11 月第 1 版　2022 年 11 月第 1 次印刷
ISBN 978 - 7 - 5218 - 4237 - 1　定价：168. 00 元
（图书出现印装问题，本社负责调换。电话：010 - 88191510）
（版权所有　侵权必究　打击盗版　举报热线：010 - 88191661
QQ：2242791300　营销中心电话：010 - 88191537
电子邮箱：dbts@ esp. com. cn）

支撑项目：

国家自然科学基金面上项目"基于行为运筹的灾后伤员救援车辆及手术调度优化研究"（项目批号：71872002）研究成果；

国家自然科学基金面上项目"重大公共卫生事件下应急资源精准供给与最优化配置方法研究"（项目批号：72274001）研究成果；

安徽省哲学社会科学规划项目"基于双层规划理论的安徽省灾后应急物资调度"（项目批号：AHSKY2018D15）研究成果；

安徽省高校人文社会科学研究重大项目"疫情事件下应急医疗资源需求预测及精准配置方法研究"（项目批号：SK2020ZD16）研究成果。

课题组主要成员

课题负责人：王付宇

著　作　者：王付宇　江雨燕　李　艳　甘如美江
　　　　　　王小牛　陈　彬等

其他成员：葛雪飞　贺　昕　王欣蕊　施　琦

总　序

　　《转型时代的中国财经战略论丛》是山东财经大学与经济科学出版社合作推出的"十三五"系列学术著作，现继续合作推出"十四五"系列学术专著，是"'十四五'国家重点出版物出版规划项目"。

　　山东财经大学自 2016 年开始资助该系列学术专著的出版，至今已有 5 年的时间。"十三五"期间共资助出版了 99 部学术著作。这些专著的选题绝大部分是经济学、管理学范畴内的，推动了我校应用经济学和理论经济学等经济学学科门类和工商管理、管理科学与工程、公共管理等管理学学科门类的发展，提升了我校经管学科的竞争力。同时，也有法学、艺术学、文学、教育学、理学等的选题，推动了我校科学研究事业进一步繁荣发展。

　　山东财经大学是财政部、教育部、山东省共建高校，2011 年由原山东经济学院和原山东财政学院合并筹建，2012 年正式揭牌成立。学校现有专任教师 1688 人，其中教授 260 人、副教授 638 人。专任教师中具有博士学位的 962 人。入选青年长江学者 1 人、国家"万人计划"等国家级人才 11 人、全国五一劳动奖章获得者 1 人、"泰山学者"工程等省级人才 28 人，入选教育部教学指导委员会委员 8 人、全国优秀教师 16 人、省级教学名师 20 人。学校围绕建设全国一流财经特色名校的战略目标，以稳规模、优结构、提质量、强特色为主线，不断深化改革创新，整体学科实力跻身全国财经高校前列，经管学科竞争力居省属高校领先地位。学校拥有一级学科博士点 4 个，一级学科硕士点 11 个，硕士专业学位类别 20 个，博士后科研流动站 1 个。在全国第四轮学科评估中，应用经济学、工商管理获 B＋，管理科学与工程、公共管理获 B－，B＋以上学科数位居省属高校前三甲，学科实力进入全国财经高校前十。工程学进入 ESI 学科排名前 1%。"十三五"期间，我校聚焦内涵式发展，全面实施了科研强校战略，取得了一定成绩。获批国家级课题项目 172 项，教育部及其他省部级课题项目 361 项，承担各级各类横向课题 282 项；教师共发表高水平学术论文 2800 余篇，出版著作 242 部。同时，新增了山东省重点实验室、省重点新型智库和研究基地等科研平台。学校的发展为教师从事科学研究提供了广阔的平台，创造了更加良好的学术生态。

"十四五"时期是我国由全面建成小康社会向基本实现社会主义现代化迈进的关键时期，也是我校进入合校以来第二个十年的跃升发展期。2022 年也将迎来建校 70 周年暨合并建校 10 周年。作为"十四五"国家重点出版物出版规划项目，《转型时代的中国财经战略论丛》将继续坚持以马克思列宁主义、毛泽东思想、邓小平理论、"三个代表"重要思想、科学发展观、习近平新时代中国特色社会主义思想为指导，结合《中共中央关于制定国民经济和社会发展第十四个五年规划和二〇三五年远景目标的建议》以及党的十九届六中全会精神，将国家"十四五"期间重大财经战略作为重点选题，积极开展基础研究和应用研究。

与"十三五"时期相比，"十四五"时期的《转型时代的中国财经战略论丛》将进一步体现鲜明的时代特征、问题导向和创新意识，着力推出反映我校学术前沿水平、体现相关领域高水准的创新性成果，更好地服务我校一流学科和高水平大学建设，展现我校财经特色名校工程建设成效。通过对广大教师进一步的出版资助，鼓励我校广大教师潜心治学，扎实研究，在基础研究上密切跟踪国内外学术发展和学科建设的前沿与动态，着力推进学科体系、学术体系和话语体系建设与创新；在应用研究上立足党和国家事业发展需要，聚焦经济社会发展中的全局性、战略性和前瞻性的重大理论与实践问题，力求提出一些具有现实性、针对性和较强参考价值的思路和对策。

山东财经大学校长

2021 年 11 月 30 日

序

进入 21 世纪，我国各种突发事件频发，包括非典、禽流感、新冠疫情为代表的突发公共卫生事件，以冰雹、泥石流、台风为代表的自然灾害事件，以新疆"5·22"暴恐事件为代表的社会安全事件，以"7·23"动车脱轨意外事件为代表的灾难事件，严重影响着我国经济社会发展与区域安全稳定。突发事件下应急管理作为一种特殊的公共管理形式，既关系到公众生命与财产安全，也关系到社会稳定与国家经济发展，对保障经济发展与社会稳定至关重要，愈发受到社会各界的重视，而"如何提升我国应急管理水平"已成为各级政府、学者等专业人士研究的重点课题。

近年来专家、学者从多种视角对应急管理展开研究，安徽工业大学管理科学与工程学院王付宇教授承担了国家自然科学基金面上项目"基于行为运筹的灾后伤员救援车辆及手术调度优化研究"课题，并主持多项省部级应急管理相关课题的研究工作。基于以上课题，课题组系统化地研究了应急管理调度问题中的理论、方法、模型，具体包括应急设施选址、应急资源供给与配置、应急车辆调度优化等方面的内容。

在应急设施选址方面，目前有关应急设施选址模型与智能优化算法层出不穷，该书首先对当前学者在应急设施选址方面的研究进行了分析与总结，厘清复杂条件下应急管理中设施选址的框架体系，而后从具体情景下的优化实例出发，构建了双层规划应急救援中心选址模型，考虑多种应急环境限制因素，并采用改进惯性权重萤火虫群智能优化算法对算例进行求解，为确定高效合理的应急设施位置提供决策参考。该书关于应急设施选址问题的研究既丰富了灾后不确定情景下应急设施选址优化理论，助力应急管理决策、提升应急管理效能。同时也完善了我国应急救援系统框架，为合理确定城市应急救援中心位置、建设城市应急设施体系提供参考。

在应急资源供给与配置方面，突发灾害事件发生的瞬间将潜在、虚拟的物资需求具象化。灾后初期，应急物资供不应求，如何对各个受灾区进行合理的救援物资分配，对灾区群众安抚、伤员救治、减少因灾损失具有重大意义。该书在突发灾害事件背景下，模拟现实中多种约束条件构建应急物资配置模型，并基于应急管理、智能优化等理论，对突发灾害下多灾点应急物资配置过程进行优化研究。例如，在进行应急物资配置决策时，考虑决策者所处决策层级不同，其决策目标亦有所不同；考虑灾民对物资分配方案的心理满意度，为提高灾后应急物资配置精确性、及时性、合理性，将改进智能优化算法用于求解复杂模型，提高应急物资配置效率；建立兼顾灾区人民满意度与物资分配效率的应急物资配置模型，以提高灾区整体救援效果。针对应急物资配置的优化研究是灾后应急救援的关键，能够为决策者提供科学决策依据，系统化提升救援满意度，对于保障灾区安全稳定的救援秩序具有重大现实意义。

在应急车辆调度与路径优化方面，及时将物资运送至受灾点，并将人民生命和财产损失降至最低是应急车辆调度的首要任务。应急救援车辆调度具有较强时效性约束，而社会交通网络日趋复杂，大量不确定因素使灾后应急车辆调度难度增大。该书首先在路径不确定情境下对路径选择寻优，其次考虑救援过程中多种时间限制因素，探究提升车辆调度效率的方法，改进常规智能优化算法，引入新的编码方式和求解思想，设计仿真或现实案例验证模型和算法有效性。应急车辆调度与路径优化是联系灾区与配送点动态供需关系的重要纽带，且突发事件下路网演变规律的分析对救援车辆时效性要求至关重要。

应急管理实践孕育着强大的理论创新活力，当前我国对应急管理研究工作十分重视，鼓励针对突发事件应急管理工作中具体问题开展自主性与原创性研究，各领域专家学者积极参与具有重大学术价值的研讨活动，并在当今国际社会中贡献中国智慧，体现出我国学者的历史责任感与使命感。

这本专著是该课题组最新研究成果的直接体现，同时也体现出我国学者对应急管理研究工作的重视以及在应急管理方向上的努力与思考。我们也要看到，重大突发事件具有动态性、复杂性、模糊性等特点，伴随着管理理念、方法、手段的发展，我们的眼界需要不断拓宽，相应的理论基础与实证研究也要不断升华。因此，希望本书可为突发事件下应急管理学术研究工作提供若干理论和方法基础，激发更多学者积极深入地开展自主性、原创性的应急管理研究，为世界重大突发事件应急管理做出更大贡献！

梁昌勇

安徽省管理学学会理事长
教育部"长江学者奖励计划"特聘教授

前　言

转型时代的中国财经战略论丛

　　重大突发事件是指突然发生的造成或者可能造成严重社会危害的需要采取应急处置措施予以应对的自然灾害事件、公共卫生事件、社会安全事件等。而应急管理调度需在重大灾害事件发生前或发生后做好预防、响应、处置、调度等工作，并采取科学的措施和方法辅助管理部门发挥管理职能，对多种资源要素进行调度优化，以保障人民生命和财产安全。2018年3月，中华人民共和国应急管理部成立，负责组织编制国家应急总体预案和规划、指导各地区各部门应对突发事件、推动应急预案体系建设等工作，体现出党和国家在政策配置和政策执行监督上高度重视应急管理工作，随着应急管理工作不断深化，涌现出"一体多元""计划适应"等诸多应急管理思想，逐步将应急管理组织目标、体制机制、结构过程推向统一。而突发事件下应急管理具有不同于常规资源的新特点，灾后资源需求情况复杂、需求量大、时效性强，对资源的精准供给和有效配置要求更高，如何在新形势、新思想下对应急管理展开合理优化调度、提升应急管理效能成为当前学者亟须研究的重要课题之一。

　　本书针对突发事件下应急管理调度的紧迫性、复杂性、动态性等特点，从突发事件下及时响应、组织决策、事态控制、管理调度等角度出发，对应急设施选址、应急资源供给与配置、应急车辆调度优化模型与算法等方面展开研究。鉴于城市应急救援中心位置对应急救援与伤员救助具有重要作用，本书引入双层规划理论建立多目标组合优化模型，设计自适应惯性权重萤火虫算法确定最优选址方案；鉴于突发洪涝灾害对应急救援造成的巨大挑战，本书研究了多个供需点应急资源调度问题，在考虑公平性和调度总成本的基础上建立了一种多目标应急资源调度模型；鉴于疫情事件产生的深远影响，疫区感染人数动态变化且人们极易产生恐慌心理，本书分别研究了常规资源最优化配置与多周期应急医疗物资的分配方法；鉴于灾后路网容量限制，受灾点需求无法在短时间内完全满足，且政府主体与灾民所追求的满意度目标不同，本书研究了多周期多主体综合满意度的应急物资调度问题。鉴于灾后车辆运输时间不确定，且伤员伤情会随机恶化，本书引入马尔科夫链刻画伤员伤情的演变规律，讨论了多种伤情下伤员的救助与物资调度问题；鉴于不确定情境下伤员运送与路径优化复杂多变，本书采用聚合优化算法划分受灾区域，建立救援车辆调度两阶段数学规划模型，并设计了带三角函数变异的离散型萤火虫优化算法进行求解；鉴于灾后道路存在通行容量限制，本书引入 BPR 路阻函数描述行程参数与道路条件的关系，研究多种约束限制下的车辆调度问题。本书研究内容由浅入深，开展了诸多情景下的应急管理和调度优化问题研究，可帮助读者构建情景—模型—优化思维框架，并全面了解当前应急管理与资源调度现状。

本书研究工作得到了国家自然科学基金面上项目"基于行为运筹的灾后伤员救援车辆及手术调度优化研究"（项目批号：71872002）、国家自然科学基金面上项目"重大公共卫生事件下应急资源精准供给与最优化配置方法研究"（项目批号：72274001）、安徽省哲学社会科学规划项目"基于双层规划理论的安徽省灾后应急物资调度"（项目批号：AHSKY2018D15）、安徽省高校人文社会科学研究重大项目"疫情事件下应急医疗资源需求预测及精准配置方法研究"（项目批号：SK2020ZD16）、安徽省高校领军骨干人才团队"大数据视角下城市经济与区域发展"的支持，在此表示衷心的感谢！当然，本书研究工作也是在应急管理和管理科学领域专家学者的工作基础上进一步展开的，在此向他们致敬。

由于作者本人水平有限，且时间紧迫、任务繁重，本书难免会出现疏漏之处，恳请广大读者和学术同行多多批评指正。

作 者

2022 年 10 月

目　录

上篇：应急设施选址研究

中篇：应急资源配置优化

下篇：应急车辆调度优化

第1章 绪 论

灾害应急管理是政府机构、社会组织等主体通过政治、经济、法律等科学方法协调和引导各部门、主体进行组织设计、指挥决策有关灾害预防与准备、预警与监测、救援与处置、善后与恢复的重要活动,以达到防灾减灾、稳定社会发展的目的。在灾害应急管理机制中,应急管理作为一种制度设计,本质上是社会治理结构在突发事件情境下的反应。

中国应急管理研究大规模兴起于非典疫情防控之后,2003 年第十届全国人民代表大会将"紧急状态"写入《中华人民共和国宪法修正案》。2005 年国务院发布《国家突发公共事件总体应急预案》,按照"立法滞后,预案先行""横向到边,纵向到底"两大原则建立起应急预案体系。2007 年出台《中华人民共和国突发事件应对法》,将各类灾害统一命名为突发事件,同时确立"分类管理""分级响应"原则,由各级政府统一负责应对,初步建立起"一案三制"为核心的应急管理体系。2008 年后,我国建立起以《中华人民共和国突发事件应对法》为中心,各单项法律法规相配套的应急法制体系、应急预案、应急管理机制。随后应急管理在社会科学、自然科学、公共行政学等学科都出现了相当数量的案例研究,并为开展案例对比研究、相关情景理论分析奠定了坚实基础。2018 年,全国人民代表大会通过了组建应急管理部的决定,标志着我国应急管理工作进入法治化、制度化、规范化的发展阶段。

长期以来,灾害应急管理多采用案例研究方法,一方面,由于灾害具有不可预见性,研究者无法像其他自然及社会科学现象进行连续性观察;另一方面,灾害后果具有非线性属性,其不仅取决于灾害的客观属性,还取决于社会系统的应急响应。在我国长期的应急管理研究与实践中,无数专家、学者前仆后继,攻坚克难,将灾害应急管理理论与方法互为依托,深入研究,既实现了从现象到理论的归纳总结分析,也实现了从理论到方法的演绎推理验证，形成了我国特有的灾害应急科学研究范式。

本书基于新时期愈发复杂的灾害应急管理现实，同时基于前人在应急管理领域的卓越贡献，对我国不同情境下的"应急管理及优化方法"进行研究，具体对疫情、洪灾、地震等情景下应急管理及资源配置优化方法展开深入研究，以实现重大突发灾害事件下的精准决策与优化调度，提升我国灾害应急管理水平。

1.1 研究背景与总体框架

1.1.1 研究背景

进入 21 世纪，自 2003 年非典疫情防控至 2020 年新冠疫情暴发，中国的应急管理研究已经走过了十余年发展历程，这十余年既是我国改革开放后经济快速发展的一个时期，也是我国政府开展社会治理与政策运行实践的一个周期，更是进行管理机制观察与分析的重要"窗口期"。突发事件下应急管理作为社会治理结构一部分，既是降低社会风险与公共危机的有力工具，也是实现社会稳定与经济发展的重要抓手。中国的应急管理研究实践是探索和完善社会主义治理结构体系、发挥中国特色社会主义制度优势的重要体现。

当前我国正处于常态化疫情防控阶段，回顾我国应急管理研究的历程，我国的应急管理经历了 21 世纪初期"以条为主型"单灾种负责制，到开始建立综合性应急管理体系（2003 年），再到"应急预案"体系构建（2005 年）、国务院应急管理办公室成立（2006 年）、突发事件应对法的颁布（2007 年），最终到中华人民共和国应急管理部的成立（2018 年），集中负责应急管理指挥协调工作，形成了统一指挥、专常兼备、反应灵敏、上下联动、平战结合的应急管理体制。而我国应急管理体系建设历程也是中国人民发挥自身智慧、抗击灾害的奋斗史，十余年来我国先后经历了非典疫情（2003 年）、大兴煤矿特大透水事故（2005 年）、"碧利斯"强风暴灾害（2006 年）、山东济南特大暴雨灾害

(2007 年）、四川汶川地震（2008 年）、青海玉树地震（2010 年）、四川雅安地震（2013 年）、新冠疫情（2020）等众多突发事件，建设中的应急管理体系为应对和处置一系列重大突发事件发挥了重要作用，同时，应急管理体系也在应急管理实践中不断得到完善。

在我国数十年应急管理体系建设中，包括风险预警、危机处置、突发事件下救援与应对等应急管理工作愈发受到学术界重视，众多学者运用涵盖管理学、社会学、运筹学、工程技术等学科知识从不同角度对突发事件下应急管理与处置工作展开研究。具体包括中外应急管理比较研究、不同种灾害下应急管理研究、应急管理不同环节的分析研究、中国特色应急管理体制建设回顾与反思、典型重大突发事件的研究分析等。相关研究涉及应急领域多个方面，其内容广泛而丰富，为我国把握应急管理规律、建设和完善应急管理体系起到了积极作用。具体针对灾害应急管理研究的文献梳理如图 1.1 所示。

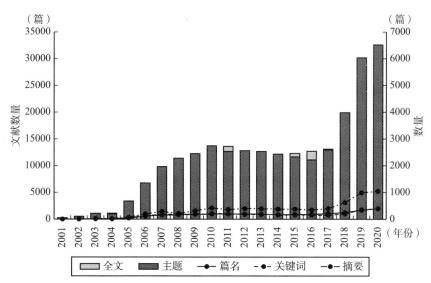

图 1.1 2001～2020 年国内 CNKI 历年收录有关应急管理文献梳理
资料来源：笔者依据中国知网（CNKI）应急管理领域文献数量梳理绘制。

然而，社会的进步与发展促进社会治理体系的改革与完善，突发事件显现出动态性、复杂性、模糊性特征，多重灾害事件下的延伸与交叉等特征对灾后应急管理提出了更高的要求，传统应急管理调度理念、模型、方法应对复杂突发事件的能力日渐甚微。2018 年中华人民共和国应急管理部的成立，标志着我国应急管理进入新的发展阶段，应急管理迈向精细化、体制化、结构化的发展进程，激发了无数学者投身于灾后应急管理与调度优化的系统化研究中。而此时灾后应急管理早已跨越了单一学科研究范畴，更多的是多学科理论的相互延伸与深度交叉。同时管理科学界迫切需要结合新理念、新模型、新方法，如探索新颖的应急管理模式、开发新型问题研究模型、引进新型智能优化算法解决复杂情境下应急管理问题等，以在本质上激发学术创新，产出更多应急管理领域内的创新性成果。本书就是从我国应急管理研究迫切需要新兴理论的现实背景出发，结合不断发展的应急管理实践，针对我国不同种灾害应急现实，以最大化救援灾区民众、满足灾后多种客观需求，对我国在应急管理与优化调度中的多种问题进行系统性研究，提出系统性的独特见解和实际可操作性的优化调度方案。

1.1.2　研究框架

当前，针对应急管理的研究受到国内外的广泛关注。中国特色应急管理的基本框架主要涵盖思想体系、方法策略体系、专业基础理论体系、政策法规标准体系、专业人才队伍教育培养体系、社会应急保险体系、高科技应用体系，其是多系统的集合，而从现有应急管理研究分析来看，我国应急管理主要围绕研究初衷、研究现状和未来发展三个维度展开，具体基本框架图见表 1.1。首先，在研究初衷方面，学术界详细阐述了应急管理的研究环境和具体研究内容，初步构建出我国应急管理体系；其次，在研究进度方面，专家学者们针对应急管理的体制机制、应急预案与资源、尺度与结构、实践探索等方向进行了深入研究；最后，学术界将应急管理研究未来发展研究放在了人工智能等新兴高科技技术上，应急管理系统和智能调度系统的发展如火如荼。应急管理研究不仅需要在理论内容上下功夫，还应注重与实际情况相结合，具体到复杂场景下的应用研究。基于此，本节尝试着对现有相关研究进行梳理和归纳，以期更为清晰、系统地展示现有研究成果，以此为应急管理研究发展提供参考。

表 1.1　　　　　　　　　　我国应急管理研究基本框架

研究维度	研究方向	研究内容	具体层次
应急管理研究初衷	应急管理体系	主体	政府组织
			社会组织
		影响因素	国家结构形式
			社会组织形式
			各项政策制度
应急管理研究进程	应急管理的体制、机制	中外应急管理体制机制	国内外应急管理体制及经验
		全灾种应急管理	突发公共卫生事件应急管理
			重大自然灾害事件应急管理
			社会安全事件、事故研究
		应急管理体制建设	中国应急管理体制、改革
		典型案例研究	国内外典型突发事件解剖
	应急预案与应急资源	应急预案	企业预案
			政府预案
		应急资源	应急机构
			应急队伍
			应急专家
			应急仓库
			应急物资
	尺度与结构	社会变迁	灾害应急管理
			公共危机治理
			社会风险治理
		治理转型	政府机构
			私人部门
			社会组织
		政府架构	纵向—政府间关系
			横向—部门协调

研究维度	研究方向	研究内容	具体层次
应急管理研究进程	尺度与结构	政策体系	立法—法律法规与政策刚性
			执法—法律效力与机制弹性
		运行机制	准备与预防
			预警与监测
			应急处置与恢复重建
	实践与探索	应急设施选址	多属性决策选址
			覆盖和中值选址
			多种情境下选址
		应急物资供给与配置	需求量预测
			需求点分级
			多运输方式
			动态物资调度
			应急干扰管理
		应急车辆调度	救援车辆调度
			震后路径选择
应急管理智能化发展	人工智能与大数据技术	应急管理系统	指挥调度系统
			处置实施系统
			应急物流系统
			信息管理系统
			决策辅助系统
		智能调度系统	灾害应急预警
			应急方案选择
			智慧化调度
			数据分析评估

资料来源：笔者总结绘制，部分参考于张海波和童星的论文《中国应急管理结构变化及理论概化》、龚维斌的论文《应急管理的中国模式》等。

在对当前框架梳理与研究中，初期我国综合应急管理体系符合国情且基本可行，然而却有两大亟待完善的地方：一是没有目标规划，难以评估应急管理效果，后来总体国家安全观的提出弥补了这个弱点，应急管理的本质就是公共安全治理，评价其效果就要看公共安全水平是否提高、人民群众安全感、信赖感是否增强；二是应急管理体系下全灾种应急管理与全过程应急管理难以兼容，中华人民共和国应急管理部的成立弥补了这个弱点，多部门统一指导，以全灾种管理适度的"退"换取全过程管理真正的"进"，我国应急管理发展重点将由信息、舆情扩展逐步到应急预案、队伍和装备转变、由灾后应急处置逐步向前后两端延伸，同时由非常态应急管理转向常态化应急管理的趋势转变，可以看到，为适应愈发复杂的应急管理形势，我国应急管理体系正逐步健全与完善，并逐步走向制度化、规范化、现代化。

1.2 研究内容与研究意义

为明晰本书研究定位，以便帮助读者更好地理解本书具体内容、研究意义，本书运用一定篇幅对当前应急管理领域研究进行简要介绍，在问题提炼与聚焦的基础上引出本书具体研究内容。

1.2.1 研究内容

（1）突发事件定义与特征

关于突发事件的概念，可从狭义和广义两个层面阐述，狭义层面上是指在某个地区范围内突然发生较大规模、给社会带来了较大负面影响的事故或灾害；广义层面上是指突然发生超出人类个体、团体准备和认知限度，且严重威胁到其安全与利益的一切事件。而根据《突发事件应对法》对突发事件的定义，突发事件是指突然发生，造成或者可能造成严重社会危害，需要采取应急处置措施予以应对的自然灾害、事故灾难、公共卫生事件和社会安全事件等。

我国是一个国土辽阔、灾害多发的国家，自然灾害的分布具有明显的地域特点，常见突发灾害事件有重大疫情、地震、海啸、雪灾、洪涝等，各种突发灾害事件给我国人民带来巨大伤痛与财产损失。

按照地域范围突发事件又可分为：大规模自然灾害和区域传染性疾

病，以及城市区域内部的人为事故和安全事件等。突发事件一般具有四个特征。

①突发性与紧迫性。突发事件往往突如其来，绝大多数自然灾害和城市突发事件所涉及的时间、地点、规模、需求等信息，在事故发生之前都难以预测。如果不能及时采取应对措施，危机就会迅速扩大和升级，会造成更大的危害和损害。另外，突发事件的诱因也很多，如天气、火灾、工厂员工的操作失误、人为故意破坏等。

②公共性与社会性。突发事件一般会对社会系统的基本价值和行为准则架构产生严重威胁，给公众的正常生活造成严重影响，其影响和涉及的主体具有社群性和大众性。尤其是公共危机事件会引起公众的高度关注，并对社会公共利益产生较大消极负面影响，甚至严重破坏正常的社会秩序、危及社会基本价值。

③危害性与破坏性。危害性与破坏性是突发事件的本质特征，即无论发生什么性质和规模的突发事件，都必然会在政治、经济和精神方面对国家社会和人民造成不同程度的损失与伤害。严重情形下将对人民生命财产、社会公共秩序、国家安全构成严重威胁，如应对不当就会造成巨大的生命财产损失或严重的社会秩序动荡。

④不确定性与随机性。突发事件的不确定性除了表现在上述突发性特征以外，还主要体现在各类突发事件的强度、持续时间以及随时间增长带来的多种变故等。进而导致事件发生地点、人员受伤数量及程度、群众对各类物资的需求状况等都存在着很大的随机性。由此也可以看出，对突发事件中不确定因素的分析处理既是做好应急救援工作的关键所在，也是做好灾后应急管理的难点所在。

本书给出四种突发公共事件的具体内容，具体分类如表1.2所示。

表1.2　　　　　　　　　　突发公共事件分类及内容

类别	具体内容
公共卫生事件	大范围食物中毒及生物疫情等
自然灾害	洪涝、地震及海啸等
事故灾难	交通、火灾、电网事故等
社会安全事件	武装袭击及重大刑事案件等

资料来源：笔者绘制。

地震、洪涝、风暴等大规模自然灾害发生后，将会造成交通网路瘫痪，致使灾区受灾群众与外界人员失去联系，灾区社会秩序处于紊乱状态，灾区民众遭受巨大伤痛，并且对于手术救助、生活必需品、医疗物资的需求种类和数量难以得到满足。面对这样的严峻环境，除了需要及时获取待救人员对物资的需求信息、掌握灾后各种变动因素，还要将这些资源安全、及时地送达，这对灾后应急管理工作无疑是一项巨大的挑战。

（2）应急管理特性与阶段

应急管理是指政府部门或者其他社会机构在突发事件的事前预防、事发应对、事中处置和善后管理过程中，通过建立必要的应对机制，采取一系列必要措施，保障公众生命安全、财产安全、促进社会和谐与健康发展的有关活动。

突发事件与常规事件不同，突发灾害事件所具有的突发性和非常规性，使得应急救援工作一开始时无法充分了解灾害现场的情况，这就对应急管理部门提出了更高的要求，必须在有限信息条件下及时采取措施，以保障灾区人民的生命安全，所以应急管理具备以下五个特征。

①及时性与准确性。突发性是突发灾害事件最大的特点，如果在灾害发生后的较短时间内没有及时进行应急救援工作，势必会加重财产损失和人员伤亡。因此，当突发灾害事件发生后，必须要在第一时间做出反应，及时做出科学的、合理的措施，采取最佳应急物资调度方案，将应急救援物资准确、快速地运送到灾区。

②动态性与多重性。通常情况下，应急管理者做出的决策是在不确定信息下进行的，时变情景使决策展现出一定的迟滞性，所做出的决策不一定完全有效。且前期已经准备好的应急预案有时并不能应对动态发展事件，此时应急管理工作者就需要根据救援工作进程调整已定策略，即应急管理的动态调整，以更好地适应应急救援工作的开展。在应急管理过程中，常常会出现多种情况同时处理的情形，同时应对多个任务，并且各种任务之间互相影响，因此必须灵活处置，综合考虑。

③牵连性与层次性。应急管理的过程有着很强的牵连性，全局的应急管理效果会受到局部应急管理工作的影响。因此，在对突发灾害事件进行处置时，要统筹兼顾，从全局的角度出发考虑问题。应急管理层次性主要体现在根据受灾点的需求的紧迫程度不同，对不同种类的应急救

援物资进行分批次运送。

④局限性与随机性。突发灾害事件的突发性和随机性，使灾害发生后及时获取灾区情况变得更加困难，严重阻碍了应对方案的及时制订，对方案的制订造成了很大的局限性，也使得应急物资和人员的调度具有很强的随机性。

⑤复杂网络性。应急管理工作是一个庞大而复杂的管理系统，涉及跨部门、跨层级、跨领域的全方位合作，管理者需要整合不同领域的资源，融合多目标、多主体、多种需求，从局部和总体上、内部联系上和动态发展上部署推进应急管理工作，且应急管理工作所涉及的横纵向部门较多，使部门之间协同与调度具有复杂网络性。因此，必须坚持系统论思想，制定总体规划，明确责任分工，实现系统化治理。

通常，我们将应急管理分为四个阶段：突发灾害事件发生前的预防阶段、突发灾害事件发生后应急工作的准备阶段、突发事件发生时应急工作的快速响应阶段和突发灾害事件发生后的应急恢复阶段。

在应急救援工作的具体实施过程中，每一个阶段的目标和任务，及其需要做的工作具有一定的重叠性，但这不影响每一个阶段工作目标和任务的独立性，且每一阶段的任务和目标都是下一阶段任务和目标的一份子。应急管理流程与任务如图 1.2 所示。

应急管理的任务、目标、管理手段及各项具体工作都是一直持续在应急救援工作从开始到结束的各个时间段内的，做好应急管理中每一个阶段的工作是建立有序高效的应急救援体系的必要条件。

（3）应急管理体系结构与功能

应急管理体系由五大部分组成，各部分之间相互独立，又相互协作，缺一不可。若缺少其中任一部分，应急管理系统就不可能及时、高效地应对突发灾害事件。

应急管理体系的组成结构如图 1.3 所示。各组成结构的功能如下：

①指挥调度系统。指挥调度系统的主要工作是制订各种应急方案，指挥调度部门之间相互配合，以应对突发灾害事件和次生灾害对社会造成的危害。

②处置实施系统。处置实施系统作为应急管理系统的执行机构，其主要工作是对指挥调度系统制订的应急方案和各项指令进行实施。

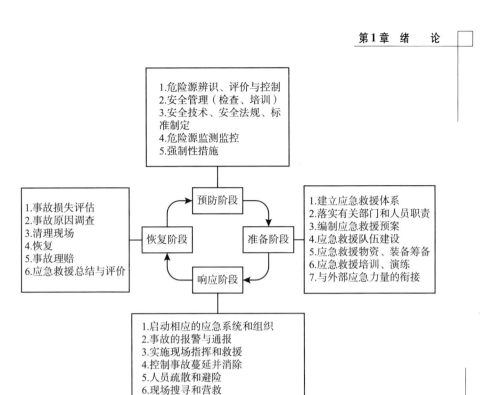

图1.2 应急管理流程与任务

资料来源：笔者绘制。

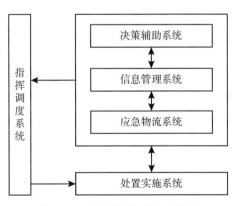

图1.3 应急管理体系组成结构

资料来源：笔者绘制。

③应急物流系统。应急物流系统作为应急管理系统的核心，主要负

责的是应急物资和车辆的管理。

④信息管理系统。信息管理系统为应急管理系统提供技术支持，其主要工作是对应急管理所需要的相关信息进行搜集和处理。

⑤决策辅助系统。决策辅助系统作为应急管理系统的辅助机构，主要职责是辅助应急管理部门，帮助应急管理部门做出科学的决策和应急方案。

其中，针对应急物流系统的管理既是灾后应急响应的重要组成部分，也是减少应急事故带来的负面影响，减少因灾损失的重要途径。应急物流管理针对有可能发生的紧急事件做出相应计划，且能在事件发生后快速付诸行动的一种物流管理活动，其目的是最大限度地提高救援效率、减少灾害等造成的损失。

（4）应急物流、应急物流管理、应急物流管理系统

2006 年国务院标准化行政主管部门公布了《中华人民共和国国家标准》，其中对应急物流的解释为：针对可能出现的突发公共事件制定好预案，且能在事件发生后快速响应、付诸行动的物流活动。而应急物流学术界定义是：应急物流是指为应对严重自然灾害、突发性公共卫生事件、公共安全事件、军事冲突等突发事件而对物资、人员、资金的需求进行紧急保障的一种特殊物流活动。应急物流作为一项区别于常规物流的物流组织活动，具有如下五个特征。

①及时有效。及时性和有效性是应急物流最重要的特性。这是因为突发事件暴发后往往会对社会造成相当大的危害，而且突发事件的影响范围很可能会随着时间发生延伸和演变、进而使灾后事态迅速扩张，造成更大的影响，所以如果不能及时响应，及时制订和实施有效的应急物流方案，势必会造成相关事态交叉、衍生，加剧突发事件的危害。

②复杂多样。突发事件下的应急物流方案会因时、因事而复杂多样，因此必须整合和调动不同学科领域的各种资源，形成快速灵活响应的应急物流网络体系。

③随机性。在应急预案的制定过程中，许多制约因素会发生变化，具有显著的随机性。这就要求在采取措施和优化资源分配时，一定要考虑所采取的行动和使用的资源分配。

④跨越与紧凑。由于突发事件危险源具有快速扩散的特点，所以在应急物流实际操作的过程中，许多中间环节被简化甚至被跨越，整个应

急物流配送网络间衔接异常紧密，整体呈现出跨越和紧凑的特点。

⑤弱经济性。在一些影响极大的重大突发事件中，常规物流的经济效益原则不再被视为应急物流活动的最终目标和前置条件。应急物流把应急物资的及时性放在首位，经济性明显减弱，在某些情况下甚至完全忽视了经济因素。

应急物流管理是针对应急物流的全流程进行总体策划，内容涵盖应急物流辅助机制、平台的早期建设、应急资本调配、应急物料统筹等应急管理的思想，具体包括突发事件的反馈、处理过程，这与应急管理具有相似性，本质要求是优化决策，尽可能减少突发事件造成的损害。应急物流管理是应急管理战略和相关措施的高度组织与规划，主要内容包括应急响应和规划、应急指挥系统建设、预防与预警、应急组织和部署、物资规划与分配运输、伤病员妥善安排及灾后的恢复重建等。

从应急物流管理的功能性角度划分，应急物流管理系统包括指挥调度、处置实施和应急物流三大部分，每个部分均在应急管理体系中发挥不同的作用，且一环扣一环，每个部分的主要功能如表1.3所示。

表1.3　　　　　　　　　　　　　应急物流管理功能

信息系统名称	系统主要功能
指挥调度系统	请示、上报、下发指令、发布情况、组织调配等
处置实施系统	负责下达调度系统指定的方案及指令，根据平时、紧急、应急三个运行状态，分别对该体系进行日常运行、维护、更新和改造
应急物流系统	通过对物资仓库（急救包）进行优化，制定物资的储备种类和数量，在进入应急状态后快速调配库存物资和应急车辆，满足事故抢修需求

资料来源：笔者绘制。

建设高效的应急物流管理系统需要做到以下几点：第一，获得应急部门领导和上级有关部门财政或技术支持；第二，能够组织多部门在各方面进行统一合作，提高行动效率；第三，作为为民众服务的应急管理系统，不仅要有物质和技术支持，还要获得社会公众的广泛支持。应急物流管理系统整合了资源、行动和组织，是一个综合管理工作系统，应急物流管理系统的高度集成化一方面能够提升系统的运行效率，另一方面反映出我国应急管理的现代化建设水平，而系统组织内各部门和组织的合作是其高效运作的基本保证，因此，应急管理系统内有必要建立起完善的应急物流管理系统运行机制。

（5）应急物流管理主要内容

在我国政府高度重视突发灾害事件的情景下，如何提升应急物资保障能力、提高灾害应急救援能力、有效应对重大灾害是我国目前应急管理研究方面的重点和难点，而实现突发灾害时间的"防与救"也是应急物流管理的工作重点。

应急物流管理主要包括应急设施选址、应急物资配送、应急车辆调度优化三部分内容，本书也将从这三个方面具体开展研究，接下来将就应急设施选址、应急物资配送、应急车辆调度优化进行简要介绍。

①应急设施选址。从功能角度来看，应急设施主要有应急避难所、消防机构、医疗机构、资源储备点等。避难所通常是用来躲避突发事件或安置受灾人员的安全场所；消防机构一般是对火灾进行预防和救援；医疗机构一般是进行医疗救助和疾病预防控制；资源储备点是应对突发事件的物质基础，包括物资的储备仓库和物资的分发场所。

应急避难设施一般是指应对各种突发公共事件的一类基础设施。从建设时效性角度来看，应急避难设施一般可以分为永久避难设施和临时避难设施两类。永久避难设施是长期存在且具有固定位置的避难设施，如消防站、避难所、医疗急救中心等；临时避难设施一般是依据实际中的特殊情况临时建立的避难设施，如在公园、广场、体育场、学校等建立的临时应急点。

应急物资储备库的分类主要是按照物资储备库等级来确定。储备库在进行分类时需要综合考虑其覆盖区域范围、功能拓展、应急物资需求等因素，应急物资储备库不仅考虑覆盖区域范围内对物资的需求，还要考虑未来可能的应急物资需求，既要综合到区域经济发展，还要满足应急物资功能升级等方面的需求，从宏观视角确定区域性应急物资储备库的等级。基于此，本书遵循适量性原则，结合储备库的覆盖范围，主要介绍三类应急物资储备库，包括省级储备库、区域级储备库、市级储备库。

省级应急物资储备库是储备区域的核心，在一个特定的区域内，其通常具有明显的区位优势。首先，省级储备库相较于其他的物资储备库，在设备功能、辐射范围等方面具有明显的优势，并且能够调控同区域内下一级应急物资储备库中的物资，实现区域内物资分配的合理性。其次，由于省级储备库所辐射的范围最广，省级储备库所拥有的物资种类最为完备，并且储备的物资数量规模也最大，能对整个区域的物资需求进行供应。

区域级应急物资储备库在建设规模与功能等方面略低于省级储备库。其所承担的主要责任是负责该区域内和周边地区应急保障任务，且储备的物资种类和数量主要是为了满足其覆盖区域内的需求。

市级应急物资储备库是三种储备库中规模最小的储备库，一般位于应急物流网络末端。由于规模的限制，市级应急储备库的功能和辐射范围十分有限，配备最基本的各种应急资源。在应急物资储备方面，其目标通常定位于为较小灾害或较小区域提供物资需求。虽然在储备物资量上并无优势，但凭借市级储备库较为灵活分布的特点，在储备库数量上相较于上两级储备库更具优势，因此，其所服务的范围更为广泛。

应急物资储备库选址方法包括综合因素评价法、最优化规划法、仿真分析方法、启发式方法等方法。第一种为综合评价法，是最常见的选址方法，通过对不同指标设定权重来综合评价得出最优解。第二种为最优化规划方法，一般是通过建立约束条件，从多个选择中挑选出一个最佳方案。其中的线性规划以及整数规划技术是当前在选址方面应用较广泛的方法。相比于其他的最优化规划法，其优点在于更为准确地找出选址的最优解。但其缺陷在于对复杂问题建模较为困难，计算时间长，且最优解往往在实际情况下不可行。第三种为仿真分析方法，在解决选址问题时，可以借助仿真方法对参数的反复修改，并且多次测试、评价不同的选址方案，另外仿真方法还能进行动态模拟，帮助找出最优选址地址，比较适合运用在一些动态变化的参数的设施选址问题。不足之处在于仿真技术只能通过对已存在的备选方案进行评价，从中找出最优方案，不能提供初始方案。第四种为启发式方法，是一种通过迭代逐步逼近最优解的方法。在借助启发式方法分析设施选址以及网点布局时，需要定义计算总费用的方法，并事先确立计算规则与改进途径，然后进行迭代找出最优方案。

应急物资储备库既是应急物资的储存地与中转地，也是运输物资抵达灾区过程中不可或缺的部分，对提高救援物资保障能力具有积极作用。各级应急物资储备库的位置选取直接影响到救灾工作能否快速响

15

应，合理的选址可以大幅提高灾害风险综合防范能力。目前我国正形成五级应急物资储备体系，逐步将应急储备体系延伸到乡镇，建成后的各级应急物资储备库将成为灾前超前预防、灾后救援活动开展、及时应对突发灾害事件的重要保障。

②应急物资配置。在突发事件发生之前，制定出应对突发灾害的应急预案，如对应急资源储备库选址进行研究等。重大突发事件发生后，政府应迅速启动应急预案，及时组织应急资源开展救援行动，控制突发事件进一步发展并减少受灾地区的经济损失。而在应急救助的过程中，应急资源的供给与配置是抢险救援的必要条件，因此有必要对应急资源分配与调度展开研究。

应急资源配置旨在实现应急物资的合理有效分配，为应急管理的有效展开提供保障，以最大限度地减少损失。一般地，应急资源包含两层含义，一是基于宏观全面资源论的层面，应对突发事件需要的所有资源包括人力、物力、财力、信息等都在整体考虑范围之内；二是基于需求和供给关系层面，对重要资源和常用资源、专业资源和通用资源进行综合考虑与区分。

应急救援物资分配问题以灾情信息是否完备，分为静态应急物资分配和动态应急物资分配。静态应急物资分配是指在灾害发生之前，相关部门根据历史数据对受灾区域的灾情进行预测，对应急物资集散中心的救援物资进行合理规划与分配。动态应急物资分配是指在灾害发生之后，根据灾情信息的不断更新，动态调整应急救援的相关资源（物资、设备等），不断地对应急救援物资分配方案进行调整，以确保受灾区域在不同阶段的需求得到满足，使应急物资调度方案在整个救援过程中被不断地调整和优化。

应急物资分配对应急管理工作具有重要作用，科学合理地分配应急救援物资可以一定程度上控制突发事件对受灾区域的影响，有效消除社会中不稳定因素，同时由于应急救援工作对救援时间有着严格的要求，即在较短的时间内将对受灾区域进行救援，这要求救援物资分配方案必须以最快的速度运输至受灾点，保证灾民的生理和心理需求，而应急物资分配过程中存在较大的不确定性，制订的分配方案不再具有强经济性，即对救援成本的重视程度远低于对救援时间的重视程度。因此，应急物资分配具有以下四个显著特征。

第一，不确定性。由于各类自然灾害或者公共卫生事件的发生无法提前准确预测，即灾害的发生具有突发性，很难准确预测其发生的时间和地点，同时无法预测受灾区域之间的交通状况，进而影响着应急救援物资的分配。

第二，时效性。应急物资分配作为应急救援工作的核心环节，在应急救援工作中对救援时间有着很高的要求，需要在受灾区域需求时间窗范围内完成救援物资的分配，否则会对应急救援工作的效率产生重大的影响，并给受灾区域内的人民群众造成不可估量的影响。

第三，弱经济性。应急救援工作有一定的社会公益性，应急物资分配的目标是最大限度地减轻受灾区域内民众人员伤亡和经济损失，其与商业物资分配相比，应急物资分配最突出的特点是弱经济性，即在应急物资分配的方案规划中，救援成本不是决策的最重要的目标，而合理地将应急物资分配到各个受灾区民众手中才是首要目标。

第四，阶段性。随着时间的演变，自然灾害或者公共卫生事件的发展往往越来越复杂，即存在多个阶段、多个周期，不同周期的灾害情况存在差异，因此应急物资的分配工作往往需要分阶段展开。同时灾区对应急救援物资的需求量、种类以及物资需求的紧迫程度会随着灾情的变化而不断变化，因此需要在制订应急救援物资调配方案的过程中，充分考虑灾情的阶段性变化导致的物资需求量和各灾区物资需求紧迫性程度等差异性，进而在调度的过程中需要根据灾情等级、不同阶段物资需求量和物资储备量以及交通状况不断调整救援方案。

重大灾害必然会造成大量物资的紧缺，如何及时合理地将物资配置方案制订出来以避免损失进一步扩大极其关键。由于突发重大事件具有不确定性、连续性、破坏性等特征，常导致在重大突发事件发生的初期，受灾区域的资源需求量巨大和应急物资、运输工具以及运力等供应有限等情况的发生，致使短时间内无法完全地满足受灾区域的需求。一个科学合理的应急物资调度方案将有助于应急救援工作的开展，对提高救援效率，维护社会秩序具有积极的作用。因此，应将以下原则作为制订方案的依据。

第一，考虑救援时间优先。突发灾害事件发生后，应急救援工作的第一要务是将应急物资尽快运送到灾区，给受灾群众提供必需的救援物资。因此，应急物资调度首先要考虑应急物资调运的及时性，将救援时间的效益最大化，在规定的时间窗内将物资运输到灾区，才能更好地保障灾区民众的生活。

第二，考虑成本最小化。应急物资运送到灾区的过程中，往往涉及建设物资中转站、车辆征用、物资筹措、道路修复等多项举措，这些措施都会产生巨大的费用，因此在尽可能满足救援时间要求的情况下，应急物资调度方案也需要考虑节约救援成本。

第三，多种因素协调化。在救援过程中，既要注重"以人为本"的原则，也要兼顾提高救援的效率。同时灾害发生时，国家注重在短时间内做出指挥稳住局势，但震后初期灾情不明朗，确认实际灾情需耗费一定时间，而受灾人民亟须获得生活物资的基本满足，二者也需相互协调权衡。

应急资源配置是预防和应对突发事件的基础和关键，是影响突发事件快速响应和应急救援行动成败的重要因素，为合理配置和充分利用应急资源，需要对应急资源进行有效管理。因此，在突发事件应急管理的各个阶段，有效地识别、搜集、调配、运送、遣返和更新可用的应急资源，第一时间向应对突发事件管理者和应急救援人员提供所需的关键物资、车辆、设备、人员等资源既是应急资源配置的首要任务，也是灾后应急管理的重点工作。

③应急车辆调度与路径规划。应急车辆调度是应急管理中的关键问题之一，具体研究在突发事件暴发时，如何利用各种交通工具将一定数量与类别的救援物资从仓储或中转站点，尽快运至指定目的地的问题。

由于突发事件的各种显著特征，应急车辆调度与普通车辆调度问题有着明显的不同，其区别主要体现在以下三个方面。

第一，在整个应急车辆调度的过程中，很多方面都会随着时间推移产生变化，如应急物资的供应量和需求量等，受灾点需要的救援物资数目和种类较多，每个供应点与需求点对各种应急物资的需求不一致，可投入救援的运输车辆数目、停靠地，应急物资的供应点和需求点都会随着突发事件的演变而动态变化。而一般物资运输车辆调度中对于运输物资的种类、供应点和需求点等要求在一定时间内都是确定的，备用运输车辆数目与地点一般也不会因事因时而变，这与应急物资车辆调度明显不同。

第二，应急车辆调度一般是由政府组织，且救援过程中车辆完成运输任务后既可以立刻返回物资供应点，进行下一次运输，也可以不返回物资供应点，直接参与受灾点的救援行动，所以应急车辆调度中，货物流及配套车辆流是需要同时考虑的问题。而一般物资调度中停车场、物资供应点相对固定，一般完成运输任务后车辆需立刻返回指定位置。

第三，应急车辆调度中经常需要转换不同的运输方式，如公路、铁路、水路、航空运输等。由于在洪涝、台风等自然灾害和其他一些突发事件暴发时，连接受灾地的交通设施都一般会遭到严重破坏，此时只能转换为航空运输方式才能把救援物资运送到受灾点。而常规物资调度中，为降低运输成本，一般小范围物资运输只选取一种运输方式进行运输，如车辆运输、或者铁路运输等。

在突发事件发生后，应急车辆调配一般是由经验丰富的决策者进行指挥决策。根据不同的紧急情况选择车辆类型并调度车辆，而灾后应急车辆调度决策中需要注意三点。

第一，应急车辆调度决策过程时效性。快速进行应急响应是应急救援的基础，只有高效地制订并发布应急救援方案，才能保证后续的救援工作能够及时展开。因而，应急条件下的车辆调度问题对决策时效性有迫切需求，管理者须在尽可能短的时间内制订车辆的调度方案。

第二，应急车辆调度方案复杂性。应急救援过程中，车辆驾驶员身心处于高度紧张状态，过于繁杂的运载方案不利于其实际执行，因而必须对每辆车行动次数及最大连续工作时长进行限制，以保证车辆调度方案的实际可执行性。

第三，应急调度方案目标多样性。灾后各种灾情信息变化迅速，反馈到应急指挥部的灾情信息具有迟滞性与模糊性，所制订车辆调度方案无法得到满足灾区需求的最优解，其旨在满足灾区物资运输、医疗救助、心理慰藉等多样化需求，进而使灾区达到满意的效果。

突发灾害事件发生后，原生、次生灾害可能对道路等基础设施造成损害，妨碍救援物资的运输。在配送中心至受灾区域的陆路交通网存在中断风险下，如果选择了合适的车辆调度方式与救援路径，不仅能提高应急救援速度，还能最大可能地避免发生因道路等基础设施损毁而阻碍应急救援工作正常进行情况，因此对应急车辆调度优化的研究，不仅在理论层面具有重要价值，在实际应用层面上的意义也更加深远。

19

（6）应急管理与优化中几个关键性问题

在以上内容介绍的基础上，我们首先要明白以下几个关键性问题。

①我国应急管理与优化调度的时代背景。2018 年 3 月，中华人民共和国应急管理部正式组建，该部门的成立加强了不同组织间的协调与沟通，促使各部门联合起来，做到对突发事件发展方向、态势预判与控制，提前预演，精准应对各类突发事件造成的破坏；习近平总书记对防灾减灾救灾工作极其重视，在 2019 年相关论述中强调要不断提高国家应对灾害的能力，坚持以防为主、防抗救相结合的原则，同时要求相关部门努力实现从注重灾后救助向注重灾前预防转变，从应对单一灾种向综合减灾转变，从减少灾害损失向减轻灾害风险转变，同时也要提高灾前预防能力，不断补充和创新我国防御自然灾害的方式和手段。[①]

为了提高应对突发灾害事件的能力，完善应急管理体系，国家对于应急管理研究方面大力支持，我国政府出台了诸多政策文件与相应法律条文，同时组织应急管理峰会、治理创新经验交流会、城市安全管理峰会等会议，组织两院院士、业内专家学者进行创新性合作，倡导提出先进应急管理理念、专业方法、精准举措。支持运用大数据、概率分析等新兴技术，强化对风险态势的前瞻性和预见性分析，同时鼓励开展对灾后救援工作的创新性研究。在社会迫切需求和国家的大力支持下，众多学者对灾后应急管理与防灾减灾工作展开深度研究。

②当前我国灾后应急管理研究现状。灾后应急管理与资源配置是一个复杂的大问题，针对应急资源配置这个问题，国内外学者进行了大量的研究，不断地总结应急救援的特点，并结合现实中的突发灾害事件，从不同角度研究和完善应急救援调度模型。国内学者对它的研究主要有应急设施选址、应急物资配置、应急车辆调度等。

为适应逐渐复杂的应用场景，学者应急选址、资源配置和车辆调度等应急管理优化调度问题不再止步于理想化的理论研究，研究内容逐渐深入，并出现了许多新的切入点。如在目标函数方面，在应急物资调度初期，众多学者往往将应急救援时间最短、救援成本最低等目标单独考虑进行求解，但应认识到应急救援问题往往需要考虑更多的因素，在应

---

① 习近平总书记于 2019 年 11 月 29 日主持中共中央政治局第十九次集体学习时，发表的主题为"充分发挥我国应急管理体系特色和优势　积极推进我国应急管理体系和能力现代化"的讲话内容。

急决策过程中决策者可能会有更多的要求；在算法求解上，算法求解效率在日益复杂的问题与模型面前捉襟见肘，部分学者在尝试控制算法参数、运用融合多种算法等方式改进和提升算法性能，但改进后算法的稳定性和适应性方面往往会出现难以调和的矛盾，给当前的应急管理与资源优化研究带来诸多困难。

③当前我国应急管理面临的困境。当前应急管理研究领域面临重重困难，重大灾害事件具有突发性、不确定性、时变性，任何人都难以在事件发生前做出万无一失的应急预案。突发事件包括公共卫生事件、自然灾害、事故灾难和各种社会安全事件等灾害事件带来的伤害往往是难以阻止的，且不同灾种对应着不同的应用场景，在救援现场，应急场景复杂多变，各种物资和需求具有多样性，当前所创建模型的适应性较低，只能使用特定模型去解决不同场景下的实际问题，当情景因素发生变化，所创建的模型必须随之改变。而在算法求解方面，尽管前人通过努力，不断进行改进和优化，但是面对复杂场景，算法的运算能力仍有待提高。除以往前人的研究视角外，以"系统化思维"考虑更多因素，建立更稳定适用的模型，改进现有算法，实现运算能力的大幅提升都是应急管理与调度方面急需解决的问题，因此在应急管理决策、方案选择、运输与调度等方面进行深入研究，对减少灾区损失、解决救援难题、维护灾区人民生命及财产安全都具有重要意义。

（7）本书内容阐述

在明晰以上问题的基础上，为帮助应急管理研究脱离当前困境，本书包括了较多的研究内容，具体阐述了近期应急管理（选址、物资配置、车辆调度）的主要模型和算法研究，现对本书研究内容进行简单介绍，第1章绪论统领全书，系统规划阐述；第2章从多属性决策、覆盖和中值选址、多种情境下的选址这三个方面综述了应急设施选址的研究现状；第3章建立应急储备库选址评价体系，引入三角模糊熵与灰色关联法解决应急物资储备库选址问题；第4章对萤火虫算法进行改进，解决了应急救援中心选址问题；第5章从应急物资等理论部分、需求量预测等研究现状和未来发展方向这三个方面对应急物资供给和配置进行了综述；第6章研究了突发洪涝灾害情景下，考虑公平性的多灾点应急资源调度问题，本章以资源调配公平性最高，管理和调度总成本最小化为主要目标，构建多目标应急资源调度模型，并使用改进的多目标遗传算法进行求解，深入研究了多目标调度问题；第 7 章研究了疫情事件情景下，多灾点应急资源最优化配置问题；第 8 章以物资供应不足、运输道路受损、考虑救援公平性等为约束，建立应急资源调度总成本最低及灾区民众总满意度最大的多目标优化模型，并用改进的天牛须算法对模型进行求解；第 9 章考虑了学习效应，建立了地震情景下地震伤员手术调度模型，并使用改进的萤火虫算法进行求解；第 10 章使用双层规划理论，解决了应急配送中心的选定问题、不同参与主体问题的决策目标、时间窗约束问题和灾后应急物资调度双层规划模型构建与求解问题；第 11 章构建灾点紧迫性分级评价指标体系，以对调度系统的扰动程度最小为整体目标，研究应急物资调度干扰管理问题；第 12 章在应对复杂应用场景方面，考虑道路通行受约束和运输能力不足的条件下，将救援物资的装卸和救援工具的准备时间嵌入模型中，建立了考虑道路约束和多式联运的应急物资调度模型，并设计了改进的 NSGA－Ⅱ算法对问题进行求解；第 13 章考虑各行为主体满意度的不同，针对各主体分别设计满意度函数以构建综合满意度目标函数，研究多主体、多周期应急物资调度问题，并使用反向学习机制的随机蛙跳算法对问题进行求解；第 14 章综合考虑车辆运输时间不确定和伤员伤情恶化情景下，以各灾区死亡概率之和最小为优化目标，研究应急物资的调度问题；第 15 章以各疫区患者恐慌心理函数最小化及响应成本最小化构建多周期的应急医疗物资分配模型，并使用鲸鱼群优化算法对问题进行求解；第 16 章从应急车辆调度等理论部分、灾后救援车辆调度等研究现状和研究方向这三个方面对应急车辆路径优化研究进行了综述；第 17 章基于 TOPSIS 方法，建立应急救援路径选择评价体系，运用模糊层次分析法确定评价指标的权重，求得最优应急救援路径；第 18 章针对城市车辆行驶速度特征进行分析，构建道路拥挤情景下的双层路径寻优模型，并设计混沌萤火虫算法对模型进行求解；第 19 章需求预测问题和灾区路网联通问题，构建了伤员救援车辆调度模型，并使用改进萤火虫算法对模型进行求解；第 20 章以路径最短模型为基础，通过路网容量限制对车辆行驶时间进行预测，构建了路径最短与时间最短双目标优化模型，并采用离散的萤火虫算法对问题进行求解。

　　本书上、中、下篇内容设置由浅入深、循序渐进，而从上述各章节介绍中，也可以看出对灾后应急管理与资源配置的研究是一个从静态调度到动态调度、从单一算法到混合算法、从单目标到多目标以及从单层理论到双层理论、从单周期到多周期研究逐步深化的过程，这既是本书的研究脉络，也是当前该领域逐步深化研究的直观现实体现。

随着学者们在应急领域引入更多新理论、新模型与新方法，应急管理定将突破现有研究瓶颈，达到更高的研究水平！

1.2.2 研究意义

纵览千年，中国经历过许多严重的人为或自然灾害，无论是工业事故、交通事故、火灾事故，还是地震、洪水、干旱，都对人民群众的生命财产安全造成了严重威胁，这些突发事件给人民造成的深切伤痛更加反映出针对灾后应急管理研究的重大意义，具体包括理论与现实意义。

（1）理论意义

当前针对应急管理与优化调度的研究具有重要理论意义。第一，有利于健全我国应急管理体制机制，完善我国应急管理体系。从意识到应急工作的重要性、到开始建设应急预案、再到应急管理部的成立，党带领人民从磨难中一路顽强走来，为保护人民利益尽心尽力，积累了丰富的应急管理与处置经验，也不断发展和完善我国应急管理体系，当前我国应急管理体系还在不断完善，因此，针对灾害应急管理与优化调度的研究至关重要。第二，有利于形成中国特色应急管理与优化调度的科学研究范式。当前学者对灾后应急管理研究关注程度逐年增加，在我国应急管理体系与理论逐渐完善的大背景下，学者们根据应急管理的研究框架，结合灾后现实，进行学科交叉研究与方法探索，既有对当前方法的归纳总结，又有对科学理论的实例验证，在不断的实践探索中提高我国应急管理水平。第三，有利于从系统化角度指挥和协调，提高应急管理效能。应急管理与优化调度是一项侧重于领导意识与决策的组织活动，各部门需要树立系统化思维、顺应应急管理发展趋势，从总体与局部上、内部联系上和动态发展上有效整合、协调、优化各种应急力量和资源，打造科学系统的应急救援管理体系。除以上三点外，针对应急管理与调度优化的研究还有其他理论意义，如有利于构建全生命周期的应急管理体系、提升应急管理效能、推动应急领域学科建设发展等。

（2）现实意义

当前对灾后应急管理与优化调度的大量研究除具备深厚理论意义外，还具有强烈的现实意义。第一，灾害应急管理与优化调度直接关系到人民群众切身利益，有利于保障人民生命财产安全。如选址、资源调度、车辆调度包含灾害防治、安全生产、应急救助等方方面面。应急避难所、救援中心选址问题直接涉及灾害发生时人民生命保护情况，应急物资调度工作直接关系到灾民能否得到有效的物资救助，针对应急运输车辆的优化直接影响到物资与伤员的运输等。第二，有助于发现和预防社会风险，降低突发事件造成的损失。安全管理就是风险管理，应急管理更是风险管理，这是应急管理工作的共识。加强风险辨识和分析，深入发掘潜在风险因素，运用定量和定性相结合的方法，系统考虑和分析各类风险因素间作用关系，对风险容忍程度做出判断，再根据风险大小、影响因素等实施控制策略，降低突发事件发生概率及影响程度等。第三，促进各级政府防范和化解各类风险挑战、维护社会稳定与区域。应急管理全过程包括预防、预警监测、应急指挥、恢复重建等工作，其既涉及人民生命财产安全，也涉及社会和谐稳定，对维护社会经济繁荣稳定、促进长治久安具有重大意义。除以上三点外，还有其他现实意义，包括促进社会应急思维理念深入、推动开展社会应急演练、加强灾害情境下各种不确定因素的预防处理等。

1.3　研究方法与技术路线

1.3.1　研究方法

本书汇编成稿既融合了课题组阶段性研究成果，也参考大量前人研究理论，课题组成员在编写过程中付出了巨大努力。首先，依据阶段性研究成果进行分类梳理、总结归纳，提炼出本书主要研究框架，确定了各章节内容分布；其次，详细梳理每篇论文的逻辑脉络，包括具体研究问题、综述、模型、求解方法等内容，期间引进前人研究理论对各章节基本框架不断进行契合完善，以丰富本书主体结构内容；经多次审核校对后，最终才将本课题组对灾后应急管理与物资配置的阶段性研究在本书中完整清晰地呈现出来。

在本书编纂与各章节内容研究过程中使用多种研究方法，主要包括文献研究法、经验总结法、对比分析法、定性分析法、定量分析法、案例仿真分析法等研究方法。如文献研究法主要对灾后应急管理的研究现状进行分析，总结国内外学者现有研究展开梳理与综述；对比分析法和经验总结法能够帮助对各领域知识进行整理、归纳，构建出各领域的知识结构体系；定性分析法、定量分析法及案例仿真分析等方法已渗透到各章节中，定性分析与定量分析得出所研究问题的主要原因和影响因素等，再通过案例仿真研究法以具体案例和数据分析更直观对具体问题展开论证与研究，使章节研究内容更具有条理，同时也更具有说服力。

在各章节具体学术问题研究中，本书引入大量科学研究方法，以新理论、新方法、新思想、新视角对当前应急管理领域面临的复杂问题进行分解研究，具体包括双层规划理论、SEIR 模型、三角模糊数、熵权法、灰色关联法、TOPSIS 方法、学习遗忘效应、马尔科夫链、教学变异思想等理论，如在本书第 4 章中，引入"双层规划"思想进行建模分析求解，具体是将研究问题分解成双层递阶结构建模分析，上下层问题各有其目标函数和约束条件，以对应急救援中心选址问题进行细化研究；第 7 章引入 SEIR 模型预测疫情下各灾区感染人数与物资需求量，建立了多目标求解模型，同时在求解中引入教学思想进行变异扰动，增加了算法后期寻优能力；又如第 14 章引入马尔科夫链描述伤员伤情演变过程，得出不同伤情概率函数，求解算法中引入混沌和变邻域扰动思想，增强了算法的收敛性能；各章节针对不同问题引入多种思想理论，并设计相应模型和求解算法，既体现出当前研究问题的复杂性，同时也体现出所研究问题的现实价值。

1.3.2　技术路线

本书技术路线即为本书总体研究框架，涉及本书逻辑结构、研究问题与主要内容。本书基于课题组阶段性研究成果，融合当前学者部分研究内容，为明晰本书逻辑结构，同时帮助读者构建应急管理思维体系，确定本书研究思路框架，如图 1.4 所示。

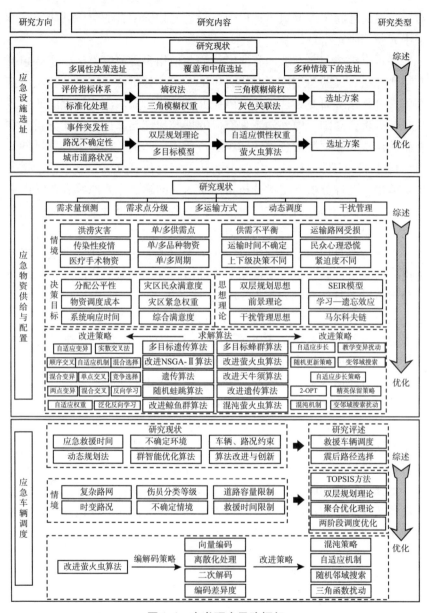

图 1.4　本书研究思路框架

资料来源：笔者依据全书整体结构绘制。

上篇：应急设施选址研究

合理的应急设施选址能够显著提高灾后应急服务的质量和效率，在医疗、救灾和人道主义物流等领域具有重要意义。包括应急物资储备库、应急救援中心、应急避难所在内的应急设施均需要合理确定，然而灾后不确定情景下应急设施选址面临众多问题，同时也需要考虑设施供给能力、服务稳定性、覆盖范围、运行成本等诸多因素。因此，如何求解出完善的选址方案以及从众多选址方案中选择优秀的方案成为应急设施选址问题的重点，这也是本篇需要解决的问题。

为此，本篇先对灾后应急设施选址现状进行综述性研究，然后依次对应急物资储备库和应急救援中心选址问题进行研究，以合理确定应急设施的位置。

在"第2章：应急设施选址研究综述"中，集中介绍了应急物资储备库、应急救援中心、医疗设施等基本理论，六种应急设施选址理论模型，同时对多属性决策选址、覆盖与中值选址等多种选址问题进行了综述。

在"第3章：基于三角模糊熵和灰色关联法的应急物资储备库选址研究"中，介绍了应急物资储备库选址评价指标及评价原理，结合熵权法与三角模糊权重构建组合权重，利用灰色关联分析模型确定了应急物资储备库的合理位置。

在"第4章：基于改进萤火虫算法的应急救援中心选址"中，考虑突发事件环境下伤员对于救护车辆和医疗物资的需求分布特征，以及城市时变路网下的交通拥堵状况，引入双层规划理论建立应急救援中心选址模型，并改进惯性萤火虫算法求解得出了合理的应急救援中心选址方案。

第 2 章　应急设施选址研究综述

2.1　研 究 背 景

近年来，我国各地发生自然灾害及人为突发性事件的频率越来越高，给人们带来的生命威胁以及财产损失也越来越大。例如，2021 年 7 月 17 日，河南省遭遇历史罕见特大暴雨，甘肃岷县发生特大冰雹山洪泥石流自然灾害，导致全省 16 市 1478.6 万人受灾，因灾死亡失踪 398 人，直接经济损失达 1200 亿元[①]。除了大规模自然灾害以外，城市内部突发性紧急事件也层出不穷，特别是由设备故障、疏忽大意、不可抗力等原因所引发的火灾、坍塌、卫生安全等事件。例如，2020 年 3 月 7 日福建省泉州市鲤城区欣焦酒店所在建筑物发生坍塌事故，致使 29 人死亡、42 人受伤[②]；2020 年 6 月 13 日晚，浙江省台州市温岭市境内高速公路温岭段出口下匝道发生一起液化石油气运输信罐车重大爆炸事故，造成 20 人死亡、175 人受伤等[③]。

大规模紧急事件，如地震、洪水、恐怖袭击等，通常毫无预兆，但其对社会经济带来的影响是巨大的，这也使针对各类应急服务的需求急剧增加。由于该类事件的突发性、不确定性、复杂性决定了其救援工作难度远远超过了常规物流配送，政府和救援机构只能依靠现有的应急救援系统做好突发事件发生后的紧急救援工作，从而减少人员伤亡和财物

---

① 于册. 河南郑州 "7·20" 特大暴雨灾害调查报告公布 [N]. 新华网, 2022 – 01 – 21.

② 福建省应急管理厅. 福建省人民政府安全生产委员会关于泉州欣佳酒店 "3·7" 坍塌事故调查处理情况的通报 [N]. 2020 – 07 – 20.

③ 中华人民共和国应急管理部报道。

损失。科学可行的城市应急救援中心选址和物资储备体系建设中，需要更多地结合地理空间信息以及突发事件相关信息来分析需求点的分布特征和突发事件的发生概率，运用最优化理论和启发式算法实现高效智慧的应急救援。若设施站点未开设在合适的位置，则会大幅增加资金投入和库存成本并影响服务质量，应急设施选址不当还会导致疾病发病率和事故死亡率升高。因此，需要确保城市发生各种突发事件时城市应急救援中心能够及时响应、智能化调度救援车辆、选择最佳救援路线、实施高效救援。面向不确定情景下城市应急救援中心的选址和应急物资储备库选址等问题一直是学术界的研究热点。

2.2　应急设施选址理论基础

2.2.1　应急设施选址理论概述

30

应急设施选址，是指以追求时间效益最大化，灾害损失及不利影响最小化为目标，通过现代信息和管理技术整合各种功能活动，对各类突发性公共事件所需的应急物资进行从起始地向目的地高效率计划、组织、实施和控制的过程，并最终选择最优设施位置。由于灾害应急处理和反应机制没有完善便捷的应急设施来支撑，从而导致被动局面的现实例证有许多。例如"5·12"汶川特大地震期间，应急反应机制明显不足，造成一旦地震开始时，许多民众不能迅速有序撤离，而且在应急物资供应上也表现出了被动的事态。加强应急设施选址研究更具有现实意义，要使突发事件造成的影响最小化，我们需要对应急设施的选址问题进行研究，从而建立一整套完善、适用、高效的应急设施。

本书研究的自然灾害具有难以预测性，这就要求在发生灾害后，需要及时地为受灾地区提供必需的物资。应急物资的储备与调度是国家安全治理体系的基础，因此，为了增强应对自然灾害及突发事件风险的防范能力，提升应急物资保障能力，需要合理地设置应急设施的选址。

应急物资储备库是提升应急物资保障能力的关键，是应对突发灾害事件的重要保障。因此，应急救援需要择优挑选应急物资储备库位置；与此同时，为提高灾后应急救援能力，依据选址方案合理展开灾后应急物资调度也尤为重要。灾后应急救援工作必须综合考虑物资供不应求、灾点需求量模糊、运输道路受损、运输时间延长、灾民心理损失、物资分配公平性等因素，因而合理确定储备库选址方案对应急物资配送优化也具有重要意义。

而除应急物资储备库外，应急设施还包括应急救援中心、应急医疗设施以及应急避难所等。本章对应急物资储备库选址问题、应急救援中心选址问题、应急医疗设施选址问题进行分析和研究，为确定合适的设施位置提供决策参考。

2.2.2　应急物资储备库

（1）应急物资储备库概念

2020 年，在我国与新冠疫情的斗争初期不难看出，口罩、防护服等防疫物资在关键时刻仍存在短缺、应急物资储备库数量少、布局不合理等问题。为了有效应对突发事件引起的大量物资需求，需要提前对必备应急物资进行采购，从而在灾害事件发生时，迅速将应急物资通过各种交通工具调配到受灾处，确保受灾地区的基本生活不受影响。在我国应急物资储备体系中，应急物资储备库具有储存必备应急物资及配套设施的作用，是救援活动开展必不可少的要素。

应急物资储备库是指在突发事件发生前已经建设好的永久性应急设施，属于应急救灾物资储备体系中防灾救灾下的一种救灾物资储备场所，可快速向受灾地区提供应急物资，而这种对应急物资的响应，贯穿了以防为主、防抗救相结合的应急管理全过程。同时，应急资源储备库是国家应急管理体系的后勤基础，能够满足突发性事件下各类应急物资的需要。为此，应建立政府部门、企业、社会共同合作的应急资源储备库，调度各种社会力量和资源，完善应急资源供给链，优化跨区域调度机制，并根据专业部门研究不断更新储备物资品种以满足应急资源的需要。同时，加强政企合作，充分利用企业仓储和供应网络，可以减少政府储备负担、全民参与、降低储备成本、提高应急效率。

（2）应急物资储备库选址特点

应急物资储备库选址受多种要素影响，合理的选址在保障救灾工作顺利进行的同时，也会提高经济效益。应急物资储备库选址具有两个特性。

①考虑救援的及时性。应急物资储备库是应急救援工作开展的基础，在物资运送到灾区的过程中发挥着极其重要的作用。突发事件常具有不可预测性，一旦发生，其危害程度不可估量。因此，在突发事件发生初期，能够快速地将应急物资调运到受灾点，保障受灾群众的基本生活需要是应急物资储备库最主要的特点之一。

②弱经济性。应急物资储备库主要目的是在发生突发事件时，通过提供救灾物资来协助维护社会的治安。因此，在进行选址时，更多参考的是其社会价值和战略意义。对构建储备库的产生成本、建后维护成本、设备维修成本等方面考虑较少，即更看重应急效益。

（3）应急物资储备库选址原则

应急物资储备库选址要具有一定的科学依据，因此对应急物资储备库进行选址决策时，须考虑以下五个原则。

①可达性原则。应急物资储备库的选址须尽可能覆盖受灾地区，在突发事件发生后，以最快的速度调配物资。同时，应急物资储备库周边的道路密度越大，对提高应急救援的工作效率越具有积极的作用，丰富的进出路线也可以保证储备库与外界的物资流动性，从而及时更新自身的物资容量。

②政策普惠原则。应急物资储备库选址需要结合当地实际情况来建立。选址应和国家发展战略、当地政府的发展规划等保持一致，从而构建储备库所需的各类资源就可以得到政策上的支持，利于设施、救灾物资等的采购，也有利于救灾物资储备库的长远发展。

③安全性原则。应急物资储备库作为突发事件发生后应急物资的主要提供点，首先要保证自身所处位置的安全性。一旦发生突发灾害事件，应急物资储备库应当保证自身的稳定性，不会因地震、泥石流等发生倒塌、损毁情况。同时构建的应急物资储备库不应对周围的环境造成破坏，也不能影响群众的正常生活。

④经济性原则。应急物资储备库在考虑救援及时性的前提下，也需要考虑成本方面的影响。如建设应急物资储备库时，要考虑到土地征用

所耗费的资金、建设储备库相关材料的损耗以及在运营过程中的人、材、机的消耗等。只有两方面统筹考虑，才符合国家可持续发展、追求绿色发展的理念。

⑤协调性原则。要认识到应急物资储备库是应急管理体系中不可或缺的一环，因此要与应急管理指挥系统协调统一，同时与受灾点距离、运输时间等相协调，确保物资分配的合理性和公平性。

应急物资储备库的合理选址以及考虑多种约束条件的应急物资调度研究，不仅在理论方面具有重要的研究价值，同时在实际应用上的作用也不可忽视，需要既符合目前国家应急管理的研究方向，又与国家有关部门对应急救援工作的要求相一致。因此，应急物资储备库选址及应急物资调度问题的研究具有很好的指导借鉴意义和不可或缺的实际效用。

2.2.3　应急救援中心

（1）应急救援中心概念

城市应急救援中心是在市委、市政府以及其他具有处置突发事件职能机构的领导下，有效整合相关部门力量和社会公共资源，对全市范围的突发事件和应急求助进行应急处置的职能机构和指挥平台。城市应急救援中心一般是依托于医疗急救指挥中心，主要负责全市医疗急救的指挥调度工作，建立并完善本区域内的急救网络，缩短急救服务半径，加快急救反应时间。应急救援中心需要执行卫生行政部门的统计报告制度，收集、处理和贮存与急救相关的急救信息，按规定做好急救信息与资料的记录、统计和报告工作，定期组织急救人员进行急救业务培训和考核，开展急救医学科研和地区间的学术交流活动。

应急救援具有狭义和广义两个概念。在狭义范围内是指突发事件发生后，为了降低人员伤亡和财产损失所做出的及时救援工作。而在广义范围内，它不仅包括事后的救援工作，还包括事前对事故的预警与预测、资源计划与准备，事中对事故的分析、对资源的组织调配与计划等。其中，应急救援中心的选址工作是应急救援体系的首要任务，科学合理的救援中心位置能够很大程度上缩短救援车辆的行驶路径，增强对需求点的救援效率。

从眼前计划和长远计划对应急救援中心选址问题进行考虑。针对眼前，应该以最大化的服务人口为主，结合具体实际的情况，主要考虑已存在的应急救援中心建筑情况、需求区域人口密度和选址地域安全性等进行规划设计。远期要将地方总体规划中植入防灾救灾的理念，提前考虑提供给需要的人民以坚固的设施、完备的生存系统和避险空间。本书的研究主要针对重大突发性事件，这些事件的特点是影响大，频率低，如果发生的话，需在第一时间内提供支持救援，譬如地震、台风、传染性疫情、恐怖袭击或者重大安全事故等，与平常发生的如交通事故，房屋火灾这些频率高、规模小的紧急事件不同。由于理论体系、技术的限制，目前对于多目标选址和布局的研究仅仅停留在把实现最大覆盖、最快达到、总加权距离最短等目标割裂的单独研究。而在现实中，在进行应急救援中心选址时需考虑多方面的因素，只有以这样的方式进行选址，最后选定的地点才是高效可行的。

（2）应急救援中心选址特点

应急救援中心选址的总目标为：将可能遇到的各种突发事件引起的人员伤亡和财产损失降到最低。在追求总体目标时，还需要从经济和社会的角度，同时考虑成本和绩效两个指标。经济目标相对比较容易量化，可以直接用系统运行的各项费用进行表示。而社会目标非常难以量化，而且很难达到符合各方利益一致的要求，目前社会目标主要表现在最大覆盖及应急配送中心到需求区域的最远距离最短方面。

应急救援中心选址一般应具有四个特点。

①及时性。突发事件所造成的危害会随着时间不断变化，且影响趋势也很难预测，造成的人员伤亡和财产损失极有可能迅速蔓延。如果不能够第一时间赶往现场实施救援，必定会造成更严重的损失。所以救援中心只有做出及时的抢救措施，才有可能将突发事件的危害降至最低。因此，救援中心选址应做到符合及时的条件。

②复杂性。首先城市突发事件的多样性就已经决定了救援管理工作的复杂性。其次，救援中心所涉及的相关部门众多，如消防、医院、红十字协会等，如何统筹规划各部门之间的任务也变得非常复杂。因此需要在突发事件发生前整合不同领域的各类资源，由相关应急救援中心统一妥善保管，共同组成一个能够快速反应和灵活应对的应急救援体系。

③持续性。城市突发事件的持续时间具有无规律性，导致应急救援

工作周期不可预知，据此可以就救援工作划分为单周期和多周期。相关救援人员可能会长时间处于紧张的工作状态，根据事态的严重性，有的事故处理需要连续奋战几个昼夜，甚至更久。

④社会性。城市应急救援抢救的重要对象是受害群众，实施及时、有序、有效的医疗救助方案是降低人员伤亡率的重要保障。如果突发事件发生后伤员不能够得到有效的救助，那么广大群众的生命财产很难得到安全保证，政府和救援机构在群众心目中的形象也会一落千丈。

（3）应急救援中心选址影响因素

不同的救援系统对救援中心的选址要求不同，但总体来说救援中心的选址应遵从以下原则：充分考虑服务对象的分布、经济发展中心地区或城市、各种交通方式重叠和交会地区、救援资源较优地区、土地开发资源较好地区、有利于整个救援网络的优化、有利于各类节点的合理分工和协调配合、地区管理及医疗人才资源较好地区。救援中心选址的主要影响因素主要包括五个方面。

①土地的可得性和成本。由于一般救援中心规划占地面积都较大，所以在选址时必须考虑能否在备选区域得到足够面积的土地，同时由于土地的稀缺性，所以地价的高低将直接影响救援中心的选址以及网点布局，这些都是选址时必须注意的。

②交通的便利性。运输成本在救援中心运营成本中的占有比例很高，所以在救援中心选址时，必须考虑对外运输渠道的便利性，以及未来交通与邻近地区的发展状况等因素。

③政治及经济因素。在应急救援选址时应综合考虑那些政治稳定、政策优惠、税收合理的地区。

④人才和劳动力因素。救援工作属于大规模劳动及专业型作业，所以存在对一定量劳动力资源的依赖；同时，随着机械化、信息化水平的提高，对劳动力素质的要求也提高了。所以在选址时，还必须考虑劳动力资源的来源、技术水平、工作习惯、工资水平等因素。

⑤物资供应和需求等因素。首先，大规模救援及医疗物资的来源、数量、用户对象的分布、需求层次和需求量等因素，会影响救援中心的选址，救援中心的选址决策要与社会的发展相适应。其次，应急救援中心的选址和数量也会受到城市因素的影响。

2.2.4 应急医疗设施

（1）应急医疗设施选址概述

近几年，局部性的、区域性的，甚至是国家及全球性的突发公共卫生事件时有发生，除了对生命的威胁，疾病等突发公共卫生事件的暴发与流行还造成了一定程度的社会混乱，给经济增长和社会安定带来了很大的负面影响。而在应急医疗设施保证下，使用快速、高效、准确的应急物资和服务来解决或处理伤者救助、死者安葬、卫生防疫等多方面的工作，将很大程度上减少人员伤亡等问题，有效控制突发公共卫生事件带来的不良后果。

应急医疗服务是应急管理研究的重要内容，是大规模突发事件、自然灾害等应急救援过程中最重要的一道保障。应急医疗设施包括救护车站点、供血站等。救护车站点主要负责提供必要的急救服务，并将患者迅速送到就近或指定的医院以获得全面治疗。应急医疗设施是由医疗与医技保障功能综合集成的可快速部署的成套移动医疗平台，在突发公共卫生事件中具有重要作用。近年来，除了国家颁布的许多政策、规定，作为多个应急管理、医疗健康和公共健康的交叉领域，应急医疗服务相关的研究已成为学者们研究的热点。应急管理已成为管理科学、信息科学、行为科学和安全科学等学科交叉研究的热点领域。在这一背景下，国家自然科学基金委员会于 2009 年正式启动了"非常规突发事件应急管理研究"重大研究计划，同时国家自然科学基金委员会管理科学部专门设立了应急管理项目，有力地推动了我国应急管理科学的研究与发展，促进了我国应急管理决策科学化，提升了政府应急管理能力建设。

应急医疗设施多为移动方舱或临时性场地改造建成，用于收治突发公共卫生事件区域内的患者，起到对患者隔离、控制和治疗的作用。从非典疫情到新冠疫情，公共卫生事件都对生命和社会造成了很大的威胁，无论是应对非典疫情建立的小汤山医院，还是武汉市应对新型冠状病毒建立的临时应急医院——方舱医院，对疫情的控制都起到了非常重要的作用。但是，对于突发公共卫生事件，往往由于医疗设施的不足、医疗资源分配不均匀、现有的医院容量有限、急救时间延误、交通不便等因素直接影响到救援工作的顺利完成。因此，应急医疗设施选址具有重要的现实意义。

当前国外对应急医疗设施选址的研究多为急救站和考虑多因素的选址，国内对应急医疗设施选址的研究较少，还没有将选址模型与影响选址的多个因素共同考虑的选址方法。因此，未来的研究应综合考虑设施点的交通便利度、患者可达性、设施点可容纳患者的数量、区域人口密度、两公里内医院的数量几个因素，进行初步选址。此外，由于在重大公共卫生事件中，应急医疗设施仅用于对轻症患者的治疗与隔离，重症患者需要转移到后方医院，所以在初步选址的基础上，还需要建立有容量限制的模型，进行进一步选址。

（2）应急医疗设施选址原则

在有限的资源和错综复杂的条件下，一个有效的系统会受到若干个资源分配决策的影响，考虑到应急医疗设施的服务对时间非常敏感，例如病人希望救护车尽可能快到达，但是这种应急医疗服务的需求又是随机不确定的。众所周知，快速有效的应急响应时间可以挽救更多的生命，但是事实上，在我国相当一部分区域缺乏合理有效的应急医疗服务网络，只能依靠私人车辆运输病人，这同时也导致了医疗资源优化配置的不平等、不公平。

突发事件或自然灾害具有突发性、不可预测性、不确定性，虽然相关应急部门可以根据目前先进的科学技术预测台风、地震等灾害发生的地理区域、时间季节等，但是对于绝大部分突发事件、灾害（如传染性疾病、地震、火灾、恐怖暴力袭击等）或医疗急救事件（如病人的急诊电话）还是较难准确预测。同时，在提供应急医疗服务的过程中，由于突发事件或自然灾害会破坏部分交通道路，应急车辆或救护车的行驶路线不确定，或者部分应急医疗服务设施遭受破坏，丧失其服务的功能，设施存在发生中断风险的不确定性。此外，最常见的就是，应急医疗服务需求也存在较大不确定性，在灾后某一地理区域，人们无法通过科技手段来合理预知受灾害地区灾情及其所需要的医疗服务需求。因此，在当前复杂多变的环境下，应急医疗服务网络设计过程中存在诸多不确定性（如需求、成本、运输时间、随机延误、设施发生中断风险等），给学者们带来了棘手的挑战。基于此，应急医疗设施选址有以下原则。

①公平性原则。在重大突发性事件发生时，不仅仅会造成重大的财

产损失，还会进一步造成大量的人员伤亡。而每个人的生命都是平等的，不管需求点等待救援的人数有多少，不管救援目标所花费的成本有多大，我们都应当予以救援。这不仅仅体现尊重生命的理念，更能坚定国民对国家的信任感和认同感，维护国家的长治久安，体现我们社会主义制度的优越性。

②最优化覆盖原则。当事故发生时，一般会直接先调用距离相对较近的应急医疗中心的设施就近救援。但重大突发性事件具有影响大、破坏力强的特点，这就需要进一步调集其他区域的应急医疗中心设施进行救援。这时我们在考虑选址时，要求一个应急医疗中心设施可能要覆盖几个需求区域，该设施点可能作为备用应急医疗配送点，在应对需求点发生突发性事件时，只要覆盖了这个需求点的设施点都可以及时提供救援。

③效率性原则。根据每个需求区域的人口数量、风险程度、重要性的不同进行分类，然后依据区域的价值大小分类调集资源进行救援。这一方面有利于集中有限的资源来预防价值大、风险程度高的需求区域，另一方面有利于在突发事件发生时，能够及时响应，提高医疗救援工作的绩效。

（3）应急医疗设施选址因素

在突发公共卫生事件的选址规划中，在选择备选设施时，须对突发公共卫生事件应急医疗设施选址的影响因素进行综合分析。突发公共卫生事件的应急医疗设施选址必然受到众多因素的影响，但主要重视非成本因素的影响，对成本的考虑在其次。因此，可以根据影响因素与成本的关系对其进行分类。与成本无直接关系但能间接影响系统运作和未来发展的因素称为非成本因素。与成本有直接关系的因素称为成本因素，这些因素可以用货币单位来表示。对这些因素展开分析如下：

主要非成本因素主要包括自然环境因素、基础设施状况、反应时间和其他因素，其中，自然环境因素主要包括三点。

①气象条件。在突发公共卫生事件的应急医疗设施选址过程中，主要考虑的气象条件有风力、温度、降水量、年平均蒸发量等指标。对于设在市郊的突发公共卫生事件的应急医疗设施，宜选择城市年主导风向的上风口，以减少城市产生的各种污染物落入应急设施内。

②水文条件。突发公共卫生事件的应急设施的选址需远离容易泛滥的河川流域或上溢的地下水区域。

③地形条件。突发公共卫生事件的应急设施选址首先应注重地势高亢、地形平坦，且应具有适当的面积与外形，若选在完全平坦的地形上是最理想的。其次可以选择稍有坡度或起伏的地方，对于山区陡坡地区则应该完全避开，在外形上可选长方形，不宜选择狭长或不规则形状。

基础设施状况主要包括以下两点。

①交通条件。突发公共卫生事件的应急医疗设施必须具备方便的交通运输条件。最好靠近交通枢纽进行布局，如交通主干道枢纽、铁路编组站，有两种以上运输方式相连接为佳，以保证物资和人员的运送顺畅。

②配套设施。突发公共卫生事件的应急医疗设施所在地，要求城市的道路、通信等公共设施齐备，有充足的供电、水、热、燃气的能力，且场区周围要有独立的污水、固体废物处理能力，以防止设施产生的废弃物对周围的环境造成破坏。

反应时间是指由于突发公共卫生事件的突发性，快速高效地救治患者尤为重要，这就要求增加设施的救助能力，在最短的时间内抢救患者。因此，要协调好设施选址中既要远离人口密集区又要方便救助患者的双重要求。

其他因素主要包括以下三点。

①国土资源利用，突发公共卫生事件的应急设施的规划应贯彻节约用地、充分利用国土资源的原则。突发公共卫生事件的应急设施一般占地面积不大，但周围还需留有足够的发展空间，防止现有设施不能满足需求时随时可以增加设施。此外，突发公共卫生事件的应急设施的布局还要兼顾区域与城市规划用地的其他要素。

②环境保护要求，突发公共卫生事件的应急设施的选址需要考虑保护自然环境与人文环境等因素，尽可能降低对周围生活的干扰，通常应设置在远离市中心的地方。

③消防要求，设施选址除了要考虑水文和地势条件外，还应该注意防火。医疗设施是重点防火单位，做好防火准备非常重要。

主要成本因素分析如下。影响突发公共卫生事件设施选址的成本因素有很多。对于应急医疗设施，由于其本身的特殊性，在考虑组建这类设施时，对某些成本的影响可忽略，以下简述本章认为较重要的三种成本因素。

①运输成本。运输距离的远近、运输环节的多少、运输手段的不同，均对运输成本构成直接的影响。因此，可以通过合理选址，使抢救的运输距离最短、减少运输环节中的次数，尽量靠近公路、铁路等交通设施，有效地降低运输成本。

②采购成本。应急物资快速、准确地抵达应急医疗设施点，是应急救援工作顺利进行的基本条件。因此在应急医疗设施的选址问题上，应该考虑应急服务所需材料和资源相对充裕的地区，有助于降低未来的采购成本。

③建设成本。建立应急医疗设施所必需的土地、病房、医疗用具等都是建设成本的主要构成，在建设施时应该考虑在保证应急服务和设施质量的前提下使建设费用尽可能地少。

通过权衡、考虑以上各非成本因素和成本因素，在遵循设施选址一般性原则和特殊原则的前提下，通常我们可以选出备选的突发公共卫生事件应急医疗设施点。然而如何在这些备选设施点中选出最佳的一个或几个设施点，还需要考虑以下注意事项。

（4）应急医疗设施选址注意事项

突发公共卫生事件除了应该遵循设施选址的一般原则，本章结合其自身的特殊性，认为在选址时还应注意以下事项。

①突发公共卫生事件由于其突发性和传染性，极易引起人们的恐慌，在设施选址时，应该在选址布局时注意远离人群活动比较集中和交通拥挤的城市中心区，考虑到对拟建立的设施所在地周围环境和居民的生活所带来的影响，尽可能选择近远郊区。如果给周围居民的生活带来很大的不便，就应该采取必要的手段和措施来减少或者消除这种不便。

②突发公共卫生事件发生后，需要大量的急救物品和人员来救治病人，便捷的交通网络对于争取最短的时间抢救病人、运送物资有重要作用。因此，应选择交通便捷的高速公路出口、铁路停靠站点附近。但也应考虑到物资、人员的运送对沿途所带来的影响，特别要防止疾病在沿途的传播，要做好运输过程的保护措施。

③突发公共卫生事件的应急医疗设施在建设之初就应考虑到该事件结束后设施的用途。由于设施的建立过程是一项巨大的工程，需要投入

大量的人力、财力资本，因此，设施的选址还要有长远的规划，不仅要方便当时的应急需要，还要兼顾事后该设施的再利用。

④要合理规划突发公共卫生事件应急设施的规模，既要满足当前突发事件的需要，充分估计到突发公共卫生事件发展的状况和需要，同时也要考虑到事件结束后再利用过程中的需要。规模太大将增加投资成本和运营费用，甚至是浪费；而规模太小又不能满足当前的应急需要，可能无法收治需要提供医疗服务的病人，延误医疗救助工作的顺利展开。

⑤应重视人的因素，为病人和医务人员提供良好、舒适的救治环境。由于突发公共卫生事件的发生极易引起人们的恐慌和不安，尤其是病人，需要承受很大的心理压力，选择风景较好、空气新鲜、相对安静的环境有利于他们的休息和康复。

可见，突发公共卫生事件的应急设施选址是一项复杂的系统工程，不仅要遵循设施选址的一般原则，同时，对于不同的突发公共卫生事件还要结合其特点在选址时注意一些事项。总之，选址时应考虑在交通方便、城市基础设施良好、周围环境较好、距人群密集的居民区、学校、公共场所等有一定距离、人口密度相对较低的城市边缘地带为宜。

2.2.5 选址理论模型

（1）重心选址法

重心选址法来源于解析几何，其将救援网络中的需求点看作一个整体，每个需求点的需求量看作是物体局部的重量，一般选取这一平面内需求点的物理重心点作为枢纽，即救援中心的坐标位置，以达到减少运输成本的目的。重心法包括基于需求量的重心法和基于吨距离的重心法两种方法。

重心选址问题一般以欧几里得距离进行计算，是以总运输成本最低为目标函数的选址问题。具体来说，首先，将一个紧急区域内的各需求点在坐标系中表示出来，坐标系可以随便建立，在国际选址中，经常采用经度和纬度建立坐标。在坐标系中标出各个地点的位置，目的在于确定各点的相对距离，并将各需求点看成一个物理系统，然后将各需求点的需求量视为物体的质量，最后通过求该物理系统的重心来确定救援中心的最佳坐落点。其次，重心法是一种布置单个设施位置的方法，这种方法要考虑现有设施之间的距离和运输的货物量,它经常用于中间仓库的选择。在最简单的情况下,该方法假设运入和运出成本是相等的,并且也未考虑在不满载情况下增加的特殊运输费用。

因是单一设施选址,救援中心的建设以及运营成本均可以视为固定不变的,而运输费用随距离和运量而变化,所以可以考虑在不同地点设置的救援中心因距各用户距离和需求量的变化而引起运输费用的变化,找出使运输总费用最小的点,并将其作为最佳选址点。该选址方法主要适用于规模较小、路网稀疏无阻、选址区域为连续平面的城市,并且要求需求点位置及需求量已知情况下的单个应急中心选址问题,具有原理简单易懂、计算方便等优点,但当需求点较多时,其计算量大,结果不够满意。

假设在某区域内有 n 个待救点,它们的地理位置坐标是 (x_i, y_i) $(i = 1, 2, \cdots, n)$,各点的需求量为 $w_i(i = 1, 2, \cdots, n)$,单位重量物资的单位距离运费为 c,则救援中心坐标求解公式为式 (2.1):

$$\begin{cases} \bar{x} = \sum_{i=1}^{n} cw_i x_i / \sum_{i=1}^{n} cw_i \\ \bar{y} = \sum_{i=1}^{n} cw_i y_i / \sum_{i=1}^{n} cw_i \end{cases} \tag{2.1}$$

(2) 覆盖选址法

覆盖选址问题分为两类,分别是集合覆盖问题和最大覆盖问题。集合覆盖问题的目标是用最少数量的设施去覆盖所有的需求点。而最大覆盖问题则研究在给定数量的设施下,覆盖尽可能多的需求点。最大覆盖问题并没有考虑需求量,认为所有需求点的需求量相等,目标函数仅是设施覆盖的需求点数量最大。

应急救援工作过程中及时性最为重要,所以提出基于时间满意度的最大覆盖选址模型。假设 t_{ij} 为待救点 i 接受救援服务点 j 所需等待时间,L_i 为待救点 i 伤员能够感到满意的最长等待时间,U_i 为待救点 i 伤员感觉非常不满意的等待时间,$f(t_{ij})$ 为待救点伤员对等待时间的满意度水平。以伤员得到及时救助的最大满意度为目标,其应急救援中心选址数学模型如式 (2.2)~式 (2.8) 所示:

$$
\begin{cases}
f(t_{ij}) = 1 ;\ t_{ij} \leqslant L_i \\
f(t_{ij}) = \dfrac{U_i - t_{ij}}{U_i - L_i} ;\ L_{ij} \leqslant t_{ij} \leqslant U_i \\
f(t_{ij}) = 0 ;\ t_{ij} \leqslant U_i
\end{cases}
\tag{2.2}
$$

目标函数：

$$
\max \sum_{i \in I} \sum_{j \in J} h_i f(t_{ij}) Y_{ij}
\tag{2.3}
$$

约束条件：

$$
\sum_{j \in J} Y_{ij} = p;\ \forall i \in I,\ j \in J
\tag{2.4}
$$

$$
\sum_{j \in J} X_j = p
\tag{2.5}
$$

$$
Y_{ij} - X_j \leqslant 0;\ \forall i \in I,\ j \in J
\tag{2.6}
$$

决策变量：

$$
X_j = 0,1;\ \forall j \in J
\tag{2.7}
$$

$$
Y_{ij} = 0,1;\ \forall i \in I,\ j \in J
\tag{2.8}
$$

约束环境中所涉及的因素有：p 表示所有提供救援服务的服务点总数量；Y_{ij} 表示待救点 i 接受服务点 j 的救援；X_j 表示服务点 j 提供了救援服务。式（2.2）为待救点伤员对救援车辆到达时间的满意度衡量函数；式（2.3）表示求得的最大满意度目标函数；式（2.4）保证每个所有需求点所接受的救援服务点总数为 p；式（2.5）保证提供救援的服务站数量为 p 个；式（2.6）判断服务站的设立与否对需求点满意度的限制；式（2.7）和式（2.8）是对所有决策变量的 0 - 1 约束。

对于覆盖模型相关问题，雷维尔等（ReVelle et al.）是最早开始研究的。一些研究是假设应急配送中心点可以满足需求点无限的需求。接下来，又出现了一批学者结合了实际情况，进一步探求了应急设施中心需求能力受限的问题。但是最终这些研究成果都没能明确需求点是否应被覆盖的标准，仅仅依靠最大覆盖模型并不能解决在应急配送中心选址需兼顾多重因素的目的，因此学者们提出 P - 中值模型。

（3）双层选址模型

此处以医疗设施选址为例，应急医疗设施分层递进式选址模型对于应急医疗设施的进一步选址先要考虑其"易接近性"，易接近性体现在公众到应急医疗设施的平均行驶时间，模型中的平均行驶时间由需求点（患者的位置）到设施点（应急医疗设施）的距离、设施点到后方医院

（该市现有可收治患者的医院）的距离来确定。患者先由居住点到设施点进行初步的分诊隔离和救治，检查出的重症患者则送到后方医院进行进一步的抢救与治疗。由于应急医疗设施可由公共场所临时改造建成，不同场所可容纳的患者数量不同。因此，应急医疗设施选址问题属于有容量约束的选址问题。通过建立带容量限制的双层级设施选址模型DFLM－CL 如图2.1 所示，并以最小化出行距离为目标来对问题进行求解。患者由需求点出发到达应急医疗设施点进行分诊、隔离与治疗，检查出的重症患者，转移到后方医院进行进一步的抢救与治疗，至此形成了双层级关系。

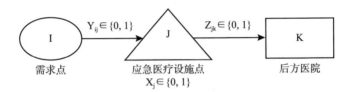

图2.1　数学模型决策变量关系

资料来源：笔者绘制。

为便于选址模型的建立，给出以下假设：

假设1：区域内的需求点拟用离散型变量人口分布点集 J 表示，最优选址地点集从候选设施点集 J 中产生；

假设2：该城市所建立的应急医疗设施能满足该城市内患者的就医需求，不考虑将患者转向其他城市的情况；

假设3：每个需求点代表一个小型区域，其需求量是在该区域内患病数量的总和；

假设4：重症患者均由后方医院进行救治，不占用设施点的医疗资源，且后方医院可满足所分配的重症患者的治疗需要。

模型所用符号说明如下：

集合有3 个，其含义表示如下：

I：需求点（每个小型区域：街道、镇）集合（$i \in I$, $i = 1, 2, \cdots, n$）；

J：应急设施的候选选址点（可改造的会展中心、体育场馆、学校）集合（$j \in J$, $J = 1, 2, \cdots, m$）；

K：现有的后方医院（该市内现有的二甲及以上医院）集合（k ∈ K，k = 1，2，…，e）。

决策变量有以下 3 个：

X_j：0 ~ 1 变量，当 $X_j = 1$ 时，表示在候选设施点 j 处建立应急医疗设施；否则，$X_j = 0$；

Y_{ij}：0 ~ 1 变量，当 $Y_{ij} = 1$ 时，表示需求点 i 处的患者由设施点 j 进行服务；否则，$Y_{ij} = 0$；

Z_{jk}：0 ~ 1 变量，当 $Z_{jk} = 1$ 时，表示设施点 j 处的重症患者由后方医院 k 进行服务，否则，$Z_{jk} = 0$。

参数有以下 7 个：

d_{ij}：需求点 i 到设施点 j 的行驶距离；

d_{jk}：设施点 j 到后方医院 k 的行驶距离；

D_i：需求点处的人数，即小型区域内的人数；

θ：需求点的患病比例；

β：患者人数中为重症患者的比例；

P：开放设施点的数量；

C_j：设施点 j 所能服务的患者数量，即设施点 j 的服务容量。

根据需求点到所选择的设施点之间的距离和需求量，可以得到患者的总出行距离，即双层级设施选址模型 DFLM - CL 模型的目标函数为：

$$\min Z = \sum_{i=1}^{n} \sum_{j=1}^{m} \theta d_{ij} D_i Y_{ij} + \sum_{j=1}^{m} \sum_{k=1}^{e} \sum_{i=1}^{n} \theta \beta Y_{ij} d_{jk} Z_{jk} \qquad (2.9)$$

约束条件：

$$\sum_{j=1}^{m} X_j = P \qquad (2.10)$$

$$\sum_{j=1}^{m} Y_{ij} = 1，\forall i \qquad (2.11)$$

$$\sum_{k=1}^{e} Z_{jk} = 1，\forall j \qquad (2.12)$$

$$Y_{ij} \leqslant X_j，\quad \forall i，j \qquad (2.13)$$

$$(1 - \beta) \theta \sum_{i=1}^{n} D_i Y_{ij} \leqslant C_j，\forall j \qquad (2.14)$$

$$Z_{jk} \leqslant X_j，\quad \forall j，k \qquad (2.15)$$

$$X_j \in \{0，1\}，\quad \forall j \qquad (2.16)$$

$$Y_{ij} \in \{0, 1\}, \quad \forall i, j \qquad (2.17)$$
$$Z_{jk} \in \{0, 1\}, \quad \forall i, j \qquad (2.18)$$

目标函数（2.9）为最小化患者从需求点（街道、镇）到设施点（应急医疗设施）的总出行距离、设施点到后方医院的总出行距离；约束条件（2.10）表示所选中的设施点个数为 P，即在该地域建立 P 个应急医疗设施；约束条件（2.11）确保每个需求点都有相应的设施点服务，且仅被一个设施点服务；约束条件（2.12）确保每个设施点的重症患者都有指定的后方医院进行救治，且仅被一个后方医院服务；约束条件（2.13）表示只有候选设施点处建立应急医疗设施，患者才可以去看病；约束条件（2.14）为容量约束，表示在设施点 j 处进行医治的患者数量不超过设施点 j 的容量；约束条件（2.15）表示仅当设施点 j 处建立应急医疗设施，才可以向后方医院转移重症患者；约束条件（2.16）、约束条件（2.17）、约束条件（2.18）为决策变量的取值范围。

经典 P—中值选址问题的目标函数为双层级设施选址模型 DFLM－CL 模型中目标函数的第一项 $\sum_{i=1}^{n} \sum_{j=1}^{m} d_{ij} \times D_i Y_{ij}$，即所有需求点与设施点之间的总加权距离之和最小。经典 P－中值选址问题约束条件为双层级设施选址模型中的式（2.10）、式（2.11）、式（2.12）、式（2.13）和式（2.15）。对比经典 P－中值选址模型与本章构建的 DFLM－CL 模型可知，经典 P－中值选址问题为 DFLM－CL 的松弛问题，又由于经典 P－中值选址问题属于 NP－hard 问题，所以，本章所建立的 DFLM－CL 模型属于NP－hard 问题。

（4）P—中值选址法

P—中值问题可以描述为：在 N 个候选地点选择 p 个地点建立应急配送中心点，使最终总加权距离最小，可同时决定了应急配送中心的位置和有效救援范围。其追求的是应急配送中心的效率性，最早是由哈基米（Hakimi，1964）于 1964 年提出的。针对最优化问题，目标函数和约束条件根据实际需要不同具有各种不同形式，具体有的是非线性的，而有的是线性的；有的是离散的，而有的是连续的；有的是多峰值的，而有的是单峰值的。伴随着研究的逐渐深入，我们认识到在许多复杂情形下要获得符合所有条件的最优解既不现实也不可能，因此我们的着眼点主要是放在求出其近似最优解或满意解上。

设一个图内所有的结点为候选的应急配送中心点，可得到区域 G ＝

（V，A），V 为候选点，A 为边；最终优化的目标是得出个候选点的集合 $V_p \in V$，保证（$V - V_p$）里的每个候选点与 V_p 里相近候选点的距离之和最短。

模型所用符号说明如下：

n：表示区域的候选点总数；

a：表示需求点；

d：表示需求点 i 到配送中心 j 的距离；

p：配送中心的总数；

x_{ij}：是 0 ~ 1 变量，当需求点 i 分配给配送中心 j 时，$x_{ij} = 1$，否则，该值为 0；

y_j，是 0 ~ 1 变量，当配送中心 j 被选取时，$y_j = 1$，否则，该值为 0。

P—中值模型可以描述为：

目标函数：

$$minZ = \sum_{i=1}^{n} \sum_{j=1}^{n} a_i d_{ij} x_{ij} \tag{2.19}$$

约束条件：

$$\sum_{i=1}^{n} x_{ij} = 1, \quad i = 1, 2, \cdots, n \tag{2.20}$$

$$x_{ij} \leq y_j, \quad i, j = 1, 2, \cdots, n \tag{2.21}$$

$$\sum_{j=1}^{n} y_j = 1, \quad j = 1, 2, \cdots, n \tag{2.22}$$

$$x_{ij}, y_j \in \{0, 1\}, \quad i, j = 1, 2, \cdots, n \tag{2.23}$$

式（2.19）为目标函数，表示需求点集合和候选点集合之间的加权距离之和最短；式（2.20）为约束条件，保证任意一个需求点都由一个配送中心相指派；式（2.21）为约束条件，使需求点与未被选中的候选配送中心不对应；式（2.22）为约束条件，有 p 个配送中心被建立；式（2.23）为约束条件，定义 x_{ij}、y_j 只能在 0 或 1 内取值。另外，启发式算法是求解 P—中值问题的常用方法，保证在成本合理的情况下得到近似的最优解。但是由于启发式算法难以广泛应用，而且费力费时，目前又出现了一些新的应用算法，包括蚁群算法、模拟退火法、遗传算法等。

（5）绝对中值法

绝对中值法处于应急配送中心的公平性方面的考虑，即设定要建立的应急配送中心数量（大于等于1），选择适宜的地点建立应急配送中心，使得任何需求点一旦发生突发事件，应急配送中心可以在最短时间内达到相应需求点，也可以理解为求解一个区域的绝对中心点。

设 D 为候选应急配送中心到需求点的最大距离；y_j 表示当选中了候选的配送中心 j 时，$y_j = 1$，否则，为 0；x_{ij} 表示当需求点 i 指派给候选应急配送中心 j 时，$x_{ij} = 1$；否则，x_{ij} 为 0。

绝对中心点的模型为：

目标函数：

$$minD \tag{2.24}$$

约束条件：

$$\sum_{i \in I} \sum_{j \in J} x_{ij} = 1, \ \forall i \in I, j \in J \tag{2.25}$$

$$x_{ij} - y_j \leqslant 0, \ \forall i \in I, j \in J \tag{2.26}$$

$$\sum_{j \in J} y_j = p, \ \forall j \in J \tag{2.27}$$

$$D - \sum_{i \in I} \sum_{j \in J} d_{ij} x_{ij} \geqslant 0, \ \forall i \in I, j \in J \tag{2.28}$$

$$x_{ij} \in \{0, 1\}, \ \forall i \in I, j \in J \tag{2.29}$$

$$y_j \in \{0, 1\}, \ \forall j \in J \tag{2.30}$$

式（2.24）是目标函数，要求候选应急配送到需求点的最大距离最短；式（2.25）是约束条件，表示每个需求点只对应一个应急配送中心；式（2.26）是约束条件，表示需求点仅指派给有救援能力的应急配送中心；式（2.27）是约束条件，表示有 p 个应急配送中心；式（2.29）和式（2.30）保证变量为 0 或 1 的整数变量。

但假定一种情况，将一个区域划分为 n 个需求点，在 n 个需求点中，有某个需求点 i 位于该区域的边缘，而且主需求点发生突发事件的概率非常低，依据上述模型对应急配送中心点的选择，至少得有一个应急配送中心位于该需求点附近，那么距离其他需求点会相应较远，而其他需求点发生突发事件的频率高，每次这些需求点发生突发事件时，应急配送中心都需要响应，进而导致费用过大。同时应急配送中心是长期运行的设施，从运营费用方面来说，这样的模型选择的地点肯定是"不划算"的。

除了上述介绍的集合覆盖模型、最大覆盖模型、P—中值模型之外，一般的选址模型还包括：概率选址模型、备用覆盖模型、有容量限制选址模型等。但无论是集合覆盖模型、最大覆盖模型、P—中值模型和绝对中心模型还是其他模型，假定突发事件的概率都是相对确定的，将突发事件抽象地视为到银行办理业务客户的到达，相对的应急配送中心视为柜台，从应急配送中心运输物资达到需求点进行应急救援视为服务客户。当柜台只有一个时，以上的问题就转变为 $M/G/1$ 排队系统的优化问题。当柜台有多个时，则以上的问题就转变为 $M/G/P$。但实际情形中，突发事件具有不可预测性，不确定性，每个需求点突发性事件的发生都具有随机性，例如，如果假定这些需求点突发事件的时间是相互独立的，即服从泊松分布。

（6）多目标选址法

一般来说，建模需要大量的数据，求解需要大量的运算，在计算机上运行的成本大大低于针对实地进行考察实验的成本，对于应急配送中心选址而言尤其如此。应急配送中心具有多方因素的复杂性，突发事件具有发生的不确定性，所以在实际实验中很难设计和运行出一个符合实际的、有效的规划方案。通过建立物流配送中心的选址数学模型，研究相应的求解算法，并以相应的计算机软件来进行配合，具有重大的现实意义。

应急设施中心建立的数量最少，这是出于经济性的考虑，即属于集中覆盖问题；应急设施中心覆盖的人口最大化，这是出于最大化覆盖的考虑，即最大化覆盖问题；应急设施中心到达需求点进行救援的总加权距离最短，这是出于就近原则和高效性考虑的，即 P—中值问题。这样建立起来的多目标优化选址模型综合整合起了常用模型（集合覆盖模型、绝对中心模型、P—中值模型）的优越性，可适用应急设施中心的不同选址策略，下面是多目标选址的模型和解法。

模型所用符号说明如下：

I：表示需求点的集合；

J：表示应急配送中心的集合；一个候选点只能建立一个应急配送中心，所以 $a_{ij}=1$；

x_j：意思是应急设施是否选择 j 点，如果选择，x_j 为 1，否则为 0；

y_{ij}：表示是否需求点 i 是否指派应急配送中心 j，如果选择，则 y_{ij} 为 1，否则为 0；

w_j：表示 i 责任区域的人口数量；

t_{ij}：表示应急配送中心 j 到达需求区域 i 的时间；

c_{ij}：表示人口覆盖度。

则应急设施选址的多目标决策模型是：

目标函数：

$$\min Z_1 = \sum_{j \in J} x_j \qquad (2.31)$$

$$\max Z_2 = \sum_{i \in I} \sum_{j \in J} w_j c_{ij} y_{ij} \qquad (2.32)$$

$$\min Z_3 = \max t_{ij} \qquad (2.33)$$

$$\min Z_4 = \sum_{i \in I} \sum_{j \in J} t_{ij} y_{ij} \qquad (2.34)$$

约束条件：

$$y_{ij} - x_j \leqslant 0 \qquad (2.35)$$

$$\sum_{i \in I} \sum_{j \in J} y_{ij} = I \qquad (2.36)$$

$$\sum_{j \in J} x_j \leqslant J \qquad (2.37)$$

$$x_i \in \{0, 1\}, \ y_{ij} \in \{0, 1\} \ \forall i \in I, \ j \in J \qquad (2.38)$$

式（2.31）为目标函数1，表示应急配送中心数量最少，是出于经济性考虑；式（2.32）为目标函数2，表示覆盖的人口最大，是出于效率性考虑；式（2.33）为目标函数3，表示应急配送中心与需求点最大的到达时间最小化，是出于时效性考虑；式（2.34）为目标函数4，表示应急配送中心到需求点平均时间最小，是出于公平性考虑。

本节构建的应急配送中的多目标优化选址模型，它综合了经典模型中的绝对覆盖选址模型、中心模型、P—中值模型和重心选址模型，集中体现了公平高效性、迅速响应和超额覆盖等优点，可以满足突发事件发生时进行救援的需要。所以，本应急配送中选的多目标优化选址模型不仅考虑全面，优点突出，而且在与有效的求解方法结合之下，又表现出一定的灵巧性，对于实际选址具有很大的参考价值。

2.3 应急设施选址研究综述

2.3.1 基于多属性决策的选址研究综述

虽然利用运筹学和智能优化算法确定应急物资储备库选址的研究成

果具有一定的可行性，但上述研究成果常通过考虑成本费用、救援时间等定量指标来建立模型，在实际评估中，考虑到水文、地质、经济等因素对应急物资储备库选址的影响，部分可用明确的数据定量表示，但一些只能以模糊数或语言变量来表达，因此应看出应急物资储备库选址也是一个多属性决策问题。在影响应急物资储备库选址的因素中，存在众多定性和定量指标，如建设费用、医疗水平、城市发展规划、人口密度、通信情况、国家政策等。因此，需要综合考虑各类指标，对选址方案进行比较、评估，进而选择应急物资储备库选址的位置。

（1）TOPSIS 法

TOPSIS 是多属性决策中的重要方法，许多学者将其应用于应急设施选址的研究中。孙滢悦等（2017）针对应急避难所选址的合理性问题，提出采用逼近理想解的排序（TOPSIS）方法对其进行评价。赵树平等（2014）考虑数据量纲统一可能造成信息缺失的问题，将 TOPSIS 方法与距离测度结合确定设施选址，通过实际案例验证了方法的可行性。詹斌等（2015）在研究水上应急资源储备点选址模型时，考虑设施建设顺序对决策的影响，利用 TOPSIS 方法对模型求解，实际案例表明该模型构建合理。谢以恒等（2017）在考虑城市内涝的应急群决策问题时，采用区间灰数确定指标权重，并结合 TOPSIS 方法进行决策分析，通过案例表明该方法具有可行性。陈俊锋等（2018）为确定水上机场的选址，建立了对应的指标体系，并将熵值法与 TOPSIS 法结合进行结果评价，实验表明模型可提高专家选址决策的准确度。

（2）AHP 法

除此之外，AHP 法的应用也较为广泛。田依林（2010）首次使用模糊数学集成的方法构建了应急物资储备库的选址模型，有效地弥补了层次分析（AHP）法获得权重的不足。赵远飞等（2008）研究应急系统选址模型时，采用 AHP 法确定指标权重，并将其用于 TOPSIS 法中，通过案例验证了该方法的有效性。韩永飞（2018）运用加权灰熵的方法对应急物资储备库的位置进行评价，结果表明该方法可以较为客观地衡量各指标的重要性。李学兰等（2018）针对西安市的应急物资储备库选址问题，利用 AHP 法对模型求解，结果的分析进一步验证该方法的可行性。

（3）模糊理论及熵值法

谷玲玲等（2018）通过构建区间直觉模糊和证据推理的选址模型，解决了不确定环境下的应急设施选址问题。代文锋等（2016）针对应急物资配送设施选址问题，考虑决策人员的权重，采用综合加权灰熵的方法保证算法评价结果的合理性。刘玉琪等（2017）在对应急避难场所进行适应性评价时，采用加权灰熵的方法确定各指标的权重，算例结果表明该方法可适用于避难所的规划。陈国华等（2017）针对化工园区的应急避难点选址问题，提出利用博弈论方法对指标权重进行差异最小化处理，通过案例验证了模型的有效性。杨乃定等（2019）针对传统确定数方法不适用于煤矿突发事故初期决策的问题，提出了基于直觉模糊软集的方法，通过分析案例结果验证了该方法的合理性。巴尔奇克等（Balcik et al.，2008）将应急救灾中涉及的应急物资种类、数量、预算成本等因素综合考虑，构建了改进的最大程度覆盖信息的选址模型。

从当前研究现状可看出，首先，学者针对应急物资储备库选址的多属性决策问题研究不多，且已有研究中大多采用 TOPSIS 方法对选址模型进行综合评价，但从 TOPSIS 法的排序步骤不难看出，该方法求规范矩阵稍显烦琐，对求出正负理想解有一定难度。其次，影响应急物资储备库选址的评价指标并不一致，缺少较为系统全面的评价指标体系。最后，在应急物资储备库选址的指标体系中，涉及各类定性指标和定量指标，针对应急物资储备库选址评价的研究，使用单一的 AHP 法、熵值法、区间灰数等确定评价指标权重时，往往会丢失很多有用的信息，同时对指标间的相关性也欠缺考虑。因此有必要寻找一种更易求解的评价方法。同时也需对应急物资储备库选址的评价指标进行归纳总结，形成一套较为完善的评价指标体系，指标权重的确定也需结合主观层面和客观层面。

2.3.2 基于覆盖和中值的选址研究综述

选址问题从地理位置的角度可分为连续设施选址问题和离散设施选址问题两类，前者使设施位于计划区域内的任意位置，后者则从候选站点中选取部分进行建立，本章所考察的文献都属于离散选址的范畴。目前，现有文献中基本选址问题主要包括基于覆盖的问题和基于中值的问题两类。

（1）基于覆盖的问题

①最大覆盖问题。此类问题通常预先定义设施提供服务的最大覆盖范围，然后对设施位置进行选址，在预定范围内最大限度地扩展所覆盖的需求。最大覆盖问题是通过需求水平的高低对需求点进行重要程度的区分。丘奇和迪贝尔（Church and Revelle，1974）在进行医疗应急设施选址研究时，构建最大覆盖问题的模型最大化地满足需求。托罗达兹等（Toro-dazh et al.，2013）与阿布纳塞等（Abounacer et al.，2014）将最大覆盖纳入多目标选址问题模型中，前者用于救护车选址，后者则是针对救灾物资分发中心的选址。萨达查特等（Sudtachat et al.，2016）在救护车选址常用的遵从表策略基础上，以最大化期望覆盖为目标，制定可用救护车数量不同时的救护车选址方案。杨赛霓等（2005）认为应急救援设施模型——集合覆盖模型规定的所有应急点都必须覆盖到，造成城市管理部门没有足够的应急资源建立应急救援设施，因此提出了最大覆盖模型 MCLP。

②集合覆盖问题。此问题致力于将覆盖所有需求点所需的设施数量最小化，在集合覆盖问题中，选址目标是在达到特定需求覆盖水平的情况下，将设施的数量或总的选址成本最小化。这一问题主要包括两个要点，一个是特定范围的需求点都能在服务设施的指定服务距离（或派遣时间）内，另一个是降低选址设施的数量或成本。余鹏等（2013）研究了应急抢修点地址的集合覆盖问题，其约束条件为派遣抢修小组迟到概率小于一定概率。许骏等（2014）对"最后一公里"的应急医疗设施进行选址，考虑设施容量和服务人数的限制，尽可能减小设施的数量。

③P—中点问题。此类问题是第 3 类基于覆盖的选址问题，其目标是在覆盖特定范围需求点的情况下，将所有需求点与其对应的设施之间的最大距离（或派遣时间）最小化。如果其中的某一个设施无法满足对应需求点的需求，这些需求点会被分配给其他可用的开放设施。此类选址问题的要点是需求点对应的设施分配，或者反过来说，将设施进行适当选址并分配特定的需求点，其可称为一种"最小化最大值"问题。马利基等（Maleki et al.，2014）以时间为衡量标准，将最小化总派遣时间和最久派遣时间作为模型目标对救护车进行选址。叶峰等（2015）

对经典的 P 中点模型进行拓展，考虑人口分布、经济状况、交通及部分关键部位的多重覆盖，尝试对中国国家应急仓库选址进行改善。

（2）基于中值的问题

基于中值的问题是在候选位置中对设施进行选址，从而使需求点与所分配的设备之间的加权平均距离（时间）成本最小化，满足此目标的设施选址位置即为整个设施系统网络的中值。因为此类问题对设施选址和分配进行了决策，所以也可称为位置分配问题，具体包括如下两个方面：

①P—中值问题。此问题致力于使设施覆盖的各个需求点到设施的加权平均距离最小化，其在一个设施网络中对一定数量的设施进行选址，是设施选址中最受欢迎的问题之一。付德强等（2015）研究了应急物资储备库的选址问题，在不超过储备库的最大容量且每库容量各不相同的条件下，将设施到需求点的总加权距离最小化。

②固定费用设施选址问题。此类问题和 P 中值问题密切相关，将设施建立和服务的总成本最小化。阿克森（Aksen et al.，2012）提出关于应急保护设施选址的双层模型，在守护者层面使用固定费用设施选址模型，力求最小化建造设施和迁移设施的开销。

2.3.3 多种情景条件下的选址研究综述

国内诸多文献对该领域的研究主要分为两方面：一是传统确定性条件下的应急救援中心选址问题，该研究是建立在需求点位置及需求量、路网通行状况等参数已知的基础上，其相关的研究及算法已经发展得比较成熟；二是不确定性环境下的选址问题，伴随着城市规模不断扩大，人口快速膨胀，城市突发事件包含的不确定信息也日趋复杂，因此建立符合现代城市应急特点的救援中心必须要综合考虑相关不确定因素。目前，常规救援配送中心选址的研究理论较多，而复杂条件下的设施选址研究还不够深入，本章研究丰富了目前对不确定情景下应急救援中心的选址优化理论。当突发事件发生后，应急救援中心的救援车辆能够在最短时间内赶到事发地点，从而为提高救援效率、减少人员伤亡和财产损失作出贡献；为完善我国城市交通体系和应急救援系统提供参考。

（1）传统确定条件下应急救援中心选址研究

应急设施选址问题最早由哈奇米（Hakimi，1964）提出，敏等（Min et al.，1998）在前者提出了设施选址—分配问题，其理论在应急设施选址等领域得到了广泛的应用。托雷加斯等（Toregas et al.，1971）研究了在满足覆盖所有需求点的前提下，使设施建设费用最小的集覆盖问题。德苏基等（Dessouky et al.，2007）考虑了重大突发事件环境下的应急服务设施选址特征，并提出了框架模型。佳等（Jia et al.，2007）针对重大突发事件的医疗设施选址模型和算法进行了研究，讨论了三种启发式算法分别适用的应急情景和选址模型。罗尔斯等（Rawls et al.，2010）考虑了突发性事件对于网路所造成的可能性影响，并建立了以总费用最小为目标的选址模型，并提出一种混合 L 型拉格朗日求解算法等。冯绍波等（2011）针对紧急情况下的应急物资配送中心选址问题，主要采用模糊层次分析法来处理待救点的需求不确定情景，并建立了一个综合指标体系的评价方法，通过算例得到最优的应急物资配送中心位置。施密德等（Schmid et al.，2010）研究了救护车辆在应急救援过程中临时建立施救点选址问题，以救护车辆总体行驶时间最短为目标，建立了随时间变化的施救点及搬迁多阶段选址模型。

基于传统确定条件下的应急救援中心选址问题，方磊等（2005）就需求点位置和需求点之间距离已知的状况下，把城市应急服务设施选址问题转化成了线性规划问题，并采用对偶单纯形法进行了有效求解。韩强等（2007）提出了成本最低、救援时间最短的多目标选址模型，并且通过仿真证明了模拟退火算法对求解该问题的有效性。葛春景等（2011）运用改进的多重数量和质量覆盖模型，使得模型更符合实际情况，并采用改进的遗传算法进行了求解。付德强等（2019）针对目前确定应急物资储备库均匀配置导致救援效率低的问题，提出将应急联动区间内的资源需求划为第一时刻服务需求和后续服务需求，构建了选址协同优化模型，利用 NASA - Ⅱ算法求解模型，结果表明模型可有效降低应急服务成本。

（2）不确定性环境下应急救援中心选址研究

应急救援中心选址研究不断更新完善的本质在于逐步挖掘影响救援效率的潜在因素，然后针对这些因素提出对应的解决方法，最后在现有文献的成果之上再结合新问题新方法，从而建立更加优越的选址理论体系。虽然对于应急救援中心选址问题，研究方向和创新思路都很明确，但目前国内对该领域的研究依然存在很多不足之处，例如，地理坐标系的建立，现有文献中几乎都是利用计算机软件构建方形的坐标系，这明显和城市实际边界不相符；需求点坐标的确定，能够做到实地调研的文献很少，而是利用软件随机生成；救援车辆行驶速度的确定，很少考虑城市本身随时间变化而变化的道路拥堵特点。由此可见，国内在城市应急救援设施选址领域，理论结合实际方面思考得尚不够深入，导致对城市应急选址能够起到"拿来即用"的研究成果很少。

不确定环境下的应急救援设施选址研究主要有，陈鑫等（2012）针对应急救援点需求状况为模糊随机变量的救援中心选择问题，引用了不确定规划理论和模糊集理论，建立了以总运输成本最小同时满足时间紧迫性的选址模型，并运用 Matlab 编程对算例进行了模拟计算实验。陶莎等（2012）针对待救点需求以及救援路网状况均不确定环境下的应急救援选址问题，采用期望值法和随机模拟来量化物资需求量和道路通行能力等不确定性因素，并建立成本最小为目标的集合覆盖选址模型。赵树平等（2014）针对城市应急救援过程中各部门的不同决策问题，提出了一种基于 TOPSIS 和距离测度的不确定性环境下多属性应急设施选址群决策方法。马祖军等（2014）对洪灾、地震等自然灾害和城市公共突发事件下的应急救援中心选址及车辆路径优化问题作了大量研究，提出应急物资配送中心定位与配送车辆路径安排的联合决策问题，并对此建立了模糊多目标定位及路径优化模型。贝拉尔迪等（Beraldi et al.，2009）在紧急状况下快速设定设施选址的概率模型，该模型通过将随机规划嵌入传统的两阶段规划法中体现紧急情况时决策过程的不确定性，在制定随机规划模型时，综合考虑到救援组织的结构、救援资源仓库的选址，限制下的分配救援资源能力和救援资源的分配情况。

葛显龙等（2019）利用时空泊松分布生成了动态客户，首次分析了不确定环境下客户的时空特性，并从整体运营成本及车辆固定成本入手，建立不确定环境下多品类资源共同调配模型。丛雯婧等（2020）为解决台风灾害下的储备库选址问题，将可靠性、经济性和时效性作为问题特征，构建了基于台风灾害的区域储备库选址模型。沙磊等（2019）在优先考虑救援时效性的基础上，构建了铁路物资储备点选址模型。郗蒙浩等（2019）综合考虑救援有效性、人口分布、交通状况等多种因素，构建了应急物资储备设施选址模型。冯舰锐等（2018）采用可变权重因子综合考虑应急物资的时效性和经济性，以运输最短及救援消耗水平最低为目标构建了选址模型，并利用动态演化的特性对模型进行求解。于东梅等（2015）针对灾区不一致的现象，以时间满意度为参考，构建了储备库选址模型，实验结果可得出不同时间满意度偏好下的选址方案。王飞飞等（2019）考虑应急救援工作存在动态性的特点，构造了需求满意度衰减函数，构建了以需求满意度最大及物资运输距离最短的城镇应急物资储备库动态多重覆盖模型，并采用改进的免疫优化算法进行求解。

2.3.4　基于智能优化算法的选址研究综述

1909 年，韦伯（Weber，2019）率先提出一个仓库选址问题，其目标是将仓库与一组客户之间的总距离最小化。此后，选址理论及其应用在不同的研究领域得到发展，诸多高校、研究机构及政府部门相关人员考虑各类紧急事件的特点，有针对性地提出或改进了一系列的选址模型及其优化求解方法。总体来说，对于最优解或近似最优解的求解方法主要包括三类：枚举法、启发式算法和搜索算法。

枚举法。枚举出所有可行解构成一个可行解集，然后求出最优解。针对连续函数，枚举法要先进行离散化转化。这样处理的话很有可能产生离散误差而取不到最优解。此外，当枚举法的空间比较大时，使用该方法的求解效率相对很低，有的即使使用目前最先进的仪器也都无法求解。

启发式算法。寻找一种启发式规则可产生可行解，然后求出最优解。使用该方法的虽然求解效率相对较高，但需要针对每个需求解的问题都要符合其条件的特有启发式规则，尤其是这个启发式规则不具备通用性，对于其他问题不适合。

搜索算法。该搜索算法是在可行解集合里面的某一个子集开始进行搜索操作，以求出问题的最优解。采用该方法虽然不一定保证能够得到最优解，但如果适当地运用启发技术知识，就可在求解近似解的质量和求解运行的效率上达到一种较好的平衡。

最优化算法指的是在问题要求特定的条件下，从这些可用的选择中筛选出一个相对较好的方案。随着科技的发展，计算机运算能力的增强，将计算机应用于设施选址中逐渐变得可行。一般多目标优化问题可以用多种方法来解决，目前最常见的方法为遗传算法、粒子群算法和拉格朗日松弛算法等。将多目标问题转化为单目标问题，然后用单目标规划法解决也是解决多目标问题的一种方法，但是这种方法容易造成部分最优解的流失，不利于问题的解决。

国内外对应急物资储备库选址的研究主要采用构建数学模型，并综合利用运筹学、优化算法等方式进行求解。应急设施选址模型的优化求解方法大致分为精确算法及非精确算法两大类，其中，精确算法能够找到准确的最优解，适合解决相对简单的优化问题。随着选址问题规模的增大，精确算法出现难以求得最优解的情况，从而促进了以启发式算法为代表的非精确算法的应用。

（1）精确算法

对于计算规模较小的应急设施选址问题，可使用精确算法求得准确的最优解。在本章节所考察的文献中，贾巴尔扎德等（Jabbarzaddeh et al.，2014）使用分支界限法对供血设施的鲁棒选址模型进行求解。施密德等（Schmid et al.，2012）在求解救护车选址问题时使用了拟合动态规划算法，这是一种较新的能有效解决随机动态问题的方法。安邦等（2015）分别使用分支界限法和分支割平面法求解无容量限制的设施选址问题，并对两种算法的求解效率进行比较。董银红（2014）在研究预防紧急事件的应急救援设施选址问题时，构建了隐枚举下降算法求解模型。艾云飞等（2016）研究水上应急储备选址时，考虑自然因素对选址半径的影响，对模糊需求下的选址模型进行研究。张鑫等（2017）研究受灾点需求难以明确情况下的应急物资储备库选址问题，采用区间灰数方法对需求量进行确定，构建以救援时间最短、救援成本最小及覆盖范围最大为目标的应急物资储备库选址模型，研究结果表明在样本数量较少情形下，该方法可提高需求数量预测的准确性。孙清臣等（2019）考虑受灾初期多种救援物资需求的不确定性，以救援总成本及惩罚成本最小为目标，构建了两阶段的选址模型来确定应急物资储备库的选址。

（2）非精确算法

非精确算法主要分为经典启发式算法和新型启发式算法。

①经典启发式算法。经典启发式算法主要包括紧急搜索法、遗传算法、模拟退火法、蚁群算法和拉格朗日松弛算法 5 种类型。

在本章节所考察的文献中有 4 篇文献使用了禁忌搜索算法。阿克森（Aksen，2012）研究双层固定费用选址问题，在求解时使用 CPLEX 11.2 优化软件，选择禁忌搜索算法进行求解。普拉穆迪塔等（Pramudita et al.，2014）使用禁忌搜索算法求解灾后废物清理站点的选址问题。尚塔等（Chanta et al.，2014）为禁忌搜索算法添加了交换记录列表，并在此基础上求解弗吉尼亚州汉诺威县应急医疗系统选址的公平性问题。穆拉利等（Murali et al.，2012）使用禁忌搜索算法求解随机网络被破坏时的应急设施选址问题，且在求解过程中利用样本平均近似值估算各候选解的目标函数值，从而在短时间内实现对一个大规模场景样本的搜索。

遗传算法通过模拟自然进化过程搜索最优解。葛春景等（2011）在研究应急设施多重覆盖选址问题时，利用贪婪技术对标准遗传算法进行改进，以产生优良解并加快算法的收敛速度。韩强（2007）考虑应急设施选址时的成本和应急事件因素，给出了多目标应急设施选址问题的模型，通过设置罚函数将该多约束问题转化成易于计算机求解的简单约束模型，进而在初始解的选取、温度参数的控制、可行解的迭代策略和算法终止条件等方面为之设立了模拟退火算法。余鹏等（2013）在经典遗传算法的基础上构建混合遗传算法，采用 Lambda 修复算法对迭代产生的不可行解进行修复，以满足随机约束，为了增强种群搜索新的解空间的能力，在主循环中引入惩罚种群用来代表已开设的设施站点，并在算法中逐步增大变异强度。普拉穆迪塔等（Pramudita et al.，2014）针对应急设施选址—联运双层规划的特点，对遗传算法进行两阶段解码的改进。张聆晔（2022）等通过使用应急效率满意度的方式研究选址问题，利用鲁棒理论构建海上应急物资储备库的选址模型，使用遗传算法结合实际案例对模型进行求解。

此外，遗传算法作为一种广泛使用的启发式算法，出现了很多变种。其中，非受控排序遗传算法（NSGA-Ⅱ）常用于求解多目标模型。例如，付德强等（2019）使用 NSGA-Ⅱ算法求解应急物资储备库的多目标优化选址模型；魏宝红（2006）建立了应急系统选址的多目标决策模型，并提一种求解的自适应遗传算法，通过实例计算，确定应急系统选址的最佳组合方案。杨鹏（2019）考虑应急物资需求不确定情形下的储备库选址问题，利用区间数优化法将需求量去模糊化，将施救时间最短和救灾成本最低作为目标构建了选址优化模型，并采用改进的遗传算法和 NASA – Ⅱ算法对模型进行求解。

相比之下，模拟退火算法在所考察文献中的应用缺乏变化与改进。穆拉利等（Murali et al., 2012）在研究生物恐怖袭击下的大城市药物分发设施选址时使用了模拟退火算法，并与新提出的启发式算法进行比较。

在应急设施选址问题求解中的经典算法还有蚁群算法和拉格朗日松弛算法。苏强等（2015）在比较遗传算法和蚁群算法的基础上，选择对后者进行改进以求解上海应急医疗系统选址的效费比问题。翁克瑞（2012）则使用拉格朗日松弛算法，将目标函数转化为不受任何约束且易于求解的问题，从而求解选址模型并得到了较好的次优解。张成元等（2017）考虑受灾点需求权重对应急物资储备库选址的影响，构建了需求权重预测模型，结合改进的蚁群算法对模型求解。郑夏等（2019）以受灾点物资未满足的损失最小及储备库距离受灾点距离值与受灾点需求量乘积最小为目标建立了应急物资储备中心选址模型，使用改进的免疫算法对模型进行求解，验证了模型的实用性。

②新型启发式算法。除了较为经典的启发式算法外，应急设施选址优化中还使用了一些新型的算法。例如，变邻域搜索（Variable Neighborhood Search，VNS）算法用于求解救护车位置选址和应急仓库的选址研究。刘勇等（2011）利用一种量子竞争决策算法求解给定期限条件的应急设施选址问题，将进化博弈论中学习和调整的动态演化思想引入算法中，使博弈者具备自学习和自进化的能力，增强了算法的寻优性能。丁雪枫等（2012）利用模拟植物生长的算法求解突发事件应急设施选址问题。许骏等（2014）提出以细菌觅食算法为主体，将量子进化算法及粒子群优化算法嵌入其中，形成一种群体智能融合算法，并用于求解公共卫生应急服务设施点选址问题，结果表明算法性能有了大幅提高。

在应急救援过程中所要考虑的不再是简单的路径最短问题，更主要是客观条件的约束，特别是在自然灾害救援中，城市道路受损状况以及随时间推移而可能发生的意外情况，都时刻影响着救援车辆的行驶方案。而在建立复杂的数学模型时还要考虑到求解算法的设计，先进的算法是实现模型价值的重要保证。从近年的文献中可以发现，应急救援选址是复杂离散组合的 NP 难题，传统的单纯形法、爬山算法、标准遗传算法已经淘汰，取而代之的是改进遗传算法、群智能仿生算法、混合启发式算法等。

2.4 总结及展望

2.4.1 研究总结

本章主要对多种类型应急设施选址问题展开理论梳理与总结分析，同时对国内外应急设施选址进行综述性研究，具体研究内容包括以下三个方面：

（1）不确定因素分析

通过多种理论模型对影响城市应急救援工作的相关因素进行了分析、梳理，研究了应急救援需求类型、需求点特征以及救援过程中存在的不确定情景，得出应急救援需求点的数学分布特征和各类不确定情景的出现概率，构建不确定因素数据库，从而为城市应急救援中心选址及车辆路径优化研究奠定了良好的理论基础。

（2）应急设施选址研究

根据突发事件发生分布特征以及城市道路拥堵特点，构建出合理的城市应急救援中心选址模型。考虑到应急救援的特殊性，选取了救援时间最短及救援总成本最低作为选址目标。受灾地区对应急物资的需求强烈，对应急设施合理选址可提升应急物资的保障能力。应综合考虑运输道路受损、物资供给不足、应急物资分配须具有相对公平性等因素，构建应急物资调度总成本最低及灾区民众总满意度最大的应急物资调度多目标模型，有效提高实际救援工作的效率。

（3）多目标选址模型的构建

选址问题在实际生活中不仅是要对某一个目标优化，而是要针对多个目标同时进行优化。常用的单目标优化选址模型或者经验主义选址不符合现实需要，必须将影响选址的多重因素同时进行考虑，构建多目标优化选址模型。对选址产生影响的因素包括人口数量、风险程度、发展水平等。结合实际需要，选址模型需综合经典模型的优点，考虑多样化的约束条件，同时对于多目标选址模型的求解方法也应当适宜，保证最终得出合理的选址位置，保证其科学性，实用性。

2.4.2 研究展望

我国在应急救援管理方面的研究还处于起步学习的阶段，其理论体系和实践技术都有待于进一步完善。对此国内的应急救援管理还需扩大研究视角，积极学习国外先进理论成果，整体来完善国内的方法和技术体系，而政府也应积极主动吸收学者的科研成果，加快应急救援中心的建设，完善应急预案，以更好地处理应急救援工作。经过几十年的发展，大批学者针对各类应急设施在实际选址中不同的侧重点提出了多种选址模型，也将诸多精确、非精确算法应用于选址模型的求解过程中。本章针对应急设施选址问题未来的研究方向提出几点建议。

（1）选址模型方面

选址模型首先应更关注不确定性。未来研究首先应当更关注多时间阶段下出现动态需求、资源连续性消耗的情况，以及服务因遭破坏而中断、各设施服务能力相互关联的选址问题。同时，也可对现有的基本选址模型进行改进，加入随机条件使选址问题更好地体现出大规模紧急事件的不确定性。其次，要考虑更多的选址影响因素，应急设施选址会受空间、环境效益、经济效益及服务满意度等诸多因素的影响，将这些因素体现在目标函数中可使模型更贴近实际，模型的表示也应更加准确。

（2）精确程度方面

由于研究时间的限制，本章构建的应急设施选址评价指标可能缺失一些尚未明确的影响因子。同时，本章的选址评价模型主要针对市县级的应急物资储备库，关于省（区、市）或乡（镇）级的选址评价模型可能存在不完全匹配的情况。因此，关于合理选择应急物资储备库的选址评价指标还需要进一步的探讨，选址评价模型的对象也需要更加兼顾性。

现有文献中对于路网通行能力的分析，只是简单地分析了两点之间道路是否损坏或交通拥堵程度，从而推算出车辆行驶速度。这种处理方法很大程度上简化了城市道路交通对车速的实际影响。对此，应按照城市道路网络将城市网格化，通过交通部门各路口视频监控资料分析不同时间段各路段的车流量和拥堵情况。虽然调研工作量很大，但是其结果对于车辆路径优化会起到实质性帮助，相信可以将车辆救援所耗时间精确到分钟。

（3）体系研究方面

当前考虑的设施选址多为离散选址问题，区域栅格化的过程存在分辨率设置的问题。合适的分辨率是平衡求解精度和计算速度的关键，可以通过使用多阶段多分辨率迭代计算的方法解决该问题，但如何避免因初始分辨率过低而陷入局部最优仍是亟待解决的问题。此外，设施选址并非一个孤立的问题，而是应急反应体系中的一个环节，因此，在研究中可以考虑将应急设施选址和物资预储、设施分配、资源分配和路径规划等优化行为结合起来，从而构建符合应急救援反应过程的多阶段规划模型。另外，还应有针对性地建设面向整个应急反应体系的测试用例标准库，为全领域的研究工作提供统一、规范的数据共享环境，以便于研究工作的开展以及研究成果的分析和比较。

（4）优化求解方面

面对越来越大的数据量和日益复杂的模型，优化求解的性能要求越来越高，应急设施选址的实时决策面临计算时间长、效率低下的问题。近年来出现的新型启发式算法，如生物地理学优化算法、布谷鸟搜索、水稻田算法、仿生算法、烟花算法等都体现出较好的全局搜索能力，在各类工程优化问题中具有良好的应用前景。然而，在应急设施选址模型求解中对此类算法的使用较少，也缺乏针对具体问题的改进，因此，在未来的研究中可以考虑尝试使用较新颖的启发式算法来求解模型。同时，还应当注意对现有算法的改进与混合创新，例如，可以尝试对现有算法进行并行计算的改进以提高计算效率，或者在多目标优化中对重要目标设定一定的宽容量，以保证多目标优化的有效性。

本章参考文献

［1］艾云飞，吕靖，张丽丽．三角模糊需求下水上应急储备库选

址 - 分配优化模型 [J]. 安全与环境学报, 2016, 16 (2): 179 - 183.

[2] 安邦, 程朋. 基于分支割平面的一类无容量限制设施选址问题求解算法 [J]. 运筹学学报, 2015, 19 (4): 1 - 13.

[3] 陈国华, 夏浩, 高子文. 化工园区应急避难点选址评估模型应用研究 [J]. 中国安全生产科学技术, 2017, 13 (8): 61 - 66.

[4] 陈俊锋, 翁建军, 吴兵, 等. 基于熵权 - TOPSIS 的水上机场选址研究 [J]. 交通信息与安全, 2018, 36 (2): 112 - 119.

[5] 陈鑫, 汪传旭. 模糊随机需求下应急救援中心选址优化模型 [J]. 运筹与管理, 2012, 21 (5): 73 - 77.

[6] 陈鑫, 汪传旭, 石刘红. 模糊随机需求下应急救援中心排队选址模型及算法 [J]. 上海海事大学学报, 2011, 32 (1): 74 - 79.

[7] 丛雯婧, 俞武扬. 考虑台风情景的区域应急物资储备库选址模型与算法 [J]. 工业工程与管理, 2020, 25 (5): 68 - 74.

[8] 代文锋, 仲秋雁, 贺冬冬. 基于灰理想关联熵的应急物资配送中心选址 [J]. 系统工程, 2016, 34 (4): 101 - 108.

[9] 代颖, 马祖军. 应急救援系统中的随机定位—路径问题 [J]. 系统管理学报, 2012, 21 (2): 212 - 217.

[10] 丁雪枫, 尤建新, 王洪丰. 突发事件应急设施选址问题的模型及优化算法 [J]. 同济大学学报 (自然科学版), 2012, 40 (9): 1428 - 1433.

[11] 董银红. 道路拥塞条件下的应急救援选址研究 [J]. 经济与管理研究, 2014 (4): 48 - 53.

[12] 方磊, 何建敏. 城市应急系统优化选址决策模型和算法 [J]. 管理科学学报, 2005, 8 (1): 12 - 16.

[13] 冯舰锐, 盖文妹. 应急物资储备点选址多目标优化模型及算法研究 [J]. 中国安全生产科学技术, 2018, 14 (6): 64 - 69.

[14] 付德强, 陈子豪, 蹇洁, 等. 应急联动区域下选址分配协同优化模型研究 [J]. 数学的实践与认识, 2019, 49 (6): 30 - 41.

[15] 付德强, 张伟. 考虑服务设施规模的应急物资储备库双目标选址模型研究 [J]. 重庆邮电大学学报 (自然科学版), 2015, 27 (3): 392 - 396.

[16] 邰振华. 配送中心选址模型与算法研究 [D]. 南京: 东南大

学，2005.

[17] 葛春景，王霞，关贤军. 重大突发事件应急设施多重覆盖选址模型及算法 [J]. 运筹与管理，2011，20（5）：50–56.

[18] 葛显龙，薛桂琴. 不确定环境下多品类共同配送路径优化 [J]. 计算机工程与应用，2019，55（9）：264–270.

[19] 龚亚伟. 应急救灾物资车辆最优路径选择的研究与实现 [D]. 武汉：武汉理工大学，2008.

[20] 谷玲玲，耿秀丽. IIF–ER方法在应急救援设施选址中的应用 [J]. 中国安全科学学报，2018，28（9）：183–188.

[21] 管小俊，王喜富，王翠华，闫亚娜. 基于竞争的救援中心选址双层规划模型及算法研究 [J]. 武汉理工大学学报（交通科学与工程版），2009，33（5）：956–959.

[22] 韩强. 多目标应急设施选址问题的模拟退火算法 [J]. 计算机工程与应用，2007（30）：182–183，216.

[23] 韩永飞. 基于加权灰熵的应急物资储备库选址评价研究 [J]. 长春大学学报，2018，28（3）：17–21.

[24] 李学兰，王海元. 基于层次分析法的西安市应急物资储备库选址研究 [J]. 天津中德应用技术大学学报，2018，22（1）：25–30.

[25] 李志，焦琴琴，周愉峰. 震后应急物资供应点的多目标动态定位–分配模型 [J]. 计算机工程，2017，43（6）：281–288.

[26] 刘勇，马良，宁爱兵. 给定限期条件下应急选址问题的量子竞争决策算法 [J]. 运筹与管理，2011，20（3）：66–71.

[27] 刘玉琪，胡庆武，程钢，等. 基于灰色关联分析与熵值权重的避难所适宜性评价 [J]. 武汉理工大学学报（信息与管理工程版），2017，39（6）：669–673，678.

[28] 马祖军，代颖，李双琳. 带限制期的震后应急物资配送模糊多目标开放式定位—路径问题 [J]. 系统管理学报，2014，23（5）：658–667.

[29] 沙磊，王璞，王芳. 基于非线性规划的铁路应急物资储备点选址模型方案研究 [J]. 铁路计算机应用，2019，28（10）：5–7，15.

[30] 孙清臣，曲林迟. 考虑多类应急物资需求不确定的选址模型 [J]. 广西大学学报（自然科学版），2019，44（2）：448–454.

[31] 孙滢悦，陈鹏，刘晓静，等．基于 TOPSIS 评价法的城市应急避难所选址适宜性评价研究 [J]．震灾防御技术，2017，12（3）：700－709．

[32] 覃凤梅．城市火灾应急救援车辆路径选择研究 [D]．成都：西南交通大学，2009．

[33] 陶莎，胡志华．需求与救援网络不确定下的应急救援选址问题 [J]．计算机应用，2012，32（9）：2534－2537．

[34] 田依林．基于 FAHP 法的应急物资储备库选址研究 [J]．武汉理工大学学报（交通科学与工程版），2010，34（2）：354－357．

[35] 王飞飞，侯云先，李士森．城镇应急物资储备库动态多重覆盖模型 [J]．北京航空航天大学学报（社会科学版），2019，32（1）：57－64．

[36] 魏宝红，杨茂盛．基于遗传算法的应急系统选址优化 [J]．铁道运输与经济，2006，28（1）：76－77，80．

[37] 翁克瑞．面向快速响应与成本优化的设施选址问题 [J]．运筹与管理，2012，21（6）：32－37．

[38] 郗蒙浩，张静，赵秋红，等．基于 P－center 问题的国家级应急物资储备设施选址优化布局研究 [J]．自然灾害学报，2019，28（3）：123－129．

[39] 谢以恒，沈菊琴，吴征，等．基于 TOPSIS 法的城市内涝事件应急群决策研究 [J]．水资源与水工程学报，2017，28（1）：104－108．

[40] 许骏，许晓东．一种群体智能融合算法及其在应急设施选址的应用 [J]．计算机工程与科学，2014，36（4）：667－673．

[41] 杨乃定，吴静杰．基于直觉模糊软集的煤矿应急救援决策方法 [J]．运筹与管理，2019，28（1）：54－60．

[42] 杨鹏．突发情况下应急物资储备库选址的研究 [D]．兰州：兰州交通大学，2019．

[43] 于冬梅，高雷阜，赵世杰．给定需求区域应急物资储备库选址模型及其解法 [J]．中国安全科学学报，2015，25（11）：170－176．

[44] 余鹏，隽志才．混合遗传算法求解应急抢修点选址问题 [J]．计算机应用研究，2013，30（2）：360－363．

［45］詹斌，冯乐，宋文娟. 水上突发事件应急资源储备点选址模型研究［J］. 武汉理工大学学报，2015，37（8）：31－36.

［46］张成元. 基于免疫算法及蚁群算法的应急物资储备库选址研究［D］. 长春：吉林大学，2017.

［47］张聆晔，吕靖. 风险不确定的海上应急物资储备库选址［J］. 中国安全科学学报，2019，29（9）：173－180.

［48］张鑫，高淑春. 需求不确定下的应急物资储备库选址模型研究［J］. 中国安全科学学报，2017，27（2）：169－174.

［49］赵树平，梁昌勇，戚筱雯，等. 城市突发事件的应急设施选址群决策方法［J］. 系统管理学报，2014，23（6）：810－818.

［50］赵远飞，陈国华. 基于改进逼近理想解排序（TOPSIS）法的应急系统优化选址模型研究［J］. 中国安全科学学报，2008：22－28.

［51］郑夏，马良. 应急物资储备中心多目标优化选址的仿真研究［J］. 计算机仿真，2019，36（9）：473－478.

［52］张聆晔. 考虑重大海上溢油应急响应多阶段特征的应急物资调度优化研究［D］. 大连：大连海事大学，2022.

［53］Abounacer R，Rekik M，Renaud J. An exact solution approach for multi-objective location-transportation problem for disaster response［J］. Computers and Operations Research，2014，41：83－93.

［54］Aksen D，Aras N. A bilevel fixed charge location model for facilities under imminent attack［J］. Computers and Operations Research，2012，39：1364－1381.

［55］Aksen D，Arasn. A bi-level fixed charge location model for facilities under imminent attack［J］. Computers and Operations Research，2012，39：1364－1381.

［56］Balcik B，Beamon B M. Facility location in humanitarian relief［J］. International Journal of logistics，2008，11（2）：101－121.

［57］Beraldi P，Bruni M E. A probabilistic model applied to emergency service vehiclel ocation［J］. European Journal of Operational Research，2009（196）：323－331.

［58］Chanta S，Mayorgam E，Mclayl A. The minimum p-envy location problem with requirement on minimum survival rate［J］. Computers and In-

67

dustrial Engineering, 2014, 74: 228 – 239.

[59] Church R, Revelle C. The maximal covering location problem [J]. Papers of the Regional Science Association, 1974, 32 (1): 101 – 118.

[60] Dessouky M M, Jia H Z, Ordonez F. A modeling framework for facility location of medical services for large-scale emergencies [J]. IIE Transactions, 2007, 39 (1): 41 – 55.

[61] Feng S, Gao H, Yang C, et al. Study on the Location of Emergency Resources Distribution Center Based on FAHP [J]. International Conference on Information Management and Engineering, 2011.

[62] Hakimis L. Optimum locations of switching centers and the absolute centers and medians of a graph [J]. Operations Research, 1964, 12 (1): 450 – 459.

[63] Jabbarzadeh A, Fahimnia B, Seuring S. Dynamic supply chain network design for the supply of blood in disasters: a robust model with real world application [J]. Transportation Research Part E: Logistics and Transportation Review, 2014, 70: 225 – 244.

[64] Jia H K, Ordonez F, Dessouky M. Solution approaches for facility location of medical supplies for large-scale emergencies [J]. Computers Industrial Engineering, 2007, 52: 257 – 276.

[65] Malekim, Majlesinasabn, Sepehrimm. Two new models for redeployment of ambulances [J]. Computers and Industrial Engineering, 2014, 78: 271 – 284.

[66] Min H, Jayaraman V, Srivastava R. Combined location-routing problems: A synthesis and future research directions [J]. European Journal of Operational Research, 1998, 108 (1): 1 – 15.

[67] Murali P, Ordez F, Dessoukymm. Facility location under demand uncertainty: response to a largescale bio-terror attack [J]. Socio-Economic Planning Sciences, 2012, 46: 78 – 87.

[68] Pramudita A, Taniguchi E, Qureshi A G. Location and routing problems of debris collection operation after disasters with realistic case study [J]. Procedia-Social and Behavioral Sciences, 2014, 125: 445 – 458.

[69] Rawls C G, Turnquist M A. Prepositioning of emergency supplies

for disaster response [J]. Transportation Research Part B: Methodological, 2010, 44 (4): 521 – 534.

[70] Schmid V, Docrner K F. Ambulance location and relocation problems with time-dependent travel times [J]. European Journal of Operational Research, 2010, 207 (3): 1293 – 1303.

[71] Schmid V. Solving the dynamic ambulance relocation and dispatching problem using approximate dynamic programming [J]. European Journal of Operational Research, 2012, 219 (3): 611 – 621.

[72] Sudtachatk, Mayorgame, Mclayla. A nested-compliance table policy for emergency medical service systems under relocation [J]. Omega, 2016, 58: 154 – 168.

[73] Su Q, Luo Q, Huangs H. Cost-effective analyses for emergency medical services deployment: a case study in Shanghai [J]. International Journal of Production Economics, 2015, 163: 112 – 123.

[74] Toregas C, Swain R, Revelle C S, et al. The location of emergency service facility [J]. Operations Research, 1971, 19 (6): 1363 – 1373.

[75] Toro-dazh, Mayorgam E, Chanta S, et al. Joint location and dispatching decisions for emergency medical services [J]. Computers and Industrial Engineering, 2013, 64 (4): 917 – 928.

[76] Webera A. Theory of the location of industries [J]. mat. sb, 1929.

[77] Yang Saini, Hamedi Masoud, HaghaniAli. Online dispatching and routing model for emergency vehicles with area coverage constraints [J]. Transportation Research Record, 2005 (1923): 1 – 8.

[78] Ye F, Zhao Q, Xi M, et al. Chinese national emergency warehouse location research based on VNS algorithm [J]. Electronic Notes in Discrete Mathematics, 2015, 47: 61 – 68.

第 3 章　基于三角模糊熵和灰色关联法的应急物资储备库选址研究

3.1　研究背景

应急物资储备库是应急救援工作开展的基础，是有效应对突发灾害事件的重要保障，尤其对防范救援过程中物资供应不足的问题具有显著成效。因此，为增强应对地震灾害风险的防范能力，提升应急物资保障能力，需要从应急物资储备库的选址方案中进行科学选取。本章提出利用三角模糊数和熵权法对选址评价指标进行组合赋权，代替单一方法的权重，该方法在保证专家权重的同时保留了指标间的信息，从而能够综合考虑各指标的主客观信息，使得指标权重更符合实际情况。同时采用灰色关联分析法对应急物资储备库的备选地址进行综合评价，在降低求解复杂度的同时对各方案进行合理的排序，从而确定最合适的选址方案，为应急储备库选址提供决策依据。

多年来，应急物资储备库一直是众多学者关注的研究热点。谷玲玲等（2018）通过构建区间直觉模糊和证据推理的选址模型，解决了不确定环境下的应急设施选址问题。代文锋等（2016）针对应急物资配送设施选址问题，考虑决策人员的权重，采用综合加权灰熵的方法保证算法评价结果的合理性。刘玉琪等（2017）在对应急避难场所进行适应性评价时，采用加权灰熵的方法确定各指标的权重，算例结果表明该方法可适用于避难所的规划。陈国华等（2017）针对化工园区的应急避难点选址问题，提出利用博弈论方法对指标权重进行差异最小化处理，通过案例验证了模型的有效性。杨乃定等（2019）针对传统确定数方法不适用于煤矿突发事故初期决策的问题，提出了基于直觉模糊软集的方法，通过分析案例结果验证了该方法的合理性。巴尔奇克等（Balcik et al.，2008）将应急救灾中涉及的应急物资种类、数量、预算成本等因素综合考虑，构建了改进的最大程度覆盖信息的选址模型。

3.2 理 论 基 础

3.2.1 应急物资储备库选址评价指标

应急物资储备库选址是应急救援可以顺利开展的前提，在确定选址时需要考虑多方面的影响，是一个多属性决策问题。因此，在大量阅读并总结前人对应急物资储备库选址研究文献（焦连柯，2011）基础上，将应急物资储备库选址进行评价时考虑的因素分为以下七类。

（1）安全性

安全性是决定应急物资储备库选址的重要准则之一。一旦发生突发灾害事件，应急物资储备库应当保证自身的稳定性，不会因地震、泥石流等发生倒塌情况。进行选址时主要考虑土壤类别、降水量、地势、远离地震带等因素。将其分为地质条件和水文条件 2 个二级指标。

（2）交通运输条件

主要包括道路分布及载货汽车数量 2 个二级指标。应急物资储备库周边的道路分布越广泛，对提高应急救援的工作效率越具有积极的作用。同时，载货汽车是应急物资配送的重要工具，较多的载货汽车可以在短时间内运输更多的物资，加强了储备库与外界的物资流动性。

（3）适宜性

适宜性分为周边人口数量和医疗水平 2 个二级指标。在进行合理选址时，也要考虑到备选地区周遭的人口数量，人口数量越大，则在发生突发事件时，可得到救助物资的人数也就越多。当地的医疗水平也是重要的影响因素，较高的医疗水平往往可以接收更多需要诊疗的伤者。

（4）经济性

建设应急物资储备库时，要考虑到土地征用所耗费的资金、建设储备库相关材料的损耗以及在运营过程中的人、材、机消耗等。将以上要点分为建设成本和运营成本 2 个二级指标。

（5）公共设施状况

首先，公共设备状况主要体现在地区供电能力、保障用水需求以及可靠的通信能力。良好的水电供应可保证发生突发灾害事件时，储备库可正常运转，使救援后勤工作有更好的保障；而良好的通信使得外界对储备库物资的需求和供给情况有准确的数据，进而有针对性地对储备库进行物资的补给，避免出现资源的浪费。综上，将公共设施状况分为供电、供水和通信情况 3 个二级指标。

（6）环境因素

应急物资储备库在必要的时候也会充当避难所，较好的储备库环境可以减少灾民感染疾病的概率，环境的好坏往往与对应的垃圾及污水处理情况有关。因此，将环境因素分为垃圾处理能力和污水处理能力两个 2 级指标。

（7）其他因素

其他因素包括国家政策和可扩展性 2 个二级指标。较好的国家政策可以保证储备库建设过程的顺利进行，同时为确保在将来储备库可以进行更大范围的覆盖，良好的可扩展性也是必不可少的。

通过对以上影响选址因素的分析，从安全性、交通运输条件、经济性、适宜性、公共设施状况、环境因素及其他因素等 7 个方面构建了评价指标体系，如图 3.1 所示。二级指标包括地质条件、建设成本、污水处理能力等 15 个二级指标。

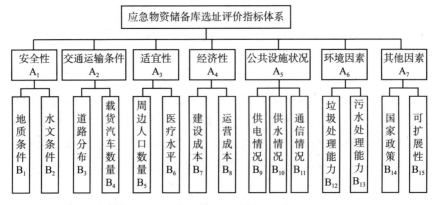

图 3.1 应急物资储备库选址评价指标体系

资料来源：笔者依据选址评价指标绘制。

3.2.2 应急物资储备库选址评价原理

通过对文献的查阅和分析，首先，大部分学者采用 TOPSIS 方法对模型进行综合评价，但 TOPSIS 法的排序步骤中，求规范矩阵时稍显烦琐，对求出正负理想解有一定难度。TOPSIS 法将决策矩阵规范化处理时较烦琐；其次，TOPSIS 法中的指标权重常为提前已知的，权重的获取不具备客观性。而灰色关联分析法可依据小样本数据建模，以指标发展态势进行分析，用关联度表示两个指标间的相似程度。该方法可对各指标间的关联度进行分析，更能指出多级指标体系对应方案的优劣程度，同时该方法计算量不大，也可提高计算效率。

因此本章选择该方法对应急物资储备库的备选地址进行评价。但该方法在计算时往往采用平均值作为灰色关联度权重，这种方式会造成点关联系数信息的流失，故本章提出基于三角模糊熵的组合赋权方式，其实质就是在保证专家权重的同时保留指标间的信息，从而通过主客观方法共同赋予权重，使得指标权重更加合理，进一步得到各备选地址科学、准确的评价。基于三角模糊熵和灰色关联法的应急物资储备库选址评价流程如图 3.2 所示。

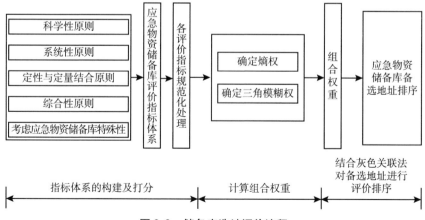

图 3.2 储备库选址评价流程

资料来源：笔者绘制。

3.3 基于三角模糊熵和灰色关联法的选址模型

3.3.1 指标打分及标准化处理

因各指标量纲不统一,需对评价矩阵标准化处理。此外,不同类型指标内涵不同(效益型指标数值越高越有益,如道路密度、医疗水平等指标;成本型指标数值越低越有益,如建设成本、运营成本等指标),因此,对正、负向指标需采用不同的算法进行数据标准化处理。

对 n 个备选地址,m 个评价指标,则 x_{ij} 为第 i 个选址的第 j 个指标的数值(i = 1, 2, …, n; j = 1, 2, …, m),设 x'_{ij} 为 x_{ij} 归一化处理后的结果,同时为避免熵值法计算过程中假设当 $p_{ij} = 0$ 时,$p_{ij}\ln(p_{ij}) = 0$ 的规定,设定 y_{max} 和 y_{min},代表归一化的区间端点,则效益型指标的变换计算如式(3.1)所示:

$$x'_{ij} = \frac{(y_{max} - y_{min}) \times (x_{ij} - \min\{x_{1j}, x_{2j}, \cdots, x_{nj}\})}{(\max\{x_{1j}, x_{2j}, \cdots, x_{nj}\} - \min\{x_{1j}, x_{2j}, \cdots, x_{nj}\})} + y_{min}$$

$$(3.1)$$

成本型指标的变换计算如式(3.2)所示:

$$x'_{ij} = \frac{(y_{max} - y_{min}) \times (\max\{x_{1j}, x_{2j}, \cdots, x_{nj}\} - x_{ij})}{(\max\{x_{1j}, x_{2j}, \cdots, x_{nj}\} - \min\{x_{1j}, x_{2j}, \cdots, x_{nj}\})} + y_{min}$$

$$(3.2)$$

最后建立标准化矩阵 X 如式(3.3)所示:

$$X = (x'_{ij})_{n \times m} = \begin{pmatrix} x'_{11} & x'_{12} & \cdots & x'_{1m} \\ x'_{21} & x'_{22} & \cdots & x'_{2m} \\ \vdots & \vdots & & \vdots \\ x'_{n1} & x'_{n2} & \cdots & x'_{nm} \end{pmatrix}$$

$$(3.3)$$

3.3.2 三角模糊熵指标权重

应急物资储备库选址受到多指标的影响,而不同指标间的重要程度不尽相同，对应的指标权重也就因指标而异。因单一确定权重的方法存在不足（齐越，2016），因此本章将体现客观性的熵权法和表达主观性的三角模糊权结合对各指标进行组合赋权。

（1）熵值法权重的确定

熵权法（章穗，2010）是一种客观赋权法。熵值法在应用时可参考以下思路：当指标的熵值越大，则包含的信息量越少，在评价中所占比重越小；反之，则指标的熵值越小，则所包含的信息量就越大，在评价中所占比重就越大（乔瑞中，2004）。使用熵值法计算各指标相对重要程度的流程如下：

①计算第 j 项指标下第 i 个选址占该指标的比重如式（3.4）所示：

$$p_{ij} = \frac{x'_{ij}}{\sum\limits_{i=1}^{n} x'_{ij}}, \quad j = 1, 2, \cdots, m \qquad (3.4)$$

②利用公式计算第 j 项指标的熵值如式（3.5）所示：

$$e_j = -k \sum\limits_{i=1}^{n} p_{ij} \ln(p_{ij}), \quad j = 1, 2, \cdots, m \qquad (3.5)$$

其中，$k = 1/\ln(n) > 0$。满足 $e_j > 0$。

③计算信息熵冗余度（差异）如式（3.6）所示：

$$d_j = 1 - e_j, \quad j = 1, 2, \cdots, m \qquad (3.6)$$

④计算各项指标的权重如式（3.7）所示：

$$w_j = \frac{d_j}{\sum\limits_{j=1}^{m} d_j}, \quad j = 1, 2, \cdots, m \qquad (3.7)$$

（2）三角模糊权重的确定

三角模糊数常用于解决不确定环境下的问题。使用三角模糊数法对专家给各项指标的打分数据进行处理。

①专家评分：令三角模糊数 $S_i = [l_{ij}, z_{ij}, u_{ij}] (1 \leq i \leq f, 1 \leq j \leq m)$，其中 l_{ij}，z_{ij}，u_{ij} 分别为第 i 个专家依据某一指标对评价方案整体的影响程度打出的最悲观、可能和乐观的数值。l_{ij} 与 u_{ij} 的差值大，则模糊程度越大。邀请 f 位专家在 $[0, 100]$ 间打分，得到各项指标的原始评价矩阵 S，计算公式如式（3.8）所示：

$$S = \begin{pmatrix} [l_{11}, \ z_{11}, \ u_{11}] & \cdots & [l_{1m}, \ z_{1m}, \ u_{1m}] \\ & \vdots & \\ [l_{f1}, \ z_{f1}, \ u_{f1}] & \cdots & [l_{fm}, \ z_{fm}, \ u_{fm}] \end{pmatrix} \quad (3.8)$$

②f 位专家权重的确定：由于不同专家本身的专业性等不完全相同，因此令 $T = [t_1, \ t_2, \ \cdots, \ t_f]$，$t_f$ 表示第 f 位专家在整体评价中的相对重要度。

③评价矩阵进行模糊合成：将专家权重与评价矩阵依据模糊合成算子得到模糊矩阵。考虑各因素影响，本章选择张平等采用的加权平均的模糊合成算子（张平，2017），获得模糊合成矩阵 F 如式（3.9）所示：

$$F = \begin{pmatrix} [l_1, \ z_1, \ u_1] \\ \vdots \\ [l_m, \ z_m, \ u_m] \end{pmatrix} \quad (3.9)$$

④计算三角模糊权重：根据三角模糊数的相关原理，采用常规三角模糊的转化公式得到各指标的模糊得分，计算如式（3.10）所示：

$$v_j = \frac{(l_j + 4z_j + u_j)}{6}, \ j = 1, \ 2, \ \cdots, \ m \quad (3.10)$$

设三角模糊权重 $c = [c_1, \ c_2, \ \cdots, \ c_m]^T$，利用式（3.11）对指标的模糊得分归一化处理，确定指标 j 的三角模糊权重。

$$c_j = \frac{v_j}{\sum\limits_{j=1}^{m} v_j} \quad (3.11)$$

（3）三角模糊熵权的确定

令组合赋权值 $\theta = [\theta_1, \ \theta_2, \ \cdots, \ \theta_m]^T$，熵权 w_j 与三角模糊权 c_j 综合考虑获得第 j 个指标的组合赋权值，计算如式（3.12）所示：

$$\theta_j = \frac{w_j c_j}{\sum\limits_{j=1}^{m} w_j c_j}, \ j = 1, \ 2, \ \cdots, \ m \quad (3.12)$$

3.3.3 灰色关联分析模型

灰色关联法可用较少的样本构建模型，使用序列生成找到系统的规律（徐斌，2011）。灰色关联分析依据曲线的相近程度确定联系的密切性。其中，线条的相似情形越高，对应序列的关联度越明显，反之越弱。此方法能对指标间的关联度进行分析，同时能对多指标体系中总体的优劣程度进行评价（郭秀云，2004）。

对应急物资储备库选址进行评价时，可利用该方法获得各选址方案的各指标的关联度，进而求解各方案的整体关联度，最后通过比较整体关联度值的大小，就能确定最合理的方案。

灰色关联度分析具体步骤如下。

步骤 1：在规范化处理数据的基础上，确定评价对象和评价标准

本章评价标准为各指标值的最大值。评价指标有 m 个，评价对象有 n 个，参考数列为 $x_o = \{x_o(k) \mid k = 1, 2, \cdots, m\}$，比较数列为 $x_i = \{x_i(k) \mid k = 1, 2, \cdots, m\}$，$i = 1, 2, \cdots, n$。

步骤 2：确定各指标对应的权重。

可用层析分析法等确定各指标对应权重，本章节采取三角模糊熵权 θ 作为各指标的综合权重。

步骤 3：计算灰色关联系数。

灰色关联系数如式（3.13）所示：

$$\delta_i(k) = \frac{\min\limits_{i}\min\limits_{k} \mid x_o(k) - x_i(k) \mid + \rho \max\limits_{i}\max\limits_{k} \mid x_o(k) - x_i(k) \mid}{\mid x_o(k) - x_i(k) \mid + \rho \max\limits_{i}\max\limits_{k} \mid x_o(k) - x_i(k) \mid}$$

（3.13）

其中，$\delta_i(k)$ 表示评价对象 x_i 对评价标准 x_o 在第 k 个指标上的关联系数，$\rho \in [0, 1]$ 为分辨系数。$\min\limits_{i}\min\limits_{k} \mid x_o(k) - x_i(k) \mid$、$\max\limits_{i}\max\limits_{k} \mid x_o(k) - x_i(k) \mid$ 分别为两级极小差及极大差。

步骤 4：计算灰色加权关联度。

计算方法如式（3.14）所示：

$$r_i = \sum_{k=1}^{m} \theta_i \delta_i(k)_i$$

（3.14）

其中，r_i 为第 i 个备选地址的灰色加权关联度。将备选地址按对应 r_i 的数值从大到小依次进行排列，排序越靠前，则表明该地址的各项指标综合理想程度更优，最终选择最大值对应的决策为最优决策。

3.4 实例应用分析

马鞍山市决定建造一个应急物资储备库作为防备突发灾害事件的保障，通过认真调研及专家商议，初步确定了 6 个备选地区，分别为花山区、雨山区、博望区、当涂县、含山县以及和县。为后续表述简洁，分别用 C_1、C_2、C_3、C_4、C_5、C_6 表示对应地区，用 B_1、B_2、$\cdots$、B_{15} 表示前文所构建的应急物资储备库选址评价指标。上述 6 个地区的交通、经济及人口等方面具有差异性，根据分析《安徽省马鞍山市城市环境地质调查评价成果报告》《马鞍山 2018 年统计年鉴》《安徽省马鞍市地质灾害调查与区划报告》等相关材料和数据，备选地址各指标的详细调研结果如表 3.1 所示。其中地质条件等定性指标，采用专家打分的方法，用 1~10 之间的数值表示，正向指标分值越大，则该指标越优，负向指标分值越小，则该指标越优。本章依据表中资料从安全性、可达性、经济性、适宜性、公共设施状况、环境因素及其他因素等 7 个方面进行该市的应急物资储备库选址决策。

表 3.1　　　　　　　　各备选地址调研结果

评价指标	各备选地址					
	C_1	C_2	C_3	C_4	C_5	C_6
B_1	7.2	7.2	7	6	7.5	7.5
B_2	6.8	6.7	6.8	8	7.4	7.7
B_3	7.7	7.6	7.4	8	8.4	7.6
B_4（辆）	6991	4846	2237	2897	3364	3644
B_5（万户）	13.08	8.91	5.73	15.73	14.26	16.62
B_6	8.6	8.3	6.3	7.7	7.9	8.2
B_7（万元）	530.7	485.1	338.6	406.3	517.3	472.1
B_8（万元）	18.42	17.94	17.15	17.54	18.05	17.84
B_9	8.62	8.46	8.34	8.72	8.15	8.48
B_{10}	7.4	7.5	6.9	8.2	8.6	9

评价指标	各备选地址					
	C_1	C_2	C_3	C_4	C_5	C_6
B_{11}	8.78	8.82	8.24	8.63	8.75	8.73
B_{12}	8.12	8.06	8.14	8.53	8.74	8.88
B_{13}	8.41	8.46	8.33	8.75	9.02	8.74
B_{14}	8.3	8.4	7.5	8.4	8.5	8.7
B_{15}	7.84	8.80	8.74	8.61	8.78	8.94

资料来源：笔者参考数据源于《安徽省马鞍山市城市环境地质调查评价成果报告》《马鞍山 2018 年统计年鉴》《安徽省马鞍市地质灾害调查与区划报告》等材料绘制。

3.4.1　指标标准化处理

由表 3.1 及式（3.1）、式（3.2）可得备选地址各指标值的规范化矩阵，如表 3.2 所示。其中令 y_{max} 和 y_{min} 分别为 0.996 和 0.002。

表 3.2　　　　　　　　　**评价指标规范化矩阵**

评价指标	各备选地址					
	C_1	C_2	C_3	C_4	C_5	C_6
B_1	0.797	0.797	0.665	0.002	0.996	0.996
B_2	0.078	0.002	0.078	0.996	0.537	0.767
B_3	0.300	0.201	0.002	0.598	0.996	0.201
B_4（辆）	0.996	0.548	0.002	0.140	0.238	0.296
B_5（万户）	0.673	0.292	0.002	0.915	0.781	0.996
B_6	0.996	0.866	0.002	0.607	0.693	0.823
B_7（万元）	0.002	0.238	0.996	0.646	0.071	0.305
B_8（万元）	0.002	0.378	0.996	0.691	0.292	0.456
B_9	0.822	0.543	0.333	0.996	0.002	0.577
B_{10}	0.239	0.286	0.002	0.617	0.807	0.996
B_{11}	0.927	0.996	0.002	0.670	0.876	0.842
B_{12}	0.075	0.002	0.099	0.572	0.826	0.996

评价指标	各备选地址					
	C_1	C_2	C_3	C_4	C_5	C_6
B_{13}	0.117	0.189	0.002	0.607	0.996	0.593
B_{14}	0.665	0.748	0.002	0.748	0.830	0.996
B_{15}	0.002	0.869	0.815	0.698	0.851	0.996

资料来源：笔者绘制。

3.4.2 指标组合赋权

（1）确定熵值权重

根据表3.2的规范化矩阵，利用式（3.4）计算第 j 项指标下第 i 个选址占该指标的比重，结果如表3.3所示。

表3.3 各选址相应指标权重

评价指标	各备选地址					
	C_1	C_2	C_3	C_4	C_5	C_6
B_1	0.18744	0.18744	0.15628	0.00047	0.23418	0.23418
B_2	0.03191	0.00081	0.03191	0.40508	0.21850	0.31179
B_3	0.13062	0.08737	0.00087	0.26038	0.43338	0.08737
B_4	0.44878	0.24670	0.00090	0.06308	0.10708	0.13346
B_5	0.18392	0.07989	0.00055	0.25004	0.21336	0.27224
B_6	0.24975	0.21724	0.00050	0.15222	0.17389	0.20640
B_7	0.00089	0.10537	0.44106	0.28593	0.03159	0.13516
B_8	0.00071	0.13422	0.35395	0.24547	0.10362	0.16203
B_9	0.25103	0.16578	0.10184	0.30431	0.00061	0.17643
B_{10}	0.08100	0.09706	0.00068	0.20950	0.27376	0.33801
B_{11}	0.21500	0.23090	0.00046	0.15541	0.20309	0.19514
B_{12}	0.02908	0.00078	0.03852	0.22249	0.32155	0.38759
B_{13}	0.04682	0.07558	0.00080	0.24241	0.39773	0.23666

评价指标	各备选地址					
	C_1	C_2	C_3	C_4	C_5	C_6
B_{14}	0.16667	0.18744	0.00050	0.18744	0.20821	0.24975
B_{15}	0.00047	0.20546	0.19265	0.16489	0.20119	0.23535

资料来源：笔者绘制。

利用式（3.5）可求得各项指标的熵值 e：

$$e = [0.8937, 0.7185, 0.7873, 0.7777, 0.8638, 0.8921,$$
$$0.7490, 0.8466, 0.8652, 0.8280, 0.8954, 0.7258,$$
$$0.7788, 0.8948, 0.8965]$$

利用式（3.6）计算各指标信息熵冗余度：

$$d_j = [0.1063, 0.2815, 0.2127, 0.2223, 0.1362, 0.1079,$$
$$0.2510, 0.1534, 0.1348, 0.1720, 0.1046, 0.2742,$$
$$0.2212, 0.1052, 0.1052]$$

利用式（3.7）计算各项指标的熵权 w_j：

$$w_j = [0.0411, 0.1088, 0.0822, 0.0859, 0.0526, 0.0417,$$
$$0.0970, 0.0593, 0.0521, 0.0665, 0.0404, 0.1060,$$
$$0.0855, 0.0407, 0.0400]$$

（2）确定三角模糊数权重

参与指标打分的 5 位专家对各指标进行评价，具体评价结果如表3.4 所示。

表 3.4　　　　　　　　　　5 位专家的评价矩阵

评价指标	各专家评价矩阵				
	G_1	G_2	G_3	G_4	G_5
B_1	325878	406182	365779	417883	325375
B_2	315862	337985	356180	405776	446574
B_3	337084	557281	476881	576484	367789
B_4	415879	447582	386279	367784	506280
B_5	507075	485976	397279	415862	427078

评价指标	各专家评价矩阵				
	G_1	G_2	G_3	G_4	G_5
B_6	425577	415876	526177	456270	395772
B_7	444869	355875	397179	465879	405366
B_8	365974	397682	425684	506672	517482
B_9	496678	457278	507885	446178	426887
B_{10}	415260	395761	456678	385176	315783
B_{11}	375269	415364	356279	435962	486879
B_{12}	394956	365175	507582	445877	597480
B_{13}	547686	577884	345278	587791	567386
B_{14}	505981	325582	557788	405774	315476
B_{15}	527079	425680	517190	385379	537285

资料来源：笔者绘制。

本章参考相关文献，将专家评价权重集设为 $T = [0.25，0.23，0.18，0.20，0.14]$，依据加权平均模糊合成算子得到模糊合成矩阵 F：

$$F = \begin{pmatrix} 36.36 & 61.81 & 79.68 \\ 35.80 & 64.15 & 75.01 \\ 45.80 & 69.88 & 83.47 \\ 41.41 & 66.99 & 80.83 \\ 44.64 & 65.43 & 73.77 \\ 43.75 & 58.45 & 74.67 \\ 40.87 & 57.14 & 73.76 \\ 42.67 & 65.87 & 78.36 \\ 46.28 & 68.82 & 80.52 \\ 39.26 & 56.17 & 69.89 \\ 40.30 & 57.67 & 69.65 \\ 44.09 & 59.44 & 72.61 \\ 52.17 & 71.92 & 85.10 \\ 42.10 & 60.22 & 80.39 \\ 46.86 & 63.84 & 82.05 \end{pmatrix}$$

根据式（3.10）获得各评价指标的模糊得分。

$$v_j = [60.5467, 61.2350, 68.1317, 65.0333, 63.3550, 58.7033,$$
$$57.1983, 64.0850, 67.0133, 55.6383, 56.7717, 59.0767,$$
$$70.8250, 60.5617, 64.0450]$$

最后依据式（3.11）计算各评价指标的三家模糊权重。

$$c = \frac{v_j}{\sum\limits_{j=1}^{m} v_j} = [0.0649, 0.0657, 0.0731, 0.0698, 0.0680, 0.0630,$$
$$0.0614, 0.0687, 0.0719, 0.0597, 0.0609, 0.0634, 0.0760,$$
$$0.0650, 0.0687]$$

（3）确定组合权重

将上面得到的熵权结合三角模糊权重利用式（3.12），得到各指标的组合权重。

$$\theta = [0.0399, 0.1065, 0.0899, 0.0897, 0.0535, 0.0393,$$
$$0.0891, 0.0610, 0.0561, 0.0594, 0.0368, 0.1005,$$
$$0.0972, 0.0395, 0.0411]$$

3.4.3　灰色关联法综合评价

将表3.1标准化处理后取各指标值的最大值，得到虚拟最优选址。其次利用式（3.13）可得各备选地址的灰色关联系数 δ（其中分辨系数 $\rho = 0.5$），如表3.5所示。

表3.5　　　　　　　　　评价指标的灰色关联系数

评价指标	各备选地址					
	C_1	C_2	C_3	C_4	C_5	C_6
B_1	0.7143	0.7143	0.6000	0.3333	1.0000	1.0000
B_2	0.3514	0.3333	0.3514	1.0000	0.5200	0.6842
B_3	0.4167	0.3846	0.3333	0.5556	1.0000	0.3846
B_4	1.0000	0.7500	0.3333	0.3750	0.5000	0.6000
B_5	0.6060	0.4139	0.3333	0.8595	0.6976	1.0000
B_6	1.0000	0.7931	0.3333	0.5610	0.6216	0.7419

评价指标	各备选地址					
	C_1	C_2	C_3	C_4	C_5	C_6
B_7	0.3333	0.3960	1.0000	0.5866	0.3496	0.4184
B_8	0.3333	0.4456	1.0000	0.6195	0.4137	0.4792
B_9	0.7403	0.5229	0.4286	1.0000	0.3333	0.5429
B_{10}	0.3962	0.4118	0.3333	0.5676	0.7241	1.0000
B_{11}	0.8788	1.0000	0.3333	0.6042	0.8056	0.7632
B_{12}	0.3504	0.3333	0.3565	0.5395	0.7455	1.0000
B_{13}	0.3613	0.3812	0.3333	0.5610	1.0000	0.5520
B_{14}	0.6000	0.6667	0.3333	0.6667	0.7500	1.0000
B_{15}	0.3333	0.7971	0.7333	0.6250	0.7746	1.0000

资料来源：笔者绘制。

根据上面求得的组合权重 θ 以及灰色关联系数 δ，利用式（3.14）计算各评价对象对理想对象的灰色加权关联度 r_i，具体结果如表3.6所示。

表3.6　　　　　　　　六个备选地址的加权关联度值

关联度	C_1	C_2	C_3	C_4	C_5	C_6
r_i	0.5202	0.4820	0.4701	0.6341	0.6641	0.6868

资料来源：笔者绘制。

根据各备选地址的 r_i 大小对各地区进行排序，最终的备选地址排序结果为：$C_6 > C_5 > C_4 > C_1 > C_2 > C_3$，即和县优于含山县优于当涂县优于花山区优于雨山区优于博望区。从计算结果来看，由于和县与虚拟最优地址的关联度最大，政府在进行选址决策时，可优先考虑选择和县建造应急物资储备库。

通过后续的实地验证，马鞍山市目前建有两个应急物资储备库：一个是县级含山县应急物资储备库项目（列入马鞍山市2017年计划）；另一个是市级和县应急物资储备库项目（列入马鞍山市2015年计划）。本章得出的排序结果与两个应急物资储备库项目的选址相一致，可知研究结论与实际情况贴合，进一步证明了评价模型的可行性和科学性。

3.5　总结与展望

3.5.1　研究内容总结

首先，介绍课题的研究背景；其次，对现阶段应急物资储备库选址评价指标和原理进行归纳分析，通过分析应急物资储备库文献中采用的模型，针对本书研究的特点，构建相应的选址评价模型；最后，提出本章的主要研究内容和方法。分别对应急物资储备库选址、三角模糊熵、灰色关联法等进行介绍，基于三角模糊熵和灰色关联法的应急物资储备库选址研究。在阅读相关研究文献的基础上，构建完善的选址评价指标体系。使用三角模糊数和熵权法综合赋权的方式对各指标权重进行确定，在保证专家权重的同时保留指标间的信息，使指标权重更加合理。最后使用灰色关联分析法对应急物资储备库的备选地址进行相关评价。备选地址的灰色加权关联度越大，表明该地的各项指标综合理想程度更优，最终选择关联度最大对应的决策为最佳应急物资储备库选址方案。

应急物资储备库是应急救援工作开展的基础，在物资运送到灾区的过程中发挥极其重要的作用。应急物资储备库的选址涉及如运营成本、地质环境、道路密度等众多复杂因素，对备选点进行客观评价是选址工作中的重要环节。为此，本章通过阅读相关应急物资储备库选址研究文献的基础上，凝练出影响选址的有关要素，构建较完善的选址评价指标体系。本章结合三角模糊数和熵权法对评价指标组合赋权，在保证专家权重的同时保留指标间的信息，从而通过主客观方法共同赋予权重，使得指标权重更加合理。最后，本章使用灰色关联分析法对应急物资储备库的备选地址进行相关评价。备选地址的灰色加权关联度越大，表明该地址的各项指标综合理想程度更优，选择最大值对应的决策为最优决策，即最佳的应急物资储备库选址方案。

3.5.2 研究展望

本章对应急物资储备库选址问题进行了相关研究,构建了符合实际需求的选址评价模型,并采用了三角模糊数和熵权法对评价指标组合赋权对模型进行求解。虽然取得了一定的研究成果,但受个人精力和水平的限制,本章的研究也存在一些可以继续深入探讨的地方。

由于研究时间的限制,本章构建的储备库选址评价指标可能缺失一些尚未明确的影响因子。同时,本章的选址评价模型主要针对市县级的应急物资储备库,关于省级或乡镇级的选址评价模型可能存在不完全匹配的情况。因此关于合理选择应急物资储备库的选址评价指标还需要进一步的探讨,选址评价模型的对象也需要具有兼顾性。

本章参考文献

[1] 晁颖,王庆荣. 基于模糊粗糙集案例推理的应急物资需求预测 [J]. 交通科技与经济,2015,17 (5):1-4.

[2] 陈国华,夏浩,高子文. 化工园区应急避难点选址评估模型应用研究 [J]. 中国安全生产科学技术,2017,13 (8):61-66.

[3] 代文锋,仲秋雁,贺冬冬. 基于灰理想关联熵的应急物资配送中心选址 [J]. 系统工程,2016,34 (4):101-108.

[4] 冯烈丹,向军,何洁. 地震黄金救援72小时内的通信保障 [J]. 卫星与网络,2009,83 (5):26-28.

[5] 葛敏,陈晓平,吴凤平. 灾害链、不确定供求和复杂应急资源分配网络的动态配置 [J]. 科技管理研究,2017,37 (13):205-214.

[6] 谷玲玲,耿秀丽. IIF-ER 方法在应急救援设施选址中的应用 [J]. 中国安全科学学报,2018,28 (9):183-188.

[7] 郭秀云. 灰色关联法在区域竞争力评价中的应用 [J]. 统计与决策,2004 (11):55-56.

[8] 胡锦帆,张晓伟,袁岐江,等. 一种基于单纯形搜索的粒子群优化算法 [J]. 计算机应用研究,2020,37 (1):71-75.

　　［9］焦连柯．应急物资储备分类及选址的研究［D］．沈阳：东北大学，2011.

　　［10］刘玉琪，胡庆武，程钢，等．基于灰色关联分析与熵值权重的避难所适宜性评价［J］．武汉理工大学学报（信息与管理工程版），2017，39（6）：669–673，678.

　　［11］蒲宇．救灾物资储备库应急能力评价研究［D］．合肥：合肥工业大学，2019.

　　［12］齐越．基于熵权模糊综合评价的火力发电厂选址［J］．广西电力，2016，39（2）：29–32.

　　［13］乔瑞中．基于信息熵法与灰色关联度评价法的行业经营效益评价模型［J］．山东理工大学学报（自然科学版），2004（1）：29–33.

　　［14］任小康，郝瑞芝，孙正兴，等．基于单纯形法的量子粒子群优化算法［J］．微电子学与计算机，2010，27（1）：154–157.

　　［15］徐斌，诸葛承祥，高健．基于信息熵—灰色关联法的物流配送中心选址模型研究［J］．物流技术，2011，30（9）：116–118，141.

　　［16］杨乃定，吴静杰．基于直觉模糊软集的煤矿应急救援决策方法［J］．运筹与管理，2019，28（1）：54–60.

　　［17］张平，袁梅，王玉丽，等．基于三角模糊熵–理想点法的LNG接收站选址评价模型研究［J］．中国安全生产科学技术，2017，13（12）：98–103.

　　［18］张杏雯．模糊条件下应急物资公平配送多目标优化模型［J］．物流科技，2019，42（5）：20–24.

　　［19］章穗，张梅，迟国泰．基于熵权法的科学技术评价模型及其实证研究［J］．管理学报，2010，7（40）：34–42.

　　［20］Balcik B，Beamon B M. Facility location in humanitarian relief［J］. International Journal of Logistics，2008，11（2）：101–121.

　　［21］Liang T F. Distribution planning decisions using interactive fuzzy multi-objective linear programming［J］. Fuzzy Sets and Systems，2006，157（10）：1303–1316.

　　［22］Li L S，Lai K K. A fuzzy approach to the multiobjective transportation problem［J］. Computers & Operations Research，2000，27（1）：43–57.

第 4 章　基于改进萤火虫算法的应急救援中心选址

4.1　研究背景及意义

4.1.1　研究背景

近年来，我国各地发生的自然灾害以及人为突发性事件频率越来越高，给人们带来的生命威胁以及财产损失也越来越大。例如：2012 年 5 月 10 日，甘肃岷县发生特大冰雹山洪泥石流自然灾害，导致 40 人死亡直接经济损失达 68 亿元①；H7N9 禽流感自 2013 年 3 月底在上海发现以后，滁州、杭州、南京、广州等多个城市相继被波及；2013 年 6 月 24 日，杭州洪福铁路桥洞积水事件，导致一名老人被淹没后送医院抢救无效死亡。除了这些大规模的自然与疾病灾害以外，城市内部的突发性紧急事件也层出不穷，特别是人为的公共场所危害事件。例如：2013 年 6 月 7 日，厦门某公交车发生起火事件，造成 47 人死亡、34 人受伤②；2014 年 3 月 1 日昆明火车站发生严重暴力恐怖事件，致使 33 人死亡、130 人受伤③；2014 年 12 月 31 日晚，上海外滩群众自发跨年夜活动过

---

① 王晓易. 甘肃"5·10"特大冰雹洪灾见闻与反思［N］. 新华网，2012 – 05 – 15.
② 常雪梅和程宏毅. 厦门公交车纵火案告破［N］. 人民网，2013 – 06 – 09.
③ 李楠楠. 云南昆明火车站暴恐案 4 名被告人已依法被提起诉讼［N］. 人民网，2014 – 06 – 30.

程中发生严重踩踏事件，造成 36 人死亡、49 人受伤①。

　　该类事件的突发性、不确定性、复杂性决定了其伤员救助和医疗物资救援工作难度远远超过了常规救援配送，政府和救援机构只能够依靠现有的应急救援系统做好突发事件发生后的紧急救援工作，从而减少人员伤亡和财物损失。科学可行的城市应急救援中心选址和资源调度体系建设中，需要更多地结合地理空间信息以及突发事件相关信息来分析需求点的分布特征和突发事件的发生概率，运用最优化理论和启发式算法实现"智能"应急救援系统。尤其近年随着我国城市建设的逐步推进和完善，智能交通和高效应急救援体系也是成为智慧城市建设必不可少的重要组成部分。基于此，为了适应我国城市建设需要，确保城市发生各种突发事件时城市应急救援中心能够及时响应、智能化调度救援车辆、选择最佳救援路线、实施高效救援，面向城市建设的不确定情景下城市应急救援中心的选址问题成为目前亟待解决的课题。

4.1.2　研究内容

　　现有文献对城市应急救援中心选址的研究有一些不足之处，本章基于改进的萤火虫算法对应急救援中心选址问题进行进一步研究。首先，指出自然灾害事件的突发性、随机性及复杂性，凸显城市应急救援中心选址问题的重要性。在此基础上引用双层规划理论，以应急救援车辆行驶时间最短和救援体系总成本最少为目标，分析各种对于救援中心选址的影响因素，考虑时变条件下道路拥堵情况，建立双层规划选址模型。其次，在基本萤火虫算法的基础上将萤火虫个体的位置更新公式中添加线性递减权重函数，提出惯性权重萤火虫新算法。通过设计应急救援算例，利用双层规划模型和惯性权重萤火虫新算法进行算例的求解，得出算例求解结果并验证新算法在全局搜索和局部寻优过程中的优越性。最后，讨论了应急救援选址发展历程中存在的一些问题，并对我国智慧城市建设情景下的应急救援问题的研究趋势进行展望，不断完善在应急救援管理方面的研究工作。

　　本章在建立城市应急救援中心选址模型时，充分考虑了突发事件环

89

---

　　① 叶健．上海公布"12·31"外滩拥挤踩踏事件调查报告［N］．新华网，2015 – 01 – 21.

境下伤员对于救护车辆和医疗物资的需求分布特征，以及时变下城市路网交通拥堵状况。突发事件发生后的救援工作首要任务就是减少人员伤亡，本章所提出的相关模型充分地体现了救助生命为重的人道主义。另外，为了体现出城市某些化工或矿山区域比一般区域对应急救援需求的概率高，在建立救援中心选址模型时所设立的紧急需求点不再是完全随机产生，而是结合实际紧急救援需求点进行改进，从而确保本课题研究的实际意义。

4.1.3　研究意义

我国近年来各大城市自然灾害和公共安全事件频繁发生，对社会群众的生命和财产安全造成威胁，部分城市存在因救援不及时造成巨大损失的情况，逐渐体现出合理选择应急救援中心位置的重要性。而伴随着城市规模不断扩大和人口快速膨胀，城市突发事件中蕴含不确定信息日益增加、灾后应急救援也日趋复杂，因此，建立符合现代城市特点的应急救援中心必须要综合考虑相关不确定因素，及时响应突发事件应急需求，以达到提高应急救援效率、减少人员伤亡和财产损失的目的。

4.2　应急救援中心选址模型

4.2.1　双层规划理论

（1）双层规划理论概念

双层理论是由格尔茨·加里和詹姆斯·马奥尼（Goertz Gary and James Mahoney，2005）提出，其结构包括基础层和辅助层，基础层主要分析问题的核心原因变量，辅助层分析相对次要的原因变量。该理论指出，所有的原因变量之间都是相互联系相互统一的，辅助层变量可以看作是基础层变量的形成原因，也就是说双层理论是通过将下层的最优决策反映给上层，然后上层在此基础上求得整体最优解，也可以把它们之间关系表述成"原因的原因"。

基础层与辅助层的关系可以被归为三类：因果性关系、本体性关系和替代性关系。如何判断基础层和辅助层之间的关系是属于哪一类，需要根据具体的研究背景问题而定。尤其需要注意的是，某些研究对象的双层结构当中包含多个基础层，且每个基础层又涉及多个辅助层因素，因此基础层和辅助层之间的关系可能包涵多类型。双层理论的系统性和复杂性就体现在，对基础层变量和辅助层变量之间复杂关系的全局处理。

近年来，双层理论也被越来越多的国内外学者引用到应急救援领域当中。采用双层规划理论求解救援中心选址及车辆路径优化问题的主要研究有：史峰等（2009）为优化城市道路网络降低主干道的饱和度和重建费用，建立了以道路交通能力最大和费用最少为目标的双层规划模型，并采用遗传算法进行了有效求解。维尔马等（Verma et al.，2012）为降低危险品运输风险和平衡风险，考虑了政府与企业之间的博弈关系，并建立双层规划危险品公路—铁路多式联运路网优化模型，最后采用启发式算法进行求解。张戎等（2012）针对企业在城市部署配送末端节点问题建立了双层规划模型，其上层是从企业角度出发建立末端建设成本与物资运输成本总和最低为目标，下层是从客户角度出发建立客户到末端节点总距离最短为目标，并且基于反应函数提出了新颖的启发式求解算法。段刚等（2011）运用定性与定量相结合的方法，采用模糊理论和双层规划模型解决了救援中心的选址问题。王军等（2013）针对企业竞争性选址问题，考虑服务提供者和服务需求者上下两层之间关系互动的过程，建立了基于双层规划的竞争性选址模型，并采用遗传算法进行了有效求解。

（2）双层规划结构

目前文献对于双层规划理论结构还没有统一的架构，因为不同的研究背景所涉及的基础层和辅助层之间的关联方式存在着很大差异，构成双层理论中复杂因素关系的处理方式也不尽相同。

针对城市突发事件环境下的应急救援中心选址及车辆路径调度问题，本章采取救援时间最短和救援总成本最少分别作为基础层和辅助层，这两个原因共同构成影响救援中心位置和车辆行驶路径方案最优的充分条件。对于本章城市应急救援中心选址问题的双层理论模型如图4.1所示。

91

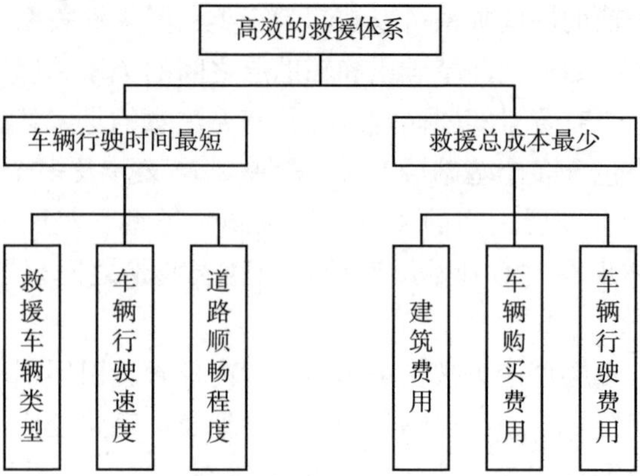

图 4.1　应急救援中心选址的双层规划结构模型

资料来源：笔者根据本章双层规划理论结构绘制。

4.2.2　问题描述

应急救援管理系统中设施的选址是应急救援中非常重要的部分，科学合理的救援中心位置能够很大程度上缩短救援车辆的行驶路径，增强对需求点的救援效率。应急救援中心选址的应用领域非常广泛，如赈灾救援中心、城市疾病救援中心、道路事故救援服务点、110 指挥中心等，所处理的突发事件也多种多样，如城市内涝、恐怖袭击、交通事故、疾病救援等。

城市应急救援中心根据所救助的对象不同可以分为很多种类，例如，北京市地震应急保障中心是依托于中国地震应急搜救中心，主要负责地震应急指挥技术系统的建设与管理，以及地震灾区物资配送和现场人员救助；厦门市灾害应急救援中心是依托于消防队，其任务主要是调派消防车辆展开救援行动；马鞍山市紧急救援中心是依托于市人民医院，其主要工作是对突发事件中的伤员进行医疗救助。本章主要研究的是城市突发事件过程中的伤员救助问题，工作内容主要包括救护车辆及时将伤员送往医院治疗和医疗物资的配送。城市突发事件环境下的伤员救助工作中最重要的就是时效性，然而诸多的不确定因素时刻阻碍着救援工作的高效进行。

影响城市应急救援中心选址的不确定因素主要体现在，城市本身的区域分布特点和交通拥堵特征。突发事件下的救援需求点位置和城市区域分布之间有着密切联系，城市人口密集、交通道路拥挤、郊区工厂较多等，这些城市特有的属性导致城市某些地段或区域相比其他区域对应急救援需求的概率要高很多。城市交通路网时变状况对救援车辆行驶速度有很大影响，城市交通路网中不同时刻各路段的交通管理、交通流量、道路状况可能不同，特别是在城市居民上下班高峰期，道路交通流量的变化非常明显，这些不确定性因素会严重导致应急救援车辆在路段上的行驶速度发生变化。

针对上述影响救援工作的关键因素，本章给出了相应的解决办法。根据调研确定一组城市突发事件待救点，分别以这些待救点视作救援中心，为其配备伤员救助及资料物资配送车辆，实现应急救援中心对其他待救点的救援工作。首先，在建立救援中心选址模型时所设立的紧急需求点不像以往学者研究的那样，都是完全随机产生，本章则是结合实际紧急救援需求点进行改进，以突出对于城市应急救援需求概率较高的区域，从而确保本课题研究的实际意义。其次，对于城市网路状况的处理，建立车辆行驶速度影响系数（k），该系数可以在一定程度上反映城市道路的拥堵情况。然后，对城市道路交通流量进行调研模拟，基于此把救援车辆出救时间段分为忙时和闲时。选址过程中满足以下五个假设条件：

假设1：每个待救点位置均可以建设救援中心；

假设2：将每个待救点位置看作是道路节点，且它们之间都有可行道路；

假设3：每个待救点只能接受一辆车一次救援；

假设4：每辆车在一次救援巡回过程中的载重不能超过其最大容量；

假设5：车辆行驶速度要小于等于其最大限制行驶速度等。

4.2.3 数学模型

（1）相关集合和参数说明

相关集合和参数说明（按出现顺序）：

I：救援中心候选点集合，同样也是待救点集合，总数量为 m；

i，a，b：均包含于 I，区别在于代表的待救点顺序不同，且 $i \neq a \neq b$；

D_{ab}：待救点 a 与待救点 b 之间的绝对值距离；

V_{ab}：救援车辆行驶于 a 和 b 之间的速度；

C_{is}：以 i 点作为救援中心所需建设费用；

K：派出的救援车辆总数量；

C_k：救援车辆的购买单价；

T_k：派出的第 k 辆车从救援中心到返回救援中心总行驶时间；

C_{mt}：救援车辆行驶单位时间内所耗成本；

V_{max}：城市区域内车辆的行驶最大速度；

η_{ab}：待救点 a，b 之间道路拥堵状况对于车速的影响系数；

p_{ab}：待救点 a，b 路段因距离城市中心远近而造成拥堵的调整系数；

$\overline{X_{ab}}$：单位时间段内不拥堵情况下 a 和 b 之间的最大允许车流量；

X_{ab}：单位时间段内 a 和 b 点之间的实际车流量；

p_{max}，p_{min}：城市边界和城市中心对于车速的调整系数；

x_a，y_a：待救点 a 的位置坐标；

R_{max}：城市最大区域半径；

C_{smax}，C_{smin}：在城市中心和城市边界处建立救援中心所需的建设成本；

n_k：获得第 k 辆车救助服务的待救点总数；

q_k：对于第 k 辆车救援的第 j 个待救点的需求量；

Q_k：每台救援车辆的最大容量；

k_j：第 k 辆车历经的第 j 个待救点所对应在待救点集合中的顺序，其中 k_0 表示救援中心的待救点；

$D_{kjk(j+1)}$：第 k 辆车历经相邻两待救点之间的距离。

（2）数学模型

双层选址模型不同于以往的多目标选址模型，多目标模型一般是以车辆行驶路径最短、成本最低、时间最短等作为目标，并且诸多目标之间以设定权值作为联系进行综合考虑。相比之下，双层选址模型更加显示出突发事件发生后对伤员的及时救助，该模型是以救援时间最短为主要目标，在充分体现及时性的基础上再以救援体系总成本最低为辅助目标，从而使得所提出的救援中心位置能够及时服务于待救点伤员并且尽量降低了救援体系所耗成本。在双层模型求解方面，并未建立权重比例，而是以救护车辆行驶时间最短为目标求出满意的坐标中心，然后从这些位置中选取所耗成本最低的最优解。

根据双层理论，以应急救援车辆行驶时间最短和救援体系总成本最少为目标（段刚，2011；李利华，2012），建立双层规划选址模型，其数学函数表达如下。

成本最小目标函数为式（4.1）和式（4.2）：

$$\min Z_1 = \sum_i \left[\sum_{abk} (D_{ab}/V_{ab}) y_{abk} x_i \right] \tag{4.1}$$

$$\min Z_2 = \sum_i \left[C_{is} + KC_k + T_k C_{mt} \right] x_i \tag{4.2}$$

车辆速度处理如式（3.3）~式（3.6）所示：

$$V_{ab} = \begin{cases} \eta_{ab} V_{max} & \eta_{ab} < 1 \\ V_{max} & \eta_{ab} \geq 1 \end{cases} \tag{4.3}$$

$$\eta_{ab} = p_{ab} \overline{\dfrac{X_{ab}}{X_{ab}}} \tag{4.4}$$

$$p_{ab} = p_{min} + \left\{ \left[\sqrt{(x_a - 5)^2 + (y_a - 5)^2} + \sqrt{(x_b - 5)^2 + (y_b - 5)^2} \right] / 2 \right\} / R_{max} / (p_{max} - p_{min}) \tag{4.5}$$

$$T_k = \sum_k D_{kjk(j+1)} / V_{j(j+1)} \tag{4.6}$$

建设费用处理如式（4.7）所示：

$$C_{is} = C_{smax} - \dfrac{\sqrt{(x_i - 5)^2 + (y_i - 5)^2}}{R_{max} / (C_{smax} - C_{smin})} \tag{4.7}$$

决策变量如式（4.8）~式（4.11）所示：

$$x_i = \begin{cases} 1, & \text{选择待救点 i 作为救援中心} \\ 0, & \text{其他} \end{cases} \tag{4.8}$$

$$y_{abk} = \begin{cases} 1, & \text{第 k 辆救援车从待救点 a 至 b} \\ 0, & \text{其他} \end{cases} \tag{4.9}$$

$$\text{sign}(n_k) = \begin{cases} 1, & n_k \geq 1 \\ 0, & \text{其他} \end{cases} \tag{4.10}$$

$$y_{ak} = \begin{cases} 1, & \text{待救点 a 由车辆 k 去救援} \\ 0, & \text{其他} \end{cases} \tag{4.11}$$

约束条件为式（4.12）~式（4.19）：

$$\sum_{b \in I} \sum_{k \in K} y_{Ibk} - x_i \geq 0, \ \forall i \in I, \ k \in K, \ i \neq b \tag{4.12}$$

$$\sum_{b \in I} y_{Ibk} - x_i \geq 0, \ \forall i \in I, \ k \in K, \ i \neq b \tag{4.13}$$

$$\sum_{k \in K} y_{lbk} \leq 1 \, \forall \, a, b \in I, a \neq b \qquad (4.14)$$

$$\sum_{k \in K} n_k = m - 1 \qquad (4.15)$$

$$\sum_{j \in n_k} q_{kj} \leq Q_k, \, \forall \, k \in K \qquad (4.16)$$

$$\sum_{j \in n_k} D_{k_j k_{j+1}} + D_{k_0 k_n} \mathrm{sign} n_k \leq L_k, \, \forall \, k \in K \qquad (4.17)$$

$$\sum_{a \in I} y_{abk} = \sum_{b \in I} y_{abk} = y_{ak}, \, \forall \, a, b \in I, a \neq b \qquad (4.18)$$

$$\sum_{k \in K} y_{0k} = K, \, \forall \, k \in K \qquad (4.19)$$

式（4.1）和式（4.2）分别为救援车辆行驶时间和救援系统总成本优化函数。式（4.3）用于计算车辆行驶速度；式（4.4）表明车辆速度影响系数与距离城市中心和道路最大允许通行量成正比，与实际道路车流量成反比；式（4.5）用于实现 a，b 道路与城市中心的距离和速度调整系数之间的映射；式（4.6）计算 T_k 的值；式（4.7）可计算候选点 i 的建设费用，并表明应急救援中心的建设费用与城市中心距离成反比。式（4.10）表示第 k 辆车被派出，并且有待救点被其服务。式（4.12）、式（4.13）保证所有车辆均是从救援中心派出，没选作救援中心的待救点不能派出救援车辆；式（4.14）、式（4.15）保证除了被选作救援中心的点外，其他所有待救点均得到车辆救援，并且每个待救点只出现在一台救援车辆的路径上；式（4.16）保证每台救援车辆历经的所有待救点的总需求量小于该车最大容量；式（4.17）保证每台救援车辆的总行驶距离小于该车的最大行驶距离；式（4.18）和式（4.19）保证每个需求点必须得到救援，并且需求点得到车辆的救援后，车辆必须离开；式（4.19）保证了第 k 辆车救援路线的连通性。

4.3 萤火虫算法设计及求解

4.3.1 萤火虫算法分析

（1）萤火虫算法仿生原理

萤火虫算法（Firely Algorithm，FA）是由克里希南德（Krishnanand）等提出，该算法是基于自然界萤火虫相互吸引靠近现象所构造出的随机优化算法。自然界中萤火虫依靠本身所散发出的独特闪光信号来定位并吸引其他个体，由此完成群体协作捕食、警戒、迁移等活动。在萤火虫算法中舍弃了萤火虫发光的某些生物学意义，只利用其发光特性来根据其搜索区域寻找伙伴，并向邻域结构内位置较优的个体移动，从而实现位置进化。

萤火虫算法应用到数学模型求解问题的原理是，把搜索空间中每个解看作一个萤火虫个体，将数学模型最优结果的求解模拟成萤火虫个体对最优个体位置的移动。最优解的特性是使得目标函数值最小或者最大，处于最佳位置的萤火虫个体所表现出的特性是其散发出的荧光亮度和吸引度最大。其中，荧光亮度取决于自身所在位置的目标值，亮度越高表示所处的位置越好，即目标值越佳；吸引度和亮度相关，越亮的萤火虫拥有越高的吸引力，可以吸引视线范围内亮度比其弱的萤火虫向自己移动。亮度和吸引度与萤火虫之间的距离成反比，都随着距离的增加而减小，体现出荧光在空间传播时被传播媒介吸收而逐渐衰减的特性。

标准萤火虫优化算法受萤火虫的发光行为启发而提出的随机优化算法，为使算法实现简单、高效、实用，算法对萤火虫生物发光特性及趋光行为进行了理想化处理：

①算法不考虑萤火虫性别，萤火虫相互吸引、移动只于发光亮度有关；

②萤火虫间的相对吸引度与相对荧光亮度以及相互间的距离有关，相对荧光亮度越高的萤火虫吸引向自身方向的萤火虫越多，荧光亮度高的萤火虫对距离越远的萤火虫吸引度越低，发光亮度相同或相对荧光亮度比周围萤火虫高的萤火虫在其自身周围随机移动；

③在具体的优化问题中，相对荧光亮度、移动区域由适应度函数及其定义区间决定。

虽然标准的萤火虫算法全局搜索能力相较于一般常用算法强，但是过早收敛和容易陷入局部最优解的缺陷始终无法避免。为了解决这方面的问题，可以结合多种群的思想，将多种群结构与萤火虫算法相结合，利用多个种群同时搜索的方法，同时加入高斯变异的规则，对标准的萤火虫算法进行改进，将这种具有多种群结构的萤火虫优化算法称为具有种群结构的多种群萤火虫优化算法。

种群是多个个体聚集在一起的产物，多个种群形成种群内相互竞争，优胜劣汰，种群间相互学习，形成共同进步，这种自然法则使得生物得以进化。标准萤火虫算法的产生就是模仿生物界萤火虫的觅食求偶现象提出来的。将生物进化的多种群思想与标准萤火虫算法相结合，基于这种机制，将萤火虫算法分为两个阶段。阶段1：将标准萤火虫算法的萤火虫个体分为萤火虫数量相同的多个种群，对每个种群设置参数并形成每个种群的差异化，使得每个种群在优化过程中达到不同的优化效果并形成对比；阶段2：每个种群各自求解最优值与最差值，种群间进行信息共享机制，将上一个种群的最优解代替下一个种群的最差解，再次更新各种群的萤火虫位置，重复迭代选取各种群的最优解进行比较，得到最终的满意解。

（2）萤火虫算法局限性

现有文献表明，萤火虫算法在求解问题时算法步骤简单易实现，相较于其他算法具有鲁棒性较强等优点，在现实问题中，组合优化问题、多模态函数优化、探测信号追踪定位等问题中均成功应用，并且表现出良好的优化性能。虽然萤火虫算法的优点明显，但是主要应用的领域目前还局限于连续型问题，其中的算法步骤在求解过程中必须经过相应的修改才能实现，求解结果才能准确。另外，标准萤火虫算法的机制是对多个萤火虫个体随机布置在搜索空间里，这样的好处是多个萤火虫同时进行搜索，使得算法的全局搜索能力更强。但是在有些问题中，算法搜索过程会出现多个峰值和多个极点的问题，同时，过早收敛和陷入局部最优的缺点也十分明显。

在实际应用中许多待优化函数往往具有高维、多峰、地形复杂等特点，表现为全局最优点附近分布着众多局部极值，而对这类函数优化问题，基本萤火虫算法容易早熟收敛，优化精度难以提高。这是因为基本萤火虫算法的寻优能力主要依靠萤火虫个体之间的相互作用和影响，但个体自身缺乏变异机制，一旦受到局部极值束缚后自身很难摆脱。特别是在进化初期，种群中的超级个体往往会吸引其他个体迅速向其周围聚集，使得种群多样性大幅下降。同时，由于萤火虫个体越来越接近种群最优点，收敛速度大大降低甚至会出现进化停滞，种群丧失了进一步进化的能力，而在多数情况下，算法并未收敛到全局极值。因此，提高种群的多样性，使种群在整个进化过程中保持持续优化的能力是改进基本萤火虫算法的有效途径。

4.3.2　惯性权重萤火虫算法

群智能算法本质属于随机优化算法，不论作为个体的飞鸟、鱼还是萤火虫等，在群体中每个成员寻优的移动过程中，个体搜索步长的大小直接影响着算法的收敛性能。在 1998 年，石与埃贝德拉伊（Shi and Ebedlalt，1998）第一次提出了约束惯性权重的概念，在粒子群算法的速度更新方程中加入常数权重参数，调整前一代粒子飞行速度对当前粒子飞行速度的影响，平衡寻优个体在算法中的全局探索和局部搜索能力，避免算法陷入局部最优，两位学者通过实验证实了大的权重有利于全局搜索，小的权重方便局部寻优。之后，为进一步改进粒子群算法收敛精度和速度性能，诸多学者纷纷提出了随机权重、线性递减权重、基于 Sigmoid 函数权重等。

通过现有对标准萤火虫算法的分析和 Matlab 仿真实验可知，随着迭代次数的增加萤火虫个体之间的距离逐渐减小（刘长平，2011），致使因萤火虫个体移动距离过大而造成寻优结果无法定位最优位置，并且在极值点附近反复振荡（程魁，2013）。对此，在迭代次数有限的情况下，基于惯性权重的萤火虫算法可有效平衡全局搜索和局部寻优能力，提高优化结果精度。惯性权重萤火虫算法，其本质是在萤火虫个体的位置更新公式中添加线性递减权重函数，用来调节萤火虫当前位置信息对更新后位置的影响，权重的大小直接决定了该算法鲁棒性的优劣。当萤火虫在前期搜索时，其对应的 $\omega(t)$ 值较大，则搜索半径也较大，可以提高全局搜索能力加快收敛速度。相反在后期搜索时，$\omega(t)$ 值较小搜索半径也较小，从而避免因移动距离过大导致萤火虫在极值点附近反复波动。

萤火虫个体吸引度计算公式如式（4.20）所示：

$$I(r) = I_0 e^{-\gamma r_{ij}} \tag{4.20}$$

萤火虫个体亮度计算公式如式（4.21）所示：

$$I(r) = \beta_0 e^{-\gamma r_{ij}^m} \tag{4.21}$$

改进的萤火虫位置更新公式如式（4.22）~式（4.24）所示：

$$x_i(t+1) = \omega(t) x_i(t) + \beta(x_j(t) - x_i(t)) + \alpha \varepsilon_i \tag{4.22}$$

$$\omega(t) = \omega_{max} - (\omega_{max} - \omega_{min})t/t_{max} \qquad (4.23)$$

$$x_i(t+1) = x_i(t) + \beta(x_j(t) - x_i(t)) + \alpha(rand - 1) \qquad (4.24)$$

其中，ω_{max}、ω_{min} 为最大、最小权重，t、t_{max} 分别为当前和最大迭代次数。式中 $x(t+1)$ 为萤火虫 x 第 $t+1$ 次移动后的位置；a 为步长因子，通常取（0，1）上的常数；为了避免过早陷入局部最优，在位置更新过程中增加了随机扰动项 $\alpha(rand-1/2)$，rand 为（0，1）上服从均匀分布的随机因子。

数学模型寻优过程为，在解的空间中随机选取一批初始解集作为初始萤火虫种群，根据荧光亮度公式计算并比较萤火虫位置的优劣。将优质解点取代劣质解点，即亮度低的萤火虫向亮度高的萤火虫位置移动。根据吸引度公式可计算出萤火虫个体移动的距离大小，然后位置更新公式来调整更新后的萤火虫位置。萤火虫算法移动路径如图4.2所示。

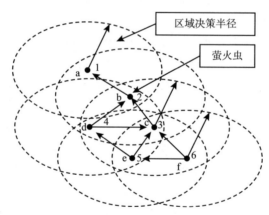

图4.2 萤火虫算法移动路径

资料来源：笔者绘制，依据算法迭代搜索原理绘制。

4.3.3 萤火虫算法求解步骤

（1）萤火虫算法步骤

针对城市应急救援中心双层规划模型，首先，把城市区域内的应急救援需求点看作萤火虫随机分布在目标函数的定义空间内。其次，根据各需求点特征来计算相对应的萤火虫的亮度和吸引度（刘长平，2012）。从而把应急救援需求点对应急救援中心位置的寻找比喻成萤火虫对捕食或配偶位置的寻找。最后，根据具体的萤火虫算法步骤进行求解。

步骤1：输入萤火虫算法光强吸收系数、最大吸引度、迭代次数等相关参数；

步骤2：建立救援中心及待救点坐标等参数的数据库；

步骤3：根据最近邻域法构造法，产生第一个车辆行驶路径方案，以此类推，分别建立将每个待救点看作救援中心点对应的路径方案；

步骤4：以上救援车辆实行路径方案，共同构成第一批萤火虫初始解，其相应的时间目标函数的倒数作为萤火虫的适应度值，适应度值越大说明萤火虫个体的亮度和吸引度越高；

步骤5：while $N \leqslant N_{max}$；

步骤6：同时再对所有萤火虫个体进行邻域搜索，此时的搜索半径最大，并且计算出邻域中所有候选萤火虫个体的适应度值；

步骤7：if 候选萤火虫个体适应度值大于当前萤火虫的适应度值，则替换当前萤火虫个体，实现萤火虫对较优个体位置的移动；

步骤8：else 候选萤火虫个体适应度值小于等于当前萤火虫的适应度值，则不需要替换，萤火虫个体保持当前状态；

步骤9：end 更新当前萤火虫个体的亮度值和适应度值列表；

步骤10：根据改进的惯性权重萤火虫算法中区域决策半径公式，更新萤火虫个体搜索半径，从而稳定优化算法全局寻优和局部搜索能力；

步骤11：$N = N + 1$；

步骤12：判断是否满足终止条件，如果满足则跳出循环，输出3个全局最优路径方案及目标函数值，如果不满足则返回步骤6。

（2）算法流程

惯性权重萤火虫算法流程如图4.3所示。其中，每个路径方案在搜索过程中主要采取三种方法：路径方案中同一车辆，将某两个待救点位置进行互换；路径方案中两个车辆路线，各选取一个待救点位置进行互换；路径方案中两个车辆路线，选取前者当中某个待救点，将其插入后者车辆路径当中。这三种方法可以实现的前提是，每个候选路径方案都必须是可行方案。

算法框架如图4.3所示。

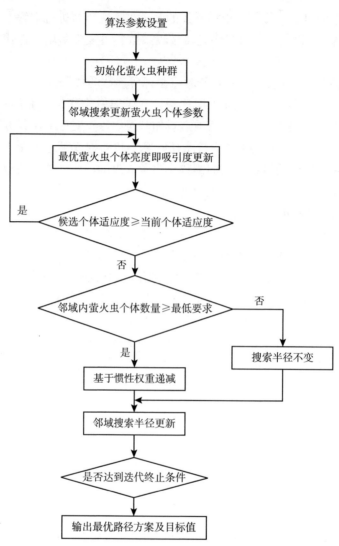

图 4.3 惯性权重萤火虫算法流程

资料来源：笔者根据改进后算法具体框架流程绘制。

4.3.4 算例求解

（1）算例描述

以长宽均为 10 千米的城市为背景，选取 40 个急救需求点为研究对象，其中 20 个需求点的地理坐标及物资需求量是通过相关部门提供的数据以及现场调研所定，主要包括火车站、老年公寓、化工厂、矿山、交通路口、桥洞等突发性事件发生率较大地点，另外 20 个需求点则是随机产生，如图 4.4 所示。

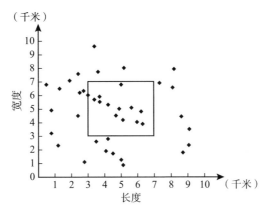

图 4.4　城市急救需求点分布及速度区域划分

资料来源：MATLAB 绘图程序导出。

40 个急救需求点，地理坐标位置及伤员人数等相关数据如表 4.1 所示。根据该城市早上 7 点到晚上 8 点的各区域道路车辆行驶数量调查，可大致将该城市划分为两部分，在时间上划分为拥挤时段和疏松时段。城市各区域各时间段内，车辆最大行驶速度如表 4.2 所示。应急救援车型为伤员救护车辆，其单车最大容量 8。基于以上已知因素，在伤员救助车辆总行驶时间可以接受的范围内（$[T_{min}, T_{min} \times (1 + 2\%)]$），寻找出使得救援体系总成本最低的城市应急救援中心位置。

表 4.1　　　　　　　　　　　　需求点坐标及伤员人数

序号	横坐标 x_i	纵坐标 y_i	伤员人数 q_i
1	3.4	5.7	1
2	3	6	2
3	4.7	4.5	1
4	4.2	5.3	2
5	5.1	4.2	2
6	5.6	5.1	1

序号	横坐标 x_i	纵坐标 y_i	伤员人数 q_i
7	5	6.8	5
8	6.2	4.8	1
9	3.7	5.5	1
10	6	4	2
11	6.3	3.9	1
12	4.9	5	4
13	3.7	5.9	2
14	2.7	6.3	2
15	2.5	6.2	3
16	9.1	2.3	1
17	3.5	2.6	2
18	7.3	6.9	1
19	8.7	1.8	1
20	0.8	3.2	4
21	2.8	1.1	2
22	8.2	7.9	1
23	5.1	0.9	1
24	8.6	4.4	2
25	3.6	7.7	1
26	5.2	8	3
27	4.1	1.9	2
28	0.8	4.9	1
29	2.4	4.5	2
30	1.3	6.5	1
31	1.9	7.1	2
32	2.4	7.6	1
33	4.2	2.8	4
34	0.5	6.8	1

续表

序号	横坐标 x_i	纵坐标 y_i	伤员人数 q_i
35	8.1	6.6	1
36	4.5	1.7	2
37	5	1.2	2
38	3.4	9.6	2
39	9.1	3.5	2
40	1.2	2.3	1

资料来源：笔者根据仿真模拟数据绘制。

表 4.2　　　　　　网路间车辆行驶最大速度时变状况　　　　单位：千米/时

时间	路况类型	V_{max} （城市中心范围）	V_{max} （城市郊区范围）	V_{max} （中心和郊区之间）
上午 7 点到 8 点	拥挤	17.2	35.2	26.2
中午 12 点到 2 点				
下午 6 点到 8 点				
下午 8 点到 12 点	疏松	23.2	36.0	29.6
下午 2 点到 6 点				

资料来源：笔者根据仿真模拟数据绘制。

（2）算例分析

①参数设定。运用 Matlab 软件编辑算法基本参数，设萤火虫数 $m = 10$；光强吸收系数 $\gamma = 1.0$；最大吸引度 $\beta_0 = 1.0$，步长因子 $\alpha = 0.2$；迭代次数 $N_{max} = 200$；$\omega_{max} = 1$，$\omega_{min} = 0.4$。建立已知数据库，其中包括待救点坐标（x_i，y_i）、需求量（q_i）、各区域最大速度（V_{max}），其次设 $C_k = 50$ 万元，$C_t = 0.02$ 万元，$C_{smax} = 10000$ 万元，$C_{smin} = 600$ 万元，$P_{max} = 1$，$P_{min} = 0.5$。

②计算相关矩阵。由待救点坐标可计算得出各点之间的绝对值距离，保存至 D_{ab} 矩阵。首先，由式（4.5）可计算得出每段路网受到城市中心影响的速度调整系数，保存至 p_{ab} 矩阵。针对各道路之间的最大允许车流量和实际车流量由软件在其可取范围内随机产生，分别保存至

X_{ab}、$\overline{X_{ab}}$矩阵。其次，由公式（4.3）可计算得出车辆在每段道路中的实际行驶速度，保存至矩阵 V_{ab}。最后由公式 $T_{ab} = D_{ab}/V_{ab}$ 可计算得出车辆行驶于每段道路所需要的实际时间，保存至矩阵 T_{ab}。矩阵求解示意图如图 4.5 所示。

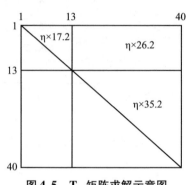

图 4.5 T_{ab} 矩阵求解示意图

资料来源：笔者绘制。

③初始路径方案。根据最近邻域构造法得出第一个车辆行驶路径方案，以第 13 个待救点为例，在满足车载容量、速度等约束条件下，由最近邻域法构造法得出以该点作为救援中心对其他 39 个待救点提供车辆救助服务的初始路径方案。然后对应时间矩阵求得该方案的车行总时间，由成本函数求得救援体系总成本（其中需要分别计算建设费用、车辆购买费用、车辆行驶费用）。以同样的方法，将其他各待救点分别看作救援中心，采用最近邻域法构造法得出相应的初始路径方案及所耗时间和成本，共 40 组。

④全局寻优。将以上 40 组车辆路径方案及对应的目标函数值看作萤火虫初始种群，比较当前萤火虫的亮度值和相对吸引度，并从大到小进行排序。再由相应的适应度值来决定萤火虫的位置更新坐标和搜索邻居半径，如图 4.6 所示。改进的惯性权重萤火虫算法针对该算例的车辆耗时寻优曲线如图 4.7 所示，可以看出该算法具有快速的全局收敛寻优能力。

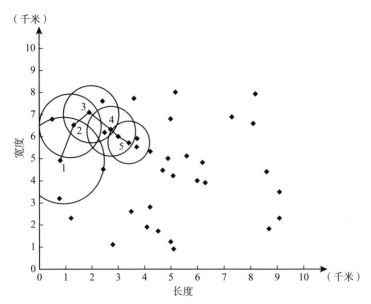

图 4.6　部分萤火虫移动轨迹

资料来源：MATLAB 绘图程序导出。

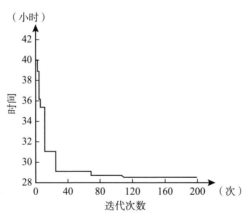

图 4.7　求解过程寻优曲线

资料来源：通过 MATLAB 软件编写绘图程序导出。

（3）算例结果

从 Matlab 程序计算得出的结果矩阵中选取前三个应急救援中心坐标，其相对应的总救援时间及总成本如表 4.3 所示。从表 4.3 可以看出车辆行驶路径方案耗时最少的为 28.498 小时，则救援时间可接受范围是［28.498，29.068］（由［T_{min}，$T_{min} \times (1+2\%)$］计算得出）。由此可以看出这三种选址方案中前两者可以接受，而第三种方案不可接受，然后比较总成本可最终判断在城市的（3.4，5.7）坐标位置建立应急救援中心是最合理的。由该位置向其他 39 个待救点派出的救援车次总共为 9 台，车辆总行驶时间为 28.701 小时，总成本为 1352.833 万元。每台车辆的具体行驶路径如图 4.8 所示。

表 4.3   较优解数据

序号	坐标（千米）	车辆行驶总时间（小时）	总成本（万元）
方案一	(4.2, 5.3)	28.498	1402.237
方案二	(3.4, 5.7)	28.701	1352.833
方案三	(3.0, 6.0)	30.184	1317.914

资料来源：笔者绘制。

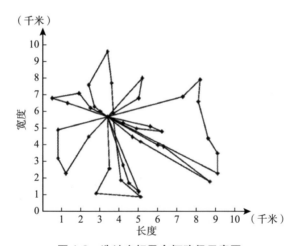

图 4.8　选址坐标及车辆路径示意图

资料来源：通过 MATLAB 软件编写绘图程序导出。

4.4　总结与展望

4.4.1　研究内容总结

本章通过对城市建设过程中的应急救援中心选址及车辆路径优化问

题进行理论分析和实证研究，以救援时间最短与总成本最低为目标，采用双层理论构建了城市应急救援中心选址，并设计萤火虫优化算法进行求解，能够取得较好的整体最优解。本章把双层理论和群智能优化算法相结合来解决应急救援工作，是一次理论应用上的尝试与创新。回顾本章，具体研究内容包括以下三个方面。

（1）应急救援中不确定因素分析

通过双层理论对影响城市应急救援工作的相关因素进行分析、梳理，研究应急救援需求类型、需求点特征以及救援过程中存在的不确定情景，得出了应急救援需求点的数学分布特征和各类不确定情景的出现概率，构建了不确定因素数据库，从而为城市应急救援中心选址及车辆路径优化研究奠定了良好的理论基础。

（2）城市应急救援中心选址

根据城市突发事件发生分布特征以及城市道路拥堵特点，构建出合理的城市应急救援中心选址模型。考虑到应急救援的特殊性，本章选取了救援时间最短及救援总成本最低作为选址目标。如前面所述，本课题在建立救援中心选址模型时所设立的紧急需求点不再是完全随机产生，而是结合实际紧急救援需求点进行改进，从而确保本课题研究的实际意义。

（3）智能优化算法的应用

本章萤火虫优化算法是新型生物群智能算法，其优化效果优于已有的粒子群算法。萤火虫优化算法主要包含四个阶段：萤火虫的部署阶段、亮度更新阶段、移动阶段与区域决策半径更新阶段。从本章算例求解的结果来看，将萤火虫算法应用于实际应急救援问题中可以大幅度提高计算过程的并行度，快速响应实际灾后救援调度要求，简化调度系统复杂性，提高系统的响应速度。

4.4.2　研究展望

我国在应急救援管理方面的研究还处于起步学习的阶段，其理论体系和实践技术都有待于进一步完善。对此国内的应急救援管理还需扩大研究视角，积极学习国外先进理论成果，整体来完善国内的方法和技术体系，而政府也应积极主动吸收学者的科研成果，加快应急救援中心的建设，完善应急预案，以更好地处理应急救援工作。该领域的研究动态方向具体表现在四点。

（1）城市道路"网格化、时段化"

现有文献中对于路网通行能力的分析，只是简单地分析了两点之间道路是否损坏或交通拥堵程度，从而推算出车辆行驶速度。这种处理方法很大程度上简化了城市道路交通对车速的实际影响。对此，应按照城市道路网络将城市网格化，通过交通部门各路口视频监控资料分析不同时间段各路段的车流量和拥堵情况。虽然调研工作量很大，但是其结果对于车辆路径优化会起到实质性帮助，相信可以将车辆救援所耗时间精确到分钟。如图4.9所示，画出城市边界轮廓，计算每个单位路段对车速的影响系数。

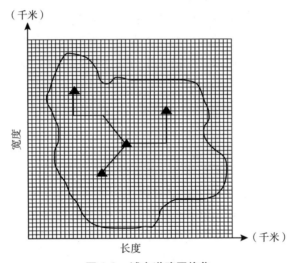

图4.9 城市道路网格化

资料来源：笔者绘制。

（2）运用 GPS 实时监控

对救援车辆配备 GPS 定位终端，通过 GPRS 模块将车辆位置、容量等信息及时传送到救援指挥中心，同时救援中心可通过该方法获得道路通行能力，从而对车辆的行驶路径进行实时调度。由此可以看出这种信息收集及处理手段可对救援车辆路径有着良好的优化能力，并有效降低车辆到达需求点所耗时间。另外，企业在运输石油、化学物品等过程中存在着很大的交通隐患，如何选择一条安全的道路，即使发生事故也能够得到及时的救援。对此交通部门可以进行有必要的干涉，通过禁止这类企业在城市主干道的通行或者指明其车辆行驶路径，以此来避免大规模的人员伤亡事故，并提高某些路段的应急救援能力。

（3）物资分配的公平性

现实应急救援过程中仍然存在部分需求点实际需求量较少但被分配的物资量较多，而有些需求点实际需求量较大但实际被分配的物资较少甚至没有得到救助。所以如何精确地划分需求点的受灾程度和需求程度，使得受灾群众能够得到满意的救助以及心理平衡，是今后需要重点研究的方向。

（4）启发式算法的改进

该领域中所涉及的数学模型本质上是对非确定性多形式（NP难题）的求解，传统的精确算法已经无法得到满意解，因此必须使用智能启发式算。而遗传、蚁群等算法本身求得这类数学模型的最优解也只是一个概率性问题，所以设计计算能力更加优越的智能算法也是今后该领域研究的重点之一。

111

本章参考文献

［1］陈则辉，刘诚，吕品，刘叶飙. 不确定环境下应急物资配送问题研究［J］. 铁道科学与工程学报，2014，11（5）：82－89.

［2］程魁，马良. 平面选址问题的萤火虫算法［J］. 上海理工大学学报，2013，35（3）：205－208.

［3］代颖，马祖军. 应急救援系统中的随机定位—路径问题［J］. 系统管理学报，2012，21（2）：212－217.

［4］段刚，陈莉，李引珍，等. 救援配送中心选址双层规划模型与算法［J］. 交通运输系统工程与信息，2011，11（1）：126－129.

［5］胡志良，高相铎. 综合防灾理念下城市公共安全设施体系及规划应用［J］. 地域研究与开发，2012，31（2）：49－53.

［6］郎茂祥，胡思继. 车辆路径问题的禁忌搜索算法研究［J］. 管理工程学报，2004，18（1）：81－83.

［7］李创. 国内外应急救援研究综述［J］. 华东经济管理，2013，

27 (6)：160 - 165.

　　[8] 李利华，符卓，胡正东. 考虑区间约束的救援网络双层规划模型及算法 [J]. 计算机应用，2012，32 (2)：440 - 443.

　　[9] 李紫瑶. 应急救援车辆路径寻优——基于多目标改进蚁群算法 [J]. 技术经济与管理研究，2011 (9)：7 - 10.

　　[10] 刘长平，叶春明. 一种新颖的仿生群智能优化算法：萤火虫算法 [J]. 计算机应用研究，2011，28 (9)：3295 - 3297.

　　[11] 刘长平，叶春明. 置换流水车间调度问题的萤火虫算法求解 [J]. 工业工程与管理，2012，17 (3)：56 - 59.

　　[12] 马云峰，刘勇，杨超. 基于时间满意的集覆盖问题及若干贪婪算法应用研究 [J]. 武汉科技大学学报（自然科学版），2006，29 (6)：631 - 635.

　　[13] 马云峰，杨超，张敏，等. 基于时间满意的最大覆盖选址问题 [J]. 中国管理科学，2006，14 (2)：45 - 51.

　　[14] 陶莎，胡志华. 需求与救援网络不确定下的应急救援选址问题 [J]. 计算机应用，2012，32 (9)：2534 - 2537.

　　[15] 王军，艾云飞，王美蓉. 基于双层规划的竞争性选址问题研究 [J]. 武汉理工大学学报：交通科学与工程版，2013，37 (5)：970 - 972.

　　[16] 王淑珍，和振兴. 不确定需求情景下的一种城市救援中心选址方法 [J]. 铁道科学与工程学报，2014，11 (5)：82 - 89.

　　[17] 韦彤，耿娜，江志斌，等. 面向确定需求的多服务多设施选址问题 [J]. 工业工程与管理，2014 (1)：47 - 52.

　　[18] 吴艳华，王富章，李芳. 铁路救援基地层级规划选址模型 [J]. 交通运输工程学报，2013，13 (3)：86 - 93.

　　[19] 张晨晓，祝蕊，刘海月，等. 考虑伤员心理状况的应急医疗救护问题研究 [J]. 中国管理科学，2017，25 (10)：190 - 199.

　　[20] 张华，何波，杨超. 基于粗糙集和多目标规划的多救援配送中心选址 [J]. 工业工程与管理，2008，13 (2)：69 - 73.

　　[21] 张戎，王振豪. 城市配送末端节点布局双层规划模型及算法 [J]. 同济大学学报（自然科学版），2012，40，7：1035 - 1040.

　　[22] 张铱莹. 多目标应急服务设施选址与资源配置问题研究 [J].

中国安全科学学报, 2011, 21 (12): 153 –158.

［23］周宇阳, 张惠珍, 马良. 求解应急医疗设施分层递进式选址问题的改进免疫算法［J］. 运筹学学报, 2021, 25 (2): 15 –34.

［24］Ceyhun A H S I. Fuzzy mufti-objective covering-based vehicle location model for emergency services［J］. Computer & Operational Research, 2007, 34 (3).

［25］Feng Shaobo, Gao hongni, Yang chaoxing, He yao. Study on the Location of Emergency Resources Distribution Center Based on FAHP［J］. International Conference on Information Management and Engineering, 2011.

［26］Gendreau M, Hertz A, Laporte G. A tabu search heuristics for the vehicle routing problem［J］. Management Science, 1994, 40: 1276 –1290.

［27］Gary G, Mahoney J. Two-level theories and fuzzy-set analysis［J］. Sociological Methods & Research, 2005, 33: 497 –538.

［28］Hakimi S L. Optimum locations of switching centers and the absolute centers and medians of a graph［J］. Operations Research, 1964, 12 (1): 450 –459.

［29］Nagy G, Salhi S. Location-routing issues, models and methods［J］. European Journal of Operational Research, 2007, 177 (2): 649 –672.

［30］Ozdamar L, Ekinci E, Kucukyazici B. Emergency logistics planning in natural disasters［J］. Annals of Operations Research, 2004, 129 (1): 217 –245.

［31］Rawls C G, Turnquist M A. Pre-positioning of emergency supplies for disaster response［J］. Transportation Re-search Part B: Methodological, 2010, 44 (4): 521 –534.

［32］Schmid V, Docrner K F. Ambulance location and relocation problems with time-dependent travel times［J］. European Journal of Operational Research, 2010, 207 (3): 1293 –1303.

［33］Shi Feng, Huang Enhou, Chen Qun. Bi-level programming model for reconstruction of urban branch road network［J］. J. Cent. South Univ. Technol, 2009, 16: 0172 –0176.

［34］Shi Y, Eberhart R. A modified particle swarm optimizer［J］.

IEEE World Congress on Computational Intelligence, 1998.

［35］Verma M, Verter R V, Zufferey N. A bi-objective model for planning and managing rail-truck intermodal transportation of hazardous materials ［J］. Transportation Research Part E: Logistics And Transportation Review, 2012, 48 （1）: 132 – 149.

中篇：应急资源配置优化

　　灾后应急资源配置优化是实现应急物资的合理有效分配、最大限度地减少因灾损失、保障应急管理有效展开的有力途径。突发事件会产生大规模应急物资需求，为避免灾害损失进一步扩大，如何在有限的时间、空间和资源约束条件下快速满足各灾区应急物资需求，使各灾害主体达到满意状态，成为应急资源供给与配置的重要目标。

　　为此，本篇首先对应急资源供给与配置现状进行综述，接着先后研究了洪水、疫情、地震等情景下多供需点应急资源调配问题，同时考虑各需求点紧迫度灾后多种干扰因素，紧密贴合现实情景解决灾后资源供不应求条件下的物资调配问题。

　　在"第5章：应急物资调度研究综述"中，首先，阐述应急物资、多目标规划、干扰管理等理论部分；其次，对需求量预测、需求点分级、干扰管理等研究现状进行综述；最后，从多种物资调度模型和算法等方面对应急物资供给和配置进行了综述。

　　在"第6章：洪涝灾害下考虑多灾点公平性的应急资源调度"中，研究了突发洪涝灾害情景下多灾点应急资源调度问题，以资源调配公平性最高，管理和调度总成本最小化为主要目标，构建多目标应急资源调度模型，并使用改进多目标遗传算法进行求解，深入研究了多供需点、多目标应急物资调度问题。

　　在"第7章：疫情事件下多灾点应急资源最优化配置研究"中，引入 SEIR 模型根据历史数据预测决策时刻紧急权重，构建灾民满意度函数与公平性指标，以满意度、公平性最大，成本最小化构建物资最优化配置模型，并用可变步长和教学变异思想改进多目标蜂群算法求解，得到了不同选择策略下最佳物资分配方案。

　　在"第8章：基于改进天牛须算法的应急资源调度优化"中，以物资供应不足、运输道路受损、救援公平性等为约束，建立应急资源调度总成本最低及灾区民众总满意度最大的多目标优化模型，采用线性加权法对目标函数转化，并用可变步长的改进天牛须算法对模型进行求解，对比分析后证明了改进算法的优越性。

在"第9章：考虑学习效应的地震伤员手术调度模型及算法"中，在手术资源调度中考虑学习—遗忘效应，建立了地震情景下地震伤员手术调度模型，并使用双层编码与随机位置更新策略改进萤火虫算法并进行求解。实例证明，学习—遗忘效应在手术资源调度中客观存在，且考虑该效应可使模型更加贴近现实情景。

在"第10章：基于双层规划的应急物资调度模型与算法研究"中，引入双层规划理论构建应急物资调度双层规划模型，解决了应急配送中心的选定问题、不同参与主体问题的决策目标、时间窗约束等问题，而后引入染色体聚合度概念，设计改进遗传算法，得到了较好的应急物资配送方案。

在"第11章：基于需求紧迫度的应急物资调度干扰管理问题研究"中，梳理分级影响因素，构建灾点紧迫性分级评价指标体系，以对调度系统的扰动程度最小为整体目标，建立应急物资调度干扰管理模型，研究应急物资调度干扰管理问题。

在"第12章：考虑道路约束的应急物资调度优化模型与算法"中，在应对复杂应用场景方面，考虑道路通行受约束和运输能力不足的条件下，将救援物资的装卸和救援工具的准备时间嵌入模型中，建立了考虑道路约束和多式联运的应急物资调度模型，并设计改进 NSGA - Ⅱ 算法对问题进行求解。

在"第13章：考虑多主体综合满意度的多周期应急物资调度研究"中，考虑各行为主体满意度的不同，针对各主体分别设计满意度函数以构建综合满意度目标函数，研究多主体、多周期应急物资调度问题，并使用反向学习机制的随机蛙跳算法对问题进行求解，求解出合理的应急物资调度方案。

在"第14章：考虑伤情随机恶化的应急物资调度问题"中，针对大规模灾难事件发生后伤员伤情严重、应急物流网络不确定、救援时效性强等特点，考虑伤情随机恶化和运输时间不确定性情景下研究应急物资的调度问题，构建了以死亡率之和最小为目标的应急物资调度模糊机会约束规划模型，并设计了一种带有混沌初始化和变邻域局部搜索的改进萤火虫算法进行求解。

在"第 15 章：疫情环境下多周期应急医疗物资分配问题研究"中，针对患者易因应急医疗物资的短缺和分配不及时而产生恐慌心理的问题，考虑各疫区应急物资需求优先度、应急物资的分配量及到达时间等因素，建立多周期的应急物资分配模型，并融合泛化反向学习和自适应惯性权重设计了改进的鲸鱼群优化算法对问题进行求解。

第5章 应急物资调度研究综述

5.1 研究背景

自然灾害频发，给国家带来人员伤亡与财产损失的同时，也暴露出应急资源配置效率低下、配置不合理等问题，开展应急资源配置相关研究工作具有重大意义。地震、洪涝灾害、火山爆发以及此次的新冠疫情等事件都具有突发性、不可预测性、伤害范围较大等特点，必然会造成巨大的人员伤亡与财产的损失。灾后应急物资调度是应急救援的主要工作之一。突发灾害事件发生后，势必会产生大规模的物资需求，这就要求应急管理部门需要在有限的时间、空间和资源的约束条件下，选择合适的运输方式和路线使救援物资及时、高效地到达灾害发生现场，快速满足受灾地区的应急物资需求，防止突发灾害事件造成的损失进一步扩大。

5.2 应急物资调度理论基础

5.2.1 应急物资概述

（1）应急物资的概念

在重大突发灾害事件发生的全过程中所涉及的全部救援类的物资，都可以被称为应急物资（李志等，2017）。

（2）应急物资的特征

应急物资不同于日常生活中的常用物品，通过分析与总结现有文献，本章节认为应急物资有以下三个特点。

①时效性。饮用水、食品以及药品等应急物资需要在最短的时间内分配给受灾区域内的灾民，若无法在有效救援时间内将救援物资发放给灾民，则救援物资将失去其作用，无法使救援工作的效果最大化。

②种类多样性。自然灾害或者突发公共卫生事件通常会产生多个受灾点，而受灾点均需要大量的、不同种类的应急救援物资，其按照救援物资的类型可分为一般的生活物资、医疗物资以及应急救援所需的物资三种。

③滞后性。由于自然灾害或者突发公共卫生事件的突发性以及救援物资生产能力约束，受灾区域内所需要的应急救援物资无法第一时间得到满足。

5.2.2 应急物资调度

（1）问题定义

所谓应急物资调度，是应急决策中心根据灾区受灾情况及物资配送中心储备量综合分析，在最短时间内做出合理物资分配规划和配送线路的管理过程（王祥，2018）。

（2）应急物资调度的特点

①特殊性活动。当某地区产生应急物资需求时，必然是因为发生了灾害事件，且该事件造成了一定的损失和伤亡。因而这决定了它与常规物流是不同的。其调度过程需要政府与社会共同参与，调度决策与调度工具也与常规物流不同。

②动态性。灾区各点的受灾信息并非一成不变，外界的干扰因素会影响调度计划，也决定了整个调度过程是动态的。

③考虑多种配送方式。可以选择地表线路，或者空中线路，必要时可以选择海上线路。具体方式由灾情的紧急性质决定。

④需求紧迫性。灾害本身的特点可以看出灾区对物资的需求量具有很大的模糊性和随机性，因此考虑物资需求度有利于提高应急救援效率。

⑤阶段性。整个应急救援过程分为若干个阶段，不同的阶段所适合的调度方案也是不同的。

（3）应急物资调度的构成要素

根据定义可知，应急物资调度是一个包含了众多因素的管理工程，其构成要素具体如图 5.1 所示。

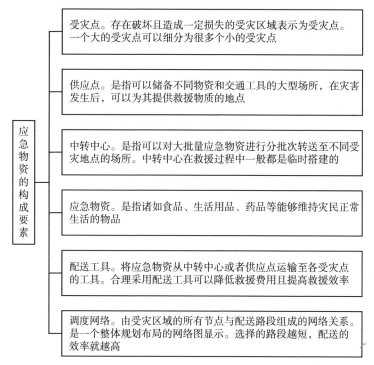

图 5.1　应急物资调度的构成要素

资料来源：笔者依据应急物资调度过程及要素梳理绘制。

（4）应急物资调度过程

突发灾害事件下的应急物资调度过程如图 5.2 所示，从此图我们可以看出，它有三个主要的阶段：准备、实施和评估。

①准备阶段。应急物资调度指挥中心的成立、需求点所需的应急物资的预测及应急物资的筹集是此阶段的主要工作。

突发灾害事件发生后，需要及时地成立应急物资调度指挥中心，其负责应急物资调度全部过程的指挥决策。灾区需要上报突发灾害事件的级别、影响范围、类型及受灾程度等情况，然后应急物资调度指挥中心对这些信息进行分析，进而预测出灾区对应急物资的需求。应急物资调度指挥中心在应急物资需求预测的基础之上，通过动用物资储备、政府采购、社会捐助及组织生产等方式进行物资的筹集。

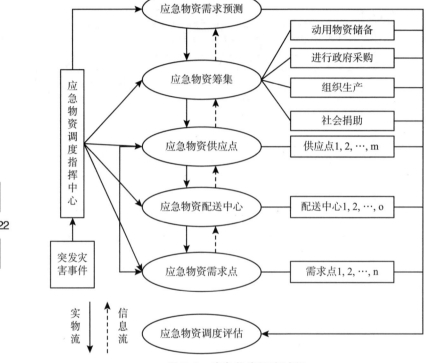

图 5.2　应急物资调度过程

资料来源：笔者依据应急物资调度过程系统化梳理后绘制。

②实施阶段。对于药品和医疗器械这类紧急救援物资，可以从应急物资供应点直接调度到应急物资需求点。但是对于棉被、饮用水、帐篷等生活必需品，考虑到其种类多、需求量大以及需求时间长等特点，可建立应急物资配送中心，其作用是完成应急救援物资从供应点到需求点的短暂存储、再分配以及转运工作，进而形成一个"供应点—配送中心—需求点"的两级应急网络结构，两级应急网络结构如图 5.3 所示。

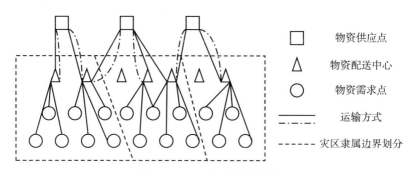

图5.3 两级应急网络结构

资料来源：笔者依据现实情景应急物资调度流程梳理绘制。

第一，从供应点到配送中心的调度。突发灾害事件发生初期，对应急物资的需求激增，应急物资供不应求现象严重，此时，供应点就需要将筹措到的全部应急救援物资运送至配送中心，这种供应模式称为推动式供应，其调度目标是应急物资到达需求点的时间最短和需求点损失最小。当进入平稳运行阶段后，应急物资供应量足够，此时供应点就需要依据需求点的需求情况，针对性地进行应急救援物资的供应，这种供应模式称为拉动式供应。

第二，从配送中心到需求点的调度。应急物资配送中心将从供应点运来的应急救援物资调度至各个需求点，其起到了一个短暂存储、再分配以及转运的作用。

③评估阶段。在此阶段，需要对前面两个阶段的工作进行客观、准确以及科学的评估，因此需要建立一个评估指标体系。

（5）应急物资调度分配原则

选择合适的应急物资调度方案，在一定程度上有利于快速提升救援效率。所以，应急物资的调度需要在一定的分配原则体系下进行，这样可以保证分配方案足够合理有效。

①根据受灾点的情况公平分配。此时需要根据受灾点的需求紧迫度对物资进行合理分配。灾情严重的区域分配到的救援物资相对较多，灾情较弱的区域分配到的救援物资相对较少。

②根据灾情信息动态调整。在救援工作实施过程中，需要持续关注各地灾情信息。外界的扰动因素会影响调度计划的顺利进行，也会影响整体救援工作的顺利展开。因而动态更新灾点实时情况，可以及时调整

救援方案，提高救援效率。

（6）应急物资分配理论

应急物资分配理论是构建应急物资调度模型的基础理论之一，本节对应急救援物资分配过程中的影响因素和基本原则进行论述，为灾后应急物资调度优化的研究提供理论支撑。

①应急物资分配的影响因素。第一，突发灾害的类型。不同类型或者等级的自然灾害或公共卫生事件，会产生不同类型的资源需求，如某地区发生地震后，受灾点对帐篷、水以及生活物资的需求大于其他资源，而如新型冠状病毒、非典等重大传染病事件，受灾点所需的救援物资更多的是药品、防疫物资以及医疗设备等。这种差异性会对应急救援物资分配方案产生影响。因此，在实际的灾后应急救援工作以及制订应急方案时，最重要的是应尽最大努力收集灾害信息，明确灾害事件的类型，为进一步制定应急救援计划方案提供保障。

第二，地理位置。灾害发生地的地理和人文环境是制约应急救援物资分配工作开展的重要因素之一，如较之小城市或者山区，在居住人口众多的城市开展应急救援工作更易受到交通堵塞等情况的影响，而在人口稀少的区域开展应急物资分配工作时需要对滑坡和泥石流等灾害保持足够高的警惕，因此，在开展应急救援活动时需要首先考虑受灾点的地理环境，然后确定具体的应急救援物资分配方案。

第三，灾情信息收集的难易程度。灾情信息的随机性、模糊性、不确定性是灾后应急管理的一个显著特点，这会对应急物资分配的工作产生严重影响，使得提前规划出的物资分配计划无法满足受灾点的需求，进一步对应急物资分配的科学性和准确性产生极大的负面影响，最终导致应急救援工作的整体效果不佳。

第四，灾民特性。该概念是指根据受灾地区灾民的收入、学历、年龄、性别、职业、健康状态等特点制订不同的灾后应急救援物资分配方案。若受灾区域中的年老者和年幼者占总人口比例较大，则灾害发生后灾区的损失就会较大，救援难度会更大，同时救援所需的物资种类也会更多，因此需要在应急救援物资分配过程中给予优先救助，以降低灾害对受灾区域内灾民造成的负面影响。

②应急物资分配的原则。应急物资分配是应急管理的重要组成部分，合理的救援物资分配方案能够提高应急管理工作的效果，起到快速消除灾害的作用。为使灾害应急物资分配效果最优，达到有效降低突发灾害对受灾区域造成的财产和人员损失的目的，在制订多周期应急物资分配方案的工作中应遵循如下五个原则。

第一，效用最优原则。大规模突发灾害的爆发使得受灾点对应急物资的需求会呈现大暴发的态势，并且由于灾害的突然性，在应急救援工作的初期，应急物资的储备量通常小于受灾点的需求量，在此情境下每一份救援物资都是十分宝贵的，需要发挥应急救援物资的真实效用，尽最大努力地保证应急救援物资最大限度地发挥其效用。

第二，兼顾效率与公平原则。即应急决策者在制定应急救援物资的分配方案时必须从全局角度出发，保证应急物资分配的公平性，不能仅仅以应急救援响应时间最短为物资分配方案的目标，还要保证受灾区域内所有受灾点物资分配的公平性。因此，在制订应急救援物资分配方案时，必须把握好公平性和效率性之间的关系。

第三，供给与需求相匹配原则。突发灾害发生后，应急救援工作时常遇到首批救援物资供给无法满足受灾点需求的现实问题，在此背景下物资分配方案应当根据受灾区域内实际的信息和数据，尽可能精确地获取或预测受灾区域对应急救援物资的实际需求，使得救援物资的分配方案尽可能地实现供需平衡，最大限度地发挥救援物资的作用。

第四，灾情匹配原则。在实际救援工作展开之前科学合理地分析受灾区域地理特征、灾区人口结构、灾害类型、灾害影响范围等对应急救援物资分配方案的制订具有十分重要的作用。灾后应急物资分配方案的制订首先要尽可能详尽地收集灾区的各类数据，如受灾区域的受损程度等，并得出各个灾区对应急物资需求的紧急程度，尽可能地使应急救援物资分配的方案能够应对灾害等级和烈度，最大限度地发挥救援物资的作用。

第五，动态多周期全局最优原则。灾后应急物资分配方案的制订面临着众多时变信息，如道路交通、天气、灾害的影响范围等，这些信息会随着时间的变化而变化，呈现为模糊不确定性。而随着救援工作的不断展开，来自外部的救援物资量将不断增长，这使得救援物资供给呈现阶段性，即不同救援阶段救援物资储备量存在差异性，因此救援物资分配工作需要分为多个阶段进行，才能令物资需求得到完全满足。因此应急管理者做出的物资分配方案应当是多阶段、多周期的，需要及时收集不同救援阶段灾情数据，不断更新并及时地调整应急救援物资分配的决策方案，以保证最大限度地满足受灾区域内所有受灾点的所有物资需求、降低灾害所带来的经济损失。

5.2.3　多目标规划基本理论

（1）多目标规划问题特点

在实际的生产和生活中，所研究问题通常有多个优化目标，而优化目标之间通常是冲突的，即应急调度模型中各个优化目标之间无法和谐共处，无法使每个决策目标均达到最优，需要权衡各个目标的重要程度使得决策系统能够获得最高的"收益"，这样的问题通常称为多目标优化问题（马小姝，2010）。多目标优化模型和求解具有如下几个特点。

第一，优化结果难得到唯一的最优解。单目标优化问题本质上是标量的最优化问题，通过目标函数值的比较即可比较可行解的优劣程度。而多目标优化问题是一个矢量优化，在求解矢量最优化的过程中，不能仅仅某一个维度上比较两个解的优劣程度，因此求多目标问题很难得到唯一的最优解。

第二，各个优化目标之间是相互对立的，在一个目标上的提升会导致在另一个目标上的衰减。

第三，多目标优化可以充分发挥规划者和决策者各自的作用。规划者通常是应急调度领域的工程技术人员和专家，规划者需要根据灾情的实际情况，在众多约束下建立并求解调度模型，为应急决策主体提供一组非劣解。决策主体一般是指应急管理部门及其管理人员和政府各级管理机构及其相关的管理人员，他们可以综合考虑各方面的影响，从一组非劣解中选出适合于所求问题的最优均衡解。

（2）多目标规划模型描述

多目标优化调度问题由一些目标函数和一些等式及不等式约束条件共同构成，该问题的具体描述如式（5.1）~式（5.6）所示：

目标函数：

$$\min f_1(x_1, x_2, \cdots, x_n) \tag{5.1}$$

$$\mathrm{minf_2(x_1,\ x_2,\ \cdots,\ x_n)} \tag{5.2}$$

$$\cdots\cdots$$

$$\mathrm{minf_{m-1}(x_1,\ x_2,\ \cdots,\ x_n)} \tag{5.3}$$

$$\mathrm{minf_m(x_1,\ x_2,\ \cdots,\ x_n)} \tag{5.4}$$

$$\mathrm{s.\,t.\quad g_i(x) \geqslant 0} \tag{5.5}$$

$$\mathrm{w_j(x) \geqslant 0} \tag{5.6}$$

上述公式中 $f_i(x)$，$i=1$，2，$\cdots$，n 为应急调度的目标函数，$g_i(x)$ 和 $w_i(x) \geqslant 0$ 为应急调度过程中的约束条件；$X = \{x_1,\ x_2,\ \cdots,\ x_n\}$ 为应急决策变量，一般为车辆路径或者物资分配方案。若模型中的目标函数均是最小化，且约束条件均是等式或者小于等于的约束，则该调度模型就是标准的多目标优化模型。

（3）多目标规划基本解法

在资源有限的约束下，应急物资调度存在调度成本和救援时间的矛盾，在求解此类多目标调度模型时，单个目标的优化通常是以损失其他调度目标为前提的，因此得出应急物资多目标优化调度模型的最优解是很困难的，最终的调度方案需要按照一定的决策规则从一组均衡解中得出，即从含有多个帕累托（Pareto）最优解的帕累托最优解集中选择出符合当前灾情的调度方案。以两个目标函数 $f_1(x)$ 和 $f_2(x)$ 全部最小化目标函数为例，多目标规划涉及的相关概念如下。

①帕累托支配：对于决策空间 X 中的可行解 a_1 和 a_2，a_1 支配 a_2，即 $a_1 < a_2$，当且仅当 $f_1(a_1) \leqslant f_1(a_2)$ 和 $f_2(a_1) \leqslant f_2(a_2)$，并且存在 $j=1$ 或者 2，使得 $f_j(a_1) \leqslant f_j(a_2)$。

②帕累托最优解：对决策空间 X 中的可行解 a，a 若为帕累托最优，当且仅当，决策空间 X 中不存在可行解 b 帕累托支配 a。

③帕累托最优解集：由决策空间 X 中的所有帕累托最优解构成的集合。

对于多目标优化模型主要处理方法有：①将多目标优化中的分目标，经过处理或者变化，将研究问题转换成一个单目标决策问题，然后再使用单目标优化方法的相关理论对模型进行求解；②利用多目标优化的相关算法处理多目标优化调度模型，然后通过相关的应急决策理论和方法从帕累托最优解集中选出最终的调度计划。其中，第一种方法能够得到一个最优解，第二种方法得到一组最优解集，相关的求解方法如表5.1所示。

表5.1　　　　　　　　　　　　多目标模型求解方法

求解思路	方法	描述
目标 转换法	评价函数法	构建合适的评价函数，如线性加权法、极大极小值法、理想点法等，将多目标优化调度模型转变为单目标调度模型
	交互规划法	令应急管理的决策者直接参与决策，通过逐步宽容法、权衡比替代法、逐次线性加权和法等方法使求解和应急决策交替进行
	分层求解法	按照一定的决策规则对调度目标进行紧迫度排序，按此紧迫度排序表对各个单目标调度模型依次求解，直到最优解产生
多目标优 化算法	NSGA - Ⅱ	由斯里尼瓦斯等（Srinivas, et al., 2000）于2000年在NSGA的基础上进一步改进所得
	……	……
	多目标粒 子群算法	在各个领域有着广泛的应用

资料来源：笔者梳理总结后绘制。

5.2.4　干扰管理概述

（1）干扰管理的概念

对于干扰管理的概念，本章节引用于等（Yu et al., 2004）对干扰管理的定义，他认为在灾害发生初期需要迅速做出判断，建立调度模型选择优化算法得到最优的物资配送计划；物资配送途中，建立优化模型并选择算法求解得出满意的方案，在方案运行过程中发生干扰因素，使初始结果变得不可行，需要根据情况重新制订方案。但是新的方案需要建立在初始方案的基础上，保证整体影响程度最小化。

（2）干扰管理模型

①网络图模型。网络图模型在目前大部分专业和领域范围内都得到了大规模应用。它是以一组有效的顶点和边的集合将所要研究的问题转化为网络图，数学表示为 G = (V, E)（闫卓男等，2014），其中 V 为顶点集合，E 为边集合。

网络图用图表的形式描述现实的抽象问题，图表的优势在于可以更清晰直观地描述要素之间的关联性，降低了问题的难度和编码的难度。但是，网络图的表达能力范围局限性太大，相应模型也不能解决复杂调度问题。因此，网络图模型开始逐渐被数学模型替代。

②数学模型。常规的数学模型通常表示为式（5.7）~式（5.8）：

$$\min f(x) \tag{5.7}$$

$$x \in X \tag{5.8}$$

其中，式（5.7）为目标函数，式（5.8）为约束条件。

当干扰因素产生时，为使得整个调度过程中的扰动程度最小，对初始的调度模型根据变动因素进行调整，根据干扰对整体造成的影响建立多目标约束模型，判断不同目标之间的优先级的先后顺序，由字典序排序原理计算多目标函数。具体如式（5.9）~式（5.12）所示：

$$\min \text{Lex} P_1 : f(x) \times P_2 : g(a^+, a^-) \tag{5.9}$$

$$x \in \overline{X} \tag{5.10}$$

$$x + a^+ - a^- = x^0 \tag{5.11}$$

$$a^+, a^- \geqslant 0 \tag{5.12}$$

式（5.9）包含两个目标函数，分别表示不同的优先级，式（5.10）~式（5.12）为约束条件。

x^0 表示初始调度方案的最优路径安排，x 表示干扰产生后形成的新的路径安排，$\overline{X}$ 为 x 的可行解，$g(a^+, a^-)$ 表示路径偏离程度，a^+ 表示在初始最优路径 x^0 中而不在新路径 x 中的路径，a^- 表示在新路径 x 中而不在初始路径 x^0 中的路径。

（3）干扰管理与其他扰动处理方法的比较

不确定性决策理论具有定量的性质，因此主要解决由信息不同步引起的不确定问题；而干扰管理则更倾向于使干扰事件对整体调度计划的影响程度最小。

调度与重新调度方法虽然可以使综合配送成本最低，但是整体的调度方案需要重新制订。而干扰管理是判断干扰事件对整体调度造成的影响程度大小，再基于初始方案基础上进行干扰调整，以达到使整体扰动变化程度最小的目标。

预案管理是研究早期形成的方法，仅适用于具备一定扰动规律的干扰事件，并且需要在灾害发生前有相应预备处理方案。干扰管理适用于大部分状态下发生干扰事件的情况，不需要提前准备，在干扰事件发生之后立即根据相应情况调整初始配送计划，具有很强的应对能力和灵活变更能力。

5.2.5 公平性理论

公平是一个社会学名词，也是一个哲学概念，许多学者将公平运用到收入分配、教育等领域。但是在突发灾害事件的特殊条件背景下，考虑到可能会出现的灾后响应初期应急物资短缺、路网受阻等情况，学者们开始将公平性理论应用到应急调度的研究中。

（1）非理性攀比心理研究

应急物资调度作为应急救援工作的一个关键环节，是非常紧迫且重要的。但是在灾害发生初期，灾民对应急物资的需求短期内大量增加，需求点的需求不能全部得到满足。这时，应急物资分配数量和应急物资到达时间的差异会使需求点灾民产生"不公平感"，进而产生攀比心理。

著名的心理学家勒温[①]（1936）提出了场论公式 $B = f(P, E)$，这里的 P 代表人的心理活动，E 代表环境因素，B 代表行为，是心理与环境的函数，即人的心理活动和环境共同影响着人的行为（荣复康，1989）。勒温（1936）认为人的行为是在"心理动力场"内发生的，而个体需求及其心理环境两者相互作用组成了心理动力场，且心理环境来源于物理环境，是人的大脑对客观现实加工的结果，而不是对物理环境简单的摹写。显意识和隐意识组成了人的心理环境，个体在行动中能够察觉到的意识为显意识，它直接支配着人的行为，个体在行动中不能立即察觉到的意识为隐意识，但它是过去显意识的沉积，间接支持着同一行为。根据场论公式，需求点灾民的攀比行为动因可用图 5.4 表示。

---

① 场动力理论是由德裔美国社会心理学家库尔特·勒温（Kurt Lewin）结合物理学中"场"的概念所提出的心理学理论。场动力理论包括场论与动力论两大理论，由生活空间和心理紧张系统两大核心概念构成，勒温认为：一个人的动机行为是由其"心理生活空间"决定的。

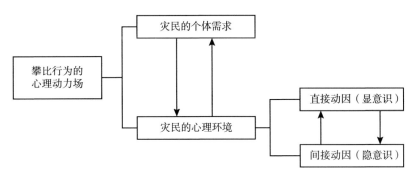

图5.4　灾民攀比心理动因

资料来源：笔者绘制。

突发灾害事件发生时，灾民受到了物质、心理等方面的打击，内心较为脆弱，具有有限理性。所以，灾民对接收到应急物资量和应急物资的到达时间都非常敏感。为了避免这种现象造成的不良舆论效应及其衍生出来的重大问题，需要关注时间、成本以外的灾民非理性攀比心理。且应急物资分配数量和应急物资到达时间的差异化，造成了不同程度的攀比效应，因此需要把灾民对应急物资量和应急物资到达时间的不满意度转化为攀比函数。

在突发灾害事件中，常常会因为应急物资分配不均匀产生敏感情绪，进而引发一些非理性行为。且在大规模突发灾害发生初期，往往会出现应急物资大量短缺，供不应求的现象。葛洪磊等（2010）提出在应急物资需求未满足情况下，需求点 j 的损失如式（5.13）所示：

$$l_j = \frac{w_j}{Q^a}(q_j - g_j)^a, \quad \forall j \in J \tag{5.13}$$

其中，l_j 为需求点 j 在应急物资未满足时产生的损失；α 为灾害严重程度，灾害严重程度越大，α 越大，且 $\alpha \geq 1$；w_j 为需求点 j 对应急物资的依赖度；Q 为所有需求点的总物资需求量；$1/Q^\alpha$ 为应急物资需求量的归一化处理；q_j 为需求点 j 的应急物资需求量；g_j 为需求点 j 实际收到的应急物资量。

在灾后应急物资未满足情况下，灾民从主观意念上想弥补自身与损失相对较小需求点之间的差距（王旭坪，2016），得物资量攀比效应函数如式（5.14）所示：

$$L_j = l_j - \min_{j \in J}(l_j) \tag{5.14}$$

同理，在应急物资调度过程中，灾民也会想要弥补自身与应急物资到达时间相对较短的需求点之间的差距，得时间攀比效应函数如式（5.15）所示：

$$T_j = t_j - \min_{j \in J}(t_j) \tag{5.15}$$

其中，T_j 为需求点 j 的时间攀比效应；t_j 为各个应急配送中心将应急物资运达需求点 j 的最大时间，即应急物资到达需求点 j 的时间。

物资量攀比效应函数和时间攀比效应函数，两者都是函数值越小，灾民的攀比行为越弱，应急物资调度方案就越公平，灾民满意度也就越高。

（2）比例公平

应急物资分配的公平与否，是一个相对概念，不是绝对的。在面对同样一种分配方式时，有人认为是公平的，有人认为是不公平的（陈刚等，2018）。如果单纯地按照比例公平的方式进行应急物资的分配，有可能会造成需求量较小的需求点分配到的物资数量较少甚至没有，这就导致了另外一种的不公平。

针对这一问题，在比例公平的基础上，给需求点设定一个应急物资最低保障率，应急物资最低保障率函数如式（5.16）所示：

$$e = \sigma \sum_{i \in I} s_i \Big/ \sum_{j \in J} q_j \tag{5.16}$$

其中，e 为需求点的应急物资最低保障率；σ 为比例公平系数，$\sigma \in [0, 1]$，$\sigma \to 0$ 表示比例公平程度越来越低，$\sigma \to 1$ 表示比例公平程度越来越高；s_i 为应急配送中心 i 的物资供应量；q_j 为需求点 j 的应急物资需求量。

5.2.6 智能优化算法

（1）人工蜂群算法

人工蜂群算法（artificial bee colony algorithm，ABC）是由 Karaboga 于 2005 年提出的一种新颖的基于蜂群分工行为的全局优化算法，该算法结构简单、控制参数少且具有较好的收敛性与稳定性。在蜂群觅食过程中，主要有三个要素：食物源、雇佣蜂、观察蜂。食物搜索过程主要包含：寻找食物源和选择食物源。

①食物源：蜜蜂选择什么样的食物源采蜜由很多因素决定，如食物

源离蜂巢的远近、包含花蜜的多少和获得花蜜的难易等。用适应值的高低来代表上面的因素，适应值高的选择，适应值低的淘汰。

②雇佣蜂：也称引领蜂，雇佣蜂与食物源一一对应，有多少个食物源就有多少个雇佣蜂。雇佣蜂与其他蜜蜂共享食物源的相关参数信息（如食物源的位置、距离、大小等），以保证优胜劣汰。

③观察蜂：观察蜂的任务是寻找和开采食物源，然后和侦察蜂分享找到的食物源的参数信息。一般情况下，观察蜂的平均数目是蜂群的 5% ~20%。

三种蜜蜂之间的转化关系如图 5.5 所示。采蜜蜂转化为观察蜂：有观察蜂在采蜜过程中发现了比当前采蜜蜂更好的蜜源，则采蜜蜂放弃当前蜜源转而变成观察蜂跟随优质蜜源，同时该观察蜂转变为采蜜蜂。采蜜蜂转化为观察蜂：当该采蜜蜂所发现的蜜源被开采完后，它会转变为观察蜂去跟随其他采蜜蜂。采蜜蜂转化为侦察蜂：当所有的采蜜蜂发现的蜜源都被开采完后，采蜜蜂将会变为侦察蜂，观察蜂也会变成侦察蜂，因为大家都无蜜可采。侦察蜂转化为采蜜蜂、观察蜂：侦察蜂随机搜索蜜源，选择较好的数个蜜源位置的蜜蜂为采蜜蜂，其他蜜蜂为观察蜂（邵江琦等，2020）。

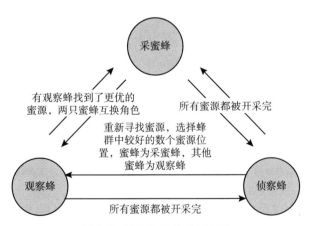

图 5.5　蜂群转化关系示意图

资料来源：笔者依据蜂群算法原理绘制出该转化关系示意图。

（2）萤火虫算法

萤火虫算法（glowworm swarm optimization）是一种基于萤火虫群体

搜索的启发式算法，其原理源于萤火虫的闪光行为。在萤火虫算法中，萤火虫在寻优移动过程中主要依靠亮度和吸引度来执行。亮度越大的萤火虫的吸引力也就越大，亮度小的萤火虫被亮度大的萤火虫吸引，逐渐向亮度大的萤火虫附近集聚，最后，聚集在亮度最大的萤火虫附近，从而达到寻优的效果（孟学尧等，2021）。

萤火虫算法基本原理：每一个萤火虫所在位置代表优化问题的一个解，每个解对应的适应度值决定了该萤火虫的亮度大小。亮度低的萤火虫不断向亮度高萤火虫所在位置靠近，即差的解逐渐向较优解的位置移动。如图5.6所示，黑点表示萤火虫，虚线圆表示萤火虫的领域范围，峰谷处的萤火虫表示最差的解，峰顶处的萤火虫表示最优的解。萤火虫1在其领域内搜索得到更好的解，即萤火虫2；萤火虫2在其领域内搜索得到更好的解，即萤火虫3；如此搜索下去，最终会得到全局最优解萤火虫6。

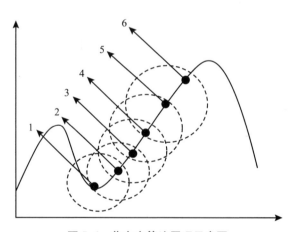

图5.6 萤火虫算法原理示意图

资料来源：笔者绘制。

（3）用于求解应急物资配置问题的其他智能优化算法

由于应急物资配置问题是较为复杂的组合优化问题，经典算法已不再适用于求解该类问题。经典算法有动态规划算法、整数规划法和启发式搜索算法，这些经典算法在面临维数多的组合优化问题时，便暴露出计算效率低、计算困难等缺点，无法应用于逐步发展的应急物资调度问题。随着应急物资调度问题越来越模糊化、复杂化，群智能算法成为了解决应急物资配置问题的有效工具。群智能优化算法具有快速收敛、参数简单等优点，已被应用于多个领域。

①遗传算法。遗传算法（genetic algorithm，GA）是由约翰·霍兰德教授（John Holland，1960）于 1960 年提出了基于达尔文进化论概念的遗传算法。它利用了简单的编码技术来表达了各种复杂的解结构，遗传算法的编码为一组二进制数（0 或 1），一个二进制串也被称为染色体，每一个染色体都代表优化问题的一个解，一群染色体称为种群。该算法利用简单的遗传操作（选择、交叉、变异）和自然选择的优胜劣汰规则来对种群不断优化，从而达到寻优的效果。

选择操作：对种群内的每个染色体计算其对应的适应度值，通过"轮盘赌"的方式进行优胜劣汰，物竞天择，适者生存。

交叉操作：由于染色体是一个二进制串（0 或 1 随机组成的一串数），通过交叉互换两个染色体串中相同位置上的数字，完成交叉操作。

变异操作：通过有概率地对染色体进行扰动，实质上就是在可行域内进行搜索，搜索出最适合环境的解（高文杰，2020）。

②粒子群算法。粒子群优化算法（PSO）是 1995 年由埃伯哈特和肯尼迪（Eberhart and Kennedy，1995）提出的一种基于对鸟群捕食的行为研究而发明的群智能优化算法。粒子群算法在对动物集群活动行为观察基础上，利用群体中的个体对信息的共享使整个群体的运动在问题求解空间中产生从无序到有序的演化过程，从而获得最优解。

在粒子群算法中，每个优化问题的解都是搜索空间中的一只鸟，我们称之为"粒子"。所有的粒子都有适应度值，每个粒子还有一个速度决定他们飞翔的方向和距离。在每一次迭代中，粒子通过跟踪两个"极值"来更新自己的位置。一个极值是粒子本身所找到的最优解，这个解叫作个体极值 p_{best}。另一个极值是整个种群目前找到的最优解，这个极值是全局极值 g_{best}。另外也可以不用整个种群而只是用其中一部分作为粒子的邻居，那么在所有邻居中的极值就是局部极值（黄珍等，2014）。

5.3 应急物资调度国内外发展现状

5.3.1 应急物资需求量预测研究现状

在重大突发灾害事件暴发后，应急物资的充足供应对于减少灾区死亡人数与损失具有巨大作用，因此，在物资分配前对受灾区的物资需求量进行预测具有重要意义。关于应急物资需求预测的方法研究逐渐趋向成熟，在早期研究中，通常使用经验估计方法来预测灾区物资需求量。例如，许（Sheu J B，2007）用专家经验估计得出的物资需求量系数来预测灾区所需物资的消耗量。这种方法在早期应急物资配置研究中有着重大作用，但是由于该方法过于受决策者主观臆断影响，因此，许多文献提出新的预测方法来弥补不足。主要有模糊变量法、模糊案例推理法、基于灰色理论预测等方法。

（1）通过模糊变量来描述灾区物资量

例如，田军等（2011）利用三角模糊数来描述无法精准估计的灾区应急物资需求量；陈鑫等（2011）针对灾区需求量不确定问题，利用模糊随机变量来预测灾区的需求量；郝国柱等（2020）针对突发事件下受灾点需求量不确定问题，引入三角模糊函数描述应急物资调度中物资需求量。在面对需求信息不确定情况下，模糊变量描述需求的方法，相较于专家经验估计方法，虽能便于对应急物资配置的研究，但此方法没有将灾区受灾后的各种影响需求量的因素考虑进模型中。

（2）模糊案例推理方法

例如，刘德元等（2013）运用 Hebb 学习机制优化特征因素权重值，提出一种应急物资需求量预测方法，即模糊案例推理方法；王兰英等（2015）利用模糊案例推理技术，计算出模糊集的隶属度以及修正测度贴进度对应急物资需求进行有效预测。刘等（Liu et al.，2012）对风险系数与物资配置等方面进行分析，结合突发事件特点提出一种案例推理的应急物资预测方法。该方法具体可分为 Mamdani 模糊推理法、Larsen 模糊推理法、Zadeh 模糊推理法等，是静态预测方法，然而在实际灾区，灾情是时刻变化的，依据过去的案例数据，模糊案例推理方法依然有其局限性。

（3）灰色理论预测

在灰色理论的研究过程中，刘（Liu，1995）、刘和林（Liu and Lin，2004）为了考虑信息的不同背景与差异，提出了一种灰数定义与白化权函数模糊条件下区间灰数核的一种计算方法。在此基础上，胡忠君等（2019）以灰色系统理论为基础，结合库存管理方法提出一种改进 GM（1，1）动态应急物资预测模型；宋晓宇等（2010）将 GM（1，1）引入传统模型，克服了传统模型不足的缺点，运用改进模型成功预测应急物资的需求量。在突发事件发生后，需要及时预测应急物资并运往灾区，基于灰色理论预测方法虽能较为准确预测应急需求，但是该方法周期较长，无法及时支援灾区。

（4）其他方法

除此之外，另有一些学者根据灾害特点制定相对应的综合多种理论的预测方法，例如，张玲等（2019）针对台风自然灾害下，对初始事故多米诺效应发展机理进行分析，结合经验估计的方法确定了几种不同情景来进行应急资源需求预测。法提梅等（Fatemeh et al.，2019）综合考虑人口数量、年龄分布、人员构成以及群众心理等影响因素，结合灾区人口的构成特征建立了一个基于时序变化的应急物资需求预测模型。陈国华等（2015）分析应急救援物资的特性，提出共性—特性资源分类方法，并建立需求量估算模型。任斌等（2018）为了确保应急物资需求量预测的科学与合理性，考虑了灾后模糊因素和人的主观不确定因素，在前景理论（PT）基础上建立了应急物资需求量动态调整模型。徐等（Xu et al.，2010）通过研究分析应急物资需求量的特性，提出了混合经验模型分解与自回归移动平均法的预测模型。郭金芬（2011）将主成分分析法与 BP 神经网络结合，对地震爆发后的灾点物资需求量进行预测；孙等（Sun et al.，2013）结合模糊粗糙集与运筹学风险决策理论给出一种物资预测方法。

5.3.2　应急物资需求点分级研究现状

目前，关于应急需求点分级研究方法主要有定性与定量方法。定性方法为专家经验评估法，例如，岑等（Tzeng et al.，2007）在处理应急物资需求点分级问题时，直接主观赋予各个灾点紧急权重值，以此来达到分级目的。这种定性方法所得出的紧急权重缺乏科学性，完全由决策者主观给出，没有给出需求点分级的过程与说明，因此，许多学者开始探索定量或者定性与定量相结合方法来进行灾点分级研究。

国外关于灾区需求分级研究较少，例如，罗耶罗等（Royero et al.，2016）设计了一种动态评价模型来确定需求点的紧急程度，模型考虑了动态需求容量限制以及需求点的优先级，在实际应用中证实了该模型可行性。威等（Wei et al.，2017）在研究中考虑到受灾点实际情况与受灾人口特点两个因素，在此基础上根据函数关系来对灾点的需求紧迫性进行量化分级。许（Sheu，2010）为了对灾点进行聚类分组，提出了一种针对救灾需求的动态管理方法。

除此之外，国内已有部分研究，例如，林勇等（2016）从灾区的角度去考虑应急物资的需求紧迫程度，并在此基础上建立以应急保障综合评价函数值最小优化模型。宋晓宇等（2014）构建了物资缺失损失系数和灾区满意度系数，并且利用两个系数建立需求紧迫度。杨震等（2013）利用 TOPSIS 多目标决策按照需求紧迫度对受灾点进行分级排序研究。姚恩婷等（2016）利用 BP 神经网络构建了受灾点分级模型并用 MATLAB 软件进行了仿真实验。冯江博（2020）考虑到灾区需求量的差异性，运用 B 型关联度—TOPSIS 方法确定各个受灾点的需求紧迫程度，以此达到需求点分级的目的。

5.3.3　应急物资配置研究现状

重大突发灾害发生后，会产生受灾区，每个灾区的损害程度有所不同，灾区对物资的需求会持续增大，应急物资一时会供不应求。灾害初期，救援中心应急物资量库存有限，决策者如何将有限的物资分配给各个灾区是救援工作的重中之重。

关于应急物资分配的研究已有很多硕果，有许多国外学者对其进行了大量的研究和完善，早期的研究主要以成本最小化为、时间最短等为目标来制订应急物资分配方案。胡等（Hu et al.，2016）建立了一个耗时最短应急物资配置模型来应对救援问题。穆罕默迪等（Mohammadi et al.，2016）刻画灾区人民满意度，并以最大化满意度作为目标。李等（Li et al.，2011）以系统损失最小为目标，建立了一个应急物资调度模型。巴巴罗索格鲁等（Barbarosoglu et al.，2004）以成本为目标建立了两阶段随机规划应急物资配置模型。随着应急物资配置问题的发展，决策者为了更好地模拟真实灾害与刻画灾民心理，使应急物资配置模型中目标函数、约束条件不断复杂化。例如，柴等（Chai et al.，2018）综合考虑路径状况与时间指标，建立了多目标应急优化模型。池等（Chi et al.，2016）基于应急物资配置问题中目标间具有相互关联的特点，将时间满意度和物资满意度结合为一个目标，构建了一个应急物资配置非线性时间评估模型。威德纳和霍纳（Widener and Horner，2011）针对灾后应急物资调度问题，构建了以总成本最小、响应时间最短以及灾民满意度最大的多目标应急物资配置模型。纳杰菲等（Najafi et al.，2013）针对突发事件下资源短缺等问题，提出了一种多目标、多周期应急物资配置模型。布朗等（Brown et al.，2005）为解决应急物资配置问题，构建多目标随机数学规划模型，利用线性加权法将多目标转化为单目标来求解。常等（Chang et al.，2014）以灾区对物资的不满足需求最小化、应急时间最短以及应急成本最低为目标，设计了一种改进多目标遗传算法进行求解。

　　除此之外，许多国内学者也对应急物资配置问题进行了分析研究。廉晚祥等（2013）以总救援时间最短为目标构建了灾后应急救援物资运输模型以提高救援效率。王付宇等（2018）通过对灾区进行应急救援区域的划分，建立了以总救援时间最短的数学规划模型，利用改进萤火虫算法对问题进行求解分析。王旭坪等（2013）构建了应急响应时间的满意度函数，衡量灾民对救援响应时间的满意程度。唐伟勤等（2016）根据灾区人民心理上对应急物资等待时间的上下限，设计了灾民的满意度目标函数。王妍妍等（2019）考虑到应急物资分配时具有易短缺、高成本等实际情形，通过指数效用函数构建了物资短缺延迟损失最小化目标函数。通过对应急物资配置问题的研究，许多学者意识到单目标的局限性，国内学者对应急物资配置问题的研究逐渐由早期的单目标问题转化成多目标问题。例如，宋英华等（2020）针对救援过程中应急物资受损问题，考虑物资损毁率对灾民心理影响的上下限及其对物资分配的影响，以系统总运行成本最小和有效物资满足率最大为目标构建了优化模型；冯春等（2018）为了兼顾应急物资配置的效率和公平，建立了效率目标与公平目标相结合的多目标应急物资配送模型；赵星等（2019）为了解决应急路径搜索与应急资源配置两个问题，基于多目标路径规划构建了一种应急物资配置模型；文仁强等（2012）分析重大突发事件下应急物资配置的特点，构建了多需求点、多供应点协调供给的多目标优化调度模型；杜雪灵等（2018）针对突发事件下应急资源调度问题，构建了以公平性最大和调度总成本最小为优化目标的应急资源调度模型；张力丹等（2017）以应急救援成本与救援不及时损失最小为目标函数构建优化模型。

5.3.4 不同约束下的应急物资调度研究现状

关于应急物资调度研究的侧重点存在着差异，进而导致约束条件的不同。通过对相关文献的梳理，大致将约束分为运输能力约束、多式联运约束、时间窗约束以及动态性约束，并对这四个方面约束的研究现状进行归纳与分析。

（1）运输能力约束

突发灾害事件发生后，基础交通设施会受到不同程度的破坏，导致其交通能力下降。因此，如何合理地安排交通运输工具和规划其运输路线，成为应急物资调度的重中之重。然而国内外对运输能力约束下的应急物资调度的研究相对较少。马等（Ma et al.，2012）为了解决带有时间窗和链路容量限制的车辆路径问题，提出了一种带有自适应惩罚机制的禁忌搜索算法。王旭坪等（2013）针对运力受限情况下的应急物资调度问题，构建以灾民损失和车辆调度费用最小为目标的混合整数规划模型。王军等（2013）结合海上突发灾难事件的特点，综合考虑海洋环境，并在时间、运力、资源等约束条件下，构造了一个海上应急物资调度模型。郑斌等（2017）针对震后应急物流优化问题，同时考虑了时间窗限制、运力限制等约束条件，建立了一个双层规划模型。

（2）多式联运约束

突发灾害事件发生后，交通路网往往会有不同程度的损坏，进而对应急救援物资的运输产生了影响。因此，为了加快应急物资供给速度、提高救援效率，可以采用多种运输方式（公路、铁路、水路和航运等）

联合运送物资。巴巴罗索格鲁等（Barbarosoglu et al.，2004）针对应急响应过程中的应急物资供需不平衡问题，在考虑多种类应急物资、多种运输方式联合运输的基础之上，构建一个两阶段随机规划优化模型。林勇等（2016）针对多供应点、多需求点的应急物资调度问题，建立了多种运输工具条件下的决策模型。陈钢铁等（2016）对应急车辆和直升飞机的联合运输进行了研究，通过将路网阻断、修复及需求不确定结合起来建立应急物资调度模型。李孟良等（2017）综合考虑公路、铁路和航空运输的特点，结合鲁棒优化理论，建立应急物资多式联运决策模型。宋晓宇等（2017）以多层级非线性连续消耗应急物资调度为背景，建立了一个多层级、多次数配给、多运输方式、可转运的应急物资调度模型。

（3）时间窗约束

在突发灾害事件发生初期以及紧急救援期，受灾点对应急物资的需求尤为迫切。因此，为了减少人员伤亡和经济损失，应尽快将应急物资运送到受灾点。林等（Lin et al.，2011）针对灾后多种类应急救援物资、多运输车辆、多阶段、软时间窗以及分批配送的情况，构建一个多目标整数规划模型。王绍仁等（2011）认为震后受灾点对应急物资的需求具有很强的时效性，需要考虑时间窗约束，并与应急物流系统的动态性、需求不确定性等特点相结合，构建了一个带时间窗的模糊动态LRP优化模型。邬开俊等（2012）设计了一种新的混沌粒子群算法来解决带时间限制的多出救点应急物资调度问题；并且为了提高算法的精确度和收敛性，把高斯函数的分布曲线特性和混沌的遍历性特征融合进入了算法。夏红云等（2014）针对突发灾害事件发生时的短时间内资源短缺的问题，为了最大限度满足灾区资源需求、减少延迟成本，结合时间窗和网络流理论，建立了一个以需求点收益最大化和延迟成本最小化为目标的双层规划模型，并用两阶段启发式算法对模型进行求解。

（4）动态性约束

突发灾害事件发生后，灾区的通信设备会产生损坏，造成应急管理人员不能及时把控应急物资需求和路况信息，且应急物资需求和路况信息随着时间的推移而不断地产生变化，从而管理人员收集到的数据也在动态地更新。因此，灾后应急物资调度是一个动态的决策过程。菲德里奇等（Fiedrich et al.，2000）针对震后初期应急响应中的资源优化问题，以最少死亡人数为目标，构建了一个动态优化模型，并用禁忌搜索算法和模拟退火算法对进行求解。戴冰冰等（Dan Bingbing et al.，2013）认为应急物资调度是一种典型的动态车辆路径问题，并设计了改进的蚁群优化算法来解决。田军等（2011）针对应急物资调度过程中受灾点需求信息的不确定性和运输路网的动态复杂性，借助三角模糊数建立了一个多目标应急物资动态调度模型。王海军等（2014）认为大规模突发事件下的应急物资调度问题的网络结构是一个由供应点、集配中心和需求点组成的三级供应网络结构，并在此基础上，对物资供应量和需求量均为模糊数时的应急物资动态调度问题进行了研究。

5.3.5 考虑多种运输方式的应急物资调度研究

诺特（Knott R，1987）是最早以应急救援食品车辆调度为研究问题，构建了一种车辆路径规划模型，该模型中以应急救援的运输成本和受灾点内灾民的物资满足率为决策目标。巴巴罗索格鲁等（Barbarosoglu et al.，2002）研究了救援直升飞机和驾驶员联合调度问题，并建立了一个双层协同决策模型，上层模型的制定直升飞机驾驶员配置方案，下层模型制订直升飞机的物资装配方案和直升飞机救援路径。唐志星（2016）从民航应急救援角度出发对多出救点、多受灾点、多种类的应急物资调度问题展开研究，构建了考虑机场保障能力的航空应急资源调度优化模型，模型中以应急响应时间最短为决策目标。夏正洪（2013）研究了灾后航空救援的可行性问题，构建了受灾区域的可达性矩阵，并提出了一种基于多直升飞机编码的多目标优化算法。杜林等（2021）研究了在灾后初期运力受限情境下的应急物资调度问题，在保证灾民匮乏水平处于可接受范围之内，以安置点最终留存人数最大化为调度目标建立了多阶段应急物资运输模型。

由于突发事件下受灾点的道路通行状况通常存在受约束的情况，因此，单种配送工具很难满足的现实需求。胡（Hu，2010）在救援网络中，建立了以总的运输成本和调度时间最小为调度目标的多式联运模型，并适应免疫遗传算法求解该模型；菲卡尔等（Fikar et al.，2016）针对应急救援工作中陆—空联合调度中转点选址问题，设计了一种决策支持系统，打通了应急救援工作的"最后一公里"；陈雷雷（2010）以震后伤员运送和物资调配为研究背景，建立了大规模突发事件下以受灾点满意度为目标的多车辆和多物资的物资优化调度模型；阮俊虎等（2015）对应急响应中的"直升飞机 + 车辆"医疗物资联合运送问题进行研究；阮等（Ruan J H et al.，2016）针对重大突发事件中陆—空联合调度问题，构建了一种均衡的车辆—直升飞机联运网络；埃尔德米尔等（Erdemir et al.，2010）为解决突发事件下陆—空联合救援问题，构建了位置覆盖模型，并设计了一种基于贪婪思想的启发式算法。2013年，王旭平等（2013）针对运力不足下的应急车辆路径规划和应急救援物资调度问题，构建了一种混合整数优化模型。2020 年，薛星群等（2020）针对震后应急资源调度的特点，考虑道路通行受约束和运力受限等条件，构建多目标规划模型，并使用改进的 NSGA - Ⅱ 算法求解模型。奥兹达马尔（Ozdamar，2004）研究了在多周期多物资应急物流调度背景下，不同运输方式的差异性与应急物资调度效率之间的关系，并构建了一种混合整数规划模型。纳杰菲（Najafi，2013）研究了灾后应急救援物资运输和受灾人员转运的协同调度问题，建立了一种兼顾多阶段、多种类救援物资和多种运输方式的随机优化模型，并使用鲁棒优化的方法对模型进行求解。王涛（2005）建立了一个兼顾虚拟联合运输网络和多种运输方式的应急物资运输模型，并设计了相应的算法求解该模型。王海军（2012）以集散中心、配送中心和受灾点共同构建的物资供应网络为研究背景，重点研究了灾后应急物资调度的问题，并构建了同时考虑受灾区域需求的不确定性和多种运输方式联合调度的多目标应急物资调度优化模型，该模型以应急物资配送的总时间和成本最小为目标。王靖（2013）研究了车辆运力受约束、救援物资数量不足和运输方式转换受约束下的应急物资调度模型，在救援系统损失最小为前置条件下，建立了一个多式联运的数学模型，实验结果表明了该模型能够均衡应急响应时间和调度成本。

5.3.6　应急物资动态调度研究现状

除了考虑应急救援工具因素外，应急救援工作还需要关注应急救援过程中灾情的动态性，这对应急救援工产的效率产生巨大的影响，因此应急决策者需根据灾情信息实时调整救援方案。在灾后应急救援背景下，应急救援工作存在救援物资不足、道路易受损以及救援车辆运力有限性等因素，这使得应急物资调度和运输工作呈现为多周期、多阶段的动态决策问题，国内外学者也对该问题展开了研究。罗尔斯等（Rawls et al.，2012）在重大突发事件下，在需求和供应不确定性情境下，构建了动态分配模型，以实现在各个场景下能够及时满足受灾点的需求。何等（He et al.，2015）研究了重大传染病下的应急医疗资源动态调度问题，根据相关历史数据构建了需求预测模型，并对受灾点内的应急医疗资源需求量进行预测，最终构建了基于受灾点的动态需求的应急医疗物资调度模型。阿莱姆等（Alem et al.，2016）针对突发事件下的人道主义应急救援问题，构建了一种模拟实际的动态两阶段随机网络流模型。部分学者使用情景规划、机会约束和模糊数学等理论构建动态信息下受灾点的随机需求，如胡等（Hu et al.，2019）针对应急救援物资分配问题，使用情景树刻画灾后交通网络容量的动态性和不确定性，并构建了一个多阶段应急物资随机规划模型。加里多等（Garrido et al.，2015）针对洪灾后的应急物资动态调度问题，利用机会约束规划刻画确定救援服务等级下的受灾点的动态、随机需求。王海军等（2014）研究了三级应急救援网络中的物资调度问题，利用三角模糊数刻画灾后受灾点的物资需求量和应急物资供应量。朱莉等（2014）研究了灾后动态需求下的应急物资调度问题，使用模糊数刻画应急物资的需求，并构建了考虑灾害蔓延的应急救援网络。马祖军等（2017）研究了突发事件下应急血液应急调配问题，给出了考虑血液保质期的血液状态转移方程，建立了应急血液采集动态模型。徐海清等（2018）以地铁施工事故为研究背景，综合考虑交通和需求的动态性，建立了地铁施工事故下应急物资动态调度模型。朱莉等（2020）研究多阶段应急物资动态调度中灾民的行为和心理问题，并使用联合机会约束处理物资需求模糊化，构建了一个以社会成本最小的应急物资多阶段动态调度模型。陈友荣等（2021）以防汛救援车辆调度为研究背景，提出了防汛物资需求动态变化的车辆调度模型。张广胜（2020）研究应急救援保障部门间协同作用，对应急物资调运系统供需路径与救援时效进行分析，构建应急物资调运系统高效、及时、低成本的动态调度模型。

也有部分学者从求解应急物资动态调度模型的角度展开研究。沈等（Shen et al.，2009）研究大规模紧急事件下的车辆路径规划问题，认为应急救援车辆路径规划问题可以分为救援车辆规划和车辆路径动态调整两个阶段，在救援车辆规划阶段，得到应急事件发生前车辆行驶方案，在车辆路径动态调整阶段通过根据应急灾害信息和规划阶段规划出的行驶方案，动态调整救援车辆的分配方案和车辆行驶方案，基于上述考虑作者构建了一种两阶段应急救援车辆路径优化模型。考恩耶等（Caunhye et al.，2016）研究了在灾情不确定下的动态应急资源调度问题，在受灾区域内基础设施可用性较差情况下，构建了一种需求不确定下的两阶段定位路线模型，使用分层法求解该模型。刘等（Liu et al.，2013）在道路通行情况受阻的背景下，研究了应急车辆的路径规划问题，构建了一种两阶段的整数路径规划模型，并提出了一种基于禁忌搜索思想的智能优化算法，该算法可以有效地解决不确定信息下的物资运输难的问题。雷等（Lei et al.，2016）研究了不确定需求下移动设施车队调度和路径优化问题，构建了一个不确定需求下的两阶段调度模型，并提出了一种基于两层切割平面的混合启发式算法对两阶段调度模型进行求解。于滨等（2012）针对时间窗约束的车辆路径规划问题，所提的两阶段算法中，使用基于聚集度的分类算法对该问题分解，然后使用蚁群算法对每个子问题进行求解。

5.3.7　考虑救援公平性的应急资源调度研究现状

目前有部分学者对救援的公平性做了相关研究。薛坤等（2015）考虑应急物资分配的公平性，通过受灾群众对救援物资的未满足率作为公平性的衡量，构建了分别以成本最小、公平性最大及加权到达时间最短的应急物资配送模型。张怡等（2015）针对不同的公平分配原则构建对应的应急物资公平分配模型，通过案例分析指出物资供不应求时采取比例分配方式，可满足需求时可采取塔木德分配方式。陈莹珍等（2015）针对灾区自救和互救的情形，以物资的满足量作为分配公平性的方式，构建物资满足量最大和最小化物资配送时间的多目标应急物资调配模型，采用差分进化算法进行求解，研究结果可为灾区自救和互救提供决策依据。冯春等（2017）研究多周期的应急物资分配问题，将车辆运输成本作为效率的目标，未满足灾区需求产生的惩罚成本作为公平的目标，构建多目标整数规划模型。刘长石等（2018）考虑到受灾群众的非理性攀比心理对救援工作的影响，构建了应急物资配送和运输的双层规划模型，通过各需求点的损失攀比效应综合体现救援的公平性。陈刚等（2018）考虑比例公平和最小嫉妒公平对救援决策的影响，构建加权嫉妒值最小和运输成本最小为目标的调度模型，通过案例确认该模型可一定程度上解决应急物资的公平配送问题。杜雪灵等（2018）将最小化受灾点需求满足率方差作为公平性目标，应急调度总成本最小作为效率目标，构建了物资调度模型，针对目标函数量纲不同的特点，采取并列遗传算法进行求解。

5.3.8 应急物资调度干扰管理研究现状

由于客观世界的不确定性，应急物资在配送过程中往往会受到很多不确定事件的干扰，使原先的配送计划受到影响甚至不可行。随着技术的进步及人类各方面能力的提高，人们开始采取积极措施降低并消除不确定事件产生的影响，干扰管理由此而来。

应急物资调度中，物资配送方面容易受到不确定因素的影响。李等（Li et al.，2009）针对配送过程中车辆发生故障的问题，在随机理论优化配送方案的基础上，建立以运行成本、调度干扰成本、行程取消成本和延迟惩罚成本的总和最小化为目标函数的运算模型。张等（Zhang et al.，2007）在车辆路径规划中引入干扰管理思想，综合考虑调整计划与原计划的偏差。王征等（2013）从将行驶时间延迟作为干扰因素的角度入手，建立了相应的干扰管理优化模型。丁秋雷等（2014）将前景理论应用到物流配送干扰管理当中，提出基于前景理论的扰动度量方法，并建立了相应的数学模型和求解方法。王征等（2010）对多车场带时间窗的物流配送车辆路径问题进行研究。王旭坪等（2008）研究了带时间窗车辆路径问题中遇到的需求扰动和时间窗的变化情况。胡祥培等（2011）从若干行为主体的角度对调度系统扰动进行度量，构建物流配送干扰管理多目标优化模型。杨文超等（2012）对物流配送过程中因顾客更改配送时间和行驶时间延迟而导致的配送计划需要更改甚至无法实现的难题进行研究，建立以顾客时间窗违反量、车辆总行驶时间和增配新车的准备时间三者之和最小为目标函数的干扰管理模型。任向阳等（2018）从车辆故障的干扰管理角度入手，在考虑配送活动各参与主体行为感知因素的前提下，分析车辆调度计划受到的影响。

客户变动也是干扰管理研究的一个重要部分。杨华龙等（2017）研究了以客户临时变更收货时间窗作为干扰因素的情况，根据干扰情况设计了禁忌算法，结果证明了扰动恢复模型明显优于重调度结果。王旭坪等（2013）针对取货客户点需求变动的 VRPB 问题，将虚拟任务点的概念融入模型使得求出的结果与实际情况相符。王旭坪等（2009）通过分析干扰对主体的影响，提出增派、邻近和取消三种干扰恢复策略。张帆等（2015）研究了以顾客时间窗和维修需求变动作为影响因素的车辆维修干扰恢复问题。丁秋雷（2015）基于行为理论构建字典序多目标干扰管理模型。刘长石等（2017）将人的行为理论与干扰管理相结合，解决灾后初期物资的定位分配路径规划问题。卜心怡等（2016）对客户更改配送地点这一问题，将新出现的客户进行分类，从三个主体对干扰事件进行度量。曹庆奎等（2018）综合考虑不同客户的价值，以干扰事件对三个主体的扰动最小为目标建立了考虑客户价值的干扰管理模型。

除此之外，应急物资调度也受其他干扰因素的影响。王等（Wang et al.，2012）定量评估新增需求点产生的干扰，确定了从堆场出发的运输车辆的最优启动时间，为存在干扰的 VRPTW 提供了一种新的救援策略。赵亮等（2018）综合考虑了同时送货和同时取货的情况，当干扰因素出现之后，将目标函数控制为费用最小。阮俊虎等（2016）研究了多式联运下的干扰管理问题。朱洪利等（2018）从应急物资需求会产生动态变化的特点入手，建立两阶段救援物资调度模型。闫卓男等（2014）分析了城市灾害情况下的物资分配情况，当干扰事件发生时迅速响应，使用扰动恢复模型进行计算，减少干扰因素造成的误差。

5.3.9 双层规划在应急物资调度中的应用研究

随着人类社会的不断进步和发展，现实问题的规模越来越大，信息越来越复杂，层次越来越明显，结构越来越多样化，人们对于层次性的研究也就愈加重视。多层级理论正是人们为了研究系统层次性问题产生的，并且每一个多层级决策问题都可以由若干个双层级组成。因此，双层理论是最基础、最常见的一种层级理论，且人们对于双层理论的研究已有了很大的发展。

目前，国内外对于双层理论已然有了丰富的研究成果。国外方面，一些学者将双层规划应用在城市供电和道路照明上。例如，卡莉等（Carli et al.，2017）针对城市道路照明能源管理的战略决策问题，提出了运用双层规划模型保证各个系统之间能量分配的最大公平性。刘等（Liu et al.，2018）综合考虑了主动配电网络的网络传输能力和分散储能系统，建立了以成本和安全性为目标的多目标双层规划模型。还有一些学者将双层理论应用在交通、企业服务、农业等其他方面。例如，杜等（Du et al.，2017）对于危险品多车辆运输路径问题，建立了一个模糊双层规划模型，上级为在仓库容量和客户需求的限制下将客户分配到仓库，而下级则确定每组仓库与客户之间的最佳路径，并设计改进的启发式算法对模型进行求解。杨等（Yang et al.，1995）针对交通拥挤和排队情况，通过控制交通信号，使驾驶员根据给定的信号模式作出反应，并建立了与之对应的双层规划模型对问题进行优化。阿卜杜拉齐兹等（Abdelaziz et al.，2018）针对企业在面临紧急缺货情况时，公司决策者可以灵活地满足客户的需求，而建立的一个与之对应的共享库存双层规划模型，并通过与常规库存模型对比，证明了该模型的有效性。

国内方面，许项东等（2009）为了降低网络拥挤程度，从系统整体的角度出发，针对单行道布局优化问题，结合双层规划理论，建立了单行道布局优化的数学规划模型，并设计相应的启发式算法对模型进行求解。吕一兵等（2009）针对水资源的优化配置问题，从用水者在水市场上的行为特征这一角度出发，建立了一个以社会总效益以及用水者个人效益最大化为目标的双层规划模型，并给出了相应的求解方法，最后通过算例验证了模型及求解方法的可行性和有效性。蒋敏（2013）针对两级供应链中制造商与零售商之间的多产品定价与订购的多损失双层风险决策问题，建立了一个与之对应的双层规划模型来解决。庞明宝等（2013）针对公交车站的选址问题，对政府、公交公司、出行者进行博弈分析，建立了一个上层以政府和公交公司追求社会效益最大化为目标，下层以出行者出行成本最小化为目标的双层规划模型，并采用遗传算法对模型进行优化求解，最后通过实例证明了该方法的有效性。郑跃等（2014）为了消除委托代理问题中的信息不对称性，结合双层规划理论建立模型，并提出一种模糊交互式协调算法对模型进行求解，最终通过算例证明了模型及算法的可操作性和高效性。

但是将双层规划应用于灾后应急物资调度相关方面的研究还相对较少。王苏生等（2011）为了确保在全局应急响应开始时间最早的情况下救灾费用最少，建立了一个双层规划模型。该模型兼顾了救灾的及时性与高效性，为应急救援提供了思路。郑斌等（2014）结合震后初期应急救援特征，针对震后初期应急物资配送中的选址—联运问题，建立了一个双层规划模型，模型的上层以物资运送时间最小化为目标，下层以物资分配公平性最大化为目标，并设计一种新的混合遗传算法对模型进行求解。宋晓宇等（2015）从非线性连续供给与消耗的客观事实出发，通过判断分配中心的库存量与其临界库存量的关系，建立了以总成本最小和系统响应时间最早为目标的双层应急物资调度模型。刘波等（2016）针对灾害情境下受灾点对救援物资需求不确定情况下的应急物资车辆调度问题，综合考虑了不同路况信息对应急救援车辆路径选择的影响，结合鲁棒优化理论和双层理论建立了一个上层以救援时间最小化为目标，下层以救援成本最小化为目标的应急物资调度模型。楼振凯（2017）综合考虑政府与企业共同参与、分散决策的特点，建立了一个设施定位—运输路线问题（LRP）的双层规划模型。李双琳等（2019）从交通系统优化角度出发，综合考虑震后路网抢修与应急物资配送，建立了震后路网抢修排程与应急物资配送集成动态双层规划优化模型。

5.3.10 应急救援物资配置模型研究现状

（1）单目标

早期学者研究应急物资调度问题，主要以单目标优化为主。孙颖等（2007）通过引入调运效率降低参数来体现道路受损对运输时间的影响，以应急资源调运时间最小化为目标构建了应急资源调度的混合整数规划模型，案例验证了模型的实用性。戴更新等（2000）考虑应急资源的供应处于连续状态的特点，构建了以应急救援工作最快开始为目标的多资源调度模型。刘春林等（2001）考虑救援物资供应不足的情况，在应急救援时间最短的约束下，以救援点最少为目标构建模型。陈雷雷等（2010）以受灾点对物资需求满意度最大为优化目标，考虑救援工作具有多时段动态变化的特点，构建了多种运输工具、多类救援物资的应急物资调度模型，采用拉格朗日分解法对模型进行求解。曾敏刚等（2010）考虑不同物资对受灾点效用的影响，以多种救援物资对受灾点的效益之和最大为目标构建了应急物资的分配模型。庞海云等（2012）综合考虑救援的公平性及救援时间的及时性，将受灾点系统损失最低作为优化目标，利用改进的粒子群算法对应急物资调配模型求解，结果指出该模型具有可行性。濮居一等（2018）考虑不同救援道路拥挤状态对高速公路应急资源调配的影响，以救援时间最短为优化目标，构建了交通应急资源调配模型。杨恩缘等（2016）针对应急物资配送的多极性和多样性，以救援物资总成本最低为目标，构建了多级配送选址—路径问题的整数规划模型。柴等（Chai G et al.，2018）考虑到交通事故引起的车辆排队现象，将行驶时间定义为自由流量行驶时间和排队延误时间的总和，建立改进的资源调度模型，利用分支定界算法获得优化的调度方案。万志远等（2020）研究医院应急资源的动态分配问题，利用马尔科夫决策过程设计病人需求的演变，以最小化病人需求总和为目标构建了动态调配模型，采用粒子群算法对模型进行求解。王晶等（2017）构建基于道路修复的应急资源调度模型，以救援总时间最短为目标，利用改进的粒子群算法进行研究。吴在栋等（2018）研究河流污染情形下的应急资源调度问题，以应急资源抵达受灾点时间最快为目标，构建了动态规划模型。王小纯等（2018）针对震后运输道路受损导致道路容量不确定条件下的物资配送问题，利用三角模糊数表现道路容量的模糊属性，构建应急物资调度时间最短的数学模型。

突发灾难发生后，可能会造成多个地区成为受灾区，受灾区短期内对应急物资的需求巨大，然而救援中心物资储备量有限，如何分配这些应急物资是关键问题。通过对文献的梳理，应急物资分配模型的目标函数主要有以下几种，如表5.2所示。

表 5.2　单目标研究梳理

目标	公式表达	参数说明	文献研究
物资到达灾区耗时最短	$\min f_1 = \sum\limits_{i \in I} \sum\limits_{j \in J} t_{ij} x_{ij}$	i 表示灾区编号，j 表示救援中心编号，t_{ij} 表示救援中心 j 到灾区 i 的物资运输时间，x_{ij} 为 0-1 变量，如果救援中心 j 支援灾区 i 则为 1，否则为 0	胡等（Hu et al.，2016）建立了一个耗时最短应急物资配置模型来应对救援时间问题；廉晚祥（2013）以总救援时间最短为目标构建了灾后应急物资运输模型以提高救援效率；王付宇等（2018）通过对灾区应急救援区域的划分，利用改进萤火虫算法对问题进行求解分析
灾区人民满意度最大	$\min f_2 = \sum\limits_{i \in I} R_i$	R_i 表示 i 的总体满意度	穆罕默迪等（Mohammadi et al.，2016）刻画灾区人民满意度，并以最大化满意度作为目标；王旭坪等（2013）构建了应急响应时间的满意度函数，衡量灾民对救援时间响应的满意程度；唐伟勤等（2016）根据灾区人民心理上对应急物资等待时间的上下限，设计了灾民的满意度函数
应急资源配置损失最小	$\min f_3 = \sum\limits_{i \in I} k_i$	k_i 表示灾区 i 的总损失	李等（Li et al.，2011）以系统损失最小为目标，建立了一个应急物资调度模型；王妍研等（2019）考虑到应急物资分配时具有易短缺、高成本等实际情景，通过指数效用函数构建了物资短缺延迟损失最小目标函数
应急物资分配的成本最小	$\min f_4 = \sum\limits_{i \in I} \sum\limits_{j \in J} c_{ij} x_{ij} n_{ij}$	c_{ij} 表示物资的单位价，n_{ij} 为救援中心 j 支援灾区 i 的物资质量	巴巴罗索格鲁等（Barbarosoglu et al.，2004）以成本为目标建立了两阶段随机应急资源配置模型；王飞跃等（2020）对灾后应急资源配置进行研究，构建了以救灾行动成本最小化的目标函数，总运行时间最小和最大化满意度 3 个因素。朱洪利等（2018）考虑了总运行时间和最大化满意度 3 个因素，在此基础上建立了灾后总救援服务成本最小化目标模型

资料来源：笔者总结梳理绘制。

151

除以上这些目标，还有一些目标函数要根据实际情况去制定，伊乌·奥兹马尔（Yiw Ozdzmar，2007）以服务延迟时间最小为目标建立了应急物资配送模型，并提出了基于该问题的求解算法；陈刚等（2018）为了兼顾分配的效率与公平，利用人的嫉妒心理，构建了总加权嫉妒值最小化目标；张杏雯等（2020）针对灾害发生后初期灾点应急物资分配不公平的问题，引入公平理论，构建了效率和公平的双目标优化模型；黄（Hwang，1999）针对饥荒灾害应急物资配置问题，基于食品物流基础上，构建了以食品到达的时间、数量可以最大限度地减少灾民痛苦为目标的数学规划模型。郭等（Guo et al.，2019）以应急资源效用最大化和任务完成可能性最大化为目标，建立了海上应急资源分配的多目标整数规划模型。

从上述文献研究可看出，在研究应急物资调度问题初期，众多学者往往将应急救援时间最短、救援成本最低等目标单独考虑进行求解，但应认识到应急救援问题往往需要考虑更多的因素，在应急决策过程中决策者可能会有更多的要求，因此多目标优化的应急物资调度问题具有重要的研究价值。

（2）多目标

随着应急物资配置问题与智能优化算法的发展，为了使救灾工作更加符合实际情况，这就可能需要达到两个甚至多个目标上的优化，因此，许多国内外学者研究多目标应急物资配置问题。

例如，柴等（Chai et al.，2018）综合考虑路径状况与时间指标，建立了多目标应急优化模型；池等（Chi et al.，2016）基于应急物资配置问题中目标间具有相互关联的特点，将时间满意度和物资满意度结合为一个目标，构建了一个应急物资配置非线性时间评估模型；威德纳和霍纳（Widener and Horner，2011）针对灾后应急物资调度问题，构建了以总成本最小、响应时间最短以及灾民满意度最大的多目标应急物资配置模型；纳杰菲等（Najafi et al.，2013）针对突发事件下资源短缺等问题，提出了一种多目标、多周期应急物资配置模型；布朗等（Brown et al.，2005）为解决应急物资配置问题，构建多目标随机数学规划模型，利用线性加权法将多目标转化为单目标来求解；常等（Chang et al.，2014）以灾区对物资的不满足需求最小化、应急时间最短以及应急成本最低为目标，设计了一种改进多目标遗传算法进行求解。国内学者已有较多研究成果，例如，宋英华等（2020）针对救援过程中应急物资受损问题，考虑物资损毁率对灾民心理影响的上下限及其对物资分配的影响，以系统总运行成本最小和有效物资满足率最大为目标构建了优化模型；冯春等（2018）为了兼顾应急物资配置的效率和公平，建立了效率目标与公平目标相结合的多目标应急物资配送模型；赵星等（2019）为了解决应急路径搜索与应急资源配置两个问题，基于多目标路径规划构建了一种应急物资配置模型；文仁强等（2012）分析重大突发事件下应急物资配置的特点，构建了多需求点、多供应点协调供给的多目标优化调度模型；杜雪灵等（2018）针对突发事件下应急资源调度问题，构建了以公平性最大和调度总成本最小为优化目标的应急资源调度模型；张力丹等（2017）以应急救援成本与救援不及时损失最小为目标函数构建优化模型。

汪勇等（2012）研究多资源的应急资源调度问题，将时间和物流成本作为目标构建了时间—成本调度模型，运用改进的进化算法进行求解，通过与其他算法进行方案对比，验证该算法求解方案的优越性。朱洪利等（2018）将物资需求存在干扰性的特点融入应急资源调度中，以救灾成本最小、救援工作实施最快和最大化满意度为目标，构建了两阶段应急资源调度模型，通过对模型的求解，得到符合决策者需求的物资分配方案。张淑文等（2019）研究救灾队伍的特征对救援时间和救灾效果的影响，构建了救灾队伍与灾情匹配的效用矩阵，提出三种优先调度策略，以救援队伍到受灾点时间最短及效用矩阵最大化为目标构建了数学模型。韩强（2007）通过构建双层规划模型求解单资源的应急物资配送问题。魏国强等（2010）针对救援时间分别是实数和区间数的情况，以救援工作最快开始和施救点数目最少为目标建立相应的物资调配模型。王等（Wang et al.，2017）考虑交通拥堵、天气等不稳定要素对救援点物资配送时间的影响，将最高的可靠性和最低的成本作为目标，构建了物资调度模型，通过引入理想点的概念来求解模型。周等（Zhou et al.，2017）针对应急物资处于多周期动态变化的情形，提出一种多目标调度模型。许可等（2018）将应急物资储备库选址与调度问题综合考虑，构建了以建设成本最小、救援风险最小及灾害处置难度最小为目标的选址—调度模型。刘等（Liu et al.，2018）基于供需约束的时变应急供应分配框架，建立了一个动态的供应分配模型，利用动态规划方法获得最小化物资响应时间。宋晓宇等（2015）考虑应急救援工作具有多层级联动的特点，构建救援物资调度成本最低和救援时间最早的多目标调度模型。池等（Chi et al.，2019）提出将救援时间和受灾点资源满意度两个调度目标相结合，考虑多救援点、单受灾点的情形，构建了一个非线性的应急物资调度模型。熊等（Xiong et al.，2019）考虑时间窗约束并构建了以交付物资总时间及等待时间最短为目标的模型。宋英华等（2019）考虑物资配送中心车辆等待情形下的两级配送应急物资调度问题，将受灾点物资到达时间和物资数量的满意程度最大及救援运输成本最小作为目标，构建了多目标的多物资调度模型，以汶川地震数据为案例对模型进行验证。李双琳等（2019）将震后交通路网的抢修与应急物资的配送综合分析，以抢修绩效最高及应急物资运输时间最短为目标，构建了基于路网抢修与物资调配的动态双层规划模型，案例分析证明动态模型的抢修绩效要优于静态模型。陈等（Chen et al.，2020）考虑路网受损是否修复的情形，将物资配送时间最小为上层目标，运输及道路修复成本之和最小为下层目标，构建了多受灾点的物资调度模型。宋晓宇等（2019）针对资源被约束下的调度问题，将物资运送费用最小及最大损失最小为目标，建立了资源处于不断消耗情景下的调度模型，采用改良的差分进化算法对模型求解。王等（Wang et al.，2019）提出了一种用于应急物资分配的多周期模型，并使用非线性效用函数说明了分配的公平性与应急响应成本之间的关系。唐红亮等（2020）考虑救援的公平性、经济性和及时性，构建应急物资调配总时间周转量、各受灾点物资未满足率和所有车辆平均空载率最小的三目标应急物资调度模型，通过粒子群优化算法得到优化方案。薛星群等（2020）针对救灾运输载具存在数量及可装备容量限制的问题，构建了灾区等候救援平均时间最短和救灾成本最低的多目标模型，考虑运输道路受损对救援工作的影响。贺体龙等（2020）考虑道路受损对应急物资调度的影响，将道路损毁情况分为可行、可修复和不通行三类，在此基础上构建供给点装配物资时间最短和运输成本最低的多目标应急物资调度模型，利用改进的飞蛾扑火群算法进行求解。邵泽军等（2020）将运输成本和时间成本作为目标构建多资源的物资调配模型，实验结果证明了模型的有效性。

从上述研究中可看出，针对多目标的应急物资调度问题，国内外学者常以救援时间、运输成本、受灾点物资满足量等作为优化目标，没有太多考虑到震后初期，救灾物资供不应求的情况。受灾群众往往会与其他受灾点群众获得的救援情况如救援物资的数量等进行对比，这时就需考虑救援工作的公平性，相对公平的救援行动对维护社会治安、促进救援工作顺利展开具有积极的意义。

5.3.11　智能优化算法在应急物资配置中的应用

应急物资配置问题是一个 NP Hard 问题，传统求解方法难以求出问题的解。因此，需要智能优化算法来进行计算，智能优化算法包括遗传算法、粒子群算法等。

（1）遗传算法

遗传算法已被广泛应用于多个领域，其原理是受到达尔文生物进化理论和孟德尔遗传定律启发，算法寻优模拟生物种群进化过程。算法包括选择、交叉、变异三个部分，初始解每次经过这三部分的迭代过程，逐渐收敛于最优解。算法在处理维数多、变量多的离散组合优化问题时具有计算精准度高、计算速度快等优点。

李巧茹等（2019）构建了多目标应急物资配置模型，为了解决多目标应急配置模型，运用第二代非支配排序遗传算法分别对各目标进行最优化求解。算法利用自然数排列编码方式生成初始解种群，每个解由两个子串组成，子串 1 表示车辆的排列，子串 2 表示灾点的排列。为提高帕累托解的质量，对染色体中的子串采用基于位置的交叉方式与逆序规则变异，使算法中的解在迭代过程中依然可以保持多样性。

沈晓冰和杨保华（2017）通过分析应急物资配置模型特点，设计了一种根据矩阵整数编码初始解和分阶段解码的改进遗传算法。算法在产生初始解时，将初始解分割为三个部分进行编码，第一部分是综合一定的整数编码，运用随机交叉方式生成子初始解，再对子初始解处理，使初始解满足物资量约束条件，第二、第三部分采用矩阵编码、矩阵交叉变异法，完成交叉操作。

赵建有等（2020）为了在突发灾难后提高医疗物资的救援效率，利用改进遗传算法求解所构建的应急调度多目标模型。算法中编码采用整数编码，假设有 m 个受灾点，用 n 辆车来完成对这些灾点的应急物资的配送，则编码时将染色体看作一条长线段，将该长线段等分为 m 小段，每一小段等分为 n 小段。

（2）粒子群算法

遗传算法由于其领域结构以及算法本身结构上的复杂性，对于很多情形下的应急物资配置问题较难实现。粒子群算法较遗传算法相比具有易实现、参数设置简单等优点，粒子群算法是受到鸟群觅食行为启示而发展起来的一种仿生智能优化算法。在粒子空间中，每一个粒子类似于自然界中正在觅食的鸟，众多粒子组成一个种群。所有粒子都有对应于问题的一个适应度值，每个粒子通过跟随种群最优粒子在粒子空间中去搜索问题最优解。为了使粒子群适用于应急物资配置问题，众多学者开展了相关研究。

戚孝娣和庄亚明（2016）利用改进粒子群算法求解供需不平衡条件下应急物资配置问题。将粒子群中的惯性权重引入非线性动态改进策略，惯性权重过大或者过小都会影响算法性能，导致算法过早收敛，通过改进粒子群算法，提高了应急物资配置的效率。

郑彦辉等（2020）针对基本粒子群算法求解应急物资配置的不足，为防止算法后期陷入局部最优值，利用标准正态分布对每次迭代后的最优解进行随机扰动。此外，使惯性系数随迭代次数线性减小，使算法具有拓展搜索空间的趋势。改进粒子群算法大大提高了应急物资配置问题求解效率。

赵振亚和董星奎（2019）为解决突发事件下造成的应急物资配置问题，利用实数编码粒子群算法来对问题进行求解。假设有 m 个受灾点与 n 个救援中心，每一个粒子为 m 维向量，每一维为 0 − n 之间的随机数，然后对这些随机数进行取整。采用实数编码粒子群算法求解应急物资调度问题，大大提升了寻优速度。

万志远等（2020）利用粒子群算法与序列二次规划法对应急资源的冗余配置问题进行优化。首先，粒子群算法进行迭代搜索，连续两次得到的值小于设定的值，则将该值作为粒子群与序列二次规划混合算法的初始解。其次，求解目标函数，不断迭代直至获得最优解。案例分析与计算结果表明，改进粒子群算法与应急物资配置模型有效提高医院应急资源的利用效率。

（3）多目标优化算法

在过去的几十年，众多的学者在改进多目标优化算法上做出了很多的努力，取得了丰硕的研究成果，大量的多目标优化算法（MOEAs）被提出。依据优化算法使用的选择策略和算法设计的步骤，多目标优化算法可以大致分为三类：基于非支配排序的多目标优化算法、基于分解的多目标优化算法，以及基于指标的多目标优化算法。

基于支配的多目标优化算法在多目标优化算法上是成功的，将帕累托支配作为首要选择条件，种群中的个体按照支配关系划分支配层级，依靠非支配排序的层级来选择精英个体，保留种群中收敛性良好的个体。同时，为了保证选出的精英种群保持良好的分布性，算法采用的第二选择条件是多样性策略，以保证种群的多样性。卡利纳摩伊·德布等（Kalynamoy Deb et al.，2002）的带精英策略的快速非支配排序遗传算法无疑是其中应用最为广泛也是成功的一种算法。NSGA - Ⅱ算法采用了拥挤距离作为第二选择策略，拥挤距离是用来计算同一层级的某一个体与该层级中其他个体之间的距离，用来表示个体的拥挤距离。显然，个体的拥挤距离值越大，该个体与该层级中其他个体的距离越大，越不拥挤，按照拥挤距离值从大到小开始选取，可以很好地保证种群的多样性。德布和杰恩（Deb and Jain，2014）之后又提出了 NSGA - Ⅱ 的改进型算法，基于参考点的非支配排序的多目标优化算法 NSGA - Ⅲ。NSGA - Ⅲ算法采用了相对复杂的保持精英种群的多样性的策略，涉及依据权重向量进行的种群中个体的变化，划分个体的权重向量，依照产生的权重向量的均匀性来保证种群的多样新。精英种群采用了精英保留机制，将每一个种群中的优良个体直接保存下来作为下一代个体，不经过交叉变异改变，相当于直接复制优良个体进入下一代。

强帕累托进化算法 SPEA2 +（Kim et al.，2004）和 ISPEA2（Heng et al.，2012）采用的也是基于非支配排序的多目标优化算法。SPEA2 + 采用了两种新的机制来提高算法的搜索能力，一种是有效的交叉机制；另一种是存档机制。

与此类算法不同的一种类型是基于指标的多目标优化算法，使用单个指标参数作为选取解集的条件，得到收敛性和分布性优良的解集。例如，超体积指标（Bader and Zitzler，2011），超体积指标是种群中个体唯一的测量指标，当一个帕累托解集支配另一个集合时，在支配级别的集合的指标值会更好。这一性质对于多目标优化函数问题具有高度的使用性，然而，超体积计算所需的大量计算工作阻碍了这一指标得到充分的利用。R2 指标（Suzuki and Phan，2013），其中采用了 R2 指标量化解或解集的质量，借助了 R2 指标的固有优良特性。以及 ε 指标（Zitzler and Simon Kunzli，2004），其中，采用了性能指标定义优化目标，然后直接使用此指标进行选择，不需要使用任何其他多样性保持机制。

基于分解的多目标优化算法采用了与上述两类不同的策略，来保证所得解集的收敛性和多样性。基于分解的多目标优化算法在多目标优化问题上也是很有前景的，一个典型的例子是 MOEA/D 算法（Zhang and Li，2008）。MOEA/D 算法介绍了三种不同的分解方式，将多目标问题转换为多个标量的子问题，用一个单一目标函数值来表征当前个体的优劣，方便种群中个体的比较。这种转换所求问题的方式在求解多目标优化问题时展现了优良的特性，证明在了解决 MOPs 方面是有效的。并且，MOEA/D 算法有着很多的变形体。基于分解的多目标优化算法是将多目标问题转换为多个单目标问题，由于聚合函数的性质，导致即使使用不用的权重向量，往往也无法保持高维目标空间中的多样性。基于此问题，利用目标空间中的权重向量和解的垂直距离，来保持解的多样性（Yuan et al.，2016）。或是提出了一种参考向量引导的进化算法，同时提出了一种根据目标函数动态调整参考项分布的自适应策略（Cheng et al.，2016）。或是自适应地改变权重向量，根据种群中个体的稀疏稠密值，确定当前个体对应的权重向量的去留（Qi et al.，2014）。如果在稠密区，个体和该个体的权重向量都会删除，在稀疏区，要添加个体，并产生对应的权重向量。添加的新个体来自种群的精英种群，根据个体的每个维度的值，产生权重向量产生。

多年以来，一些比较新颖的进化算法也被引进到了多目标优化邻域中，如蚁群算法，粒子群算法、差分算法、文化算法等。科埃洛等（Coello et al.，2002）学者提出来了一种多目标粒子群优化算法（MOPSO），该算法采用了粒子群算法解决多目标优化问题。李等（Li et al.，2009）学者提出了采用差分算法解决多目标优化问题的算法 MOEA/D – DE。

（4）其他智能算法

随着应急物资配置问题的复杂度的提高，像遗传算法、粒子群算法等经典算法难以有效地求解。因此，一些新型智能优化算法，如人工蝙蝠算法、模拟退火算法、人工鱼群算法、和声搜索算法等凭借其特有的优点也被应用于应急物资复杂配置问题。这些智能优化算法有效地解决了高维度、变量多的应急物资配置问题，与经典方法比较，提高了寻优速度与结果精度，可以快速得出可靠的应急物资配置方案，推动了应急物资问题的发展与进步。

刘雪萍等（2016）利用模拟退火算法基于概率的双向随机搜索技术来求解应急配置问题。在算法搜索最优解的过程中，如果得到的解可以提升当前解的质量，则替换当前解，否则以一定概率 $\exp(-\Delta f/T)$ 去接受这个搜索到的解。突发灾难发生后，应急物资的配置速度越快，就可以减少人员伤亡与损失，智能算法可以在灾难后快速求解出应急物资配置方案，以便于救援中心可以快速支援灾区。

朱建明和王瑞（2020）针对提高灾民对救援工作效果的满意度问题，结合运筹学相关理论构建了基于灾民心理感知的应急物资多阶段调度模型。采用改进蚁群算法来对模型进行求解分析，为避免陷入局部极值，在算法迭代规定次数后随机选择下一个灾点，这种以随机选择的方式可以有效避免信息素在局部最优解上的堆积，在信息素更新时，对于最优路径与最差路径分别采取信息素浓度增加和减少的不同操作，提高蚁群算法寻优速度。

杨枫等（2020）针对城市突发事件下待救点对应急救援物资的需求时刻变化问题，构建应急物资需求决策模型。利用改进花朵授粉算法来对模型分析求解，花朵粉粒子对应于问题的一个解，对于离散组合优化问题，需要对花粉粒子进行编码处理，然后利用 sigmoid 函数将花粉位置映射到 [0，1] 区间，并将更新后的位置转换为取 1 的概率。通过案例分析得出，模型与算法可以给出合理的应急救援需求策略。

5.3.12　国内外现状评述

本章对应急物资需求预测、应急物资需求点分级研究、应急物资配置以及智能优化算法在其应用等研究现状进行综述。通过分析国内外研究文献，可以做以下总结：

（1）应急物资需求预测方面

在灾区需求量无法获取条件下，目前大部分文献采用模糊数随机变量、模糊案例推理方法、灰色理论等方法来对需求进行预测。在一定程度上基本达到了服务应急物资配置的要求，但是这些方法多为静态预测，其中模糊变量描述需求量方法更是脱离实际灾区的情况。应急物资需求预测工作服务于应急物资配置问题，是应急救援工作的前提。灾难发生后，灾区需求信息每天都是动态变化的，如何根据灾区动态信息制定出动态需求量预测方法，是应急物资预测研究重点。

（2）应急物资需求点分级研究方面

部分文献虽然对应急物资的需求进行了分类，并确定了应急物资需求分级评价指标体系，但是，各种体系指标不够完善。国内外对于应急需求点分级的研究还不够成熟，运用智能优化算法进行需求点分级研究文献较少，且没有将需求点分级研究与需求预测相结合进行研究。

（3）应急物资配置问题目标函数方面

在早期的研究中，多数文献研究以时间、成本等为目标的单个目标问题，随着问题的逐渐发展，为了更加符合真实情况，诸多文献开始考虑灾民心理上的攀比性、分配的公平性等指标，使优化更具有意义。在实际救援活动过程中，往往需要顾虑多个目标，一些文献为了使救灾工作更加符合实际情况，这就可能需要达到两个甚至多个目标上的优化，因此，许多国内外学者研究多目标应急物资配置问题，并设计改进的智能优化算法用于求解。

（4）应急物资配置问题约束条件方面

模型大多考虑单种救援物资，并且假设物资供给能够满足受灾点的需求；多采用单一运输方式对应急救援物资进行巡回配送，且很少顾及运力限制等其他情况；多假设单一物资需求点、单一物资供应点；多假定受灾点对应急物资的需求信息是明确的。而突发灾害事件发生后的应急救援具有一些明显的特征，如受灾点对应急物资的需求品种众多、需求量大且需求量是动态变化的；有多个物资需求点、多个物资供应点，并且可能存在受灾点对应急物资的需求不能得到满足的现象；往往需要借助应急物资中转中心来完成物资的转运；需要采用多种运输方式对应急物资进行联合运输，每种运输方式在每条道路上的单次运力限制是不相同的；灾民对应急物资的到达时间是有要求的，存在时间窗限制。因此，这些模型假定条件与灾后应急物资调度的实际情形相违背。

（5）智能优化算法应用方面

随着应急物资配置问题的不断发展和考虑的因素越来越多，问题模

160

型也越来越复杂，对其使用经典运筹学方法难以求解，诸多学者使用智能优化算法对其进行求解。考虑到各个算法具有优缺点，针对缺点加以改进，提出改进的算法，以提高求解效率和解的质量。改进方式一类是使单个算法参数动态变化来改进算法，另一类是融入其他算法的优点来改进算法。

5.4 应急物资调度未来方向

5.4.1 应急物资供给与配置问题发展趋势

首先，现有的应急救援研究文献大多是单单针对政府调度优化而言，没有涉及应急物资的生产层面，未来应急物资生产—配置—运输一体化研究相继开展。救灾工作往往是政企合作，政府调度，企业供应物资。大部分已知文献在研究应急物资配置问题时，往往基于救援中心储备量充足或者恒定这个假设。然而，在现实生活中，许多情况往往与假设条件不符。由于灾害具有突发性，救援中心的应急物资平时储备过多会造成巨大的管理费用，救援中心的应急物资储备过少，一旦发生灾害，便会出现供不应求的现象。基于企业应急物资生产与政府配置相结合的研究是未来相关人员的研究热点。

其次，现有研究中，往往假设救灾过程中物资是单一的且都是静态的。在实际情形中，灾区往往需要多种物资且灾情时刻变化，这就使多物资、多目标、多阶段、多出救点、智能优化算法改进设计综合研究势在必行。灾难爆发后，往往造成多个地点成为受灾区，这些灾区的人民由于受伤程度不同，导致灾区需要多种应急物资。突发灾难发生后，灾区情况时刻发生变化，因此，需要将救援工作分为多个阶段。在研究应急物资配置问题，构建数学模型时，往往需要考虑多个具有相互冲突的目标。这些因素使得应急物资配置问题的求解越来越依赖于智能优化算法。

最后，随着互联网、大数据的发展，社交媒体数据逐渐在应急物资配置中发挥着重要作用。社交媒体数据包含大量灾情，能够依靠态势感知和信息共享支持救助需求信息的评估、协助快速应急响应。社交媒体数据的优点于能保证灾害信息的实时性和连续性，可以服务于灾害下应急物资的配置工作。社交媒体数据尽管可以为应急物资配置提供帮助，但是社交媒体数据处理技术方面仍需取得突破。

5.4.2　应急物资干扰管理方面发展趋势

（1）干扰管理模型方面

目前的干扰管理模型大多集中在某一个影响因素变动所进行的扰动分析，未来可以综合考虑多因素同时变动对应急物资调度产生的干扰。另外，将人的行为因素和利益追求与干扰管理相结合也是一个值得研究的问题。绝大部分的文献都是在单配送中心、单种运输方式配送同质物资的情况下对干扰问题进行研究，未来的研究可以拓展到多配送中心、多种运输方式配送不同质物资的情况下进行。现有的干扰管理文献仅有一小部分是研究关于突发灾害事件后的应急物资调度干扰管理，未来可以加强对突发灾害事件后的应急物资干扰管理方面的研究。

（2）干扰管理优化算法方面

随着信息技术的快速发展，很多新兴算法出现，如随机蛙跳搜索算法、细菌觅食算法、蝙蝠算法等，这些算法已经在各种问题中证明了其有效性及效率，将这些新兴算法与现有算法相结合形成的混合算法，在应急物资调度干扰管理问题上具有十分广阔的前景。在数据的收集与处理方面，要规范其收集与处理方式，使未来研究中的测试数据尽可能全部使用真实数据，让研究更具有实践性意义。

5.4.3　应急物资调度中双层规划应用发展趋势

突发灾害事件的管理比较复杂且具有明显的阶层，而双层规划作为多层管理最基本的形式，更加适用于应急物资调度。根据灾后实际救援情况，合理建立若干应急物资中转中心，将应急物资调度分为上下两个层级：上级是将应急救援物资从供应点配送到中转中心；下级是将中转中心的应急救援物资配送到受灾点。上下级的决策者不同、决策内容不同，以及决策目标也不相同，因此要采用双层规划对问题进行分析研究，并且需要结合实际突发灾害应急救援特征，建立合适的假定条件和约束条件。

另外，从双层规划的应用文献中可以发现，双层规划在应急物资调度中的应用不够深入，将双层规划与调度过程中的博弈行为相结合的研究则更为稀少。但是在灾后应急物资调度过程中决策者之间、物资之间、车辆之间、受灾点之间以及灾民之间处处都存在着博弈。因此，把双层规划理论与灾后应急物资调度过程中的博弈行为相结合的研究更加值得去探索。

5.5 总结与展望

本章首先对应急物资调度相关理论进行了较为系统的归纳，总结了物资调度的相关概念和特点，梳理了应急物资调度的相关知识点，介绍了干扰管理和双层规划的相关理论。其次，对相关文献进行了较为系统地回顾和梳理：总结了应急物资需求预测、需求点分级和配置的国内外现状，梳理了干扰管理和双层规划在应急物资调度中的应用研究，综述了应急物资配置模型的几个常用目标函数与一些特殊情况下所构建的目标以及应急物资配置问题常见约束条件，全面分析了几种智能优化算法在应急物资配置中的应用。针对突发事件下应急物资配置问题具有信息模糊、变量多、类型复杂等特点，总结出应急物资配置问题的几个发展趋势。另外，随着智能算法技术的发展，越来越多思想将会引入应急物资配置问题中，应急物资配置问题也会越来越完善。

本章参考文献

[1] 卜心怡，刘超，钱军. 基于配送地点变化的物流干扰管理研究 [J]. 生产力研究，2016 (11)：19 - 22.

[2] 曹庆奎，赵丽飞，任向阳，等. 考虑客户价值的车辆调度干扰管理 [J]. 沈阳工业大学学报，2018，40 (2)：185 - 191.

[3] 陈刚，付江月. 兼顾公平与效率的多目标应急物资分配问题研究 [J]. 管理学报，2018，15 (3)：459 - 466.

［4］陈钢铁，黎青松，甘俊伟．震后应急救援物资多式联运调度优化［J］．西华大学学报：自然科学版，2016，35（1）：53-57．

［5］陈国华，安霆，陈培珠．危险化学品多米诺事故应急资源需求量估算模型［J］．中国安全科学学报，2015（4）：87-93．

［6］陈雷雷，王海燕．大规模突发事件中基于满意度的应急物资优化调度模型［J］．中国安全科学学报，2010，20（5）：46-52．

［7］陈鑫，汪传旭，石刘红．模糊随机需求下应急救援中心排队选址模型及算法［J］．上海海事大学学报，2011，32（1）：74-79．

［8］陈莹珍，赵秋红．基于公平原则的应急物资分配模型与算法［J］．系统工程理论与实践，2015，35（12）：3065-3073．

［9］陈友荣，卢俊杰，赵克华，等．面向防汛物资动态变化的运输车辆调度优化算法研究［J］．计算机应用研究，2021，38（8）：2435-2439．

［10］戴更新，达庆利．多资源组合应急调度问题的研究［J］．系统工程理论与实践，2000，20（9）：52-55．

［11］丁秋雷，胡祥培，姜洋．基于前景理论的物流配送干扰管理模型研究［J］．管理科学学报，2014，17（11）：1-9．

［12］丁秋雷．客户时间窗变化的物流配送干扰管理模型——基于行为的视角［J］．中国管理科学，2015，23（5）：89-97．

［13］杜林，汪翔，王熹徽．有限运力条件下灾民安置救助所需应急物资的调度优化研究［J］．系统科学与数学，2021，41（9）：2425-2443．

［14］杜雪灵，孟学雷，杨贝，等．考虑公平性的面向多灾点需求应急资源调度［J］．计算机应用，2018，38（7）：2089-2094．

［15］冯春，廖海燕，田小强，等．多情景模式下应急资源精益配置模型与算法［J］．中国安全科学学报，2018，28（6）：185-191．

［16］冯春，向阳，薛坤，等．多周期多品种应急物资配送多目标优化模型［J］．中国管理科学，2017，25（4）：124-132．

［17］冯江博．考虑受灾点差异性的应急物资配送方案研究［J］．交通科技与经济，2020，22（4）：23-26，66．

［18］高文杰．基于参数自适应遗传算法的某型机翼薄板装配可靠性优化［D］．哈尔滨：哈尔滨工程大学，2020．

[19] 葛洪磊，刘南，张国川，等．基于受灾人员损失的多受灾点、多商品应急物资分配模型 [J]．系统管理学报，2010，19 (5)：541 - 545.

[20] 郭金芬．面向大型地震的应急物资需求预测方法研究 [D]．天津：天津大学，2011.

[21] 韩强．一类应急物资调度的双层规划模型及其算法 [C]//第九届中国管理科学学术年会论文集，2007：722 - 725.

[22] 郝国柱，黄立文，张可，等．海上溢油事故双目标应急物资调度模型 [N]．安全与环境学报：1 - 8020 - 09 - 2．https://doi.org/10.13637/j.issn.1009 - 6094.2019.1604.

[23] 贺体龙，楼文高．基于改进飞蛾扑火算法求解多需求点的应急物资调度 [J]．小型微型计算机系统，2020，41 (6)：1334 - 1339.

[24] 胡祥培，孙丽君，王雅楠．物流配送系统干扰管理模型研究 [J]．管理科学学报，2011，14 (1)：50 - 60.

[25] 胡忠君，刘艳秋，李佳．基于改进 GM (1，1) 的洪涝灾害应急物资动态需求预测 [J]．系统仿真学报，2019，31 (4)：702 - 709.

[26] 黄珍，潘颖，曹晓丽．粒子群算法的基本理论及其改进研究 [J]．硅谷，2014，7 (5)：37，36.

[27] 蒋敏．一种多损失条件风险值的双层规划模型及应用 [J]．系统工程理论与实践，2013，33 (4)：926 - 933.

[28] 李孟良，王喜富，孙全欣，等．基于鲁棒优化的应急物资多式联运调配策略研究 [J]．铁道学报，2017，39 (7)：1 - 9.

[29] 李巧茹，范忠国，田晓勇，等．考虑震后道路可靠性的多目标应急调度问题研究 [J]．信息与控制，2019，48 (3)：372 - 379.

[30] 李双琳，郑斌．震后路网抢修排程与应急物资配送集成动态优化研究 [J]．管理评论，2019，31 (2)：238 - 251.

[31] 李志，焦琴琴，周愉峰．震后应急物资供应点的多目标动态定位—分配模型 [J]．计算机工程，2017，43 (6)：281 - 288.

[32] 廉晚祥，朱参世，胡江华，等．改进遗传算法在应急救援物资运输中的应用 [J]．中国安全科学学报，2013，23 (5)：172 - 176.

[33] 林勇，姜大立，张立，等．多供应点和多需求点应急物资调

运模型及算法 [J]. 计算机应用研究，2016，33（5）：1293 – 1297.

[34] 刘波，李砚. 应急物资车辆调度的鲁棒双层优化模型 [J]. 系统工程，2016，34（5）：77 – 81.

[35] 刘长石，罗亮，周鲜成，等. 震后初期应急物资分配—运输的协同决策：公平与效率兼顾 [J]. 控制与决策，2018，33（11）：2057 – 2063.

[36] 刘长石，朱征，刘立勇. 震后初期应急物资配送 LRP 中的干扰管理研究 [J]. 计算机工程与应用，2017，53（20）：224 – 230.

[37] 刘春林，何建敏，施建军. 一类应急物资调度的优化模型研究 [J]. 中国管理科学，2001，9（3）：29 – 36.

[38] 刘德元，朱昌锋. 基于案例模糊推理的应急物资需求预测研究 [J]. 兰州交通大学学报，2013，32（1）：138 – 141.

[39] 刘雪萍，朱海洋，韩瑜睿，等. 应急救援物资多式联运的成本最优化模型 [J]. 交通运输研究，2016，2（1）：71 – 76.

[40] 楼振凯. 应急物流系统 LRP 的双层规划模型及算法 [J]. 中国管理科学，2017（11）：151 – 157.

[41] 吕一兵，万仲平，胡铁松，等. 水资源优化配置的双层规划模型 [J]. 系统工程理论与实践，2009，29（6）：115 – 120.

[42] 马小姝，李宇龙，严浪. 传统多目标优化方法和多目标遗传算法的比较综述 [J]. 电气传动自动化，2010，32（3）：48 – 50.

[43] 马祖军，周愉峰. 大规模突发事件应急血液采集动态模型 [J]. 系统工程学报，2017，32（1）：125 – 135.

[44] 孟学尧，郭倩倩，郭海儒. 一种改进萤火虫算法的模糊聚类方法 [J]. 小型微型计算机系统，2021，42（6）：1165 – 1170.

[45] 庞海云，刘南，吴桥. 应急物资运输与分配决策模型及其改进粒子群优化算法 [J]. 控制与决策，2012，27（6）：871 – 874，880.

[46] 庞明宝，张思林，李春霞. 城市公交站设置双层规划 [J]. 公路交通科技，2013，30（3）：118 – 124.

[47] 濮居一，柴干，过秀成. 考虑救援路径拥挤状态的交通应急资源派遣方法 [J]. 东南大学学报（自然科学版），2018，48（6）：1102 – 1107.

[48] 戚孝娣，庄亚明. 供需不平衡条件下的区域应急物资调配模

型研究 [J]. 中国安全科学学报, 2016, 26 (3): 169-174.

[49] 任斌, 朱昌锋, 钟校. 基于前景理论的应急物资需求动态调整模型 [J]. 中国安全科学学报, 2018, 28 (3): 179-184.

[50] 任向阳, 周幸窈, 梁武超, 等. 基于行为的救援车辆调度干扰管理研究 [J]. 物流技术, 2018, 37 (5): 49-54.

[51] 荣复康. 他们为什么会哄抢 [J]. 社会, 1989 (10): 38-40.

[52] 阮俊虎, 王旭坪, 杨挺. 大规模灾害中基于 FCMwNC 的医疗物资联合运送优化 [J]. 系统工程理论与实践, 2015, 35 (10): 2675-2686.

[53] 阮俊虎, 王旭坪. 中转点变化的应急医疗物资联合运送干扰管理研究 [J]. 运筹与管理, 2016, 25 (4): 114-124.

[54] 邵江琦, 胡福良. 浅谈人工蜂群算法的发展运用 [J]. 蜜蜂杂志, 2020, 40 (7): 22-26.

[55] 邵泽军, 陈凡红, 吕晓娜, 等. 基于改进粒子群算法的多资源应急调度研究 [J]. 价值工程, 2020, 39 (10): 243-245.

[56] 沈晓冰, 杨保华. 基于双层混合联运的震后应急物资配送模糊多目标优化 [J]. 工业工程, 2017, 20 (3): 113-117.

[57] 宋晓宇, 刘春会, 常春光. 基于改进 GM (1, 1) 模型的应急物资需求量预测 [J]. 沈阳建筑大学学报: 自然科学版, 2010, 26 (6): 1214-1218.

[58] 宋晓宇, 王建国, 常春光. 基于需求紧迫度的非线性连续消耗应急调度模型与算法 [J]. 信息与控制, 2014, 43 (6): 735-743.

[59] 宋晓宇, 张明茜, 常春光, 等. 面向双目标应急物资调度的改进差分进化算法 [J]. 信息与控制, 2019, 48 (1): 107-114.

[60] 宋晓宇, 张卿, 常春光. 求解双层应急物资调度的改进蜂群算法 [J]. 信息与控制, 2015, 44 (6): 729-738.

[61] 宋晓宇, 张玉龙, 常春光. 可多次配给的多层级应急调度模型与算法 [J]. 信息与控制, 2017, 46 (5): 543-550.

[62] 宋英华, 葛艳, 杜丽敬, 等. 考虑车辆等待的应急物资调配方案优化研究 [J]. 控制与决策, 2019, 34 (10): 2229-2236.

[63] 宋英华, 宋迎辉, 李潮欣, 等. 考虑物资损毁对心理影响的

应急物流配送模型 [J]. 中国安全科学学报, 2020, 30 (7): 173 - 179.

[64] 孙颖, 池宏, 贾传亮. 多路径下应急资源调度的非线性混合整数规划模型 [J]. 运筹与管理, 2007, 74 (5): 5 - 8.

[65] 唐红亮, 吴柏林, 胡旺, 等. 基于粒子群优化的地震应急物资多目标调度算法 [J]. 电子与信息学报, 2020, 42 (3): 737 - 745.

[66] 唐伟勤, 邹丽, 郭其云, 等. 应急初期物资调度的灰色多目标规划模型 [J]. 中国安全科学学报, 2016, 26 (4): 155 - 160.

[67] 唐志星, 周毅. 保障能力受限下的民航应急物资调度研究 [J]. 电子技术与软件工程, 2016 (14): 196 - 198.

[68] 田军, 马文正, 汪应洛, 等. 应急物资配送动态调度的粒子群算法 [J]. 系统工程理论与实践, 2011, 31 (5): 898 - 906.

[69] 万志远, 刘勤明, 叶春明, 等. 突发事件下的医院应急资源动态分配模型研究 [J]. 计算机应用研究, 2020, 37 (2): 456 - 459, 469.

[70] 万志远, 刘勤明, 叶春明, 等. 突发事件下的医院应急资源冗余配置优化模型 [J]. 计算机应用, 2020, 40 (2): 584 - 588.

[71] 汪勇, 金菲. 应急资源调度问题的改进进化规划算法研究 [J]. 运筹与管理, 2012, 21 (4): 29 - 33.

[72] 王飞跃, 裴重伟, 郭换换, 等. 基于元胞遗传算法的多目标应急资源配置 [J]. 中国安全生产科学技术, 2020, 16 (2): 174 - 179.

[73] 王付宇, 叶春明, 王涛, 等. 震后伤员救援车辆两阶段规划模型及算法研究 [J]. 管理科学学报, 2018, 21 (2): 68 - 79.

[74] 王海军, 王婧, 马士华, 等. 模糊供求条件下应急物资动态调度决策研究 [J]. 中国管理科学, 2014, 22 (1): 55 - 64.

[75] 王海军, 王婧, 马士华, 等. 模糊需求条件下应急物资调度的动态决策研究 [J]. 工业工程与管理, 2012, 17 (3): 16 - 22.

[76] 王晶, 曲冲冲, 易显强. 道路修复条件下灾后应急资源配送 LRP 研究 [J]. 运筹与管理, 2017, 26 (12): 77 - 82.

[77] 王婧. 不确定条件下应急物资多式联运调度模型研究 [D]. 武汉: 华中科技大学, 2013.

[78] 王军, 王美蓉. 海上突发灾难事件应急物资调度优化方法研究 [J]. 中国安全科学学报, 2013, 23 (1): 166 – 170.

[79] 王兰英, 郭子雪, 张玉芬, 等. 基于直觉模糊案例推理的应急物资需求预测模型 [J]. 中国矿业大学学报, 2015, 44 (4): 775 – 780.

[80] 王绍仁, 马祖军. 震后应急物流系统中带时间窗的模糊动态 LRP [J]. 运筹与管理, 2011, 20 (5): 63 – 72.

[81] 王苏生, 王岩, 孙健, 等. 连续性条件下的多受灾点应急资源配置算法 [J]. 系统管理学报, 2011, 20 (2): 143 – 150.

[82] 王涛, 王刚. 一种多式联运网络运输方式的组合优化模式 [J]. 中国工程科学, 2005, 7 (10): 46 – 50.

[83] 王祥. 基于改进 NSGA – Ⅱ 算法的应急物资模块化调度问题建模与求解 [D]. 合肥: 合肥工业大学, 2018.

[84] 王小纯. 不确定环境下震后应急物资配送模型研究 [J]. 青海交通科技, 2020, 32 (1): 29 – 33.

[85] 王旭坪, 马超, 阮俊虎. 考虑公众心理风险感知的应急物资优化调度 [J]. 系统工程理论与实践, 2013, 33 (7): 1735 – 1742.

[86] 王旭坪, 马超, 阮俊虎. 运力受限的应急物资动态调度模型及算法 [J]. 系统工程理论与实践, 2013, 33 (6): 1492 – 1500.

[87] 王旭坪, 阮俊虎, 孙自来, 等. 带回程取货车辆路径问题的干扰恢复模型 [J]. 系统工程学报, 2013, 28 (5): 608 – 616.

[88] 王旭坪, 许传磊, 胡祥培. 有顾客时间窗和发货量变化的车辆调度干扰管理研究 [J]. 管理科学, 2008, 21 (5): 111 – 119.

[89] 王旭坪, 杨德礼, 许传磊. 有顾客需求变动的车辆调度干扰管理研究 [J]. 运筹与管理, 2009, 18 (4): 16 – 24.

[90] 王旭坪, 张娜娜, 詹红鑫. 考虑灾民非理性攀比心理的应急物资分配研究 [J]. 管理学报, 2016, 13 (7): 1075 – 1080.

[91] 王妍妍, 孙佰清. 多受灾点应急物资动态多阶段分配模型研究 [J]. 中国管理科学, 2019, 27 (10): 138 – 147.

[92] 王征, 胡祥培, 王旭坪. 行驶时间延迟下配送车辆调度的干扰管理模型与算法 [J]. 系统工程理论与实践, 2013, 33 (2): 378 – 387.

[93] 王征，王建军，杨文超. 顾客时间窗变化的多车场车辆调度干扰管理模型研究 [J]. 管理科学，2010，23（3）：103－112.

[94] 魏国强，景琳. 多应急点资源优化调度模型研究 [J]. 统计与决策，2010，302（2）：10－12.

[95] 文仁强，陈建国，袁宏永，等. 基于蚁群优化算法的多级应急响应下灾后应急资源空间优化配置 [J]. 清华大学学报（自然科学版），2012，52（11）：1591－1596.

[96] 邬开俊，王铁君. 带时限的多出救点应急物资调度模型及算法 [J]. 计算机工程与应用，2012，48（30）：19－23.

[97] 吴在栋，林广发，张明锋，等. 突发河流污染事件应急资源调度动态规划模型研究 [J]. 地球信息科学学报，2018，20（6）：799－806.

[98] 夏红云，江亿平，赵林度. 基于双层规划的应急救援车辆调度模型 [J]. 东南大学学报：自然科学版，2014，44（2）：425－429.

[99] 夏正洪，潘卫军. 多救援直升机多目标分配与航迹规划研究 [J]. 科学技术与工程，2013，13（34）：10226－10231.

[100] 徐海清，陈旺，钟宇，等. 地铁施工应急物资动态调度模型与系统研究 [J]. 施工技术，2018，47（S4）：1191－1195.

[101] 许可，宫华，刘芳，等. 基于离散粒子群算法的应急物资选址与调度 [J]. 重庆师范大学学报（自然科学版），2018，35（6）：15－21.

[102] 许项东，程琳. 城市道路单行系统布局优化的双层规划模型和混合算法 [J]. 系统工程理论与实践，2009，29（10）：180－187.

[103] 薛坤，冯春. 公平关切下的应急物资局部配送问题 [J]. 系统工程，2015，33（1）：103－107.

[104] 薛星群，王旭坪，韩涛，等. 考虑通行约束和运力限制的灾后应急物资联合调度优化研究 [J]. 中国管理科学，2020，28（3）：21－30.

[105] 闫卓男，王承文，俞虹. 城市灾害应急物流配送干扰管理系统模型研究 [J]. 工程管理学报，2014，28（2）：61－65.

[106] 杨恩缘，李进，严翌娴，等. 震后多品种应急物资多级配送中的选址—路径模型 [J]. 灾害学，2016，31（2）：200－205.

170

[107] 杨枫，叶春明，种大双. 城市突发事件中基于事故演变的救援需求决策模型及其优化求解 [J]. 运筹与管理，2020，29 (8)：79-88.

[108] 杨华龙，叶迪，张倩，等. 时间窗变动的车辆调度干扰管理模型与算法 [J]. 运筹与管理，2017，26 (10)：60-68.

[109] 杨文超，胡祥培，王征. 顾客时间窗变化的物流配送问题干扰管理方法研究 [J]. 大连理工大学学报，2012，52 (2)：290-296.

[110] 杨震，王成军，郭梨. 灾区救援链系统中的灾区聚类与排序问题研究——以汶川地震为例 [J]. 灾害学，2013，28 (4)：159-164.

[111] 姚恩婷，孟燕萍，林国龙. 基于 BP 神经网络的受灾点的需求紧迫性分级方法 [J]. 灾害学，2016，31 (3)：211-216，229.

[112] 于滨，靳鹏欢，杨忠振. 两阶段启发式算法求解带时间窗的多中心车辆路径问题 [J]. 系统工程理论与实践，2012，32 (8)：1793-1800.

[113] 曾敏刚，崔增收，李双. 一种多受灾点的灾害应急资源分配模型 [J]. 工业工程，2010，13 (1)：85-89.

[114] 张帆，汤兵勇. 顾客时间窗和维修需求变动下车辆维修的干扰管理优化 [J]. 工业工程，2015，18 (5)：148-154.

[115] 张广胜. 应急物资调运的动态协同决策优化建模仿真 [J]. 中国安全生产科学技术，2020，16 (3)：164-169.

[116] 张力丹，李超，陈飙松，等. 多级多受灾点连续消耗应急物资调度优化策略 [J]. 大连理工大学学报，2017，57 (5)：501-510.

[117] 张玲，赖芸. 基于多米诺效应需求分析的应急资源配置模型研究 [J]. 运筹与管理，2019，28 (11)：98-105.

[118] 张淑文，廖灿，诸克军，等. 考虑救援队伍特征的最优调度策略研究 [J]. 管理评论，2019，31 (2)：225-237.

[119] 张杏雯，倪静. 公平约束下的应急物资配送模型及算法 [J]. 统计与决策，2020，36 (7)：179-182.

[120] 张怡，王雅婷，冯春. 突发事件应急救援物资公平分配模型 [J]. 系统科学学报，2015，23 (4)：79-82，100.

[121] 赵建有，韩万里，郑文捷，等. 重大突发公共卫生事件下城

171

市应急医疗物资配送［J］.交通运输工程学报，2020，20（3）：168 –
177.

［122］赵亮，梁晓萍，杨华龙，等.客户配送要求变动下的
VRPSDP干扰管理优化［J］.交通运输系统工程与信息，2018，18
（3）：222 –228.

［123］赵星，吉康，林灏，等.基于多目标路径规划的应急资源配
置模型［J］.华南理工大学学报（自然科学版），2019，47（4）：76 –82.

［124］赵振亚，董星奎.基于微粒群算法的最小风险路径应急物资
调度问题研究［J］.大连交通大学学报，2019，40（5）：13 –17，23.

［125］郑斌，马祖军，李双林.基于双层规划的震后初期应急物流
系统优化［J］.系统工程学报，2014，24（1）：114 –125.

［126］郑斌，马祖军，周愉峰.震后应急物流动态选址—联运问题
的双层规划模型［J］.系统管理学报，2017，26（2）：326 –337.

［127］郑彦辉，朱昌锋，王啸.基于双层规划的应急物资调配研究
［J］.中国安全生产科学技术，2020，16（5）：25 –31.

［128］郑跃，万仲平，袁柳洋.基于二层规划的委托代理协调问题
［J］.系统工程理论与实践，2014，34（1）：77 –83.

［129］朱洪利，周泓，孔继利，等.需求干扰下的两阶段应急资源
调度问题［J］.中国安全生产科学技术，2018，14（5）：67 –74，69 –
76.

［130］朱建明，王瑞.灾害救援中基于民众心理感知的应急物资
多阶段分配问题研究［J］.中国安全生产科学技术，2020，16（2）：
5 –10.

［131］朱莉，曹杰，顾珺，等.考虑异质性行为的灾后应急物资动
态调度优化［J］.中国管理科学，2020，28（12）：151 –161.

［132］朱莉，曹杰.面向灾害扩散的模糊需求下应急调配优化研究
［J］.系统科学与数学，2014，34（6）：663 –673.

［133］Abdelaziz F B，Mejri S. Multiobjective bi-level programming for
shared inventory with emergency and backorders［J］. Annals of Operations
Research，2018，267（1）：47 –63.

［134］Alem D，Clark A，Moreno A. stochastic network models for lo-
gistics planning in disaster relief［J］. European journal of operational re-

172

search, 2016, 255 (1): 187 –206.

[135] Bader J, Zitzler E. Hyp E: An Algorithm for Fast Hypervolume – Based Many Objective Optimization [J]. EVOLUTIONARY COMPUTATION, 2011, 19 (1): 45 –76.

[136] Barbarosoglu G, Arda Y. A two-stage stochastic programming framework for transportation planning in disaster response [J]. Journal of the Operational Research Society, 2004, 55 (1): 43 –53.

[137] Barbarosoğlu G, Özdamar L, Cevik A. An interactive approach for hierarchical analysis of helicopter logistics in disaster relief operations [J]. European Journal of Operational Research, 2002, 140 (1): 118 –133.

[138] Barbaroso lu G, Arda Y. A two-stage stochastic programming framework for transportation planning in disaster response [J]. Journal of the Operational Research Society, 2004, 55 (1): 43 –53.

[139] Brown M, Smith R E. Directed multi-objective optimization. International Journal of Computers, Systems and Signals, 2005, 6 (1): 3 –17.

[140] Carli R, Dotoli M. Bi – level programming for the energy retrofit planning of street lighting systems [C]//Proc of IEEE International Conference on Networking, Sensing and Control. [s. n.]: IEEE Press, 2017: 543 –548.

[141] Caunhye A M, Zhang Y, Li M, et al. A location-routing model for prepositioning and distributing emergency supplies [J]. Transportation Research Part E: Logistics and Transportation Review, 2016, 90: 161 – 176.

[142] Chai G, Cao J, Huang W, et al. Optimized traffic emergency resource scheduling using time varying rescue route travel time [J]. Neurocomputing, 2018, 275 (1): 1567 –1575.

[143] Chang F S, Wu J S, Lee C N, et al. Greedy-search-based multi-objective genetic algorithm for emergency logistics scheduling [J]. Expert Systems with Applications, 2014, 41 (6): 2947 –2956.

[144] Cheng R, Jin Y, Olhofer M, et al. A Reference Vector Guided Evolutionary Algorithm for Many – Objective Optimization [J]. IEEE Trans-

actions on Evolutionary Computation, 2016: 1 – 1.

[145] Chen T, Wu S, Yang J, et al. Modeling of emergency supply scheduling problem based on reliability and its solution algorithm under variable road network after sudden-onset disasters [J]. Complexity, 2020.

[146] Chi H, Li J, Shao X, et al. Timeliness evaluation of emergency resource scheduling [J]. European Journal of Operational Research, 2016, 258 (3): 1022 – 1032.

[147] Coello C A C, Lechuga M S. MOPSO: A proposal for multiple objective particle swarm optimization [C]. Evolutionary Computation, 2002. CEC'02. Proceedings of the 2002 Congress on IEEE Service Center, 2002.

[148] Cui S, Liu H, Tang X, et al. Emergency material allocation problem considering post-disaster impact [C]//2019 8th International Conference on Industrial Technology and Management (ICITM). IEEE, 2019: 290 – 294.

[149] Dan Bingbing, Zhu Wanhong, Li Huabing, et al. Dynamic optimization model and algorithm design for emergency materials dispatch [J]. Mathematical Problems in Engineering, 2013, 2013 (2): 1 – 6.

[150] Deb K, Jain H. An Evolutionary Many – Objective Optimization Algorithm Using Reference – Point – Based Nondominated Sorting Approach, Part I: Solving Problems With Box Constraints [J]. IEEE Transactions on Evolutionary Computation, 2014, 18 (4): 577 – 601.

[151] Du Jiaoman, Li Xiang, Yu L, et al. Multi-depot vehicle routing problem for hazardous materials transportation: a fuzzy bilevel programming [J]. Information Sciences, 2017, 399 (C): 201 – 218.

[152] Erdemir E T, Batta R, Rogerson P A, et al. Joint ground and air emergency medical services coverage models: A greedy heuristic solution approach [J]. European Journal of Operational Research, 2010, 207 (2): 736 – 749.

[153] Fatemeh S, Ali Bozorgi – Amiri, Mohammad Moshref – Javadi. "An integrated routing and scheduling model for evacuation and commodity distribution in large-scale disaster relief operations: a case study" [J]. An-

nals of Operations Research, 2019, 283 (1 – 2): 643 – 677.

[154] Fiedrich F, Gehbauer F, Rickers U. Optimized resource allocation for emergency response after earthquake disasters [J]. Safety Science, 2000, 35 (1): 41 – 57.

[155] Fikar C, Gronalt M, Hirsch P. A decision support system for coordinated disaster relief distribution [J]. Expert Systems with Applications, 2016, 57: 104 – 116.

[156] Garrido R A, Lamas P, Pino F J. A stochastic programming approach for floods emergency logistics [J]. Transportation Research Part E: Logistics & Transportation Review, 2015, 75: 18 – 31.

[157] Guo Yu, Ye Yan qing, Yang Qing qing, et al. A multiobjective INLP model of sustainable resource allocation for long-range maritime search and rescue [J]. Sustainability, 2019, 11 (3): 1 – 25.

[158] He Y, Liu N. Methodology of emergency medical logistics for public health emergencies [J]. Transportation Research Part E: Logistics and Transportation Review, 2015, 79: 178 – 200.

[159] Hu F, Wang Y, Ma B, et al. Emergency supplies research on crossing points of transport network based on genetic algorithm [C]//Proc of IEEE International Conference on Intelligent Transportation, IEEE Press, 2016: 370 – 375.

[160] Hu S, Han C, Dong Z S, et al. A multi-stage stochastic programming model for relief distribution considering the state of road network [J]. Transportation Research Part B: Methodological, 2019, 123: 64 – 87.

[161] Hu Z H. A container multimodal transportation scheduling approach based on immune affinity model for emergency relief [J]. Expert Systems with Applications, 2011, 38 (3): 2632 – 2639.

[162] Kim M, Hiroyasu T, Miki M, et al. SPEA2 + : Improving the Performance of the Strength Pareto Evolutionary Algorithm 2 [C]//International Conference on Parallel Problem Solving from Nature. Springer, Berlin, Heidelberg, 2004.

[163] Knott R. The logistics of bulk relief supplies [J]. Disasters,

1987, 11 (2): 113 - 115.

[164] Lei C, Lin W H, Miao L. A two-stage robust optimization approach for the mobile facility fleet sizing and routing problem under uncertainty [J]. Computers & Operations Research, 2016, 67: 75 - 89.

[165] Li J Q, Mirchandani P B, Borenstein D. A Lagrangian heuristic for the real-time vehicle rescheduling problem [J]. Transportation Research Part E: Logistics and Transportation Review, 2009, 45 (3): 419 - 433.

[166] Lin Y H, Batta R, Rogerson P A, et al. A logistics model for emergency supply of critical items in the aftermath of a disaster [J]. Socio-Economic Planning Sciences, 2011, 45 (4): 132 - 145.

[167] Li S L, Ma Z J, Zheng B, et al. Multiobjective location-transportation problem in post-earthquake delivery of relief materials [C]//Proc of IEEE International Conference on Industrial Engineering and Engineering Management, IEEE Press, 2011: 1468 - 1472.

[168] Liu J, Guo L, Jiang J, et al. Emergency material allocation with time-varying supply-demand based on dynamic optimization method for river chemical spills [J]. Environmental Science and Pollution Research, 2018, 25 (18): 17343 - 17353.

[169] Liu J, Cheng H, Tian Y, et al. Multi-objective bi-level planning of active distribution networks considering network transfer capability and dispersed energy storage systems [J]. Journal of Renewable & Sustainable Energy, 2018, 10 (1): 015501.

[170] Liu S, Lin Y. An axiomatic definition for the degree of greyness of grey numbers [J]. IEEE System Man and Cybernetics, 2004: 2420 - 2424.

[171] Liu S. On measure of grey information [J]. The Journal of Grey System, 1995, 7 (2): 97 - 101.

[172] Liu W, Hu G, Li J. Emergency resources demand prediction using case-based reasoning [J]. Safety Science, 2012, 50 (3): 530 - 534.

[173] Liu X, Zhong M, Ma Y. A Decision Model and Its Algorithm for Vehicle Routing Problem to Meet Emergencies [C]//The 19th International

Conference on Industrial Engineering and Engineering Management. Springer, Berlin, Heidelberg, 2013: 717 – 725.

[174] Ma Hong, Cheang B, Lim A, et al. An investigation into the vehicle routing problem with time windows and link capacity constraints [J]. Omega, 2012, 40 (3): 336 – 347.

[175] Mohammadi R, Ghomi S M T F, Jolai F. Prepositioning emergency earthquake response supplies: a new multi-objective particle swarm optimization algorithm [J]. Applied Mathematical Modelling, 2016, 40 (9 – 10): 5183 – 5199.

[176] Najafi M, Eshghi K, Dullaert W. A multi-objective robust optimization model for logistics planning in the earthquake response phase [J]. Transportation Research Part E: Logistics and Transportation Review, 2013, 49 (1): 217 – 249.

[177] Najafi M, Eshghi K, Dullaert W. A multi-objective robust optimization model for logistics planning in the earthquake response phase [J]. Transportation Research Part E Logistics & Transportation Review, 2013, 49 (1): 217 – 249.

[178] Qi Y, Ma X, Liu F, et al. MOEA/D with Adaptive Weight Adjustment [J]. Evolutionary Computation, 2014, 22 (2): 231 – 264.

[179] Rawls C G, Turnquist M A. Re-positioning and dynamic delivery planning for short-term response following a natural disaster [J]. Socio-Economic planning sciences, 2012, 46 (1): 46 – 54.

[180] Royero D R, Pacheco G G, Pinedo R Y. "A dynamic model for disaster response considering prioritized demand points" [J]. Socio-Economic Planning Sciences, 2016, 55 (12): 59 – 75.

[181] Ruan J H, Wang X P, Chan F T S, et al. Optimizing the intermodal transportation of emergency medical supplies using balanced fuzzy clustering [J]. International Journal of Production Research, 2016, 54 (14): 4368 – 4386.

[182] Sheng W, Liu Y, Meng X, et al. An Improved Strength Pareto Evolutionary Algorithm 2 with application to the optimization of distributed generations [J]. Computers & Mathematics with Applications, 2012, 64

177

(5).

[183] Shen Z, Dessouky M M, Ordóñez F. A two-stage vehicle routing model for large-scale bioterrorism emergencies [J]. Networks: An International Journal, 2009, 54 (4): 255 – 269.

[184] Sheu J. An emergency logistics distribution approach for quick response to urgent relief demand in disasters [J]. Transportation Research Part E: Logistics and Transportation Review Challenges of Emergency Logistics Management, 2007, 43 (6): 687 – 709.

[185] Sheu J. Dynamic relief-demand management for emergency logistics operations under large-scale disasters [J]. Transportation Research Part E: Logistics and Transportation Review, 2010, 46 (1): 1 – 17.

[186] Sun B, Ma W, Zhao H. A fuzzy rough set approach to emergency material demand prediction over two universes [J]. Applied Mathematical Modelling, 2013, 37 (10 – 11): 7062 – 7070.

[187] Suzuki J, Phan D H. R2 – IBEA: R2 Indicator Based Evolutionary Algorithm for Multiobjective Optimization [C]//IEEE Congress on Evolutionary Computation. IEEE, 2013.

[188] Tzeng G, Cheng H, Huang T D. Multi-objective optimal planning for designing relief delivery systems [J]. Transportation Research Part E: Logistics and Transportation Review, 2007, 43 (6): 673 – 686.

[189] Wang W, Huang L, Guo Z. Optimization of Emergency Material Dispatch from Multiple Depot Locations to Multiple Disaster Sites [J]. Sustainability, 2017, 9 (11): 1978.

[190] Wang X, Ruan J, Shi Y. A recovery model for combinational disruptions in logistics delivery: Considering the real-world participators [J]. International Journal of Production Economics, 2012, 140 (1): 508 – 520.

[191] Wang Y, Bier V M, Sun B. Measuring and achieving equity in multiperiod emergency material allocation [J]. Risk Analysis, 2019, 39 (11): 2408 – 2426.

[192] Wei Y, Park J H, Karimi H R, et al. "Improved Stability and Stabilization Results for Stochastic Synchronization of Continuous-Time Semi-Markova Jump Neural Networks with Time-Varying Delay" [J]. IEEE Transac-

tions on Neural Networks and Learning Systems, 2017 (99): 1 – 14.

[193] Widener M J, Horner M W. A hierarchical approach to modeling hurricane disaster relief goods distribution [J]. Journal of Transport Geography, 2011, 19 (4): 821.

[194] Xiong X, Zhao F, Wang Y, et al. Research on the model and algorithm for multimodal distribution of emergency supplies after earthquake in the perspective of fairness [J]. Mathematical Problems in Engineering, 2019, 2019: 1 – 12.

[195] Xu X, Qi Y, Hua Z. Forecasting Demand of Commodities After Natural Disasters [J]. Expert Systems with Applications, 2010, 37 (6): 4313 – 4317.

[196] Yang H, Yagar S. Traffic assignment and signal control in saturated road networks [J]. Transportation Research Part A Policy & Practice, 1995, 29 (2): 125 – 139.

[197] Yiw Ozdzmar L. A dynamic lodistics coordination model for evacuation and support in disaster response activities [J]. European Journal of Operational Research, 2007, 179: 1177 – 1193.

[198] Yuan Y, Xu H, Wang B, et al. Balancing Convergence and Diversity in Decomposition – Based Many – Objective Optimizers [J]. IEEE Transactions on Evolutionary Computation, 2016, 20 (2): 180 – 198.

[199] Yu G, Qi X. Disruption Management: Framework, Models and Applications [M]. Singapore: World Scientific Publishing Co. Pte. Ltd, 2004.

[200] Özdamar L, Ekinci E, Küçükyazici B. Emergency logistics planning in natural disasters [J]. Annals of operations research, 2004, 129 (1): 217 – 245.

[201] Zhang Q, Li H. MOEA/D: A Multiobjective Evolutionary Algorithm Based on Decomposition [J]. IEEE Transactions on Evolutionary Computation, 2008, 11 (6): 712 – 731.

[202] Zhang X, Tang L. Disruption Management for the Vehicle Routing Problem with Time Windows [C]//International Conference on Intelligent Computing. Springer, Berlin, Heidelberg, 2007, 225 – 234.

[203] Zhou Y, Liu J, Zhang Y, et al. A multi-objective evolutionary algorithm for multi-period dynamic emergency resource scheduling problems [J]. Transportation Research Part E: Logistics and Transportation Review, 2017, 99: 77 –95.

[204] Zitzler E, Simon Kunzli. Indicator – Based Selection in Multiobjective Search [C]//International Conference on Parallel Problem Solving from Nature. Springer, Berlin, Heidelberg, 2004.

第6章 洪涝灾害下考虑多灾点公平性的应急资源调度

6.1 研 究 背 景

突发的洪涝灾害事件在暴发后，往往会出现几个自然灾害点。通常灾害发生后，各灾点的资源需求往往是不同的，应急资源中心很难同时满足各个灾点的需求，此时必须提出合理的应急资源调配方法。在突发性洪涝灾害事件的应急救援初期阶段，如何制订规划出一个合理可行的应急资源调度方案，是一项重要的工作。

应急物资调度多年来一直是众多学者关注的研究热点，张育铭等（2022）以缩短应急时间、满足事故点需求、缩小运输成本为目标，建立多目标调度模型，使用传统和改进粒子群算法求解，从而求出更高精度的解，但只有改进前后对比，没有与其他方法的结果对比。王付宇等（2020）以物资供应不足、运输道路受损、考虑救援公平性等为约束，建立应急资源调度总成本最低及灾区民众总满意度最大的多目标优化模型，首次用改进的天牛须算法对模型进行求解，并与粒子群算法、改进的 PSO 及 BAS 算法进行对比，验证了该算法的优越性，为快速做出应急决策方案提供依据。杜雪灵等（2018）提出了考虑公平性的应急物资分配模型，设计了带有多个救援目标的应急调度模型，采用并列遗传算法进行求解，但未考虑救援的及时性。沈晓冰等（2017）以所有受灾点未满足物资需求之和最小、送达速度最快以及应急总费用最小为目标，提出应急物资需求不确定情况下多目标规划模型，并运用基于矩阵编码的混合遗传算法求解，但是未考虑到物资分配的公平性。江等

（Jiang j c, et al., 2017）把时间、路径可行性加入模型中，提出一种带有车辆调度的应急物资模型来解决物资调度问题，但未考虑应急物资的分配公平性和成本控制。戴君等（2017）考虑到配送中心定位与配送路径之间是相互影响的，建立了灾后应急物资配送的 LRP 模型。杨继君（2016）建立了基于多灾点多阶段的应急资源调配理论模型，又根据博弈论的相关理论，构建了面向多灾点需求阶段的博弈调度模型，并通过改进的蚁群算法进行计算求解，为商业物流配送中的资源物流问题创造了全新的解决方案和实现渠道。许胜铭等（2015）首次建立了一个在多供应点、多物料和多受灾点约束条件下的多目标应急物资调度模型，并利用加权计算基础思路，定义了决策效能函数，并且根据瓦斯爆炸事故的时限紧迫度，在保障物料连续消耗的条件下，计算最佳物料调度方案，并利用实例验证了可能性。田志强等（2015）则建立了最小化紧急救助工作完成时间与设备调度技术管理费用的双目标优化模型，经过设计以紧急救助工作完成时间为优先的二阶段思想计算，可以在不影响救助工作完成时限的前提条件下，合理节约设备调度技术管理经费。宋晓宇等（2014）以物资调配的总费用最小化和受影响点满意度最大化为优化目标，构建具有多受灾点、多出救点、多阶段、多目标的应急物资调配模型，将一个改进多目标的粒子群计算（MOPSO）方法运用到了采用帕累托最佳解的多目标应急物资调度问题的求解。鲁贝尔等（Rubel et al., 2014）第一次建立了一个大规模灾害后各地区应急资源分配模型，提出了一种求解车队分配的分解算法，通过基于需求点紧迫性的救济分配增加了社会效益。张玲等（2014）建立了根据情景的最小最大后悔值原则的应急救助网络，构建鲁棒优化模型，使用有限情景集定义第二阶段的最佳不确定性数据，并把模型变成了与其等值的混合整数规划模型，再使用情景松弛的迭代算法加以解决。蔡玫等（2013）由于引入不清晰的评价方式，建立了具有多处援助地点，或者多个灾情地的一种多目标模糊规划模型。利用加权语言标签空间描述从援助地到灾情地之间能够产生的花费和持续时间，并根据管理者对风险情况的喜好建立无差异函数，使之转化成管理者的效用作为目标值，并给出相关算法。王旭坪等（2013）在借鉴前景理论的基础上，建立应急响应时间的感知满意度函数，构建了一个多目标整数规划模型，以此来解决灾区应急物资分配问题。詹沙磊等（2013）为处理重灾点紧急物资配送问题，提出灾区信息更新的应急物资规划模型，提出了更精确的科学途径。杨勃等（2012）首次提出了一个包含多个受灾地点、多个救援类型的分配调度技术问题，同时以实现对每个灾情地点物品需求时限最短为优化目标，建立了相关模型，提出了可以应用于该问题的启发式算法，但未考虑分配公平性的问题。王苏生等（2008）以双层决策方案为理论基础，构建了根据公平优先分配原则上的多灾点紧急资源配置模型，并设计相应算子，提供了一个多受灾点—多救灾点应急资源配置动态优选策略，从而可以迅速求解双层紧急资源配置模型的全局最佳解。

当前研究普遍聚焦于应急物资调度时间的优化以及调度成本的优化，对于强调应急资源调度分配公平性的研究，目前还不是很多。由于在突发洪涝灾害发生的初期阶段，一些应急资源供应点的资源储备量往往不足，难以在灾害发生之初就满足多个受灾需求点的资源需求，此时容易出现因为与供应点相距太远，物资无法及时送达，有些受灾地点获得应急资源较低或者没有的状况出现。

6.2　理论基础

6.2.1　防汛应急物资

根据《中华人民共和国突发事件应对法》[①] 的规定，应急物资指应对自然灾害、事故灾难、公共卫生事件和社会安全事件等突发事件应急处置过程中所必需的保障性物质。《应急物流》一书中将应急物资定义为当突发性的灾难事件发生时，社会能够筹集的用于应对事件的其他同类或替代资源的总和。广义的应急物资是指突发事件预防、应急处置和事后恢复等全周期所需的各种应急资源，而狭义的应急物资仅指突发事件应急处置时所需的救援物资。

---

① 《中华人民共和国突发事件应对法》由中华人民共和国第十届全国人民代表大会常务委员会第二十九次会议于 2007 年 8 月 30 日通过，自 2007 年 11 月 1 日起施行，该法律共七章70 条。

顾名思义，防汛应急物资是一种针对洪涝灾害的应急物资。为防止或减少洪涝灾害地区的损失，灾前根据相关标准和存在洪涝灾害风险地区的实际物资需求，选择合适的储备点并储备合理量的物资。防汛应急物资种类较多，主要包括防汛抢险工具设备及物资，如救生抛投器、探测仪器、救生艇、救生圈、救生衣、防汛照明灯具等，以及各种生命救助和生活类物资，如药物、水和粮食等。

6.2.2　防汛应急物资分类及特点

防汛应急物资是应对洪涝灾害的重要保障，根据《防汛物资储备定额编制规程》（SL298—2004）等文件，防汛物资主要涉及抢险物料类、救生器材类和抢险机具设备类，这些都是在洪涝灾害应急中发挥重要作用的物资。同时，对于灾民来说，洪涝灾害可能会造成其房屋倒塌、生活物资短缺、身体受伤等问题。因此，在洪涝灾害应急救援过程中，临时食宿类和生命支持类的物资也必不可少。表6.1所示是防汛应急物资的主要种类和典型设备。

表6.1　　　　　　　　　　　防汛应急物资及分类

类别	设备
抢险物料类	编织袋、土工布袋、草包、麻袋、滤垫、膨胀堵漏袋、土工布、彩条布、块石、木材、钢管、钢丝网兜、管涌抢护材料
救生器材类	救生抛投器、救生衣、防汛抢险舟、操舟机、救生圈
抢险机具设备类	抢险照明车、发电机组、投光灯、帐篷、打桩机、防汛灯具
临时食宿类	饮用水设备、食品、饮食设备、卫生设备、住宿设备等
生命支持类	输氧设备、输液设备、窒息设备、急救药品等

资料来源：笔者绘制。

防汛应急物资作为应急物资的一个类别，具备应急物资和其本身独有的特性。总的来说，防汛应急物资主要具有三个特性。

（1）时效性

应急物资大多具备时效性要求，而对于突发洪涝灾害的情况，防汛应急物资是抢险救生的必备条件。同时，洪涝灾害相较于地震来说，其影响范围更广，可预见性更强。因此，如果相应的应急救援人员和物资及时到位，抢险救援方式方法得当，能够挽回和减少的损失更大。

（2）动态性

洪涝灾害的灾情是动态变化的，其受到天气、地理环境、湖泊河流、人工抵御等多种因素的影响，因此，对于防汛应急物资的需求也是动态变化的，在灾害发生的各个周期，所需要的物资种类和数量都不一样，这就加大了相应物资的储备和动态调度难度，只有运用更加智能的储备决策方式才能提供储备效率。

（3）预防性

在我国，每年都会发生洪涝灾害且呈现较为明显的地域差异。虽然我国的洪涝灾害预警机制和技术在一定程度上能够减少灾害影响，但是还是存在较多问题。防汛应急物资特别是防汛物资更多是灾害前的预防物资，是预防灾害发生时出现物资极度短缺的情况。

6.2.3 防汛应急物资需求确定

应急物资的需求预测是当前应急物流研究的重要内容。需求预测是在实际需求发生之前对应急物资的需求进行科学合理的预估，其能够为应急物资筹集和储备提供重要的参考依据。当前，学术界使用了多种物资预测方法，其中较为常见的有专家经验判断法、情景分析法、案例推理法、灰色系统法、回归预测法等。专家经验判断法使用简单、决策速度快，但较为主观且结果预测信度较低。情景分析法和案例推理法是通过案例推理模型进行预测，在未得到受灾点的具体信息之前，通过情景分析和案例推理方法进行预测有一定的意义和价值，但是案例推理也有较多局限性，比如匹配程度低，失去其他案例的有效经验且匹配的案例经验不一定适用现在等。灰色系统是当前使用较多的一种预测方法，在受灾点的部分信息未知的情况下，采用灰色系统方法进行预测效果较好，学者们通过将改进的 GM（1，1）模型广泛应用于应急物资的需求预测。回归分析法是通过根据需求影响因素建立回归预测模型，再将受灾点的实际参数值代入预测模型得到应急物资需求量，但此方法的局限性就在于受灾点的数据难以准确获取，在灾前无法较好地使用此方法进行有效预测。

6.2.4　洪涝灾害应急响应等级

洪涝灾害是我国常见的一种自然灾害，根据《国家防汛抗旱应急预案》的要求，我国将洪涝灾害应急响应按照灾害的影响范围和严重程度分为 4 个等级，分别为Ⅰ、Ⅱ、Ⅲ、Ⅳ级。同时，各级地方政府也根据《国家防汛抗旱应急预案》以及结合本地实际情况制定了各级地方政府关于本地的防汛抗旱应急预案，来指导本地的防汛应急工作。

由于各地的应急预案存在一定差异，现以《国家防汛抗旱应急预案》为例，介绍洪涝灾害的应急响应等级。需启动Ⅰ级应急响应的共分为四种情形：一是当某流域发生特大洪水灾害时，此情形记为（1）；二是当多个流域同时发生大洪水灾害时，记为（2）；三是某大江大河干流的重要河段堤防发生了决口现象时，记为（3）；四是某重点大型水库发生垮坝时，记为（4）。需启动Ⅱ级应急响应的共分为四种情形：一是当某个流域发生大洪水时，记为（5）；二是当某大江大河干流的一般河段及主要支流堤防发生决口时，记为（6）；三是当多个省（区、市）多市（地）发生严重洪涝灾害时，记为（7）；四是当一般大中型水库发生垮坝时，记为（8）。需启动Ⅲ级应急响应的共分为四种情形：一是多个省（区、市）同时发生洪涝灾害时，记为（9）；二是当某省（区、市）发生较大洪水时，记为（10）；三是当某大江大河干流堤防出现重大险情时，记为（11）；四是当大中型水库出现严重险情或小型水库发生垮坝时，记为（12）。需启动Ⅳ级应急响应的共分为三种情形：一是当多个省（区、市）同时发生一般洪水时，记为（13）；二是当某大江大河干流堤防出现险情时，记为（14）；三是当大中型水库出现险情时，记为（15）。以上 15 种洪涝灾害情形为需要启动国家级应急响应的情形，绝大多数都为影响范围跨多个地区甚至省份，危害程度较高。

6.3　多目标应急资源调度模型

6.3.1　时间窗分析

时间窗的分类往往有两种。一种情况是，要求服务内容必须在规定时期，如果不在这个时间段，就无法进行服务，这种时间窗称为"硬时间窗"；还有一种情形是工作时间段内即使有超时，还是能够继续进行服务，但是会得到一定的处罚，或者因为不在规定的工作时段，迟到的处罚将表现为迟到时限和迟到惩罚系数之积，即迟到成本，这种时间窗被称为"软时间窗"。

突发洪涝灾害发生初期进行救灾时，应急资源调度易受环境因素等条件所影响，同时应急资源的储存总量可能不够，甚至无法同时应付各个需求节点的资源需要。如果只考虑抢救效果或抢救时间最快，就很有可能忽视了那些距离相对较远的受灾地点，因此对每个需求点的应急调度公平性就显得更加重要，需要谨慎考虑。

6.3.2　模型假设

假设 1：假设救灾需求点的方位与资源供应点的方位，以及之间的方位关系已知；

假设 2：假设应急救灾所需的物资数量能够根据突发灾害产生的影响程度进行提前预测；

假设 3：假设应急所需救灾物资数量不会因为时间变化而变化；

假设 4：假设应急救灾车辆的平均行驶速度为 $v = 100 km/h$；

假设 5：假设为了增加对迟到的惩罚，将迟到惩罚系数设为 $p = 1000$。

6.3.3　模型构建

本章以所有需求点的资源满足程度的方差作为求解目标，以此来衡量救援过程的公平性。结合之前对于此问题的讨论，本章参考相关文献（杜雪灵，2018）设计并建立了以资源调配公平性最高，管理和调度总成本最小化为主要目标的多目标应急资源调度模型。

设 G_1，G_2，…，G_i 为物资供应点（$i \in [1, m]$），Q_1，Q_2，…，Q_j 为救灾需求点（$j \in [1, n]$），此模型为一个多目标模型，将每个救灾需求点的资源满意程度结果及所得的方差最小，救灾调度的总成本最小为目标函数，具体设定方法如式（6.1）所示：

$$\min Z_1 = \left[\sum_{j=1}^{n} (\eta_j - \bar{\eta})^2 \right] / (n - 1) \tag{6.1}$$

式（6.1）代表对每个救灾要求点的资源满意程度结果及所得的方差，方差值越小，表示差异越小，说明分配公平性更高。其中，η_j 表示需求点 Q_j 的资源满足程度，$\bar{\eta}$ 表示所有需求点的平均资源满足程度。

$$\min Z_2 = \sum_{i=1}^{m} \sum_{j=1}^{n} x_{ij} \cdot n_{ij} \cdot c_{ij} \cdot l_{ij} + \sum_{i=1}^{m} \sum_{j=1}^{n} p \cdot$$
$$x_{ij} \cdot \left[l_{ij} / (\alpha_{ij} \cdot v) - t_j \right] \tag{6.2}$$

式（6.2）可说明整个救灾调度方案的总成本最节约，且费用最低，单位为元。其中，x_{ij} 表示 $0 - 1$ 变量，当供应点 G_i 向需求点 Q_j 提供了救灾物资时 $x_{ij} = 1$；否则，$x_{ij} = 0$，n_{ij} 表示供应点 G_i 向需求点 Q_j 所提供的资源量；c_{ij} 表示以供应点 G_i 为需求点 Q_j，所提供资源的单位成本（供应点为需求点提供每单位资源量所需要的成本），单位为元；l_{ij} 表示供应点 G_i 到需求点 Q_j 的距离，单位为千米；p 表示迟到会遭受惩罚的惩罚系数；α_{ij} 说明供应点 G_i 至需求点 Q_j 线路的交通拥堵严重程度（因路面拥堵等因素根本无法达到目标行车车速）；v 表示车辆在路段上的目标行驶速度，单位为 km/h；t_j 表示需求点 Q_j 需要获得资源的目标时间，单位为 h。

根据实际应急资源调度的具体要求，设置如下约束条件，如式（6.3）所示：

$$\sum_{i=1}^{m} x_{ij} n_{ij} \leqslant q_i \tag{6.3}$$

其中，q_i 表示需求点 $Q_j (j = 1, 2, …, n)$ 对资源的需求量如式（6.4）所示：

$$\sum_{j=1}^{n} x_{ij} n_{ij} \leqslant g_i \tag{6.4}$$

其中，g_i 表示供应点 $G_i (i = 1, 2, …, m)$ 的物资储备量如式（6.5）

所示：

$$\sum_{i=1}^{m} x_{ij} \geqslant 1; j = 1, 2, \cdots, n \tag{6.5}$$

其中，x_{ij} 表示 $0-1$ 变量，当供应点 G_i 向需求点 Q_j 提供了救灾物资时 $x_{ij} = 1$；否则，$x_{ij} = 0$。资源满足程度如式（6.6）所示：

$$\eta_j = (\sum_{i=1}^{m} x_{ij} n_{ij}) / q_j; \eta_j \in [0, 1] \tag{6.6}$$

其中，η_j 表示需求点 Q_j 的资源满足程度。平均资源满足程度如式（6.7）所示：

$$\overline{\eta} = (\sum_{j=1}^{n} \eta_j) / j \tag{6.7}$$

其中，$\overline{\eta}$ 表示所有需求点的平均资源满足程度。一些约束条件如式（6.8）~式（6.9）所示：

$$x_{ij} = 0 \text{ 或 } 1; i = 1, 2, \cdots, m, j = 1, 2, \cdots, n \tag{6.8}$$

$$n_{ij} \geqslant 0 \tag{6.9}$$

其中，n_{ij} 表示供应点 G_i 向需求点 Q_j 所提供的资源量。

式（6.3）~式（6.9）为该模型的相关约束条件。其中式（6.3）表示需求点 Q_j 不会浪费所获得的资源，即需求点所获得的救灾资源量，不可能超过其实际所需要的救灾需求量；式（6.4）则表示资源供应点 G_i 提供的总资源量，不可能超过其储备数量；式（6.5）表示每个救灾需求点，都必定会有资源供应点对其进行救灾物资的提供；式（6.6）的计算公式结果，为需求点 Q_j 的救灾需求满意度；式（6.7）的计算公式为所有救灾需求点的平均资源满意度；式（6.8）为资源供应点是否为救灾需求点供应资源的"$0-1$"整数状态约束；式（6.9）为救灾资源调度运输量的非负条件约束。

6.4　算 法 设 计

6.4.1　遗传算法简述

（1）遗传算法的仿生学原理

自然界的生物进化遵循着达尔文的进化论原则——"物竞天择，适者生存"，同时遵循着孟德尔的遗传学说。生物是由细胞组成的，一个生物体里的每个细胞中都含有一套相同的遗传物质。每条染色体都由若干基因组成，每个基因控制特定的蛋白质，蛋白质决定了生物的表现特征。一个长链的染色体上的 DNA 遗传信息以一定的模式排序。一个生物的所有染色体组成了基因组，基因组决定了一个生物个体。生物个体在基因层次的表现称为基因型，是染色体决定的性状的内部表现。在特征层次的表现称为表现型，是染色体决定的性状的外部表现，或者说是根据基因型形成的个体的外部表现。在生物的进化中，生物通过遗传、交叉、变异产生新个体。细胞分裂产生新个体的过程中，遗传物质 DNA 通过复制添加到新产生的细胞中，新细胞会继承旧细胞的基因。在复制过程中，两条染色体上相同位置的遗传物质 DNA 被切断，被切断的染色体进行交叉组合形成两条新的染色体，此过程也称为基因重组或杂交。而在复制过程中，染色体上的基因可能会发生某种突变，即小概率的变异操作，变异产生新的染色体，增加个体新的性状表现。

繁殖过程中，染色体通过交叉变异产生新的染色体。同时，在自然界中，物种进化还要经过自然环境的选择，以种群的形式进行进化，种群不断适应生存环境，生存能力得到增强。生命力强的个体更加适应当前社会和自然环境，存活下来的概率更大，种群中优良个体的数量占比增多，整个物种的环境适应能力增强，更有利于物种延续。

（2）遗传算法的主要思想

遗传算法借鉴生物进化理论、染色体和基因等概念，采用自然界中生物遗传和进化机理，是模拟了生物进化机制的随机全局搜索和优化方法。遗传算法以决策变量的编码作为运算对象，将无数值概念或很难有数值概念的优化问题转化为一个生物进化过程。遗传算法是以种群为操作对象的，种群是个体的集合，集合中个体的数量称为种群规模。而种群中的个体相当于自然界中生物实体的染色体，也是遗传算法中的决策变量，个体是遗传算法处理的基本对象。

遗传算法中每一个决策变量编码都是一个独一无二的染色体，个体编码可以看作是表现型到基因型的映射，对应编码过程的解码过程是基因型到表现型的映射。基因对应个体位串上的元素，用于表示个体特征，将生物学中的遗传信息以系列的形式译成编码。遗传学中的基因型对应着个体编码信息的集合，决定个体表现的内在信息。遗传学中的表现型对应着个体信息在物理系统中映射的集合，是个体在现实社会中表现的特征。算法的解码对应着决策变量在目标函数上得到的目标函数值。

以最常见的二进制方法编码决策变量为例，编码符号集是二值符号集 {0, 1}，个体的基因组合就是二值符号串。在二进制编码中问题的求解精度和个体符号串的长度有关，二进制编码、解码操作简单易行，便于实现。常见的遗传算法编码方法也有符号编码、浮点数编码等。符号编码方法采用无数值意义、只有代码含义的符号集来表示个体的基因值，是易于生成高适应度个体的编码方案。浮点数编码采用浮点数表示每个基因位，该方法适合数值较大，精度较高的遗传算法，又由于搜索空间较大，有效改善了算法的复杂度。

遗传算法通过遗传、交叉、变异、自然选择等操作产生下一代的个体。遗传变异中的基因重组与基因突变是使得子代不同于父代的重要操作。

交叉算子是遗传算法强调的关键技术，也是遗传算法区别于其他仿生优化算法的一个主要不同方面，同时决定了遗传算法的全局搜索能力，交叉算子也体现了信息交换的原则。遗传算法中的交叉算子模仿了自然界有性繁殖的基因重组过程，将优良基因遗传给下一代个体，并生成包含更复杂结构的新个体。

遗传算法中，从交配池中随机地选取出要进行交叉操作的一对个体，随机选取一个或多个位作为交叉位，采用随机的方式交换两个个体相同位置上的编码值。种群中的决策变量两两交叉，从而产生新个体，相当于自然界中染色体的杂交过程。常见的交叉算子有一点交叉、两点交叉、多点交叉和一致交叉等。一点交叉是随机地选择一个交叉点，交叉点将个体分为两段，两个个体交换交叉点前后的两段；两点交叉是在个体上随机选择两个交叉点，交换交叉点间的基因，得到下一代个体；一致交叉是两个个体上的对应位随机地进行交换。遗传算法中的交叉操作需要交叉概率，通过设置一个常数来表示两个决策变量发生交叉的概率，交叉概率设置过高，种群中个体的进化会越快，相应获得优良位结果的丢失速度也会越快，而交叉概率设置太低可能会阻碍搜索，所以要合理地设置交叉概率。

变异模拟是自然界中生物染色体上某位基因发生的突变现象，改变染色体性状。变异操作以一定的概率选择个体中的某一位或多位，改变该位上的值，达到变异的目的。变异本身是一种随机算法，是产生新个体的辅助算法，决定了遗传算法的局部搜索能力，变异为产生新个体提供了机会。变异操作可以有效地减缓个体某些位上的编码值收敛到固定值的问题，增大搜索能力，所以变异算子是必要的。在遗传算法中设置变异参数，个体上的每一位都取一个随机数，当某位上随机数的取值小于设定的变异参数时，决策变量在该位上的编码值进行变异操作。

交叉变异后产生了新的个体，相当于自然界中的种群注入了新的基因，为了得到种群中的优良个体，需要对个体进行选择操作，保留适应度高的个体组成新的种群，依次进行迭代操作。遗传算法中的"选择"用来确定对父代群体用何种方法，选出哪些个体，构成新的优良种群。选择操作根据个体适应度值的高低选取个体，相当于自然界中生物适应环境的能力评估，而适应度函数的选取直接影响了遗传算法的收敛速度以及能否找到最优解。适应度评估检测是根据目标函数或选择算子得到个体的适应度值，评判个体的优劣，表示该个体在所求问题上的优劣。个体的适应度值大小决定了它是继续繁衍还是淘汰，选择操作体现了在有限资源空间上的排他性竞争，遗产算法从当前种群中选取适应度高的个体，适应度高的个体有机会被选中进入下一代迭代过程，舍弃适应度低的个体，体现了生物进化论中的"适者生存"原则。

适应度函数是遗传算法中关键部分。好的适应度函数可以从非最优个体中得到最优个体，能够很好地解决遗传算法中的一些问题。但有时适应度值高的个体可能不是整个种群最后所要的最优个体，但是因为某种原因，某个或某些个体的副本充斥了整个种群，会导致过早收敛，得到的是局部最优解，而不是整体的最优解。这就导致了过早收敛问题。对于这种问题就要采取策略来调整适应度函数，可以采取对适应度取值范围进行压缩，防止"过于适应"的个体过早地在整个种群中占据统治地位，有利于防止局部收敛，找寻全局的最优个体。同时，遗传算法还面临着收敛缓慢的问题，当整个种群的平均适应度值较高，而最优个体与其他个体的适应度差值不是很大，导致没有足够的动力推动种群进化，得到种群的最优解。对于遗传算法收敛慢的问题，可拉大最优个体的适应度值与种群中其他个体的适应度均值的距离，扩大适应度函数值的范围。

选择算子依据个体适应度值进行评估，可以有效避免个体基因损失，提高全局收敛性和计算效率。遗传算法通常采用的选择算子有以下几种：

①"轮盘赌"选择策略。"轮盘赌"选择法是依据种群中个体的适应度函数值来计算种群中个体被选择的概率，个体的适应度函数值越高被选择的概率越大。对于求解最大化和最小化问题时，需要实时地调整适应度函数。当求解最大化问题时，个体的适应度函数值直接作为选择依据；当求解最小化问题时，需要将函数进行转换，调整为求解最大化问题。

使用"轮盘赌"选择法时，计算每个个体的适应度函数值，累加得到个体总和的适应度函数值，之后得到每个个体占适应度函数值总和的比例，也就是个体被遗传到下一代群体中的概率。通过每个个体得到的比例值计算出每个个体的累积概率，例如有三个个体，所占比例分别记为a1，a2，a3，累计概率即是指a1，a1 + a2，a1 + a2 + a3。在0到1之间产生一个随机数r，若r < a1，则选择个体1；若a1 < r < (a1 + a2)，则选择个体2；若（a1 + a2）< r < (a1 + a2 + a3)，则选择个体3。依次循环得到设定的种群数量。对于种群规模为M的种群，则要进行M次循环选择。

②随机遍历抽样策略。随机遍历抽样法与"轮盘赌"选择法有相似之处，也是按照个体的适应度函数值进行选取，只是在设定选择概率值时采用了不同的方法。对于种群规模为M的种群，设定了每次选择概率跨度的长度为1/M。初始的第一个位置的选择概率值是一个产生在［0，1/M］之间的均匀随机数，之后都是等距离的选择个体，距离为1/M。

③锦标赛选择策略。锦标赛选择法是一种放回抽样。从种群中选取一定数量的个体，构成一个组，在组中选取最优的个体，然后将经过选取的组重新放回种群中，再选取相同数量个体组成一个组，选取最优个体，以此循环，得到新的种群。锦标赛选择法与"轮盘赌"选择法不同，求解最小化问题不需要将适应度函数进行转换，因为每次是选取最好的个体进入子代种群。

遗传算法采用选择算子来选取优良的个体，增强种群的进化。对于特定的目标函数，采取不同的选择算子，促进种群的收敛。

（3）遗传算法的描述和流程

将现实中的实际问题进行分析建模，转换为计算机可以读懂的表述，称为目标函数。在使用遗传算法求解前，需要对问题的解空间进行编码，将解空间转换为遗传算法能够处理的搜索空间，使得遗传算法的算子可以操作解空间。编码是应用遗传算法时要解决的首要问题和关键问题。编码决定了个体染色体上的基因排列次序，也决定了遗传空间到解空间的变换解码方法，同时也对遗传算子（选择、交叉、变异）的计算方法产生了影响。

在初始化部分，设置算法进行循环进化的最大次数 T，记录当前种群进化的次数 t，并随机生成规模为 M 的初始种群 P(0)。

在更新迭代部分，依据目标函数计算种群中每个个体的适应度。选定算法中的选择算子，依照选择算子选取种群 P(t) 中的优良个体（在第 t 次迭代中，记种群为 P(t)），作为下一代的候补个体。从种群 P(t) 中选取个体，进行交叉变异操作产生后代。交叉操作是遗传算法中保留原始性特征所独有的。

例如，选择交叉算子（partial-mapped crossover，PMX），随机选取两个父代个体，随机选取父代个体编码的起始位置，并选取相同的长度，两父代个体进行交叉，得到交换后的子代个体。子代个体进行冲突检测，根据交换部分的编码建立映射关系，调整子代个体中的冲突部分。比如要保持个体编码中每位字符不同，交换后个体不同位有相同的字符，则根据交换位的关系调整未交换部分的字符，保证形成的新一对子代基因无冲突。

通过交叉算子产生新个体后，进行变异操作。设置变异参数，当随机产生的参数在变异参数范围内时，新产生的个体进行变异操作。例如，变异算子 Simple Mutation，根据变异概率，对个体编码随机指定某一位或某几位上的编码进行变异运算。变异概率一般很小，P_m 在 0.001 ~ 0.1，如果变异概率过大，则会破坏许多优良个体，也可能无法得到最优解，但如果变异概率太小，可能使某些位过早地丢失信息，无法恢复。对于种群中的所有个体，每个基因位都会产生随机数，当产生的随机数小于变异概率时，对该位进行变异运算，并将随机产生范围内的值赋予给当前位，生成子代群体。

经过选择、交叉、变异运算后得到下一代 P(t)，t = t + 1。

判断进化操作是否满足终止条件，若 t = T，则将进化中得到的适应度最好的个体作为最优解输出，停止进化操作，反之，继续进行种群更新。将输出的最优解进行解码操作，得到实际问题的最优解决方案。

在遗传算法中，选择、交叉、变异三种遗传操作各司其职，共同引导种群的进化。选择算子尽可能地保留适应度优良的个体,丢弃适应度低的个体,可以提高整个种群的适应度。交叉算子是种群产生新个体的主要操作,影响了种群的全局搜索能力,同时表明遗传算法是注重个体之间的信息交互的,个体之间具有信息交互的机制。变异算子是一种随机搜索,辅助产生新个体,是遗传算法中不可或缺的算子。变异算子改变个体编码中的部分位编码,是遗传算法中保持物种多样性的一个重要途径,通过较小的变异概率,拓展算法的局部搜索能力,防止种群过早收敛于一处。

遗传算法流程如图6.1所示。

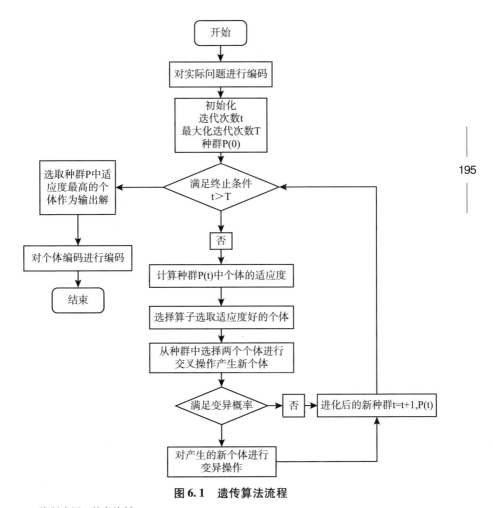

图6.1 遗传算法流程

资料来源:笔者绘制。

195

6.4.2 多目标遗传算法分类

多目标遗传算法是优化领域热门的研究方向之一，目前常用的多目标遗传算法主要可以分为三类：基于帕累托支配的多目标遗传算法、基于线性（非线性）加权的多目标遗传算法、基于分解的多目标优化算法。

（1）基于帕累托支配的多目标遗传算法

基于帕累托支配的多目标遗传算法在选择机制中加入了帕累托支配的概念，利用个体之间的帕累托关系来选择父代个体进行遗传操作。MOGA（multi-objective genetic algorithm）、NSGA（non-dominated sorting genetic algorithm）、NSGA－Ⅱ、SPEA（strength pareto evolutionary algorithm）、SPEA－Ⅱ是常用的基于帕累托支配的多目标遗传算法。MOGA算法利用帕累托排序层级和适应度共享机制对个体进行选择。首先，通过计算每个个体被支配的个体数目来定义个体的层级，将个体的层级作为个体被选择时的适应度。除此之外，MOGA采用适应度共享机制来调整种群中个体的适应度，根据能够反映个体相似度的共享函数来保持种群的多样性，一定程度上避免了早熟现象的出现。NSGA算法由斯瑞尼沃斯和德布（Srinivas and Deb）提出，与MOGA不同的是，NSGA算法采用非支配排序分层的方法。首先将种群中的所有非支配个体作为第一层级，接着将除去第一层级个体的种群中的非支配个体作为第二层级，循环此过程直到所有个体都被划分层级。除此之外，NSGA也采用了和MOGA相同的适应度共享机制来保持种群的多样性。NSGA－Ⅱ算法在NSGA算法的基础之上，提出了快速非支配排序法，大大提升了算法效率。除此之外，还引入了拥挤距离的概念，与NSGA将共享函数值和非支配层级共同加入适应度的计算不同，NSGA－Ⅱ的个体适应度值优先由非支配层级决定。在选择的过程中，优先选择非支配层级靠前的个体，如果选择完某一层级的个体后，种群的数目刚好达到阈值，则不需要通过拥挤距离来选择个体；如果选择完某一层级的个体后，种群的数量没有达到阈值，则对于下一个层级的个体，通过计算该层级个体与其相邻个体的归一化距离来定义该个体在层级中的拥挤距离，优先选择拥挤距离较大的个体来维持种群的多样性。齐茨勒和蒂勒（Zitzler and

Thiele，1999）提出了 SPEA 算法，该算法利用个体强度作为个体的适应度值，个体强度的定义为个体支配其他个体的数目与种群大小的比值。除此之外，引入了精英保留机制，用一个外部集合将非支配解保存起来，在进化的过程中对外部集合也进行不断更新。SPEA 算法的选择操作由原种群和外部种群共同决定，如果外部种群规模太大，则需要使用聚类方法限制外部种群的过度增长，防止其影响选择操作的效率。但与此同时，聚类方法的使用也可能使得外部种群中一些非劣解被删除，影响收敛的效率。在 SPEA 算法的基础之上，SPEA - Ⅱ 在个体适应度计算和个体选择上做了较大的改进。在个体适应度计算中引入了 K 近邻算法，适应度值可以同时反映个体的非支配关系和个体与相邻个体的聚集程度。除此之外，采用了一种新的外部集合归档方法，更新外部集合的过程中采用了环境选择的策略，能够保留外部种群中的边界值。

（2）基于加权法的多目标遗传算法

基于线性加权的多目标遗传算法采用线性（非线性）加权的方法将多目标优化问题转化为单个目标优化问题，通过改变组合的权重，可以获得多个最优解作为一组解集。VEGA（vector evaluated genetic algorithm）是一种基于向量评估的多目标遗传算法，VEGA 算法利用遗传算法对不同尺度的多目标问题进行搜索，通过改变搜索的尺度，能够使得搜索遍历目标空间，在一次遗传过程中能够得到多个最优解。

（3）基于分解的多目标遗传算法

基于分解的多目标遗传算法的核心思想是通过聚合函数把多目标问题分解成若干个标量子问题，每个标量子问题是由单目标问题（线性或非线性）加权而得到的。张等（Zhang，2007）提出的 MOEA/D（multi-objective evolutionary algorithm based on decomposition）算法是最经典的基于分解的多目标遗传算法，MOEA/D 算法提供了一种简单而有效的方法将分解策略引入多目标遗传计算中，分解策略和遗传进化计算的结合提高了多目标优化问题的解决效率。除此之外，MOEA/D 算法对多个标量子问题进行同时优化，与传统多目标遗传算法将多目标优化问题作为一个整体进行优化相比，能够大大降低适应性分配和多样性保持的难度。在 MOEA/D 算法的框架下，李和张（Li and Zhang，2009）提出了基于差分进化的 MOEA/D - DE，引入了差分进化算子和多项式变异算子来保持种群的多样性。内布罗和杜里略（Nebro and Durillo，2011）提出了一种基于线程的 MOEA/D 并行版本，可以在现代多核处理器上执行。通过实验发现并行处理在加速算法收敛和输出更优质的帕累托最优解方面都有着一定的效果。

6.4.3　多目标遗传算法改进角度

多目标遗传算法的目标是找到具有良好分布性的帕累托最优解集，针对群体多样性和群体收敛性的两大目标，多目标遗传算法中的常用技术手段有两点。

（1）针对种群多样性的目标

①基于小生境技术保持种群的多样性。小生境技术的核心思想是：在多目标全局寻优的过程中，先在局部小生境中进行局部最优解搜索，再通过不同局部小生境之间的遗传进化，实现全局最优解的搜索。小生境技术首先将种群中的个体分为若干类，根据分类方式的不同可以分为：基于预选择机制的小生境技术、基于拥挤机制的小生境技术和基于分享机制的小生境技术，每一个类别中的个体组成一个子种群。接着分别从每个分类后的子种群中选择出适应度较高的个体作为一个新的子种群。通过子种群内部以及不同子种群之间的遗传进化，实现最优解的搜索。

②基于聚集密度来保持种群的多样性。在选择个体的过程中，可以通过聚集密度来描述个体在种群中的分布程度，聚集密度越稀疏的个体越有利于维持种群的多样性。常用的计算个体聚集密度的方法有：基于相似度计算的聚集密度计算；基于个体相邻点归一化距离的聚集密度计算；基于个体之间影响因子的聚集密度计算。

③基于网格法来保持种群的多样性。网格法技术的基本思想是将变量空间划分为若干网格，在搜索的过程中可以通过网格中的个体数目来确定网格内的聚集密度，对聚集密度较大的网格可以进行淘汰，从而保持进化种群的多样性。

④基于聚类方法来保持种群的多样性。聚类方法可以把种群分为多个类别，同一个类别中的个体相似度较大，不同类别中的个体相似度较小。通过对类内个体和类间个体分别进行遗传操作能够调整种群个体的

相似度，从而实现种群分布的多样性。根据聚类在遗传算法中应用阶段的不同，常见的基于聚类方法的技术手段可以分为：基于聚类的选择操作、基于聚类的繁殖操作、基于聚类的多种群进化操作。

基于聚类的选择操作可以分为基于聚类的父代选择操作和基于聚类的子代选择操作。基于聚类的父代选择操作是对种群进行聚类操作，从每一个子类中选择若干个体作为父代，进行交叉变异操作；基于聚类的子代选择操作是指在个体选择的过程中，基于聚类技术来选择进入下一代种群的个体。例如，PESA2算法中利用基于网格的聚类方法来选择下一代个体。

基于聚类的繁衍操作主要有基于聚类的邻域搜索和基于聚类的种群生成。基于聚类的邻域搜索是指利用聚类算法把种群分为若干子种群，从不同子种群中选择个体进行遗传操作以实现局部搜索。基于聚类的种群生成是指利用聚类算法将种群分为若干子种群，对不同的子种群采用不同的概率模型，根据概率模型产生相对应的局部新个体。

基于聚类的多种群进化操作是指将种群通过聚类算法分为若干子种群，多个子种群共同进化。进化过程中，子种群间可以通过信息交换实现协同进化，能够提升算法的性能。

（2）针对种群收敛性的目标

①基于父代种群和子代种群合并的精英保留策略。由父代种群生成了子代种群之后，将父代种群和子代种群进行合并排序，选择合并种群中较优的个体进入下一代种群。这种选择方式能够大大提升精英个体在种群继承中被保留的概率，有利于种群收敛性的提高。

②基于外部集合的精英保留策略。在进化搜索的过程中，将非支配解集独立保存在外部集合中。在选择操作时，从外部集合和搜索集合中选择个体进行遗传操作，能够有效提高算法的搜索性能，加速算法的收敛。

6.4.4　本章多目标遗传算法改进步骤

本章节基于多目标遗传算法建立模型。多目标遗传算法是一种具有快速和精英选择机制等特点的遗传算法，此算法通过采用拥挤度计算以及非支配排序的方法，对个体间的差别进行重新的定义，并在精英测量当中把其衍生。同单个函数目标的求解比较而言，多个目标的函数求解的复杂程度明显增加了许多，其核心问题在于出现了帕累托最优解集。此时我们需要考虑各个目标函数之间的关系和重要程度，选择合适的模型与合理的约束条件来进行求解。

与传统遗传算法相比，本章节所选用的多目标遗传算法，不仅能使解集陷入局部最优的情况更好避免发生，同时提高算法运算过程中结果的收敛速度，而且能对拥挤度进行计算，同时采用非支配排序，这在一定程度上保证了帕累托最优解的可靠性与准确性。

具体的流程如图 6.2 所示。

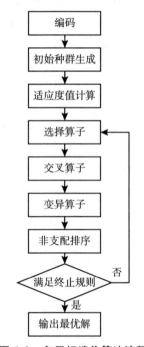

图 6.2　多目标遗传算法流程

资料来源：笔者绘制。

两个目标函数随迭代次数的变化如图 6.3、图 6.4 所示。由图可以看出，目标函数的结果变化，随着迭代发生次数的逐步增加，结果都会慢慢向最优的趋势进行变化。

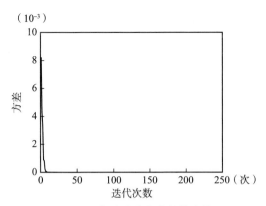

图6.3 方差随迭代次数的变化

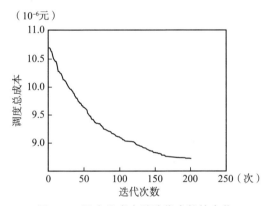

图6.4 调度总成本随迭代次数的变化

资料来源：由 MATLAB 绘图程序导出。

（1）步骤1

初始种群生成，产生染色体。对于模型中表示供求状态的状态变量，即 "0-1" 变量 x_{ij}，使用的二进制编码，长度被设定为1位；使用实数编码的方式，应用到非决策变量 n_{ij}，同时由编码方式作为选择依据，对于 G、Q 的集合，在当中进行随机抽取，i、j 就是选中的，此时两个变量 x_{ij}、n_{ij}，由随机函数生成两个变量的值，初始种群的染色体，$P_i = [x_{ij} \mid n_{ij}]$，由此而生成，i = 1，2，…，N；N 为种群的规模。

（2）步骤2

个体的适应度，指的是个人在生物种群中的优势水平程度测量，用于区别个体的"好与坏"。个体适应性采用适应度函数来加以计量。适应度函数又叫评价函数，主要是通过个体特性从而判断个体的适应度。根据本章节所建立的数学模型，总共有两个目标函数：其中，一个目标函数为 $\min Z_1 = \left[\sum_{j=1}^{n}(\eta_j - \bar{\eta})^2\right]/(n-1)$，其适应度函数为 $F_1 = 1/Z_1$；

另一个目标函数为 $\min Z_2 = \sum_{i=1}^{m}\sum_{j=1}^{n}x_{ij}\cdot n_{ij}\cdot c_{ij}\cdot l_{ij} + \sum_{i=1}^{m}\sum_{j=1}^{m}p\cdot x_{ij}\cdot[l_{ij}/(\alpha_{ij}\cdot v) - t_j]$，其适应度函数则为 $F_2 = 1/Z_2$。

（3）步骤3

①选择操作。本章节使用的多目标遗传算法中，采用锦标赛选择法，锦标赛方法选择策略每次从种群中取出一定数量个体（成为竞赛规模），然后选择其中最好的一个进入子代种群。重复该操作，直到新的种群规模达到原来的种群规模。一般来说，锦标赛选择策略会比"轮盘赌"选择策略有更好的通用性，而且性能更优。

②交叉操作。对于本模型所适用的算例当中，对于供求点之间关系的 0 - 1 动态决策变量，用二进制方式，对 x_{ij} 进行编码，交叉操作采用单点交叉的方式，指在个体编码串中只随机设置一个交叉点，将染色体分成两部分，子代染色体的左右两侧分别来自父母染色体。对于二进制编码而言，可以理解为随机选择一个点，以此作为分界，然后对变量进行相互交换，从而完成交叉操作。

非决策性质的变量，资源供应量 n_{ij}，其都采用了实数编码的方法，因此可以以交叉概率来决定，当中必须进行交叉操作的染色体数量，而假定交叉概率为 p_c，则那么每次就必须对 $p_c \times N$，数量的染色体进行交叉操作。

$r \in [0, 1]$ 作为一个随机数，如果 $r < p_c$，其 i 将会作为下一代的父代染色体，对它来进行交叉的操作。通过实数交叉法来实现交叉运算具体如式（6.10）所示：

$$\begin{cases} P_m^* = P_{mk}(1-a) + P_{nk}a \\ P_n^* = P_{nk}(1-a) + P_{mk}a \end{cases} \tag{6.10}$$

其中，p_{mk} 为第 m 个染色体，p_{nk} 为第 n 个染色体，k 是交叉的坐标位置，a 是区间 [0, 1] 内的随机数，经过交叉操作之后会得到两个染色体的子代 P_m^* 和 P_n^*。

③变异操作。由变异概率来决定有多少需要变异操作的染色体数目，假设进行变异操作概率是 p_m，那么每次就会有 $p_m \times N$ 数目的染色体，需要来进行变异操作。随机选取 $r \in [0, 1]$，如果 $r < p_m$，则将 i 染色体，成为新一代父代染色体，然后再对其执行变异的操作。第 i 个个体，及它的第 k 个基因 p_{ik} 的变异操作方法如式（6.11）所示：

$$P_{ik}^* = \begin{cases} P_{ik} + (P_{ik} - P_{max}) \times f(g) & r \geq 0.5 \\ P_{ik} + (P_{min} - P_{ik}) \times f(g) & r < 0.5 \end{cases} \quad (6.11)$$

其中，P_{max} 是 P_{ik} 的最大值，P_{min} 是 P_{ik} 的最小值；$f(g) = r'\left(1 - \dfrac{g}{G_{max}}\right)^2$，$r'$ 为随机选取的数，g 代表现在的迭代次数，G_{max} 代表所能达到的最大进化次数。经过变异操作后能够得到后代的染色体 P_{ik}^*。

④利用多目标模型的相关约束条件，并由此来确定所产生的种群中个体是否合格，了解其具体可行性，可以选择或剔除群体中的不合格个体，即所有不符合约束条件的个体，再通过随机产生的方法，逐步增加或补充其染色体，使其总体数量，能够保持为 N，从而产生一个新的种群，可以进行下一步的操作。

（4） 步骤 4

终止整个计算。如果预先确定的迭代次数，大于累计循环运算的次数，重新跳转回步骤 2 继续进行计算；否则，就选择终止计算，转 Step5 继续进行。

（5） 步骤 5

选择最优结果，并对最后生成的种群当中，进行选择操作。此时可以根据群体中的每一条染色体，来算出适应度函数的平均值，并对自变量进行反编译操作，从而能够得到原模型的解。

6.5 算 例 分 析

在 CPU 为 AMD3.6GHz，内存 16GB 的计算机上用 MATLAB R2020a 对算法进行仿真实验。通常灾害后的实际情况分为两种，分别是需求点小于供应点和需求点大于供应点两种情况，以算例一与算例二的数值为例，通过两种情况下的对比计算，更能验证本章节所采用算法的可靠性。

6.5.1　算例一：需求点小于供应点的情况

需求点小于供应点的情况。假设某片地区因突发洪涝灾害，产生五个受灾需求点需要进行救灾，现在拥有八个资源供应点，需求点 $Q_j(j=1，2，3，4，5)$ 的物资需求量分别为 $Q_1=2800$，$Q_2=2000$，$Q_3=1800$，$Q_4=2200$，$Q_5=2700$，将 $t_j=2.2h(j=1，2，3，4，5)$ 设置为每一个需求点需要获得物资的目标时间，供应点的 $G_i(i=1，2，3，4，5，6，7，8)$ 现有物资量分别为 $G_1=900$，$G_2=1400$，$G_3=1200$，$G_4=900$，$G_5=1500$，$G_6=1500$，$G_7=1300$，$G_8=1300$，供应点 G_i 到需求点 Q_j 的之间的路程如表 6.2 所示，供应点 G_i 与需求点 Q_j 之间各路段拥挤程度如表 6.3 所示，供应点的 G_i 为需求点 Q_j 提供资源的单位成本如表 6.4 所示。

表 6.2			算例一中供应点到需求点之间的路程 l_{ij}				单位：千米	
需求点	G_1	G_2	G_3	G_4	G_5	G_6	G_7	G_8
Q_1	210	210	200	220	230	240	220	250
Q_2	190	140	200	250	150	230	200	180
Q_3	170	210	160	180	200	150	250	200
Q_4	150	190	180	210	170	180	200	180
Q_5	250	180	180	150	180	200	180	150

表 6.3			算例一中供给点至需求量点之间各道路的拥挤程度 α_{ij}					
需求点	G_1	G_2	G_3	G_4	G_5	G_6	G_7	G_8
Q_1	0.7	0.8	0.9	0.7	0.8	0.6	0.8	0.9
Q_2	0.8	0.7	0.8	0.9	0.6	0.8	0.7	0.7
Q_3	0.8	0.9	0.7	0.7	0.8	0.6	0.8	0.8
Q_4	0.8	0.7	0.9	0.8	0.9	0.7	0.9	0.7
Q_5	0.7	0.8	0.8	0.7	0.6	0.8	0.8	0.8

表 6.4　　　算例一中供应点为需求点提供资源的单位成本 c_{ij}　　　单位：元

需求点	G_1	G_2	G_3	G_4	G_5	G_6	G_7	G_8
Q_1	7	5	5	4	6	5	6	5
Q_2	5	5	6	6	7	6	6	5
Q_3	5	7	5	7	6	7	5	4
Q_4	6	5	7	6	5	6	4	6
Q_5	7	6	5	4	5	6	6	7

一般对于遗传算法群体规模的大小来说，其取值范围通常为 15 ~ 120，但当群体取值范围较小的时候，往往会减少新生成群体的生物多样性，甚至可能会产生早熟的现象，影响后续的结果，反之当种群的取值较大时，会影响整个算法的运行效率，大大增加算法的计算时间，本章节通过借鉴文献（周明等，1999），将 N = 80 设定为种群的大小；一般需要选择较大数值作为交叉操作概率，但如果在取值范围很大的情形下，则通常会损害新群体中的优良模式，而如果在取值范围较小，则会造成新个体相对较慢的形成速率，因此通常取值范围约为 0.3 ~ 0.9，本章节选取 $p_c = 0.8$ 为交叉操作的概率；0.0001 ~ 0.1 一般是指变异操作概率的取值范围，虽然取值范围很大时可以生成较多目的新个体，但是也可能会破坏掉许多效果更好的模式，而如果取值范围太小的话，变异操作生成新个体的能力和控制早熟现象的能力也就不足（周明等，1999），本章节选取 $p_m = 0.05$ 作为变异操作的概率，以 200 次作为迭代次数。使用 MATLAB 软件工具编程解算例一，其结果如表 6.5 所示，目标函数 $Z_1 = 0.0012392$，目标函数 $Z_2 = 8915638$（元）。

205

表 6.5　　　算例一中由多目标遗传算法得到的供应点为
需求点提供的资源量 n_{ij}

需求点	G_1	G_2	G_3	G_4	G_5	G_6	G_7	G_8
Q_1	0	0	1177	0	0	1250	0	111
Q_2	0	690	52	0	800	0	64	0
Q_3	582	0	36	109	0	150	18	966
Q_4	215	0	34	0	26	0	1415	13
Q_5	3	810	1	691	774	0	3	10

与此同时，使用标准粒子群优化计算方法，对算例一在相同设备及相同的环境下完成了运算。得到的结果，如表6.6所示，目标函数 $Z_1 = 0.0022452$，目标函数 $Z_2 = 10757138$（元）。从多目标遗传算法的结果与标准粒子群算法的结果，进行相互比较可以得出，多目标遗传算法所计算出的方差减小了44.8%，调度总成本减少了17.1%。

表6.6　　算例一中由标准粒子群优化算法得到的供应点
为需求点提供的资源量 n_{ij}

需求点	G_1	G_2	G_3	G_4	G_5	G_6	G_7	G_8
Q_1	0	1212	0	437	0	0	0	15
Q_2	0	0	203	0	0	1500	0	0
Q_3	0	288	0	0	1700	0	0	0
Q_4	0	0	0	341	0	0	1328	0
Q_5	658	0	1201	0	0	0	0	170

6.5.2　算例二：需求点大于供应点的情况

需求点大于供应点的情况。与此同时还要考虑八个受灾需求点，五个资源供应点的情形，需求点 $Q_j (j = 1, 2, 3, 4, 5, 6, 7, 8)$ 的物资需求量分别为 $Q_1 = 1800$，$Q_2 = 1700$，$Q_3 = 1600$，$Q_4 = 1200$，$Q_5 = 1100$，$Q_6 = 1800$，$Q_7 = 2000$，$Q_8 = 1800$，将 $t_j = 2.2$ 小时（$j = 1, 2, 3, 4, 5, 6, 7, 8$）设定为每个需求点需要获得物资的目标时间，供应点 $G_i (i = 1, 2, 3, 4, 5)$ 现有物资量分别为 $G_1 = 1300$，$G_2 = 2800$，$G_3 = 2000$，$G_4 = 2900$，$G_5 = 2200$，供应点 G_i 到需求点 Q_j 的之间的路程如表6.7所示，供应点 G_i 与需求点 Q_j 之间各路段拥挤程度（因路面拥堵等因素根本无法达到目标行车车速）如表6.8所示，供应点的 G_i 为需求点 Q_j 提供资源的单位成本如表6.9所示。

表6.7　　　　算例二中供应点到需求点之间的路程 l_{ij}　　　　单位：千米

需求点	G_1	G_2	G_3	G_4	G_5
Q_1	170	180	200	140	250

需求点	G_1	G_2	G_3	G_4	G_5
Q_2	180	160	170	210	160
Q_3	180	200	170	180	180
Q_4	200	210	170	180	140
Q_5	210	180	200	160	160
Q_6	170	160	170	180	200
Q_7	220	250	190	210	220
Q_8	160	170	230	180	180

表 6.8 算例二中供给点至需求量点之间各道路的拥挤程度 α_{ij} 单位：千米

需求点	G_1	G_2	G_3	G_4	G_5
Q_1	0.8	0.7	0.8	0.7	0.9
Q_2	0.8	0.9	0.9	0.9	0.8
Q_3	0.8	0.7	0.7	0.7	0.8
Q_4	0.9	0.8	0.9	0.8	0.7
Q_5	0.9	0.6	0.9	0.8	0.9
Q_6	0.7	0.9	0.8	0.8	0.8
Q_7	0.9	0.7	0.7	0.8	0.7
Q_8	0.9	0.9	0.8	0.9	0.8

表 6.9 算例二中供应点为需求点提供资源的单位成本 c_{ij} 单位：元

需求点	G_1	G_2	G_3	G_4	G_5
Q_1	5	6	7	8	4
Q_2	7	5	6	5	4
Q_3	6	5	4	4	7
Q_4	8	5	5	5	4
Q_5	6	4	6	4	5
Q_6	6	5	4	7	4
Q_7	7	5	6	4	6
Q_8	6	7	5	5	6

通过本章设置的多目标遗传算法求解（算法参数设置与算例一保持一致），其结果如表 6.10 所示，目标函数 $Z_1 = 0.0012026$，目标函数 $Z_2 = 9145705$。

此外，利用田志强等（2015）设计的二阶段启发式算法，对该算例二进行计算。其结果如表 6.11 所示，目标函数 $Z_1 = 0.0014738$，目标函数 $Z_2 = 9872364$。和二阶段启发式算法的结果，进行比较可以得出，多目标遗传算法的方差减小了 18.4%，成本减少了 7.3%。

表 6.10 算例二中由多目标遗传算法得到的供应点为
需求点提供的资源量 n_{ij}

需求点	G_1	G_2	G_3	G_4	G_5
Q_1	719	340	0	0	388
Q_2	0	784	43	13	592
Q_3	0	54	643	670	0
Q_4	0	0	442	18	581
Q_5	0	730	19	222	29
Q_6	0	794	615	0	230
Q_7	0	71	200	1414	32
Q_8	581	27	38	563	348

表 6.11 算例二中由二阶段启发式算法得到的供应点为
需求点提供的资源量 n_{ij}

需求点	G_1	G_2	G_3	G_4	G_5
Q_1	53	0	0	1802	0
Q_2	0	0	0	0	1320
Q_3	0	147	1484	0	0
Q_4	0	0	0	0	771
Q_5	0	0	0	950	0
Q_6	0	1285	215	0	0
Q_7	120	1278	0	5	398
Q_8	1414	0	0	0	0

通过算例一与算例二的计算，可以证明：通过本章节所设置的多目标遗传算法，可以使对每个需求节点的资源满足程度的平均方差值变得更小（即公平性更大）、资源调度的总费用更少，因此计算结果更好。

6.6　总结与展望

本章节考虑突发洪涝灾害发生后，解决在多需求点和多供应点之间因突发性洪涝事件影响，而形成的应急资源调度问题。以分配公平性最大和调度总成本最小作为优化目标，同时设定目标时间与迟到惩罚系数以保证救援的及时性，以所有需求点的资源满足程度结果的方差为目标，来体现救援的公正性，并以此构建了多需求点和多供应点之间关系的多目标模型，并利用多目标遗传算法对其实现了求解，同时设计了相关算例进行对照验证。

通过算例的计算对照结果可以得出结论：此多目标模型具有很强的适用性，在突发洪涝事件发生的初期，当储备资源数量不能同时供应所有救灾需求点时，有效地防止了距离资源供应点较远的受灾需求点所获得的资源量较小，或者缺乏资源的情形出现；本章节中所采用的多目标遗传算法，在同样的目标时间限制下，可以提供更优的调度方案，对资源的利用更加合理，节约救援成本。同时相比其他两种算法，多目标遗传算法的计算效率更高，稳定性更强。

在未来的研究中可进行许多改进，例如，针对突发性洪涝灾害暴发之初的紧急资源需求种类的估计和预测，以及对需求总量快速进行评估的研究，同时包括多种运输方式下的联运优化，从而使该模型能够适用于更多的应用场景，更加完善。

本章参考文献

［1］蔡玫，罗倩，朱莉，等．面向应急物资调度的一种模糊规划模型［J］．系统管理学报，2013，22（4）：487 - 493，504.

［2］戴君，王晶，易显强．灾后应急资源配送的 LRP 模型与算法研究［J］．中国安全生产科学技术，2017，13（1）：122 - 127.

[3] 杜雪灵, 孟学雷, 杨贝, 等. 考虑公平性的面向多灾点需求应急资源调度 [J]. 计算机应用, 2018, 38 (7): 2089-2094.

[4] 沈晓冰, 杨保华. 基于双层混合联运的震后应急物资配送模糊多目标优化 [J]. 工业工程, 2017, 20 (3): 113-117.

[5] 宋晓宇, 王建国, 常春光. 基于需求紧迫度的非线性连续消耗应急调度模型与算法 [J]. 信息与控制, 2014, 43 (6): 735-743.

[6] 田志强, 宋琦, 潘金山, 等. 铁路突发事件应急救援设备调度优化研究 [J]. 铁道科学与工程学报, 2015, 12 (1): 171-176.

[7] 王付宇, 丁杰. 基于改进天牛须算法的应急资源调度优化 [J]. 安全与环境学报, 2020, 20 (6): 2278-2285.

[8] 王苏生, 王岩. 基于公平优先原则的多受灾点应急资源配置算法 [J]. 运筹与管理, 2008 (3): 16-21.

[9] 王旭坪, 董莉, 陈明天. 考虑感知满意度的多受灾点应急资源分配模型 [J]. 系统管理学报, 2013, 22 (2): 251-256.

[10] 许胜铭, 景国勋. 煤矿瓦斯爆炸事故的应急救援物资调度模型研究 [J]. 安全与环境学报, 2015, 15 (5): 104-107.

[11] 杨勃, 杜冰, 李小林. 多受灾点救灾物资分配调度问题启发式算法 [J]. 系统工程, 2012, 30 (1): 97-103.

[12] 杨继君, 佘廉. 面向多灾点需求的应急资源调度博弈模型及优化 [J]. 中国管理科学, 2016, 24 (8): 154-163.

[13] 詹沙磊, 刘南. 基于灾情信息更新的应急物资配送多目标随机规划模型 [J]. 系统工程理论与实践, 2013, 33 (1): 159-166.

[14] 张玲, 陈涛, 黄钧. 基于最小最大后悔值的应急救灾网络构建鲁棒优化模型与算法 [J]. 中国管理科学, 2014, 22 (7): 131-139.

[15] 张育铭, 邓健, 谢澄, 等. 长江干线多事故点应急资源调度研究 [J/OL]. 安全与环境学报, 2022, 20 (3): 1-9.

[16] 周明, 孙树栋. 遗传算法原理与应用 [M]. 北京: 国防工业出版社, 1999: 58-59.

[17] Durillo J J, Nebro A J. j Metal: A Java framework for multi-objective optimization [J]. Advances in Engineering Software, 2011, 42 (10): 760-771.

[18] Jiang J C, Li Q Q, Wu L X, et al. Multi-Objective emergency material vehicle dispatching and routing under dynamic Constraints in an earthquake disaster environment [J]. ISPRS International Journal of Geo-Information, 2017, 6 (5): 142 – 162.

[19] Li H, Zhang Q. Multiobjective optimization problems with complicated Pareto sets, MOEA/D and NSGA – Ⅱ [J]. IEEE Transactions on Evolutionary Computation, 2009, 13 (2): 284 – 302.

[20] Rubel D, Shinva H. An agent-based model for resource allocation during relief distribution [J]. Journal of Humanitarian Logistics and Supply Chain Management, 2014, 4 (2): 265 – 285.

[21] Zhang Q, Li H. MOEA/D: A multiobjective evolutionary algorithm based on decomposition [J]. IEEE Transactions on Evolutionary Computation, 2007, 11 (6): 712 – 731.

第7章 疫情事件下多灾点应急资源最优化配置研究

7.1 研究背景

灾难的发生，给国家和人民生命健康造成了严重的威胁。如 2003 年暴发的 SARS 疫情，造成了包括医务人员在内的多名患者死亡[①]。2008 年 5 月 12 日的汶川地震，造成了 69227 人死亡，374643 人受伤，17923 人失踪（张洁等，2011）[②]。2020 年新冠疫情的暴发对国家经济和人民安全造成了极大损失与威胁（丁志伟等，2020）。在灾难发生后，应急救援物资是疫情防控的重要基础，这对物资稀缺且急需援助的灾区来说非常重要。新冠疫情具有大规模传染性、潜伏性等特点，对物资的需求更为迫切。目前许多研究力求在尽可能短的时间内将物资运达灾区，减轻灾害带来的损失。因此，如何在疫情发生初期快速支援灾区，救援病患，防止情况恶化，显得尤为重要。

应急物资调度一直是众多学者关注的研究热点，江等（Jiang et al.，2017）把时间、路径可行性加入模型中，提出一种带有车辆调度的应急物资模型来解决物资调度问题；葛洪磊等（2014）提出基于区域灾害系统理论来构建复杂灾害情景，建立了一个两阶段随机规划模型，针对不同灾害情景下对应急物资分配预案的制定。杜雪灵等（2018）提出了考虑公平性的应急物资分配模型，设计了带有多个救援目标的应急调度模型。王付宇等（2018）将灾难发生后的伤员进行分类，确定伤员

[①] 资料来源：中华人民共和国国家卫生健康委员会. 2003 年 8 月 16 日非典型肺炎疫情通报.

[②] 姚大伟. 四川汶川 7.8 级地震造成重大人员伤亡 [N]. 中国青年报，2008 – 05 – 13.

需求综合权重值，建立以总救援时间最短和相对综合救援权重值最大为目标的应急救援模型。王旭坪等（2013）在借鉴前景理论的基础上，建立应急响应时间的感知满意度函数，构建了一个多目标整数规划模型，以此来解决灾区应急物资分配问题。灾区信息是变化莫测的，詹沙磊等（2013）提出灾区信息更新的应急物资规划模型，为解决灾点应急物资配送问题提供了精确的科学方法。为了提高应急救援效率与减少消耗成本，沈晓冰等（2017）提出应急物资需求不确定情况下多目标规划模型。戴君等（2017）考虑到配送中心定位与配送路径之间是相互影响的，建立了灾后应急物资配送的 LRP 模型。这些文献的研究大多是针对地震及其他自然灾害所进行的物资分配，以上文献研究中只是考虑物资如何经济地分配，没有考虑到灾区的紧急情况。传染病暴发后，每个灾点的受灾程度不同，并且灾区物资需求量很大程度上与现有的确诊感染人数有关，如何衡量传染病灾区实际的紧急情况去分配物资是本章节研究的主要问题。

人工蜂群算法（artificial bee colony algorithm，ABC）是新型仿生智能优化算法，具有参数设置简单、易操作等优点，但易陷入局部最优且易早熟收敛（Karaboga D and Akay B，2009）。许多学者针对蜂群算法的缺点提出了一系列改进措施。单娴等（2018）为了提高蜂群初始解的质量，提出了一种基于复数编码的多策略人工蜂群算法。曹知奥等（2019）为了使蜂群算法适用于非线性特征模型，提出了交叉变异的人工蜂群算法。张架鹏等（2020）为了解决同类机调度问题，设计了一种改进离散人工蜂群算法。赵明等（2016）将反向学习策略和广泛学习策略融合到蜜蜂的搜索过程，提出了一种改进的蜂群算法。

根据新冠疫情传播的特殊性，可以将疫情事件下应急物资的精准配置归纳为两个重要特点：第一，疫情初期，需要量化灾区的实际紧急情况，灾区具有异质性，不同的灾区受灾情况不同；第二，物资的需求量在很大程度上与已确诊的感染人数息息相关，需要事先根据灾区感染人数预测灾区需求量。针对上述特点，本章节基于各个灾区的感染人数数据，选择历史数据的某一个时刻作为基点，根据基点数据利用 SEIR 模型预测出决策时刻各个灾区的感染人数，以此求出各个灾区的紧急程度权重、预测出其物资需求量；构建时间满意度最大化、应急物资供给公平化与总成本最小化的多目标应急调度模型；为求解该多目标应急调度问题，将非支配排序思想引入蜂群算法，设计了多目标优化蜂群算法。

7.2 理论基础

7.2.1 应急物资配置

（1）问题定义

应急物资配置问题主要由应急物资、受灾点、救援中心等基本要素组成。决策者在一定的目标和约束条件下将救援中心的应急物资分配到各个灾点，得出一个合理的物资分配救援方案。

（2）组成要素

①应急物资。应急物资是突发灾害后救援活动中应急资源的一种，往往是水、食物、医疗用品、用于救援的设备工具等。重大灾害初期，灾区对应急物资的需求大幅增加，应急物资供不应求。

②受灾点。受灾点是指灾难发生后，遭受灾害破坏影响的地区，小灾害暴发，受灾点可能是一个，像大地震、急性传染病等重大灾害的暴发，受灾点往往是多个。

③救援中心。救援中心是提供应急物资的地方，同受灾点一样，救援中心可以有一个也可以有多个。救援中心主要提供应急救援活动中所需要的各种应急物资，救援中心可以是临时建立的也可以是原有的应急物资储备点。

（3）问题分类

通过查询许多有关应急物资配置研究的文献，发现大致可将应急物资配置问题分为以下几类：

①单目标应急物资配置与多目标应急物资配置问题。按照所建立模型的目标函数的个数可将问题分为单目标应急物资配置与多目标应急物资配置问题。单目标应急物资配置问题较为简单，多个目标问题较为复杂，因为多个目标可能存在互相制约的关系，无法同时得到各个目标的最优解，只能取得帕累托最优解。

②单物资与多物资配置问题。按照灾区所需物资的种类可以分为单

物资配置与多物资配置问题。单物资配置问题是指灾害发生后，配置的物资只有一种的情况下，多物资配置问题是指物资有多种的情况下。

③静态应急物资配置与动态应急物资配置问题。在考虑应急物资配置问题时，静态应急物资配置问题是指只考虑一个时间段的物资调配。动态应急物资配置问题是指所考虑的时间段不止一个，即分为多个时间段进行调配。

④模糊应急物资配置与确定型应急物资配置问题。按照应急物资配置模型中所涉及的数据是确定的还是模糊的可分为确定型和模糊应急物资配置问题。确定型应急物资配置问题是指建立模型所需要的数据都是确定可知的，模糊应急物资配置问题是指建立模型所需要的数据均是模糊未知的。在处理模糊应急物资配置问题时，相关文献利用模糊案例推理方法和模糊变量来解决。

此外，应急物资配置问题根据其他标准还可以分为许多不同类别。

7.2.2　灾民满意度

公平是指处理事情合情合理，不偏向某一方，参与社会合作的每个人承担着其应承担的责任，得到他应得的利益。公平性理论又称为社会比较理论，侧重于研究工资报酬分配的合理性、公平性。但是在重大突发灾害的应急救援情况下，考虑到灾区人民对于所得物资也具有一定的攀比性，相关学者将公平性理论应用于应急物资分配模型中，构建灾民满意度函数，以满意度最大化为目标来构建模型。

重大突发灾害暴发后，由于物资的供不应求，导致各个灾区物资分配难以完全满足灾民需求。在遭受灾害时，灾民会产生恐慌与不安情绪，这时他们对物资量分配的分配或者分配时间上会产生有限理性。李怀明等（2019）将灾民的感知满意度分为原生灾害点灾民需求感知满意度和次生灾害点灾民时间感知满意度，对受灾点 j 的救援时间感知满意度 g_j 随应急物资到达时刻 $t(0 < t \leqslant 10)$ 的函数如式（7.1）所示：

$$g_j(t) = e^{-t^2/\theta_j} \tag{7.1}$$

其中，$\theta_j(\theta_j > 0)$ 与灾害点 j 对应急物资的紧急程度相关，其值越小，表示该应急物资对灾点 j 越紧急。

在大规模灾害后，考虑到人的有限理性，陈刚等（2020）构建基于灾民时间感知满意度和需求感知满意度的效用函数。利用前景理论中的价值函数刻画灾民的参考依赖和公平关切行为，建立以最大化灾区总价值为目标的整数非线性规划模型如式（7.2）：

$$MaxZ = \sum_{i \in I} p_i v(U_i) \tag{7.2}$$

其中，式（7.2）表示所有灾区效用感知满意度最大化，$v(U_i)$ 表示灾区 i 的价值函数。

为了完成救援任务的同时且提高灾民对救援处置效果的满意度问题，结合行为运筹学相关理论和不公平厌恶理论，朱建明等（2020）提出民众对于应急物资到达时间的风险感知度量模型。

7.2.3　分配公平性

为了体现物资量分配的公平性，一些学者以最小化应急需求点物资满足率方差为目标，即各个灾区物资量的分配差异越小，也就越公平。胡可昊等（2020）针对灾害突然发生时需求不确定及应急物资不足的情况，以分配公平性最大和运输成本最低为目标，建立铁路应急物资调度多目标优化模型。灾区物资需求率方差最小化如式（7.3）所示：

$$minf = \frac{\sum_{j=1}^{J} (p_j - \bar{p})^2}{J - 1} \tag{7.3}$$

其中，J 为灾区集合，j 表示灾区编号，$\bar{p}$ 表达如式（7.4）所示：

$$\bar{p} = \frac{\sum_{j=1}^{J} p_j}{J} \tag{7.4}$$

在大规模灾害下，应急物资的有效配置是救援活动的前提。陈刚等（2018）借鉴比例公平思想给灾点设置一个最低需求满足率 λ，如式（7.5）所示：

$$\lambda = \sigma \sum_{j \in J} s_j \Big/ \sum_{i \in I} d_i \tag{7.5}$$

$\sum_{j \in J} s_j \Big/ \sum_{i \in I} d_i$ 为总储备量与总需求量的比值，$\sigma \in [0, 1]$ 表示公平程度。

其中，当 σ 越来越趋向 0，表示公平程度越来越低，等于 0 时表示完全按照最小嫉妒公平配置应急物资；当 σ 越来越趋向 1，表示公平程度越来越高，等于 1 时为完全按照比例公平配置应急物资。

7.3　应急物资配置多目标优化模型构建

7.3.1　问题与假设

在应急救援活动中，应急物资的分配是前提，只有制订出一个合理并且受到灾民欢迎的方案，才能减少灾区人员伤亡与灾民的不满情绪。在灾害发生后，如传染病的发生，应急救援物资是灾害防控的重要基础，这对物资稀缺且急需援助的灾区来说非常重要。由于传染病具有大规模传染性、潜伏性等特点，对物资的需求更为迫切。目前许多研究力求在尽可能短的时间内将物资运达灾区，减轻灾害带来的损失。因此，如何在传染病发生初期快速支援灾区，救援病患，防止情况恶化，显得尤为重要。因此，本章针对传染病灾害事件下对应急物资配置问题进行分析求解。由于具有传染性，需要及时配送物资以防灾区情况继续恶化。确诊感染人数几乎决定了物资的需求量，为了更好地衡量各个灾区的紧急情况，本章以各个灾区感染人数占总感染人数的比例作为灾区紧急程度权重，根据实际紧急情况来分配救灾物资。构建了满意度最大化函数与分配公平化、总成本最小化函数，并且以该三个目标函数来对问题进行求解分析。

假设 1：假设灾区对应急物资的需求量与灾区感染人数成正比关系；

假设 2：假设灾区物资需求量以及救援中心的储备物资是可以预测的；

假设 3：假设救援中心的物资储备量短时间内保持不变；

假设 4：默认每个物资中心的物资储备相同且充足，相应灾点所需物资与物资中心一致，且物资中心储备具有可补充性。

217

7.3.2　模型变量及说明

假设传染病发生后，有 n 个严重的待救援灾区，每个灾区的物资需求量通过专门的机构预测确定。假设已确定 m 个应急救援中心来对这些灾区进行支援，由于各个灾区的感染人数不同，因此，基于感染人数构建了紧急程度权重，通过 SEIR 模型和历史数据确定当前决策时刻各个灾区的紧急权重，模型参数说明如下：

I：灾区集合，$i = 1, 2, \cdots, n$；

J：应急救援中心集合，$j = 1, 2, \cdots, m$；

R_i：灾区 i 的物资需求量；

r_i：灾区 i 的单位感染人数物资需求量；

G_j：应急中心的物资供应量；

c_{ij}：应急中心 j 运送一个单位物资给灾区 i 的成本；

n_{ij}：应急中心 j 运送物资给灾区 i 的运送量；

x_{ij}：为 0－1 变量，应急中心 j 对灾区 i 进行支援，则 $x_{ij} = 1$，应急中心 j 不对灾区 i 进行支援，则 $x_{ij} = 0$；

t_{ij}：应急中心 j 与灾区 i 的广义时间距离；

S_t：t 时刻易感人数；

E_t：t 时刻暴露人数；

I_t：t 时刻感染人数；

R_t：t 时刻恢复人数；

β：有效接触率；

k：暴露到感染发生率；

γ：康复率；

ω_i：灾区 i 紧急权重。

7.3.3　优先权系数确定

灾害的发生破坏了人民的生活环境，给各地人们带来了极大的损伤。在传染病灾害下，考虑到每个灾区的受灾程度不同，因此，不同灾区对应急物资的需求紧迫性有所不同，提出优先权重概念。由于具有大规模传染性，本章节根据感染人数来确定各个灾区的紧急权重 ω_i，因为传染病灾害具有潜伏性特点，无法确切知悉灾害发生的初始时刻，所以选择过去知悉的某一时刻作为 0 时刻，利用 SEIR 模型在 0 时刻感染人数等数据基础上预测当前决策时刻感染人数，计算出各个灾区的优先权重，具体模型如式（7.6）~式（7.9）所示：

$$\frac{dS_t}{dt} = -\beta S_{t-1} I_{t-1} \tag{7.6}$$

$$\frac{dE_t}{dt} = \beta S_{t-1} I_{t-1} - k E_{t-1} \tag{7.7}$$

$$\frac{dI_t}{dt} = k E_{t-1} - \gamma I_{t-1} \tag{7.8}$$

$$\frac{dR_t}{dt} = \gamma I_{t-1} \tag{7.9}$$

式（7.6）表示 t 时刻的易感染人数由有效接触率、t – 1 时刻的易感染人数和感染人数决定；式（7.7）表示 t 时刻的暴露人数由有效接触率、t – 1 时刻的易感染人数和感染人数以及暴露人数、暴露到感染发生率决定；式（7.8）表示 t 时刻的感染人数由暴露到感染发生率、康复率、t – 1 时刻的暴露人数和感染人数决定；式（7.9）表示 t 时刻恢复人数由康复率、t – 1 时刻的感染人数决定。

假设当前决策时刻为 t，由于各个灾区感染人数的不同，为了求解该类物资分配问题，使物资尽可能公平地分配到各个灾区，为各灾区赋予一个优先权重系数，优先权重系数计算公式如式（7.10）所示：

$$\omega_i = \frac{I_{ti}}{\sum_{i=1}^{n} I_{ti}} \tag{7.10}$$

其中，ω_i 表示灾点 i 的紧急权重，I_{ti} 表示灾点 i 在 t 时刻感染人数。

灾区的物资需求量如式（7.11）所示：

$$R_i = r_i \times I_{ti} \tag{7.11}$$

7.3.4　满意度函数建立

灾民满意度是灾民自己内心主观感受的，是因为人的非完全理性所产生的。在前景理论中，认为个体的行为是基于有限理性的，人们在面对得失时的风险偏好不一致，面对损失时变得风险追求，然而在面对得益时表现为风险规避，参照点的改变会影响人们的得失感受。由此，建立了价值函数来替代期望效用理论中的效用函数，以此来描述个人的行为。

在应急物资配置问题中，灾民对时间因素是极其敏感，如若使灾区人民对救援方案满意，灾民对应急救援响应时间的满意度在一定程度上决定了应急救援活动的效果。本章节利用前景理论中的价值函数，以此来衡量灾民在非完全理性的情况下对应急救援方案的应急时间感知满意度。如图 7.1 所示，本章节用应急救援时间的偏离程度所表示的价值函数来描述灾民对应急救援的时间满意度。

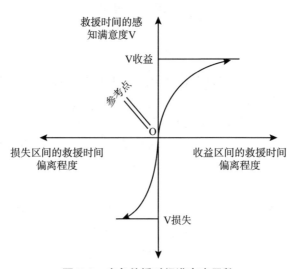

图 7.1　应急救援时间满意度函数

资料来源：笔者绘制。

计算公式如式（7.12）所示：

$$T_{ia} = \sum_{j=1}^{m} \frac{t_{ij}}{m} \tag{7.12}$$

其中，灾点 i 的参照点定义为各个救援中心到点 i 的平均救援时间 T_{ia}，

定义灾区 i 的救援时间偏离度为式（7.13）：

$$T_i = T_{ia} - \max_{j \in J} \{ x_{ij} t_{ij} \} \tag{7.13}$$

时间满意度函数为式（7.14）~式（7.15）：

$$V(T_i) = T_i^a, \quad T_i \geqslant 0 \tag{7.14}$$

$$V(T_i) = -\varphi(T_i)^b, \ T_i < 0 \qquad (7.15)$$

其中，由于价值函数的斜率变化可知，在收益区间为凹函数，a 小于等于 1，在损失区间为凸函数，b 小于等于 1。根据风险厌恶原则，损失区间相对于收益区间的函数更为陡峭，$\varphi > 1$。

$$\max F_1 = \sum_{i=1}^{n} \omega_i V(T_i) \qquad (7.16)$$

7.3.5　分配公平性衡量

本章节建立了灾民对于应急救援时间的满意度函数，为了使分配给各个灾点的应急物资尽可能公平化，以所有灾点的物资满足程度的方差来衡量救援物资分配量的公平性。所谓公平，就是使灾区人民受到同等的救援，在这里如果以物资量无差异，不足以衡量公平性，因为有些灾区受灾严重，物资需求量大，有些灾区则需求量小，因此，以物资满足程度指标来衡量公平。灾点 i 物资满足程度如式（7.17）所示：

$$p_i = \frac{\sum_{j=1}^{m} x_{ij} n_{ij}}{R_i} \qquad (7.17)$$

所有灾点的平均物资满足程度如式（7.18）所示：

$$\bar{p} = \frac{\sum_{i=1}^{n} p_i}{n} \qquad (7.18)$$

7.3.6　数学模型构建

重大灾害发生后，应急救援活动注重救援时间要及时，虽然最大限度去满足灾民的需求极其重要，但成本也是不可忽略的因素之一。因此，本章也将总成本目标函数纳入数学模型之中，具体模型如式（7.19）~式（7.26）所示：

$$\max F_1 = \sum_{i=1}^{n} \omega_i V(T_i) \qquad (7.19)$$

$$\min F_2 = \frac{\sum_{i=1}^{n} (p_i - \bar{p})^2}{n-1} \qquad (7.20)$$

221

$$\min F_3 = \sum_{i=1}^{n} \sum_{j=1}^{m} c_{ij} n_{ij} x_{ij} \tag{7.21}$$

约束条件：

$$\sum_{j=1}^{m} x_{ij} n_{ij} \leq R_i, \ i = 1, 2, \cdots, n \tag{7.22}$$

$$\sum_{i=1}^{n} x_{ij} n_{ij} \leq G_j, \ j = 1, 2, \cdots, m \tag{7.23}$$

$$\text{if } x_{ij} = 0 \rightarrow n_{ij} = 0 \tag{7.24}$$

$$\text{if } x_{ij} = 1 \rightarrow 0 < n_{ij} < \min(R_i, \ G_j) \tag{7.25}$$

$$x_{ij} = 0 \text{ or } 1 \tag{7.26}$$

式（7.19）表示所有灾民对应急救援响应时间满意度最大化，其中 ω_i 为各个灾点的优先权系数。式（7.20）表示所有灾点物资满足程度方差最小化，方差值越小，表示差异越小，即分配越公平。式（7.21）表示应急物资调度成本最小化。式（7.22）表示各个应急中心分配给灾点的物资量不超过其需求量。式（7.23）表示每个应急中心支援给各个灾点的物资量不超过其供应量。式（7.24）、式（7.25）表示应急中心 j 支援灾点 i，则 $x_{ij} = 1$，对应的 n_{ij} 取 0 到 $\min(R_i, G_j)$ 之间的数，否则 $x_{ij} = 0$，$n_{ij} = 0$。

7.4 改进多目标蜂群算法设计

7.4.1 标准人工蜂群算法

人工蜂群算法是一个受蜜蜂行为启发的新型仿生群智能优化算法。人工蜂群算法是由三部分组成，即雇佣蜂、观察蜂、侦察蜂，在整个原理过程中，雇佣蜂的职责主要是搜索食物源，然后以摇摆舞的形式将获取的食物源的信息传递给观察蜂；观察蜂有概率地去筛选食物源，如果没有选中合适的食物源，观察蜂将去搜索一个新的食物源；如若某个雇佣蜂搜索得到的食物源经过设定的最大搜索次数后还是没有被选中，则放弃该食物源，重新进行搜索。

假如食物源个数为 N，则蜂群大小为 N，一个食物源为组合优化问题的一个解，用 $x_i = \{x_{i1}, x_{i2}, x_{i3}, \cdots, x_{iM}\}$，$i = 1, 2, \cdots, N$，$M$ 为解的维度个数。标准人工蜂群算法整个搜索过程分为以下几个阶段：

第一阶段为初始化种群，初始解在一定范围内随机生成，如式（7.27）所示：

$$x_i = x_i^{min} + \varphi(x_i^{max} - x_i^{min}) \tag{7.27}$$

其中，x_i^{max}、x_i^{min} 分别为第 i 个解的上限值和下限值，φ 为一个 0 到 1 之间的随机数。

第二阶段为雇佣蜂搜索，雇佣蜂在初始解的附近搜索新的解，如式（7.28）所示：

$$X_{ij} = x_{ij} + \phi_{ij}(x_{ij} - x_{kj}) \tag{7.28}$$

其中，X_{ij} 为新搜索产生的解，k 和 j 均表示解的维度，且两者不等，ϕ_{ij} 为一个在 $[-1, 1]$ 之间的随机数。

第三阶段为观察蜂选择，观察蜂通过观察雇佣蜂搜索得到的解的信息来有概率地选择解。第 i 个解的目标函数值，即适应度值用 f_i 表示，设定选择概率为 p_i，s 为一个在 0 到 1 之间的随机数。当 $p_i > s$ 时选择该解，否则按照式（7.28）重新搜索，并且对搜索到的解重新进行选择操作，选择概率计算如式（7.29）所示：

$$p_i = f_i / (\sum_{i=1}^{N} f_i) \tag{7.29}$$

第四阶段为侦察蜂搜索，如果某一个解经过最大次数循环后依然没有被选中，则放弃该解，按照式（7.28）重新生成。

标准人工蜂群算法的步骤如下：

步骤1：初始化参数设置，设定蜂群规模大小 N，最大迭代次数 maxgen，最大选次数 limit 等；

步骤2：随机生成初始解；

步骤3：根据生成的初始解去计算每一个解的适应度值；

步骤4：算法开始迭代计算，雇佣蜂在初始解种群的附近按照公式（7.28）搜索得到新解群；

步骤5：观察蜂以一定概率去选择解，当 $p_i > s$ 时选择该解，否则按照式（7.28）重新搜索，并且重新进行选择操作；

步骤6：侦察蜂搜索，如果某一个解经过 limit 次搜索仍然没有更新，则放弃该解，重新随机生成一个解来代替放弃的解；

步骤7：判断是否满足算法结束条件，若满足，则输出最优解，否则，转步骤4。

标准人工蜂群算法流程如图7.2所示。

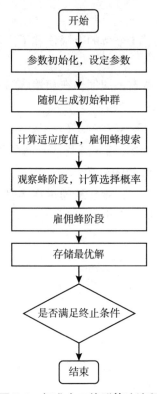

图7.2 标准人工蜂群算法流程

资料来源：笔者绘制。

7.4.2 改进多目标蜂群算法设计

尽管人工蜂群算法具有参数设置简单、易操作等优点，但易陷入局部最优且易早熟收敛。标准人工蜂群算法在搜索过程中，仅依赖观察蜂来进行搜索，导致算法后期寻优能力的不足，无法快速收敛。在观察蜂搜索阶段与侦察蜂阶段，解位置更新时都是利用随机数来进行，没有明确的寻优方向，导致算法后期寻找最优解效率低下。

因此，此处针对标准人工蜂群算法存在以上的不足和无法求解多目标问题的缺点，引入变步长和变异思想来改进算法，研究教学思想变异机制下的多目标人工蜂群算法。

（1）变步长

雇佣蜂在初始解的领域内搜索新解时，ϕ_{ij} 系数是一个 0 到 1 之间的随机数，标准人工蜂群算法在搜索后期，导致寻优效率低，难以快速找到最优解。在算法前期，应使 ϕ_{ij} 值较大，前期搜索范围较大，可以增加算法的全局搜索能力。在算法后期，逐渐逼近最优解时，此时应使 ϕ_{ij} 值较小，后期搜索范围缩小，ϕ_{ij} 的取值为式（7.30）：

$$\phi = \phi_{max} - \frac{\phi_{max} - \phi_{min}}{maxgen} \tag{7.30}$$

其中，t 为当前迭代次数，maxgen 为最大迭代次数，ϕ_{max} 为设置好的 ϕ 的最大值，ϕ_{min} 为 ϕ 的最小值。改进的步长变化示意如图 7.3 所示，当设定了最大迭代次数后，ϕ 的值随着迭代次数 t 的增加而逐渐减小。

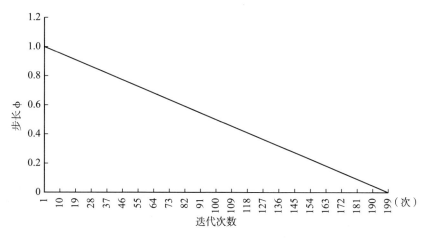

图 7.3　改进步长示意图

资料来源：笔者绘制。

（2）多目标人工蜂群算法

由于所建立的应急物资配置模型是多目标问题，设计多目标人工蜂群算法用于求解，原始蜂群算法位置更新规则不再适用（陈美蓉等，2017，姚远远等，2019）。因此，利用帕累托解来重新定义位置更新公式（郭一楠等，2011，Gong et al.，2018），在每次迭代时从帕累托解随机选择一个解，X_{pareto} 表示随机选择的帕累托解的位置，此时蜂群位置更新公式为式（7.31）：

$$X_i(t+1) = X_i(t) + \phi \times (X_{pareto}(t) - X_i(t)) \qquad (7.31)$$

在研究了多目标粒子群算法的原理后，设计了多目标人工蜂群算法，将非支配排序思想应用到标准人工蜂群算法中。标准人工蜂群算法只能求解单目标最优化问题，不能直接用于多目标问题，需要比较帕累托支配关系来筛选非劣解，现以求解两个最小化目标为例，具体方法如式（7.32）～式（7.33）：

$$f_i^1 < f_j^1 \text{ and } f_i^2 < f_j^2 \qquad (7.32)$$

$$f_i^1 > f_j^1 \text{ and } f_i^2 > f_j^2 \qquad (7.33)$$

其中，f_i^1 为个体 i 的目标 1 函数，f_i^2 为个体 i 的目标 2 函数，f_j^1 为个体 j 的目标 1 函数，f_j^2 为个体 j 的目标 2 函数。若式（7.32）成立，个体 i 支配个体 j，若式（7.33）成立，个体 i 受个体 j 支配，若个体 i 与个体 j 互不支配，则两者都是非劣解，然后，两者继续与其他个体比较筛选。

为了使算法具有一定的容错，为多目标蜂群算法在非支配解比较时设计一个精度 tl，当比较的两个解的两个目标值之差小于这个精度，也可视为其中一解支配另一个解，具体方法如式（7.34）～式（7.35）所示：

$$f_i^1 < f_j^1 \text{ and } |f_i^2 - f_j^2| < tl \qquad (7.34)$$

$$f_i^1 > f_j^1 \text{ and } |f_i^2 - f_j^2| < tl \qquad (7.35)$$

（3）教学思想变异扰动

在教学优化算法中，每一个学生都代表优化问题空间的一个解，在这些学生中，最优良的学生看作该学生群体的教师。教学优化算法的优化过程包括教学和学习两个部分，如图7.4所示。在教学部分，为了提高学生的平均成绩，学生会通过向教师学习来提高自身水平；之后在学习阶段，会通过与随机选择的另一位学生进行互动学习来提高自身水平。

图7.4　教学优化算法主要阶段

资料来源：笔者依据教学优化算法思想绘制。

引入教学优化算法里的教学思想，是指学生向教师学习的过程，在本章节中，教师是指种群中最好的个体，其他个体向这个最好的个体学习。由于搜索机制的单一，为了避免算法后期陷入局部最优，以一定概率去进行扰动，具体模型如式（7.36）~式（7.40）所示：

$$differentmeanf_1 = rand \times (bestfitf_1 - TF \times fitmeanf_1) \tag{7.36}$$

$$differentmeanf_2 = rand \times (bestfitf_2 - TF \times fitmeanf_2) \tag{7.37}$$

$$TF = round(1 + rand) \tag{7.38}$$

$$X_i(t+1) = X_i(t) + differentmeanf_1 \tag{7.39}$$

$$X_i(t+1) = X_i(t) + differentmeanf_2 \tag{7.40}$$

其中，$differentmeanf_1$ 表示目标函数 1 教学平均值，$bestfitf_1$ 为解集里最好的 f_1 值，TF 为教学因子，$round$ 为四舍五入函数，$rand$ 为 0 到 1 之间随机数，$fitmeanf_1$ 为种群平均 f_1 值；$differentmeanf_2$ 表示目标函数 2 的教学平均值，$bestfitf_2$ 为解集里最好的 f_2 值，$fitmeanf_2$ 为种群平均 f_2 值。

多目标蜂群算法步骤设计：

步骤 1：设置算法参数，最大迭代次数 maxgen、种群大小 SN、limit、φ_{max} 和 φ_{min} 等，初始化种群；

步骤 2：计算种群适应度值，初始筛选非劣解；

步骤 3：计算参数 φ，找出种群最优解，按照式（7.31）更新蜂群位置；

步骤 4：跟随蜂阶段，计算适应度值，计算选择概率，选择较优个体，未被选择的个体按照式（7.31）重新更新位置；

步骤 5：当有经过 limit 次循环，仍有未被更新的解，则放弃，重新生成；

步骤 6：判断是否变异，若 $p_m > rand$，则随机选择式（7.39）或式（7.40）更新位置；

步骤 7：计算适应度值，更新帕累托解集，去掉重复个体；

步骤 8：判断是否终止算法，若终止，则输出结果，否则，转步骤 3。

改进人工蜂群算法流程如图 7.5 所示。

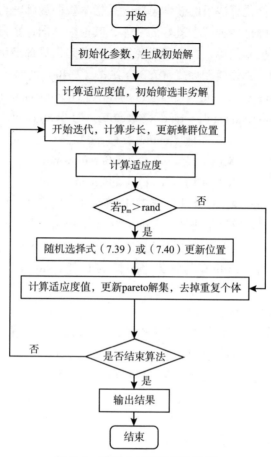

图 7.5　改进人工蜂群算法流程
资料来源：笔者依据改进后算法框架步骤绘制。

7.4.3　方案选择策略

帕累托得出的关于 F_1 与 F_2、F_3 的一组解，如何确定其中一个合理的方案是一个问题，本章节构建了 F_1 得益指标 LF_1 与 F_2 损失指标 LF_2（陈刚，付江月，2018），通过这两个指标以辅助决策者进行选择，在成本预算范围内去选择 F_1 与 F_2 满足条件的方案，决策者可根据自身对 F_1 得益与 F_2 损失的可接受程度选择满意的方案。

$$LF_{1i} = \frac{maxF_1 - F_{1i}}{maxF_1 - minF_1} \qquad (7.41)$$

$$LF_{2i} = \frac{maxF_2 - F_{2i}}{maxF_2 - minF_2} \qquad (7.42)$$

其中，$maxF_1$ 和 $maxF_2$ 为所有方案中 F_1 和 F_2 最大的值，$minF_1$ 和 $minF_2$ 为所有方案中 F_1 和 F_2 最小的值，F_{1i} 为方案 i 的 F_1 值，F_{2i} 为方案 i 的 F_2 值。

7.5 算 例 验 证

7.5.1 算例参数设计

假设由于疫情的暴发，造成了八个急需支援的灾点，现有五个可以支援灾点的应急救援中心，物资储存量分别为 $G_1 = 1200$，$G_2 = 1400$，$G_3 = 2000$，$G_4 = 800$，$G_5 = 1600$。考虑到疫情传播具有潜伏期，因此无法清楚了解灾难起始日，所以选取过去某一时刻作为起始时刻，灾点起始信息如表 7.1 所示，灾难发生后各救援中心开始快速响应，开展救援前的准备工作，在这里假设准备工作耗时两天，则令决策时刻 $t = 2$。

表 7.1 灾点起始时刻信息

灾点编号	1	2	3	4	5	6	7	8
S_0	15000	11353	22351	18452	35242	22425	14321	16452
E_0	325	331	347	453	551	378	311	261
I_0	5	6	5	7	3	2	3	9
R_0	37	41	40	54	52	38	32	41
β	0.004	0.003	0.005	0.008	0.007	0.006	0.005	0.005
k	0.08	0.06	0.07	0.1	0.09	0.09	0.07	0.08
γ	0.09	0.08	0.09	0.07	0.03	0.01	0.04	0.09
r_i	6	11	4	1	1.1	1.7	6	4

在时间满意度函数里，a 取 0.88，b 取 0.88，φ 取 2.25。各个应急中心到各个灾点的时间距离参数和成本参数如表 7.2 所示。

表 7.2   时间距离与运输成本（t_{ij}/c_{ij}）

救援中心	灾点							
	1	2	3	4	5	6	7	8
1	2/3	3/4	5/4	6/7	1/3	2/6	3/5	4/5
2	3/4	4/6	2/8	8/7	4/3	1/5	1/6	2/4
3	2/4	2/6	6/6	4/3	5/8	3/8	1/7	3/6
4	4/6	2/5	4/3	5/3	3/4	3/4	2/5	2/5
5	2/5	6/4	8/7	7/8	4/6	3/4	5/5	2/4

7.5.2 算例计算结果

通过 SEIR 模型计算出两天后各个灾区的感染人数、紧急权重以及物资需求量，数据如表 7.3 所示。

表 7.3   灾区当前信息

灾区	1	2	3	4	5	6	7	8
I_2	185.04	77.97	274.76	848.03	1241.25	480.56	153.53	252.24
ω_i	0.05	0.02	0.08	0.24	0.35	0.14	0.04	0.07
R_i	1110	858	1099	848	1365	817	921	1009

模型运行硬件环境为 Intel（R）Core（TM）i7 – 1065G7 @ 2.52 GHz 双核处理器，RAM 为 8GB，软件环境为 Window 8 操作系统 64 位，编程软件为 Matlab R2014b 软件。设置算法参数，种群大小为 100，最大迭代次数 Maxgen 为 200，limit 为 100，φ_{max} 和 φ_{min} 分别为 2 和 0，为了客观比较算法之间的性能，几种算法相同参数取值相同，原始蜂群、NSGA – Ⅱ、多目标粒子群种群大小均设为 100，最大迭代次数均为 200，对比结果如表 7.4 所示。

表7.4 改进蜂群与其他智能算法计算结果

方法	改进多目标蜂群			NSGA-II			原始蜂群			多目标粒子群		
目标函数	F_1	F_2	F_3	F_1	F_2	F_3	F_1	F_2	F_3	F_1	F_2	F_3
1	0.335	0.001691	45761	0.325	0.001725	45766	0.322	0.001759	45767	0.323	0.001715	45491
2	0.285	0.001536	39169	0.320	0.001712	45295	0.317	0.001746	45295	0.318	0.001702	45023
3	0.305	0.001581	41136	0.276	0.001536	39173	0.274	0.001567	39173	0.274	0.001527	38938
4	0.345	0.001735	45107	0.315	0.001684	44165	0.312	0.001735	44166	0.313	0.001674	43900
5	0.330	0.001678	45290	0.306	0.001647	42100	0.302	0.001697	42101	0.304	0.001637	41847
6	0.300	0.001568	40664	0.354	0.001834	45168	0.351	0.00189	45168	0.352	0.001823	44897
7	0.325	0.001651	44161	0.335	0.001769	45111	0.331	0.001823	45111	0.333	0.001758	45382
8	0.365	0.001799	45163	0.330	0.001756	44639	0.327	0.001774	44640	0.328	0.001745	44907
9	0.355	0.001765	44203	0.286	0.001564	39695	0.286	0.00158	39695	0.284	0.001555	39933
10	0.315	0.001615	42096	0.344	0.0018	44207	0.269	0.001538	38702	0.342	0.001789	44472
11	0.295	0.001564	39691	0.272	0.001523	38701	0.291	0.001615	40668	0.270	0.001514	38933
12	0.350	0.001752	43731	0.291	0.001599	40668	0.336	0.001823	43736	0.289	0.001589	40912
13	0.340	0.001722	44635	0.340	0.001787	43736	0.298	0.001667	41629	0.338	0.001776	43998
14	0.360	0.001786	44692	0.301	0.001634	41629	0.346	0.001858	44697	0.299	0.001624	41379
15	0.310	0.001602	41624	0.349	0.001821	44696	0.307	0.001704	43694	0.347	0.00181	44428
16	0.280	0.001523	38698	0.310	0.00167	43694	0.281	0.001582	39224	0.308	0.00166	43432
17	0.290	0.001551	39220	0.281	0.001582	39223				0.279	0.001573	38988
18	0.320	0.001638	43690									

四种算法的多目标帕累托分布如图 7.6 所示。

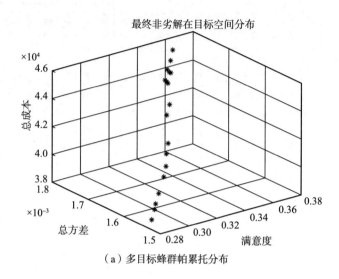

（a）多目标蜂群帕累托分布

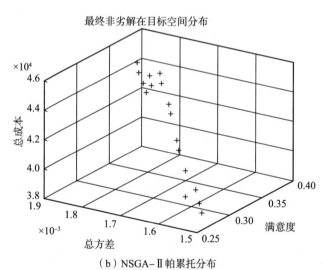

（b）NSGA–Ⅱ帕累托分布

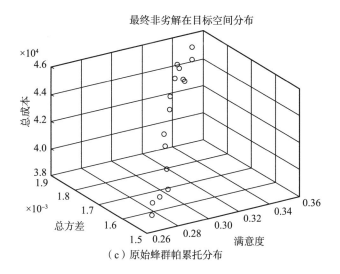

（c）原始蜂群帕累托分布

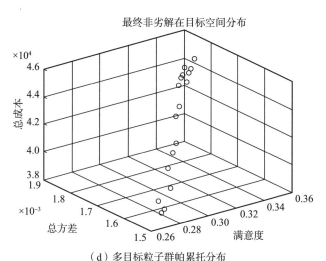

（d）多目标粒子群帕累托分布

图7.6　四种算法帕累托分布

资料来源：由 MATLAB 绘图程序导出。

7.5.3　算法性能比较

本章节使用的算法性能评价指标分别是收敛性指标 γ 和分布性指标 Δ，由于真实最优帕累托未知，因此，本章节将四种算法的全部运行结果的并集中的非支配解集近似为最优帕累托解集。

收敛性指标：用来评价所得解与真实最优解的逼近程度，如式（7.43）所示，N 为所得帕累托集合中解的数量，d_i 表示所得解集里第 i 个解与最优解集里最近解的距离，当 γ 值越小，代表算法收敛性越好。

$$\gamma = \frac{\sum_{i=1}^{N} d_i}{N} \qquad (7.43)$$

分布性指标：用来衡量帕累托解的均匀性，如式（7.44）所示，d_f 和 d_l 分别为所得解集里两个边界解与最优解集里两个极端解之间的距离，$\overline{d}$ 为所有解集的均值，d_i 为所得解集里第 i 个解与第 i+1 个解之间的距离，当 Δ 值越小，代表均匀性越好。

$$\Delta = \frac{d_f + d_l + \sum_{i=1}^{N-1} |d_i - \overline{d}|}{d_f + d_l + (N-1)\overline{d}} \qquad (7.44)$$

利用前面所得数据计算各种算法的收敛性指标与分布性指标，为了简化计算，只以 F_1 与 F_2 两个目标来计算指标，结果如表 7.5 所示。

234

表 7.5   算法评价指标

评价指标	多目标蜂群算法	NSGA-II	原始蜂群算法	多目标粒子群算法
γ	20.5412	23.6718	25.1435	23.126
Δ	0.4725	0.4811	0.4983	0.4792

注：γ 为收敛性指标，Δ 为分布性指标。

由表 7.5 可得，从收敛性指标 γ 来看，改进蜂群算法要优于原始蜂群及其他对比算法，从分布性指标 Δ 来看，改进蜂群算法与对比算法无显著差异，略优于原始蜂群算法。

7.5.4 决策方案选择

由于是多目标，设计了一种选择策略来辅助决策者在多目标蜂群结果中进行选择，假设成本预算为 43000，在预算范围内，F_1 得益指标与 F_2 损失指标如表 7.6 所示。

表 7.6 F₁ 得益指标与 F₂ 损失指标

方案	F_1	F_2	F_3	LF_1	LF_2
1	0.285	0.001536	39169	85.71%	85.87%
2	0.305	0.001581	41136	28.57%	36.96%
3	0.3	0.001568	40664	42.86%	51.09%
4	0.315	0.001615	42096	0.00%	0.00%
5	0.295	0.001564	39691	57.14%	55.43%
6	0.31	0.001602	41624	14.29%	14.13%
7	0.28	0.001523	38698	100.00%	100.00%
8	0.29	0.001551	39220	71.43%	69.57%

注：F_1 为得益指标，F_2 为损失指标。

由表 7.6 可得，当决策者希望 F_1 得益指标超过 40%，F_2 损失指标低于 55%，则可以选择方案 4；如果决策者希望 F_1 得益指标超过 70%，F_2 损失指标低于 70%，则可以选择方案 8；在这里计算了 F_1 得益率与 F_2 损失率，具体如何选择，根据决策者对两个指标的可接受程度来决定。如决策者希望 F_1 得益指标超过 50%，F_2 损失指标低于 60% 时，选择方案 5 最为合适，方案 5 具体分配情况如表 7.7 所示。

表 7.7 方案 5 结果

救援中心	灾点								目标值		
	1	2	3	4	5	6	7	8	F_1	F_2	F_3
1	0	0	200	0	0	0	900	0			
2	900	450	45	0	5	0	0	0			
3	55	350	0	0	981	0	0	7	0.295	0.001564	39691
4	9	0	0	712	0	71	0	0			
5	35	0	100	0	0	734	0	681			

由表 7.7 可得最佳分配方案为：应急中心 1 分配给灾点 3 物资量 200 个单位，灾点 7 物资量 900 个单位；应急中心 2 分配给灾点 1 物资量 900 个单位，灾点 2 物资量 450 个单位，灾点 3 物资量 45 个单位，

灾点 5 物资量 5 个单位；应急中心 3 分配给灾点 1 物资量 55 个单位，灾点 2 物资量 350 个单位，灾点 5 物资量 981 个单位，灾点 8 物资量 7 个单位；应急中心 4 分配给灾点 1 物资量 9 个单位，灾点 4 物资量 712 个单位，灾点 6 物资量 71 个单位；应急中心 5 分配给灾点 1 物资量 35 个单位，灾点 3 物资量 100 个单位，灾点 6 物资量 734 个单位，灾点 8 物资量 681 个单位。

使用 SEIR 模型对灾区感染人数进行预测后，可以快速根据灾区受灾情况进行物资的调度分配。从表 7.4 及表 7.5 的对比结果中可以看出，改进的多目标人工蜂群算法求解效果优于原始蜂群算法以及其他智能优化算法，表明改进算法在求解该类多目标优化问题时的可行性和优越性。

7.6　总结与展望

在新冠疫情暴发后，为了将应急医疗物资科学合理地从应急中心分配给各个受灾点，本章节在 SEIR 模型预测各个灾区感染人数的基础上计算出了各灾点紧急权重，并预测出各灾点物资需求量；构建了时间满意度最大化、应急物资供给精准化与总成本最小化的多目标应急调度模型；为求解该多目标应急调度问题，将非支配排序思想引入蜂群算法，设计了多目标优化蜂群算法，并进行了算例验证。研究结果表明，本章节提出的多目标优化模型适用于疫情事件下多灾点应急资源最优化配置问题，改进的人工蜂群算法较原始蜂群算法以及 NSGA－Ⅱ算法等具有更好的寻优效果。然而，本章节仅研究了如何根据感染人数预测各灾点物资需求量和如何分配物资，尚未与后续的运输车辆调度、车辆路径优化等问题相结合，因此，如何在紧急情况下进行应急医疗物资的精准配置与高效运输将是下一步的研究方向。

本章参考文献

[1] 曹知奥，汪晋宽，韩英华，等．基于交叉变异人工蜂群算法的微网优化调度 [DB/OL]．[2020－06－24]．

［2］陈刚，付江月．兼顾公平与效率的多目标应急物资分配问题研究［J］．管理学报，2018，15（3）：459－466.

［3］陈刚．考虑灾民有限理性的应急物资分配模型及算法［J］．物流科技，2020，43（9）：6－9.

［4］陈美蓉，郭一楠，巩敦卫，等．一类新型动态多目标鲁棒进化优化方法［J］．自动化学报，2017，43（11）：2014－2032.

［5］戴君，王晶，易显强．灾后应急资源配送的LRP模型与算法研究［J］．中国安全生产科学技术，2017，13（1）：122－127.

［6］单娴，杜学东．基于复数编码的多策略人工蜂群算法［J］．系统工程学报，2018，33（5）：597－605.

［7］丁志伟，刘艳云，孔京，等．感染人数期望值估计及新增确诊人数趋势预测的概率模型［J］．运筹学学报，2020，24（1）：1－12.

［8］杜雪灵，孟学雷，杨贝，等．考虑公平性的面向多灾点需求应急资源调度［J］．计算机应用，2018，38（7）：2089－2094.

［9］杜振鑫，刘广钟，韩德志，等．基于全局无偏搜索策略的精英人工蜂群算法［J］．电子学报，2018，46（2）：308－314.

［10］葛洪磊，刘南．复杂灾害情景下应急资源配置的随机规划模型［J］．系统工程理论与实践，2014，34（12）：3034－3042.

［11］郭一楠，刘丹丹，程健，等．自适应混合变异文化算法［J］．电子学报，2011，39（8）：1913－1918.

［12］胡可昊，李涛．考虑公平的铁路应急物资调度优化研究［J］．铁道货运，2020，38（7）：27－32.

［13］李怀明，王佳美，张磊．考虑双方感知满意度的应急资源再配置方法［J］．运筹与管理，2019，28（12）：46－54.

［14］沈晓冰，杨保华．基于双层混合联运的震后应急物资配送模糊多目标优化［J］．工业工程，2017，20（3）：113－117.

［15］王付宇，叶春明，王涛，等．震后伤员救援车辆两阶段规划模型及算法研究［J］．管理科学学报，2018，21（2）：68－79.

［16］王旭坪，董莉，陈明天．考虑感知满意度的多受灾点应急资源分配模型［J］．系统管理学报，2013，22（2）：251－256.

［17］姚远远，叶春明，杨枫．双目标可重入混合流水车间调度问题的离散灰狼优化算法［J］．运筹与管理，2019，28（8）：190－199.

［18］詹沙磊, 刘南. 基于灾情信息更新的应急物资配送多目标随机规划模型 ［J］. 系统工程理论与实践, 2013, 33 （1）: 159 – 166.

［19］张架鹏, 倪志伟, 倪丽萍, 等. 基于改进离散人工蜂群算法的同类机调度优化 ［J］. 计算机应用, 2020, 40 （3）: 689 – 697.

［20］张洁, 高惠瑛, 刘琦. 基于汶川地震的地震人员伤亡预测模型研究 ［J］. 中国安全科学学报, 2011, 21 （3）: 59 – 64.

［21］张强, 李盼池, 王梅. 基于自适应进化策略的人工蜂群优化算法 ［J］. 电子科技大学学报, 2019, 48 （4）: 560 – 566.

［22］张志强, 鲁晓锋, 孙钦东, 等. 增强开发能力的改进人工蜂群算法 ［J］. 计算机应用, 2019, 39 （4）: 949 – 955.

［23］赵明, 宋晓宇, 常春光. 改进人工蜂群算法及其在应急调度优化问题中的应用 ［J］. 计算机应用研究, 2016, 33 （12）: 3596 – 3601.

［24］朱建明, 王瑞. 灾害救援中基于民众心理感知的应急物资多阶段分配问题研究 ［J］. 中国安全生产科学技术, 2020, 16 （2）: 5 – 10.

［25］Chen G T, Shuai B. Optimizing emergency road repair and distribution of relief supplies after earthquake ［J］. China Safety Science Journal, 2012, 22 （9）: 166 – 171.

［26］Gong D W, Han Y Y, Sun J Y. A novel hybrid multi-objective artificial bee colony algorithm for blocking lot-streaming flowshop scheduling problems ［J］. Knowledge Based Systems, 2018, 148: 115 – 130.

［27］Jiang J C H, Li Q Q, Wu L X, et al. Multiobjective emergency material vehicle dispatching and routing under dynamic constraints in an earthquake disaster environment ［J］. ISPRS International Journal of Geo Information, 2017, 6 （5）: 142 – 162.

［28］Karaboga D, Akay B. A survey: algorithms simulating bee swarm intelligence ［J］. Artificial Intelligence Review, 2009, 31 （14）: 68 – 85.

［29］Sheu J B. An emergency logistics distribution approach for quick response to urgent relief demand in disasters ［J］. Transportation Research, Part E: Logistics and Transportation Review, 2007, 43 （6）: 687 – 709.

第8章 基于改进天牛须算法的应急资源调度优化

8.1 研究背景

各种突发事件会给国家造成严重不良影响，灾后的应急救援工作刻不容缓，而应急资源的优化配置及合理调度是应急救援工作的重中之重。针对不同情境下的应急资源调度问题，国内外学者已进行了一系列研究。利斯特等（List et al.，1998）首先在放射性危险物品运输优化模型中引入了应急问题，为应急资源调度问题的研究奠定了基础，该研究使离受灾点最近的救援点参与应急救援工作，但尚未考虑多个救援点共同满足应急需求的情况。韦克斯等（Wex et al.，2014）通过使用智能决策理论制订有效的应急物资分配和调度方案，但尚未考虑交通路况的影响。朱洪利等（2018）考虑应急物资需求会出现动态变化的特点，构建了一个两阶段应急救援模型，并采用分支定界法及多目标遗传算法求解集散中心的选取问题。张淑文等（2019）研究震后救援队伍的分配问题时，考虑救援队伍的特征对救援工作的影响，构建了相应优化模型，试验结果指出救援队伍的最优调度策略须根据最大救援时间确定。李双琳等（2019）同时考虑路网的抢修排程和应急资源配送问题，建立了双层动态规划模型，并用一种稳态混合遗传算法进行求解。曹等（Cao et al.，2018）将救援车辆的延迟成本作为多目标之一，将蚁群算法与非支配排序遗传算法相结合，从而使该算法在初期即可找到更好的初始解。段晓红等（2019）首次将多目标分布估计算法运用到地铁网络的应急站点选址中，与 NSGA - Ⅱ算法相比获得了更优的选址方案。

常等（Chang et al.，2014）以受灾区对资源的不满足需求最小化、应急资源抵达时间最短和车辆运输成本最低为目标，设计了一种基于贪婪算法的多目标遗传算法。

熊等（Xiong et al.，2019）考虑时间窗约束构建了以交付物资总时间及等待时间最短为目标的模型。汪勇等（2012）建立了满足应急资源需求量和时间约束的多资源调度模型，并将时间成本与运输成本作为多目标综合考虑，避免了研究单一目标的片面性，也为后续学者考虑多目标问题提供了思路。该模型假设资源供应量大于需求量，而实际生活中应急资源数量往往供不应求。王付宇等（2018）考虑震后伤员运送车辆调度及路径优化问题，以总救援时间最短和相对综合救援权重值最大为目标建立了两阶段模型，并利用改进的萤火虫算法进行求解。王晶等（2017）构建了基于道路修复的应急资源调度模型，以救援总时间最短为目标，利用改进的粒子群算法进行了研究。柴等（Chai et al.，2018）考虑到交通事故引起的车辆排队现象，将行驶时间定义为自由流量行驶时间和排队延误时间的总和，建立改进的资源调度模型，利用分支定界算法获得了优化的应急资源调度方案。唐等（Tang et al.，2018）以铁路应急资源调度为背景，建立了最小化应急资源调度时间的目标模型，并设计了应急资源优化调度决策过程。

分析上述文献可知，应急资源调度问题常将救援时间、车辆路径、资源运输量等因素中的 1 个或多个作为目标函数构建优化模型。事实上，上述文献在考虑供应点物资储备量时过于理想化，现实情境是，在灾害初期物资往往供不应求。灾害发生后，需要考虑资源调度路线具有随机破坏性的特点。同时灾区物资分配不合理会影响救援的公平性，现有文献在救援公平性方面的研究较少。

在求解应急资源调度模型的算法方面，相较于粒子群算法种群数量多、运算时间长的不足，天牛须算法只需一个个体，运算量小，求解速度快；相较于遗传算法存在代码结构复杂、收敛速度慢的缺点，天牛须算法又具有代码少，编程简单的优势。该算法可用于解决非线性规划问题，已在不同领域取得广泛应用。陈婷婷等（2019）针对投资组合问题，提出将天牛须算法与粒子群算法相结合，并对模型进行求解。邵良杉等（2018）考虑花朵授粉算法在运行后期收敛慢、求解精度差的缺点，将天牛须算法与其结合，结果表明天牛须算法可有效提高花朵授粉算法的求解质量。王甜甜等（2018）在进行风暴潮灾害造成的经济损失预评估研究中，建立了一种 BP 神经网络模型，并采用天牛须算法进行求解。目前检索到的文献中未发现将其运用于应急资源调度问题的研究，本章节采用编码简易、寻优能力强的天牛须算法求解应急资源调度问题。

本章以物资供应不足、运输道路受损、考虑救援公平性等为约束，建立应急资源调度总成本最低及灾区民众总满意度最大的多目标优化模型，用改进的天牛须算法（beetle antennae search algorithm，BAS）对模型进行求解，并与粒子群算法（particle swarm optimization，PSO）、改进的 PSO 及 BAS 算法进行对比，验证该算法的优越性，以期得到最优的应急资源调度方案，提高应急救援系统的响应能力，为快速做出应急决策方案提供依据。

8.2 理 论 基 础

应急救灾工作除保证救援效率外，也应考虑物资的调配过程中不同受灾地区灾情、人口等引起的公平问题。公平反映出无差异的平等，国内学者大多将公平理论与工作行为、收入分配、高校教育等相结合。然而在地震灾害初期，各受灾点对应急物资的需求量剧增，同时考虑到外界物资因物资配送线路受损、通信设施损毁、运输工具不足等情况，致使应急物资难以在第一时间抵达灾区，此时对各受灾点救援行动的保持公平性尤为必要。

8.2.1 比例公平

应急决策过程中对应急物资的公平分配极其重要，但分配是否公平往往是一个相对的概念，不同的人对相同的物资分配方式有不同的看法。比例公平在救灾物资分配方面体现在依据灾区物资需求量的相同比例进行调配。虽然可在一定程度上使受灾点物资的分配具有相对公平性，但不能忽视采取这种方式会使原本需求量较小的受灾点分配到的救援物资更少，甚至几乎没有，进而导致另一种物资的分配不公平。

因此为解决此类问题，本章节在考虑救援公平性的基础上，将体现救援公平性因素的物资满意度作为研究的对象之一。将各需求点对实际获得资源的满意度（资源的实际获得量与预期需求量之比）设定阈值即应急物资最低满足率 λ。高于该阈值则认为该方案可使群众获得最低的公平性要求，其对应方案是相对公平的。在确定受灾点应急物资的分配时，须满足受灾点 j 获得的实际物资量与需求量的比例大于等于最低满足率 λ，即 $h_j \geqslant \lambda$。受灾点 j 应急物资满足率的计算公式如式（8.1）所示。

$$h_j = \frac{\sum\limits_{i=1}^{n} f_{ij}}{q_j} \qquad (8.1)$$

其中，h_j 为受灾点 j 的应急物资满足率，$\sum\limits_{i=1}^{n} f_{ij}$ 为所有供应点实际分配给需求点 j 的资源量之和，q_j 为受灾点 j 的预期物资需求量。受灾地区总的满意度值可用函数 $f = \sum\limits_{j=1}^{m} h_j$，在本章节的研究中，各受灾点应急物资满足度之和越大，则认为该应急物资的分配方案更加公平合理，方案实施效果更好。

8.2.2 亚当斯公平

亚当斯公平理论（Equity Theory）的观点是个人对物资满意程度不仅取决于自己得到多少物资，更着重看自己相对物资获得量的多少。当受灾群众认为自己的获得物资比例与他人相等时，就会认为这是公平合理的，保证了分配的公平感。

因此，在发生地震灾害后，对应急物资的公平分配也可借鉴公平理论的有关知识。在应急救援过程中，受灾点群众对物资分配的公平性往往通过与其他受灾点获得物资的多少的比较中感受。本章节借鉴杜雪灵等（2018）的研究思路，将各受灾点应急物资的满足程度作为参考依据，当各个受灾点被分配的应急物资满足程度相近时，说明该方案具有良好的公平性。一组数据的离散程度可用方差表示，方差越小，数据间的震荡幅度越小，数据越稳定。因此，当所有受灾点的应急物资满足程度的方差越小时，各受灾点群众越感受到分配方案的公平性。

本章节基于以上理论构建相应的公平模型。其中受灾点 j 的应急物资满足程度表达如式 (8.2) 所示：

$$\mu_j = \frac{\left(\sum_{i=1}^{n} x_{ij} n_{ij} \right)}{d_j} \tag{8.2}$$

其中，分子 $\sum_{i=1}^{n} x_{ij} n_{ij}$ 为受灾点 j 实际被分配到的物资总量，分母 d_j 为受灾点物资的需求量。

确定受灾点的满意度后，可求得受灾点平均满意度，计算如式 (8.3) 所示：

$$\overline{\mu} = \frac{\sum_{j=1}^{m} \mu_j}{J} \tag{8.3}$$

因此，所有受灾点的物资满意度方差计算如式 (8.4) 所示：

$$FC = \frac{\sum_{j=1}^{m} (\mu_j - \overline{\mu})^2}{(m-1)} \tag{8.4}$$

由上述公式可知，当受灾点物资满意度方差 FC 越小时，对受灾群众而言其应急物资分配方案的相对公平性就越趋向最大化。

8.3　问题分析与建模

8.3.1　问题描述

某区域发生突发事件如地震灾害等，由于灾害初期资源的供给量小于受灾点的需求量，因此有关部门做出合理有效的应急资源分配决策显得尤为重要。该地区存在多个供给点和多个需求点，应急资源需在尽可能短的时间内运送至需求点。应急资源的供给已通过政府制定的应急资源征用机制进行采购。其中，应急资源包括粮食、棉被等生活必需品及防护救助类物资如防护口罩、防护手套、消毒液等。在运输过程中，运输路径存在随机破坏性，对行驶道路进行修复会产生修复成本而且运输时间大大增加，对于超过需求点预期到达时间的服务需承担延误处罚（其处罚成本与延误时间、延误处罚系数及运输量有关）。在运送和抵达需求点后，对物资的搬运也会产生装卸成本。考虑救援的公平性，各需求点对实际获得资源的满意度（资源的实际获得量与预期需求量之比）设定阈值，高于该阈值则认为方案是公平的。本章研究的问题是：确定一个应急资源分配方案，在满足上述约束条件下对应急资源进行合理分配，使得应急资源调度总成本最低且灾区总满意度最大。

8.3.2 模型假设

假设1：由于政府和社会的援助，不需考虑运输车辆数量不足的情况；

假设2：救援初期所有供应点的总资源储备少于各个需求点资源需求之和；

假设3：考虑单品种的应急资源调度问题；

假设4：考虑公路运输的情景，供应点与需求点之间的路径因受到损毁，存在容量限制；

假设5：各个供应点的资源储存量及需求点的资源需求量可以提前预知；

假设6：为减少时间延误造成的处罚成本，将延误处罚系数设为1000。

8.3.3 模型构建

（1）模型参数

对所建模型的符号定义如下：

$G = \{G_i \mid i = 1, 2, 3, \cdots, n\}$，应急资源供应点集合；

$Q = \{Q_j \mid j = 1, 2, 3, \cdots, m\}$，应急资源需求点集合；

g_i：供应点 G_i 的资源储存量；

q_j：需求点 Q_j 的资源需求量；

f_{ij}：供应点 G_i 实际分配给需求点 Q_j 的资源量；

d_{ij}：受路况影响，供应点 G_i 到需求点 Q_j 调运资源的时间效率降低参数；

　　p_{ij}：供应点 G_i 到需求点 Q_j 路径的道路损坏率；

　　y：修复单位距离所耗费的成本；

　　l_{ij}：受路况影响，供应点 G_i 到需求点 Q_j 路径的限流容量；

　　λ：需求点的最低满意度（保证不同需求点的公平性）；

　　t_{ij}：供应点 G_i 到需求点 Q_j 所用的期望时间；

　　ω：供应点 G_i 到需求点 Q_j 时间延误的处罚系数；

　　e_{ij}：供应点 G_i 到需求点 Q_j 的距离；

　　r_{ij}：供应点 G_i 提供给需求点 Q_j 资源的单位成本；

　　α_{ij}：供应点 G_i 提供给需求点 Q_j 资源的装卸成本；

　　h_j：需求点 Q_j 得到供应物资的满意度。

（2）调度模型

本章所研究的多目标应急资源调度模型描述如下：

目标函数：

$$\min F_1 = \sum_{i=1}^{n}\sum_{j=1}^{m} f_{ij} r_{ij} e_{ij} + \sum_{i=1}^{n}\sum_{j=1}^{m} f_{ij}\alpha_{ij} + \sum_{i=1}^{n}\sum_{j=1}^{m} (t_{ij}d_{ij} - t_{ij}) f_{ij}\omega$$
$$+ \sum_{i=1}^{n}\sum_{j=1}^{m} p_{ij}e_{ij}y \tag{8.5}$$

$$\max F_2 = \sum_{j=1}^{m} h_j \tag{8.6}$$

约束条件：

$$\sum_{i=1}^{n} f_{ij} \leqslant q_j \quad j = 1,2,3,\cdots,m \tag{8.7}$$

$$\sum_{j=1}^{m} f_{ij} = g_i \quad i = 1,2,3,\cdots,n \tag{8.8}$$

$$f_{ij} \leqslant l_{ij} \tag{8.9}$$

$$h_j = \frac{\sum_{i=1}^{n} f_{ij}}{q_j} \quad j = 1,2,3,\cdots,m \tag{8.10}$$

$$h_j \geqslant \lambda \quad j = 1,2,3,\cdots,m \tag{8.11}$$

$$f_{ij} \geqslant 0 \quad i = 1,2,3,\cdots,n; \ j = 1,2,3,\cdots,m \tag{8.12}$$

式（8.5）和式（8.6）为目标函数：式（8.5）表示应急资源调度

总成本最小，包括运输成本、装卸成本、延时物资处罚成本、修复道路成本；式（8.6）表示各需求点满意度之和最大。式（8.7）~式（8.12）为约束条件，其中式（8.7）表示需求点 Q_j 被分配到的实际应急资源量不超过其预期需求量；式（8.8）表示供应点 G_i 分配给各需求点的应急资源总量等于其资源储存量；式（8.9）表示供应点 G_i 实际分配给需求点 Q_j 的资源量不超过限流容量；式（8.10）表示各需求点 Q_j 的满意度函数；式（8.11）表示各需求点 Q_j 的满意度大于最低满意度；式（8.12）表示分配资源量的非负约束。

本章节研究以调度总成本和灾区总满意度为目标的多目标规划问题。一般多目标优化模型的求解难度大，常采用线性加权法对多个目标做合理的权重分配，因此采用线性加权法将本章节的多目标问题转化为单目标问题，转化后的单目标函数为式（8.13）：

$$\min F_3 = \varphi_1 F_1 - \beta \varphi_2 F_2 \tag{8.13}$$

其中，φ_1 和 φ_2 为对应目标的权重，由于满意度与成本之间的量纲不同，因此引入系数 β 使二者统一量纲。

从式（8.13）可知，单目标函数的最小值即为对应调度总成本的最小值和灾区满意度的最大值。

8.4　改进 BAS 算法的模型求解

应急资源调度问题属于 NP–hard 问题，建立的模型常为多目标非线性规划模型，且模型变量和约束条件众多，求解难度随着参数规模的增大而快速增大，因此常采用智能优化算法对调度模型进行求解，但粒子群算法、遗传算法等因自身算法结构复杂、求解时间长而不利于快速提供应急决策方案。天牛须搜索算法是 2017 年提出的一种新的智能优化算法。它与遗传算法类似，并不要求知道函数的具体形式，不需要梯度信息。同时，相比于粒子群算法，天牛须搜索只要一个天牛，就可以进行高效寻优。

8.4.1　BAS 算法的基本原理

天牛须算法（beetle antennae search，BAS）于 2017 年被用于求解多目标函数问题。天牛须算法具有一定的生物学原理：天牛在寻找食物时，起初不知道食物在何处，它是根据食物气味的强弱来进行寻找具体食物位置。天牛具有左右两只触角，在寻找食物的过程中，若一侧触角接收到的气味强度高于另一侧，天牛就向该侧移动，通过这个简易的原理，天牛就能够高效地找到食物。天牛寻找食物的原理如图 8.1 所示。

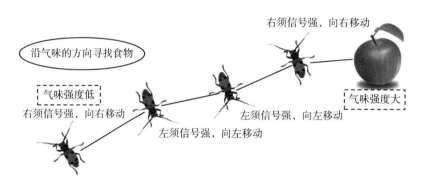

图 8.1　天牛寻找食物的原理

资料来源：笔者绘制。

正如图 8.1 所示，天牛的移动是处于三维空间中的，本章采用的 BAS 算法须对不限定维度的函数都应有效果。因此，可使用图 8.2 所示的简化模型描述该算法的寻优策略。

策略 1：天牛个体的左右须分别在质心的不同侧。

策略 2：天牛个体移动长度与左右两须间距离的比值是不变的常数。意味着大的天牛（即天牛个体左右两须间长度长的）移动较大的距离，小的天牛（即天牛个体左右两须间长度短的）移动较小的距离。

策略 3：天牛个体移动到下一个位置时，天牛个体头部的朝向是随机的。

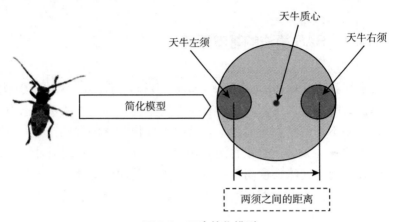

图 8.2　天牛简化模型

资料来源：笔者绘制。

8.4.2　BAS 算法基本步骤

步骤 1：由于文章假设天牛个体的头部朝向是随机的，因此建立头部触角的随机向量并做归一化处理，如式（8.14）所示：

$$d_r = \frac{\text{rands}(m, n)}{\|\text{rands}(m, n)\|} \tag{8.14}$$

其中，$\text{rands}(\cdot)$ 为随机向量，m 和 n 代表受灾点和供给点的数量。

步骤 2：计算天牛左右触角的空间坐标如式（8.15）和式（8.16）所示：

$$x_L = x_Z - d_0 \times d_r/2 \tag{8.15}$$

$$x_R = x_Z + d_0 \times d_r/2 \tag{8.16}$$

其中，式（8.15）的 x_L 为天牛左触角的坐标，式（8.16）的 x_R 为天牛右触角的坐标，x_Z 为天牛在第 z 次迭代时的质心坐标。d_0 为左右触角间的距离，假设步长 S_t 与左右触角距离的比值是定值，如式（8.17）所示，c 为常数，该式表明左右触角距离大的天牛移动位置大，反之则移动位置小。

$$S_t = c \times d_0 \tag{8.17}$$

步骤 3：结合适应度函数 f(x) 确定左右触角气味的强度，如式（8.18）和式（8.19）所示。

$$f_{xL} = f(x_L) \tag{8.18}$$

$$f_{xR} = f(x_R) \qquad (8.19)$$

其中，式（8.18）和式（8.19）分别为天牛个体左触角和右触角的气味强度值。

步骤 4：通过对步骤 3 中左右触角气味强度的比较，确定下一次迭代天牛的方向和位置，如式（8.20）所示：

$$x_{Z+1} = x_Z - S_t \times d_r \times sign(f_{xL} - f_{xR}) \qquad (8.20)$$

其中，x_{Z+1} 代表迭代 Z 次后天牛的位置，S_t 表示算法每迭代一次，天牛移动的步长。$sign(\cdot)$ 为符号函数，当 $f_{xL} - f_{xR} > 0$ 时为 1，$f_{xL} - f_{xR} = 0$ 时为 0，$f_{xL} - f_{xR} < 0$ 时为 -1。

天牛须算法的基本流程具体如下：

步骤 1：BAS 算法的参数进行初始化设置，如步长系数 S_t，迭代总次数 i_{ts} 等；

步骤 2：随机生成初始天牛个体，天牛个体位置为 x^0，初始迭代次数 $Z = 0$，令算法开始时的最优位置为 $x_{best} = x^0$；

步骤 3：根据目标函数构建适应度函数 $f(x)$，计算初始位置 x^0 时的适应度值，令个体最优值 $f_{best} = f(x^0)$；

步骤 4：算法迭代次数 $Z = Z + 1$，根据式（8.14）计算随机方向向量 d_r 后，依据式（8.15）和式（8.16）分别计算左右两须的位置坐标；

步骤 5：根据更新后的天牛个体左右两须的位置，利用式（8.18）和式（8.19）分别计算左右两须的气味强度值 f_{xL} 和 f_{xR}（即两个触角对应的适应度函数值）；

步骤 6：根据式（8.20）更新天牛个体的位置为 x_{Z+1}，并计算适应度函数值 f_{Z+1}，若 f_{Z+1} 好于 f_{best}，则更新 $f_{best} = f_{Z+1}$ 和 $x_{best} = x_{Z+1}$，否则 f_{best} 和 x_{best} 不发生改变；

步骤 7：判断算法能否停止。本章采用最大迭代次数 i_{ts} 作为算法终止的条件。如果迭代次数 $Z > i_{ts}$，则进行步骤 8，否则，返回步骤 4 迭代循环；

步骤 8：输出最优解。算法达到停止条件后，输出 x_{best} 为最优解，输出 f_{best} 为目标函数最优值；

结合以上论述，BAS 算法求解模型的流程如图 8.3 所示。

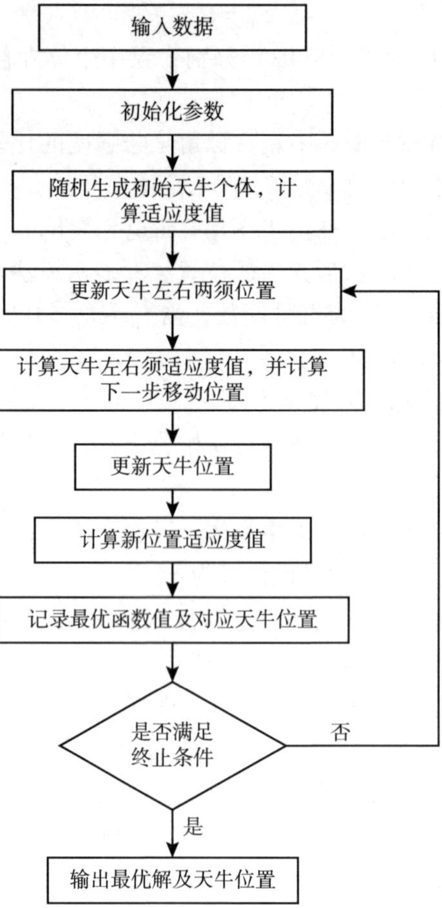

图 8.3　BAS 算法流程

资料来源：笔者绘制。

8.4.3　应急资源调度的改进 BAS 算法设计

天牛须算法虽然具有运算量小、求解速度快、收敛速度快等特点，但不能忽视的是在算法运行过程中，步长的合理选择极为重要。步长 S_t 是天牛须算法中重要的控制参数，用来控制算法的搜索能力。步长的大小表示天牛移动位置的多少。步长较大时，BAS 算法全局寻优能力较强；步长较小时，BAS 算法局部寻优能力较强。标准算法中步长为定值，步长设置过大会使算法的求解精度下降，步长设置过小则会使算法容易陷入局部最优，二者均易使算法的寻优效率及求解精度不高。因此，本章节设计了基于步长递减的天牛须算法，从而使得算法在前期步长跨度较大，具有较强的全局寻优能力，同时在迭代后期步长逐渐减小，提高寻优精度，也使局部寻优能力得到提高。

步长 S_l 是天牛须算法中重要的控制参数，用来控制算法的搜索能力。步长的大小表示天牛移动位置的多少。步长较大时，算法全局寻优能力较强；步长较小时，算法局部寻优能力较强。标准算法中步长为定值，算法的寻优效率及求解精度不高。因此，本章节设计基于步长递减的天牛须算法，从而使得算法在前期具有较强的全局寻优能力，同时在后期也有较优的局部寻优能力。

在改进的天牛须算法中，设置步长最大值为 T_e，其取值不宜过大以免步长无法到达最小值，但也不宜过小以免步长变化不大而无法得到时变的效果；步长更改系数为 S_c，其在（0，1）之间靠近1；步长最小值为 S_{tp}，则迭代过程中的步长为式（8.21）和式（8.22）：

$$T_e = S_c T_e \qquad (8.21)$$

$$S_{tp} = T_e + S_{tp} \qquad (8.22)$$

由式（8.21）和式（8.22）可知，算法在迭代过程中，随着迭代次数的不断增加，步长由 $T_e + S_{tp}$ 逐渐减小到 S_{tp}，通过这种步长变化，可以使算法在前期具有较强的全局寻优能力，得到最优解大致的结果；迭代后期可以在最优点附近进行精细搜索。这种时变的步长可以使天牛在迭代的不同阶段拥有不同的探索能力。

应急资源调度模型的目标函数为资源调度总成本 F_1 和灾区民众总满意度 F_2，决策变量为各灾区应急资源的分配数量 f_{ij}，得到求解应急资源调度模型的多目标改进 BAS 算法的步骤如下。

步骤1：生成初始种群。

根据供给点数量 n 和受灾点数量 m 随机生成 m×n 维矩阵 $B_{m×n}$，$b_{m×n}$ 是矩阵 $B_{m×n}$ 中的元素，代表第 m 个受灾点得到第 n 个供给点分配的资源量。同时针对初始种群进行约束条件的判断，若满足则作为初始解，否则重新生成初始解。

步骤2：建立天牛触角的随机向量并做归一化处理，如式（8.23）所示：

$$d_r = \frac{rands(m, n)}{\|rands(m, n)\|} \qquad (8.23)$$

其中，rands(m，n) 为随机向量，m 和 n 代表受灾点和供给点的数量。

步骤 3：计算天牛左右触角的空间坐标，如式（8.24）和式（8.25）所示：

$$x_L = x_z - d_0 \times d_r/2 \tag{8.24}$$

$$x_R = x_z + d_0 \times d_r/2 \tag{8.25}$$

其中，x_L 为天牛左触角的坐标，x_R 为天牛右触角的坐标，x_z 为天牛在第 z 次迭代时的质心坐标即目标函数的可行解 $B_{m \times n}$，其中，$z = 1$，2，3，…，i_{ts}，d_0 为两个触角间的距离。

步骤 4：根据适应度函数 f(x) 确定左右触角气味强度。

将式（8.13）作为算法的适应度函数，分别将左、右触角的坐标代入式（8.13），计算出对应的适应度函数 f_{xL} 和 f_{xR}：

$$f_{xL} = f(xL) \tag{8.26}$$

$$f_{xR} = f(xR) \tag{8.27}$$

式（8.26）和式（8.27）分别为左触角和右触角的气味强度（即单目标函数的值）。

步骤 5：通过对步骤四中左右触角气味强度的比较，确定下一次迭代天牛的方向和位置。

由于所建模型以调度总成本最低和灾区总满意度最大为优化目标，因此通过式（8.13）可知转化的单目标函数值越小，对应的总成本越低，满意度越大。

故算法取适应度函数值较小的触角坐标。依据式（8.21）和式（8.22）计算出天牛的可变步长，根据式（8.28）得出天牛的移动方向并更新天牛的位置。

$$x_0 = x - S_t \times dire \times sign(f_{xL} - f_{xR}) \tag{8.28}$$

其中，S_t 为移动的步长，sign(·) 为符号函数，x_0 为更新后天牛的位置即更新后的可行解。

步骤 6：判断是否满足终止条件，如果满足，则立刻终止计算，输出最优解；若没有，则继续进行下一次循环。

输出全局最优的天牛位置，进行相应转换，即可得出应急资源调度的方案；对输出的最优适应度函数进行分析即可得出调度总成本与灾区总满意度。

多目标改进 BAS 算法的流程如图 8.4 所示。

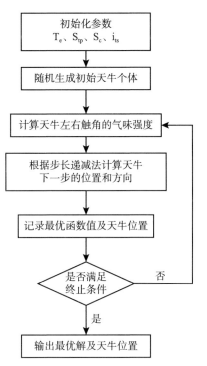

图 8.4 改进 BAS 算法的流程

资料来源：笔者绘制。

8.5 算例分析与验证

8.5.1 算例分析

目前尚未发现与本章节构建模型很好匹配的实际案例，因此无法做出有效对比，验证模型的可行性和算法的有效性，结合相关文献及实际需求，进行了仿真试验。某地区发生地震灾害，出现 5 个资源需求点，该地区拥有 5 个资源供给点。需求点 Q_j（$j=1$，2，3，4，5）的应急资源需求量分别为（1600 千克、1720 千克、1380 千克、1400 千克、1500 千克），供给点 G_i（$i=1$，2，3，4，5）的应急资源供给量分别为（800 千克、1500 千克、1300 千克、800 千克、1600 千克）。供应点到需求点的期望时间均为 1.5 小时，供应点 G_i 到需求点 Q_j 的距离 e_{ij} 见表 8.1，时间效率降低参数 d_{ij} 见表 8.2，道路损坏率 p_{ij} 见表 8.3，供应点 G_i 到需求点 Q_j 的应急资源单位成本 r_{ij} 见表 8.4，应急资源的单位装卸成本 α_{ij} 见表 8.5，供应点 G_i 到需求点 Q_j 的道路限流容量 l_{ij} 见表 8.6。各个受灾需求点的最低满意度均为 0.2，修复单位距离道路所消耗的成本均为 10 元。

此外，鉴于多目标优化模型的求解复杂而困难，其结果是在各目标之间进行协调权衡和折中处理，使各子目标均尽可能达到最优，常采取线性加权法进行相关处理，故在考虑重要性程度的基础上，取 $\varphi_1 = 0.8$，$\varphi_2 = 0.2$，系数 $\beta = 10^6$。

表 8.1   供应点到需求点的距离   单位：千米

需求点	供给点				
	G_1	G_2	G_3	G_4	G_5
Q_1	220	200	200	220	250
Q_2	180	150	200	200	180
Q_3	180	200	160	180	200
Q_4	150	190	180	200	180
Q_5	200	180	190	150	180

表 8.2   供应点到需求点的时间效率降低参数

需求点	供给点				
	G_1	G_2	G_3	G_4	G_5
Q_1	1.023	1.102	1.05	1.114	1.021
Q_2	1.12	1.046	1.023	1.046	1.104
Q_3	1.068	1.039	1.071	1.005	1.069
Q_4	1.076	1.066	1.003	1.010	1.032
Q_5	1.074	1.017	1.028	1.082	1.095

表 8.3　　　　　　　　　供应点到需求点的道路损坏率

需求点	供给点				
	G_1	G_2	G_3	G_4	G_5
Q_1	0.230	0.006	0.259	0.076	0.312
Q_2	0.024	0.017	0180	0.275	0.032
Q_3	0.094	0.068	0.219	0.073	0.372
Q_4	0.141	0.109	0.119	0.147	0.205
Q_5	0.248	0.036	0.154	0.203	0.195

表 8.4　　　　　　　　供应点到需求点的应急资源单位成本

单位：百元/千米·千克

需求点	供给点				
	G_1	G_2	G_3	G_4	G_5
Q_1	5	3	4	7	5
Q_2	8	2	7	3	6
Q_3	4	8	2	8	7
Q_4	8	5	8	2	6
Q_5	5	2	3	3	5

255

表 8.5　　　　　　供应点到需求点的单位装卸成本　　　单位：百元/千米

需求点	供给点				
	G_1	G_2	G_3	G_4	G_5
Q_1	0.282	0.445	0.270	0.206	0.166
Q_2	0.539	0.124	0.208	0.948	0.621
Q_3	0.695	0.490	0.565	0.082	0.572
Q_4	0.499	0.853	0.640	0.106	0.052
Q_5	0.536	0.874	0.417	0.142	0.931

表 8.6　　　　　　　　供应点到需求点的道路限流容量　　　　　　单位：千克

需求点	供给点				
	G_1	G_2	G_3	G_4	G_5
Q_1	520	600	540	510	750
Q_2	550	620	680	590	800
Q_3	580	740	560	520	710
Q_4	570	750	600	560	690
Q_5	530	780	500	580	760

为验证算法的优越性，将改进 BAS 算法的方案与 PSO、线性权重递减的 PSO 和 BAS 算法求解所得方案进行比较，4 种算法的具体参数设置如下。

PSO 算法：迭代速度的范围为 $v_{min} = -1$，$v_{max} = 1$，种群个数为 $P_z = 20$，算法的最大迭代次数设置为 $i_{ts} = 3000$，学习因子为 $C_1 = 1.457$，$C_2 = 1.457$，惯性权重为 $\omega = 0.9$。

线性递减 PSO 算法：设置同粒子群算法，在惯性权重处，最小惯性权重为 $\omega_{min} = 0.4$，最大惯性权重为 $\omega_{max} = 0.8$。

标准 BAS 算法：初始步长为 $S_t = 1$，最大迭代次数为 $i_{ts} = 3000$，其中系数 $c = 2$。

改进的 BAS 算法：$T_e = 5$，步长最小值为 $S_{tp} = 0.05$，步长更改系数为 $S_c = 0.95$，最大迭代次数 $i_{ts} = 3000$，系数 $c = 2$。

8.5.2　试验结果分析

（1）应急资源调度方案、成本及满意度（结果均保留 3 位小数）

4 种算法均使用 MATLAB2018a 编程实现。各算法运行 1000 次，并取最优值作为相应的最终结果，求解结果如表 8.7 ~ 表 8.10 所示。

表 8.7　　　　　　PSO 算法的最优调度方案、成本及满意度

需求点	供给点				
	G_1	G_2	G_3	G_4	G_5
Q_1	173.86	448.77	496.96	80.21	367.02
Q_2	5.22	582.58	50.86	165.41	367.21
Q_3	373.77	40.08	409.31	59.46	127.04
Q_4	231.04	171.39	67.21	239.19	226.88
Q_5	16.11	257.18	275.67	255.74	5111.86
调度总成本 （百元）	466178549.752				
灾区总满 意度	3.938				

表 8.8　　　　　　标准 BAS 算法的最优调度方案、成本及满意度

需求点	供给点				
	G_1	G_2	G_3	G_4	G_5
Q_1	60.81	224.23	251.94	112.20	26.55
Q_2	236.42	512.44	3.48	162.41	610.42
Q_3	233.10	0.53	539.84	226.39	93.78
Q_4	97.03	248.10	110.07	209.36	552.28
Q_5	172.65	514.71	394.68	89.64	316.96
调度总成本 （百元）	455423665.880				
灾区总满 意度	3.951				

表 8.9　　　　　　改进 BAS 算法的最优调度方案、成本及满意度

需求点	供给点				
	G_1	G_2	G_3	G_4	G_5
Q_1	187.48	382.69	233.20	2.78	148.13
Q_2	64.24	602.70	32.59	142.82	450.05

需求点	供给点				
	G_1	G_2	G_3	G_4	G_5
Q_3	483.79	61.57	482.11	23.99	133.55
Q_4	59.00	17.25	60.85	407.02	587.71
Q_5	5.50	435.79	491.24	223.39	280.55
调度总成本（百元）	443148787.222				
灾区总满意度	3.986				

表 8.10　　　　线性递减 PSO 算法的最优调度方案、成本及满意度

需求点	供给点				
	G_1	G_2	G_3	G_4	G_5
Q_1	177.97	498.29	492.64	27.31	255.55
Q_2	66.07	312.44	58.16	159.70	426.35
Q_3	204.66	28.60	530.37	30.70	25.31
Q_4	40.06	298.81	38.66	376.95	476.07
Q_5	311.25	361.86	180.16	205.34	413.72
调度总成本（百元）	460966579.194				
灾区总满意度	3.959				

　　对比表 8.7 ~ 表 8.10 的求解结果可看出，改进 BAS 算法的最优方案成本和灾区总满意度均优于其他方案：调度成本方面，相较于 PSO 算法的方案节约近 2300 万元，相较于标准 BAS 算法的方案也节约成本近 1200 万元，由此可看出，改进的 BAS 算法在合理调配资源及节约成本方面表现出更高的优势；此外，改进的 BAS 算法的地区总满意度均高于其余方案，使灾区满意度之和最大的同时也保证了资源的合理调配。

（2）算法性能分析

4 种算法的适应度与迭代次数变化关系曲线如图 8.5 所示。对比图 8.5 各算法的收敛结果可看出，改进的 BAS 算法相较于其余 3 种算法，在全局寻优的最终结果上具有明显优势。虽然 2 种 PSO 算法在迭代初期收敛速度较快，但都较早地陷入了局部最优，PSO 算法大约在 2000 次迭代后收敛，而改进的 BAS 算法大约只需 1200 次。进一步分析可知，BAS 算法虽然具有一定的全局寻优能力，但也易陷入局部收敛。本章节采用的可变步长策略，前期步长大，全局寻优的能力加强，具有跳出局部最优并扩大搜索范围的优势，迭代后期步长渐短，展现了更强的求解能力，不断搜寻更优解，并快速收敛，求解质量得到提高，从而避免了 BAS 算法陷入局部最优的情况，使得天牛须算法迭代方法更灵活，也使结果更好。

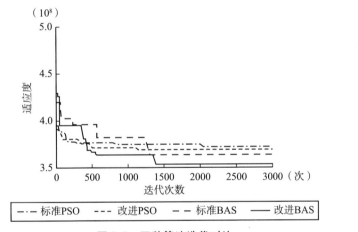

图 8.5　四种算法迭代对比

资料来源：由 MATLAB 绘图程序导出。

另外，PSO 算法种群个数多，而 BAS 算法仅需一个个体，两种天牛须算法的运行时间均小于 0.7 秒，远小于粒子群算法的 6.872 秒，可见天牛须及其改进算法的求解效率更高。在遇到复杂情况的突发事件时，天牛须及其改进算法能显著提高灾后应急系统的响应能力。

8.6 总结与展望

突发事件发生后，为解决在时间、资源和路径容量等多约束条件下的应急资源调度问题，以应急资源调度总成本最小及灾区总满意度最大作为目标，考虑物资运送至灾区存在延误成本等因素，建立了多供应点与多需求点的数学模型。将 BAS 算法运用到模型中，并引入可变步长的策略对 BAS 进行改进。

仿真试验结果表明，改进的 BAS 算法在解决此类问题时可以提供更优的调度方案，对资源的利用更加合理，能节约救援成本；改进的 BAS 算法比 BAS 算法的求解精度更高，算法稳定性更强。虽收敛速度略低于 PSO 算法，但较短的运算时间及更好的寻优结果也体现出改进的 BAS 算法具有更高的求解效率。

未来研究将进一步探讨应急资源的需求量处于模糊状态下的问题求解；在解决多目标问题时，也将采用更加科学合理的方式确定各子目标的权重；突发事件发生后对资源的需求种类往往不止一种，因此多资源的合理调度也是未来研究的方向之一。

本章参考文献

[1] 陈婷婷，殷贺，江红莉，王露. 基于天牛须搜索的粒子群优化算法求解投资组合问题 [J]. 计算机系统应用，2019，28 (2)：171–176.

[2] 杜雪灵，孟学雷，杨贝，等. 考虑公平性的面向多灾点需求应急资源调度 [J]. 计算机应用，2018，38 (7)：2089–2094.

[3] 段晓红，李晓婉. 基于多目标分布估计算法的地铁网络化应急站点选址 [J]. 安全与环境学报，2019，19 (3)：923–930.

[4] 李双琳，郑斌. 震后路网抢修排程与应急物资配送集成动态优化研究 [J]. 管理评论，2019，31 (2)：238–251.

[5] 邵良杉，韩瑞达. 基于天牛须搜索的花朵授粉算法 [J]. 计算机工程与应用，2018，54 (18)：188–194.

［6］汪勇，金菲. 应急资源调度问题的改进进化规划算法研究［J］. 运筹与管理，2012，21（4）：29－33.

［7］王付宇，叶春明，王涛，赵晶晶. 震后伤员救援车辆两阶段规划模型及算法研究［J］. 管理科学学报，2018，21（2）：68－79.

［8］王晶，曲冲冲，易显强. 道路修复条件下灾后应急资源配送LRP 研究［J］. 运筹与管理，2017，26（12）：77－82.

［9］王甜甜，刘强. 基于 BAS－BP 模型的风暴潮灾害损失预测［J］. 海洋环境科学，2018，37（3）：457－463.

［10］张淑文，廖灿，诸克军，於世为. 考虑救援队伍特征的最优调度策略研究［J］. 管理评论，2019，31（2）：225－237.

［11］朱洪利，周泓，孔继利，高德华. 需求干扰下的两阶段应急资源调度问题［J］. 中国安全生产科学技术，2018，14（5）：67－74.

［12］Cao J, Han H, Jiang Y P, et al. Emergency rescue vehicle dispatch planning using a hybrid algorithm［J］. International Journal of Information Technology & Decision Making, 2018, 17（6）：1865－1890.

［13］Chai G, Cao J, Huang W, et al. Optimized traffic emergency resource scheduling using time varying rescue route travel time［J］. Neurocomputing, 2018, 275：1567－1575.

［14］Chang F S, Wu J S, LEE C N, et al. Greedy-search-based multi-objective genetic algorithm for emergency logistics scheduling［J］. Expert Systems with Applications, 2014, 41（6）：2947－2956.

［15］List G F, Turnquist M A. Routing and emergency-response-team siting for high-level radioactive waste shipments［J］. IEEE Transactions on Engineering Management, 1998, 45（2）：141－152.

［16］Tang Z, Sun J. Multiobjective optimization of railway emergency rescue resource allocation and decision［J］. International Journal of System Assurance Engineering and Management, 2018, 9（3）：696－702.

［17］Wex F, Schryen G, Feuerriegel S, et al. Emergency response in natural disaster management：allocation and scheduling of rescue units［J］. European Journal of Operational Research, 2014, 235（3）：697－708.

［18］Xiong X, Zhao F, Wang Y, et al. Research on the model and algorithm for multimodal distribution of emergency supplies after earthquake in the perspective of fairness ［J］. Mathematical Problems in Engineering, 2019, 2019: 1 – 12.

第9章 考虑学习效应的地震伤员手术调度模型及算法

9.1 研究背景

地震灾害是对人类最具威胁性的自然灾害之一。由于地震灾害的突发性、不可预见性等特点，其造成的人员伤亡和财产损失难以估量。在地震发生后救援所需的医疗资源相对紧缺的背景下，医院的合理调度就变得相当重要（李丹和刘晓，2013）。手术调度问题就是对需进行手术的病人安排具体的执刀医生、麻醉师、护士，以及确定具体的手术室和手术时间进行手术的优化问题。

国外出现关于手术调度的文献，主要集中在常规手术效率的提升上。如卡多恩等（Cardoen et al.，2013）通过对已有手术调度相关研究文献进行综述，提出手术调度未来发展的主要研究方向。萨雷米等（Saremi et al.，2013）提出基于仿真的减少病人等待时间、服务时间及手术取消数量的优化方法。国内方面，赵亮等（2012）利用计算机系统建立数学协同优化调度模型，实施手术室关键资源的动态优化调度。刘子先等（2014）运用目标规划的方法建立手术调度的数学模型，用来研究手术调度的调度规则。

行为运作管理（杜少甫等，2013）在手术调度过程中的应用主要体现在操作者的学习—遗忘过程，即执刀医生团队的学习—遗忘效应。比斯库普（Biskup，1999）和程（Cheng，2000）率先将学习效应的理念应用在调度领域，对单机条件下目标函数为极小化总完工时间的调度问题进行了研究。在工厂实际生产过程中，由于操作工人反复连续加工相同或类似工件，学习效应会使单一工件的加工时间缩短；同时，工件种类的变化或生产中断等现象，引起学习效果的减弱，遗忘效应会造成工件的加工时间延长（叶春明，2015）。考虑到地震伤员的特殊性，即送往某一医院的伤员基本上属于同一类伤情，且伤员人数较多，手术医师在手术过程中存在学习遗忘效应，而传统的医院手术调度过程通常只是考虑医院病人以及医疗资源的一个简单排序，很少考虑到手术操作者的参与和体验，这会导致部分调度系统运作的结果与客观实际存在差异。本章节在地震伤员的手术过程中考虑学习—遗忘效应的行为特征，将参与者角色与手术过程融合，建立一个具有学习—遗忘效应的手术调度模型。

从目前研究可以发现，国内外学者对于手术调度问题及学习效应应用于调度领域所建立的模型和使用的算法还是有可以完善和改进之处：建立的手术调度模型仅仅是医疗资源的简单排序，较少考虑到操作者的体验与参与；学习效应在调度领域的应用大部分集中在生产车间调度，而在手术调度中的应用较少等。基于此，本章节主要解决以下几个问题：①手术流程模块划分问题；②学习效应如何嵌入手术调度模型问题；③手术调度模型的构建问题；④手术调度模型的高效求解算法设计问题。

9.2 理 论 基 础

9.2.1 伤情识别管理

在地震等大规模性灾害事件中，各医疗救援单位超负荷工作，仍满足不了所有伤员的需求，有必要根据伤员的伤情等级做出安排。在对地震等灾害事件产生的大批量伤员的救治过程中，震后医疗机构实施的首要任务是对伤员按优先级进行分级救治，而对地震伤员进行科学的伤情识别和检伤分类则是伤员分级救治的关键性工作。

（1）检伤分类的含义

检伤分类是医疗急救科学发展的产物，始于法国巴黎消防会进行的院前急救工作；检伤分类有分类、选择等含义，表示对伤员伤情进行检查并作出分类的含义。检伤分类包含以下两项内容。

①根据伤员的受伤的严重状态，依据伤情的特点进行分类，通过标识红丝带、黄丝带、蓝丝带等进行伤员区分，并将伤员的伤情特点做简单记录。

②由医疗机构的专家组确定检伤分类的伤员转运、救治的优先级次序的工作。

（2）伤情识别、检伤分类的目的

地震事件下，伤员大批量地出现，医疗资源的使用越来越紧张。为了使在短缺的医疗资源情况下，尽可能为减少伤员死亡者人数作出贡献，在检伤分类的作用下，医疗工作者不会注重在明明没有抢救希望的伤员身上浪费宝贵的治疗时间和医疗资源，对于那些可以简单地实施治疗工作即可以得到挽救的许多轻伤员也会注重及时地施救，此时，轻伤员的伤情不会因救治重伤员而忽略掉，而是轻伤员的救治也有一定的重要性，可通过简单的救治使轻伤员的伤情不会进一步恶化而导致死亡。在伤情识别和检伤分类的作用下，同类伤情的伤员会集中在一起处理，能够有效地减少治疗伤员的时间，从而救助更多的伤员。

（3）检伤分类的特征

检伤分类的特征如表 9.1 所示。

表 9.1　　　　　　　　　　　　检伤分类的特征

分类	特征	救援等级
紧急治疗群	呼吸严重困难者、大量失血者、失去意识者、复合骨折严重者	I
迁徙治疗群	大面积烧伤者、出血中等程度（500mL）者、脊髓损伤者、头部外伤但尚有意识者	II
小型治疗群	小骨折、小外伤、小范围的烧伤等	III
等待治疗群	达到急需"心肺复苏术"程度的多发性外伤，以及被认为处于无法康复"衰竭状态"之下的受伤者或已死者，或者已经没有希望治疗者	IV

资料来源：笔者绘制。

当地震发生时，因地震造成的伤员对救援的需求分为两项，即轻伤员和重伤员。重伤员的救治需要在有限的时间内送回医疗机构处进行救治，轻伤员可在现场简单地处理后再送往医院。考虑到现场救援人员，可构建地震情景下伤员伤情识别和检伤分类处理流程。对于地震伤员，根据不同伤情特征，构建伤情识别模型，设定伤情识别阈值，并将救援人员学习效应导入模型，实现地震伤员的快速分类、分批。建立地震伤员伤情信息表，提前估计伤员手术的各个阶段所用的时间，为伤员运送和手术处理奠定基础。伤员伤情识别及检伤分类系统具体流程如图9.1所示。

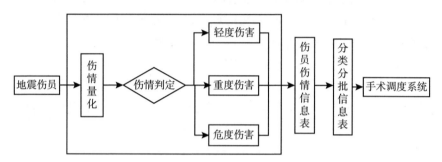

图9.1 伤员伤情识别及检伤分类系统流程

资料来源：笔者绘制。

9.2.2 学习效应

（1）学习曲线

在社会实践中，人的行为对事情的效率有重大影响，如学习曲线就是描述人的学习与经验因为积累而产生效率提高的特征，学习曲线代表生产者通过自身不断学习使经验增加从而导致工作效率不断改进的过程。其基于表9.2中的基本假设。

表9.2　　　　　　　　　　　　学习曲线的基本假设

假设	基本假设特征
a	每次完成同一性质的任务后，下一次完成该任务或生产单位产品的时间将减少
b	单位产品的生产时间将以一种递减的速率下降
c	单位产品生产时间的减少将遵守一个可预测的规律

资料来源：笔者绘制。

1936 年，怀特（Wright，1936）通过研究飞机生产中的单位产品的劳动时间随着产量的积累而下降的规律，提出学习曲线的表达式如式（9.1）所示：

$$T_x = T_1 \times x^{-a} \tag{9.1}$$

其中，T_x 表示第 x 件产品生产所用的时间，x = 1，2，…，n，生产第一件产品所用的时间指 T_1，学习曲线的学习率是 a，如图 9.2 所示。

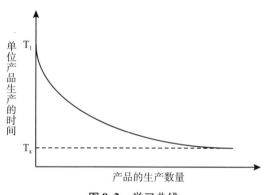

图 9.2 学习曲线

资料来源：笔者绘制。

由图 9.2 可以看出，单位产品生产时所需的时间会随着产品数量的增加而递减。这说明随着生产的进行，员工对产品生产时的熟练度会越来越高。怀特（Wright）认为单位产品生产时间 T_x 不会因为产品的生产数量的增加而降低到零，而是趋向于某个特定值。

（2）学习效应

学习效应在工业生产领域很早被提及，比斯库普（Biskup，1999）是最早研究学习效应的学者之一，他首次将学习效应应用于调度领域。在比斯库普（Biskup）提出的学习效应模型中，假设工件 J_j 的正常加工时间为 P_j，在调度过程中，工件 J_j 排序在第 r 个顺序上，则工件 J_j 的实际加工时间 $P_{jr} = P_j \times r^a$。其中 $a \leqslant 0$，a 是学习因子，其值为常数。在此基础上，还究了带有学习效应的单机调度问题，其目标函数是极小化总完工时间。

自从比斯库普将学习效应的理念应用到调度领域，越来越多的学者开始关注研究具有学习效应的调度问题。一些学者是针对其提出的学习效应模型应用到各种各样的调度问题做出研究。其中有具有学习效应下的单机调度问题，其目标函数考虑极小化最大加工时间、最小化误工时间等；还包括带有学习效应模型的流水车间调度问题；成组生产下具有学习效应的调度策略；具有学习效应下的平行机调度问题；具有学习效应的分批调度问题等。

一部分是针对已有模型在调度问题加入各类相关概念，如考虑退化效应、恶化效应、遗忘效应等的学习效应的调度问题；考虑安装时间、带有资源依赖、带有时间依赖，交货期可指派且机器带有学习效应的；机器可用性限制且带有学习效应的调度问题等。

另一部分则是研究不同的学习效应模型，其中包括基于工件加工顺序的学习效应模型：$P_{jr} = P_j \times r^{a_j}$；阔等（Kuo et al., 2012）提出基于已加工工件的工件时间之和的学习效应模型：$P_{jr} = P_j(1 + \sum_{i=1}^{r-1} P_1)$，王吉波等（2014）提出的德琼（Dejong）学习效应模型：$P_{jr} = P_j \times [M + (1 - M) \times r^a]$，j，r = 1，2，$\cdots$，n；其中 $0 \leqslant M \leqslant 1$，当 M = 0，德琼（Dejong）学习效应模型对应的是基于加工位置的学习效应模型，当 M = 1 时，对应的是传统的调度模型，因此，德琼（Dejong）学习效应模型更符合现实生产情况。部分学者讨论了实际加工时间为：$P_{jr} = P_j \times \max\{r^{a_j}, \beta\}$ 的截断式学习效应的单机排序问题；此时学习效应中的实际加工时间是截断式函数；以及考虑实际加工时间是抽象函数的学习效应模型，例如，$P_{jr} = P_j \times g(r)$，对于 $g(r)$ 不减的情况下，学习效应的调度问题。

由于地震伤员大批量的出现，经过伤情识别和检伤分类，大量同类伤情的伤员出现在同一家医院，这导致手术操作者有机会带来更多的熟练度，形成学习效应。因此本章节从新的视角研究手术医师参与和体验下的学习效应对于手术调度的作用路径和作用机理。

9.2.3　手术调度相关理论

手术调度问题从本质上和生产管理领域上的工序排序问题是相似的，一般可借鉴生产管理中的车间调度理论，学者们对于流水车间的调度问题的研究已经得出了许多重要的理论成果，可以作为手术调度问题的理论参考。

（1）流水车间调度

流水车间调度问题（flow shop scheduling problem，FSP）是现实许多流水线车间调度问题的简化模型，是典型的组合优化问题，因此研究FSP 问题具有重要的理论意义和实际意义。流水车间调度问题描述的是 n 个工件在 m 台机器上的加工过程，每个工件的每道工序加工的顺序都相同，求解各工件的先后加工顺序，使某项指标最优。流水车间调度问题的假设条件如表 9.3 所示。

表 9.3　　　　　　　　流水车间调度问题的一般性假设

假设条件	假设描述
1	一个工件不能同时在不同的机器上进行加工
2	一个工件在某个工序开始加工，必须一直加工完毕
3	每道工序只能在一台机器上完成，每台机器只完成一道工序，工序之间无优先级
4	工件数、机器数、各工件的加工时间已知
5	每台机器同时只能加工一个工件

资料来源：笔者绘制。

流水车间调度的常用解法：

①Johnson 规则。Johnson 针对两阶段流水车间，以最大加工完工时间为目标函数，提出的多项式时间算法，其基本规则如下：

如果用 p_{i1} 表示工件 i 在第一台机器上的加工时间，p_{i2} 表示工件在第二台机器上的加工时间，若 $\min(p_{i1}, p_{i2}) < \min(p_{j1}, p_{j2})$，则工件 i 排在工件 j 之前，若中间为等号，则工件 i 和 j 之间的顺序无关。

Johnson 规则为后来的 m 台机器的流水车间启发式算法提供了基础。

②Gupta 方法。记 t_{ij} 为工件 i 在机器 j 的加工时间，该方法首先对工件计算参数 $S(i) = C / \min\limits_{1 \leqslant j \leqslant m-1}(t_{ij} + t_{i(j-1)})$，其中，若 $t_{im} \leqslant t_{i1}$，则 $C = 1$，否则 $C = -1$，然后按 $S(i)$ 值递增的顺序进行排列，从而得到一个次优调度结果。

③Nawaz - Enscore - Ham（NEH）算法。NEH 算法的基本思想是：

工件加工所用的时间越长，它具有越高的优先权。初始调度按工件的总加工时间降序排列，对初始排序序列采用部分枚举搜索的方法得到一个次优调度。

（2）混合流水车间调度

混合流水车间调度问题（hybrid flow shop scheduling problem，HFSP）也叫柔性流水车间调度，是传统流水车间调度的一种推广，是一般流水车间调度问题和并行机调度问题的结合，它的特征是在至少某些阶段存在并行机器。

该问题的描述如下：n 个工件在流水线上进行 m 道工序的加工，工件在加工过程中的流程方向是单一的，任意一道工序都有一台或以上的机器加工，且存在一道工序由多台机器加工，加工同一道工序的各机器的加工性能相同，工件在加工流程要完成每一道工序，每一道工序可以在对应阶段任意一台机器上进行加工。混合流水车间调度问题的任务是：在已知工件每道工序的加工时间的情况下，如何给每道工序分配对应阶段的机器，以及确定机器上各工件的加工顺序和开始加工时间。图9.3 给出了混合流水车间调度的图例。

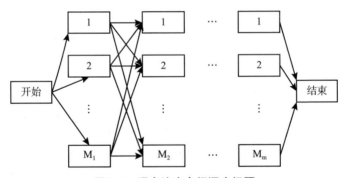

图9.3 混合流水车间调度问题

资料来源：笔者绘制。

本章节中，以三阶段混合流水车间调度模型为基础，结合"术前—术中—术后"构建了基于混合流水车间的地震伤员的手术调度模型。

9.3　地震伤员手术调度数学模型构建

9.3.1　问题描述

手术调度问题从本质上和生产管理领域上的工件排序问题是相似的，自从混合流水车间调度问题提出之后，学者们对于流水车间的调度问题研究已经取得了许多重要成果，可以作为伤员手术调度问题的理论参考（轩华和李冰，2015）。如果将手术调度问题类比为工件调度问题，其中要进行手术的病人可看作是需要加工的工件，进行手术时所需的执刀医生、护士、医疗资源等看成加工工件的机器，则病人的手术过程就是需要多种机器同时加工工件的过程，本章节以三阶段混合流水车间调度模型为基础，结合伤员手术"术前—术中—术后"的阶段特征，构建伤员手术调度模型。其手术调度过程如图9.4所示。

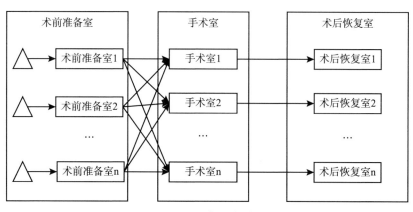

图9.4　手术调度过程

资料来源：笔者绘制。

设定手术系统中有 n 位伤员手术组成的待调度的手术集合 N = {1, 2, …, n} 以及 m 个手术室组成的批手术室集合 M = {1, 2, …, m}，伤员需要三个阶段完成治疗，且中阶段由于执刀医生的学习效应的影响，手术实际持续时间小于正常手术时间。同时考虑到由于病人手术的种类不同，存在学习遗忘效应，计算病人的实际手术时间时，需考虑遗忘效应产生的影响（王桂娜等，2013）。其中遗忘率 η 表示为式 (9.2)：

$$\eta = 1 - \exp[-\varphi(1 - \theta_{j-1,j})] \qquad (9.2)$$

其中，η 表示不同手术之间的遗忘率；φ 表示遗忘参数；$\theta_{j-1,j}$ 表示手术之间的相似度，取值范围为 0~1。

则手术组批 J_j 的第一个病人的实际手术时间为式 (9.3)：

$$P_{j1} = t_j \left[\frac{P_{j-1,L}}{t_{j-1}} + \eta \left(\frac{t_{j-1} - P_{j-1,L}}{t_{j-1}} \right) \right] \qquad (9.3)$$

其中，t_j 为手术组批 J_j 的基本手术时间；L 为批量，则 $P_{j-1,L}$ 为手术组批 J_{j-1} 中最后一个病人的实际手术时间；$\frac{P_{j-1,L}}{t_{j-1}}$ 为不考虑遗忘效应时的学习效应；$\frac{t_{j-1} - P_{j-1,L}}{t_{j-1}}$ 为累积的学习效应；$\eta \left(\frac{t_{j-1} - P_{j-1,L}}{t_{j-1}} \right)$ 为对累积学习效应的遗忘程度，即遗忘效应。

第一，每位执刀医生在同一时间内不能参加两台及以上的手术；

第二，除执刀医生、医疗设施外，其他资源默认为准备就绪；

第三，术前准备室和术后恢复室充足，没有数量限制；

第四，同一个伤员手术的三个阶段不能改变顺序；

第五，伤员手术各阶段开始后不能中止；

第六，伤员手术三个阶段的时间可由伤员伤情识别系统预先测定；

第七，所有伤员的手术在零时刻都可以开始操作，不同手术之间优先级相同；

第八，不考虑执刀医师、医护人员及病人迟到情况，能够按照调度时间准备就绪；

第九，所有伤员可以在不同的手术室进行，同一伤员在不同手术室基本持续时间相同；

第十，手术结束后，伤员需要立即转移到术后恢复室。

定义决策变量（0-1变量）具体如式（9.4）~式（9.6）所示：

$$x_{ij} = \begin{cases} 1, & \text{伤员 i 被安排到手术室 j 进行手术} \\ 0, & \text{其他} \end{cases} \tag{9.4}$$

$$z_{ijk} = \begin{cases} 1, & \text{伤员 i 在手术室伤员 p 和 q 之前} \\ 0, & \text{其他} \end{cases} \tag{9.5}$$

$$z_{ijk} = \begin{cases} 1, & \text{统一手术室伤员 p 在伤员 q 之前} \\ 0, & \text{其他} \end{cases} \tag{9.6}$$

其中，式（9.4）判断伤员 i 是否在手术室 j 中进行手术；式（9.5）判断伤员 i 位于手术室 j 的第 k 个位序；式（9.6）判断同一手术室中伤员手术的先后顺序。模型参数解释如下：

D_{i1}：伤员 i 的术前阶段持续时间（$i \in N$）；

D_{i2}：伤员 i 的术中基本持续时间（$i \in N$）；

D_{ijk}：伤员 i 在手术室 j 第 k 个位序进行手术的持续时间（$i \in I$，$j \in J$，$k \in \{1, 2, \cdots, K_j\}$）；

D_{i3}：伤员 i 的术后恢复阶段持续时间（$i \in N$）；

a：学习效应因子；

Td_{i1}：伤员 i 在术前准备室的开始时间；

Td_{i2}：伤员 i 在手术室的开始时间；

$Td_{i3,k}$：位于手术室 j 第 k 个位序的伤员 i 在术后恢复室的开始时间；

K_j：在手术室 j 上进行手术的手术总数；

M：一个任意大的整数。

9.3.2 模型构建

以混合流水车间调度问题为基础，建立嵌入学习—遗忘效应的伤员手术调度模型，如式（9.7）~式（9.14）所示：

目标函数：

$$\min F = \min \max_{i \in N} \{Td_{i3,k} + D_{i3}\} \tag{9.7}$$

约束条件：

$$Td_{i3,k} = \max(Td_{i2}, T_{p3,k-1}) + D_{ijk} \quad (9.8)$$

$$\forall i = (1, 2, \cdots, n); \quad j = (1, 2, \cdots, m);$$

$$k = (1, 2, \cdots, k); \quad p \neq i \quad (9.9)$$

$$D_{ijk} = D_{i2} z_{ijk}$$

$$\forall i = (1, 2, \cdots, n); \quad j = (1, 2, \cdots, m);$$

$$k = (1, 2, \cdots, k); \quad (9.10)$$

$$\sum_{j \in M} \sum_{k=1}^{k_j} z_{ijk} = 1 \forall j = (1, 2, \cdots, m); \quad (9.11)$$

$$\sum_{j \in M} k_j = n \quad (9.12)$$

$$Td_{p2} + D_{pjk} \leqslant Td_{q2} + M(3 - x_{pj} - x_{qj} - Y_{pq2})$$

$$\forall p, q = (1, 2, \cdots, n); \quad j = (1, 2, \cdots, m); \quad (9.13)$$

$$Y_{pq2} + qp^2 = 1 \forall p, q = (1, 2, \cdots, n) \quad (9.14)$$

式（9.7）表示最小化最后一个完成手术并恢复的伤员的完成时间；式（9.8）表示伤员手术术前阶段和术中阶段的时间关系，术前阶段结束必须马上开始术中阶段；式（9.9）表示伤员手术术中阶段和术后阶段的时间关系，术中阶段结束必须马上开始术后阶段；式（9.10）表示手术术中阶段手术时间的学习效应模型，式（9.11）和式（9.12）表示所有伤员都要安排到手术室进行手术，且只能安排一次手术；式（9.13）表示任何一个手术室在任何时候不能同时给一个以上的伤员处理手术；式（9.14）表示同一手术室的两个伤员的前后顺序一致。

9.4　算法设计

9.4.1　标准萤火虫算法介绍

萤火虫算法（glowworm swarm optimization，GSO）是由凯帕（Kaipa）和高斯（Ghose）两位印度学者于2005年提出的一种新型仿生群智能优化算法。萤火虫算法（GSO）是基于自然界中的萤火虫利用其尾部荧光素发出的光芒来进行觅食、警戒及求偶等活动这一现象而提出的。而萤火虫发光的强弱和萤火虫自身携带的一种物质有关，这种物质就是荧光素，萤火虫带有的荧光素越多，发光越亮，吸引力就越强，也就会有越来越多的萤火虫聚集到其所在的位置上。

萤火虫算法的基本思想为：萤火虫随机分布在解空间里，具有一定的发光能力，但因为每只萤火虫所处的位置不同，也就造成了每只萤火虫发出的亮度也不同，亮度低的萤火虫向亮度高的萤火虫移动靠近，根据规则更新它们的位置，通过多次移动后，大部分个体都会聚集到亮度最大的萤火虫个体位置附近，从而完成寻优目的。简言之，也就是每一只萤火虫被看作解空间里的一个可行解；萤火虫利用其发光特征而相互吸引的过程被看作搜索优化的过程；亮度低的萤火虫向亮度高的萤火虫的移动靠近被看作数学问题模型的寻优求解；最佳位置上的萤火虫具有最多的荧光素，即为我们所要求的最大或最小的目标函数值。

为了使萤火虫算法更加简单、有效以及更加的准确，我们需要使用理想化准则，除去一部分不重要的因素，对萤火虫的某些发光特性进行理想化处理，具体表现为三个方面：第一，假设所有的萤火虫都是同一个性别，即萤火虫之间的相互吸引无性别差异；第二，萤火虫之间的吸引力与它们的亮度有关。发光能力强的萤火虫会呈现出随机运动的状态，并且发光能力强的萤火虫会吸引它周围发光能力弱的萤火虫不断向其靠近，但是这种吸引力会随着距离的增加而逐渐降低；第三，在具体实际问题的求解过程中，萤火虫个体的移动区域和发光亮度分别决定着问题的可行解空间和适应度函数。

9.4.2 标准萤火虫算法基本步骤

根据图 9.5 中的萤火虫算法的移动路径，我们可以描述其寻优过程，过程为：随机地在目标函数的解空间中初始化萤火虫种群，且每一只萤火虫都携带有相同数量的荧光素。在萤火虫的运动过程中，萤火虫 i 以一定的概率向其决策域内的萤火虫 j 移动，且萤火虫 j 的荧光素值高于萤火虫 i 的荧光素值。萤火虫的荧光素值的大小是由萤火虫个体所处位置上的适应度函数值决定的，萤火虫的荧光素值越高，所在的位置越好，目标函数值也就有越好。经过不断运动，萤火虫群体会集中在适应度值较优的萤火虫个体的周围，即到达了问题最优解的位置。

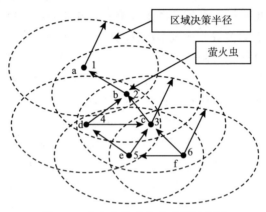

图9.5　萤火虫算法移动路径示意图

资料来源：笔者绘制。

　　一般情况下，萤火虫算法的寻优过程主要是由四个阶段组成，可将这四个阶段用数学表达式的形式描述出来，具体可描述为四个阶段。

（1）荧光素更新阶段

　　假设萤火虫个体 i 在第 t 次迭代时的位置为 $x_i(t)$，所对应的目标函数值为 $J(x_i(t))$，利用更新规则将目标函数值转化为荧光素值 $l_i(t)$，具体的更新规则如式（9.15）所示：

$$l_i(t) = (1-\rho) \cdot l_i(t-1) + \gamma \cdot J(x_i(t)) \qquad (9.15)$$

其中，$l_i(t-1)$ 表示萤火虫个体 i 在第 $t-1$ 次迭代时所具有的荧光素值；ρ 表示荧光素挥发因子，γ 表示荧光素增强因子，且 ρ，$\gamma \in (0, 1)$；$J(x_i(t))$ 表示萤火虫个体 i 在第 t 次迭代时所处位置对应的目标函数值，即适应度函数值。

（2）寻找最优个体阶段

第 t 次迭代时，萤火虫个体 i 在其动态决策半径 $r_d^i(t)$ 内，选择荧光素值比自己高的个体组成它的邻域集 $N_i(t)$，计算公式如式（9.16）所示：

$$N_i(t) = \{j: d_{ij}(t) < r_d^i(t); \ l_i(t) < l_j(t)\} \qquad (9.16)$$

其中，$d_{ij}(t)$ 表示萤火虫个体 i 和萤火虫个体 j 在第 t 次迭代时的距离。

在邻域集合内，荧光素值低的萤火虫个体 i 被荧光素值高的萤火虫个体 j 吸引，并向萤火虫个体 j 移动靠近，移动概率 $P_{ij}(t)$ 根据公式（9.17）计算：

$$P_{ij}(t) = \frac{l_j(t) - l_i(t)}{\sum_{k \in N_i(t)} l_k(t) - l_i(t)} \qquad (9.17)$$

（3）位置更新阶段

对移动后的第 i 只萤火虫的位置进行更新，更新规则如式（9.18）所示：

$$x_i(t+1) = x_i(t) + s \cdot \left(\frac{x_j(t) - x_i(t)}{\|x_j(t) - x_i(t)\|} \right) \qquad (9.18)$$

其中，s 表示移动步长。

（4）邻域半径更新阶段

对移动后的第 i 只萤火虫的邻域半径进行更新，更新规则如式（9.19）所示：

$$r_d^i(t+1) = \min\{r_s, \ \max\{0, \ r_d^i(t) + \beta(n_t - |N_i(t)|)\}\} \qquad (9.19)$$

其中，r_s 表示萤火虫个体的最大感知半径；n_t 表示萤火虫邻域集合内萤火虫数量的极限值即所说的领域阈值；β 表示邻域变化率。

标准萤火虫算法的步骤如下：

步骤 1：初始化参数设置：萤火虫种群个数 mp，最大迭代次数 N，最大感知半径 r_s，荧光素挥发因子 ρ，荧光素增强因子 γ 等；

步骤 2：随机初始化萤火虫种群，产生初始解；

步骤 3：首先进行适应度函数的计算，然后依据适应度函数对荧光素浓度进行更新；

步骤 4：求解萤火虫个体 i 的邻域集合 $N_i(t) = \{j: d_{ij}(t) < r_d^i(t); \ l_i(t) < l_j(t)\}$；

277

步骤5：对邻域集合内的萤火虫个体 i 向萤火虫个体 j 的移动概率按照式（9.17）进行计算，然后再根据移动概率选择下一步的移动对象；

步骤6：根据式（9.18）更新萤火虫的个体位置，根据公式（9.19）更新萤火虫个体的邻域半径；

步骤7：判断是否满足终止条件，若是则进行步骤8，反之返回步骤3；

步骤8：输出最优位置和最优解。

萤火虫算法流程如图9.6所示。

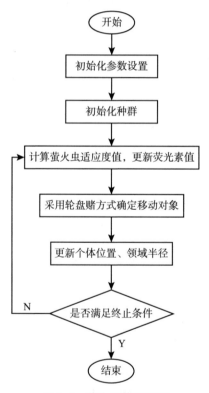

图9.6 萤火虫算法流程

资料来源：笔者绘制。

9.4.3　萤火虫算法分析

萤火虫算法是由印度学者克里希纳南德和戈斯（Krishnanand and Ghose）提出的一种新型仿生群智能优化算法。萤火虫算法对空间内萤火虫的位置进行群体优化搜索，通过设置萤火虫初始种群数，使得多个萤火虫同时参与寻找最优解，该算法的全局搜索能力很强。萤火虫算法提出后，以其参数少、易实现等特点引起了国内外众多学者的关注，并在自动控制（顾忠伟，徐福缘，2017）、态势预测（陶睿等，2017）、组合优化（王效俐，2016）等领域得到了理论研究和实践应用。在震后伤员手术调度这一类离散型问题求解中无法对离散型的手术顺序进行有效更新，为了利用萤火虫算法求解离散型问题，刘长平等（2014）提出了一种离散型萤火虫优化算法，并成功求解了置换流水车间调度问题，扩展了萤火虫算法的求解范围，证明萤火虫算法的优越性。本章节针对手术调度问题属于离散型组合优化问题的特点，在利用萤火虫优化算法全局搜索能力强、求解速度快的同时，采用"轮盘赌"的方式进行萤火虫个体位置的更新；进行算法的离散化处理，使算法可以更好地求解离散类问题；引入变邻域搜索的扰动机制，对萤火虫算法迭代陷入局部最优的最优解进行多种邻域结构式的搜索，提高算法跳出局部最优的性能。

9.4.4　萤火虫算法在手术调度中的设计改进

（1）手术调度问题的编码

对于手术调度问题，采用基于手术顺序和手术室分配的双层编码方案进行解决。萤火虫个体的第一层编码表示伤员手术排序向量，萤火虫个体的第二层编码表示手术室分配向量。其中，伤员手术排序向量 A_i 和手术室分配向量 B_i 如式（9.20）和式（9.21）所示：

$$A_i = [x_{i1}, x_{i2}, \cdots, x_{ij}, \cdots, x_{in}] \quad x_{ij} \in \{1, 2, \cdots, n\} \quad (9.20)$$

$$B_i = [y_{i1}, y_{i2}, \cdots, y_{ij}, \cdots, y_{in}] \quad x_{ij} \in \{1, 2, \cdots, m\} \quad (9.21)$$

其中，n 是所有要进行手术的伤员的总数，m 是手术室的总数，A_i 中任意两个元素互不相等。

（2）计算萤火虫个体间的距离

个体间的距离需要采用编码的差异度来衡量。对于 x_i，x_j 两只萤火虫，可定义进行第 t 次迭代时的萤火虫 x_i 和 x_j 个体之间的距离可表示为式（9.22）和式（9.23）

$$d_{ij}(t) = A \times H_{ij} \qquad (9.22)$$

$$H_{ij} = \frac{\sum_{k=1}^{n} |x_{ij}(t, k)|}{M} \qquad (9.23)$$

其中，H_{ij} 表示萤火虫 x_i 和萤火虫 x_j 之间的编码差异度；A 为调整萤火虫个体维度之间的常系数；n 表示萤火虫的编码长度；$|x_{ij}(t, k)|$ 表示两个萤火虫编码序列的同一维度差值的绝对值，当 n 为奇数时，$M = (n+1) \cdot (n-1)/2$；当 n 为偶数时，$M = n^2/2$。

（3）萤火虫位置更新及不可行解的调整

采用"轮盘赌"的方式进行位置更新。对于萤火虫 x_i，假设萤火虫 x_i 向萤火虫 x_j 处移动，则萤火虫 x_i 的第一层编码，即手术排序向量的更新如式（9.24）所示：

$$x_{i(t+1,k)} \begin{cases} x_{i(t,k)} & r_k < p_1 \\ x_{j(t,k)} & p_1 \leqslant r_k \leqslant p_2 \\ Rr_k \geqslant p_2 \end{cases} \qquad (9.24)$$

其中，$r_k \in [r_1, r_2, \cdots, r_n]$，是 $[0, 1]$ 之间的随机数；p_1 和 p_2 是概率选择参数，本章节 p_1 取 0.35，p_2 取 0.9，R 为任意一个手术编号。采用"轮盘赌"法，以 p_1 的概率接受 x_i 编码中的第 k 维数据 $x_{i(t,k)}$，以 $p_2 - p_1$ 的概率接受 x_j 编码中的第 k 维数据 $x_{j(t,k)}$，以 $1 - p_2$ 的概率取一个随机值。萤火虫 x_i 的后 n 维编码手术室分配向量继承萤火虫 x_j 的后 n 维编码手术室分配向量。

由于萤火虫编码的更新具有随机性，对于萤火虫的第一层编码－伤员手术排序向量，有可能会出现不满足实际的情况，例如，一个手术编号同时处在两个及以上的位置上，对待这种非法编码，需先对伤员的手术编号进行升序排列，得到伤员手术编号对应的位置号，对于非法手术的位置编号按照 $x_{ij}(t)$ 值升序排列，$x_{ij}(t)$ 值小的位置号排在前面，如果其值相同，则随机进行排列，进而将可行的位置号进行升序排列得到可行解编码。

（4）变邻域搜索的改进

基于变邻域搜索算法的思想，选择变邻域搜索算法进行优化，本章节设计了三种邻域结构：交换、插入、颠倒。若萤火虫算法迭代产生的最优解连续三代不变，则把萤火虫算法迭代产生的最优解作为变邻域搜索算法的初始解，执行变邻域搜索算法，之后计算得到更优的目标值，使得目标函数值更小，从而获得更优的手术调度解。

9.4.5 改进萤火虫算法求解步骤

算法流程具体为：

步骤1：输入萤火虫算法相关参数，萤火虫个数 n，荧光素初值 10，荧光素挥发因子 ρ，荧光素增强因子 γ，邻域半径初值 r_0，个体最大感知半径 r_s，邻域半径更新率 β，迭代最大次数 G_{max}；

步骤2：对手术调度问题进行随机编码产生 n 个萤火虫初始解；

步骤3：while $G \leqslant G_{max}$；

步骤4：按照公式（9.4）计算萤火虫个体的目标函数，其倒数作为萤火虫的适应度值，计算萤火虫个体的荧光素值如式（9.25）所示：

$$l_i(t) = (1 - \rho) \times l_i(t - 1) + \gamma \times f(x_i(t)) \qquad (9.25)$$

步骤5：计算萤火虫个体之间的距离，确定萤火虫个体 i 的邻域集合，如式（9.26）所示：

$$N_i(t) = \{j: d_{ij}(t) < r_d^i(t)\}; \quad l_i(t) < l_j(t) \qquad (9.26)$$

步骤6：计算萤火虫个体邻域集合内其他萤火虫个体被选为移动目标的概率，采用"轮盘赌"的方法确定具体目标；

步骤7：按照公式对萤火虫个体的位置进行更新，并对不可行解进行调整；

步骤8：对萤火虫个体的邻域半径进行更新，如式（9.27）所示：

$$r_d^i(t + 1) = \min\{r_s, \max\{0, r_d^i(t) + \beta(n_t - |N_i(t)|)\}\} \qquad (9.27)$$

步骤9：更新所有萤火虫个体的位置，对最优位置的萤火虫个体进行变邻域搜索；

步骤10：$G = G + 1$；

步骤11：判断是否满足终止条件，如果满足则跳出循环，输出最优手术调度方案及目标函数值，如果不满足则返回步骤4。

改进萤火虫算法的求解流程如图9.7所示。

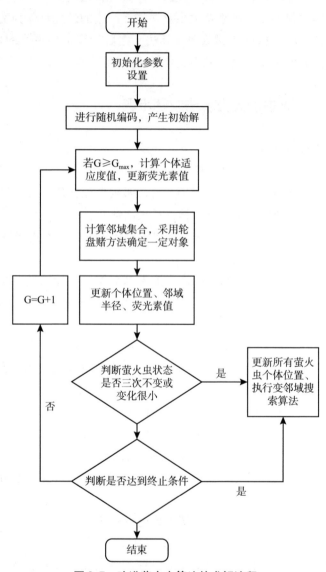

图9.7　改进萤火虫算法的求解流程

资料来源：笔者绘制。

9.5　模型验证与分析

9.5.1　算例背景介绍

地震发生后，短时间内造成大批人员伤亡，某医院具有救治伤员的义务，大批量地震伤员通过该医院的伤情识别与检伤分类系统送达至医院，大部分伤员需要进行手术治疗，医院可以进行骨科、内脏科、神经外科、心脏内科、清创缝合等手术。以该医院为研究背景，手术室有 5 个手术操作室，前准备室和术后恢复室充足，各手术室配备充足的执刀医生、麻醉师、护士等资源。本算例中手术三个阶段所需时间可通过正态分布根据历史经验和病人估算确定（Bilgili et al.，2016）。该手术调度问题由 5 个手术室和 30 个伤员构成，术中持续时间的学习效应的学习率取 80%，表 9.4 所示为伤员手术三个阶段所需时间的具体信息。

表 9.4	伤员手术阶段的持续时间信息		单位：分钟
伤员编号	术前时间	术中时间	术后时间
1	39.7	83.1	15.7
2	57.8	198.8	25.7
3	61.2	206.9	27.8
4	55.7	137.7	23.3
5	25.5	45.9	10.7
6	45.8	92.6	20.6
7	57.0	156.8	24.9
8	53.4	135.3	23.1
9	36.3	82.4	14.0
10	79.5	274.9	35.6
11	43.4	85.6	17.1
12	60.6	200.7	26.7

伤员编号	术前时间	术中时间	术后时间
13	56.2	149.3	24.4
14	55.8	147.0	24.2
15	27.1	63.95	12
16	57.6	198.5	25.6
17	47.8	97.4	21.8
18	57.1	188.7	25.2
19	52.4	114.8	22.9
20	65.9	237.1	31.0
21	74.0	254.5	33.1
22	51.0	106.9	22.6
23	50.6	100.7	22.3
24	46.4	93.8	20.7
25	45.4	90.9	20.4
26	68.4	240.2	31.4
27	31.2	73.3	13.6
28	63.8	233.5	29.8
29	57.3	164.6	25.3
30	42.6	84.5	16.3

9.5.2 算例求解与结果分析

(1) 参数设定

运用 Matlab 软件编写算法程序，改进萤火虫算法的基本参数值根据经验值设置为：萤火虫算法的最大迭代次数为 $G_{max} = 100$，种群大小 NIND = 50，萤光素初始值 $i_0 = 5$，荧光素挥发因子 $\rho = 0.4$，荧光素提取比例 $\gamma = 0.6$，邻域半径初始值设为 $r_0 = 10$，个体最大邻域半径 $r_s = 20$，邻域半径更新率 $\beta = 0.08$，个体邻域集内所含萤火虫个体数目最大值 $n_t = 5$，学习效应的学习率 l 为 80%。本章节引入遗传算法和离散萤火虫算法分别对手术调度模型进行求解，并对三种算法求解结果进行比较分析。

（2）算例求解

根据数学模型与改进的萤火虫算法，利用 Matlab 软件进行手术调度问题的求解，得出手术调度的最大流程时间如图9.8所示。

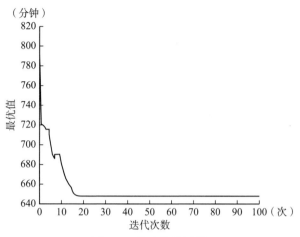

图9.8　算法迭代过程

资料来源：由 MATLAB 绘图程序导出。

算例求解的最优解结果如下：

最优解的第一层编码是伤员手术顺序编码，其编码顺序为 1、25、5、30、23、21、27、6、15、9、26、12、8、7、29、10、17、22、3、13、20、4、2、18、28、19、16、14、24、11。第二层编码为伤员分配的手术室编号，其编码顺序为 4、4、1、5、1、1、3、3、2、2、3、3、5、2、2、1、4、4、2、3、5、5、2、4、4、3、1、5、5、4。因此，伤员手术的具体排序：编号为 5、23、21、10、16 的伤员依次在 1 号手术室进行手术，编号为 15、9、7、29、3、2 的伤员依次在 2 号手术室进行手术，编号为 27、6、26、12、13、19 的伤员依次在 3 号手术室进行手术，编号为 1、25、17、22、18、28、11 的伤员依次在 4 号手术室进行手术，号为 30、8、20、4、14、24 的伤员依次在 5 号手术室进行手术。因此，最优手术最大流程时间为 648.2 分钟。

（3）算法对比分析

分别采用遗传算法、离散萤火虫算法和改进萤火虫算法对上述算例进行求解，并进行对比分析。遗传算法的参数设置如下：种群大小 NIND = 50；交叉概率 $p_c = 0.5$；变异概率 $p_d = 0.05$，迭代次数 $G_{max} = 200$。离散萤火虫算法参数与改进萤火虫算法一致。每种算法独立运行 15 次，算法运行结果如表 9.5 所示，三种算法的寻优过程对比如图 9.9 所示。

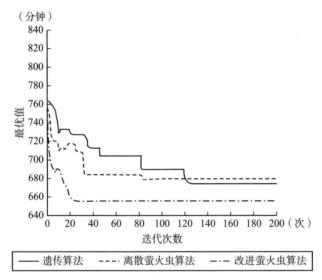

图 9.9　算法寻优过程

资料来源：由 MATLAB 绘图程序导出。

由表 9.5 中三种算法的运行结果比较以及图 9.9 中三种算法的寻优过程可知，改进的萤火虫算法的收敛速度明显优于其他两种算法，且其求解结果较离散萤火虫算法减少 22.3 分钟，手术效率提升 3.3%。证明了本章节算法的有效性和优越性。

表 9.5　　　　　　　　　　　**算法运行结果**　　　　　　　　单位：分钟

序号	遗传算法	离散萤火虫算法	改进萤火虫算法
1	683.7	675.9	659.1
2	676.0	681.9	653.7
3	676.1	677.4	659.2
4	680.6	691.2	665.3

续表

序号	遗传算法	离散萤火虫算法	改进萤火虫算法
5	660.2	682.5	649.1
6	676.3	670.2	657.3
7	685.1	663.9	658.2
8	677.7	685.3	654.1
9	678.2	676.2	655.8
10	678.5	680.9	664.4
11	668.1	672.3	653.6
12	673.1	674.7	648.2
13	677.1	683.5	657.0
14	680.6	685.0	649.7
15	678.1	674.8	655.4
最优值	660.2	663.9	648.2
最差值	685.1	691.2	665.3
平均值	676.6	678.3	656.0

资料来源：MATLAB 软件运行结果。

（4）学习效应对手术调度结果的影响

由于手术执刀医生团队自身素质的区别，会导致其学习效应的学习率不同，即学习程度不同，学习率 l 分别取 100%，90%，80%，70%，60%，50% 时对应的学习效应因子 α 为 0，−0.152，−0.322，−0.515，−0.737，−1。独立运行改进的萤火虫算法 15 次，得到的优化结果如表 9.6 所示。

表 9.6　　　　不同学习率下的手术调度问题优化结果

学习率	100%	90%	80%	70%	60%	50%
手术调度目标函数平均值	942.9	798.8	656.0	538.2	435.0	338.5

资料来源：MATLAB 软件运行结果。

由表9.6可知，由于学习效应的存在，手术调度问题的所有伤员完成手术的时间会比理论值小，且学习率越低，即学习效果越明显。

（5）同时考虑学习效应和遗忘效应对手术调度结果的影响

本章取学习率为80%，遗忘参数分别为0.15，0.25，0.35，0.45，0.55，0.65来研究学习及遗忘效应对手术调度结果的影响。独立运行改进的萤火虫算法15次，得到的优化结果如表9.7所示。

表9.7　　　不同学习遗忘效应下的手术调度问题优化结果

遗忘率	12%	25%	35%	45%	55%	65%
手术调度目标函数平均值	771.7	874.6	1009.2	1192.7	1457.7	1874.2

资料来源：MATLAB 软件运行结果。

由表9.7可知，由于学习遗忘效应的存在，手术调度问题的所有伤员完成手术的时间会比理论值大，且学习遗忘率越高，学习遗忘效应的影响越大。

9.6　总结与展望

本章研究了地震情境下批量伤员的手术调度问题。在模型建立方面，主要分析了地震伤员手术术前、术中、术后时间的特点，以及同类伤情伤员手术熟练度形成的学习及遗忘效应对手术调度问题的影响，构建了考虑学习效应的伤员手术柔性流水调度模型。在求解算法改进设计方面，采用"轮盘赌"的方式进行了萤火虫个体的位置更新，基于变邻域搜索算法的思想，引入变邻域搜索的扰动机制，对萤火虫算法陷入局部最优的最优解进行多种邻域结构式的搜索，有效地平衡了萤火虫算法的全局搜索能力和局部寻优能力。

通过算例进行模拟实验，分别对改进萤火虫算法、离散萤火虫算法及遗传算法的寻优过程及求解结果进行了对比，并分析了不同学习率和遗忘参数对批量伤员手术最终完成时间的影响。研究结果表明，在迭代次数相同的情况下（如 $G_{max}=200$），引入变邻域搜索机制的改进萤火虫算法收敛速度更快，求解结果更优，手术效率较遗传算法和离散萤火虫算法分别提升了 3.1% 和 3.3%；同时，在伤员手术调度过程中，手术医师团队的学习及遗忘效应会对批量伤员的手术完成时间产生影响。综合来看，本章节所构建的考虑学习效应的伤员手术柔性流水调度模型和改进萤火虫算法符合实际，对于开展地震情景下的伤员救援工作具有一定的参考价值。

本章参考文献

[1] 董曼，杨天青，陈通，等．地震报道中死亡人数估计方法的适用性分析 [J]．地震，2014，34（3）：140 – 148.

[2] 杜少甫，谢金贵，刘作仪．医疗运作管理：新兴研究热点及其进展 [J]．管理科学学报，2013，16（8）：1 – 19.

[3] 顾忠伟，徐福缘．一种新颖的萤火虫算法求解 PID 控制器参数自整定问题 [J]．系统管理学报，2017（1）：101 – 106.

[4] 李丹，刘晓．需求不确定下的应急资源公平配置策略 [J]．工业工程与管理，2013，18（6）：54 – 60.

[5] 刘长平，叶春明．求解零空闲置换流水车间调度问题的离散萤火虫算法 [J]．系统管理学报，2014（5）：723 – 727.

[6] 刘子先，王萍．基于目标规划的手术排程规则的比较 [J]．工业工程，2014（1）：23 – 29.

[7] 陶睿，孙晖，龙云飞．基于系统动力学的资源型城市金融生态研究 [J]．工业工程与管理，2017，22（4）：115 – 119.

[8] 王桂娜，俞秉昊，潘尔顺．成组生产下的考虑学习和遗忘效应的调度策略 [J]．工业工程与管理，2012，17（5）：60 – 64.

[9] 王吉波，牛玉萍，刘璐，郭倩．同时具有学习和恶化效应的不同工期指派问题研究 [J]．沈阳师范大学学报（自然科学版），2014（3）：358 – 363.

[10] 王效俐，刘潇，苏强．邻域粗糙集融合贝叶斯神经网络在医疗决策中的应用研究 [J]．工业工程与管理，2016，21（5）：141 – 147.

[11] 轩华，李冰．基于异步次梯度法的 LR 算法及其在多阶段

HFSP 的应用 [J]. 运筹与管理, 2015, 24 (6): 121 – 127.

[12] 叶春明. 基于学习效应的行为生产调度新模式研究 [J]. 企业经济, 2015 (4): 5 – 10.

[13] 赵亮, 金昌晓, 乔杰. 基于数学优化的手术室调度研究 [J]. 中国医院管理, 2012 (12): 22 – 24.

[14] Bilgili F, Dikmen G, Ba A, et al. A cute traumatic posterior fracture dislocation of the elbowin pediatric patients: impact of surgery time and associated fractures on outcome [J]. Journal of Pediatric Orthopedics Part B, 2016, 25 (5): 434.

[15] Biskup D. Single-machine scheduling with learning considerations [J]. European Journal of Operational Research, 1999, 115 (1): 173 – 178.

[16] Cardoen B, Demeulemeester E, Belin J. Operating room planning and scheduling: A literature review [J]. European Journal of Operational Research, 2010, 201 (3): 921 – 932.

[17] Cheng T C E, Wang G. Single Machine Scheduling with Learning Effect Considerations [J]. Annals of Operations Research, 2000, 98 (1): 273 – 290.

[18] Kaipa K N, Ghose D. Glowworm Swarm Optimization [M]. Berlin: Springer International Publishing, 2017.

[19] Kuo W H, Hsu C J, Yang D L. Worst-case and numerical analysis of heuristic algorithms for flowshop scheduling problems with a time-dependent learning effect [J]. Information Sciences, 2012, 184 (1): 282 – 297.

[20] Saremi A, Jula P, Elmekkawy T, et al. Appointment scheduling of outpatient surgical services in a multistage operating room department [J]. International Journal of Production Economics, 2013, 141 (2): 646 – 658.

[21] Wright T. Factor affecting the cost of airplanes [J]. Journal of Aeronautical Science, 1936, 3 (4): 122 – 128.

第 10 章　基于双层规划的应急物资调度模型与算法研究

10.1　研 究 背 景

近年来，全球突发灾害事件发生频繁，给人民带来了巨大的财产损失和人员伤亡。如 2004 年印度尼西亚海啸①、2008 年汶川地震、2010年玉树地震、2011 年日本福岛地震②、2013 年雅安地震等。由于突发灾害事件本身所具有的难以预测性、确定性、突发性和高社会危害性，导致灾后应急救援和传统的救援工作相比更加困难。并且，灾后应急物资调度是应急救援的主要工作之一（王付宇等，2019）。因此，为了防止突发灾害事件造成的损失进一步扩大，在灾害情景下建立合理有效的灾后应急物资调度方案尤为重要。

目前，国内外学者对于灾后应急物资调度问题的研究已经有很多，并且主要集中在调度模型构建和算法设计方面。关于单目标优化的应急资源调度问题，如马等（Ma et al.，2012）为了解决带有时间窗和链路容量限制的车辆路径问题，提出了一种带有自适应惩罚机制的禁忌搜索算法；池等（Chi et al.，2016）针对应急物资调度多目标优化问题中目标具有关联性这一特征，将时间和物资满意度两个调度目标结合为一个及时性功能目标，并在此基础上构建了一个包含单个影响点、多个供应中心和单资源的应急资源调度非线性时间评估模型；艾哈迈迪等（Ahmadi et al.，2015）对震后应急物流网络故障与救援时间限制等因

---

① 印尼 7.7 级强震引发海啸　两米高海啸卷走海边一家五口［N］. 央视网，2018 – 09 – 29.

② 岳林炜. 日本"3·11"大地震 11 年后，3.8 万人仍无法返回家园——福岛核事故后续处理困难重重（深度观察）［N］. 人民网，2022 – 03 – 23.

素进行综合考虑，构建了一个混合非线性规划的 LRP 优化模型，并设计了一种变邻域搜索算法予以求解；王旭坪等（2016）为了保证大规模地震灾害中首批应急物资分配的效果，在考虑灾民非理性攀比心理的基础上，建立了相对应的应急物资优化分配模型；陈刚等（2018）针对大规模灾害发生初期的首批应急物资的供不应求现象，建立了一个以总加权嫉妒值和总物流成本最小为目标的应急物资分配模型；刘亚杰等（2018）针对强震后的应急物资供应和伤员转运需求，建立了一个多周期应急运输调度模型；宋晓宇等（2019）在资源受限情况下，建立了连续消耗问题的多供应点对多受灾点的应急物资调度模型，模型以配送费用总成本最小和最大缺失损失最小为优化目标。

关于多目标及双层规划的应急资源调度问题，如威德纳等（Widener et al.，2011）针对灾后应急物资调度问题，建立了一个以总成本最低、响应时间最短以及灾民满意度最大为目标的应急物资调度模型；林等（Lin et al.，2011）针对灾后多种类应急救援物资、多运输车辆、多阶段、软时间窗以及分批配送的情况，构建一个多目标整数规划模型；纳杰菲等（Najafi et al.，2013）考虑到地震发生后应急物资供应不足的情况，为了管理应急物资和受伤人员的分配及调度，建立了一个多目标、多模式、多种物资和多周期的随机模型；拉特等（Rath et al.，2014）认为在灾后应急物资配送过程中必须建立应急物资中转站，也就是将应急物资配送系统划分为两级，并针对两级配送系统的特点，建立了一个多目标优化模型；胡等（Hu et al.，2016）建立了一个耗时最少以及成本消耗最低的模型来应对应急物资调度问题；赵等（Zhao et al.，2017）考虑到灾后应急车辆的动态路径规划问题通常会受到时间效率、资源需求和路网可靠性等因素的制约，以最小交通拥挤程度和最短行驶时间为目标，建立了应急车辆动态路径规划两阶段模型；陈业华等（2017）探讨了串联式需求系统应急物资调度的两层配送网络，以系统修复的时间最短和成本最小为目标，分别对纵向配送和纵横结合的配送建立了调度模型；王付宇等（2018）针对震后伤员运送车辆调度及其路径优化问题，以总救援时间最短和相对综合救援权重值最大为目标建立了一个两阶段数学规划模型。楼振凯（2017）综合考虑政府与企业共同参与、分散决策的特点，建立了一个设施定位—运输路线问题（LRP）的双层规划模型；李双琳等（2019）从交通系统优化角度出发，综合考虑震后路网抢修与应急物资配送，建立了震后路网抢修与应急物资配送集成动态双层规划优化模型。

综上所述，学者们从不同的角度对应急物资调度问题进行了研究，使得这一领域的研究成果日益丰富。

在对应急物资调度的研究中，部分文献是以救援时间最短、总成本最低、灾民满意度最大等作为目标构建单目标模型，部分文献是以系统响应时间最短、总成本最低以及灾民满意度最大等目标互相结合构建多目标模型，但是从不同参与主体的角度出发来考虑问题即将双层规划应用到应急物资调度上的文献相对较少。在实际灾后应急救援决策中，存在着不同参与主体，且不同参与主体的目标是不一致的，甚至是相互矛盾的。通过分析可以发现，在突发灾害事件发生时，作为应急救援的管理者，希望系统响应时间最小化，以便减少人员伤亡和财产损失；作为应急救援具体实施部门，在实施具体应急物资配送的过程中，不仅要考虑时间因素，而且还要考虑到整个系统的成本。

针对灾后应急物资调度工作的实际特征，本章节需要解决以下几个问题：第一，应急配送中心的选定问题，探讨如何选择若干合适的应急配送中心来完成物资的转运，快速地将应急救援物资运送到各个需求点；第二，应急物资调度过程中存在着不同参与主体问题，探讨不同参与主体问题的决策目标；第三，应急物资调度的时间窗约束问题，探究不同需求点对应急物资到达时间的要求，进而探讨如何在时间窗约束下完成应急物资的调度；第四，灾后应急物资调度双层规划模型构建与求解问题，探讨模型最终的目标函数和约束条件，构建符合灾后应急物资调度实际特征的数学模型，并根据模型特点设计求解算法。

10.2　理　论　基　础

10.2.1　双层规划问题

双层规划问题（bi-level programming problem，BLPP），又被称为双层优化问题，其包含上、下两层规划问题，且上层问题是以下层问题为约束条件的优化问题。双层规划的研究内容是：两个决策者有着各自的目标函数，且目标函数不同，上层决策者会优先给出一个决策，然后下层决策者以此决策作为参量，在可能的范围内，从自身利益出发做出相应的决策。因为上下两层决策者之间是相互矛盾和相互依存的，没有一方可以完全控制另一方，但它们又是相互影响的，因此上层决策者需要基于下层决策者的决策做出相对应的最佳的决策。

10.2.2 双层规划模型数学描述

双层规划是双层决策问题的数学模型，具有双层递阶结构，上下层都有各自的目标函数和约束条件。上层优化模型的目标函数和约束条件不仅仅依赖于上层的决策变量，与下层优化模型的最优解也有着千丝万缕的关系，而且上层的决策变量又影响着下层优化模型的最优解。

双层规划的一般模型如式（10.1）~式（10.2）所示：

目标函数：

$$(u) \min_x F(x, y) \tag{10.1}$$

约束条件：

$$G(x, y) < 0 \tag{10.2}$$

其中，对每一个固定的 x，y 是下述规划的解向量如式（10.3）和式（10.4）所示：

$$(1) \min_y f(x, y) \tag{10.3}$$

约束条件：

$$g(x, y) \leqslant 0 \tag{10.4}$$

其中，双层规划模型的符号说明如表10.1所示。

表 10.1 双层规划模型符号说明

符号	说明	符号	说明
F	上层规划模型的目标函数	f	下层规划模型的目标函数
x	上层规划模型的决策变量	y	下层规划模型的决策变量
G	上层规划模型的约束条件	g	下层规划模型的约束条件

资料来源：笔者绘制。

双层规划基本思想可表示为：下层决策者在进行决策时，会受到上层决策者设置的 x 的影响；而上层决策者在进行决策时，同样也会受到下层决策者设置的 y 的影响。下层决策变量 y 是上层决策变量 x 的函数，即反应函数 y = f(x)，反应函数在很大程度上决定着一个决策的好坏。

10.3　灾后应急物资调度模型构建

10.3.1　问题描述

突发灾害情景下的应急物资调度问题就是如何在时间、空间和资源有限的条件下，快速将应急救援物资运送至各个需求点。根据实际救援情况可知，应急救援物资要先到达配送中心，然后再进行集配，运送至各个应急物资需求点。针对此过程，需要选择若干合适的应急配送中心来完成物资的转运，并且在满足需求点物资需求的同时兼顾调度系统的时间和成本。在此过程中，上下级的参与主体不同，上级为应急救援管理者，下级为应急救援具体实施部门；决策目标不尽相同，上层决策者需要决定要开放的应急配送心，其目标是追求应急救援系统响应时间最短下层决策者目标追求整个调度系统的总成本最小，两者相互关联，而又相互制约。因此，可以用双层规划思想来解决此类应急物资调度问题。

为了简化问题和便于建模，本章节作如下假设：

假设 1：考虑体积小、需求紧迫且可以混装的物品（矿泉水、食盐等）的巡回送；

假设 2：应急配送中心到需求点以及需求点两两之间均存在可行路径；

假设 3：在每一条配送路线上，需求点对于应急救援物资的需求可以通过一次运输来完成；

假设 4：不考虑应急物资的装卸时间和装卸成本；

假设 5：车辆服务完成后，回到其出发的应急配送中心。

10.3.2 模型变量与参数

$M = \{f \mid f = 1, 2, \cdots, F\}$：候选应急配送中心集合；

$R = \{r \mid r = 1, 2, \cdots, R\}$：应急物资需求点集合；

$N = M \cup R$：所有节点集合；$V = \{l \mid l = 1, 2, \cdots, L\}$：应急救援车辆集合；

q_r：受灾点 r 的需求量；

MQ_f：应急配送中心 f 的最大处理量；

TM_f：应急配送中心 f 投入使用的准备时间；

VQ_l：配送车辆 l 的容量；

TV_l：应急救援车辆 l 的单位距离平均行驶时间；

d_{ij}：节点 i 到节点 j 的道路距离；

CM_f：应急配送中心 f 的准备成本；

CV_l：应急救援车辆 l 的派遣成本；

D：应急救援车辆的单位距离运输成本；

T_r：应急物资到达需求点 r 的时间；

LT_r：需求点 r 要求应急物资到达的最晚时间。

$$x_f = \begin{cases} 1, & \text{若候选应急配送中心 f 被选中} \\ 0, & \text{否则}, f \in M \end{cases};$$

$$z_l = \begin{cases} 1, & \text{若车辆 l 投入使用} \\ 0, & \text{否则}, l \in V \end{cases};$$

$$y_{ijl} = \begin{cases} 1, & \text{若配送车辆 l 从节点 i 到节点 j} \\ 0, & \text{否则}, i, j \in N, l \in V \end{cases};$$

$$\mu_{fr} = \begin{cases} 1, & \text{若需求点 r 被分配给应急配送中心 f} \\ 0, & \text{否则}, f \in M, r \in R \end{cases}。$$

10.3.3 双层规划模型构建

本章节基于双层规划理论，所研究的应急资源调度模型 1 描述如式（10.5）~式（10.15）所示：

$$\min Z_1 = \sum_{j \in M} TM_f x_f + \sum_{l \in V} \sum_{i \in N} \sum_{j \in N} TV_l d_{ij} y_{ijl} \qquad (10.5)$$

约束条件：

$$\sum_{r \in R} q_r \mu_{fr} \leq MQ_f, \forall f \in M \tag{10.6}$$

$$\sum_{r \in R} q_r \sum_{i \in N} y_{irl} \leq VQ_l, \forall l \in V \tag{10.7}$$

$$\sum_{i \in N} y_{ijl} - \sum_{i \in N} y_{jil} = 0, \forall j \in N, l \in V \tag{10.8}$$

$$\sum_{i \in M} \sum_{j \in R} y_{ijl} \leq 1, \forall l \in V \tag{10.9}$$

$$\sum_{l \in V} y_{ijl} = 0, \forall i, j \in N \tag{10.10}$$

$$\sum_{r \in R} \sum_{l \in V} y_{frl} \geq x_f, \forall f \in M \tag{10.11}$$

$$\mu_{fr} \leq x_f, \forall f \in M, r \in R, l \in V \tag{10.12}$$

$$\sum_{i \in N} \sum_{l \in V} y_{ijl} = 1, \forall r \in R \tag{10.13}$$

$$\sum_{r \in R} y_{irl} + \sum_{r \in R} y_{rjl} \leq 1, \forall i, j \in N, l \in V \tag{10.14}$$

$$\mu_{fr} \in \{0, 1\}, x_f \in \{0, 1\}, y_{ijl} \in \{0, 1\} \tag{10.15}$$

上层模型中，目标函数式（10.5）表示最小化系统响应时间，由两部分组成：第一项表示应急配送中心的准备时间；第二项表示车辆运输时间。约束条件式（10.6）表示应急配送中心的最大处理能力限制。约束条件式（10.7）表示应急救援车辆的最大处理能力限制。约束条件式（10.8）表示配送路径的连续性限制，即车辆进入节点后必须从该节点离开。约束条件式（10.9）表示每一应急救援车辆最多只能分配给一个应急配送中心。约束条件式（10.10）表示应急配送中心两两之间不存在连接情况。约束条件式（10.11）表示只要应急配送中心被选中就有应急救援车辆分配给它，约束条件式（10.12）表示只有当候选应急配送中心被选中时，才能为需求点提供配送服务。约束条件式（10.13）表示每个需求点仅被服务一次。约束条件式（10.14）表示应急车辆完成配送任务后必须回到其出发的应急配送中心。约束条件式（10.15）为0-1变量约束。基于双层规划理论，所研究的应急资源调度模型2描述如式（10.16）~式（10.22）所示：

目标函数：

$$\min Z_2 = \sum_{f \in M} CM_f x_f + \sum_{l \in V} CV_l Z_l + \sum_{l \in V} \sum_{i \in N} \sum_{j \in N} Dd_{ij} y_{ijl} \tag{10.16}$$

约束条件：

$$y_{ijl} \leqslant z_l, \quad \forall i, j \in N \qquad (10.17)$$

$$\sum_{f \in M} \mu_{fr} = 1, \forall r \in R \qquad (10.18)$$

$$T_i + TV_l d_{ij} = T_j, \quad \forall i, j \in R, l \in V \qquad (10.19)$$

$$T_i + TV_l d_{ij} \leqslant LT_j, \quad \forall i, j \in R, l \in V \qquad (10.20)$$

$$TV_l d_{fr} \leqslant LT_j, \quad \forall f \in M, r \in R, l \in V \qquad (10.21)$$

$$z_l \in \{0, 1\} \qquad (10.22)$$

下层模型中，上层模型的约束条件同样是下层模型的约束条件，目标函数式（10.16）表示所有最小化系统总成本，由三部分组成：第一项表示应急配送中心的准备成本；第二项表示车辆派遣成本；第三项表示车辆运输成本。约束条件式（10.17）表示只有在车辆 l 投入使用的情况下，才存在 l 的配送。约束条件式（10.18）表示每一个应急物资需求点只能由一个候选应急配送中心对其进行服务。约束条件式（10.19）表示车辆到达需求点时间的计算方法。约束条件式（10.20）表示车辆巡回配送过程中需求点的时间窗约束。约束条件式（10.21）表示车辆从应急配送中心出发时的需求点时间窗约束。约束条件式（10.22）为 0 – 1 变量约束。

10.4 模型求解

10.4.1 改进遗传算法思想

本章节应急物资调度模型的变量和约束条件众多，是一个典型的混合整数非线性双层规划模型，属于 NP – hard 难题，其求解算法具有指数复杂性，不存在精确求解算法。而遗传算法所具有的多点并行搜索机制，以及不依赖于函数的可导性和鲁棒性特点，可以很好地解决需要在较短时间内做出决策的应急物资调度问题。因此，根据模型特点设计了一种改进遗传算法进行求解，文中通过改进变异率 p_m 来改进遗传算法，这种改进需要判断遗传算法是否陷入局部最优，据此提出了聚合度的概念。

在统计学中，通常用标准差来衡量各个样本集的平均程度或者样本值的稳定情况，本章节借此原理引入标准差来衡量遗传算法中解的聚合程度，即染色体的聚合度。而染色体表示的是问题解的一串代码，解越相似，相应地染色体也就会越相似。经过方差理论分析可得，染色体聚合度越大，染色体越不相似，遗传算法越不容易陷入局部最优；染色体聚合度越小，染色体越相似，遗传算法越容易陷入局部最优。

遗传算法染色体聚合度即个体解的聚合度计算公式如式（10.23）~式（10.25）所示：

$$\bar{\sigma} = \sqrt{\frac{1}{N} \sum_{i=1}^{N} ((f_i - \bar{f}) / \Delta f)^2} \tag{10.23}$$

$$\Delta f = \max_{1 \leqslant i \leqslant N} \{f_i - \bar{f}\} \tag{10.24}$$

$$\bar{f} = \frac{1}{N} \sum_{i=1}^{N} f_i \tag{10.25}$$

其中，f_i 为个体解，N 为染色体数目，$\bar{\sigma}$ 为整个染色体群体聚合度，Δf 为染色体中同一代内的最长路径和平均路径的差值的最大值，f 为整个染色体的路径平均值。设定一个阈值 v，当 $\bar{\sigma} > v$ 时，认为染色体聚合度过大，遗传算法还在较大的空间解中进行探索，此时令 $p_m = p_{mmin}$，即给变异率赋一个较小的数，降低其后代染色体的多样性；当 $\bar{\sigma} < v$ 时，染色体聚合度过小，容易陷入局部最优解，此时要给 p_m 一个较大的值，即 $p_m = p_{mmax}$，使算法跳出局部最优。

10.4.2　改进遗传算法步骤及流程

改进遗传算法的实现过程有七步。

步骤 1：算法参数初始化设置。遗传算法种群规模 popsize，最大迭代次数 maxgen，交叉概率 p_c，变异概率 p_m。

步骤 2：编码及初始种群。实数编码表示的问题更加接近于问题本身，且在算法的效率和解的质量方面均优于二进制编码，因此采用实数编码的方式进行编码，每个染色体由三个子串组成：第一个子串有 r 个基因位（r 为应急物资需求点数量），每一个基因位的取值由 1 到 r 随机排列且互不相同，表示配送路径中各个需求点的排列顺序；第二个子串有 l 个基因位，每一个基因位的取值为 1 到 f 随机排列且互不相同（f 为候选应急配送中心数量），表示每个应急救援车辆归属于哪一个应急配送中心；第三个子串有 r 个基因位，每个基因位的取值由 1 到 l 随机生成（l 为应急救援车辆数目）。采用这种编码方式，能够全面地包含模型中应急物资需求点、候选应急配送中心和应急救援车辆信息，进而能够更好地处理模型中的各种约束条件。

步骤 3：以模型的下层目标函数即系统总成本作为适应度函数。

步骤 4：遗传操作，分为三种。第一种为选择操作。采用随机竞争选择策略，即首先按照"轮盘赌"方法选择两个个体，且两个个体不同，若个体相同就再进行一次选择，然后让其进行竞争，适应度函数值高的个体被选中，反复进行操作直至结束。第二种为交叉操作。交叉操作是遗传算法和其他优化算法区别开来的重要特征。交叉采用预先给定的概率根据单点交叉算子对两个父代染色体基因段进行交换而产生两个新的个体。第三种为变异操作。变异操作的作用是使算法在运算过程中维持种群的多样性。按照预先给定的变异概率，采用基本变异和逆转变异两种相结合的方式进行变异操作。

步骤 5：终止条件。如果迭代次数大于最大迭代数，即 gen > maxgen，则进行步骤 7；否则，进行步骤 6。

步骤 6：计算进化后群体值，判断 $\bar{\sigma} > v$ 是否成立，若成立，则取 $p_m = p_{mmin}$，否则取 $p_m = p_{mmax}$，转步骤 3。

步骤 7：解码，输出最优解。

改进遗传算法流程如图 10.1 所示。

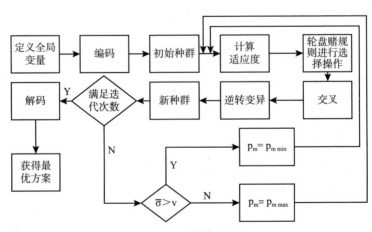

图 10.1　遗传算法流程

资料来源：笔者绘制。

10.5　算例验证与结果分析

某地区发生突发灾害事件，有 4 个候选应急配送中心（编号为 A -
D）；20 个应急物资需求点（编号为 1 ~ 20）。本章节数据如下：

首先，为了满足需求，在 300 千米×300 千米随机生成候选应急配
送中心数据（见表 10.2）和应急物资需求点信息（见表 10.3）。

表 10.2　　　　　　　　　　候选应急配送中心信息

编号	A	B	C	D
坐标	(25，250)	(80，80)	(300，100)	(200，250)
容量/件	2500	1600	2000	1500
准备成本/元	25000	16000	20000	15000
准备时间/分钟	120	120	120	120

表 10.3　　　　　　　　　　应急物资需求点信息

编号	1	2	3	4	5	6	7
坐标	(20，100)	(16，50)	(72，36)	(212，108)	(156，36)	(165，158)	(62，58)
需求量（件）	120	180	100	180	160	120	150
时间窗（小时）	[0，8]	[0，9]	[0，9]	[0，10]	[0，9]	[0，8]	[0，11]
编号	8	9	10	11	12	13	14
坐标	(89，52)	(185，92)	(36，163)	(139，68)	(226，98)	(125，139)	(58，158)
需求量（件）	160	200	160	180	160	200	120
时间窗（小时）	[0，12]	[0，9]	[0，10]	[0，8]	[0，12]	[0，8]	[0，9]
编号	15	16	17	18	19	20	
坐标	(258，28)	(109，47)	(112，129)	(38，96)	(135，238)	(146，78)	
需求量（件）	180	160	200	180	140	160	
时间窗（小时）	[0，9]	[0，10]	[0，10]	[0，9]	[0，11]	[0，11]	

其次，假设车辆数量足够，车辆容量 VQ_1 为 800 件/辆，TV_1 均为 0.67 分钟/千米，派遣成本 CV_1 为 600 元/辆，车辆单位距离运输成本 D 为 1 元/千米。

改进遗传算法的参数设置为：popsize = 100，maxgen = 200，v = 0.2，p_c = 0.8，p_{mmax} = 0.1，p_{mmin} = 0.05，采用 MatlabR2016a 编程，在操作系统为 Windows 8，处理器主频为 2.4GHZ，物理内存为 4GB 的计算机上运行，得出改进遗传算法灾后应急物资配送方案（见图 10.2）和原始遗传算法灾后应急物资配送方案（见图 10.3），表 10.4 为两种算法的灾后应急物资调度方案，以及两种算法的收敛性对比（见图 10.4）。分析和对比改进遗传算法和原始遗传算法结果，由表 10.4 可知，最小系统响应时间由 723.3400 分钟降低到 651.3800 分钟，同比降低了 9.95%；最小系统总成本由 4.3820 万元降低到 4.3588 万元，同比降低了 0.53%。并且由图 10.4 可知，改进遗传算法较原始遗传算法的收敛效果更好。综上表明，在灾后应急物资调度系统总成本和总响应时间上，算法改进后的方案都要优于原始算法的方案，充分证明了改进遗传算法在解决灾后应急物资调度双层规划模型问题的有效性。

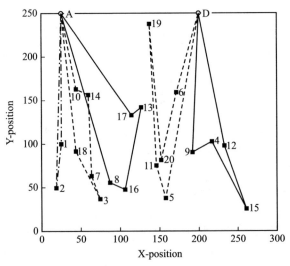

图 10.2　改进遗传算法灾后应急物资配送方案

资料来源：由 MATLAB 绘图程序导出。

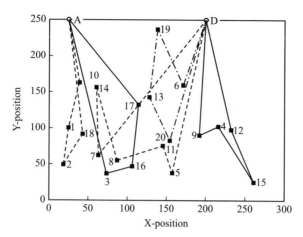

图 10.3　原始遗传算法灾后应急物资配送方案

资料来源：由 MATLAB 绘图程序导出。

表 10.4　　　　　　　　两种算法的灾后应急物资调度方案

改进遗传算法		原始遗传算法	
中心定位	配送路线	中心定位	配送路线
A	A→2→1→A A→18→3→7→14→10→A A→17→13→16→8→A	A	A→10→1→2→18→A A→17→16→31→A
D	D→5→11→8→14→7→D D→9→4→15→12→D	D	D→20→13→19→6→D D→5→11→19→20→6→D D→12→15→4→9→D
系统响应时间 （分钟）	651.3800		723.3400
系统总成本 （万元）	4.3588		4.3820

资料来源：MATLAB 软件运行结果。

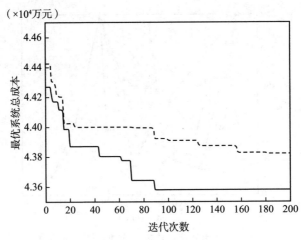

图 10.4　算法收敛对比

资料来源：由 MATLAB 绘图程序导出。

10.6　总结与展望

　　本章节针对灾后紧急救援过程中的应急物资调度问题，从应急救援的角度出发，研究了灾后应急配送中心定位选址和应急物资运输两者之间的联动关系，采用双层规划的方法，建立了一个上层以系统响应时间最短为目标，下层以系统总成本最小为目标的集成优化模型。根据双层规划模型上下层相互独立而又相互影响的特点设计了一种改进遗传算法进行求解。最后构建算例验证了所建立模型是合理可行的，并通过算法的对比证明了所设计算法是可行有效的。

　　本章节仅研究了确定性需求下单车型配送的灾后应急物资调度问题，而在实际问题中大量信息是不确定的，并可能采用多种运输方式，因此不确定信息、多式联运、多阶段的应急物资调度有待进一步的研究。此外，考虑灾民满意度以及将应急物资配送车辆空车返回和伤员的疏散相结合也是今后的研究方向。

本章参考文献

[1] 陈刚，付江月. 兼顾公平与效率的多目标应急物资分配问题

研究［J］. 管理学报，2018，15（3）：459－466.

　　［2］陈业华，马晓玉. 突发事件情景下串联式需求系统应急物资协同调度研究［J］. 运筹与管理，2017，26（4）：89－95.

　　［3］李双琳，郑斌. 震后路网抢修排程与应急物资配送集成动态优化研究［J］. 管理评论，2019，31（2）：240－253.

　　［4］刘亚杰，吴志永. 灾后动态环境下基于 MPC 的应急运输实时调度［J］. 控制与决策，2018，33（12）：22－32.

　　［5］楼振凯. 应急物流系统 LRP 的双层规划模型及算法［J］. 中国管理科学，2017（11）：151－157.

　　［6］宋晓宇，张明茜，常春光，等. 面向双目标应急物资调度的改进差分进化算法［J］. 信息与控制，2019，48（1）：111－118.

　　［7］王付宇，李琰. 双层规划在灾后应急物资调度中的应用综述［J］. 计算机应用研究，2019，36（10）：2887－2893，2924.

　　［8］王付宇，叶春明，王涛，等. 震后伤员救援车辆两阶段规划模型及算法研究［J］. 管理科学学报，2018，21（2）：68－79.

　　［9］王旭坪，张娜娜，詹红鑫. 考虑灾民非理性攀比心理的应急物资分配研究［J］. 管理学报，2016，13（7）：1075－1080.

　　［10］Ahmadi M，Tootooni B，Seifi A. A humanitarian logistics model for disaster relief operation considering network failure and standard relief time：A case study on San Francisco district［J］. Transportation Research Part E：Logistics and Transportation Review，2015，75：145－163.

　　［11］Chi H，Li J，Shao X，et al. Timeliness evaluation of emergency resource scheduling［J］. European Journal of Operational Research，2016，258（3）：1022－1032.

　　［12］Hu F H，Wang Y L，Ma B L，et al. Emergency supplies research on crossing points of transport network based on genetic algorithm［C］//Proc of IEEE International Conference on Intelligent Transportation，Big Data and Smart City. Changsha：IEEE Press，2016：370－375.

　　［13］Lin Y H，Batta R，Rogerson P A，et al. A logistics model for emergency supply of critical items in the aftermath of a disaster［J］. Socio-Economic Planning Sciences，2011，45（4）：132－145.

　　［14］Ma H，Cheang B，Lim A，et al. An investigation into the vehi-

cle routing problem with time windows and link capacity constraints [J].
Omega, 2012, 40 (3): 336 – 347.

[15] Najafi M, Eshghi K, Dullaert W. A multi-objective robust optimization model for logistics planning in the earthquake response phase [J]. Transportation Research.

[16] Part E Logistics& Transportation Review, 2013, 49 (1): 217 – 249. Rath S, Gutjahr W J. A math-heuristic for the warehouse location-routing problem in disaster relief [J]. Computers & Operations Research, 2014, 42 (2): 25 – 39.

[17] Widener M J, Horner M W. A hierarchical approach to modeling hurricane disaster relief goods distribution [J]. Journal of Transport Geography, 2011, 19 (4): 821 – 828.

[18] Zhao J, Guo Y, Duan X. Dynamic path planning of emergency vehicles based on travel time prediction [J]. Journal of Advanced Transportation, 2017 (11 – 12): 1 – 14.

第11章　基于需求紧迫度的应急物资调度干扰管理问题研究

11.1　研究背景

近些年，全球范围内的重大突发灾害事件发生频率过高，给人们带来了极大的损失。虽然目前的科技发展进步飞速，可以对部分自然性突发灾害进行一定程度的预测，但是对于社会性突发公共事件方面还难以做到准确预测。每次的重大突发灾害事件都会破坏目前社会的稳定现状。根据官方数据显示，2010 年的海地地震一共造成 222500 余人死亡，196000 余人受伤①；2011 年的日本海啸造成 8133 人死亡，12272 人失踪等。②

中国国土面积开阔，人口数量众多，也一直遭受着自然灾害的威胁，重大突发灾害事件更是层出不穷。而且由于我国国情特殊，人口众多，地理条件复杂等因素影响，往往导致灾后损失较为严重。如汶川地震、舟曲泥石流、九寨沟地震③等。这些重大突发灾害事件给人类带来了无可计量的损失，在灾害发生初期，需要立即做出反应对受灾地区实施救援措施。重大突发灾害事件背景下会存在大量的受灾人员产生大量的应急物资需求，每个受灾点遭受的灾害情况不同，因而它们的需求紧

---

① 甘肃省地震局 . 10 年前的今天：海地 7.3 级地震 ［N］. 甘肃省地震局单位门户网站，2020 － 01 － 17.

② 岳林炜，日本"3·11"大地震 11 年后，3.8 万人仍无法返回家园——福岛核事故后续处理困难重重（深度观察）［N］. 人民网，2022 － 03 － 23.

③ 辛闻 . 四川阿坝州九寨沟县发生 7.0 级地震 ［N］. 中国新闻网，2017 － 08 － 13.

迫程度也不同，合理的应急物资调度安排可以提高应急救援的效率，同时还可以降低不同受灾点对应急物资的需求竞争力。

由于重大突发灾害事件的突发性质，应急物资在配送过程中可能会面对许多不确定因素的干扰，这些干扰事件会影响初始安排好的最优调度路线，降低整体救援效率，因而需要根据情况制订相关的应对计划使干扰事件对整个调度计划的影响程度最小，这也是整个干扰管理研究中的重难点所在。目前国内对于干扰管理的研究起步较晚，相关研究也较少，因此将干扰管理和物资需求紧迫度分级与重大突发灾害事件应急物资调度相结合具有重要的研究意义和实际意义。

11.2 理 论 基 础

11.2.1 紧迫性分级影响因素

大型突发灾害事件发生后，首先就是要做好应急救援工作。各受灾点对应急物资会产生大量需求，如何在受到时间、运输工具、道路限制等方面的障碍的救援过程中有效、快速地完成应急物资的配送是整个应急救援过程中的难题。在物资供给运输条件受限以及时间紧迫的情况下，为了合理分配应急物资，需要对各受灾需求点的实际情况进行紧迫度分级排序，所以对受灾点进行应急物资需求紧迫度分级具有十分重要的现实意义和实用价值。

物资需求紧迫性的定义是当重大突发灾害事件发生时，受灾区域内分布的受灾点对应急物资需求的紧急迫切程度，紧迫性系数取值范围为 $0-1$。

杨郑（2018）将需求点对物资的紧迫度作为路径问题的影响因素，通过调整时间窗参数体现各个需求点的紧迫性。付德强等（2019）首先使用 TOPSIS 方法先对受灾点的抗灾能力进行评价，其次在评价结果的基础上建立区域物资储备库选址分配模型。程光（2016）认为物资分配问题与车辆路线问题是应急物流的关键，对需求点的物资需求进行优先级排序，构建了考虑物资紧迫度和公路状态的路径规划模型中，最后以 2008 汶川地震的相关数据验证了模型的适用性和有效性。上述研究当重大突发事件发生时，在时间限制、空间限制和资源约束限制条件下组织快速、高效、有序的应急救治活动，合理划分各受灾点应急救援物资需求等级的重要性，同时也说明了考虑物资需求点的物资紧迫度在应急物资调度中起到了显著的作用，可以大大提高应急服务的水平。

目前国内学者在受灾点应急物资需求紧迫度分级方面做了一定研究。部分研究（如王婧等，2013；张英慧等，2015）采用模糊综合评判法，还有部分学者（程光，2016；李春茹，2017；Sheu，2007；侯凌霞和李坤颖，2013；宋英华等，2016）采用模糊聚类的方法。以上提到的研究方法虽然可以实现对受灾点需求紧迫性的分级评价，但是这类方法存在不可忽视的缺陷，模糊综合评判法对指标的主观性太强，忽视了指标本身存在的客观性部分，模糊聚类法不适用于数据群体较大的样本。

研究应急物资需求紧迫性分级排序问题的前提是构建合理的分级评价指标体系。对应急物资需求紧迫性分级进行排序是一个多属性决策问题，不能用单一的因素来进行评价。

本章在已有研究（如程序芳等，2010；姚恩婷等，2016；杨斌等，2015）基础上，综合不同类型灾害及应急管理的特点，将受灾点应急物资需求紧迫性评价指标分为三大类：受灾严重程度，物资需求情况和人口因素，具体见表 11.1。

表 11.1　　　　　　紧迫性分级评价指标体系构建

一级指标	二级指标	反映内涵
受灾严重程度	建筑物破坏程度 U_1	当重大灾害发生时，可以反映灾区受灾严重程度的一些影响因素
	道路破坏程度 U_2	
	面积加权烈度 U_3	
	经济损失 U_4	
物资需求	物资需求缺口率 U_5	主要反映应急物资需求紧迫度与物资的关系，物资需求缺口率越大，重要程度越高，获取难度越大，则紧迫度越高
	物资重要程度 U_6	
	物资获取难度 U_7	

一级指标	二级指标	反映内涵
人口因素	老人和儿童比例 U_8	主要反映受灾灾害发生时，灾区受灾群众基本情况对整体的影响
	灾民数量 U_9	
	受伤人数 U_{10}	
	死亡人数 U_{11}	
	人口密集水平 U_{12}	
	被困人数 U_{13}	

资料来源：笔者依据当前文献及不同类型灾害特点绘制。

11.2.2　干扰管理理念

干扰管理是为了应对某些突发事件对初始方案造成的不良影响而提出的一个新的管理理念。由于其具有良好的实时性和动态性，在管理科学、系统工程等学科中得到广泛的应用。有学者将干扰管理概括为：在初始方案受到干扰无法正常执行的情况下，对初始方案进行实时的调整形成一个新的方案，新方案不仅要顾及原方案的优化目标，还要对整个系统产生较小的扰动。根据定义，干扰管理研究主要可分为以下几个阶段：

第一，依据初始目标和约束条件建立初始优化模型，执行初始方案，初始方案为正常情况下的最优方案；

第二，对干扰事件进行扰动度量，分析干扰事件对系统扰动程度的大小，将其量化；

第三，构建干扰管理模型并求解，生成新的方案。

11.2.3　干扰管理理论与其他方法的区别

在处理干扰事件的问题上，干扰管理理论与传统的应急管理、重新调度等方法有着很大的区别。

（1）干扰管理方法与应急管理方法的区别

应急管理方法是一种应对突发事件的传统处理方法，该方法主要针对的是可预测、有规律的干扰事件。应急管理方法是指预先设计一套应急方案，在发生干扰事件时直接采用应急方案来替代初始方案。该方法虽然可以较快地解决干扰问题，但是只能应对少数可预测的干扰事件，灵活性较差，且应急管理的结果往往与初始目标有着较大的差距。干扰管理方法能够在干扰事件发生后对初始计划采取实时的调整，可以根据不同的干扰事件对初始方案进行合理的规划，适用性较强，且干扰管理方法的结果往往可以顾及初始目标。

（2）干扰管理方法与重新调度方法的区别

在干扰管理方法提出之前，重新调度法是解决干扰事件最常见的方法。重新调度法是指在干扰事件发生后，以总成本最低为目标重新规划执行方案。该方法虽然可以得到一个成本最低的新方案，但是会对初始方案产生较大的扰动。而干扰管理方法是以初始方案为参考，实施小范围的优化，该方法能够使干扰事件对系统产生的扰动达到最小，并适当地节约成本。

11.3　初始调度模型构建

11.3.1　问题描述与假设说明

本章将物资配送问题设置为：当一个地区发生突发应急灾害，从物资供应点及时向多个受灾点进行应急物资运输。在物资配送过程中，运输车辆有确定的额定载重，运输的物资需在车辆额定载重内，政府应急决策部门需根据受灾情况和运输能力快速制订出一个物资配送方案。

但是在实际物资配送过程中，中途往往会产生很多干扰因素。如果某个物资需求点的物资需求量发生变化，那么原始方案的物资配送数量便不能满足当地灾民对应急物资的需求，会大大降低救援的满意度，因此，需要在初始的配送方案基础上快速地进行调整，产生对初始配送计划扰动最小的调度方案，从而解决此次的干扰事件。

初始调度模型建立之前，对该问题可做出如下假设：

假设 1：所有物资需求点的位置及各自的需求量已知，物资供应点的储存量已知；

假设 2：所有物资运输车辆均从供应点统一出发，物资配送完成后立即返回物资供应点；

假设 3：为了降低问题的复杂性，假设所有运输车辆的型号和载重能力相同，车辆运输的物资不得超过其的最大承受能力范围；

假设 4：所有物资供应点与需求点之间的距离已知；

假设 5：应急物资的单位运输成本已知；

假设 6：物资的装卸时间可忽略不计，不单独进行考虑。

11.3.2　变量与符号说明

M：物资需求点集合，$M = \{m_0, m_1, \cdots, m_n\}$，$m_0$ 表示物资供应点，其他表示物资需求点；

n：应急物资需求点的总数；

k：应急物资运输车辆（$k = 1$、2、3…，K）；

b_i：需求点 m_i 的需求量（$i = 1$、2、3…，n）；

q_i：供应点向需求点 m_i 供应的物资数量；

Q_k：物资运输车辆 k 的额定载重量；

c_{ij}：运输车辆从需求点 m_i 到需求点 m_j 的单位运输成本；

d_{ij}：需求点 m_i 到需求点 m_j 的距离；

v_k：物资运输车辆的平均行驶速度；

t_{ij}：车辆从需求点 m_i 到需求点 m_j 的时间；

t_{ik}：车辆 k 到达需求点 m_i 的时间；

LT_i：物资需求点 m_i 获得应急资源的最晚时间；

λ_i：需求点总的时间不满意度函数；

w_i：需求点 m_i 的权重；

ρ：时间惩罚系数。

$$x_{ijk} = \begin{cases} 1, & \text{当运输车辆从需求点 } m_i \text{ 开往需求点 } m_j \\ 0, & \text{否则} \end{cases};$$

$$y_{ik} = \begin{cases} 1, & \text{当物资需求点 } m_i \text{ 由运输车辆 } k \text{ 进行服务} \\ 0, & \text{否则} \end{cases}。$$

11.3.3　目标函数和约束条件

建立突发灾害发生时的初始应急物资调度模型如式（11.1）~ 式（11.12）所示：

目标函数：

$$\min Z = \sum_{i=1}^{n} \sum_{j=1}^{n} \sum_{k=1}^{K} t_{ijk} x_{ijk} + \rho \cdot \lambda_i \tag{11.1}$$

约束条件：

$$\sum_{i=1}^{n} b_i y_{ik} \leqslant Q_k, \quad k = 1, 2, 3, \cdots, K \tag{11.2}$$

$$\sum_{j=1}^{n} x_{0jk} = 1, \quad k = 1, 2, 3, \cdots, K \tag{11.3}$$

$$\sum_{k=1}^{K} y_{ik} = 1, \quad i = 1, 2, 3, \cdots, n \tag{11.4}$$

$$\sum_{i=1}^{n} x_{i0k} = 1, \quad k = 1, 2, 3, \cdots, K \tag{11.5}$$

$$\sum_{i=0}^{n} x_{ijk} = y_{ik}, \quad k = 1, 2, 3, \cdots, K \tag{11.6}$$

$$\sum_{j=0}^{n} x_{ijk} = y_{ik}, \quad k = 1, 2, 3, \cdots, K \tag{11.7}$$

$$\sum_{k=1}^{K} \sum_{i=1}^{n} x_{ijk} (t_{ik} + t_{ij}) = t_{jk} \tag{11.8}$$

$$t_{ik} = \frac{d_{ij}}{v_k} \tag{11.9}$$

$$t_{ik} \leqslant LT_i \tag{11.10}$$

$$\lambda_i = \sum_{i=1}^{n} w_i \frac{t_{ik} - LT_i}{LT_i}, \quad k = 1, 2, 3, \cdots, K \tag{11.11}$$

$$x_{ijk} \in \{0, 1\}, \quad y_{ik} \in \{0, 1\} \tag{11.12}$$

式（11.1）为目标函数，即应急救援总时间最短；式（11.2）表示运输车辆的物资载重约束；式（11.3）表示所有运输车辆均从物资供应点出发；式（11.4）表示每个需求点有且只有由一辆车为其提供物资；式（11.5）表示所有运输车辆完成物资配送任务后返回物资供应点；式（11.6）~ 式（11.8）表示变量之间的关系；式（11.9）表示车辆 k 到达需求点 m_i 的时间表达式；式（11.10）表示运输车辆抵达物资需求点的时间约束；式（11.11）表示需求点的总时间抵达不满意度函数；式（11.12）表示 0-1 约束。

11.4 扰动度量研究

由于突发灾害事件的不确定性和破坏性，人们在进行灾后应急物资调度过程中，尤其是在灾后初期经常会有不确定因素的出现，即干扰的出现。而干扰因素的出现会引发一系列的变化，譬如疫情暴发造成受灾点物资种类和数量的变化、车辆故障以及人为造成的交通堵塞等。此时，如果继续按照初始计划进行应急物资配送，部分受灾点的需求条件必然不能满足。因此，需要根据干扰事件的具体情况对初始方案进行相应调整，使得干扰事件产生的扰动变化最小。在突发事件的应急物资配送过程中，当配送中途产生干扰因素时，主要会对配送系统中的以下部分产生干扰：应急物资需求点、应急决策部门以及物资配送路径。所谓扰动度量研究，就是使干扰事件对这三个部分所造成的扰动影响程度最小，生成相应的扰动恢复模型，以期降低初始调度方案的偏离程度。

11.4.1 应急物资需求点扰动度量

当突发灾害发生时，对于受灾点来说最急切需要的就是应急物资救援能够尽快到达。所以初始调度方案的目标函数就是以物资配送的总时间最小，但是干扰因素产生之后，原始的调度路线就需要变动，总的配送时间也会随之变动，迫切需要应急物资的受灾点可能因为干扰因素对配送方案的影响而不能及时获得应急物资。因此，应急物资需求点的扰动度量就是当地受灾群众对物资配送干扰产生的不满意度的度量。

根据研究相关文献（邹彤等，2004）可知，影响救援不满意度的因素主要有以下两个：物资抵达时间的不满意度和物资配送量的不满意度。

（1）物资抵达时间的不满意度

物资抵达时间的敏感度是指当救援物资抵达时间超过了当地预期到

达的最晚时间时，该受灾点灾民会因超出时间而产生不满意心理。前面提到，重大灾害事件下的物资配送问题属于单边软时间窗问题，因为不考虑物资提前到达受灾点时的等待时间，也即没有最早配送时间的限制，时间窗为 $[0, LT_i]$，LT_i 为物资需求点 m_i 获得应急资源的最晚时间。当救援物资在预期的时间内到达时，该受灾点的不满意度为 0；当救援物资的抵达时间超过了预期到达的最晚时间限制时，则该受灾点的不满意度计算公式构造如式（11.13）所示：

$$S_1 = \begin{cases} \dfrac{t_{ik} - LT_i}{LT_i}, & t_{ik} \geqslant LT_i \\ 0, & \text{否则} \end{cases} \quad (11.13)$$

（2）物资配送量的不满意度

物资配送量的不满意度是指实际配送给需求点的物资数量与受灾点期待得到的物资数量之间的落差而产生的不满意度。计算公式如式（11.14）所示：

$$S_2 = \frac{b_i - q_i}{b_i} \quad (11.14)$$

综上两个因素得出应急物资需求点的扰动度量公式如式（11.15）所示：

$$F_1 = \sum_{i=1}^{n} \sum_{j=1}^{n} \sum_{k=1}^{K} w_i S_1 y_{ik} + \sum_{i=1}^{n} w_i S_2 \quad (11.15)$$

11.4.2　物资运输人员扰动度量

应急物资配送路径规划完毕之后是由运输人员执行配送任务，当干扰因素产生，原先的配送路径必定会被打乱，那么物资运输人员就要听从应急决策部门的重新调配，根据新的路径安排继续执行配送任务。整个过程会产生一定的时间浪费以及一定的通信成本（通信成本相较于配送成本来说可忽略不计），为了减少路径偏离带来的扰动成本，所以物资运输人员的扰动度量就是对新的路径偏离程度的扰动度量，扰动度量公式为式（11.16）：

$$F_2 = \sum_{k \in K} \sum_{i \in RT} \sum_{j \in RT} |l_{ijk}| \quad (11.16)$$

11.4.3　应急决策部门扰动度量

对于应急决策部门来说，当重大突发灾害事件发生时，需要对整个救援行动进行快速响应，在快速安排物资分配方案的同时也要注意整个救援的成本，需要把金额控制在政府可接受的范围内。初始的物资配送调度方案是在满足时间窗范围的同时也能满足资金限制，但是当干扰因素产生后，初始方案的路径可能会发生变化，那么相对应的成本也会变化，所以应急决策部门的扰动度量就是对由配送路径的变化引起的成本增加值的度量，其扰动度量公式为式（11.17）：

$$F_3 = \sum_{k \in K} \sum_{i \in RT} \sum_{j \in RT} (c_{ij} + c_R) l_{ijk} \qquad (11.17)$$

11.5　干扰管理模型构建

重大突发灾害事件下的应急物资调度干扰管理的关键在于使得应急物资配送途中突发的干扰因素对整个调度系统的主体扰动最小，也即是使得物资抵达时间物资配送量的不满意度、物资配送成本增加值和路径偏离程度最小。在重大突发灾害事件发生后，首要任务是以最快的速度将应急物资运送至当地受灾点以减少各方面的损失与人员伤亡，在这样的背景下可得出应急调度的时间效益明显优于成本效益，所以三个主体的扰动度量的紧迫度排序为 $F_1 > F_2 > F_3$，即应急物资需求点不满意度 > 路径偏离程度 > 配送成本增加值。

11.5.1　变量和符号说明

M：应急物资需求点集合，$M = \{m_0, m_1, \cdots, m_n, \cdots, m_{p+K}\}$；

m_0：应急物资供应点，其他表示应急物资需求点；

p：未完成应急物资配送的需求点的总数；

$m_1, \cdots, m_p$：未完成应急物资配送的需求点；

$m_{p+1}, \cdots, m_{p+K}$：当前物资配送车辆的所在位置，此处设定为虚拟的应急物资配送点；

k：应急物资运输车辆（$k = 1$、2、3、$\cdots$、K）；

b_i：需求点 m_i 的物资需求数量（$i = 1$、2、3、$\cdots$、n）；

q_i：供应点向需求点 m_i 供应的物资数量；

Q_k：物资运输车辆 k 的额定载重量；

c_{ij}：运输车辆从需求点 m_i 到需求点 m_j 的单位运输成本；

c_R：路径偏离惩罚成本；

t_{ij}：车辆从需求点 m_i 到需求点 m_j 的时间；

t_{ik}：车辆 k 到达需求点 m_i 的时间；

LT_i：物资需求点 m_i 获得应急资源的最晚时间；

w_i：物资需求点 m_i 的权重；

$$x_{ijk} = \begin{cases} 1, & \text{当运输车辆从需求点 } m_i \text{ 开往需求点 } m_j \\ 0, & \text{否则} \end{cases} ;$$

$$y_{ik} = \begin{cases} 1, & \text{当物资需求点 } m_i \text{ 由运输车辆 k 进行服务} \\ 0, & \text{否则} \end{cases} ;$$

l_{ijk} 表示路径偏离参数

$$l_{ijk} = \begin{cases} -1, & \text{原配送方案中存在，新配送方案中不存在的路径} \\ 0, & \text{原配送方案以及新配送方案中都不存在的路径} \\ 1, & \text{原配送方案中不存在，新配送方案中存在的路径} \end{cases} \text{。}$$

11.5.2　目标函数与约束条件

本章的干扰管理模型属于多目标优化问题，采用字典序法来处理该多目标优化问题。建立的考虑需求紧迫度的应急物资调度干扰管理模型如式（11.18）~式（11.25）所示：

目标函数：

$$minLex = (F_1, F_2, F_3) \tag{11.18}$$

$$F_1 > F_2 > F_3 \tag{11.19}$$

约束条件：

$$\sum_{i=1}^{p} b_i y_{ik} \leqslant Q_k, \quad k = 1, 2, 3, \cdots, K \tag{11.20}$$

$$\sum_{k=1}^{K} y_{(p+i)k} = 1, \quad k = 1, 2, 3, \cdots, K \tag{11.21}$$

317

$$\sum_{j=0}^{n} x_{ijk} = y_{ik}, \ k = 1, 2, 3, \cdots, K \qquad (11.22)$$

$$\sum_{k=1}^{K} \sum_{i=1}^{n} x_{ijk}(t_{ik} + t_{ij}) = t_{jk} \qquad (11.23)$$

$$t_{ik} \leq LT_i \qquad (11.24)$$

$$x_{ijk} \in \{0, 1\}, \ y_{ik} \in \{0, 1\} \qquad (11.25)$$

式（11.18）为目标函数，表示调整方案与初始方案的偏离程度最小，即系统的扰动程度最小；式（11.19）为不同目标的优先级，物资需求点的扰动最小为第一级目标；物资运输人员的扰动最小为第二级目标；应急决策部门的扰动最小为第三级目标；式（11.20）表示运输车辆的物资载重约束；式（11.21）表示所有运输车辆均从虚拟的物资供应点出发；式（11.22）表示所有运输车辆完成物资配送任务后返回初始物资供应点；式（11.23）表示需求点的实际到达时间；式（11.24）表示运输车辆抵达物资需求点的时间约束；式（11.25）表示 0 - 1 约束。

11.6　模　型　求　解

11.6.1　算法分析与算法选取

由于本章的干扰管理问题属于 NP - hard 组合优化问题，求解起来比较麻烦，再根据应急物流对时效性要求很严格的特点，所以选择了比精确算法更加适用的启发式算法。卡拉卡蒂奇和波德戈雷莱克（Sašo Karakatič and Vili Podgorelec.，2015）使用几种不同的启发式算法求解同一个大规模多目标复杂优化问题，算法结果表明遗传算法求得的结果更加优秀，也证明了遗传算法更适合求解多目标复杂优化问题。

遗传算法在求解过程中直接对结构对象进行操作，不用依赖其他辅助函数，具有全局搜索能力强、适应力强和鲁棒性强的特点。它通过模仿自然界的生物进化规律，对问题进行编码操作，更包括选择、染色体交叉、变异等一系列遗传机制，从而寻找到目标函数的最优解。但是基本的遗传算法也存在一些缺陷，如容易陷入局部最优并且无法有效处理多目标优化问题等，为了解决上述存在的缺陷，采用改进的遗传算法求解本章的初始模型和干扰管理模型。遗传算法具有以下优点：第一，遗传算法对目标函数和约束条件几乎没有限制，在求解过程中不需要依赖其他辅助函数；第二，遗传算法在求解问题时采用多种搜索机制，使算法避免陷入"早熟"，且不易受到环境的影响，具有较强的稳定性及鲁棒性；第三，遗传算法通过一定的编码方式将目标函数简化，降低了整个计算过程的复杂性，收敛速度快的同时可以得到满意解。

11.6.2　遗传算法设计与改进

（1）染色体表示

需要按照一定的机制将初始问题空间的信息转化为在遗传空间内由一定数据串组成的染色体，这些染色体中的数据串承载着不同的信息。根据模型的特点，本章在相关文献（邹彤等，2004）的编码方式上加以改进，结合其中对染色体结构的定义：每条染色体代表着一组可行解，染色体上的基因由两部分组成，车辆编号（Vehicle – Number，以下简称 VN，$VN \leqslant K$）和需求点排序值（Sort – Value，以下简称 SV），分别表示受灾点 i 由编号为 VM 的车辆为其配送物资，该点的配送顺序由编号为 VM 的车辆所有的配送顺序 SV 大小顺序决定，这种编码方式不光适用于初始调度问题，同样适用于干扰管理问题。假设某地应急物资供应点有 4 辆可自由支配的运输车辆，需要完成 12 个物资需求点的物资配送任务，编码方式如表 11.2 所示。

319

表 11.2　编码方式

项目	1	2	3	4	5	6	7	8	9	10	11	12
VN	a	b	c	a	c	b	a	d	c	d	a	b
SV	1	1	2	3	1	3	2	1	3	2	4	2

资料来源：笔者绘制。

由表 11.2 可以看出，应急物资供应点完成配送任务的车辆编号分别是 1，2，3，4，车辆 a 的配送路径为：供应点 – 1 – 7 – 4 – 11 – 供应点；车辆 b 的配送路径为：供应点 – 2 – 12 – 6 – 供应点；车辆 c 的配送路径为：供应点 – 5 – 3 – 9 – 供应点；车辆 d 的配送路径为：供应点 – 8 – 10 – 供应点。

（2）局部搜索 2 – opt

为了提高算法的搜索效率，节省计算时间，本章在染色体表示结束后引入了 2 – opt 局部优化，运用了 2 – opt 的"交换"思想，选出更优的结果。给定一条路径随机产生两个交换点，将这两个点的顺序分别交换，得到一个新的路径顺序，若新的路径的适应度值优于原路径，则用新的路径排序代替原来的路径，在给定次数内迭代多次便能得到一个最好的解码路径，如图 11.1 所示。

		1	2	3	4	5	6	7	8	9	10	11	12
随机选择交换点	VN	a	b	c	a	c	b	a	d	c	d	a	b
	SV	1	1	2	3	1	3	2	1	3	2	4	2
交换点位置交换			2								10		
			d								b		
			2								1		
新的路径安排顺序		1	2	3	4	5	6	7	8	9	10	11	12
	VN	a	d	c	a	c	b	a	d	c	b	a	b
	SV	1	2	2	3	1	3	2	1	3	1	4	2

图 11.1　2 – opt 操作

资料来源：笔者绘制。

（3）违反约束的适应度函数的计算

在干扰管理模型的计算过程中，如按照初始调度计划，则信息变动的个体可能会违反约束条件包括时间窗、容量和路径等，从而产生了不可行解。遗传算法处理上述情况的方案有以下几种：拒绝策略、修复策略、改进算子策略和惩罚函数策略等（许传磊，2009）。修复策略的缺点在于修复程序之间不能很好地衔接；改进算子则是比较依赖于问题的表述方式，严格按照要求选择相应的遗传算子；惩罚函数策略的效果取决于惩罚因子，从而使得算法的依赖性过强；所以本章选择拒绝策略作为违反约束条件的处理方法。

适应度函数是用来评价种群优良性能的基础。本章建立的干扰管理优化模型是以系统扰动程度最小为目标，其中，包含三个子目标函数，本章的适应度函数为：$\text{Fit}(f(x)) = \dfrac{1}{(\xi_1 F_1 + \xi_2 F_2 + \xi_3 F_3)}$。其中，$\xi_1$、$\xi_2$、$\xi_3$ 分别为三个子目标函数的权重系数，$\xi_1 = 0.5$，$\xi_1 = 0.3$，$\xi_1 = 0.2$，$\xi_1 + \xi_2 + \xi_3 = 1$。

（4）遗传操作

①选择操作。选择操作的目的在于维持子代种群的优良性。采用将"轮盘赌"选择和精英保留相结合作为选择算子。适应度值越大的个体在"轮盘赌"选择中更容易被保留，但是适应度不高的个体也有概率被保存下来。精英保留策略是为了有效获得适应度值高的个体。两种方法结合，可以更好地保证种群的多样性，加快算法的收敛速度。

②交叉操作。交叉算子的目的在于提高算法的搜索性能，增加种群的多样性。交叉算子的设计与求解问题的实际情况有关，且与编码方式相对应。因此本章分别采用单点交叉操作和两点交叉操作的方式。

③变异操作。使用变异算子可以提高算法的局部随机搜索能力，同时能够确保种群的多样性。本章的变异算子采用双点交叉变异操作，具体如图 11.2 所示。但是为了保证种群个体的优良性，不接受当前代数中最优个体的变异，其他非最优个体的变异可被接受。

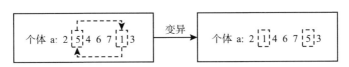

图 11.2　双点交叉变异操作示意图

资料来源：笔者绘制。

（5）总体流程

综上所述，本章设计的遗传算法的流程如图 11.3 所示。

步骤 1：本章节设计的编码方式生成种群规模 pop-size 的初始种群；

步骤 2：局部优化后计算个体的适应度值；

步骤 3：根据个体的适应度值的大小，从种群中选取适应度值较大的个体；

步骤 4：进行遗传操作的交叉和变异操作，产生新一代种群；

321

步骤5：重复第二步至第四步，直到满足收敛标准。

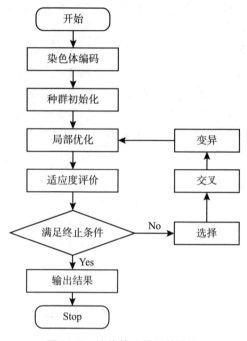

图 11.3　遗传算法的总体流程

资料来源：笔者依据改进后算法框架步骤绘制。

11.7　算例求解与分析

11.7.1　算例背景介绍

2008 年 5 月，四川省汶川县发生了 8.0 级大地震，根据中国地震局官方网站提供的数据显示，此次地震造成了巨大的损失，其中四川省的死亡人数达到 62161 人，受伤人数达到 347401 人，直接经济损失高达 8452 亿元（侯凌霞等，2013）。故本章节选取 2008 年四川汶川地震的部分受灾地点作为应急物资受灾点。根据章节 11.2.1 提到的指标确定方法，选定了建筑物破坏程度、道路破坏程度、物资需求缺口率、受伤人数、死亡人数和老幼人口比例这六个指标作为紧迫性分级的评价指标。根据《汶川地震灾害综合分析与评估》和《四川省统计年鉴2008》，获取相关指标数据，具体如表11.3所示。

表11.3　受灾需求点对物资需求紧迫性分级评价原始数据

受灾点	U_1	U_2	U_3	U_4	U_5	U_6
1	0.9	0.9	1	1571	13476	0.2877
2	0.95	0.95	1	14436	15941	0.3192
3	0.95	0.95	1	11073	36468	0.2685
4	0.9	0.95	1	5891	31990	0.287
5	0.7	0.7	0.8	4815	10239	0.2898
6	0.8	0.85	0.9	23	458	0.3151
7	0.95	0.9	1	3069	4388	0.3577
8	0.7	0.75	0.8	15	1936	0.2522
9	0.7	0.7	0.8	15	402	0.418
10	0.6	0.65	0.7	21	2489	0.2564
11	0.7	0.65	0.8	19	340	0.3012
12	0.95	0.95	1	3933	8183	0.3559
13	0.65	0.7	0.7	32	290	0.3557
14	0.8	0.8	1	394	10016	0.2708
15	0.9	0.9	1	4695	15453	0.2926
16	0.9	0.95	1	1546	32145	0.3153
17	0.6	0.65	0.7	13	220	0.259
18	0.7	0.75	0.8	103	1612	0.3137
19	0.9	0.95	1	952	5770	0.2777
20	0.8	0.75	0.9	31	890	0.2783
21	0.75	0.7	0.8	21	420	0.3011
22	0.65	0.6	0.7	20	340	0.2685

资料来源：《汶川地震灾害综合分析与评估》《四川省统计年鉴2008》。

11.7.2 灾点需求紧迫度分析

根据以上数据利用层次分析法先计算主观权重 α_j，再利用熵权法计算客观权重 β_j，依据最小熵原理修正主客观权重系数，进而得到各个需求点的综合指标权重 w_j，具体如式（11.26）所示：

$$\min f = \sum_{j=1}^{m} w_j (\ln w_j - \ln \alpha_j) + \sum_{j=1}^{m} w_j (\ln w_j - \ln \beta_j) \quad (11.26)$$

m 为评价指标个数。

求解上式，得到综合权重如式（11.27）所示：

$$w_j = \frac{\sqrt{\alpha_j \beta_j}}{\sum_{j=1}^{m} \sqrt{\alpha_j \beta_j}} \quad (11.27)$$

根据综合权重计算并对各个需求点进行需求紧迫度排序，具体结果如表 11.4 所示。

表 11.4　　　　　　　　　　需求点权重值及紧迫度排序

序号	权重	序号	权重
2	0.6650	6	0.3030
3	0.6537	20	0.3002
4	0.5219	18	0.2994
15	0.4531	8	0.2982
16	0.4364	9	0.2962
5	0.4331	10	0.2945
12	0.4205	21	0.2942
7	0.3903	11	0.2919
1	0.3763	13	0.2912
19	0.3411	22	0.2863
14	0.3403	17	0.2862

324

11.7.3　算例数据说明

以 2008 年汶川地震的部分受灾地区为例来验证模型，选择其中一片受灾区域的 22 个受灾点作为物资需求点，假设该区域内只有一个供应点，该点负责 22 个需求点的物资需求，有 5 辆可自由支配的运输车辆，所有运输车辆规格相同。各受灾点需求量如表 11.5 所示，供应点与受灾点两两之间的运输距离（见表 11.6）可以根据百度地图测量得到，对需求紧迫度较高的受灾点的物资最晚到时间（见表 11.7）进行了一定比例的调整。应物资运输成本根据路线距离及应急物资单位体积可以得到，假设单位物资运输成本为 1.2 元/千米，调整路线产生的扰动成本为 0.1 元/千米，运输车辆车速为 70 千米/小时，额定载重量为2000 单位。

表 11.5　　　　　　　　　　受灾点对物资的需求数量

受灾点	物资需求量	受灾点	物资需求量
1	555	12	529
2	725	13	185
3	638	14	235
4	651	15	422
5	439	16	555
6	218	17	506
7	264	18	190
8	183	19	435
9	203	20	335
10	186	21	103
11	265	22	159

表 11.6　供应点到需求点的运输距离

单位：千米

距离	0	1	2	3	4	5	6	...	16	17	18	19	20	21	22
0	0	46	183.6	73.1	122.4	126.6	95.2	...	116	151.1	43.2	132.4	177.6	154.8	116.6
1	46	0	272.6	49.3	78.2	100.1	60.7	...	155.8	142.1	36.3	88.2	151.1	103.8	72.4
2	183.6	272.6	0	227	206.6	183.7	230.2	...	299.8	399.5	310.8	204.4	128.2	347.9	110.6
...	...	...	...	...	...	...	...	...	...	...	...	...	...	...	...
20	126.6	100.1	138.3	54.5	34.1	80.7	126.6	...	227.1	130.8	39.5	0	154.6	175	227.1
21	135.2	84.2	99	120.4	133.7	88.3	135.2	...	187.7	257.5	188.4	154.6	0	51.7	187.7
22	154.8	103.8	118.6	139.9	153.3	107.9	154.8	...	207.3	295	225.9	175	51.7	0	207.3

表 11.7				各需求点限制的最晚配送时间									单位：小时		
时间	1	2	3	4	5	6	7	…	…	16	17	18	19	20	21	22
LT_j	3.1	1.2	2	2	2.5	3.5	3.1	…	…	2.3	4.6	3.6	3.8	3.6	4	4.5

11.7.4 算例结果及分析

（1）初始调度分析

在内存为 4GB，系统为 Windows 7 中文版的计算机上，使用 MAT-LAB2018A 运行前文设计的遗传算法。设定种群规模 popsize = 80，迭代次数为 maxgen = 200，交叉概率 pc = 0.9，变异概率 pm = 0.3。根据本章的初始调度模型，供应点与物资需求点之间的坐标根据彼此之间的距离采用虚拟坐标，求解出的物资分配路线和算法收敛如图 11.4 和图 11.5 所示，初始物资分配路线如表 11.8 所示。

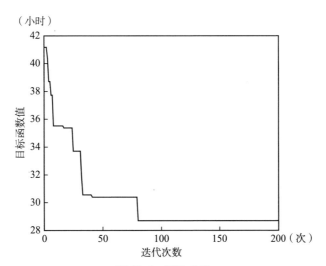

图 11.4 算法收敛

资料来源：由 MATLAB 绘图程序导出。

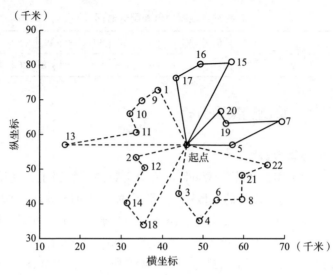

图 11.5　物资分配路径

资料来源：由 MATLAB 绘图程序导出。

表 11.8　　　　　　　　初始调度物资分配路线

车辆编号	配送路径	配送量	目标函数结果	不满意度
1	0 – 5 – 7 – 19 – 20 – 0	1533		
2	0 – 15 – 16 – 17 – 0	1513		
3	0 – 1 – 9 – 10 – 11 – 13 – 0	1194	28.70	0.2548
4	0 – 2 – 12 – 14 – 18 – 0	1584		
5	0 – 3 – 4 – 6 – 8 – 21 – 22 – 0	1592		

资料来源：MATLAB 软件运行结果。

　　上述的算例仿真结果验证了初始调度模型以及算法的可行性，再使用相关文献（张凡，2007）设计的遗传算法计算本章的算例，得到的算法收敛图如图 11.6 所示。

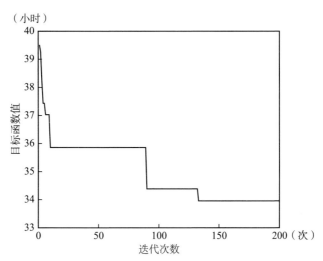

图 11.6　文献的遗传算法收敛

资料来源：由 MATLAB 绘图程序导出。

　　根据表 11.9 对比可以看出，本章设计的遗传算法的求解结果更优。结合两者的算法迭代图，可以看出本章设计的遗传算法在迭代到 80 代左右就找到了较为优秀的解，迭代曲线的下降速率较快说明前期寻优的效率较高，80 代之后迭代曲线便趋于平稳。张凡（2007）使用的遗传算法在 130 代左右迭代曲线趋于稳定，但是后续还可以继续收敛，得到更优的结果，整体收敛过程中，寻优效率较慢。最后求得的结果对比也可发现，在本章节设计的遗传算法中，物资需求紧迫较高的受灾点的配送顺序较为靠前，更能顺应实际应急救援的情况。根据表 11.9 的内容，本章节设计的遗传算法在调度总时间上与张凡（2007）使用的遗传算法相比降低了 5.25 小时，同比下降了 18.3%；在物资抵达时间不满意度上，本章设计的遗传算法的不满意度为 0.2548，张凡（2007）的遗传算法的不满意度为 2.1686，不满意度同比降低了 88.25%。上述结果说明了本章设计的遗传算法的性能更好，同时证明了算法和模型的有效性。

表 11.9   两种算法结果对比

项目		本章设计的遗传算法	文献张凡（2007）的遗传算法
配送路径	1	0 – 5 – 7 – 19 – 20 – 0	0 – 1 – 2 – 9 – 11 – 20 – 22 – 0
	2	0 – 15 – 16 – 17 – 0	0 – 10 – 16 – 17 – 0
	3	0 – 1 – 9 – 10 – 11 – 13 – 0	0 – 3 – 4 – 8 – 21 – 0
	4	0 – 2 – 12 – 14 – 18 – 0	0 – 12 – 13 – 14 – 18 – 19 – 0
	5	0 – 3 – 4 – 6 – 8 – 21 – 22 – 0	0 – 5 – 6 – 7 – 15 – 0
目标函数结果		28.70	33.95
不满意度		0.2548	2.1686

资料来源：MATLAB 软件绘制。

（2）时间窗扰动

初始调度路线分配完成之后，物资供应点按照计划开始给各个受灾点运输应急物资，整个应急调度系统开始运转。假设在物资运输途中，当物资运输车辆从物资供应点出发半个小时后，某地突然发生余震导致该点对应急物资的需求紧迫度增加，原本的物资到达最晚时间范围随紧迫度增加而缩小，具体变化如表 11.10 所示。

表 11.10   时间窗变动信息

变更的受灾需求点	变更后的物资最晚到达时间（小时）	原来的物资最晚到达时间（小时）
6	1.6	3.5
11	1.5	4.1
19	3.0	3.8

干扰发生时刻，根据初始调度计划，车辆 1 正在开往受灾点 5 的途中，车辆 2 正在开往受灾点 15 的途中，车辆 3 正在开往受灾点 1 的途中，车辆 4 正在开往受灾点 2 的途中，车辆 5 正在开往受灾点 3 的途中。此时物资供应点没有多余车辆，如果按照初始配送路线，则灾民的时间不满意度将从 0.2548 变为 0.5916，同比增长 132%。所以为了降低受灾地区灾民的时间不满意度，使得干扰对整个配送系统的影响最小，需要小范围调整配送路线，根据上面设计的扰动恢复模型，调整后的物资分配路径如图 11.7 所示。为了验证扰动恢复方法的有效性，将扰动恢复模型得到的结果与全局重调度的结果进行对比，具体如表 11.11 所示。

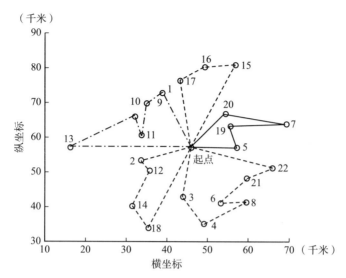

图 11.7　调整后的物资分配路径

资料来源：由 MATLAB 绘图程序导出。

表 11.11　　　　　　　　　　三种方法的结果对比　　　　　　　　　　331

方案	配送路线	受灾点不满意度	路径偏离	配送成本
扰动恢复方案	0-5-19-7-20-0 0-15-16-17-0 0-1-9-11-10-13-0 0-2-12-14-18-0 0-3-6-4-8-21-22-0	0.4086 （+0.1548）	6 （+6）	170.82 （+170.82）
重调度方案	0-5-19-7-20-0 0-15-16-17-0 0-11-1-9-10-13-0 0-2-12-14-18-0 0-6-3-4-8-21-22-0	0.5457 （+0.2909）	9 （+9）	485.29 （+485.29）
初始调度方案	0-5-7-19-20-0 0-15-16-17-0 0-1-9-10-11-13-0 0-2-12-14-18-0 0-3-4-6-8-21-22-0	0.5916 （+0.3368）	—	—

资料来源：MATLAB 软件运行结果。

（3）需求量扰动

在物资运输途中，假设当物资运输车辆从物资供应点出发一个小时后，某地的应急物资的需求量增加，具体变化如表 11.12 所示。

表 11.12 需求量变动信息

变更的受灾需求点	变更后的物资需求量	原来的物资需求量
2	825	725
3	788	638
15	722	422
16	855	555

当物资运输车辆从物资供应点出发一个小时后，根据初始调度计划，车辆 1 正在开往受灾点 5 的途中，车辆 2 正在开往受灾点 15 的途中，车辆 3 正在开往受灾点 9 的途中，车辆 4 正在开往受灾点 12 的途中，车辆 5 正在开往受灾点 3 的途中。此时需求点 2、需求点 3、需求点 15 和需求点 16 的需求量发生了变化，具体数量如表 11.12 所示，如果按照初始调度计划，那么车辆 2、车辆 4 和车辆 5 这三条配送路线上的部分需求点的需求量得不到满足，导致满意度大大降低，根据扰动恢复策略，调整后的物资配送路径如图 11.8 所示。与初始调度和全局重调度的对比结果如表 11.13 所示。

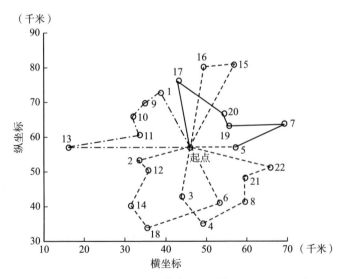

图 11.8 物资分配路径

资料来源：由 MATLAB 绘图程序导出。

表 11.13　　　　　　　　　　　三种方法的结果对比

方案	配送路线	受灾点不满意度	路径偏离	配送成本
扰动恢复方案	0 - 5 - 19 - 7 - 20 - 17 - 0 0 - 15 - 16 - 0 0 - 1 - 9 - 11 - 10 - 13 - 0 0 - 2 - 12 - 14 - 18 - 6 - 0 0 - 3 - 4 - 8 - 21 - 22 - 0	0.7416 (+0.4868)	5	453.96
重调度方案	0 - 22 - 5 - 7 - 19 - 17 - 0 0 - 16 - 15 - 20 - 0 0 - 1 - 9 - 10 - 11 - 13 - 0 0 - 2 - 12 - 14 - 18 - 0 0 - 3 - 4 - 6 - 8 - 21 - 0	0.8992 (+0.6444)	6	771.55
初始调度方案	0 - 5 - 7 - 19 - 20 - 0 0 - 15 - 16 - 17 - 0 0 - 1 - 9 - 10 - 11 - 13 - 0 0 - 2 - 12 - 14 - 18 - 0 0 - 3 - 4 - 6 - 8 - 21 - 22 - 0	0.8222 (+0.5674)	—	—

资料来源：MATLAB 软件运行结果。

（4）结果分析

根据表 11.11 和表 11.13 列出的综合信息来看，当发生干扰因素时，如果按照初始调度路线继续配送，虽然没有路径偏离和配送成本的偏差，但是受灾点的时间不满意程度和物资需求量不满意程度都很高，且初始调度目标函数为调度总时间最小，所以当干扰因素发生时，继续按照初始调度路线来进行物资分配不符合实际情况。

从表 11.13 中还可以看出，重调度的配送方案在受灾点的不满意度、路径偏离以及配送成本的扰动处理能力都明显不如干扰管理方案，本章的干扰管理模型是以灾民的整体不满意度扰动最小为一级目标，路径偏离程度和配送成本偏离程度分别为二级和三级目标，所以当干扰发生时，以灾民的整体不满意度最小为首要考虑因素，因此使用干扰管理模型得到的解决方案能在灾民不满意度扰动程度最低的情况下保证路径偏离程度和配送成本偏离最小，为应急物资调度干扰管理问题提供更优秀的解决方案。

11.8 总结与展望

本章首先分析了重大突发灾害发生时考虑需求紧迫度分级的应急物资初始调度模型，在此基础上，对应急物资需求点、物资运输人员以及应急决策部门三个方面的扰动度量进行研究，构建干扰恢复模型来降低干扰事件对整个物资配送系统造成的影响。以 2008 年汶川地震为背景设计相关算例，对选取的受灾点进行紧迫度分级，再使用本章设计的遗传算法求解初始调度模型和扰动恢复模型，并将扰动恢复结果与初始调度和全局重调度得到的结果进行比较，验证了扰动恢复模型和算法的有效性和优越性。

本章参考文献

[1] 程光. 考虑分配优先级和公路状态的震后应急物流 LRP 研究 [D]. 哈尔滨：东北农业大学，2016.

[2] 程序芳. 基于需求分级的两次应急资源运输研究 [J]. 哈尔滨商业大学学报（自然科学版），2010，10（10）：2556 - 2559.

[3] 付德强，陈子豪，蹇洁，蒋雪. 应急联动区域下选址分配协同优化模型研究 [J]. 数学的实践与认识，2019，49（6）：30 - 41.

[4] 侯凌霞，李坤颖. 基于模糊聚类的应急物资聚类分析方法研究 [J]. 物流工程与管理，2013，35（3）：75.

[5] 李春茹. 基于模糊聚类的应急物资储备分类决策 [J]. 物流工程与管理，2017，39（7）：76 - 79.

[6] 宋英华，艾艳芳，王喆，方丹辉，杜丽敬. 考虑商业物流资源的应急物流定位—分配问题模型 [J]. 中国安全科学学报，2016，26（11）：157 - 162.

[7] 王婧，王海军. 应急救援中应急物资需求紧迫性分级研究 [J]. 计算机工程与应用，2013，49（5）：4 - 7.

[8] 杨斌，文洪蕊，李峰，等. 突发情景下应急物资分配决策研究 [J]. 安全与环境工程，2015，22（5）：7 - 12.

［9］杨郑.考虑需求紧迫度的应急物流车辆路径问题研究［D］.西安：长安大学，2018.

［10］姚恩婷，孟燕萍，林国龙.基于BP神经网络的受灾点的需求紧迫性分级方法［J］.灾害学，2016，31（3）：211－216.

［11］张凡.考虑救灾物资需求等级的应急救援车辆调度［D］.哈尔滨：哈尔滨工业大学，2007.

［12］张英慧，汪贻生.应急物资需求动态分级方法研究［J］.物流技术，2015，34（4）：82－84.

［13］邹彤，李宁，孙德宝.不确定车辆数的有时间窗车辆路径问题的遗传算法［J］.系统工程理论与实践，2004（6）：134－138.

［14］Saso Karakatič，Vili Podgorelec. A survey of genetic algorithms for solving multi depot vehicle routing problem［J］. Applied Soft Computing Journal，2015，27（C）：519－532.

［15］Sheu J B. An emergency logistics distribution approach for quick response to urgent relief demand in disasters［J］. Transportation Research Part E：Logistics & Transportation Review，2007，43（6）：687－709.

第12章　考虑道路约束的应急物资调度优化模型与算法

12.1　研究背景

近年来，灾害时常发生，如2019年底新冠疫情①和2020年南方特大洪涝灾害②等，这些灾害给人们的生命财产和安全带来了巨大的威胁。因此，在重大灾害发生后开展及时、有效的救援工作十分重要，而应急物资和车辆调度对灾后救援和恢复有重要意义。

针对灾后应急物资和车辆调度问题，国内外学者进行了大量的研究。1998年，利斯特等（List et al.，1998）首次在放射性危险物品运输优化模型中引入了应急问题，为应急资源调度问题的研究奠定了基础；王海军等（2014）考虑到不同应急响应阶段和目标重要程度不同，通过决策者对总运输时间和应急成本的动态赋权，实现了应急调度的动态决策；段晓红等（2020）针对城市路网下多事故应急救援工作的特点，构建双层规划模型，对应急车辆调度和交通疏散进行协同决策；王付宇等（2020）针对灾害初期存在道路受损和救援物资不足的情况，

---

①　国际医学期刊《柳叶刀》认为，首例新型冠状病毒肺炎确诊患者于2019年12月1日发病，而后疫情出现蔓延，12月19日于湖北省武汉市暴发。新型冠状病毒肺炎是急性呼吸道传染病，按《中华人民共和国传染病防治法》规定，纳入乙类传染病，但按甲类传染病管理。

②　2021年，1月2日，中华人民共和国应急管理部公布"2020年全国十大自然灾害"，南方特大洪涝灾害位于十大灾害之首，造成直接经济损失1322亿元。

以救援的公平性作为调度目标，使用步长递减的天牛须算法进行求解；易等（Yi et al.，2007）针对人员疏散问题和应急物资调度的运输问题，设计了集成分布模型；莫雷诺等（Moreno et al.，2016）针对灾害救援中车辆运力的可重复利用问题，设计了混合整数规划启发式方法。

上述研究大部分基于单种配送工具的应急资源调度问题，但是在道路发生损毁的情况下，单种配送工具很难满足的现实需求。胡（Hu，2010）使用改进免疫算法，求解基于救援网络的集装箱多式联运问题；菲卡尔等（Fikar et al.，2016）针对选取陆运和空运协调运输中转点选择问题，设计了一种决策支持系统，打通了应急救援工作的"最后一公里"；陈雷雷（2010）建立了大规模突发事件下以受灾点满意度为目标的多车辆和多物资的物资优化调度模型；阮俊虎等（2015）对应急响应中的"直升飞机 + 车辆"医疗物资联合运送问题进行研究；阮等（Ruan et al.，2016）为解决大型自然灾害中的车辆和直升飞机联运问题，构建了平衡的车辆—直升飞机联运网络；埃尔德米尔等（Erdemir et al.，2010）为解决突发事件下陆—空联合救援问题，提出了一种位置覆盖模型和贪婪启发式算法。

以上文献大多未考虑灾害初期运力不足和道路通行受约束等情况。而在现实情景下，由于灾害的突发性，导致灾害发生初期救援工具很难在短时间内集结。王旭平等（2013）针对运力受限情况下的救援车辆路径选择和应急物资分配问题，构建了混合整数模型，使用遗传算法求解模型。薛星群等（2020）针对震后应急资源调度的特点，考虑道路通行受约束和运力受限等条件，构建多目标规划模型，并使用改进的 NSGA – Ⅱ 算法求解模型。但是该研究并未考虑物资的装卸时间或者准备时间，在特殊情况下，救援物资准备时间以及装载时间对于整个救援过程来讲不可忽视，该问题仍有改进的空间。因此本章节在考虑道路通行受约束和运输能力不足的条件下，将救援物资的装卸或者救援工具的准备时间嵌入模型中，建立了考虑道路约束和多式联运的应急物资调度模型。

对于多目标问题，求解方法大多使用 NSGA – Ⅱ 算法，但 NSGA – Ⅱ 算法存在收敛速度慢、种群多样性差等缺点。多年来，学者对 NSGA – Ⅱ 算法进行了大量的研究。张国富等（2017）提出一种 NSGA – Ⅱ 与蚁群优化的混合智能搜索算法，并将应用到多受灾点、多需求点的应急物资调度问题；李燕等（2021）利用改进的 NSGA-Ⅱ对交叉口车辆延误及机动车碳排放两方面进行优化；王付宇等（2021）提出了多目标蜂群算法，并将其应用到重大疫情事件下应急资源调度问题中。从现有文献中分析可知，对 NSGA-Ⅱ算法仍有改进的空间。例如，如何根据研究问题的特殊性，设计相应算子以增加算法搜索空间等。

从检索到的文献可知，很少有使用自适应的 NSGA-Ⅱ算法求解多式联运问题。为求解多目标应急调度模型，本章节使用带有自适应机制的 NSGA-Ⅱ算法对模型进行求解，所提算法对 NSGA-Ⅱ算法做出如下改进：第一，设计自适应机制，综合种群进化的横向信息和纵向信息引导种群进化；第二，针对联合调度中多车辆配送的特点，设计随机变邻域搜索算子，对解空间充分搜索；第三，将贪婪思想嵌入邻域探索过程。

12.2 理论基础

338

12.2.1 应急物资配送概念

灾后及时开展应急救援工作，制订科学合理的物资集散中心选址方案、配送中心选址方案、配送方案，并规划出合理的救援车辆行驶路径是应急救援工作的重要一环，该问题一直是专家和学者关注的重点。应急领域的车辆路径规划问题是指在突发自然灾害事件或者重大公共卫生事件后，应急管理者在物资需求和灾区交通情况等确定和不确定的情境下，探究应急物资配送车辆调度方案，对救援车辆的运输路线进行规划，制订出合理且科学的运输方案，以最大努力保证应急物资高效且快速地运送至受灾区域。

12.2.2　应急物资配送问题分类

应急物资配送中需要考虑车辆路径规划问题，应急物资车辆路径规划模型中根据所考虑研究问题的特征，从运输方案是否经济、配送工具的容量和运力是否受限、受灾点需求是否具有时间窗以及优化目标是否单一等角度对应急物资车辆路径规划模型进行分析。得到应急物资配送问题的分类如图 12.1 所示。

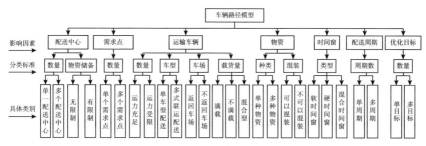

图 12.1　车辆路径规划分类

资料来源：笔者依据当前研究现状总结绘制。

而物资在运输配送过程中，应急物资车辆路径优化问题是典型的 NP 难问题，重大突发事件发生后所涉及的问题和约束很多，如交通运输网络的复杂性、需求点不确定性以及受灾点数量众多等，随着应急物资车辆路径优化问题约束条件和考虑因素的增加，所建立的数学模型则越复杂，求解模型的难度也越大。由于应急车辆路径优化问题的复杂性，导致无法使用精确算法对模型求解。因此，基于仿生学理论的启发式优化算法成为求解复杂模型的重要手段，如遗传算法、蚁群算法、爬山算法、萤火虫算法等传统的启发式算法，又如随机蛙跳算法、基于量子纠缠的改进算法以及快速探索随机树算法等一些新兴启发式算法。随着研究不断深入，对传统启发式智能算法进行改进或者通过融合其他算法的相关思想也是学者关注的重点问题之一。

12.2.3 多式联运相关概念和特征

多式联运是在众多需求和约束条件下，利用公路或者铁路等两种以上的运输载体将物资快速地运送至客户手中。多式联运的运输效率与运输方式的组合以及运输路径的选择息息相关。本章节通过分析多式联运的相关概念和特点，总结出应急领域多式联运的特点，为后面章节建立相关多式联运模型打下理论基础。

（1）多式联运的概念

多式联运是综合利用公路、铁路、水路、空运等运输载体使得物资能够以最快或者以最低成本运输到客户手中。目前，轨道运输、陆路运输、水道运输、空中运输以及固定管道运输是运输网络的基础，这五种常用的运输方式在不同方面具有各自的优缺点，如空中运输存在易受环境影响、运量小和费用高等缺点，但其运输时间短是其最大的优势；公路运输在物资运输速度和物资运输量以及运输的安全性等差于空中运输方式，但运输路线的灵活性是其独特的优势。

（2）多式联运的特点

较之单种运输方式，多式联运有其独特的优势，主要有如下三个方面。

①手续更简单。较之委托方自组织的运输方案，多式联运下委托方只需办理一次手续，委托方不需要承担更多的责任和风险。

②环节少且运输量大。委托方委托专业的运输企业运输物资的整个过程中，货物或者物资往往是以一个整体进行运输，即不对运输的货物进行拆、卸、装等操作。对于委托方来讲，所需的中间环节更少，每次运输的货物量更大。

③低运输费用。被委托方对物资进行配送时往往以集装箱为一个运输单元，对于委托方讲更容易形成规模经济，节省企业成本。对被委托方来说，能够通过制订合理的运输方案，能够减少运输费用。

多式联运在保持高效运输的同时，也有其特有的缺陷，主要有如下几个方面。

①运输时间有所增长。由于货物的运输方案需要经过多种运输工具的托运，而不同运输方式的转运和装卸均会耗费一定的时间成本，进而

会使得物资运输的时间成本大幅度增加，即多种运输方式运输物资一般是通过牺牲运输时间成本来减少运输成本。

②运输计划难度较大。较之单种运输方式的物资运输路线的安排，使用多种运输方案在物资进行运输的过程中，首先需要合理地规划不同运输方式组合方案，其次需要对每种运输方式下的运输路线进行规划，多式联运运输物资涉及更加复杂的数学模型，而复杂模型的解通常不具备应对突发情况的能力。同时调度方案的制订受限于被委托方的资源和运输能力。

（3）商业背景下的多式联运

商业背景下的多式联运是指在正常的商业环境条件下，运输企业对物资进行配送，运输方式的组合以及运输路径是评价多式联运的运输方案优劣的重要指标。

商业背景下的多式联运需要参考的关键因素有如下四个特点。

①空间性。从某种程度上讲地理空间特性会对物资运输方式选择、运输方式组合以及运输方式的转化等产生巨大的影响。

②时间性。商用物资运输需要在委托方的时间窗需求内将物资自从运输起点送至客户手中，运输过程中所需的时间包含运输调度计划时间、物资转化和等待运输的时间，时效性是评价一个多式联运方案优劣的重要指标之一。

③成本性。商业背景下在物资的运输过程中会产生一系列的成本，这些成本包括固定的运输设施及设备的使用费、人力花费等。

④网络。由五种基本运输方式各自的运输基础设施共同构成了一个更大的交通运输网络。较之单一运输网络，多式联运的交通运输网络更加复杂。

（4）应急环境下的多式联运

应急环境下的应急物资多式联运是指借助商业环境下或者常态化背景下多式联运的车辆以及人员等资源，在一些特殊的约束条件下，高效地完成应急救援物资配送。由于突发自然灾难或者重大公共卫生事件的发生，容易产生众多的受灾区域以及物资需求，而受灾区域内的救援物资供给很难完全满足需求，需要从更远的地区对物资进行调配，这是研究应急环境下的联合运输救援物资问题的重要原因。同时受灾区域之间的道路交通情况也容易受到灾害的影响，道路交通受损是另一重要原因。

应急环境下的多式联运除了商业背景下的多式联运特点外，还拥有两个独特的特点。

①最大满足率。商业背景下的物资联合运输一般是按照调度委托方的需求进行配送的，即最大限度地满足委托方的需求，经济利益是其最大的决策目标。而在应急救援情境下，应急物资的联合调度是以救援物资需求满足率最大为目标，经济效率不再是最重要的调度目标。

②最小中转次数。为了使应急救援物资在最短的时间内运送到受灾区域、减轻实际应急救援管理的工作量以及减少应急救援工作不确定性，多式联运下的应急救援物资运输方案中应尽可能地减少应急物资的中转次数。

12.3 考虑道路约束的应急物资调度优化模型

12.3.1 问题描述与基本假设

重大突发事件发生后，如何调配相关资源，制订救援方案，令救援物资快速送至灾区是应急管理者的重要工作之一。本章所研究的应急物资联合配送问题描述如下：重大突发事件发生后，容易出现应急物资配送中心至受灾点的道路遭到损坏而不能通行或者道路交通拥堵令救援车辆无法通过等情况，此时仅使用车辆无法满足救援的需求，必须使用多种救援工具同时配送物资。同时由于灾害的突发性，使得灾害初期物资集散中心的运力受到限制，无法一次完成所有物资的配送。因此，本章节对运输工具调配以及规划配送工具的行驶路径进行综合决策。所研究问题的决策目标分别为调度总成本最小和受灾点平均等待时间最小，后者能够保证救援的公平性。

本章节针对所建立的应急资源调度模型，作出如下假设：

假设1：假定受灾点的位置和两两受灾点之间的距离已知；

假设2：物资集散中心的物资量充足而且种类单一；

假设3：受灾点的种类以及需求已知，并且各受灾点仅能被访问一次；

假设 4：假定配送工具平均速度不变，运行时长不受限制。

12.3.2　应急物资调度模型构建

物资救援体系使用完全有向图构建 G = (V，A)，V 表示所有节点的集合，V = {0，1，…，n}，其中 v = 0 表示集散中心。V′ = V/{0} 表示所有受灾点的集合。A = {(i，j) | i，j ∈ V，且 i≠j} 代表救援物资网络的弧集；K = K_1 ∪ K_2 表示所有的运输工具的集合，K_1 代表直升飞机集合，K_2 表示汽车运输工具集合；V_C 表示受交通约束的受灾点的集合。

U_i：受灾点的需求；

d_{ij}：节点 i 到节点 j 的最短距离，且 $d_{ij} = d_{ji}$，i，j ∈ V；

N_k：配送工具 k 的子路径集合；

n：配送工具的子路径；

Q_k：配送车辆的容量上限；

t_{iks}^n：配送车辆 k 到达第 n 条子路径中节点 i 的时间，其中 t_{oks}^n 表示配送车辆返回集散中心的时刻；

t_{ike}^n：配送车辆 k 离开第 n 条子路径中节点 i 的时间，其中，t_{oke}^n 表示配送车辆离开集散中心的时间；

t_{Lk}^n：配送工具 k 的第 n 条子路径从救援中心出发时所需的装载时间，$t_{Lk}^n = Q_k/Losp$；

t_{uLki}^n：配送工具 k 在第 n 条子路径的 i 节点上的卸载时间，$t_{uLki}^n = U_i/Losp$；

Losp：单位应急物资装载或卸载时间；

u_L：单位应急物资的搬运成本；

C_k：配送工具 k 的固定运行成本；

c_k：配送工具 k 的单位运输成本；

u_k：运输工具的平均速度；

N：受灾点的数量。

因此，救援物资调度模型如式（12.1）~ 式（12.10）所示：

目标函数：

$$F_1 = min(\sum_{k \in K} \sum_{n \in Nk} \sum_{j \in V} t_{jke}^n x_{ijk}^n)/N \qquad (12.1)$$

$$F_2 = min(W + U + V) \qquad (12.2)$$

约束条件：

$$\sum_{k \in V} x_{ijk}^n = \sum_{i \in V} x_{jwk}^n, \; \forall w, j \in V, \; k \in K, \; n \in Nk \qquad (12.3)$$

$$\sum_{k \in K} \sum_{n \in Nk} \sum_{j \in V} x_{ijk}^n = 1, \; \forall i \in V' \qquad (12.4)$$

$$\sum_{i \in V} \sum_{j \in V} x_{ijk}^n U_j \leqslant Q_k, \; \forall k \in K, \; \forall n \in Nk \qquad (12.5)$$

$$\sum_{n \in Nk} \sum_{j \in V'} x_{0jk}^n = \sum_{n \in Nk} \sum_{j \in V'} x_{j0k}^n, \forall k \in K \qquad (12.6)$$

$$t_{ike}^n + \frac{d_{ij}}{u_k} + t_{uLjk}^n - t_{iks}^n \leqslant (1 - x_{ijk}^n) M \, \forall i, j \in V, \; \forall k \in K, \; \forall n \in Nk$$

$$\qquad (12.7)$$

$$t_{jke}^n = t_{ike}^n + \frac{d_{ij}}{u_k} \qquad (12.8)$$

$$x_{ijk}^n (1 - x_{jik}^n) = 0, \; \forall i, j \in V, \; \forall n \in N_k, \; \forall k \in K \qquad (12.9)$$

$$x_{ijk}^n = \begin{cases} 1, & \text{配送工具 } k \text{ 在子路径 } n \text{ 上由节点 } i \text{ 驶向节点 } j \\ 0, & \text{其他} \end{cases} \qquad (12.10)$$

式（12.1）表示全部受灾点的等待时间之和与受灾点数量比值代表受灾点的平均等待时间；式（12.2）表示应急调度总成本，包含应急工具的总运输成本、总派出成本和装卸成本，其中 $W = \sum_{k \in K} \sum_{n \in Nk} \sum_{j \in V} d_{ij} x_{ijk}^n c_k$，$U = \sum_{K \in k} \sum_{n \in Nk} C_k$，$V = 2 \sum_{i \in V'} u_1 U_i$；式（12.3）表示配送工具到达哪个节点，就必须从哪个节点离开；式（12.4）表示每个受灾点只能被服务一次；式（12.5）表示每个配送工具的配送子路径的总需求小于最大载重量；式（12.6）表示配送车辆的每一个子路径必须从集散中心出发，并且终点也必须是集散中心；式（12.7）和式（12.8）表示在 $x_{ijk}^n = 1$ 时，被救援点在路径中时间的计算关系以及配送工具的子路径中离开某个受灾点的时刻与上一个受灾点的离开时刻、距离之间的关系，其中 M 为趋于正无穷的数；式（12.9）表示配送网路中不允许回路的约束；式（12.10）为自变量的取值范围，若配送工具 k 的子路径 n 从节点 i 到节点 j，则 $x_{ijk}^n = 1$，否则为 0。

12.4　改进 NSGA-Ⅱ算法原理

NSGA-Ⅱ算法是求解多目标优化模型重要手段和方法，但是使用经典的 NSGA－Ⅱ算法求解实际的复杂调度模型时，会暴露出该算法的一些缺点，如算法的全局搜索能力较弱以及算法的收敛速度较慢等。为了提高经典 NSGA－Ⅱ算法的收敛速度和全局搜索能力，以获得更加符合复杂模型的解集，本章节提出了基于横向和纵向信息的自适应机制和邻域搜索算法。种群进化的横向信息指种群层级的个体水平，某一阶段种群进化的横向信息包含所有个体目标函数值、帕累托层级数和不同帕累托层级中个体的数量。改进 NSGA－Ⅱ算法可根据种群中所有个体的分布情况设定合适的交叉、变异概率，同时根据帕累托层级数和不同帕累托层级中个体数量选择合适的变异算子引导种群进化，提高算法效率。种群进化的纵向信息指：以种群进化的代数为纵向时间轴，种群中非支配解集的分布状况。如 X 代表当前代种群的非支配解集，随着迭代的进行，X 逐渐逼近于全局最优非支配解集 X^*，所提算法根据当前种群进化期内非支配解集中个体数量选择合适的算子和参数，不同进化期内选择不同算子和参数，进而使种群不断地逼近全局最优的非支配解集，提高算法的收敛速度。

12.4.1　染色体编码策略

本章构建的模型中存在多种配送工具，且各配送工具的数量不一致，为适应模型的特点，本章所提的 NSGA－Ⅱ算法的编码方式为整数编码。首先，对受灾点和配送工具统一编号，分别得到受灾编号序列和配送工具编号序列；其次，打乱受灾编号序列和配送工具序列；最后，将配送工具序列的首个元素插入打乱后的受灾编号序列中，其余元素以此随机插入打乱后的受灾点序列中，直至形成染色体。循环上述步骤，产生初始种群。

12.4.2　自适应机制

传统 NSGA－Ⅱ算法交叉和变异概率一般设为固定值，然而采用该种方法在实际的应用中常常面临着算法收敛速度慢和搜索能力交叉等问题。因此本节在 NSGA－Ⅱ算法基础上，设计了自适应的变异和交叉概率，使算法能充分利用种群进化的信息，提高求解效率。并且将贪婪思想嵌入 NGSA – Ⅱ 的种群变异过程中，提高算法的效率。

（1）自适应交叉概率

遗传算法中交叉概率对算法的收敛速度有着十分显著的影响，而选择不变的交叉概率无法完全表达种群的进化信息，不能充分发挥计算机的计算能力。因此，本章节设计了自适应交叉概率公式，首先借鉴相关文献（王雷，2017；张国强，2010；邬峰，2010）中的交叉概率公式，计算每个目标上的交叉概率，然后取平均数。

$$pc = mean(pc_i) \tag{12.11}$$

$$pc_i = \begin{cases} \dfrac{pc_1(f_{avgi} - f_i') + pc_2(f_i' - f_{mini})}{f_{avgi} - f_{mini}} & f_i' < f_{avgi} \\[3mm] \dfrac{pc_2(f_{maxi} - f_i') + pc_3(f_i' - f_{avgi})}{f_{avgi} - f_{mini}} & f_i' \geq f_{avgi} \end{cases} \tag{12.12}$$

其中，pc_1 表示最大交叉概率；pc_2 表示最小交叉概率；f_i' 为待交叉染色体中第 i 个目标函数值的较大的个体；pc_3 表示个体的交叉概率，具体表示为所有目标函数的交叉概率的平均值；f_{avgi}，f_{mini}，f_{maxi} 表示当前种群中第 i 个目标的平均值、最小值和最大值。

（2）基于种群熵的变异概率

变异概率的大小一定程度上影响了种群进化的速度，因此本章节借鉴相关文献（邵增珍等，2010）研究中种群熵的概念，设计了自适应的变异概率，变异概率如式（12.13）～式（12.16）所示：

$$H(i) = -\sum_{k=1}^{M} \frac{n_k}{N} \ln \frac{n_k}{N} \tag{12.13}$$

$$G(i) = \frac{H_d - H(i)}{H_d - H_c}\varepsilon \tag{12.14}$$

$$p_0 = \begin{cases} \dfrac{k(w_1 - w_2)}{\sqrt{2\pi}\delta} \exp\left(-\dfrac{(t-50)^2}{2\delta^2}\right) + w_2 & t \in [T_1, T_2] \\[3mm] \dfrac{w_1 + w_2}{2} & 其他 \end{cases} \tag{12.15}$$

$$p_m = P_0 G(i) \tag{12.16}$$

其中，M 为目标空间被均匀划分的个数；n_k 表示当前种群中第 k 个子空间里染色体个数；N 为种群的规模，并且规定 $0\ln(0) = 0$，则称 $H(i)$ 为种群 i 的分布熵。其中，t 为当代种群的迭代次数；w_1，w_2 取值为

0.05，0.6；k 为高斯曲线的参数：$\sqrt{2\pi}\delta$；T_1 和 T_2 是种群进化阶段的分界线。其中，$H_d = \ln(M)$ 为种群分散程度的上限；H_c 为种群分散程度的下限；ε 为参数。

当种群中所有个体都分布在某个子空间中时，由公式（12.15）可知：G_{imax} 最大值为 ε。一般来说 p_{mmax} 最大不超过 0.2，因此本章节取 $p_{mmax} = 0.2$。因此 $\varepsilon = p_{mmax}/p_{0max} = 0.33$。不同方差下的变异概率如图 12.2 所示。

从图 12.2 中任一曲线可以看出，变异概率在算法的前期处于较小的值，并且随着进化的进行开始增加，在算法的后期，变异概率的值稳定维持在 0.08 左右。这说明在算法的前期，以全局搜索为主，局部搜索为辅，随着进化的进行，开始以局部为主，全局为辅，在算法的后期，变异概率在 0.08 附近震荡，这样既保证了算法在前期可以大范围地搜索，同时在后期可以快速收敛。通过不同方差下的变异概率变化图可以看出，当 $\delta = 0.1$ 时，变异概率在进化中期有着较大的探索空间，因此本章节 $\delta = 0.1$。

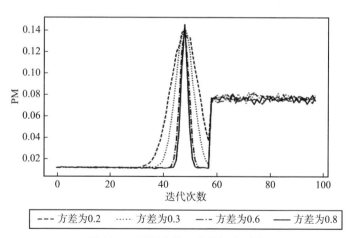

图 12.2　不同方差下变异概率对比

12.4.3 改进交叉与变异算子

（1）变异算子

设计合理的变异算子同样是遗传算法中的难点，本章节结合配送工具资源可重复利用和多式联运等特点，设计了随机变异算子。随机变异算子的描述如下。

第一种变异（random_v）：随机从染色体中选择出一个为受通行约束的受灾点，随机插入该染色体中，判断插入之后染色体路径长度是否优化，若未优化，则重复选择插入点，直到产生一个较优的解。

第二种变异（diff_v）：从两个不同配送工具中选择两个受灾点交换位置，若受灾点是受到通行约束的，则在直升飞机配送路径中选择一个不受约束的受灾点，然后进行交换位置。

第三种变异（road_v）：随机选择一个配送工具，对该配送工具的不同配送路径中的两个受灾点进行交换，若交换之后路径未得到优化，则重新选择，直到路径得到优化为止。

（2）交叉算子

传统 NSGA-Ⅱ算法中交叉算子一般为顺序交叉，当交叉个体为相同或者相近时，交叉算子得出的结果一样，造成了种群中存在大量相同个体，阻碍了种群的进化。因此本章节在顺序交叉算子基础上进行了改进，改进的顺序交叉算子如下所示：

步骤 1：选取两个不同的父代染色体 A_1 和 A_2，A_1 为 $a_1^1 : a_1^2 : a_1^3$，A_2 为 $a_2^1 : a_2^2 : a_2^3$；

步骤 2：交换基因片段之后，A_1^{new} 为 $a_1^3 : a_1^1 : a_1^2$ 和 A_2^{new} 为 $a_2^3 : a_2^1 : a_2^2$；

步骤 3：将 a_1^2 放在 A_2^{new} 的后面，将 a_2^2 放入 A_1^{new} 的前面，更新 A_1^{new} 为 $a_2^2 : a_1^3 : a_1^1 : a_1^2$ 和 A_2^{new} 为 $a_2^3 : a_2^1 : a_2^2 : a_1^1$；

步骤 4：去除 A_1^{new} 和 A_2^{new} 中相同基因，更新 A_1^{new} 和 A_2^{new}。

12.4.4 混合选择策略

遗传算法中如何从交配池中选择合适的父代以及如何选择算子是值得关注的问题，选择合适的个体进行遗传操作能使算法更快地得到最优解，选择合适的算子同样十分重要。本章节基于种群纵向进化信息，设计混合选择策略，根据种群的进化信息选择合适的算子和父代个体。

$$(f_1, f_2) = \begin{cases} v_2 = \{(p, q) \mid \forall p \in pop^{rank=1}, \ \forall p \in pop^{rank \neq 1}\} & t \in [0, T_1] \\ v_1 = \{(p, q) \mid \forall p, q \in pop^{rank=1}\} & t \in [T_1, T_2] \\ rand(v_1, v_2) & t \in [T_2, T] \end{cases}$$

$$(12.17)$$

$$u(t) = \begin{cases} random\_v & t \in [0, T_1] \\ rand(diff\_v, road\_v) & t \in [T_1, T_2] \\ rand(random\_v, diff\_v, road\_v) & t \in [T_2, T] \end{cases} \quad (12.18)$$

其中，pop^{rank} 为种群经过排序后第 rank 层级群体；T 为最大迭代次数，即 $T = t_{max}$；$T_1 = \beta \times T$；$T_2 = (1 - \beta)$，通常 $\beta = 0.382$ 或者 $\beta = 0.258$；random_v、diff_v 和 road_v 为设计的三种变异算子。

12.4.5　改进 NSGA－Ⅱ算法流程

改进算法的流程如下：

步骤 1：初始化参数，最大迭代次数 T_max、最大最小交叉概率pc_1 和pc_2 以及贪婪算法中最大的搜索次数 t_max 等，产生初始种群；

步骤 2：计算个体适应度值；

步骤 3：非支配排序，并选择精英个体，形成父代种群；

步骤 4：根据式（12.17）选择交配个体，并进行交配，形成子代种群；

步骤 5：并根据式（12.16）计算变异概率；

步骤 6：通过式（12.18）从子代种群中选择变异个体，并使用随机变异算子形成新个体；

步骤 7：选出较优的个体，判断贪婪搜索次数是否大于 t_max，若满足，则保存较优个体到新子代种群中，并重复步骤 6，形成新的子代种群；否则，返回步骤 6；

步骤 8：合并父代和子代种群，并进化次数是否大于 T_max，若不满足，返回步骤 3；

步骤 9：进行非支配排序，输出非支配解集。

具体算法流程如图 12.3 所示。

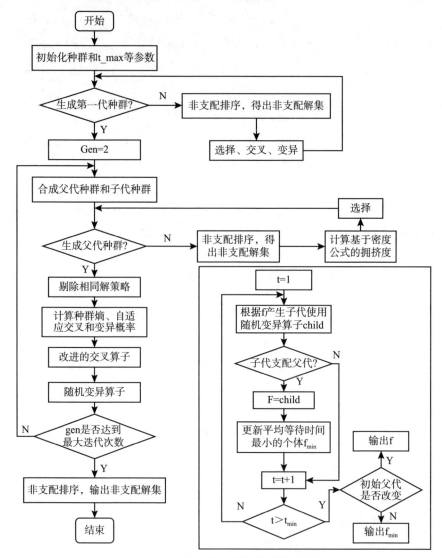

图 12.3 改进非支配快速排序算法流程

资料来源：依据改进后算法框架步骤绘制。

12.5　算　例　分　析

12.5.1　算例数据和算法参数

本章节采用的数据（薛星群等，2020）如下，应急物资集散中心坐标（50，50），20 个受灾点的坐标如表 12.1 所示，加黑字体为受约束的受灾点。两架直升飞机，三辆货车，由于文献（薛星群等，2020）的研究未考虑物资的装卸时间和成本，因此对相关数据进行修改，文献（薛星群等，2020）的模型考虑了装卸时间和成本。算法的测试环境为 windows 10 操作系统，4G 运行内存，intel 四核 2.5GHZ，测试软件选择 python 3.7 版本。配送工具参数为表 12.2。

表 12.1　　　　　　　　　　　受灾点位置数据

受灾点	坐标	需求量（件）	受灾点	坐标	需求量（件）
1	(18，9)	27	11	(20，65)	16
2	(65，47)	6	12	(47，24)	5
3	(21，26)	30	13	(93，97)	6
4	(3，80)	25	14	(36，87)	12
5	(10，35)	9	15	(86，82)	14
6	(24，6)	22	16	(61，33)	3
7	(1，90)	9	17	(54，45)	18
8	(32，100)	26	18	(46，77)	10
9	(97，32)	8	19	(12，67)	2
10	(46，63)	2	20	(38，55)	20

表 12.2　　　　　　　　　　　配送工具参数

参数	直升飞机	货车
速度（千米/小时）	200	50
容量（件）	40	70

参数	直升飞机	货车
固定成本（万元）	200	50
单位成本（万元）	4	1
装卸速度（件/小时）	60	60
装卸成本（万元）	0.5	0.5

本章节中种群中染色体个数定为 100，演化代数定为 500 代，最大贪婪搜索次数设为 100，$pc_1 = 0.9$，$pc_2 = 0.7$，$pc_3 = 0.5$。独立运行程序 15 次，任取其中一次的实验结果，帕累托前沿如图 12.4 所示，平均等待时间最小为 50.37 分钟，总成本最小为 2142.67 万元。从图中变化趋势可以看出，当平均等待时间减少时，总成本将会增加。并且当平均时间变化很小时，总成本会大幅度地攀升。

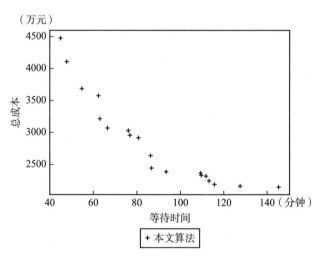

图 12.4　改进 NSGA-II 算法 Pareto 前沿

资料来源：Python 绘图程序导出。

12.5.2　实验结果与分析

针对决策人的不同偏好和模型的两个目标，时间偏好型下的时间最小调度结果如表 12.3 所示，经济成本型下的调度结果如表 12.4 所示，从表 12.3 和表 12.4 中可以看出，当平均等待时间最小时，总的调度成本高达 4472.96 万元；当总成本最小时，平均等待时间为 145.38 分钟。

表 12.3　　　　　　　　平均等待时间最小下的调度计划

配送工具	调度路线
直升飞机 1	0 – 2 – 15 – 13 – 9 – 0、0 – 17 – 16 – 12 – 0、0 – 11 – 0、0 – 8 – 0
直升飞机 2	0 – 18 – 14 – 10 – 0、0 – 20 – 19 – 7 – 0
卡车 1	0 – 6 – 5 – 0
卡车 2	0 – 3 – 1 – 0
卡车 3	0 – 4 – 0
平均等待时间（分钟）	44.76
总成本（万元）	4472.96

资料来源：Python 软件运行结果。

表 12.4　　　　　　　　总成本最小下的调度计划

配送工具	调度路线
直升飞机 1	0 – 17 – 0
直升飞机 2	0 – 2 – 9 – 0
卡车 1	0 – 20 – 19 – 14 – 18 – 4 – 0
卡车 2	0 – 5 – 6 – 7 – 3 – 0
卡车 3	0 – 1 – 16 – 12 – 11 – 0 和 0 – 8 – 13 – 15 – 10 – 0
平均等待时间/分钟	145.38
总成本/万元	2136.62

资料来源：Python 软件运行结果。

为检验所提算法的有效性，通过与文献（薛星群等，2020）算法和 NSGA – Ⅱ算法进行对比，将三个算法的种群数量和迭代次数均设为 500，NSGA – Ⅱ和文献（薛星群等，2020）算法的变异和交叉概率分别设为：0.1 和 0.8。对比结果如图 12.5 所示。

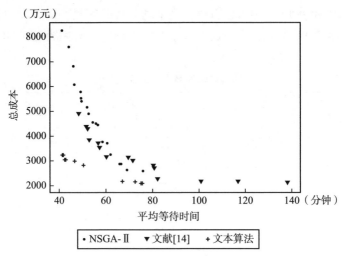

图 12.5　算法的对比图

资料来源：由 Python 软件绘图程序导出。

　　为避免求解结果的偶然性，进行 15 组重复测试，表 12.5 中 F_1 的单位为分钟（min），F_2 的单位为万元，由表 12.5 的数据可知：所提算法得到的平均等待时间的均值为 44 分钟，比前人研究和 NSGAG－Ⅱ分别优化了 63% 和 84%；总成本方面，比前人研究和 NSGA－Ⅱ分别优化了 16% 和 18.21%；稳定性方面，本章节所提算法都要优于另外两种算法。

表 12.5　　　　　　　　　　不同算法的对比结果

序号	文献（薛星群等，2020）算法		NSGA－Ⅱ		本章节算法	
	$minF_1$（分钟）	$minF_2$（万元）	$minF_1$（分钟）	$minF_2$（万元）	$minF_1$（分钟）	$minF_2$（万元）
0	48.24	2247.05	51.51	2183.12	44.76	2136.62
1	54.12	2198.79	42.18	2182.92	45.24	2163.38
2	42.18	2215.79	59.15	3987.07	43.59	2215.79
3	49.2	2164.13	47.37	2163.38	42.18	2163.38
4	48.24	2215.794	48.24	3987.14	42.18	2113.16
5	48.24	2164.13	45.24	3987.14	44.76	2198.47
6	43.59	2182.92	59.15	2183.12	43.59	2164.13

序号	文献（薛星群等，2020）算法		NSGA – Ⅱ		本章节算法	
	$minF_1$（分钟）	$minF_2$（万元）	$minF_1$（分钟）	$minF_2$（万元）	$minF_1$（分钟）	$minF_2$（万元）
7	48.24	2164.13	45.24	2182.92	46.32	2215.79
8	48.24	2164.13	43.68	2113.16	44.76	2136.62
9	45.93	2113.16	49.2	2247.05	43.59	2136.62
10	45.51	2215.79	47.85	2198.35	43.59	2164.13
11	43.93	2164.13	48.39	3464.41	42.18	2113.16
12	45.51	2183.12	43.33	2215.79	44.94	2113.16
13	47.37	2247.05	47.85	2247.05	43.59	2113.16
14	45.51	2198.35	42.18	2163.38	44.76	2163.38
均值	46.94	2189.23	48.04	2633.73	44.00	2154.06
方差	8.24	1285.09	27.61	598162.68	1.49	1261.47

资料来源：Python 软件运行结果。

12.5.3　算法的性能分析

为测试改进算法相关性能，本章节采用分布性指标（SP）和覆盖范围（MS）来衡量算法的性能。

多样性 SP 指标是衡量种群多样性的一个指标。种群分布越均匀，则 SP 指标越小。SP 指标的公式（12.19）所示：

$$SP = \sqrt{\frac{1}{n-1}\sum_{i=1}^{n}(\bar{d}-d_i)^2} \tag{12.19}$$

其中，$d_i = min(\sum_{k=1}^{M} f_k^i - f_k^j)$，$\bar{d} = \frac{1}{n}\sum_{i=1}^{n} d_i$。

非支配解集覆盖范围 MS 指标，衡量帕累托前沿的覆盖范围，公式如式（12.20）所示：

$$MS = \sqrt{\frac{1}{M}\sum_{i=1}^{M}\left(\frac{min(f_i^{max}, f_{iture}^{max}) - max(f_i^{min}, f_{iture}^{min})}{f_{iture}^{max} - f_{iture}^{min}}\right)} \tag{12.20}$$

式中，f_i^{max} 和 f_i^{min} 为算法所获得第 i 个目标上的最大值和最小值；f_{iture}^{min} 和 f_{iture}^{max} 为第 i 个问题的最小值和最大值。MS 指标和覆盖范围成正比，即 MS 越大，则 Pareto 覆盖范围越大。

为了说明本章节算法在多样性和分布性能的效果，重复运行每个算法 30 次，得到 MS 和 SP 指标的均值和方差，具体数据如表 12.6 所示。

表 12.6　　　　　　　　　SP 和 MS 指标比较

算法		SP	MS
NSGA - Ⅱ	均值	7.02×10^{-27}	0.8356
	方差	6.156924×10^{-56}	0.0047
文献（薛星群等，2020）算法	均值	6.27065×10^{-25}	0.9635
	方差	6.4733×10^{-49}	0.0006
本章节算法	均值	2.84×10^{-25}	0.9761
	方差	1.59×10^{-49}	0.0006

356　　　表 12.6 中 SP 和 MS 指标数据表明，所提算法结果比传统算法更优，与文献算法相比，结果不比其差。

图 12.6（a）为文献和所提算法中非被占优解集的对比图，图 12.6（b）为所提算法与文献（薛星群等，2020）中非被占优解集真实占比对比图。由图 12.6（a）和图 12.6（b）分析可知，文献的种群含有大

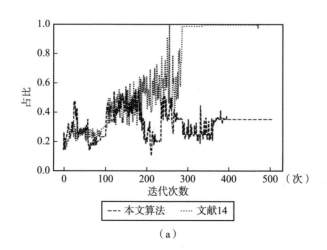

（a）

量的重复解。从图 12.6（a）和（b）中非被占优解集占比收敛点可以看出，所提算法在进化后期有着较强的扰动能力。证明了所设计的交叉算子和消除重复解策略取得了效果。

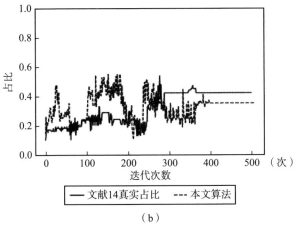

（b）

图 12.6　非被占优解变化趋势

资料来源：由 Python 软件绘图程序导出。

图 12.7 显示所提算法得到的 MS 指标值大于文献数据，表明在种群进化过程中，改进 NSGA – Ⅱ算法所得种群覆盖范围更大，搜索范围更大。种群覆盖范围更大是因为设计的变异和交叉算子大大增强了算法的搜索能力。图 12.8 表明，与文献相比，所提算法所得 SP 值更小、且一致性更高。

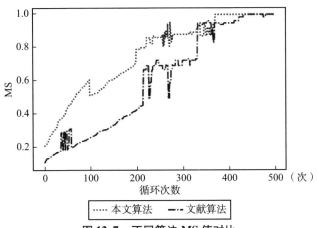

图 12.7　不同算法 MS 值对比

资料来源：由 Python 软件绘图程序导出。

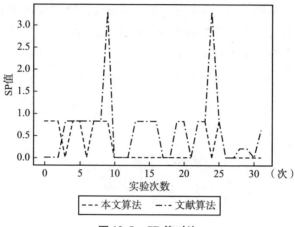

图 12.8　SP 值对比

资料来源：由 Python 软件绘图程序导出。

12.6　总结与展望

　　本章主要研究在重大突发事件时，运输能力受限制和道路通行受到约束的情境下的应急调度问题。在求解模型时，本章结合多式联运的特征，通过自适应机制引导种群进化。根据种群进化的横向信息和纵向信息设计了自适应交叉和变异公式，以加速种群进化，提高算法效率。本章结合配送工具可重复利用以及多车辆调度的特点，设计了多种变异算子以增加算法的邻域搜索能力。最后通过算例和相关指标表明，与其他算法相比，所提算法在改进种群多样性和分布性方面有着较好的结果。

　　在重大突发事件下，需求的不确定性、受灾点群众的服务满意度和公平性等问题同样是决策者考虑的重要因素，因此，在突发事件下，考虑受灾点的社会公平性、满意度以及绿色调度等可能是未来的研究重点。算法方面，未来调度问题往往是大规模、高维的，因此，使用多目标算法与 AI 的混合算法解决大规模高维问题，将是未来研究的热点。

本章参考文献

［1］陈辅斌，李忠学，杨喜娟．基于改进 NSGA - Ⅱ 算法的多目标

柔性作业车间调度 [J]. 工业工程, 2018, 21 (2): 55 - 61.

[2] 陈雷雷, 王海燕. 大规模突发事件中基于满意度的应急物资优化调度模型 [J]. 中国安全科学学报, 2010, 20 (5): 46 - 52.

[3] 段晓红, 吴家新, 周芷晴. 基于层次蝙蝠算法的应急车辆调度与交通疏散协同决策 [J]. 交通运输系统工程与信息, 2020, 20 (2): 157 - 165.

[4] 赖文星, 邓忠民. 基于支配强度的 NSGA2 改进算法 [J]. 计算机科学, 2018, 45 (6): 187 - 192.

[5] 李燕, 赵红, 牟亮, 等. 基于改进 NSGA - Ⅱ 的左转待行区交叉口配时优化控制 [J]. 复杂系统与复杂性科学, 2021, 18 (1): 88 - 94.

[6] 阮俊虎, 王旭坪, 杨挺. 大规模灾害中基于 FCMWNC 的医疗物资联合运送优化 [J]. 系统工程理论与实践, 2015, 35 (10): 2675 - 2686.

[7] 邵增珍, 王洪国, 刘弘. 具有启发式探测及自学习特征的降维对称微粒群算法 [J]. 计算机科学, 2010, 37 (5): 219 - 222.

[8] 王付宇, 丁杰. 基于改进天牛须算法的应急资源调度优化 [J]. 安全与环境学报, 2020, 20 (6): 2278 - 2285.

[9] 王付宇, 汤涛, 李艳等. 疫情事件下多灾点应急资源最优化配置研究 [J]. 复杂系统与复杂性科学, 2021, 18 (1): 53 - 62.

[10] 王海军, 王婧, 马士华, 等. 模糊供求条件下应急物资动态调度决策研究 [J]. 中国管理科学, 2014, 22 (1): 55 - 64.

[11] 王雷, 李明. 改进自适应遗传算法在移动机器人路径规划中的应用 [J]. 南京理工大学学报, 2017, 41 (5): 627 - 633.

[12] 王旭坪, 马超, 阮俊虎. 运力受限的应急物资动态调度模型及算法 [J]. 系统工程理论与实践, 2013, 33 (6): 1492 - 1500.

[13] 邬峰, 黄丽亚. 自适应模拟退火遗传算法的改进与应用 [J]. 微型机与应用, 2010, 29 (9): 84 - 86, 90.

[14] 薛星群, 王旭坪, 韩涛, 等. 考虑通行约束和运力限制的灾后应急物资联合调度优化研究 [J]. 中国管理科学, 2020, 28 (3): 21 - 30.

[15] 张国富, 王永奇, 苏兆品, 等. 应急救援物资多目标分配与调度问题建模与求解 [J]. 控制与决策, 2017, 32 (1): 86 - 92.

［16］张国强，彭晓明. 自适应遗传算法的改进与应用 ［J］. 舰船电子工程，2010，30（1）：83－84，159.

［17］Erdemir E T, Batta R, Rogerson P A, et al. Joint ground and air emergency medical services coverage models：A greedy heuristic solution approach ［J］. European Journal of Operational Research，2010，207（2）：736－749.

［18］Fikar C, Gronalt M, Hirsch P. A decision support system for coordinated disaster relief distribution ［J］. Expert Systems With Applications，2016，57：104－116.

［19］Hu Z H. A container multimodal transportation scheduling approach based on immune affinity model for emergency relief ［J］. Expert Systems With Applications，2011，38（3）：2632－2639.

［20］LIST G F, Turnquist M A. Routing and emergency response team siting for high-level radioactive waste shipments ［J］. IEEE Transactions on Engineering Management，1998，45（2）：141－152.

［21］Moreno A, Alem D, Ferreira F. Heuristic approaches for the multiperiod location transportation problem with reuse of vehicles in emergency logistics ［J］. Computers and Operations Research，2016，69：79－96.

［22］Ruan J H, Wang X P, Chan F T S, et al. Optimizing the intermodal transportation of emergency medical supplies using balanced fuzzy clustering ［J］. International Journal of Production Research，2016，54（14）：4368－4386.

［23］Yi W, Özdamar L. A dynamic logistics coordination model for evacuation and support in disaster response activities ［J］. European Journal of Operational Research，2007，179（3）：1177－1193.

第13章 考虑多主体综合满意度的多周期应急物资调度研究

13.1 研 究 背 景

近年来国内外大规模突发事件频发，如地震、洪水，雪灾、恐怖袭击、新冠疫情等，令应急物资调度成为研究热点。同时，对各级政府、企业如何从容应对和处理各种大规模突发事件提出了更高的要求（刘波等，2014）。而科学制订物资分配方案和物资运输方案，能最大限度保障救助人员和减少损失。突发事件发生后，通往受灾点的道路常遭到毁坏，车辆无法对受灾点展开救援，因此需要使用多种配送工具联合运输救援物资，研究在道路通行受约束下的物资分配和运输问题，对提高应急救援效率具有十分重要的意义。

刘松等（2019）研究了多式联运下的应急物资配送问题，考虑不同配送工具存在运输时间限制，构建了时变网络下的应急救援物资多式联运路径优化模型；菲卡尔等（Fikar et al.，2019）针对陆运和空运协调运输中转点选择问题，设计了一种决策支持系统，打通了应急救援工作的"最后一公里"；田晓勇等（2020）研究了道路受损下的应急物资调度问题，考虑了道路抢修时间和可变运输时间，构建了以运输时间和物资未满足量最小的多目标优化模型；阮俊虎等（2015）对应急响应中的"直升飞机 + 车辆"医疗物资联合运送问题进行研究；阮等（Ruan et al.，2016）为解决大型自然灾害中的车辆和直升飞机联运问题，构建了应急救援物资联合调度模型；王晶等（2014）研究了不确定通行网络下的应急物资调度问题，构建了以道路网络风险最小为目标的应急物资调度模型；王旭平等（2013）针对运力受限情况下的救援车辆路径选择和应急物资分配问题，构建了混合整数模型；朱昌锋等（2013）针对突发事件下交通网络脆弱性，构建了多式联运条件下应急车辆调度的优化模型。

曾等（G. H. Tzeng et al.，2007）考虑应急调度时间和成本的最小化，建立了应急物资多周期动态配送模型；黄等（Huang et al.，2012）以运输时间、运输速度与物资分配的公平性为目标建立模型，优化应急物资配送的车辆路径问题；纳杰菲等（Najafi et al.，2013）提出了应急物资配送多目标随机模型；李巧茹等（2015）基于最大应急准时开始可能度和最小资源布局调度费用目标，构建应急资源配置模糊规划模型；唐伟勤等（2016）以应急需求和时间满意度最大为目标，构建基于灰色白化函数的应急物资调度模型。

上述对均是静态环境下的应急物资调度研究，但在实际救援中，应急救援工作通常呈现不确定的、多周期和多阶段的特点，因此，根据实时信息制订救援物资分配和运输方案，更加符合灾害的演化规律和决策过程，也更能保证救援物资分配和调度的科学性、动态性和连续性，从而更好地为各项应急救援任务提供物质保障。

李旭东等（2020）剖析了应急物流运行中存在的物流效率低、物资保障混乱等问题。也有一些学者涉及了应急救援的需求紧迫度分级的相关研究。王等（Wang et al.，2012）研究了在紧急状态下按照等级对应急物资分配的问题；张毅（2019）指出应急物资种类繁多，应急物资分配存在优先级；江等（Jiang et al.，2018）建立模型，根据供电特性评估了受影响区域的分配优先级。此外，贺俊杰等（2016）研究了1个需求点和多个供应点的消防应急物资配置最优化研究问题；哈吉等（Haghi et al.，2017）提出了存在灾前与灾后预算约束条件下的物资分配问题。王等（Wang et al.，2018）研究了灾后医疗救援队伍的派遣和救援物资在需求点之间的分配问题。

王妍妍等（2019）基于多集散点、多配送中心和多受灾点的三级配送网络，构建了应急物资动态多阶段分配模型；段容谷等（2021）针对重大公共卫生事件爆发后应急物资分配问题，以应急物资需求未满足所导致的损失最小及物资分配总距离最短为目标，构建了多受灾点的应急物资调度模型；朱莉等（2020）结合面向联合机会约束规划的动态供需平衡限制，构建了多阶段灾后救援物资分配和路径优化模型；晋良海等（2015）基于动态博弈网络理论，建立了应急资源动态网络调度模型。王海军等（2014）针对模糊供求条件下的联合调运的应急物资动态调度问题，建立了以救援时间和调度成本最小为目标的多目标非线性规划模型。

菲德里奇等（Fiedrich et al.，2000）以死亡人数最少为目标构建应急资源分配模型，并考虑了灾区地理位置、伤亡人数和可利用物资等影响因素。郑斌等（2014）以最小化物资配送时间和最大化物资分配公平性为目标。刘长石等（2016）以最小化应急物资总配送成本和配送时间为目标。王旭坪等（2016）通过受灾者对应急物资数量和时间的不满意度量化攀比函数，以攀比函数最小化为目标。陈刚和付江月（2018）以总物流成本最小和受灾点的总加权嫉妒值最小为目标构建灾后救援初期首批应急物资分配模型，但其仅研究了单品种的应急物资分配问题。但上述研究思路仍是遵循静态应急情景研究，大都局限于单个发放点，或者是单种救援方式，均未考虑到受灾点道路通行受约束和多物资发放点的情况，这极大影响了救援物资调度的效率，难以适应大规模复杂应急场景。

363

在多阶段应急物资分配方面，曾等（Tzeng et al.，2007）提出了一个多阶段应急物资配送模型，包括最小化总成本和总配送时间、最大化灾民满意度。冯春等提出了多周期多品种的应急物资配送模型，但其研究的是单个配送中心与多个受灾点之间的物资配送问题。王和孙（Wang and Sun，2018）提出了应急物资多阶段分配模型，但是研究中运用物资的绝对短缺量化公平，并且仅考虑了救援点和受灾点二级物流网络。在由集散点—配送中心—受灾点组成的三级应急物资配送网络中，严和石（Yan and Shih，2009）以物资分配和道路修复时间最小化为目标构建了灾害应急救援物资分配模型，研究中仅考虑了物资分配效率目标。孙昌玖等（2018）构建了考虑横向转运的应急物资协同调度模型，但是其研究的是单种类物资和单阶段分配问题。

在求解应急调度模型方面，相较于遗传算法存在代码结构复杂、收敛速度慢的缺点，随机蛙跳算法（SFLA）具有参数少、代码少和编程简单的优势。该算法可用于解决非线性规划问题，已在不同领域取得广泛应用。随机蛙跳算法已成功在车辆路径规划、柔性车间调度领域内运用，但是在随机蛙跳算法的局部搜索机制中，只利用族群最优个体以及种群的全局最优解的模因信息，这限制了局部搜索范围，降低了算法收敛速度，而且会使算法陷入局部最优，导致早熟现象的发生。从增强 SFLA 算法搜索范围和搜索能力角度出发，学者对 SFLA 算法展开了大量研究。

纳鲁加库等（Naruka et al.，2014）通过反向学习策略生成初始种群以及对局部搜索策略引入比例因子两个阶段来进行改进有效地提高了蛙跳算法的性能；王等（Wang et al.，2015）改进了蛙跳算法的局部搜索跳跃规则，同时引入协作与柯西变异策略代替随机更新，一定程度上提高了算法的收敛速度与精度；张潇丹等（2012）通过分子动力学模拟，利用 Velocity – Varlet 算法和高斯变异算子代替基本混合蛙跳算法的更新策略，有效地平衡了种群的多样性和搜索的高效性；葛宇等（2011）将混沌变异加入蛙跳算法，增加了种群的多样性；赵鹏军等（2010）借鉴差分进化中的变异思想，利用子群中其他个体的有利信息，对其更新策略进行局部扰动，有效地改善了混合蛙跳算法的性能。这些算法虽在一定程度上提高了算法的收敛速度和精度，但效果并不是很理想，以上改进并没有充分考虑到子群较差青蛙个体对算法收敛速度的不利影响以及每个子群的精英个体对种群进化的引领作用。

张明明等（2016）引入了一个服从正态分布的随机扰动项，使新个体产生扰动变异，扩大了算法搜索范围；陈于思等（2019）在局部搜索过程中，以遗传算法重组算子替换基本蛙跳规则，并扩展了遗传算法中变异算子，提高了约束条件下的搜索能力；周聪等（2020）使用交叉和变异遗传操作，对蛙群进行更新，以提高算法的寻优能力。上述研究对 SFLA 算法做出了一定的改进，但由于应急物资调度问题的复杂性，使得利用 SFLA 算法在求解该问题时仍会出现求解精度不高的问题，所求结果难以满足实际需求。

综上所述，本章研究了道路通行受约束下的应急物资多周期调度问题。首先在多周期物资调度背景下分析了灾民和政府的满意度，然后构建了基于综合满意度的多阶段应急物资调度模型，最后设计基于反向学习机制的随机蛙跳优化算法求解该模型，并与遗传算法和随机蛙跳算法进行对比，验证所提算法和模型的合理性。

13.2　理　论　基　础

13.2.1　多周期动态应急资源调度问题介绍

灾害救援往往不是一次就能完成的，它需要应急管理相关部分考虑到各种因素，规划多个周期的救援行动。应急资源调度问题也类似，灾害发生后，灾区某些需求品是有保质期的，特别是食物类的资源，只有在有效的时间内送达才可以供灾区人民使用，若超出了保质期，这些资源则不可用；此外，疾病的传染也具有周期性，需要多周期的救治。因此为满足灾区对应急资源的需求，需要进行多个时期的调度，构成了多周期应急资源调度问题。

调度过程中存在许多动态因素，如供应点库存的变化，灾区需求量的变化，道路通行概率的变化。在多周期动态应急资源调度问题研究中，在一个周期的调度完成后，每个供应点的资源剩余存储被添加到下一个供应周期，因此，每个周期的供应是动态更新。考虑到灾后道路可用性的不确定性，同一条道路在不同时期可能处于不同的状态，交通风险不容忽视。在该问题的基础上我们建立模型，并设计相应的进化算法求解模型，得到最优的调度方案。

13.2.2　多阶段应急救援物资配置问题介绍

重大公共卫生事件暴发后，为在应急物资供给能力不断变化条件下实施精准快速救援。将救援过程根据不同分配方式分为 2 个阶段，在对需求点进行需求紧迫性评价后统筹安排应急物资分配。

第 1 阶段分配为属地一次分配，能够实现应急物资的快速分配。具体描述为：某一地区有 M 个需求点，N 个属地供应点，暴发重大公共卫生事件后，将供应点中有限的应急物资分配至需求点。

第 2 阶段分配为包括外埠供应点、配送中心、受灾点的 3 级供应链动态应急物资分配。基于第 1 阶段分配后数据被更新的基础，能够应对物资需求量及供给能力随疫情发展的不断变化。此阶段外埠供应点作为分配的供应点，属地供应点作为应急物资分配中心，实施应急救援物资的分配。具体描述为：将外埠供应点的应急物资经过属地供应点分配至各需求点。为保证外埠供应点的供应量不断得到补充，各外埠供应点均有相应的供应商及生产商为其补货。同时，社会各界捐赠的应急物资也将不断送达属地供应点以分配到各需求点。

13.2.3　随机蛙跳算法介绍

（1）算法定义

蛙跳算法（SFLA）是一种全新的后启发式群体进化算法，具有高效的计算性能和优良的全局搜索能力。对混合蛙跳算法的基本原理进行了阐述，针对算法局部更新策略引起的更新操作前后个体空间位置变化较大，降低收敛速度这一问题，提出了一种基于阈值选择策略的改进蛙跳算法。通过不满足阈值条件的个体分量不予更新的策略，减小了个体空间差异，从而改善了算法的性能。数值实验证明了该改进算法的有效性，并对改进算法的阈值参数进行了界定。

（2）算法特点

SFLA 由 Eusuff 和 Lansey 为解决组合优化问题于 2003 年最先提出。作为一种新型的仿生物学智能优化算法，SFLA 结合了基于模因（meme）进化的模因演算法（MA，memeticalgorithm）和基于群体行为的粒子群算法（particle swarm optimization，PSO）种群智能优化算法的优点。该算法具有概念简单，调整的参数少，计算速度快，全局搜索寻优能力强，易于实现的特点。混合蛙跳算法主要应用于解决多目标优化问题，如水资源分配、桥墩维修、车间作业流程安排等工程实际应用问题。

（3）算法原理

蛙跳算法的思想是：在一片湿地中生活着一群青蛙。湿地内分布着许多石头，青蛙通过寻找不同的石头进行跳跃去找到食物较多的地方。每只青蛙个体之间通过文化的交流实现信息的交换。每只青蛙都具有自己的文化。每只青蛙的文化被定义为问题的一个解。湿地的整个青蛙群体被分为不同的子群体，每个子群体有着自己的文化，执行局部搜索策略。在子群体中的每个个体有着自己的文化，并且影响着其他个体，也受其他个体的影响，并随着子群体的进化而进化。当子群体进化到一定阶段以后，各个子群体之间再进行思想的交流（全局信息交换）实现子群体间的混合运算，一直到所设置的条件满足为止。

（4）算法模型

①算法参数。与其他优化算法一样，SFLA 亦具有一些必要的计算参数，包括：

F：蛙群的数量；

m：族群的数量；

n：族群中青蛙的数量；

S_{max}：最大允许跳动步长；

Px：全局最好解；

Pb：局部最好解；

Pw：局部最差解；

q：子族群中蛙的数量；

LS：局部元进化次数；

SF：全局思想交流次数等。

②更新策略。对于青蛙群体，具有全局最好适应度的解表示为 Ug；对于每一个子族群，具有最好适应度的解表示为 UB，最差适应度的解表示为 UW。首先对每个子族群进行局部搜索，即对子族群中最差适应度的青蛙个体进行更新操作，更新策略为：

青蛙更新距离：

$$Ds = rand \times (Pb - Pw) \tag{13.1}$$

更新后的青蛙：

$$newDw = oldPw + Ds(-D_{max} \leqslant Ds \leqslant D_{max}) \tag{13.2}$$

其中，Ds 表示青蛙个体的调整矢量，D_{max} 表示青蛙个体允许改变的最大步长。如设 UW = [1 3 5 4 2]，UB = [2 1 5 3 4]，允许改变的最大步长 $D_{max} = 3$，若 rand = 0.5，$Uq(1) = 1 + \min\{int[0.5 \times (2-1)], 3\} = 1$；$Uq(2) = 3 + \max\{int[0.5 \times (1-3)], -3\} = 2$；依此相同的操作完成更新策略后可得到一个新解 Uq = [1 2 5 4 3]。

（5）算法过程

①全局搜索过程。

步骤1：初始化。确定蛙群的数量、种群以及每个种群的青蛙数。

步骤 2：随机产生初始蛙群，计算各个蛙的适应度值。

步骤 3：按适应度值大小进行降序排序并记录最好解 Px，并且将蛙群分成族群。把 F 个蛙分配到 m 个族群 Y_1，Y_2，…，Y_k，…，Y_m 中去，每个族群包含 n 个蛙，从而使得：

$$Y_k = [X(j)，f(j) | X(j) = X(k + m \times (j-1))，f(j) = f(k + m \times (j-1))]$$
$$j = 1，…，n，k = 1，…，m \tag{13.3}$$

这里 X(j) 表示蛙群中的第 j 个蛙，f(j) 表示第 j 个蛙的目标函数值。

步骤 4：根据 SFLA 算法公式，在每个族群中进行元进化。

步骤 5：将各个族群进行混合。在每个族群都进行过一轮元进化之后，将各个族群中的蛙重新进行排序和族群划分并记录全局最好解 Px。

步骤 6：检验计算停止条件。如果满足了算法收敛条件，则停止算法执行过程，否则转到步骤 3。通常而言，如果算法在连续几个全局思想交流以后，最好解没有得到明显改进则停止算法。某些情况下，最大函数评价次数也可以作为算法的停止准则。

②局部搜索过程。局部搜索过程是对上述步骤 4 的进一步展开，具体过程如下：

步骤 1：设 im = 0，这里 im 是族群的计数器。用来与族群总数 m 进行比较。设 iN = 0，这里 iN 是局部进化的计数器，用来与 Ls 进行比较。

步骤 2：根据式（13.1）在第 Y_1，Y_2，…，Y_k，…，Y_m 个族群中选择 q 个蛙进入子族群，确定 Pb 和 Pw 并设 im = im + 1。

步骤 3：设 iN = iN + 1。

步骤 4：根据式（13.2）、式（13.3）改进子族群中最差蛙的位置。

步骤 5：如果步骤 4.4 改进了最差蛙的位置（解），就用新产生的位置取代最差蛙的位置。否则就采用 Px 代替式（13.2）中的 PB，重新更新最差蛙的位置。

步骤 6：如果步骤 4.5 没有改进最差蛙的位置，则随机产生一个处于湿地中任何位置的蛙来替代最差的蛙。

步骤 7：如果 iN < LS，则转到步骤 4.3。

步骤 8：如果 im < m，则转到步骤 4.2，否则转到全局搜索过程的步骤 5。

③算法停止条件。SFLA 通常采用两种策略来控制算法的执行时间：

第一，在最近的 K 次全局思想交流过程之后，全局最好解没有得到明显的改进；第二，算法预先定义的函数评价次数已经达到；第三，已有标准测试结果。无论哪个停止条件得到满足，算法都要被强制退出整个循环搜索过程。

13.3　应急物资多周期调度数学模型构建

13.3.1　问题与假设

重大灾害发生后，救援物资需求剧增。考虑到救援车辆的容量，以及救援物资本身供给量限制，很难一次性完全满足所有受灾区域的救援需求。故讨论在整个救援周期内对各受灾区域实施分阶段、多批次的动态救援，以政府和受灾点的综合满意度最大为决策目标，在满足一系列约束下完成应急物资的合理调配。为了简化问题，做出如下假设：

假设 1：应急物资供不应求；

假设 2：配送工具从哪个节点出发，最终将回到该节点；

假设 3：供应点之间不允许物资转运；

假设 4：受灾点需求已知，并且每个阶段只能被服务一次；

假设 5：受通行约束的受灾点只能由直升飞机配送应急物资；

假设 6：任意两个节点之间的距离已知；

假设 7：考虑到救援的必要性和不同优先级，各受灾点在各救援阶段结束仍未被满足的需求在下一阶段须予以优先配给服务。

13.3.2　变量与参数说明

救援物资调度在完全有向图 G = (V，A)，其中 V 为所有节点的集合；A 为通路集合 A = {(i，j) | ∀ i，j ∈ V}；W 为所有供应点集合：W = {w | w = 1，…，m}；V_1 为所有不受道路通行约束受灾点集合 V_1 = {i | i = 1，…，n}；V_2 为受道路通行受约束的受灾点，V_2 = {j | j = n + 1，…，n + e}，e 为受通行约束受灾点的个数；K 为配送工具集合，

$K = \{K_1 \cup K_2 \cup \cdots K_w\}$，其中表示第 w 个供应点，则 K_w 表示第 w 个配送中心的配送工具集合，$K_w = \{K_{wh}, K_{wv}\}$，K_{wh} 表示第 w 个配送中心的直升飞机集合，K_{wv} 表示第 w 个配送中心的车辆集合。模型涉及的符号及说明如表 13.1 所示。

表 13.1 符号说明

符号	描述
$S_i(t)$	为供应点 i 在第 t 阶段总的物资储存量
$d_i(t)$	为受灾点 i 在第 t 阶段的需求量
l_{ij}	表示任意两个节点之间的距离
v_k	表示配送工具 k 的运行速度，$\forall k \in K$
C_k	配送工具 k 的固定运行成本
c_k	配送工具 k 的单位运输成本
$N_k(t)$	第 t 阶段配送工具 k 的子路径集合
T	表示物资调度周期
$t_i(t)$	表示受灾点 i 在第 t 阶段实际被服务的时间
$t_{ik}^{nw}(t)$	表示第 t 阶段从供应点 w 出发的配送工具 k 在第 n 条子路径上到达受灾点 i 时间
$t_{0k}^{nw}(t)$	表示从供应点 w 出发的配送工具 k 在第 n 条子路径上返回 w 的时间
Losp	单位应急物资装载或卸载时间
u_L	单位应急物资的搬运成本
$t_{iks}^{n}(t)$	第 t 阶段配送车辆 k 到达第 n 条子路径中节点 i 的时间，其中 $t_{0ks}^{n}(t)$ 表示配送车辆返回集散中心的时刻
$t_{ike}^{n}(t)$	第 t 阶段配送车辆 k 离开第 n 条子路径中节点 i 的时间，其中 $t_{0ks}^{n}(t)$ 表示配送车辆离开集散中心的时间
$t_{lk}^{n}(t)$	第 t 阶段配送工具 k 的第 n 条子路径从救援中心出发时所需的装载时间，$t_{lk}^{n}(t) = Q_k/\text{Losp}$
$t_{uLki}^{n}(t)$	第 t 阶段配送工具 k 在第 n 条子路径的 i 节点上的卸载时间，$t_{uLki}^{n}(t) = u_i(t)/\text{Losp}$
Q_k	配送工具 k 的容量上限

符号	描述
$U_i(t)$	第 t 阶段受灾点 i 的需求
$MN_i(t)$	第 t 阶段受灾点 i 为满足的需求
C_p	为惩罚成本，为一个极大的正整数

决策变量：

$$x_{ijk}^{nw}(t) = \begin{cases} 1, & t \text{ 阶段从 w 出发的 k 的第 n 条路径中从 i 至 j} \\ 0, & \text{否则} \end{cases}$$

$$i, j \in V, \ w \in W, \ k \in k$$

$u_i(t)$ 表示为受灾点实际物资供给量。

13.3.3　综合满意度和公平性分析

应急救援工作中通常涉及多个主体，并且各主体之间的需求存在差异性，应急工作不能仅考虑一个参与主体的利益，而是需要考虑多个主体的利益和需求。经过分析可知，应急救援工作涉及的主体有政府和灾民，各主体需求侧重点各不相同。

（1）政府的满意度

政府是应急资源调度的决策主体，因此政府主要考虑调度方案的经济效益。调度方案的成本越高，政府满意度越低；反之，则满意度越高。因此，政府的满意度公式如式（13.4）~ 式（13.8）所示：

$$S_1 = \frac{C_{max} - C}{C_{max} - C_{min}} \tag{13.4}$$

$$W = \sum_{w \in W} \sum_{t \in T} \sum_{k \in K} \sum_{n \in N_k} \sum_{j \in V} l_{ij} x_{ijk}^{nw}(t) C_k \tag{13.5}$$

$$U = \sum_{t \in T} \sum_{k \in K} C_K |N_k(t)| \tag{13.6}$$

$$V = \sum_{t \in T} \sum_{i \in V'} u_L di(t) \tag{13.7}$$

$$B = \sum_{w \in W} \sum_{t \in T} \sum_{k \in K} \sum_{n \in N_k} \sum_{i,j \in V2} x_{ijk}^{nw}(t) C_p \tag{13.8}$$

其中，C 为方案总调度成本，包含应急工具的总运输成本 W、总派出成本 U、装卸成本 V 和惩罚成本，C_{min} 表示以总成本为目标所得的最低成本，

C_{max} 表示政府的最大可接受成本，取值为以总成本为目标所得的最高成本。

（2）救援时间满意度

突发事件发生后，受影响地区对应急物资的需求十分紧迫，并且随着时间的推移，受影响地区会持续增多，导致情况更加严重，决策者需要在尽可能短的时间内将应急物资分配给各个物资需求点，由此可见，在应急物资分配时，必须考虑时效性这个指标。

受灾点 i 在第 t 阶段的时间满意度 $TM_i(t)$，不仅仅受到当前阶段救援时间的影响，同时还受到上个救援阶段的时间满意度影响，即 $TM_i(t) = f^T(\psi_i(t)，TM_i(t-1))$。上一阶段救援时间的满意度对当前阶段的影响较弱，因此本章对上一阶段救援时间满意度赋予一个较小的权重，本章中 ∂ 取值为 0.7。因此，受灾点 i 在第 t 阶段的时间满意度公式如式（13.9）所示：

$$TM_i(t) = \partial\psi_i(t) + (1-\partial)TM_i(t-1) \qquad (13.9)$$

由于受灾地区等待救援时间越久，则受影响地区满意度越低。因此，受灾点 i 对当前救援时间的满意度 $\psi_i(t)$ 如式（13.10）所示：

$$\psi_i(t) = \begin{cases} \dfrac{\max\limits_{i \in A}(t_i(t)) - t_i(t)}{\max\limits_{i \in A}(t_i(t)) - \min\limits_{i \in A}(t_i(t))}，& t_i(t) \geqslant \operatorname*{avg}\limits_{i \in V}(t_i(t)) \\ 1，& t_i(t) < \operatorname*{avg}\limits_{i \in V}(t_i(t)) \end{cases} \qquad (13.10)$$

（3）物资需求满意度

一般来说，需求被满足的量越多，需求满意度也越大。然而，在大规模突发事件应急资源调度的背景下，第一时间能够利用的应急物资短缺现象严重，此时，决策者和灾民的立场基本一致，均希望最大化地满足应急物资需求。本章采用相对需求比例函数表示需求满意度，将受灾点 i 在第 t 阶段的需求满意度定义为 $UM_i(t)$，受灾点 i 在第 t 阶段的需求满意度不仅受到当前阶段救援物资供给的影响，同时还受到上个救援阶段的需求满意度影响，即 $UM_i(t) = f^U(\Psi_i(t)，UM_i(t-1))$。

通过分析可知，物资供应量是影响当前阶段需求满意度 $UM_i(t)$ 最大因素，因此 f^U 的公式如式（13.11）所示：

$$UM_i(t) = \beta R_i(t) + (1-\beta)UM_i(t-1) \qquad (13.11)$$

其中，β 为 $[0，1]$ 之间的较大数，本章令其为 0.7；$R_i(t)$ 表示受灾点 i 对第 t 次救援物资的满意度。

为表示受灾点对物资需求的满意度，本章使用物资供给和物资需求之比作为受灾点需求满意度，受灾点对第 t 阶段的救援物资满意度公式如式（13.12）所示：

$$R_i(t) = \frac{u_i(t)}{d_i(t)} \tag{13.12}$$

其中，$u_i(t)$ 为第 t 阶段受灾点 i 的物资供给量；$d_i(t)$ 表示第 t 阶段受灾点的物资需求量。

（4）灾民综合满意度

由上可知，受灾点 i 在第 t 阶段的满意度公式如式（13.13）所示：

$$s_i(t) = TM_i(t) + UM_i(t) \tag{13.13}$$

一般情况下受灾点对救援工作的满意度取值都是在 0~1，因此本章利用式（13.11）对式（13.10）进行归一化处理，具体如式（13.14）所示：

$$s_i(t) = aTM_i(t) + (1-a)UM_i(t) \tag{13.14}$$

其中，a 取值范围为 [0, 1]，由于灾民对救援时间和救援物资供给的重视程度不同，因此 a 的取值需根据应急场景选择相应数值，本章认为在洪灾场景或者地震场景下，第一时间到达受灾点可以最大限度地降低损失，因此本章中 a 取值为 0.6。

利用式（13.12）对第 t 阶段受灾点的满意度进行归一化处理，最终灾民的满意度如式（13.15）和式（13.16）所示：

$$D(t) = \frac{\sum_{i \in A} s_i(t)}{N} \tag{13.15}$$

$$S_2 = D(3) \tag{13.16}$$

其中，N 为受灾点的总数，第 t 阶段受灾点的满意度 s (t) 取值范围为 [0, 1]。整个救援结束后受灾点的满意度为调度目标 S_2，即第三阶段救援结束后灾民的满意度。

（5）物资分配公平性

救援的公平性对救援工作十分重要，为保证救援的公平性，本章运用比例短缺量化救援公平性，使救援计划更符合实际。因此，本章运用受灾点物资需求的比例短缺测度公平，救援公平性函数如式（13.17）所示：

$$G_i(t) = \frac{d_i(t) - u_i(t)}{d_i(t)} \tag{13.17}$$

　　较之灾民和政府满意度，救援工作的公平性不是决策者主要考虑的目标，因此本章将救援工作的公平性作为模型的一个约束条件。

　　综上所述，所研究问题为多目标优化问题。本章选择线性组合法处理多目标模型，结合应急调度中各参与主体的需求，建立基于综合满意度的多式联运应急物资调度模型如式（13.18）~式（13.28）所示：

目标函数：

$$F = \max \sum_{i=1}^{2} \lambda_i Si \tag{13.18}$$

约束条件：

$$\sum_{i \in V} x_{ijk}^{nw}(t) = \sum_{i \in V} x_{jek}^{nw}(t), \ \forall e, j \in n, w \in W, k \in K, n \in N_k \tag{13.19}$$

$$G_i(t) \geqslant \beta, \ \forall t \in T \tag{13.20}$$

$$\sum_{w \in W} \sum_{k \in K} \sum_{n \in Nk} \sum_{j \in V'} x_{ijk}^{nw}(t) \geqslant \beta, \ \forall t \in T \tag{13.21}$$

$$\sum_{w \in W} \sum_{i \in V} \sum_{j \in V} x_{ijk}^{nw}(t) d_j(t) \leqslant Q_k, \ \forall k \in V', \ \forall t \in T \tag{13.22}$$

$$\sum_{n \in N_k} \sum_{j \in V'} x_{0jk}^{nw}(t) = \sum_{n \in N_k} \sum_{j \in V'} x_{j0k}^{nw}(t),$$

$$\forall k \in K, \ \forall w \in W, \ \forall t \in T \tag{13.23}$$

$$t_{ije}^{nw}(t) \frac{l_{ij}}{u_k} + t_{uLjk}^{mv}(t) - t_{iks}^{nv}(t) \leqslant (1 - x_{ijk}^{mv}(t)) M,$$

$$\forall i, j \in V, \ \forall k \in K, n \in N_k \tag{13.24}$$

$$t_{jke}^{nw}(t) = t_{ike}^{nw}(t) + \frac{l_{ij}}{u_k} \tag{13.25}$$

$$x_{ijk}^{nw}(t)(1 - x_{jik}^{nw}(t)) = 0, \ \forall i, j \in V, \ \forall n \in N_k,$$

$$\forall w \in W, \ \forall k \in K \tag{13.26}$$

$$u_i(t) \leqslant d_i(t) + MN_i(t-1) \tag{13.27}$$

$$x_{ijk}^{nw}(t) 为 0 - 1 决策变量 \tag{13.28}$$

　　式（13.18）中，λ_i 为各个目标的权重系数，本章令 λ_1 为 0.6，λ_2 为 0.4；式（13.19）表示配送工具到达哪个节点，就必须从哪个节点离开；式（13.20）表示受灾点 i 在第 t 个救援阶段救援物资公平性约束，其中 β 为最小公平性系数，取值范围为 [0, 1]，本章取值为 0.6；式（13.21）表示每个受灾点在一个阶段只能被服务一次；式（13.22）

表示每个配送工具的配送子路径的总需求小于最大载重量；式（13.23）表示配送车辆的每一个子路径必须从集散中心出发，并且终点也必须是集散中心；式（13.24）和式（13.25）表示在 $x_{ijk}^{nw}(t)=1$ 时，被救援点在路径中时间的计算关系以及配送工具的子路径中离开某个受灾点的时刻与上一个受灾点的离开时刻、距离之间的关系，其中 M 为趋于正无穷的数；式（13.26）表示配送网路中不允许回路的约束；式（13.27）表示第 t 阶段物资实际供给量要小于 t 阶段受灾 i 的实际需求与上一阶段受灾点 i 为满足的需求之和；式（13.28）为自变量的取值范围。

13.4　基于反向学习机制的随机蛙跳算法

随机蛙跳算法（SFLA）是一种亚启发式协同搜索算法，它的执行过程模拟了一群青蛙在湿地中跳动觅食的自然界元进化行为，最早由尤瑟夫于 2003 年首先提出。SFLA 算法模仿一群青蛙在觅食时的信息交互行为，该算法结合模因算法和粒子群算法的优点，概念简单、调整参数少，具有较强的全局搜索能力（鲁建厦等，2021）。

本章所建立的多阶段应急物资调度和路径规划模型，存在解的结构复杂、受灾点众多和解空间巨大等问题。针对上述问题，本章将反向学习机制融入 SFLA 中，改变族群中次最差解和最差解的更新方式，同时在进化的后期，使用均匀交叉算子（uniform crossover，UX）和两点交叉算法（two point crossover，TPX）更新全局最优解，两种算子随机选择，进一步增强 SFLA 后期的搜索能力，提高算法的求解精度。

13.4.1　反向学习机制

反向学习机制（opposition-based learning，OBL）是一种可以有效地拓宽搜索空间、覆盖可行解区域的机制，并且已被有效应用在差分进化算法中。反向学习机制可以在单次迭代中计算候选解决方案及其相应的反向解决方案。反向算子是当前候选解决方案的扩展，有较大概率接近最优解。

多维空间中，设 $X(x_1, x_2, \cdots, x_N)$ 为 N 维空间中的数，x_1，x_2，$\cdots$，x_N 均为实数，其中 $x_i \in [L_i, U_i]$，则 X 的反向数 $\bar{X}$ 由 x_1'，x_2'，$\cdots$，x_N' 组成，其中 x' 定义如式（13.29）所示：

$$x_i' = L_i + U_i - x_i \qquad (13.29)$$

引入反向学习的主要原因是它可以同时搜索当前点和反向点，如果反向点的适应值优于当前点的适应值，则粒子可以直接跳转到反向点或其邻域继续搜索。这可以快速扩大解决方案空间，增加找到全局最优解的可能性。

13.4.2 三维矩阵编码

应急物资调度是多阶段、多周期的，因此算法的编码方式也要适应模型的特殊性。本章使用 D 矩阵表示整个救援周期内的应急物资调度情况，$D = \{D^1; \cdots; D^t; \cdots; D^T\}$，其中 T 为调度周期数；$D^t$ 表示第 t 个救援周期的救援计划，$D^t = \{D^t(1); \cdots; D^t(i); \cdots; D^t(N)\}$，N 为受灾点的数量；$D^t(i)$ 表示第 t 个救援阶段第 i 个受灾点服务情况，$D^t(i) = \{v_i; sp_i; ord_i\}$，$v_i$、$sp_i$ 和 ord_i 分别表示受灾点 i 的救援工具编号、救援物资供应量和服务顺序，v_i 为整数，其最大取值为第 t 时期所有可用配送工具的总数，最小取值为 1；sp_i 的取值范围为 $[0, d_i]$，其中 d_i 表示受灾点 i 的物资需求量；ord_i 为浮点数，取值范围为 $[0, 20]$。对于受灾点分配主要体现在配送工具上，即根据配送工具都有其所属的物资供应点，通过配送工具可以确定物资供应点的服务范围。

第 t 周期的救援物资调度方案 D^t，其结构为三维矩阵，如第一阶段的救援计划的编码结构为：第一行为配送中心分配行 $[v_1, v_2, \cdots, v_n]$，第二行为物资分配行 $[sp_1, sp_2, \cdots, sp_n]$，第三行为配送调度行 $[ord_1, ord_2, \cdots, ord_n]$。其中配送中心分配行中，$v_i \in \{1, 2, \cdots, v^t\}$ 表示受灾点 i 分配到配送工具 v_i，根据配送工具编号与配送中心编号映射关系，确定每个集散中心服务的受灾对象。物资分配行为实数串，sp_i 为受灾点的物资供应值；第三行为配送调度行，值越大，该受灾点的服务优先级越高。

灾民在第 t 阶段和第 t+1 的所需物资均未满足，可能会导致灾民对整个救援感到极大不满，进而影响救援的效果。因此考虑到各受灾点在各救援阶段结束仍未被满足的需求在下一阶段应该予以优先配给服务，本章在初始化种群时对青蛙的第二阶段和第三阶段编码进行干预。具体步骤为：首先，随机产生一个升序随机浮点数序列 L1；其次，按照上一阶段灾民的物资满意度大小升序排序 L2，并将 L1 加到 L2 上，得到 L3；最后按将 L3 序列放在配送调度行中合适的位置。

13.4.3　染色体解码策略

解码过程如下：首先，根据配送中心分配串确定哪个配送中心对受灾点进行救援，从而确定每个配送中心在第 t 阶段需要服务的受灾点以及每个配送工具服务的受灾点；其次，利用物资调度串确定每个受灾点在第 t 阶段的物资供应量；最后，根据配送调度串确定每个配送工具在第 t 阶段的行驶路径，即受灾点被服务的顺序。

现假设应急救援场景中主要有 2 个物资供应点、20 个受灾点、第 t 时期共有救援工具 6 个，其中供应点 1 和供应点 2 均具有 2 辆车和 1 架直升飞机。配送工具编号 1、2 和 3 属于供应点 1，配送工具编号 1 和 2 类型为车辆，编号 3 的类型为直升飞机；配送工具 4、配送工具 5 和配送工具 6 属于供应点 2，配送工具编号 4 和 5 类型为车辆，编号 6 的类型为直升飞机。则第 t 时期编码如下：

$$
\begin{bmatrix}
1 & 1 & 2 & \cdots & 4 & 6 & 5 & \cdots & 3 & 1 & 2 \\
30 & 20 & 25 & \cdots & 45 & 32 & 26 & \cdots & 23 & 50 & 33 \\
1.23 & 2.11 & 2.67 & \cdots & 5.97 & 8.97 & 7.78 & \cdots & 18.12 & 2.12 & 15.35
\end{bmatrix}
$$

从上可以得出，供应点 1 负责救援受灾点 1、2、3、18、19 和 20，其中救援车辆 1 负责救援的受灾点为 1、2、19，三个受灾点的物资供应量分别为 30、20 和 50；救援车辆 2 的负责救援受灾点为 3 和 20，两个受灾点的物资供应量分别为 25 和 33；直升飞机 1 负责救援受灾点 18，物资供应量为 23。通过编码中第三行浮点数的降序确定受灾点的服务顺序，如配送车辆 1 的路径为：19 – 2 – 1。

13.4.4　基于反向学习机制的青蛙更新策略

在传统的 SFLA 中，青蛙的学习策略为向族群内最优个体 Pb 跳跃或者向整个青蛙种群内最优个体 Pg 跳跃，然而这种进化策略并没有充分利用到其余青蛙个体的信息，无法进行全面有效的搜索，导致算法易提前陷入局部最优解。为了充分利用族群内部的有效信息，对族群中最优个体、次最差个体和最差个体进行位置更新。对族群中次最差个体采用方向学习机制更新位置，对族群中最差个体使用新的位置更新策略，使族群中最差个体不仅可以向族群中最有个体学习，还可以向全局最优个体进行学习。而对于族群中最优个体的位置，为其增加一个较小的偏移量，若产生的新个体比原来个体适应度值差，则保留族群中最优个体。子族群中最优个体、次最差个体和最差个体的位置更新策略如式（13.30）~式（13.32）所示：

$$newP_{jb}^{d} = P_{jb}^{d} + rand(0，1)(P_{jb}^{d} - P_{g}^{d}) \tag{13.30}$$

$$newP_{jsw}^{d} = L^{d} + U^{d} - P_{jsw}^{d} + rand(0，1)P_{jsw}^{d} \tag{13.31}$$

$$newP_{jw}^{d} = P_{jw}^{d} + c1(P_{jw}^{d} - P_{g}^{d}) + c2(P_{jw}^{d} - P_{jb}^{d}) \tag{13.32}$$

其中，P_{jb}^{d}、P_{jw}^{d}、P_{jsw}^{d} 分别表示第 t 个子族群中最优个体、最差个体以及次最差个体的第 d 维数据；p_{g}^{d} 表示全局最优个体的第 d 维数据；L^{d} 和 U^{d} 分别表示解的第 d 维度的最小和最大界限；c1 和 c2 分别表示学习因子，取值范围均为常数，均取值 0.5。

13.4.5　最优个体迭代更新策略

随着迭代次数增加，青蛙个体差异逐渐减少，当青蛙与全局最优解的位置十分靠近时，群体多样性逐渐丧失，导致青蛙陷入局部最优解，因而产生了早熟现象。为了避免种群陷入局部最优，关键要控制青蛙个体后期趋同性，为此本章利用遗传算法染色体更新思想，以概率选择的形式使用 UX 和 TPX 对全局最优个体更新，避免了算法早熟现象的发生。

因本章设计的编码方式为三串式，使用 UX 算子对任意一串的改变方式都相同，三者保持一致即可，因此对配送中心分配串执行 UX 算子，执行过程如图 13.1 所示。

UX 算子操作步骤如下：

步骤 1：随机产生长度为受灾点总数的 0-1 基因序列，从蛙群中随机找出一个体 f1；

步骤 2：将父代 f1 中对应 0-1 基因序列为 0 位置的配送工具赋值

给子代 C1，保持位置不变；

步骤 3：将全局最优个体中对应 0 - 1 基因序列为 1 位置的配送工具赋值给子代 C1，保持位置不变。

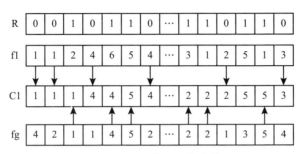

图 13.1　UX 算子更新个体

资料来源：笔者绘制。

两点变异算子具体步骤如下：

步骤 1：随机产生两个范围小于受灾点数量的整数 a 和 b；

步骤 2：将全局最优个体对应 a 位置与 b 位置之间的基因倒序，产生一个新个体 c2，如图 13.2 所示。

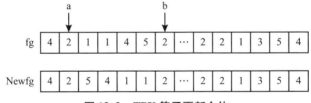

图 13.2　TPX 算子更新个体

资料来源：笔者绘制。

使用 UX 算子和两点变异算子对全局最优个体进行更新时，随机选择 UX 算子和两点变异算子，若产生的新个体优于全局最优个体，则更新全局最优个体。

13.4.6　改进随机蛙跳算法流程

基于反向学习的随机蛙跳算法的步骤如下：

步骤1：初始化 SFLA 算法参数，种群个数 F，族群个数 M，族群中青蛙数量 n，全局迭代次数 SF，局部进化最大次数 LS，随机生成种群并计算种群中每个青蛙的适应度值，令 it = 0，it 为全局进化索引；

步骤2：令 it = it + 1，按照适应度值大小进行排序，并记录全局最优个体 p_x，并将种群分为多个族群；

步骤3：设置族群计数器 i = 0，贪婪搜索次数 j = 0，最大贪婪搜索为 SN；

步骤3.1：根据三角形概率分布从族群中选择 q 个青蛙进入子族群，并按照降序进行排序，记录最优蛙 P_b、次最差蛙 P_{sw}，最差蛙 P_w，i = i + 1；

步骤3.2：令 j = j + 1；

步骤3.3：据式（13.31）、式（13.32）更新子族群中的次最差、最差青蛙。对子族群中最优个体的位置使用式（13.30）进行更新；

步骤3.4：若子群中最差蛙和次最差蛙的适应度值得到改进，则更新最差蛙和次最差蛙的位置，否则重新产生最差蛙和次最差蛙的位置。若子族群中最优个体适应度值得到改进，则更新其位置，否则子族群中最优个体的位置不变；

步骤3.5：若3.4未改进最差蛙和次最差蛙的位置，则随机产生一个青蛙的位置替代最差蛙和次最差蛙。位置得到改善之后，用新产生的蛙替代原始的位置；

步骤3.6：若 j < LS，则转到步骤3.2；

步骤3.7：若 i < m（族群的大小），则转到步骤3.1，否则转到步骤4；

步骤4：将各个族群混合并重新排序，更新全局最优个体 p_x，并重新划分族群；

步骤5：采用概率选择的形式使用 UX 算子或者 TPX 算子对全局最优个体进行改进，若新个体优于 p_x，则更新全局最优解，否则不更新全局最优解。转到步骤6；

步骤6：若 it > SF，停止程序，输出最优个体 p_x，否则转到步骤2。

基于反向学习机制的随机蛙跳算法的流程如图13.3所示。

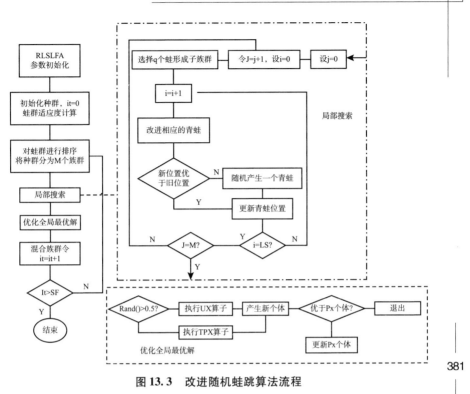

图 13.3　改进随机蛙跳算法流程

资料来源：笔者依据改进后算法框架步骤绘制。

13.5　算例仿真与结果分析

13.5.1　算法性能分析

　　为了验证本章改进算法的可行性及其性能，将所提的基于反向学习的随机蛙跳算（SFLA algorithm based on reverse learning，RLSFLA）与遗传算法、基本随机蛙跳蛙跳算法进行对比。RLSFLA 参数设置为：F = 200，M = 20，N = 10，局部迭代 10 次，全局迭代 500 次。遗传算法的变异和交叉概率分别设为 0.2 和 0.6。上述参数设定参照陈于思和孙林夫的一篇名为《分布式环境下基于混合蛙跳算法的物化视图选择问题》的文献，该文献指出采用此类参数，算法的求解精度和求解速度最优。

为证明所提算法的求解精度，本章节使用 RLSFLA 对 Sphere 函数 F1、Rosenbrock 函数 F2、Griewank 函数 F3 以及 Schaffer F7 函数 F4 等四个标准测试函数进行求解，并与 GA 和 SFLA 进行对比。采用 RLSFLA、GA 和 SFLA 分别对四个测试函数进行求解，分别独立运行 100 次。为了证明结果的准确性和合理性，取 50 次实验结果的平均值为评价指标。表 13.2 给出了这三个算法在不同函数下的求解结果。

表 13.2　　　　　　　　　　　　实验结果对比

目标函数	算法	实验结果（n=10）
F1	RLSFLA	0
	遗传算法	0
	SFLA	0
F2	RLSFLA	7.24e−3
	遗传算法	4.67e−2
	SFLA	7.39e−2
F3	RLSFLA	2.33e−2
	遗传算法	6.74e−2
	SFLA	4.21e−2
F4	RLSFLA	2.3e−6
	遗传算法	4.5e−3
	SFLA	3.1e−2

测试环境为 Windows 10 操作系统，4G 运行内存，intel 四核 2.5GHZ，测试软件选择 Python3.7 版本。采用三种算法分别对四个测试函数进行仿真，运行 100 次。

从表 13.2 结果可以看出，面对 Sphere 函数，RLSFLA、GA 和 SFLA 全局优化能力都很强，算法的求解精度都很高；面对多峰复杂函数 F2 和 F3，RLSFLA、GA 和 SFLA 寻优能力均有所降低，但与 SFLA、GA 的低求解精度相比，RLSFLA 在面对多峰复杂函数时，其求解精度仍然很高。

13.5.2 算例结果分析

假设仿真场景中有两个物资供应点，受灾点 20 个。其中第一和第二个物资供应点的坐标分别为（50，50）和（80，70），物资供应点的物资供应情况如表 13.3 所示，受灾点的坐标如表 13.4 所示，受灾需求状况如表 13.5 所示。随机指定三个受约束的受灾点，第一个物资供应点中有一个直升飞机和两辆货车，第二个物资供应点拥有 1 个直升飞机和三辆货车，直升飞机最大容量为 50 吨，速度为 200 千米/小时，固定成本为 100 万元，单位运行成本 4 万元。货车最大容量为 70 吨，速度为 50 千米/小时，固定成本为 50 万元，单位运行成本 1 万元。物资的装卸速度和装卸成本两者均相同，装卸速度为 60 吨/小时，装卸成本为 0.5 万元。

表 13.3　　　　　　　　　　物资供应点情况

受灾点	S1 供应点			S2 供应点		
	供应量	货车数量	直升飞机数量	供应量	货车数量	直升飞机数量
T = 1	295	2	1	195	3	1
T = 2	290	2	1	265	3	1
T = 3	278	2	1	324	3	1

资料来源：模拟仿真案例数据。

表 13.4　　　　　　　　　　受灾点位置数据

受灾点	坐标	需求量（件）	受灾点	坐标	需求量（件）
1	（18，9）	27	11	（20，65）	16
2 *	（65，47）	6	12	（47，24）	5
3	（21，26）	30	13	（93，97）	6
4	（3，80）	25	14	（36，87）	12
5	（10，35）	9	15	（86，82）	14
6	（24，6）	22	16	（61，33）	3
7	（1，90）	9	17 *	（54，45）	18
8	（32，100）	26	18	（46，77）	10

受灾点	坐标	需求量（件）	受灾点	坐标	需求量（件）
9 *	(97, 32)	8	19	(12, 67)	2
10	(46, 63)	2	20	(38, 55)	20

资料来源：模拟仿真案例数据。

表 13.5　　　　　　　　　　　　受灾点的需求

城市编号	物资需求量（吨）			城市编号	物资需求量（吨）		
	T1	T2	T3		T1	T2	T3
1	34	35	35	11	45	27	35
2 *	31	31	27	12	45	40	38
3	34	29	33	13	44	36	30
4	32	26	31	14	40	27	29
5	21	31	30	15	38	37	30
6	35	33	28	16	33	29	33
7	29	40	27	17 *	44	40	35
8	27	26	28	18	39	36	35
9 *	21	40	35	19	40	32	26
10	32	30	34	20	45	30	20

资料来源：模拟仿真案例数据。

表 13.6 ~ 表 13.8 为所提算法得到的救援方案，三个阶段灾民满意度分别为 71.3%、84.9% 和 93%，最终调度结束后综合满意度为 91.2%，总的调度成本为 3569.43 万元。其确保了每个受灾点的需求在整个应急活动中都能均衡地得到较好的响应。随着调度的进行，最终各个受灾点都得到较好的救援，体现了本章方法在抑制各阶段物资分配不均方面的有效性。

表 13.6　　　　　　　　　　t = 1 时刻调度结果

物资供应点	配送工具	配送路径	灾民满意度
S1	1(H)	S1 – 2(30) – 10(20) – S1；S1 – 9(21) – 3(29) – S1	
	2(V)	S1 – 15(30) – 16(30) – S1；S1 – 4(20) – 7(20) – S1	
	3(V)	S1 – 11(25) – 14(30) – S1；S1 – 1(20) – 6(20) – S1	
S2	4(H)	S2 – 17(30) – 12(20) – S2；S2 – 20(30) – S2	0.713
	5(V)	S2 – 5(20) – 8(15) – S2	
	6(V)	S2 – 18(25) – 13(30) – S2	
	7(V)	S2 – 19(25) – S2	

表 13.7　　　　　　　　　　t = 2 时刻调度结果

物资供应点	配送工具	配送路径	灾民满意度
S1	1(H)	S1 – 11(45) – S1；S1 – 2(25) – 10(25) – S1	
	2(V)	S1 – 15(30) – 8(40) – S1；S1 – 4(25) – 7(25) – S1	
	3(V)	S1 – 1(25) – 6(25) – 14(20) – S1	
S2	4(H)	S2 – 12(30) – 17(20) – S2；S2 – 20(30) – S2	0.849
	5(V)	S2 – 5(35) – 19(35) – S2	
	6(V)	S2 – 18(30) – 9(35) – S2	
	7(V)	S2 – 13(25) – 15(25) – 3(20) – S2	

表 13.8　　　　　　　　　　t = 3 时刻调度结果

物资供应点	配送工具	配送路径	灾民满意度
S1	1(H)	S1 – 2(30) – 10(20) – S1；S1 – 11(20) – 3(30) – S1	
	2(V)	S1 – 15(30) – 8(20) – S1；S1 – 4(31) – 7(27) – S1	0.93
	3(V)	S1 – 1(35) – 14(35) – S1	

续表

物资供应点	配送工具	配送路径	灾民满意度
S2	4(H)	S2 – 17(30) – 5(30) – S2	0.93
	5(V)	S2 – 20(40) – 19(26) – S2;S2 – 6(30) – 16(40) – S2	
	6(V)	S2 – 18(40) – 9(30) – S2	
	7(V)	S2 – 13(30) – 16(28) – S2	

由表 13.9 可知，所设计的基于反向学习机制的蛙跳算法得到的方案总的调度成本为 3569.43 万元，综合满意度为 91.2%，与遗传算法所得方案相比，总成本和综合满意度分别提升了 14.91% 和 3.27%，与 SFLA 算法所得方案相比，总成本和综合满意度分别提升了 28.08% 和 1.79%，图 13.4 表明随着调度的进行，灾民的满意度不断增加，因此证明了基于反向学习机制的蛙跳算法的有效性。

386

表 13.9　　　　　　　　　　不同算法结果对比

项目	总成本（万元）	综合满意度（%）
RLSFLA	3569.43	91.2
遗传算法	4194.98	88.31
SFLA	4963.17	89.7

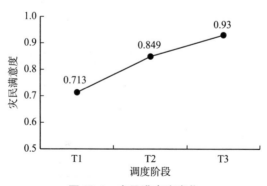

图 13.4　灾民满意度变化

资料来源：笔者依据调度阶段满意度绘制。

为检验所提算法的有效性，通过与传统随机蛙跳算法和遗传算法进行对比，将三个算法的种群数量 200 和迭代次数均设为 500，对比结果如图 13.5 所示。

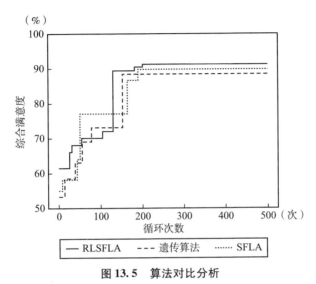

图 13.5　算法对比分析

资料来源：由 Python 绘图程序导出。

13.6　总结与展望

本章主要研究在重大突发事件时，道路通行受到约束的情境下的多周期应急调度问题。本章的研究内容主要有：第一，结合多周期应急物资调度的特征，构建了以救援物资满足量和等待救援时间为参数的灾民满意度函数以及以政府可接受的最高调度成本和最低调度成本为参数的政府满意度函数；第二，根据所提模型的特点，设计了基于反向学习机制的随机蛙跳算法，采用面向受灾点的三段式编码方式，利用反向学习机制更新族群中次最差个体的位置，同时对种群中最优个体进行搜索，提高了算法的搜索能力；第三，通过四个测试函数和算例证明了所设计算法和模型的合理性，结果表明了所提算法求解精度优于随机蛙跳算法和遗传算法，所设计的基于反向学习机制的蛙跳算法得到的方案总的调度成本为 3569.43 万元，综合满意度为 91.2%，与遗传算法所得方案相比，总成本和综合满意度分别提升了14.91%和3.27%，与SFLA算法所得方案相比，总成本和综合满意度分别提升了28.08%和1.79%。

然而，本章所建立的模型中没有考虑交通工具运行时间限制以及道路交通网络的时变特性，因此我们课题组将会进一步研究实时交通网络下的多周期救援物资联合调度问题。同时，由于所建立模型约束众多，这容易令求解速度减慢，因此我们课题组将会进一步研究如何提高算法的求解速度。

本章参考文献

[1] 陈刚，付江月．兼顾公平与效率的多目标应急物资分配问题研究 [J]．管理学报，2018，15（3）：459－466．

[2] 陈于思，孙林夫．分布式环境下基于混合蛙跳算法的物化视图选择问题 [J]．计算机集成制造系统，2019，25（2）．

[3] 段容谷，庄媛媛，张克勇，等．突发公共卫生事件下多阶段应急救援物资配置研究 [J]．中国安全生产科学技术，2021，17（12）．

[4] 冯春，向阳，薛坤，等．多周期多品种应急物资配送多目标优化模型 [J]．中国管理科学，2017，25（4）：124－131．

[5] 葛宇，王学平，梁静．改进的混合蛙跳算法 [J]．计算机应用，2012，32（1）：234－237．

[6] 葛宇，王学平，梁静．自适应混沌变异蛙跳算法 [J]．计算机应用研究，2011，28（3）：945－947．

[7] 贺俊杰，金辉．灾时消防应急救援物资配置技术研究 [J]．消防科学与技术，2016，35（10）：1459－1461．

[8] 晋良海，梁巧秀，徐小峰，等．施工度汛应急资源的动态调度网络研究 [J]．中国安全科学学报，2015，25（4）．

[9] 雷德明，王甜．基于改进蛙跳算法的分布式两阶段混合流水车间调度 [J]．控制与决策，2021，36（1）．

[10] 李巧茹，崔宁，陈亮，等．干线公路应急资源布局与配置的模糊规划模型 [J]．工业安全与环保，2015，41（8）：30－33．

[11] 李旭东，王耀球，王芳．突发公共卫生事件下基于区块链应用的应急物流完善研究 [J]．当代经济管理，2020（2）：1－10．

[12] 刘波，李波，李砚. 不确定条件下应急物流系统鲁棒双层优化模型 [J]. 统计与决策，2014（9）.

[13] 刘长石，彭怡，寇纲. 震后应急物资配送的模糊定位—路径问题研究 [J]. 中国管理科学，2016，24（5）：111 – 118.

[14] 刘松，邵毅明，彭勇，等. 应急救援物资多式联运路径优化 [J]. 中国安全科学学报，2019，29（12）.

[15] 鲁建厦，翟文倩，李嘉丰，等. 基于改进混合蛙跳算法的多约束车辆路径优化 [J]. 浙江大学学报（工学版），2021，55（2）.

[16] 阮俊虎，王旭坪，杨挺. 大规模灾害中基于 FCMwNC 的医疗物资联合运送优化 [J]. 系统工程理论与实践，2015，35（10）.

[17] 孙昌玖，裴虹，刘丹，等. 考虑横向转运的震后应急物资协同调度研究 [J]. 武汉理工大学学报（信息与管理工程版），2018，40（4）：389 – 395.

[18] 唐伟勤，邹丽，郭其云，等. 应急初期物资调度的灰色多目标规划模型 [J]. 中国安全科学学报，2016，26（4）：155 – 160.

[19] 田晓勇，冯延超，陈亮，等. 考虑震后道路抢修的多目标应急调度模型 [J]. 防灾减灾工程学报，2020，40（4）.

[20] 王海军，王婧，马士华，等. 模糊供求条件下应急物资动态调度决策研究 [J]. 中国管理科学，2014，22（1）.

[21] 王晶，易显强，张玲. 考虑道路可靠性的突发事件资源配送路线优化模型与算法 [J]. 系统科学与数学，2014，34（9）.

[22] 王旭坪，马超，阮俊虎. 运力受限的应急物资动态调度模型及算法 [J]. 系统工程理论与实践，2013，33（6）.

[23] 王旭坪，张娜娜，詹红鑫. 考虑灾民非理性攀比心理的应急物资分配研究 [J]. 管理学报，2016，13（7）：1075 – 1080.

[24] 王妍妍，孙佰清. 多受灾点应急物资动态多阶段分配模型研究 [J]. 中国管理科学，2019，27（10）.

[25] 张明明，戴月明，吴定会. 正态变异优胜劣汰的混合蛙跳算法 [J]. 计算机应用，2016，36（6）.

[26] 张潇丹，胡峰，赵力等. 基于分子动力学模拟的改进混合蛙跳算法 [J]. 数据采集与处理，2012，27（3）：327 – 332.

[27] 张毅. 考虑需求缺口的应急物资二次分配问题研究 [D]. 北

京：北京交通大学，2019.

［28］赵鹏军．基于差分扰动的混合蛙跳算法［J］．计算机应用，2010，30（10）：2575－2577.

［29］郑斌，马祖军，李双琳．基于双层规划的震后初期应急物流系统优化［J］．系统工程学报，2014，29（1）：113－125.

［30］周聪，姜继娇，殷茗．基于混合蛙跳算法的异地分布式协同开发的任务分配优化［J］．管理工程学报，2020，34（6）.

［31］朱昌锋，王庆荣．多式联运条件下应急车辆径路优化研究［J］．统计与决策，2013（18）.

［32］朱莉，曹杰，顾珺，等．考虑异质性行为的灾后应急物资动态调度优化［J］．中国管理科学，2020，28（12）.

［33］Fiedrich F, Gehbauer F, Richers. Optimized resource allocation for emergency response after earthquake disaster［J］. Safety Science, 2000, 35（1）: 41－57.

［34］Fikar C, Gronalt M, Hirsch P. A Decision Support System for Coordinated Disaster Relief Distribution［J］. Expert Systems with Applications, 2016: 57.

［35］Haghi M, Ghomi S M T F, JOLAI F. Developing a robust multi-objective model for pre/post disaster times under uncertainty in demand and resource［J］. Journal of Cleaner Production, 2017: 154, 188－202.

［36］Huang M, Smilowitz K, Balcik B. Models for relief routing: equity, efficiency and efficacy［J］. Transportation Research Part E, 2012, 48（1）: 2－18.

［37］Jiang Y W, Li L, Liu Z S. A multi-objective robust optimization design for grid emergency goods distribution under mixed uncertainty［J］. IEEE Access, 2018, 6: 61117－61129.

［38］Najafi M, Eshghi K, Dullaert W. A multi-objective robust optimization model for logistics planning in the earthquake response phase［J］. Transportation Research Part E: Logistics & Transportation Review, 2013, 49（1）: 217－249.

［39］Naruka B, Sharma T. K, Pant M, et al. Two-phase shuffled frog-leaping algorithm［C］/Proceedings of the 2014 3rd International Conference on Reliability, Infocom Technologies and Optimization (ICRITO) (Trends and Future Directions). Piscataway: IEEE, 2014: 1 – 5.

[40] Ruan J H, Wang X P, Chan F T S, et al. Optimizing the Intermodal Transportation of Emergency Medical Supplies Using Balanced Fuzzy Clustering [J]. International Journal of Production Research, 2016, 54 (14).

[41] Tzeng G H, Cheng H J, Huang T D. Multi-objective optimal planning for designing relief delivery systems [J]. Transportation Research Part E, 2007, 43 (6): 673 – 686.

[42] Tzeng G H, Cheng H J, Huang T D. Multi-objective optimal planning for designing relief delivery systems [J]. Transportation Research Part E: Logistics & Transportation Review, 2007, 43 (7): 673 – 686.

[43] Wang H B, Zhang K P, TU X Y, et al. A mnemonic shuffled frog leaping algorithm with cooperation and mutation [J]. Applied Intelligence, 2015, 43 (1): 32 – 48.

[44] Wang S B, Liu F, Lian L, et al. Integrated post-disaster medical assistance team scheduling and relief supply distribution [J]. International Journal of Logistics Management, 2018, 29 (4): 1279 – 1305.

[45] WANG X Y, CHEN H Q, WANG K Q. Studies on emergency logistics operation model for unexpected events at Yangtze chemical industrial park [J]. Procedia Engineering, 2012, 43: 353 – 358.

[46] Wang Y, Sun B. A multi-objective allocation model for emergency resources that balance efficiency and fairness [J]. Mathematical Problems in Engineering, 2018: 1 – 8.

[47] Yan S, Shi Y L. Optimal scheduling of emergency roadway repair and subsequent relief distribution [J]. Computers and Operations Research, 2009, 36 (6): 2049 – 2065.

第14章 考虑伤情随机恶化的应急物资调度问题

14.1 研究背景

近十多年来，我国突发事件和自然灾害等大规模事件频繁发生。例如，2013 年发生的雅安地震与 2020 年突发的新冠疫情，严重影响了人民群众的生命财产安全。据相关数据统计，截至 2020 年 5 月 2 日，我国新型冠状病毒肺炎确诊感染者累计达到 82877 人，造成 4633 人死亡[①]。突发灾害发生后，对应急物资的高效和有序调度是减少人员伤亡和维持社会安定的基础。而应急物资供应又与各灾区伤员伤情密切相关，且呈现出高度不确定性。因此，在不确定条件下基于灾区伤员的受伤程度和伤情演变特性，制订应急物资调度方案，对于提高应急物资救援价值和降低死亡率具有至关重要的作用。

应急物资调度是应急物流系统优化中的热点问题。多年来国内外很多学者侧重于应急物资调度方案的优化目标函数设计，并取得了一系列研究成果。早期的研究主要以成本最小化为目标（Haghani et al.，1996）。不同于一般商业物流，灾后应急物流具有强时效性和弱经济性等特点，而且初期物资供应量往往不能完全满足需求，调度过程中应更加重视物资的响应时间和分配数量。基于此，很多文献以运输时间和应

---

① 中华人民共和国国家卫生健康委员会—疫情通报，截至 5 月 2 日 24 时新型冠状病毒肺炎疫情最新情况 ［EB/OL］．http：//www．nhc．gov．cn/xcs/yqtb/202005/aba9ba870fed480fbc01c7d7b35eb3a7．shtml．

急物资分配量作为优化目标策划调度方案。郭子雪等（2015）分析了应急物资调度具有不确定性特征，并以调度时间最小化为目标，建立应急物资调度模糊优化模型。奥兹达马尔等（Ozdamar et al.，2012）针对震后物资分配和人员输送车辆路径协同问题，构建以总的运输时间最短为目标的数学模型。阿夫沙尔等（Afshar et al.，2012）以受害者未满足需求量最小为优化目标函数，建立一个救济物资混合整数规划调度模型。常等（Chang et al.，2014）以需求未满足量和调度时间最小为优化目标，构建了应急物流调度模型。周等（Zhou et al.，2017）针对多时段动态应急资源调度问题，建立了以物资未满足需求量和选择受损道路风险最小化为目标的调度模型。这些文献在提高调度方案效率方面做出了一定的贡献，但是灾后初期物资紧缺，灾民在等待救援过程中会出现焦虑、绝望和恐慌等情绪，同时物资分配不公易引起灾民公愤。为了缓解灾民的这些负面情绪，提高其对救援的满意度，在应急物资调度时应考虑灾民的心理行为。王旭平等（2013）认为公众对突发事件的心理风险感知是应急物资调度时重点考虑的因素，并以公众心理风险感知程度和物资未满足度最小化为优化目标，构建应急物资调度模型。朱建明等（2020）借鉴行为运筹相关理论刻画灾民心理感知函数，并以此为优化目标建立应急物资多阶段调度模型。许等（Sheu et al.，2014）以幸存者的心理成本最小化为优化目标，构建了应急供应网络模型。宋晓宇等（2017）以应急点满意度最大化和调度总费用最小化为优化目标，建立了应急物资调度模型。文献（Ferrer et al.，2018；曲冲冲等，2018；Tzeng et al.，2007；郑斌等，2014）基于灾民不公平厌恶心理视角，以体现方案公平性的指标作为优化目标研究了应急物资调度策略。

上述文献从不同角度对应急物资调度问题做了有意义的研究，为后续工作的开展奠定了基础，但是这些优化目标不足以体现救援物资的真正价值。灾后及时调配应急物资的最终目的是救治伤员，最大限度减少人员伤亡。基于此，部分学者以伤员死亡人数或死亡概率最小化为优化目标，设计调度方案。菲德里奇等（Fiedrich et al.，2000）以搜救期间伤员死亡总数最小为目标函数，研究了应急物资动态调度模型。俞武扬（2013）以生存概率最大为优化目标构造了应急物资运输模型。陈钢铁等（2014）以救援期内灾民死亡期望人数最少为目标，对地震后应急

393

资源调度优化问题进行研究。然而，这些文献中多数基于各灾区伤员总数对其进行物资调配，很少考虑伤员伤情演变的影响。此外，灾后物资运输时间通常是不确定的，对于时效性要求高的应急物资调度有一定的影响。因此，本章节在综合考虑车辆运输时间不确定和伤员伤情恶化情景下，以各灾区死亡概率之和最小为优化目标，研究应急物资的调度问题。本章节拟解决的几个关键问题：第一是引入马尔科夫链刻画伤员伤情演变规律，并将相关数量特征集成到目标函数中；第二是采用与实际情形贴合度更高的不确定方法描述灾区路网间的通行时间；第三是构建符合应急物资调度特点的数学模型并设计快速有效的智能优化算法。

14.2　理论基础

14.2.1　伤员分类

医学上主要依据伤员伤情严重程度对伤员进行分类，伤情较重的情况需要紧急采取治疗措施，伤情较轻的情况酌情给予治疗。然而，地震灾害属于破坏性较大的自然灾害，当地震灾害发生时，不仅造成房屋倒塌、人员伤亡，同时震害也会波及医院、福利机构等各种社会基础设施，震区将会陷入伤员需求过大和医疗救援设施严重不足的矛盾当中。此时，如果按照常规伤员分类救治方法，全力抢救重伤员，往往会出现抢救不成功并且占用大量医疗物资的情况，反而使得其余只需简单救援的伤员因抢救不及时而残疾或者死亡。因此，对灾区伤员进行救援前的快速分类可以提升救援的成功率和速度。

现阶段，通常将灾害现场的伤员按轻伤、中等伤情、重度伤情、死亡这四类情况进行划分。按照上述分类方法，势必会造成救援顺序为先重伤员后轻伤员的趋势。然而，历次重大事件的抢救经验表明，将大部分救援力量放在重伤员身上，往往既不能挽救重伤的生命也使轻伤员错失了稳定伤情的时机，从而会得不偿失。本章节从伤员接受救治的顺序角度出发将伤员分为以下四类。

（1）一类伤员

立即治疗类，多数是重伤员，例如失血过多、重度休克等，该类伤员需要救援车辆及时将其送往医院接受手术治疗。

（2）二类伤员

延迟治疗类，受伤程度中，暂时不会危及生命，该类伤员对救援需求略低于重伤员，只需在规定时间内送往医院接受治疗即可。

（3）三类伤员

简单治疗类，受伤程度较轻，可采取自救互救等救治方式。

（4）四类伤员

无救援机会类，该类伤员的救援需要使用大量的救援物资，同时伤员存活下来的概率极低。

14.2.2　医疗拣选

（1）拣选的意义

拣选一词具有识别、区分、分配等三个过程的含义，后引入伤员救治的分类过程中。现在此词的定义有：

①依据伤员受伤情况对其进行分类；

②对伤员进行分类，并安排各伤员的救援顺序方面的工作。

（2）拣选的目的

在某些应急或者突发情况下，例如地震，伤员人数在救援初期会呈现一种爆炸式的增长趋势，这时候救援物资就无法满足逐渐增多的伤员的需求。传统的医疗救援仅仅依据伤员伤情的轻重来安排救援顺序以及救援物资的投入，没有充分考虑单次救援的效率以及救援物资不足的问题。在这种情况下，国际医疗组织就提出了一种伤员分类方法，前提是合理分辨伤员伤情，把医疗物资集中用在有效救援机会较大的伤员身上，即适当的治疗就可以稳定伤员的伤情，从而减少人员的进一步伤亡。学者们通过对历次战事伤亡人数的统计分析得知，后续救援过程中采用医疗拣选手段的战事，伤员死亡率明显低于没有采取医疗拣选的战事。笔者收集了几次规模较大战争的数据，如表 14.1 所示。

表 14.1 医疗拣选用时与伤员死亡率的关系

拣选时间（小时）	伤员最终死亡率（%）
一战	无记载
二战	4.7
抗美援朝	2.0
越南自卫反击战	1.0

资料来源：樱庭和典，冈本天晴. 阪神大地震的医疗拣选与伦理研究 [J]. 医学与哲学，1997，18（6）：322 - 324.

（3）拣选的条件

①充分的准备，包括拣选的理论知识，拣选的设备等，尽量做到考虑周全，才能更好地应对突发情况。

②通过日常的训练，提高医疗队员拣选的实践能力，保证所有医疗队员都能参加救援。

（4）抢救原则

①生命优先原则，在保证生命的前提下，需要果断地做出取舍，例如肢体长期受压需要截肢的情况。

②预防原则，不轻视任意一个症状，防止因为小症状没有关注而造成进一步伤亡。

（5）拣选分类

医疗拣选大致分为四类，每个类别具体情况如表 14.2 所示。

表 14.2 医疗拣选分类情况

分类	特征	救援级次
紧急治疗群	大量失血者；丧失意识者；受到烟火或烟雾烧伤气管者	I
迁延治疗群	出血中等程度（500mL）者；脊髓损伤者；头部外伤但尚有意识者	II
次级治疗群	轻微的碰擦、出血和扭伤等	III
等待治疗群	重度受伤，或者已经没有希望治疗者	IV

资料来源：赵晶晶. 震后伤员救援车辆调度问题研究 [D]. 马鞍山：安徽工业大学，2016.

14.3 应急物资调度模型

14.3.1 问题描述

本章节研究的是大规模灾难事件发生后，物流配送中心将应急物资调度到各个救助站的运输路径优化问题，类似于典型的车辆路径规划问题。该应急物流系统网络如图 14.1 所示。具体问题描述为该物流系统有一个物资配送中心和多个救助站，中心有多种不同型号的车辆配送应急物资，各救助站的伤员人数、伤情和物资需求量已知，救助站对应急物资的需求具有时间窗限制。此情景下，将应急物资从配送中心，按照优化的救援路径调度到救助站，实现伤员死亡概率之和最小的目标。

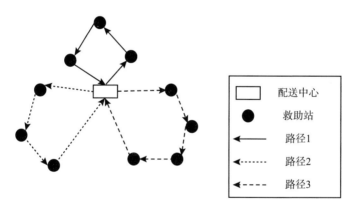

图 14.1 应急物流系统网络

资料来源：笔者绘制。

14.3.2 伤员死亡概率函数

计算各救助站伤员在等待应急物资过程中可能的死亡概率时，需要分析伤员的初始伤情以及伤情演变规律。本章节根据贝克（Baker，2007）的分类方法，对伤员初始伤情进行分级，将立即救治类和及时救治类的伤员看成重伤员；延迟救治类的伤员看成是中伤员；而轻微救治类的伤员一般只需要清洗、敷药和简单包扎，不会发生死亡，故对这类伤员不考虑。由于缺乏应急物资，这两类伤员伤情随着时间推移不断发生恶化，可能会出现死亡状态，所以伤员伤情状态分为中伤、重伤和死亡。在等待应急物资过程中，伤员的伤情状态以一定的概率朝着逐渐加重的方向演变，或者继续保持原状态，其中死亡是伤情演变的终点。若当前时刻的伤员伤情是重伤，在下一时刻如果得不到应急物资，伤员伤情可能转移到死亡状态或继续保持重状态；若当前时刻的伤员伤情是中伤，在下一时刻如果得不到应急物资，伤员伤情可能转移到重伤或继续保持中伤状态。从伤情状态演变过程可知，状态转移具有随机性，且伤员在下一时刻的状态只取决于当前状态，与历史状态无关，该特征符合马尔科夫过程的无后效性。因此，伤员的伤情演变规律具有马尔科夫性。已有相关学者基于马尔科夫方法描述大规模事件发生后伤员伤情的恶化过程。威尔逊等（Wilson et al.，2013）在研究大规模突发事件发生后解救，现场治疗和转送被困伤员等决策问题时将初始时刻的伤员伤情分成立即救治类、紧急救治类、延迟救治类和死亡四个状态，利用马尔科夫过程描述被困伤员在等待治疗过程中健康转移的随机过程，并以马尔科夫链模型计算所有伤员的死亡人数。楚等（Chu et al.，2015）以伤员死亡人数期望最小为目标函数研究震后救灾初期医疗救援队伍优化配置，在构建伤员的死亡函数时利用了马尔科夫过程刻画不同伤情在等待医疗救援队员过程中的随机转移情况。倪燕（2015）将应急医疗资源分配优化过程看成是一个马尔科夫决策过程，在决策过程中考虑重伤、中伤、轻伤三类伤员，并刻画了三类伤员在等待治疗过程中的伤势恶化转移过程。基于伤员伤情演变特性符合马尔科夫过程的无后效性，本章节将伤情演变过程离散成中伤（L_2）、重伤（L_1）和死亡（D）三种有限状态的马尔科夫过程。当伤员死亡或应急物资送到伤员手中，该演化过程结束，如图14.2所示。

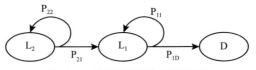

图 14.2　伤员伤情随机演化过程

资料来源：笔者绘制。

由图 14.2 可知，处于 L_1 状态的伤员在等待应急物资到达过程中每分钟可能以 P_{1D} 的概率死亡，以 P_{11} 的概率保持 L_1 状态，此时 $P_{1D} + P_{11} = 1$。同理，对于 L_2 状态的伤员，每分钟可能以 P_{21} 的概率演化到状态 L_1，以 P_{22} 概率处于 L_2 状态，此时，$P_{22} + P_{21} = 1$。假设伤员未得到救治前，伤情的恶化程度与时间呈线性关系。利用伤情状态之间的随机转移概率，将初始伤情状态为 L_1 的伤员 j 可能死亡概率表示为式（14.1）：

$$P_j^D(T_i^{sv}, Z_j) = P_{1D}T_i^{sv} \tag{14.1}$$

其中，T_i^{sv} 是车辆类型为 s 的应急车辆 v 将物资送达到救助站 i 的时间，Z_j 表示伤员的初始伤情状态。如果 $P_{1D}T_i^{sv}$ 大于 1 时，伤员在等待过程中就会死亡。因此，本章节用 min 函数表示重伤伤员在等待物资过程中可能发生死亡的概率，即为式（14.2）：

$$P_j^D(T_i^{sv}, Z_j) = \min(1, P_{1D}T_i^{sv}) \tag{14.2}$$

当 $Z_j = L_2$ 时，根据伤情演变规律可知，伤员先由中伤 L_2 演变到重伤 L_1，最后演变成 D 状态。因此，在计算伤员的死亡概率时先判断伤员由 L_2 完全演变到 L_1 的时刻 T。由图 14.2 可知，状态 L_2 到 L_1 单位时间内的转移概率为 P_{21}。令 $P_{21}T = 1$，得出 L_2 演变为 L_1 的时刻 $T = 1/P_{21}$。当应急物资的到达时刻 $T_i^{sv} \leqslant T$ 时，该伤员的伤情未演变到死亡，死亡概率为 0。当应急物资的到达时刻 $T_i^{sv} > T$ 时，该状态的死亡概率 $P_j^D(T_i^{sv}, Z_j) = \min(1, P_{21}P_{1D}(T_i^{sv} - T))$。因此，处于该状态下死亡概率函数为分时段函数，即为式（14.3）：

$$P_j^D(T_i^{sv}, Z_j) = \begin{cases} 0, & 0 < T_i^{sv} \leqslant T \\ \min(1, P_{21}P_{1D}(T_i^{sv} - T)), & T_i^{sv} > T \end{cases} \tag{14.3}$$

14.3.3　应急物资调度数学模型

假设 1：应急物资配送中心有若干个不同类型的运输车辆，每种类型车辆数量已知，最大载重不同。

假设 2：每个救助站只由 1 辆车在规定的时间窗内为其配送应急物资。

假设 3：每辆车从应急物流配送中心出发，运送完物资后回到起点。

假设 4：该配送中心物资储备能力大，每个救助站在应急物资数量上能够得到满足。

假设 5：道路交通运输网络可能出现毁坏、拥挤等多种状况，造成车辆的运输时间不确定。

假设6：物资配送到救助站，伤员就能得到治疗，伤情好转。

假设7：伤员对应急物资的需求量与伤情有关，伤情越严重，需要的物资数量越多。

假设有 n 个救助站，其集合表示为 $A = \{i \mid i = 1, 2, \cdots, n\}$，应急物资配送中心拥有 S 种型号的车辆，每种型号车辆数量分别为 V_1, V_2, $\cdots$, V_s, $s \in \{1, 2, \cdots, S\}$，型号 s 的车辆集合 $B_s = \{v \mid v = 1, 2, \cdots, V_s\}$；车辆运输线路集合 $E = \{(k, i) \mid k \neq i \in A\}$；$t_{ki}$ 表示车辆从救助站 k 到救助站 i 的配送时间；救助站 i 共有 m_i 个伤员，处于 Z_j 状态的伤员 j 在 T_i^{sv} 等待时间内的可能死亡概率为 $P_j^D(T_i^{sv}, Z_j)$，$j \in \{1, 2, \cdots, m_i\}$。印京等（Inkyung et al., 2016）利用所有伤员的生存概率之和表示预期存活人数，概率之和越大，预期存活人数越多。本章节采用所有伤员死亡概率之和表示预期死亡人数，概率之和越小，预期死亡人数越小。救助站 i 的所有伤员死亡概率之和表示为式（14.4）：

$$f_i^D = \sum_{j=1}^{m_i} P_j^D(T_i^{sv}, Z_j) \tag{14.4}$$

根据上述分析，将所有救助站伤员的死亡概率之和表示为式（14.5）：

$$F = \sum_{i=1}^{n} \sum_{j=1}^{m_i} P_j^D(T_i^{sv}, Z_j) \begin{cases} \sum_{i=1}^{n} \sum_{j=1}^{m_i} \min(1, P_{1D} T_i^{sv}), & Z_j = L_1 \\ 0, & Z_j = L_1, \ 0 < T_i^{sv} \leq T \\ \sum_{i=1}^{n} \sum_{j=1}^{m_i} \min(1, P_{21} P_{1D}(T_i^{sv} - T)), & Z_j = L_1, \ T_i^{sv} > T \end{cases}$$

$$\tag{14.5}$$

其中，$P_j^D(T_i^{sv}, Z_j)$ 取决于伤员伤情的初始状态，以及伤员等待应急物资的时间。

$$x_{ki}^{sv} = \begin{cases} 1, & \text{型号的应急车辆 v 从救助站 k 到救助站 i} \\ 0, & \text{否则} \end{cases};$$

$$y_i^{sv} = \begin{cases} 1, & \text{救助站 i 被车型 s 的应急车辆 v 服务} \\ 0, & \text{否则} \end{cases};$$

综上所述，该问题的数学模型为式（14.6）~式（14.13）：

目标函数：

$$\min F \tag{14.6}$$

约束条件：

$$\sum_{s=1}^{S}\sum_{v=1}^{V_s} y_i^{sv} = 1, \ \forall i, \tag{14.7}$$

$$\sum_{i=1}^{n} y_i^{sv} q_i \leqslant Q_s, \ \forall s, \ \forall v \tag{14.8}$$

$$\sum_{k=0}^{n} x_{ki}^{sv} = y_i^{sv}, \ \forall i, i \neq 0, i \neq k, \ \forall s, \ \forall v \tag{14.9}$$

$$\sum_{i=0}^{n} x_{ki}^{sv} = y_i^{sv}, \ \forall k, k \neq 0, i \neq k, \ \forall s, \ \forall v \tag{14.10}$$

$$x_{ki}^{sv}(T_i^{sv} - T_k^{sv}) \geqslant 0, \ \forall v, \ \forall s, \ \forall i, \ \forall k \tag{14.11}$$

$$T_i^{sv} = T_k^{sv} + x_{ki}^{sv} t_{ki}, \ \forall v, \ \forall s, \ \forall i, \ \forall k \tag{14.12}$$

$$T_i^{sv} \leqslant LT_i, \ \forall v, \ \forall s, \ \forall i \tag{14.13}$$

其中，式（14.7）表示每个救助站只能由一个救援车辆来进行运送物资；式（14.8）表示应急车辆的最大载重量限制，对于型号为 s 的应急车辆 v，该路径中所有节点的需求量小于等于车辆的最大载重量；式（14.9）和式（14.10）表示应急车辆服务完某个救助站后必须从该救助站离开；式（14.11）表示车辆访问救助站的先后时间约束；式（14.12）表示型号为 s 的应急车辆 v 到达救助站 i 的时间表达式；式（14.13）是时间窗约束，表示物资到达救助站 i 的时间应小于等于最晚到达时间 LT_i。

参数 t_{ki} 是不确定性的。一般情况下，用随机变量、模糊数等方法描述不确定参数（王昱，2016）。由于突发事件的偶发性造成大量数据匮乏，用随机规划方法处理该参数有一定的困难。在实际突发事件中，物资配送中心与救助站点以及救助站之间的路径通行时间常在某区间内变动。针对救灾物资运输时间的不确定性特征，本章节采用三角模糊数描述该参数更为恰当。

以三角模糊数 $t_{ki} = (t_{ki}^1, t_{ki}^2, t_{ki}^3)$ 表示两个救助站之间的模糊运输时间，其中 t_{ki}^1，t_{ki}^2，t_{ki}^3 分别表示运输时间的最好值、最可能值和最差值。t_{ki}^2 表示模糊数 t_{ki} 的隶属度为 1 的点所对应的值。运输时间的隶属度函数为式（14.14）：

$$u_{ki} = \begin{cases} (t_{ki} - t_{ki}^1)/(t_{ki}^2 - t_{ki}^1), & t_{ki}^1 \leqslant t_{ki} \leqslant t_{ki}^2 \\ (t_{ki} - t_{ki}^3)/(t_{ki}^2 - t_{ki}^3), & t_{ki}^2 \leqslant t_{ki} \leqslant t_{ki}^3 \\ 0, & \text{其他} \end{cases} \tag{14.14}$$

14.3.4 不确定模型转化

由于式（14.6）和式（14.13）中存在三角模糊数 t_{k_i}，传统的求解方法很难根据模糊的目标函数和约束条件对问题进行求解。本章节基于刘和岩村（Liu and Iwamura，1998）的研究成果，将上述模型转化为模糊机会约束规划模型，即式（14.15）～式（14.22）：

目标函数：

$$\min \bar{F}, \tag{14.15}$$

约束条件：

$$\text{Pos}\left\{ \sum_{k=1}^{n} \sum_{i=1}^{n} \sum_{j=1}^{m_i} P_j^D(T_k^{sv} + x_{ki}^{sv} t_{k_i}, Z_j) \leqslant \bar{F} \right\} \geqslant \beta \tag{14.16}$$

$$\text{Pos}\left\{ (T_k^{sv} + x_{k_i}^{sv} t_{k_i}) \leqslant LT_i \right\} \geqslant \alpha, \quad \forall s, \; \forall v, \; \forall i, \; \forall k, \tag{14.17}$$

$$\sum_{s=1}^{S} \sum_{v=1}^{v_s} y_i^{sv} = 1, \; \forall i, \tag{14.18}$$

$$\sum_{i=1}^{n} y_i^{sv} q_i \leqslant Q_s, \; \forall s, \; \forall v, \tag{14.19}$$

$$\sum_{k=0}^{n} x_{k_i}^{sv} = y_i^{sv}, \; \forall i, i \neq 0, i \neq k, \; \forall s, \; \forall v \tag{14.20}$$

$$\sum_{i=0}^{n} x_{k_i}^{sv} = y_k^{sv}, \; \forall k, k \neq 0, i \neq k, \; \forall s, \; \forall v \tag{14.21}$$

$$x_{k_i}^{sv}(T_i^{sv} - T_k^{sv}) \geqslant 0, \; \forall s, \; \forall v, \; \forall i, \; \forall k, \tag{14.22}$$

其中，$\bar{F}$ 为目标函数 F 在保证置信水平至少为 β 时的最小值；β 和 α 分别为达到给定目标函数和约束条件的置信水平。约束条件（14.16）表示目标函数在置信水平为 β 条件下取最小值；约束条件（14.17）表示应急物资到达各救助站的时间早于时间窗的置信水平不低于 α。

引理 1 设三角模糊数 $r = (r_1, r_2, r_3)$，其中 $r_1 < r_2 < r_3$，对任意给定的置信水平 $\alpha(0 \leqslant \alpha \leqslant 1)$，当且仅当 $Z \geqslant (1 - \alpha)r_1 + \alpha r_2$ 时，有 $\text{Pos}\{r \leqslant Z\} \geqslant \alpha$。

由于 t_{k_i} 为三角模糊数，又由于目标函数 F 是关于 t_{ki} 的线性函数，因此，目标函数也为三角模糊数。根据引理 1，将模糊机会约束式（14.16）转化为等价表达式，如式（14.23）所示：

$$(1 - \beta) \sum_{k=1}^{n} \sum_{i=1}^{n} \sum_{j=1}^{m_i} P_j^D(T_k^{sv} + x_{k_i}^{sv} t_{k_i}^1, Z_j) +$$

$$\beta \sum_{k=1}^{n} \sum_{i=1}^{n} \sum_{j=1}^{m_i}$$

$$P_j^D \left(T_k^{sv} + x_{k_i}^{sv} t_{k_i}^2, Z_j \right) \leqslant \bar{F} \qquad (14.23)$$

式（14.17）转化为等价表达式，如式（14.24）所示：

$$(1-\alpha)\left(T_k^{sv} + x_{k_i}^{sv} t_{k_i}^1 \right) + \alpha\left(T_k^{sv} + x_{k_i}^{sv} t_{k_i}^2 \right) \leqslant LT_i \qquad (14.24)$$

将约束式（14.23）和式（14.24）分别替代模糊机会约束式（14.16）和式（14.17），完成对不确定模型的转化。

14.4　改进萤火虫算法设计

14.4.1　萤火虫算法求解应急物资调度问题局限性分析

萤火虫算法（GSO）是一种新型群智能优化算法，它是仿照萤火虫觅食、求偶和警戒等社会性行为来求解优化问题。该算法最早由凯帕等（Kaipa et al.，2017）提出。因其具有参数少、易实现和全局搜索能力强等优势而在很多优化问题上被研究和应用。但是标准萤火虫算法主要用来求解实数连续型优化问题，而应急物资调度问题属于离散的组合优化问题，且算法在运行后期表现出易陷入局部最优和收敛速度变慢等缺陷。为了更好地利用萤火虫算法求解本章节问题，本章节从编码机制、初始解的混沌操作和局部最优解的变邻域扰动等方面对标准萤火虫算法提出改进。

14.4.2　编码机制

基于标准萤火虫算法在求解离散型组合优化问题的局限性，需要设计恰当的编码方式，将萤火虫个体位置与离散调度解相对应，从而求出各应急车辆对各救助站配送物资顺序的离散解。该问题包含应急车辆分配和配送任务排序两个问题。在算法中，为了表达两个子问题的解，本章节利用两段式编码对萤火虫个体进行编码，其中两段长度相等，分别对应车辆分配方案和配送物资路径方案。用 $X = \{X(1)，X(2)，\cdots，X(N)，X(N+1)，\cdots，X(2N)\}$ 表示萤火虫的位置，其中每个个体位置向量的长度为2N，向量中各元素均是（$-b$，b）之间的随机数。假设有 6 个救助站需要应急物资，则个体位置向量的总长度为 12，各元素在（-1，1）中任意取值，并按照一定的顺序存储，如图 14.3 所示。

救助站编号	1	2	3	4	5	6	1	2	3	4	5	6
个体位置向量	-0.91	0.02	0.68	0.74	-0.52	0.37	0.26	-0.32	0.83	-0.55	0.46	0.59

图 14.3　萤火虫个体位置向量

资料来源：笔者绘制。

由图 14.3 可知，萤火虫算法中个体位置均为连续值，而应急物资调度解为离散值，需要将连续个体位置向量向离散调度解进行转换。

（1）车辆分配针对个体位置的前段部分

本章节采用袁等（Yuan Y et al.，2013）研究中的转换方法。按照式（14.25）将个体位置向量元素值转换成服务救助站的车辆序号：

$$u(i) = round\left(\frac{x(i) + b}{2b}(c(i) - 1) + 1\right), \ 1 \leqslant i \leqslant n \qquad (14.25)$$

其中，$c(i)$ 表示救助站 i 可选的车辆数；$u(i) \in [1, c(i)]$ 表示所选车辆在车辆集中的序号，也就是为救助站 i 分配的车辆。

（2）车辆配送物资路径

对于个体位置向量的后段部分，采用升序排列 ROV（ranked orde value）规则（王凌，2008）。首先升序排列位置元素，依次为这些位置元素设置一个 ROV 值，然后根据 ROV 值即可构造车辆配送物资路径方案。如图 14.4 所示。

救助站编号	1	2	3	4	5	6
个体向量位置	0.26	-0.32	0.83	-0.55	0.46	0.59

⇩

个体向量位置	0.26	-0.32	0.83	-0.55	0.46	0.59
ROV值	3	2	6	1	4	5

⇩

配送顺序	4	2	1	5	6	3

图 14.4　萤火虫个体位置向量转换为车辆配送物资路径的过程

资料来源：笔者绘制。

14.4.3　混沌初始化种群

赛法鲁丁等（Syafaruddin et al.，2015）指出，初始种群的质量在一定程度上决定了群智能优化算法的全局寻优效果。标准萤火虫算法的初始解是随机产生的，种群多样性较差。为了提高种群的多样性，增强萤火虫算法的全局寻优性和收敛性，本章节基于混沌的遍历性、随机性等特点，采用逻辑自映射函数（叶春明，2015），混沌初始化萤火虫种群，保证了初始种群的多样化。逻辑自映射函数的数学表达式为式（14.26）：

$$L_{t+1,\omega} = 1 - 2L_{t,\omega}^2,\ t = 1,\ 2,\ \cdots;\ L_{t,\omega} \in (-1,\ 1),\quad (14.26)$$

其中，映射变量 $L_{t,\omega}$ 的定义域为区间（-1，1），但不能取 0 和 0.5，ω 是搜索空间的第 ω 维。

基于逻辑自映射函数混沌初始化种群步骤如下：

步骤1：在（-1，1）之间随机生成一个 W 维的随机向量，$L^0 = (L_1^0,\ L_2^0,\ \cdots,\ L_W^0)$，$\omega = 1,\ 2,\ \cdots,\ W$。根据逻辑自映射函数，依次产生向量 $L^m = (L_1^m,\ L_2^m,\ \cdots,\ L_W^m)$，$m = 1,\ 2,\ \cdots,\ M$；

步骤2：将产生的混沌变量 L_ω^m 映射到决策空间（$x_{min,m\omega}$，$x_{max,m\omega}$）内，得到初始种群中第 m 个萤火虫位置向量 $x_m = (x_{m1},\ x_{m2},\ \cdots,\ x_{mW})^T$，第 ω 个分量 x_{mW} 为式（14.27）：

$$x_{mW} = \frac{1}{2}(x_{min,m\omega} - x_{max,m\omega})L_\omega^m + \frac{1}{2}(x_{min,m\omega} + x_{max,m\omega})\quad (14.27)$$

其中，$x_{min,m\omega}$ 和 $x_{max,m\omega}$ 分别表示萤火虫 m 个体第 ω 维变量的搜索上下界。

14.4.4　变邻域搜索扰动机制

萤火虫算法的全局搜索能力很强，但是在运算后期容易出现早熟，陷入局部最优问题。针对该问题，本章节引入变邻域搜索机制对每次迭代结束后的前 K 个最佳调度解进行扰动。该扰动机制的基本思想是在由不同动作构成的邻域结构，结合相应的局部搜索算法求得局部最优解（Hansen et al.，2001）。为了扩大搜索空间，增加解的多样性，本章节在变邻域搜索算法中设置了插入、交换两大类邻域结构。

第一，插入在车辆配送物资序列中选择除了配送中心点之外的任何一个救助站，将该救助站插入除了原位置中的其他所有可能位置。如图14.5所示，救助站3移动救助站6和救助站4之间。

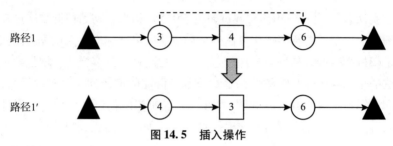

路径1

路径1′

图 14.5　插入操作

资料来源：笔者绘制。

第二，交换从车辆配送物资序列中随机选择两个救助站，将两点之间的位置交换。如图14.6所示，救助站3和救助站6的位置进行交换。

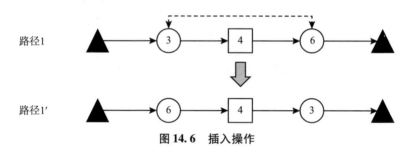

路径1

路径1′

图 14.6　插入操作

资料来源：笔者绘制。

14.4.5　改进萤火虫算法流程

综上所述，求解应急物资调度问题的萤火虫算法流程如下：

步骤1：初始化萤火虫种群规模数量 M，最大迭代次数 T，荧光素初值10，荧光素挥发因子 ρ，荧光素增强因子 γ，邻域半径初值 r_0，个体最大感知半径 r_s，邻域半径更新率 ξ，变邻域搜索次数 c。令当前迭代次数 t = 0。按照编码机制对萤火虫个体进行编码，并进行种群初始化；

步骤2：利用14.3.3节描述的基于逻辑自映射函数的方法混沌初始种群，产生 M 个萤火虫个体；

步骤3：计算萤火虫个体 m 的适应度值 $f(x_m(t))$，更新萤火虫个体 m 的荧光素值 $l_m(t)$，即为式（14.28）：

$$l_m(t) = (1 - \rho)l_m(t - 1) + \gamma f(x_m(t)) \qquad (14.28)$$

其中，$x_m(t)$ 表示第 t 代的萤火虫个体 m 的位置；

步骤4：确定萤火虫个体 m 的邻域集合 $N_{m(t)}$，如式（14.29）所示：

$$N_m(t) = \{q: d_{mq}(t) < r_d^m(t); l_m(t) < l_q(t)\} \qquad (14.29)$$

其中，$d_{mq}(t)$ 是萤火虫个体 m 和 q 之间的距离；$r_d^m(t)$ 是第 t 代萤火虫 m 个体的邻域半径；

步骤5：计算萤火虫个体 m 向邻域集合内萤火虫个体 q 移动的概率 $P_{mq}(t)$，采用"轮盘赌"的方式选择移动目标，概率公式为式（14.30）：

$$P_{mq}(t) = \frac{l_q(t) - l_m(t)}{\sum\limits_{k \in N_i(t)} (l_k(t) - l_m(t))} \qquad (14.30)$$

步骤6：更新萤火虫个体 m 的位置，并调整不可行解，位置更新公式为式（14.31）：

$$x_m(t + 1) = x_m(t) + s\left(\frac{x_p(t) - x_m(t)}{\|x_p(t) - x_m(t)\|}\right) \qquad (14.31)$$

其中，s 是移动步长；

步骤7：更新萤火虫个体 m 的邻域半径，邻域半径更新公式为式（14.32）：

$$r_d^m(t + 1) = \min\{r_s, \max\{0, r_d^m(t) + \xi(n_t - |N_m(t)|)\}\} \qquad (14.32)$$

其中，n_t 是萤火虫个体邻域集合里的最大个数；

步骤8：更新所有萤火虫个体的位置，计算新的萤火虫个体的适应度值，取性能最好的 K 个精英个体进行局部变邻域搜索；将变邻域搜索得到的优良个体代替原萤火虫个体；

步骤9：判断是否满足终止条件，如果满足则运行结束，输出最优应急物资调度方案及目标函数值，否则返回步骤3。

14.5 仿 真 实 验

14.5.1 算例背景

为了验证本章节模型和算法的有效性和优越性，模拟一个自然灾害发生情境如下：某市发生 7 级地震，应急管理部门组织 16 个医院参与临时救助。为了最大限度地减少伤员的死亡率，需要在尽量短的时间内将物资运送到 16 个医院。

由于缺乏标准算例，鉴于文献（朱建明等，2007）的研究与本章节具有一定相似性。以其中的算例为基础，根据本章节所研究的应急物资调度问题特点对车辆、应急物资需求等数据进行修改并补充相关数据，在本章节案例中，假设配送中心有 300 个单位的应急医疗物资，有两种车型参与应急医疗物资配送，它们的最大装载量分别是 50 个单位和 25 个单位，大型有 5 辆车，中型有 3 辆车。16 家医院待救治的受伤人数应急药品的需要量和到货时间限制期如表 14.3 所示；医院与配送中心以及医院与医院之间的运输时间如表 14.4 所示；单个重伤与中伤伤员需要应急医疗物资分别是 3 个单位和 2 个单位；$P_{1D} = 0.016$，$P_{21} = 0.008$，$\alpha = 0.9$，$\beta = 0.95$。（张晨晓等，2017）

表 14.3 十六家医院的需求以及伤员参数

需求点编号	1	2	3	4	5	6	7	8	9	10	11	12	13	14	15	16
物资需求量	18	22	23	27	20	9	9	17	20	22	7	9	13	16	29	21
时间限制期（分钟）	77	62	89	44	68	55	83	57	75	43	58	65	62	69	72	46
重伤人数	2	2	1	3	3	1	1	1	2	3	1	1	1	2	3	3
中伤人数	6	8	10	9	7	3	3	7	7	8	2	3	5	5	10	6

表 14.4　　　　　　　配送系统中两节点之间的运输时间　　　　　单位：分钟

节点对	运输时间	节点对	运输时间
0 – 1	[26. 36, 31. 63, 39. 54]	0 – 2	[22. 67, 27, 20, 34]
0 – 3	[27. 5, 33, 41. 25]	0 – 4	[23. 91, 28. 69, 35. 87]
0 – 5	[23. 73, 28. 69, 35. 86]	0 – 6	[29. 4, 35. 28, 44. 1]
0 – 7	[27. 72, 33. 27, 41. 58]	0 – 8	[27. 73, 33. 28, 41. 59]
0 – 9	[28. 94, 34. 73, 43. 41]	0 – 10	[26. 81, 32. 17, 40. 22]
0 – 11	[35. 79, 42. 95, 53. 69]	0 – 12	[32. 63, 39. 16, 48. 95]
0 – 13	[32. 12, 38. 54, 48. 18]	0 – 14	[37. 24, 44. 69, 55. 86]
0 – 15	[37. 29, 44. 75, 55. 94]	0 – 16	[32. 34, 38. 81, 48. 51]
1 – 2	[8, 9. 6, 12]	1 – 3	[1. 2, 1. 44, 1. 8]
1 – 4	[10. 6, 12. 72, 15. 9]	1 – 5	[5, 6, 7. 5]
1 – 6	[2, 2. 4, 3]	1 – 7	[12. 8, 15. 36, 19. 2]
1 – 8	[5. 7, 6. 84, 8. 55]	1 – 9	[8. 4, 10. 88, 12. 6]
1 – 10	[7. 5, 9, 11. 25]	1 – 11	[9. 1, 10. 92, 13. 65]
1 – 12	[6. 3, 7. 56, 9. 45]	1 – 13	[5. 4, 6. 48, 8. 1]
1 – 14	[10. 4, 12. 48, 15. 6]	1 – 15	[10. 1, 12. 12, 15. 15]
1 – 16	[21. 94, 26. 33, 32. 91]	2 – 3	[8. 8, 10. 56, 13. 2]
2 – 4	[4. 4, 5. 28, 6. 6]	2 – 5	[7. 8, 9. 36, 11. 7]
2 – 6	[8. 2, 9. 84, 12. 3]	2 – 7	[7. 7, 9. 24, 11. 55]
2 – 8	[8. 8, 10. 56, 13. 2]	2 – 9	[9. 8, 11. 76, 14. 7]
2 – 10	[8, 9. 6, 12]	2 – 11	[16. 6, 19. 92, 24. 9]
2 – 12	[13. 8, 16. 56, 20. 7]	2 – 13	[13, 15. 6, 19. 5]
2 – 14	[21. 6, 25. 92, 32. 4]	2 – 15	[18. 4, 22. 08, 27. 6]
2 – 16	[16. 63, 19. 95, 24. 95]	3 – 4	[12, 14. 4, 18]
3 – 5	[5. 8, 6. 96, 8. 7]	3 – 6	[3, 3. 6, 4. 5]
3 – 7	[13. 8, 16. 56, 20. 7]	3 – 8	[6. 6, 7. 92, 9. 9]
3 – 9	[9. 5, 11. 4, 14. 25]	3 – 10	[8. 4, 10. 08, 12. 6]
3 – 11	[9. 4, 11. 28, 14. 1]	3 – 12	[5, 6, 7. 5]
3 – 13	[4. 4, 5. 28, 6. 6]	3 – 14	[9, 10. 8, 13. 5]

节点对	运输时间	节点对	运输时间
3－15	[9.5, 11.4, 14.25]	3－16	[24.26, 29.12.36.39]
4－5	[7.1, 8.52, 10.65]	4－6	[4.4, 5.28, 6.6]
4－7	[7.8, 9.36, 11.7]	4－8	[5.2, 6.24, 7.8]
4－9	[6.2, 7.44, 9.3]	4－10	[4.35.16, 6.45]
4－11	[13, 15.6, 19.5]	4－12	[12.5, 15, 18.755]
4－13	[11.2, 13.44, 16.8]	4－14	[20, 24, 30]
4－15	[14.9, 17.88, 22.35]	4－16	[17.15, 20.58, 25.73]
5－6	[5.1, 6.12, 7.65]	5－7	[14.4, 17.28, 21.6]
5－8	[7, 8.4, 10.5]	5－9	[9.8, 11.76, 14.7]
5－10	[8.8, 10.56, 13.2]	5－11	[13.8, 16.56, 20.7]
5－12	[11.2, 13.44, 16.8]	5－13	[10.4, 12.48, 15.6]
5－14	[15.3, 18.36, 22.95]	5－15	[16.1, 19.32, 24.15]
5－16	[19.32, 23.18, 28.98]	6－7	[11, 13.2, 16.5]
6－8	[3.7, 4.44, 5.55]	6－9	[6.5, 7.8, 9.75]
6－10	[5.4, 6.48, 8.1]	6－11	[9.2, 11.04, 13.8]
6－12	[6, 7.2, 9]	6－13	[5.3, 6.36, 7.95]
6－14	[10.8, 12.96, 16.2]	6－15	[11.2, 13.44, 16.8]
6－16	[21.21, 25.45, 31.82]	7－8	[7.5, 9, 11.25]
7－9	[5.8, 6.96, 8.7]	7－10	[6, 7.2, 9]
7－11	[12.6, 15.12, 18.9]	7－12	[17, 20.4, 25.5]
7－13	[14.3, 17.16, 21.45]	7－14	[17.8, 21.36, 26.7]
7－15	[16, 19.2, 24]	7－16	[11.83, 14.19, 17.75]
8－9	[2.8, 3.36, 4.2]	8－10	[1.7, 2.04, 2.55]
8－11	[8.5, 10.2, 12.75]	8－12	[8, 9.6, 12]
8－13	[7.6, 9.12, 11.4]	8－14	[11.1, 13.32, 16.65]
8－15	[9.34, 11.21, 14.01]	8－16	[17.73, 21.28, 26.60]
9－10	[3.4, 4.08, 5.1]	9－11	[6.8, 8.16, 10.2]
9－12	[11.6, 13.92, 17.4]	9－13	[9, 10.8, 13.5]

节点对	运输时间	节点对	运输时间
9 – 14	[3.6, 4.32, 5.4]	9 – 15	[8.77, 10.52, 13.15]
9 – 16	[5.66, 6.79, 8.49]	10 – 11	[9.4, 11.28, 14.1]
10 – 12	[8.2, 9.84, 12.3]	10 – 13	[8.8, 10.56, 13.2]
10 – 14	[16, 19.2, 24]	10 – 15	[9.94, 11.93, 14.91]
10 – 16	[16.49, 19.78, 24.74]	11 – 12	[12, 14.4, 18]
11 – 13	[8.7, 10.44, 13.05]	11 – 14	[13.1, 15.72, 19.65]
11 – 15	[7.2, 8.64, 10.8]	11 – 16	[24.65, 29.58, 36.98]
12 – 13	[1.8, 2.16, 2.7]	12 – 14	[4.9, 5.88, 7.35]
12 – 15	[4.6, 5.52, 6.9]	12 – 16	[26.86, 32.23, 40.29]
13 – 14	[6.5, 7.8, 9.75]	13 – 15	[4.88, 5.86, 7.32]
13 – 16	[24, 28.8, 36]	14 – 15	[4.8, 5.76, 7.2]
14 – 16	[27.58, 33.09, 41.37]	15 – 16	[24.56, 29.47, 36.84]

14.5.2　算例求解与结果分析

运用 MATLAB 软件编写算法程序，改进萤火虫算法的基本参数值设置，萤火虫算法的最大迭代次数为 1000，种群的大小为 50，荧光素初始值 $l_0 = 5$，荧光素挥发因子 $\rho = 0.5$，荧光素增强因子 $\gamma = 0.5$，邻域半径初始值设为 $r_0 = 8$，个体最大邻域半径 $r_s = 16$，邻域半径更新率 $\xi = 0.09$，变邻域搜索次数为 20。为了验证改进萤火虫算法的性能，本章节将改进萤火虫算法与标准萤火虫算法以及粒子群算法进行对比分析。在同等种群规模和迭代次数下，将三种算法分别运行 20 次，运行结果如图 14.7 所示。

由图 14.7 中可知，三种算法独立运行 20 次后，改进萤火虫算法获得的平均值、最大值和最小值分别是 16.63，16.81 和 16.57；标准萤火虫算法的平均值、最大值和最小值分别是 17.43，17.67 和 17.00；粒子群算法的平均值、最大值和最小值分别是 17.42，17.73 和 17.24。由此可知，本章节改进的萤火虫算法获得的优化方案从三项指标上均优于标准萤火虫算法和粒子群算法运行的结果，说明该算法具有良好的性能。

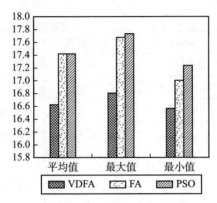

图 14.7 三种算法运行结果

资料来源：MATLAB 软件运行结果。

为了更直观地看出各个算法的收敛速度，从 20 次运行的算法收敛曲线图中随机选择一次，如图 14.8 所示。

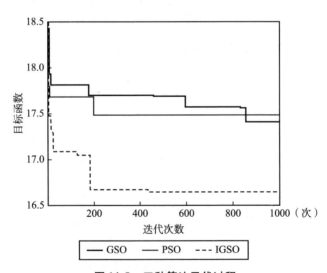

图 14.8 三种算法寻优过程

资料来源：由 MATLAB 绘图程序导出。

从算法寻优过程曲线图 14.8 中可以看出，用本章节改进的萤火虫算法（IGSO）对应急物资调度问题进行求解时，与萤火虫算法（GSO）和粒子群算法（PSO）相比，能够避免陷入局部最优，且以更快的收敛速度找到更优解，进而验证了该算法求解问题的快速性和有效性。根据设计的优化算法，得到应急物资调度的运输路径优化方案，如图 14.9 所示。

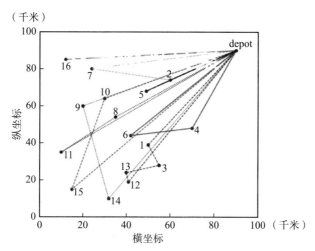

图 14.9　物资运输路径优化方案示意图

资料来源：由 MATLAB 绘图程序导出。

应急中心各车辆的配送路径如表 14.5 所示，车辆配送路线中的数字 0 表示应急物流中心，其他数字表示救助站点序号。该方案对应的伤员死亡概率之和为 16.57，相对于标准萤火虫算法和粒子群算法求解的最优解均有所降低，该指标越小表示救援效果越好。因此，按照本章节的模型和算法，总的救援效果相对较好。

表 14.5　　　　　　　　　　　各车辆的配送路径

车辆序号	车辆路线
1	0 – 1 – 3 – 13 – 12 – 0
2	0 – 2 – 7 – 0
3	0 – 16 – 0
4	0 – 9 – 14 – 0
5	0 – 10 – 15 – 0
6	0 – 4 – 6 – 0

车辆序号	车辆路线
7	0 - 8 - 11 - 0
8	0 - 5 - 0

资料来源：MATLAB 软件运行结果。

14.6 总结与展望

本章节在综合考虑伤员伤情随机恶化和运输时间的不确定情景下对应急物资调度问题进行了研究。利用马尔科夫过程描述了伤情恶化规律，以伤员死亡总概率之和最小为优化目标建立了模糊机会约束规划模型，引用三角模糊相关定理对模型进行确定化处理，并设计了一种改进萤火虫算法进行仿真实验，结果表明 IGSO 算法能快速收敛到精度更高的解，平均救援效果相对于 GSO 和 PSO 算法分别提了 2.53% 和 3.89%，验证了模型的正确性和算法的稳定性与有效性。

本章节研究的伤员伤情恶化程度只与伤情状态和物资到达时间有关。事实上，灾后应急物资可能存在供不应求的情况，这也会影响伤情恶化程度。如何同时考虑物资到达数量和时间对伤员伤情恶化的影响程度可能是未来的研究方向。

本章参考文献

［1］陈钢铁，贺政纲，黎青松．考虑公众期望的震后应急资源调度优化研究［J］．中国安全科学学报，2014，24（6）：171－176.

［2］郭子雪，郭亮，张培，等．应急物资调度时间最小化模糊优化模型［J］．中国安全科学学报，2015，25（10）：174－178.

［3］倪燕．考虑伤员受伤程度的应急医疗资源分配优化决策研究［D］．南京：东南大学，2015.

［4］曲冲冲，王晶，黄钧，等．考虑时效与公平性的震后应急物资动态配送优化研究［J］．中国管理科学，2018，26（6）：178－187.

［5］宋晓宇，王建国，常春光．非线性连续消耗应急物资调度问

题研究 [J]. 系统工程学报, 2017, 32 (2): 163 – 176.

[6] 王凌. 微粒群优化与调度算法 [M]. 北京: 清华大学出版社, 2008.

[7] 王旭坪, 马超, 阮俊虎. 考虑公众心理风险感知的应急物资优化调度 [J]. 系统工程理论与实践, 2013, 33 (7): 1735 – 1742.

[8] 王昱, 唐加福. 医院手术调度问题的两阶段鲁棒优化方法研究 [J]. 系统工程学报, 2016, 31 (4): 431 – 440.

[9] 叶春明, 李永林, 刘长平. 新型仿生群智能算法及其生产调度应用 [M]. 北京: 科学出版社, 2015.

[10] 俞武扬. 基于生存概率函数的救援物资运输模型 [J]. 统计与决策, 2013 (15): 73 – 75.

[11] 张晨晓, 祝蕊, 刘海月, 等. 考虑伤员心理状况的应急医疗救护问题研究 [M]. 中国管理科学, 2017, 25 (10): 187 – 196.

[12] 郑斌, 马祖军, 李双琳. 基于双层规划的震后初期应急物流系统优化 [J]. 系统工程学报, 2014, 29 (1): 113 – 125.

[13] 朱建明, 韩继业, 刘德刚. 突发事件应急医疗物资调度中的车辆路径问题 [J]. 中国管理科学, 2007, 15 (10): 711 – 715.

[14] 朱建明, 王瑞. 灾害救援中基于民众心理感知的应急物资多阶段分配问题研究 [J]. 中国安全生产科学技术, 2020, 16 (2): 5 – 10.

[15] Afshar A, Haghani A. Modeling integrated supply chain logistics in real-time large scale disaster relief operations [J]. Socio-Economic Planning Sciences, 2012, 46 (4): 327 – 338.

[16] Baker M S. Creating order from chaos: Part II: Tactical planning for mass casualty and response at definitive care facilities [J]. Military Medicine, 2007, 172 (3): 237 – 243.

[17] Chang F S, Wu J S, Lee C N, et al. Greedy-search-based multi-objective genetic algorithm for emergency logistics scheduling [J]. Expert Systems with Applications, 2014, 41 (6): 2947 – 2956.

[18] Chi H, Li J, Shao X, et al. Timeliness evaluation of emergency resource scheduling [J]. European Journal of Operational Research, 2016, 258 (3): 1022 – 1032.

［19］Chu X, Zhong Q Y, Khokhar S G. Triage scheduling optimization for mass casualty and disaster response ［J］. Asia-Pacific Journal of Operational Research, 2015, 32 (6): 1 – 20.

［20］Ferrer J M, Martín – Campo F J, Ortu no M T, et al. Multi-criteria optimization for last mile distribution of disaster relief aid: Test cases and applications ［J］. European Journal of Operational Research. 2018, 269 (2): 501 – 515.

［21］Fiedrich F, Gehbauer F, Richers U. Optimized resource allocation for emergency response after earthquake disasters ［J］. Safety Science, 2000, 35 (1): 41 – 57.

［22］Haghani A, Oh S C. Formulation and solution of a multi-commodity, multi-modal network flow model for disaster relief operations ［J］. Transportation Research, Part A: Policy and Practice, 1996, 30 (3): 231 – 250.

［23］Hansen P, Mladenovi'c N. Variable neighborhood search: Principles and application ［J］. European Journal of Operational Research, 2001, 130 (3): 449 – 467.

［24］In Kyung S, Taesik L. Optimal allocation of emergency medical resources in a mass casualty incident: Patient prioritization by column generation ［J］. European Journal of Operational Research, 2016, 252 (2): 623 – 634.

［25］Kaipa K N, Ghose D. Glowworm Swarm Optimization ［M］. Berlin: Springer International Publishing, 2017.

［26］Liu B, Iwamura K. A note on chance constrained programming with fuzzy coefficients ［J］. Fuzzy Sets and Systems, 1998, 100 (1/3): 229 – 233.

［27］Liu B, Iwamura K. Chance constrained programming with fuzzy parameters ［J］. Fuzzy Sets and Systems, 1998, 94 (2): 227 – 237.

［28］Ozdamar L, Demir O. A hierarchical clustering and routing procedure for large scale disaster relief logistics planning ［J］. Transportation Research, Part E: Logistics and Transportation Review, 2012, 48 (3): 591 – 602.

[29] Sheu J B, Pan C. A method for designing centralized emergency supply network to respond to large-scale natural disasters [J]. Transportation Research, Part B: Methodological, 2014, 67: 284 – 305.

[30] Syafaruddin, Narimatsu H, Miyauchi H. Optimal energy utilization of photovoltaic systems using the non-binary genetic algorithm [J]. Energy Technolog and Policy, 2015, 2 (1): 10 – 18.

[31] Tzeng G H, Cheng H J, Huang T D. Multi-objective optimal planning for designing relief delivery systems [J]. Transportation Research, Part E: Logistics and Transportation Review, 2007, 43 (6): 673 – 686.

[32] Wilson D T, Hawe G I, Coates G, et al. A multi-objective combinatorial model of casualty processing in major incident response [J]. European Journal of Operational Research, 2013, 230 (3): 643 – 655.

[33] Yuan Y, Xu H, Yang J. A hybrid harmony search algorithm for the flexible job shop scheduling problem [J]. Applied Soft Computing, 2013, 13 (7): 3259 – 3272.

[34] Zhou Y W, Liu J, Zhang Y T, et al. A multi-objective evolutionary algorithm for multi-period dynamic emergency resource scheduling problems [J]. Transportation Research, Part E: Logistics and Transportation Review, 2017, 99: 77 – 95.

417

第 15 章　疫情环境下多周期应急医疗物资分配问题研究

15.1　研究背景

15.1.1　问题背景

近十多年来，大规模公共卫生突发事件频繁发生，如 2009 年突发的甲型 H1N1 流感①、2011 年欧洲发生的大肠杆菌疫情、2015 年暴发的西非埃博拉疫情。这些大规模公共卫生事件的突发，不但使人民的生命、安全和社会经济受到严重创伤，而且对人们造成严重的负面心理效应。以 2019 年 12 月新冠疫情为例，这一突发公共卫生事件的暴发导致公众出现恐慌、焦虑、抑郁等心理应激反应（Yuan Yinchuan et al.，2020）。若在疫情防控阶段忽视公众的这些心理行为，易造成社会秩序紊乱，进而引发更严重的社会问题。应急医疗物资分配是开展疫情防控的重要环节，为了减少重大疫情对人们身体和心理的伤害，在分配决策过程中，需要考虑患者的恐慌心理因素。

①　中华人民共和国卫生部通告：《2009 年 12 月份全国甲型 H1N1 流感防控工作情况》。

15.1.2　理论基础

（1）多周期物资配送原则

重大突发灾害下应急物资的配置是救援活动的核心问题，关系到整个救援活动的成败。我国近年来发生的一系列突发灾害事件给我国带来了重大的经济损失与人员伤亡，汶川大地震、青海玉树地震、目前的新冠疫情等事件造成了数以万计的死亡人数，都造成了无法估量的经济损失，这也直接说明了应急救援工作和应急物资配置工作的重要性。应急物资配置不同于一般的物资调度，为此，合理制订应急物资配置方案需要遵循以下几个原则。

①全员动员原则。重大灾害事件发生后，灾区对应急物资需求大幅增加，导致应急物资供不应求。此时需要通过互联网传播信息，告知灾区以外的所有人员，鼓励民众支援灾区，为帮助灾区人民提供自己力所能及的帮助。相关部门可以发布信息到各个平台，召集更多医护人员来参与灾区救援活动，使很多企业知晓灾害并捐赠应急物资。

②物资效用最优化原则。有限的应急物资难以完全满足灾区人民的需要，这就需要将有限的物资合理分配给灾区，使灾区人民满意度最大。灾害发生后，即便通过全员动员原则筹集物资，短时间内，应急物资依然是供不应求的。

③时间第一性原则。重大突发灾害事件，顾名思义，具有突然性、破坏性大、造成次生灾害等特点，因此，需要尽快制定出对策，尽早开展救援工作，否则将会造成更大的损失，关系到灾区人民的生命安危。

④动态调度原则。突发灾害事件发生后，灾情在每个阶段呈现不同的情况，因此，不同阶段的救援活动相应地也会有所不同。

（2）应急物资分配运作特点

①物资分配环境的不确定性。突发事件出现后，不确定的因素伴随着整个应急物资分配活动：首先，突发事件发展变化过程是不确定的；其次，受影响的区域的受灾信息、对应急物资的需求信息是不确定的；最后，应急物资分配后能够通过实际疫情地区使用的实践数量也不能够完全确定的。

②动态阶段化。上述特点决定了应急物资分配是动态的多阶段过

程，分配的重点在事件发生的不同阶段也不相同。根据事件当前的状态和未来的发展趋势，应急物资的分配会发生变化，对应急物资需求的数量和种类可以通过动态评估而获得。信息网络系统需要被建立，以随时掌握事态发展状况，对分配方案进行动态的调整和完善。随着事件发生时间的推移，事件的状况和发展趋势等信息更加完备，分配方案也是在调整和变化的，这样才能更好地进行人员救援、控制事态恶化。

③物资效用最优化。由于应急物资供应的有限性，增加投入某需求点的资源会导致投入其他需求点的资源减少。每个需求点对资源的需求量不同，如果需求点对资源的需求量大于供应点的供给能力，那就要求决策者在资源有限的情况下，将应急物资合理分配到各个需求点，已达到损失最小化。应急物资分配决策者必须协调好各方面的利益，考虑应急响应的需求水平和需求受体的差异。在灾害暴发的初期，灾区对于物资的需求激增，这时灾区的物资远远满足不了需求，而且灾害情况和需求信息等数据需要一定的统计时间，但是此时需要决策者第一时间做出应急决策，减轻灾害所造成的影响，使物资效用最优化。

④利益协调化。应急响应的效率是应急方案的考量重点，但同时应急物资配给不同受灾对象（如地震发生后，距离水源近的受灾群体对于水的需求量小于其他受灾群体）的公平问题也需要考虑，以实现方案最优化。公平分配应急物资有助于缓解灾害带来的伤害，有助于降低灾民恐慌心理，使灾区环境稳定。

（3）恐慌心理及影响因素

灾害发生时，人们会出现不同程度的心理恐慌。在面对灾害时，人们出现的普遍恐慌心理表现为迷茫、不信任以及情感迷失。如出现物资分配不均或不及时等情况，一些对情绪控制力较低的人，会出现情绪激动甚至崩溃的情况，进而影响对突发事件本身的认知能力和正确的判断力，甚至会在焦虑和强烈的情绪影响下，做出一些不理智的行为，做出不明智的决定。各种灾害事件的发生，不仅给人民群众带来了生命财产损失，还给受灾人员造成一定程度上的心理创伤和压力。但依据个体本身特性不同，会有不同的心理表现，同时在应对灾害发生时所产生的恐慌心理也会有所差异。当人们遇到从未见过的情景或者危险发生时，就会产生恐慌心理，甚至会由恐慌心理导致产生恐慌行为。因此，研究应更加注重受灾人员的心理感知因素，体现出应急救援的人道主义和公平主义，建立模型时应综合考虑个体本身特性的恐慌效用系数及救援时间的恐慌心理感知因素。

恐慌心理的产生受较多因素的影响，如主观因素与客观因素、心理和生理因素、社会文化等综合因素。总结以往的研究，可得出受灾人员在突发事件发生时产生的恐慌心理感知，主要来源于突发事件自身的事件因素、社会因素以及受灾人员本身的个体因素，以及三者之间的相互作用。恐慌心理产生的主要影响因素有三点。

①个体因素。生理特性：在许多关于灾害事件的研究表明，在灾害发生时，女性相对于男性来说更容易出现心理波动，产生焦虑情绪和恐慌心理，进而更容易失去理性，做出不明智的决定，产生不理智行为。而男性相对于女性而言，对灾害发生时，更懂得控制自己的情绪，不易失去理智的分析和判断。恐慌心理的产生同时也会受到年龄结构的影响，面对灾害时，儿童和老人的心理最容易受到干扰，相比之下，成年人则具有良好的心理素质，相比前两者来说不易恐慌。

教育背景：个体所具备的有关灾害的知识和应付危险的能力对恐慌和紧张的强烈程度会产生重要影响。个体的认知和对事物的准确判断与推理，是与其受教育程度息息相关的，个体所受的教育程度越高，对事物的认知能力往往越强，也就更会懂得如何面对突发事件和处理问题的能力，更不易产生恐慌心理。

相关经验：个体有过突发事件的经历或相关经验，会有助于个体在面对突发事件时冷静地思考和决策，进而降低恐慌感。

②事件因素。突发事件的规模、灾害程度以及突发事件发生的时间，会对受灾人员产生不同的心理刺激，进而产生的恐慌感也不同。一般来说，相对于白天，夜晚发生的灾害更容易引起民众的恐慌心理反应；在冬季发生的灾害引起的恐慌心理反应，比发生在夏季的灾害所引起的恐慌心理反应更为强烈。

③社会因素。政府救援和社会支持都会对受灾人员的心理产生影响。受灾人员对营救组织和救助人员的信任，会提升他们对抗灾害事件的信心和意志力，恐惧感随之就会降低，也就不易产生恐慌心理。社会支持可以为处于突发事件中的人们提供物质或信息上的帮助，从而缓解应激反应，促使出现积极的心理状态和行为。

15.1.3 研究综述

(1) 应急物资分配研究综述

近几年来，应急物资的分配理论在应急物资分配调度的研究中主要成果包括：王苏生等（2008）以组合点优化的方法应用于应急分配问题中，建立了基于双层决策方法，同时考虑物资分配及时性的多受灾点应急物资配置模型，以"就近原则"，为多受灾点—救援点的应急物资配置问题设计了资源配置动态优选策略，以避免过程中出现的分配不公平问题。谭秋月等（2009）针对自然灾害的应急响应初期应急救援物资数量有限的情况，通过群组聚类的方法设计了应急救灾物资的分配方案、分配原则以及分配策略，通过相应的数学模型和数值算例证明了模型的合理性和可行性；刘学恒等（2011）提出了基于允许转运和不允许转运的两种应急调货策略的数学模型，并通过数值模拟以各项系统指标对两种策略产生的效果进行比较，证明了系统总成本在转运应急调货策略下明显降低；胡继华等（2011）针对动态的应急物资调度问题，基于实时道路信息、救援状态信息以及应急物资配置的信息，建立数学优化模型，设计了动态遗传算法进行求解。

对于应急物资的分配策略的研究主要包括：张玲等（2010）针对具有不确定需求的应急物资分配问题，以区间数表示不确定需求，建立了以应急物资配置的费用最小为目标的两阶段的随机规划模型，并通过鲁棒优化的方法进行了求解；马卫峰等（2010）针对多阶段的应急物资分配问题，建立了以物资分配量最大和最小满足率最大的多目标数学模型，以实现救援物资公平合理的分配；曾敏刚等（2010）针对单救援点、多受灾点的应急物资分配问题，建立了以最大化分配效用的模型，应急物资的救援效用系数通过层次分析法对受灾程度进行分析得到的，并采用遗传算法求解模型；安李璐（2010）通过两阶段方法时限了应急物资的分配，首先，依据受灾等级的不同，按照优先级策略对不同程度的受灾区进行物资分配，受灾公平程度由单位资源的满足偏差表示，建立基于席位公平分配模型，通过最小方差应急物资这一公平性目标，以缩小总体偏差。葛洪磊等（2010）针对多受灾点、多种类应急物资的分配问题，建立了以受灾人员损失最小为目标应急物资分配模型，采用贪婪算法对模型进行求解，文章考虑突发事件的严重程度、应急物资的属性、受灾点属性等各种因素，建立受灾人员的损失函数。

（2）突发公共卫生事件研究综述

针对突发公共卫生事件中的应急物资调度问题，国内外学者通过模型构建研究了多种调度策略。赵建有等（2020）在城市暴发重大疫情情形下考虑需求紧迫度对配送路径的影响，构建了配送费用最小的应急医疗物资配送模型。胡晓伟等（2020）考虑重大突发公共卫生事件下应急物资需求的动态性，构建了以需求满足率最大化和行驶距离最小化为目标的应急医疗物资分配模型。刘明等（2020）考虑疫情的传播蔓延对应急物资调度的影响，基于数据驱动的思想，以决策周期内疫情应急响应成本最小化为优化目标，建立了疫情应急资源实时调整调度优化模型。泰特尔曼等（Teytelman et al.，2013）构建了流感暴发情景下多地区多周期的疫苗分配模型，并提出了一个自适应调整分配策略。王新平等（2012）在分析传染病扩散规律的基础上，构建了具有不确定潜伏期的 SEIR 传染病扩散模型，建立了以应急响应时间最短和应急救援成本最小为目标的多疫区多周期应急物资协调调度模型。刘明等（2020）以疫区应急物资需求满足率和应急救援总成本为指标刻画了应急服务水平，并以服务水平最大化为目标建立了疫情应急救援网络优化模型。埃基奇等（Ekici et al.，2014）设计了一个疾病传播模型以预测疫情，根据预测结果，以成本最小化为目标构造了疫情环境下的食物分配网络模型。陈等（Chen et al.，2016）提出了一个带有医疗干预的炭疽病演化离散模型以预测药物的需求量，并基于此研究了多周期的医疗物资配置模型。刘等（Liu et al.，2013）以救援成本最小为优化目标构建了一种三级动态线性规划医疗资源配置模型，并采用启发式算法与 MATLAB 数学规划求解器相结合的方法对模型进行求解。任等（Ren et al.，2013）针对天花暴发情形，为了减少死亡人数，在疫苗数量受限情况下提出了一个多城市资源分配模型，并设计了启发式算法进行求解。

上述文献对疫情暴发后的应急医疗物资调度做了大量有意义的研究，然而大多数研究以救援成本最小、响应时间最短为目标对物资做单周期的分配决策，很少研究医疗物资对患者的心理影响。考虑到应急物资分配不合理、不及时等情形易引起患者的恐慌心理，在医疗物资分配时除考虑时间、成本、需求等因素外，还必须关注患者的恐慌心理。何等（He et al.，2015）考虑患者生理和心理因素研究突发公共事件下的应急医疗物资多地区分配问题，但主要研究了疫情物资的单周期分配问题。疫情暴发时，患者对医疗物资的需求随着疫情扩散呈周期动态变化，且政府、社会分阶段对配送中心进行物资供应。因此，探讨多周期的应急医疗分配更有实际意义，更能够保证分配的动态性和科学性。本章首先以实际感染人数计算疫区每个阶段所需要的应急医疗物资数量；其次，综合考虑疫区应急物资的分配量、送达时间及疫区物资需求优先度等多因素，刻画应急物资缺乏带给患者的恐慌心理；再次，以各疫区患者恐慌心理函数最小化及响应成本最小化构建多周期的应急医疗物资分配模型，最后，设计高性能的求解算法并通过实例进行验证。

15.2 多周期应急医疗物资分配优化模型

15.2.1 模型假设

假设某重大疫情暴发后，疫区周边有多个应急医疗物资中转站，为防止疫情持续恶化引起患者恐慌，政府决策部门需要制订合理的方案将各中转站储备的医疗物资分配到各个疫区。整个决策过程分为若干个周期，每个周期的医疗物资供应数量有限，无法完全满足患者的需求，而且当前周期未满足的需求量会累积到下周期。在此情形下，构建多中转站、多疫区、多周期的医疗物资分配模型，目标是实现整个分配阶段各疫区患者心理恐慌最小和配送成本最小。为了便于研究，考虑疫情环境下应急物资分配的实际情景，做出如下假设：

假设1：每个周期各中转站储备的医疗物资数量已知，疫区的医疗物资需求量与确诊者的数量成正比关系；

假设2：物资的分配周期为1周；

假设3：每周期每个疫区物资分配率不低于规定的最低需求满足率。

15.2.2 模型参数及变量

（1）决策变量

ω_{lj}^k：0-1变量，表示在阶段 k 第 l 个中转站是否给第 j 个疫区提供应急医疗物资的配送，如果是，则 $\omega_{lj}^k = 1$，否则 $\omega_{lj}^k = 0$。x_{ljr}^k：在阶段 k 中转站 l 给第 j 个疫区提供应急医疗物资 r 的数量。

（2）参数

c_{lj}：单位物资从中转站 l 到疫区 j 的单位里程运输成本。d_{lj}：中转站 l 到疫区 j 的最短距离。d_{lj}：应急车辆从中转站 l 到疫区 j 的行驶速度。Q_{lr}^k：在 k 阶段中转站 l 存储应急医疗物资 r 的数量。D_{jr}^k：在 k 阶段疫区 j 对应急医疗物资 r 的估计需求量。$D_{jr}'^k$：在 k 阶段疫区 j 对应急医疗物资 r 的实际需求量。H_{lj}^k：在 k 阶段中转站 l 到疫区 j 的固定运输成本。cv_l：中转站 l 的单位可变成本，用于应急医疗物资的搬运、库存等成本支出。c_l：中转站 l 的固定成本。y_{jr}^k：在 k 阶段疫区 j 的医疗物资 r 的未满足量。p_r^k：在 k 阶段各疫区对应急物资 r 的最低需求满足率。

（3）集合

L：中转站集合，$l \in L$。J：疫区集合，$j \in J$。K：应急物资分配的周期集合，$k \in K$。R：应急物资种类集合，$r \in R$。

15.2.3 患者的恐慌函数

在互联网高速发展的时代，当重大疫情暴发后，各疫区的患者为了自身的安全，会通过电脑、手机等智能终端了解疫情各方面的信息，尤其是本地区确诊的人数和应急医疗物资的供应情况（Wang et al.，2013）。若各疫区未及时收到相应数量的医疗物资，患者会产生恐慌情绪，而且这种恐慌情绪会随着物资短缺量和缺乏时长的增加而递增，它们之间呈现凸函数关系。另外，在疫情风险等级越高的疫区患者对物资需求越紧迫，当缺乏物资时他们内心越恐慌。因此，在物资受限约束下，为了确保优先供给需求紧迫度较高的疫区，在构建模型时需要考虑灾区对物资需求的优先度。综合上述分析，参考文献（Holguin et al.，2012，2013）引入指数函数刻画物资缺乏给患者造成的心理影响，即第 k 阶段疫区 j 的患者心理恐慌函数为式（15.1）：

$$\gamma_j^k \left[g_{jr}^k \right] = e^{\beta_j g_{jr}^k t_j^k} - 1 \tag{15.1}$$

其中，β_j 表示灾区的物资需求优先度，一般情况下，感染者越多的地区对物资需求的优先度越高，本章节用疫区 j 的感染人数占所有疫区感染人数的比例来刻画灾区的优先度，β_j 越大，优先度越高；g_{jr}^k 表示在 $k \in K$ 阶段疫区 j 对应急物资 r 的短缺率，$g_{jr}^k = (D_{jr}'^k - \sum_{l \in L} x_{ljr}^k)/D_{jr}'^k$；$t_j^k$ 表示在 $k \in K$ 阶段疫区 j 收到应急医疗物资的最晚时间，$t_j^k = \max_{l \in L} \{ t_{lj} \}$，$t_{lj} = d_{lj}/v_{lj}$。

15.2.4 应急医疗物资分配模型

结合上述模型假设、参数及变量定义、恐慌函数的描述，建立应急医疗物资分配模型，如式（15.2）~式（15.11）所示：

目标函数：

$$\min f_1 = \sum_{j \in J} \sum_{k \in K} \gamma_j^k \left[g_{jr}^k \right] = \sum_{j \in J} \sum_{k \in K} e^{\beta_j g_{jr}^k t_j^k - 1} \tag{15.2}$$

$$\min f_2 = \sum_{k \in K} \sum_{l \in L} \sum_{j \in J} H_{lj}^k \omega_{lj}^k + \sum_{k \in K} \sum_{l \in L} \sum_{j \in J} \sum_{r \in R} (c_{lj} d_{lj} x_{ljr}^k + cv_l x_{ljr}^k) + \sum_{l \in L} c_l \tag{15.3}$$

约束条件：

$$D_{jr}'^k = \begin{cases} D_{jr}^k, \ k = 1 \ \forall j \in J, \ k \in K, \ r \in R \\ y_{jr}^{k-1} + D_{jr}^k, \ k \geq 2 \ \forall j \in J, \ k \in K, \ r \in R \end{cases} \tag{15.4}$$

$$\sum_{j \in J} x_{ljr}^k \omega_{lj}^k \leqslant Q_{lj}^k \ \forall l \in L, \ j \in J, \ k \in K \tag{15.5}$$

$$y_{jr}^k = D_{jr}^k - \sum_{l \in L} x_{ljr}^k \ \forall j \in J, \ k \in K, \ r \in R \tag{15.6}$$

$$\frac{\sum_{l \in L} x_{ljr}^k}{D_{jr}^k} \geqslant p_r^k \ \forall j \in J, \ k \in K, \ r \in R \tag{15.7}$$

$$\sum_{l \in L} x_{ljr}^k \leqslant D_{jr}^k \ \forall j \in J, \ k \in K, \ r \in R \tag{15.8}$$

$$\sum_{j=1}^{J} p_r^k D_{jr}^k \leqslant \sum_{l=1}^{L} Q_{lr}^k \tag{15.9}$$

$$\omega_{lj}^r \in \{0, 1\} \ \forall l \in L, \ j \in J, \ k \in K \tag{15.10}$$

$$x_{ljr}^k \geqslant 0 \ \forall j \in J, \ k \in K, \ r \in R \tag{15.11}$$

其中，式（15.2）表示整个救援周期所有疫区患者的恐慌值最小；式（15.3）表示整个救援周期应急物资配送的总成本最低；式（15.4）表示若上周的物资未得到满足，将累计到下周的需求中；式（15.5）表示阶段 k 从任意配送中心 l 分配给疫区 j 的应急物资数量不超过其物资拥有量；式（15.6）表示疫区 j 的物资未满足量；式（15.7）表示阶段 k 疫区物资需求率应大于最低满足率；式（15.8）表示阶段 k 疫区 j 的应急物资 r 分配量不超过其需求量，避免了物资多余分配；式（15.9）表示所有配送中心的应急物资数量之和必须能够满足所有疫区点对应急物资的最低需求。

　　上述建立的应急物资分配模型兼顾了患者的恐慌心理和分配总成本两个优化目标。在刻画患者恐慌心理函数时，为了体现灾区的灾情对患者恐慌心理的影响，将灾区对物资需求的优先度作为一个因子融入模型中，保证了疫情严重的地区优先得到物资。此外在灾情暴发初期物资有限的情景下，为了尽量保证公平性，该模型设置了确保各灾区得到应急物资最低物资需求量的约束条件，同时考虑了患者物资需求的周期动态化特性，使得该模型更符合实际决策过程。

　　本章节的应急医疗物资分配模型属于多目标优化问题。对于多目标优化问题的求解，一般有两种方法：一是将多目标优化问题转化为单目标进行求解，二是基于多目标优化算法求解。而多目标优化算法给出的是一组帕累托解集，决策者需要从多个解集中选择合理的分配方案。疫情暴发后，需要快速得到优化分配方案将应急医疗物资分配给疫区，显然在此情景下不适宜采用多目标优化算法求解。因此，本章节采用线性加权法将多目标优化转化为单目标优化问题，转化后的单目标函数为式（15.12）：

$$\min f(x) = \lambda_1 f_1 + \tau \lambda_2 f_2 \tag{15.12}$$

其中，λ_1、λ_2 分别为目标函数 f_1 和 f_2 的权重，$\lambda_1 + \lambda_2 = 1$，$0 < \lambda_1$，$\lambda_2 < 1$；此处引入系数 τ 统一恐慌心理和配送成本两目标的量纲。

15.3　鲸鱼算法的设计

　　应急物资分配问题属于 NP – hard 问题，本章节构建的是非线性规划模型，随着问题规模的增大，求解复杂度会大幅度提高，难以用精确解算法求解，多数学者采用了遗传算法、蚁群算法、粒子群算法等智能优化算法进行求解，虽然在收敛速度、求解精度等方面性能良好，但仍存在改善空间。而且没有免费的午餐定理表明不存在能解决所有优化问题的算法。随着人工智能的发展，出现了新兴的智能算法。因此，尝试将新算法应用于应急物资分配问题。标准鲸鱼群算法（whale optimization algorithm，WOA）是由米尔贾利利和路易斯（Mirjalili and Lewis，2016）提出的群体智能优化算法，具有原理简单、人工设置参数少、收敛速度快、易实现等优点，已在多个领域的优化问题上得到应用。然而，该算法在应急物资分配问题中的应有研究比较罕见。因此，本章节将鲸鱼群优化算法应用于所研究的多周期应急物资分配问题，并针对基本鲸鱼群算法存在易陷入局部最优、后期局部搜索能力弱等缺陷，提出一种改进的 WOA 算法。

15.3.1 基本鲸鱼优化算法

鲸鱼优化算法是由米尔贾利利和路易斯（Mirjalili and Lewis，2016）提出的一种新型群体智能优化算法，该算法通过模拟座头鲸在追逐猎物时的社会行为机制提出。目前，该算法在电力系统、神经网络、径向配电网和光伏电池电容器选址等方面得到了广泛的应用。座头鲸通过泡泡网觅食行为追逐猎物，整个搜索过程主要包含包围猎物阶段、发泡网攻击阶段、捕食搜索阶段三个阶段。下面从数学上描述三个阶段的搜索行为。

（1）包围猎物阶段

假设当前种群中位置最好的解是猎物，种群中其他鲸鱼个体通过以下模型能够识别猎物并进行包围，具体模型如式（15.13）~ 式（15.16）所示：

$$\overline{X}(t+1) = \overline{X}^*(t) - \overline{A}\overline{D} \tag{15.13}$$

$$\overline{D} = \left| \overline{C} \cdot \overline{X}^*(t) - \overline{X}(t) \right| \tag{15.14}$$

$$\overline{A} = 2\overline{a} \cdot \overline{r} - \overline{a} \tag{15.15}$$

$$\overline{C} = 2 \cdot \overline{r} \tag{15.16}$$

其中，t 表示当前迭代次数，$\overline{A}$ 和 $\overline{C}$ 是向量系数，$\overline{X}^*(t)$ 是目前得到的

最优解的位置向量，$\overline{X}(t)$ 是种群随机个体的位置向量，$\|$ 是绝对值，是元素与元素的点乘。在每次迭代中，如有更好的解，$\overline{X}^*(t)$ 会被替代。系数向量 $\overline{A}$ 和 $\overline{C}$ 的计算公式如式 (15.15)、式 (15.16) 所示。其中，$\overline{a}$ 在迭代过程中从 2 线性减小到 0，$\overline{r}$ 是 (0，1) 之间的随机向量。

（2）发泡网攻击阶段

鲸鱼在攻击猎物阶段以螺旋方式不断更新个体位置。具体公式如式 (15.17) 所示：

$$\overline{X}(t+1) = \overline{D}' \cdot e^{bl} \cdot \cos(2\pi l) + \overline{X}^*(t) \tag{15.17}$$

其中，$\overline{D}' = |\overline{X}^*(t) - \overline{X}(t)|$ 是鲸鱼个体到局部最优解的距离向量，b 是常量系数，$l \in [0，1]$ 是随机向量。座头鲸在包围猎物的同时以螺旋运动方式游动。在 WOA 算法中，为了模拟两种同时发生的行为，假设 50% 的概率在包围猎物模型和螺旋模型之间选择更新鲸的位置。数学模型如式 (15.18) 所示：

$$\overline{X}(t+1) = \begin{cases} \overline{X}^*(t) - \overline{A} \cdot \overline{D} & \text{if } p < 0.5 \\ \overline{D}' \cdot e^{bl} \cdot \cos(2\pi l) + \overline{X}^*(t) & \text{if } p > 0.5 \end{cases} \tag{15.18}$$

除了泡泡网围攻猎物外，座头鲸还会随机寻找猎物。搜索的数学模型如式 (15.19) ~ 式 (15.20) 所示：

$$\overline{X}(t+1) = \overline{X}_{rand} - \overline{A} \cdot \overline{D} \tag{15.19}$$

$$\overline{D} = |\overline{C} \cdot \overline{X}_{rand} - \overline{X}| \tag{15.20}$$

其中，p 是 [0，1] 之间的随机数；$\overline{X}_{rand}$ 是从当前种群中选择的随机位置向量。

15.3.2　染色体编码设计

为了描述每个阶段配送中心与疫区点之间的分配对应关系及分配量，采用矩阵实数编码方式存储鲸鱼群个体。设解空间的任意一个解为矩阵 $B_n = (b_1, \cdots, b_j, \cdots, b_J)$，$n \in \{1, \cdots, N\}$，$N$ 为种群数。矩阵的行数 L 等于中转站数；列数为 J，等于疫区数。矩阵中的列向量 $b_j = (b_{1j}^k, \cdots, b_{lj}^k, \cdots, b_{Lj}^k)^T$，其中元素 $b_{lj}^k = (b_{lj1}^k, \cdots, b_{ljr}^k, \cdots, b_{ljR}^k)$，$b_{lj}^k$ 表示在阶段 k 时中转站 l 向疫区 j 分配的应急物资数量。由于鲸鱼群算法在搜索优化解过程中位置是连续变化的，所以编码时采用实数表示。设计编码时，个体中元素 b_{ljr}^k 的取值范围为 $b_{ljr}^k = [0，B]$，$B = \min(D_{jr}^k, Q_{jr}^k)$。

这种编码方式能够满足：第一，任何分散中心向各配送中心提供的应急物资量不超过其提供的最大运输量；第二，任何配送中心提供的应急物资量不超过其提供的最大运输量；第三，各疫区点获得的物资数量不超过其需求量，避免了有限物资的浪费。但是，可能存在以下几种情况导致个体不可行：

首先，对于矩阵 J 列的每一列而言，若 $\exists r \in [1, \cdots, R]$，$\exists m \in \{1, \cdots, I\}$，使得 $\sum_{l=1}^{L} b_{ljr}^{k} > D_{jr}^{k}$，即参与配送的所有配送中心为疫情区 j 提供的物资数量超过了该疫情区的需求量，造成资源浪费，分配不均，违反了约束条件，导致个体不可行。此处讲述的是第一种情况，此时违反约束并造成资源分配不公平，但在迭代中会逐步自动舍弃该方案。

其次，对于矩阵 J 列的每一列而言，若 $\exists r \in [1, \cdots, R]$，$\exists m \in \{1, \cdots, I\}$，使得 $\sum_{l=1}^{L} b_{ljr}^{k} > \beta D_{jr}^{k}$，即参与配送的所有配送中心为疫区点 j 提供的物资数量不能满足该疫区点对应急物资 r 的最低需求，违反了约束条件，导致个体不可行。

最后，对于矩阵的每一行而言，若 $\exists r \in [1, \cdots, R]$，$\exists l \in \{1, \cdots, L\}$，使得 $\sum_{j=1}^{J} b_{ljr}^{k} > Q_{jr}^{k}$，即配送中心 l 为其参与的所有疫区点提供的应急物资之和超过了其最大的资源存储量，将导致个体不可行。

上述任一情况的发生，都将导致个体不可行，大量非法个体导致智能算法求解的速度，为了提高智能算法的寻找效率，需要把不可行个体进行修正。修正是为了确保个体中的每个分散中心和每个配送中心不存在物资数量冲突，同时也能保证个体中每个疫区能够分配到最低需求的物资数量，且不超过其实际需求。在修正过程中必须实时跟踪每个配送中心对其响应的疫情点的实际分配量，一旦当前的应急物资储备量等于零，将不再响应其他需求点。B_{lj}^{k} 表示配送中心当前可用的应急物资存储量，$l = 1, \cdots, L$。未分配物资时，$B_{lj}^{k} = Q_{jr}^{k}$。

编码调整策略如下：

步骤 1：随机选择一个未分配的疫区，即随机选择一个还未检查过的列 j：$j = 1, \cdots, J$，对 $\forall r = 1, \cdots, R$：

步骤 1.1：对 $\forall l = 1, \cdots, L$，如果 $j = 1, \cdots, J$，将 B_{lj}^{k} 分配 b_{lj}^{k}。此时将各中转点各种物资储备按种类全部分发了出去。

步骤 1.2：如果 $\sum_{l=1}^{L} b_{ljr}^k < \beta D_{jr}^k$，即配送中心提供的应急物资不能满足疫区点 j 对第 r 种应急物资的最低需求，则在第 l 行随机选择一个配送中心 l^*，满足 $b_{ljr}^k < B_{lj}^k$，此时代表还有剩余物资的储备点，执行 $\min\{b_{ljr}^k + (\beta d_{lr}^k - \sum_{l=1}^{L} b_{ljr}^k)，B_{lj}^k\}$ 分配到 b_{ljr}^k，当前可用量为未分配前储备量。此时不仅能覆盖未参与分配的点，还能覆盖参与分配且有剩余物资的点。重复这个步骤，直到 $\sum_{l=1}^{L} b_{ljr}^k = \beta D_{jr}^k$。

步骤 1.3：$\sum_{l=1}^{L} b_{lmr}^k < D_{mr}^k$，即所有参与的配送中心提供给疫点 j 的应急物资 r 的数量超过该点的需求，则在第 j 列随机选择一个配送中心 l^*，满足 $b_{ljr}^k > 0$，此处 >0 代表向灾点运送物资的配送中心，执行 $\max\{0，b_{ljr}^k - (\sum_{l=1}^{L} b_{ljr}^k - D_{jr}^k)\}$ 分配到 b_{ljr}^k，重复这个步骤，直到 $\sum_{l=1}^{L} b_{ljr}^k = D_{jr}^k$。

步骤 1.4：对 $\forall l = 1，\cdots，L$，如果 $b_{ljr}^k > 0$，如果有配送中心参与后来物资配送，那么将其进行赋值给剩余量。

步骤 2：如果所有疫区点分配完毕（即所有列检查完毕），则结束不可行个体修正，否则转步骤 1 继续进行。

15.3.3　泛化反向学习策略

初始种群的质量影响群体智能优化算法的求解效率和精度。WOA 算法的初始种群是随机生成的，解的多样性较差，从而在一定程度上影响算法的求解性能。Haupt 等指出，对群体智能优化算来说，初始种群的好坏影响着算法的寻优能力和求解效率。标准的鲸鱼群优化算法的初始种群一般是随机生成的，种群的多样性较差，从而在一定程度上影响算法的求解性能。针对该缺陷，本章节采用泛化反向学习策略对种群进行初始化。泛化反向学习是由王等（Wang et al.，2009，2013）在反向学习原理的基础上提出的。反向学习机理是在解空间中计算当前解的对立解，而泛化反向学习是把当前空间的解转换到新的空间，然后评价当前空间和变换空间的解的适应度函数，进而选择较优的个体。王等

（Wang et al.，2013）提出了泛化反向学习（Generalized Opposition - Based Learning，GOBL）策略，并将该策略应用在差分进化算法中，证明了该策略使算法在寻优速度和求解精度上具有良好的性能。因此，为保证种群的多样性，本章节采用泛化反向学习策略进行种群初始化。泛化反向学习策略一般针对群体智能优化算法，具体步骤如下：

步骤 1：按照编码设计规则对鲸鱼个体进行编码，随机生成 N 个鲸鱼个体位置 B_1，…，B_n，作为初始种群 P_0；

步骤 2：将初始种群 P_0 中的每个个体 B_n 中的元素 b_{lj}^k 转变成泛化反向点 $\overline{b_{lj}^k}$，从而构造一个新的个体并对新个体进行编码修正，最终形成一个泛化对立种群 P_1；

步骤 3：合并初始种群 P_0 和泛化对立种群 P_1，从中选择适度值最好的 N 个鲸鱼个体作为初始种群。

15.3.4 改进鲸鱼算法设计

鲸鱼群在整个寻优过程中较依赖当前最优解，在进入迭代后期时易陷入局部最优。为了提高该算法的局部搜索能力，同时增强算法前期的全局搜索能力，本章节借鉴粒子群算法中通过调整惯性权重参数平衡全局搜索与局部搜索的机理，引入非线性的自适应权值对算法进行改进。由于鲸鱼的包围捕食和泡泡网攻击阶段属于算法局部搜索过程，通过当前最优个体的位置变量更对鲸鱼个体进行迭代更新，因此将非线性的自适应权重引入当前最优解中调整鲸鱼群位置更新公式进行改进，具体如式（15.21）：

$$\omega = \omega_{max} + (\omega_{min} - \omega_{max})\left(\frac{1 - \cos\pi t/t_{max}}{2}\right) \qquad (15.21)$$

其中，ω_{max} 为权重的最大值，ω_{min} 为权重的最小值，t 为当前迭代次数，t_{max} 为最大迭代次数。ω 随迭代次数增加非线性递减，算法前期 ω 较大，保证了鲸鱼有较强的全局搜索能力，能够快速找到较好的位置，算法后期 ω 较小，有利于鲸鱼局部范围内寻优，进而提高了算法的运算性能。改进后位置更新如式（15.22）和式（15.23）：

$$X(t+1) = \omega X^*(t) - A \left| CX^*(t) - X(t) \right| \qquad (15.22)$$

$$X(t+1) = \omega X^*(t) + \left| X^*(t) - X^* \right| e^{bl}\cos(2\pi l) \qquad (15.23)$$

其中，b 为常量系数，l 是 $[-1, 1]$ 之间的随机数，A 和 C 定义为式（15.24）和式（15.25）。

$$A = 2ar - a \tag{15.24}$$

$$C = 2r \tag{15.25}$$

其中，r 是 $[0, 1]$ 之间的随机数；a 为收敛因子，其随迭代过程从 2 线性减小到 0，即可得式（15.26）：

$$a = 2 - 2t/t_{max} \tag{15.26}$$

15.3.5　改进鲸鱼群算法算法步骤

综合上述各种改进策略，本章节设计的鲸鱼群算法步骤如下：

步骤 1：设置应急物资的初期分配阶段 $k = 1$ 和最大规划阶段 K，输入疫情传播模型的所有相关参数，计算各疫区每个时间段的应急物资初步估计需求量；

步骤 2：利用式（15.4）计算 k 阶段的实际需求量；

步骤 3：设置初始种群鲸鱼数 N、初始迭代次数 t、最大迭代次数 t_{max}、螺旋形状常数 b；

步骤 4：利用泛化自学习策略产生初始化鲸鱼种群；

步骤 5：计算种群中每个个体的适应度，记录当前最优个体及位置 $X*(t)$；

步骤 6：若 $t < t_{max}$，根据式（15.26）计算收敛因子 a，根据式（15.24）和式（15.25）更新系数 A、C；

步骤 7：生成一个 $[0, 1]$ 之间的随机数 p，当 $p < 0.5$ 时，若 $A \geq 1$，在当前种群内随机选择一个鲸鱼个体位置 X_{rand}，通过式（15.27）更新当前鲸鱼位置；若 $|A| < 1$，通过式（15.22）确定鲸鱼位置。当 $p \geq 0.5$ 时，通过式（15.23）更新鲸鱼个体位置；

$$X(t+1) = X_{rand}(t) - A |CX_{rand}(t) - X(t)| \tag{15.27}$$

步骤 8：令 $t = t + 1$，如果达到最大迭代次数，输出本期的最优应急物资调度方案及目标函数值；否则返回步骤 4；

步骤 9：令 $k = k + 1$，如果达到最大规划阶段，运行结束，否则返回步骤 2。

433

15.4　案例分析

15.4.1　案例背景

以新冠疫情为研究背景，验证本章节提出的模型和算法在实际突发疫情中的应急救援效果。选择疫情最严重的湖北省各地市作为应急医疗物资需求点。根据官网公布信息，湖北省选择武汉、鄂州、襄阳三地作为应急物资中转调运站。以百度地图显示的中转站到疫区的最短路程表示两点之间的距离，具体见表 15.1。

表 15.1　中转站到疫区之间的距离　　　　　单位：千米

疫区	中转站		
	武汉	鄂州	襄阳
武汉	0	71.3	300.4
孝感	57.2	126.7	247.3
黄冈	86.6	13.9	367.6
荆州	223.4	276.5	202.8
咸宁	92.7	105.2	382.70
鄂州	71.3	0	365.90
襄阳	300.4	365.6	0
黄石	93.9	32.7	390.60
荆门	224.3	290.7	202.90
随州	168.8	234.0	147.1
仙桃	98.7	158.1	278.9
宜昌	318.00	377.4	234.8
天门	124.6	191.1	229.2
恩施州	519.4	578.8	442.3
十堰	439.6	504.8	163.50
潜江	151.4	210.8	229.80

另外，$c_1 = 30000$ 元，$c_2 = 20000$ 元，$c_3 = 20000$ 元，$cv_1 = 10$ 元，$c_{1j}^k = 0.01$ 元，$H_{1j}^k = 100$ 元，$\rho_1^1 = 0.2$，$\rho_1^2 = 0.3$，$\rho_1^3 = 0.4$，$\rho_2^1 = 0.25$，$\rho_2^2 = 0.35$，$\rho_2^3 = 0.45$，$\lambda_1 = 0.6$，$\lambda_2 = 0.4$。

为了研究方便，本章节认为只有确诊的感染者对应急医疗物资才有需求，因此根据湖北省卫健委（http：//wjw.hubei.gov.cn）通报的确诊感染人数计算疫区各周期对应急医疗物资的初步需求量。假设患者需要两种药物：一种是连花清瘟，每个患者每天需要 3 袋；另一种是磷酸氯喹片，每个患者每天需要 4 片。7 天为 1 个周期，计算的需求量见表15.2，每个周期的应急物资供应量见表15.3。

表 15.2　　　　　　疫区各周期的医疗物资预估需求量

疫区	医疗物资	第 1 周期	第 2 周期	第 3 周期
武汉	连花清瘟（袋）	49251	210591	603825
	磷酸氯喹片（片）	65668	280788	805100
孝感	连花清瘟（袋）	8592	36828	60396
	磷酸氯喹片（片）	11456	49104	80528
黄冈	连花清瘟（袋）	10464	36597	54225
	磷酸氯喹片（片）	13952	48796	72300
荆州	连花清瘟（袋）	3633	16347	27228
	磷酸氯喹片（片）	4844	21796	36304
咸宁	连花清瘟（袋）	3045	8517	13515
	磷酸氯喹片（片）	4060	11357	18020
鄂州	连花清瘟（袋）	2934	9366	20964
	磷酸氯喹片（片）	3912	12488	27952
襄阳	连花清瘟（袋）	4422	16305	22962
	磷酸氯喹片（片）	5896	21740	30616
黄石	连花清瘟（袋）	2751	11736	19008
	磷酸氯喹片（片）	3668	15648	25344
荆门	连花清瘟（袋）	4032	10437	16896
	磷酸氯喹片（片）	5376	13916	22528

续表

疫区	医疗物资	第1周期	第2周期	第3周期
随州	连花清瘟（袋）	3891	16473	24375
	磷酸氯喹片（片）	3912	12488	27952
仙桃	连花清瘟（袋）	1359	5676	9993
	磷酸氯喹片（片）	1812	7568	13324
宜昌	连花清瘟（袋）	3174	11571	17397
	磷酸氯喹片（片）	4232	15428	23196
天门	连花清瘟（袋）	1086	3111	7254
	磷酸氯喹片（片）	1448	4148	9672
恩施	连花清瘟（袋）	1341	3012	4626
	磷酸氯喹片（片）	1778	4016	6168
十堰	连花清瘟（袋）	2553	7554	11607
	磷酸氯喹片（片）	3403	10072	15476
潜江	连花清瘟（袋）	312	1299	2235
	磷酸氯喹片（片）	416	1732	2908

表 15.3   **疫区各周期的医疗物资供应量**

中转站	第1周期		第2周期		第3周期	
	连花清瘟（袋）	磷酸氯喹片（片）	连花清瘟（袋）	磷酸氯喹片（片）	连花清瘟（袋）	磷酸氯喹片（片）
武汉	16117	27732	122885	181765	381493	550553
襄阳	7326	13106	55857	85925	173406	260262
鄂州	5861	9578	44686	62792	138725	190191

15.4.2　算法性能分析

为了验证 IWOA 的性能，本章节将 IWOA 与标准的 WOA、GA 和 ANT 进行对比试验。IWOA 算法的参数设置为：$\omega_{max} = 0.9$，$\omega_{min} = 0.4$，种群规模 $n = 100$，迭代次数 $t_{max} = 1000$，螺旋形状参数 $b = 1$。为了公平评价各算法的性能，3 个算法中共有的参数取值相同，仿真环境均为操作系统 Windows 10，处理器 Intel Core i7 – 4770M CPU@ 3.40 GHz，内存 4G，采用 MATLAB 2016b 实现编程。各算法均运行 20 次，试验运行结果如表 15.4 所示。

从表 15.4 中 20 次试验运行结果可以看出：患者恐慌心理方面，IWOA 算法求解的最优解、最差值和平均值均优于其他 3 种算法；配送总成本方面，IWOA 算法所得的平均值优于 WOA 和 GA 算法，而劣于 ANT 算法。虽然 ANT 算法在配送总成本上具有一定的优势，但患者的恐慌平均值高于 IWOA 算法的 63%。通常情况下，暴发疫情时为了避免患者的恐慌心理，政府往往以高成本的代价去完成应急物资供应。因此，与其他 3 种算法相比，本章节设计的 IWOA 算法在解决疫情环境下应急物资配送问题上具有良好的性能。

表 15.4　　　　　　四个对比算法执行 20 次的运行结果

目标	IWOA		WOA		GA		ANT	
	f_1（秒）	f_2（元）	f_1（秒）	f_2（元）	f_1（秒）	f_2（元）	f_1（秒）	f_2（元）
1	7.63	23360542	8.74	22878442	8.34	23779352	9.94	22522565
2	7.63	23360542	8.74	22878442	8.34	23779352	9.94	22522565
3	7.63	23360542	8.74	22878442	8.34	23779352	9.94	22522565
4	7.41	23274183	8.74	23200251	8.23	23774639	9.77	22500000
5	7.63	23361000	9.47	26400000	10.99	25100000	11.33	22659000
6	7.41	23274183	8.74	23200251	8.23	23774639	9.77	22500000
7	7.41	23274183	8.74	23200251	8.23	23774639	9.77	22500000
8	7.63	23361000	9.47	26400000	10.99	25100000	11.33	22659000
9	7.57	23227899	8.57	22910691	8.67	23471390	9.94	22522565
10	7.63	23360542	8.74	22878442	8.34	23779352	9.94	22522565
11	7.63	23360542	8.74	22878442	8.34	23779352	9.94	22522565
12	7.41	23274183	8.74	23200251	8.23	23774639	9.77	22500000
13	7.41	23274183	8.74	23200251	8.23	23774639	9.77	22500000
14	7.41	23274183	8.74	23200251	8.23	23774639	9.77	22500000
15	7.57	23227899	8.57	22910691	8.67	23471390	9.94	22522565
16	7.57	23227899	8.57	22910691	8.67	23471390	9.94	22522565

目标	IWOA		WOA		GA		ANT	
	f_1（秒）	f_2（元）	f_1（秒）	f_2（元）	f_1（秒）	f_2（元）	f_1（秒）	f_2（元）
17	7.63	23360542	8.74	22878442	8.34	23779352	9.94	22522565
18	7.63	23360542	8.74	22878442	8.34	23779352	9.94	22522565
19	7.41	23274183	8.74	23200251	8.23	23774639	9.77	22500000
20	7.41	23274183	8.74	23200251	8.23	23774639	9.77	22500000
最优值	7.41	23274899	8.57	22878442	10.99	23471390	9.77	22500000
最差值	7.63	23361000	9.47	26400000	8.23	25100000	11.33	22659000
最差值	7.53	23306148	8.79	23364159	8.61	23863337	10.01	22527182

为了描述本章节算法的优越性，给出了 4 个算法的收敛曲线，见图 15.1。经对比发现，IWOA 算法相比其他 3 种算法在迭代初期具有较好的寻优效果，能以更快的速度找到高质量的解，而且随迭代次数增加，又跳出了局部最优，展现了全局搜索的优势。GA 和 WOA 算法收敛速度较快，但它们却较早地陷入了局部最优解。另外，ANT 算法与 IWOA 算法收敛速度大致相等，但 ANT 算法解的质量劣于 IWOA 算法。因此，本章节改进的算法具有较强的局部搜索和全局搜索能力，能够找到精度更高的解。

438

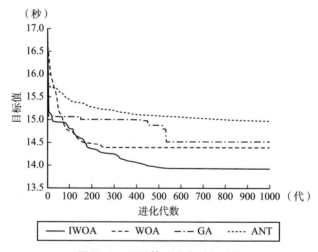

图 15.1 四种算法迭代过程对比

资料来源：由 MATLAB 绘图程序导出。

15.4.3　模型有效性分析

为了验证考虑患者恐慌模型的有效性，本章节将其与文献（FU Jiangyue et al.，2018）的物资分配模型进行对比，采用同一算法求解的应急物资分配方案如图 15.2 所示。从图 15.2 可以看出，本章节的方案在救援初期物资供应紧缺时，保证了各疫区均能满足最低物资需求率，同时又重点倾向疫情比较严重的地区。如图 15.2（a）和（d）所示，在初期疫区比较严重的武汉（1）、黄冈（3），连花清瘟的分配方案分别为 33%、29%，较最低满足率（20%）高 65% 和 45%，磷酸氯喹片的分配方案分别为 45%、38%，较最低满足率（25%）高 80% 和 52%。由此可知，本章节的分配模型在优先满足疫情严重地区的物资需求前提下，兼顾了分配的公平性。而文献（Fu Jiangyue et al.，2018）模型得到的分配方案中每个阶段各疫区的物资分配率波动不大，它只考虑了各灾区分配方案的公平性，不符合实际情况。在救援后期，随着企业复工生产、社会捐赠等力度的加大，应急物资供应量增加，各疫区的物资供应率相对初期明显提高，具体见图 15.2（b）（c）（e）和（f）。这进一步表明本章节刻画的患者恐慌心理函数贴合实际情况。

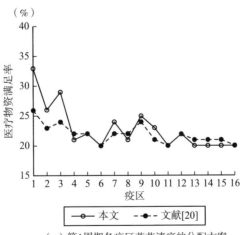

（a）第1周期各疫区连花清瘟的分配方案

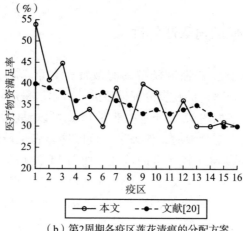

（b）第2周期各疫区莲花清瘟的分配方案

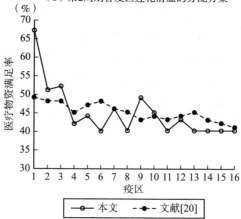

（c）第3周期各疫区莲花清瘟的分配方案

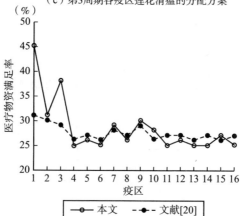

（d）第1周期各疫区磷酸氯喹片的分配方案

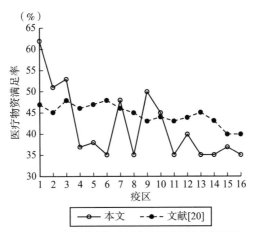

（e）第2周期各疫区磷酸氯喹片的分配方案

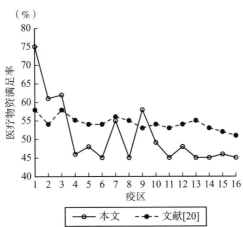

（f）第3周期各疫区磷酸氯喹片的分配方案

图 15.2　不同周期各疫区医疗物资的分配方案

资料来源：笔者绘制。

　　两种不同分配方案对应的目标值如表 15.5 所示，对于 f_1，考虑患者恐慌的方案较文献（Fu Jiangyue et al., 2018）的方案减小了 31.79%；对于 f_2，减小了 1.42%。因此，本章的分配方案能够有效解决救援初期医疗物资分配不及时而造成患者恐慌的问题，验证了模型的有效性。

表 15.5　　　　　考虑患者恐慌心理与否的分配方案的对比结果

方案	是否考虑患者恐慌	f_1（秒）	f_2（元）
本章节	是	7.83	23226000
对比文献（Fu Jiangyue et al., 2018）	否	11.48	23560000

15.5　总结与展望

重大突发灾害事件发生后，会给灾区造成极大的财产损失与人员伤亡，关于灾后物资的配置研究一直是国内外学者的研究热点。灾难暴发前期，物资供不应求，合理的物资救援方案不仅可以降低损失，还可以获得灾民支持。为了提高灾后物资配置的合理性和考虑灾区人民对物资配置方案的满意度，众多学者开始研究改进智能优化算法用于求解，以提高物资配置效率；研究以灾区人民满意度最大化、分配公平等为目标的应急物资配置模型，以提高灾区人民对于应急救援活动的支持。所以，应急物资配置的研究是救援活动的关键，对于救援灾区具有巨大意义。

本章节针对疫情暴发初期物资分配不合理引起患者恐慌的问题，研究了应急医疗物资的多周期分配。考虑各疫区应急物资的分配量、疫情风险等级及应急物资送达时间等因素，引入指数函数构建了患者恐慌心理函数来量化物资分配对患者心理的影响；基于各疫区患者恐慌心理函数最小及响应成本最小构建了多周期的应急物资分配模型，通过泛化反向学习策略初始化种群、自适应惯性权重调整局部搜索的鲸鱼位置更新等机制设计了改进的鲸鱼群优化算法，并以武汉新冠疫情为例进行了验证。仿真试验结果表明：考虑恐慌心理的模型所得分配方案能够在救援物资供应紧缺的前提下，保证各疫区均能满足最低物资需求率的同时又重点倾向疫情比较严重的地区，降低了患者的恐慌心理；改进的算法相对 WOA、GA 和 ANT 算法在求解速度和求解精度上具有良好的性能。本章节仅研究了中转站—疫区二级网络下的应急物资分配问题，未涉及集散点—中转站—疫区三级网络及后续的车辆路径优化问题。后续将进一步研究三级供应网络下考虑患者恐慌心理的应急物资多周期分配与路径优化集成问题。

本章参考文献

［1］安李璐．灾后首批应急物资优化分配策略研究［D］．广州：华南理工大学，2010．

［2］葛洪磊，刘南，张国川，等．基于受灾人员损失的多受灾点，多商品应急物资分配模型［J］．系统管理学报，2010（5）：541－545．

［3］胡继华，钟广鹏，严国灿．基于实时信息的动态应急物资调度模型［J］．计算机应用研究，2011，28（12）：4451－4455．

［4］刘学恒，汪传旭，许长延．二级物资供应系统中不同应急调货策略的比较分析［J］．工业工程，2011，14（2）：11－15．

［5］马卫峰，杨赛霓，潘耀忠．面向救灾物资需求特征的自然灾害应急响应［J］．中国安全科学学报，2010，20（10）：171－176．

［6］谭秋月，孙平安，韩希超．毁灭性灾难中救灾物资分配方案的数学模型研究［J］．陕西科技大学学报（自然科学版），2009，1：040．

［7］王苏生，王岩．基于公平优先原则的多受灾点应急物资配置算法［J］．运筹与管理，2008，17（3）：16－21．

［8］曾敏刚，崔增收，李双．一种多受灾点的灾害应急物资分配模型［J］．工业工程，2010，13（1）：85－89．

［9］张玲，王晶，黄钧．不确定需求下应急物资配置的鲁棒优化方法［J］．系统科学与数学，2010，30（10）：1283－1292．

［10］Chen W，Alain G，Angel R．Modeling the logistics response to a bioterrorist anthrax attack［J］．European Journal of Operational Research，2016，254（2）：458－471．

［11］Ekici A，Keskinocak P，Swann J L．Modeling influenza pandemic and planning food distribution［J］．Manufacturing Service Operations Management，2014，16（1）：11－27．

［12］Fu Jiangyue（付江月），Chen Gang（陈刚）．A bi-objective emergency resources allocation model considering the trade-off between fairness and efficiency［J］．Systems Engineering（系统工程），2018，36（6）：149－153．

［13］He Y, Liu N. Methodology of emergency medical logistics for public health emergencies ［J］. Transportation Research Part E: Logistics and Transportation Review, 2015（79）: 178 – 200.

［14］Holguin-verasab J, Perezc N, Jallerc M, et al. On the appropriate objective function for post-disaster humanitarian logistics models ［J］. Journal of Operations Management, 2013, 31（5）: 262 – 280.

［15］Holguin-veras J, Jaller M, Van Wassenhove L N, et al. On the unique features of post-disaster humanitarian logistics ［J］. Journal of Operations Management, 2012, 30（7/8）: 494 – 506.

［16］Hu Xiaowei（胡晓伟）, SONG Lang（宋浪）, YANG Binyu（杨滨毓）, et al. Research on optimal matching of urban emergency medical supplies under major public health events ［J］. China Journal of Highway and Transport（中国公路学报）, 2020, 33（11）: 55 – 64.

［17］Liu Ming（刘明）, Cao Jie（曹杰）, ZHANG Ding（章定）. Dynamic adjustment method for optimizing epidemic-logistics network based on data-driven ［J］. System Engineering—Theory & Practice（系统工程理论与实践）, 2020, 40（2）: 437 – 448.

［18］Liu Ming（刘明）, Li Yingzu（李颖组）, Cao Jie（曹杰）, et al. An optimal design of emergency logistics network for epidemic controlling based on service level ［J］. Chinese Journal of Management Science（中国管理科学）, 2020, 28（3）: 11 – 20.

［19］Liu M, Liang J. Dynamic optimization model for allocating medical resources in epidemic controlling ［J］. Journal of Industrial Engineering and Management, 2013, 6（1）: 73 – 88.

［20］Mirjalili S, Lewis A. The whale optimization algorithm ［J］. Advances in Engineering Software, 2016（95）: 51 – 67.

［21］Ren Y, Ordonez, Wu S. Optimal resource allocation response to a smallpox outbreak ［J］. Computers & Industrial Engineering, 2013, 66（2）: 325 – 337.

［22］Teytelman A, Larson R C. Multiregional dynamic vaccine allocation during an influenza epidemic ［J］. Service Science, 2013, 5（3）: 197 – 215.

［23］Wang H, Rahnamayan S, Wu Z. Parallel differential evolution with self adapting control parameters and generalized opposition-based learning for solving high-dimensional optimization problems ［J］. Journal of Parallel Distributed Computing, 2013, 73 (1): 62 –73.

［24］Wang H, Wu Z, Liu Y, et al. Space transformation search: a new evolutionary technique ［C］.//Proceedings of World Summit Genetic Evolutionary Computation. New York: Association for Computing Machinery, 2009: 537 –544.

［25］Wang Xinping (王新平), Wang Haiyan (王海燕). Optimal multi-period collaborative scheduling of emergency materials for multiple epidemic areas ［J］. System Engineering—Theory & Practice (系统工程理论与实践), 2012, 32 (2): 283 –291.

［26］Wang Xuping (王旭坪), Dong Li (董莉), Chen Mingtian (陈明天). Multiple-area post-disaster resource distribution model considering perception satisfaction ［J］. Journal of Systems & Management (系统管理学报), 2013, 22 (2): 251 –255.

［27］Wang Xuping (王旭坪), Ma Chao (马超), Ruan Junhu (阮俊虎). Emergency supplies optimal scheduling considering the publics psychological risk perception ［J］. System Engineering—Theory & Practice (系统工程理论与实践), 2013, 33 (7): 1735 –1742.

［28］Zhao Jianyou (赵建有), Han Wanli (韩万里), Zheng Wenjie (郑文捷), et al. Distribution of emergency medical supplies in cities under major public health emergency ［J］. Journal of Traffic and Transportation Engineering (交通运输工程学报), 2020, 20 (3): 168 –176.

下篇：应急车辆调度优化

应急车辆调度与路径优化是灾后应急管理的重要研究内容，也是灾后应急救援物资供给与运输的重要保障。灾后灾区急需应急物资保障，而灾情信息处于稀疏状态，灾后损失与破坏程度也无法及时确定，灾区伤员数量、救援器材需求、资源需求的种类、数量等均处于未知状态，各段道路路网条件无法及时获知，这无疑给应急救援车辆调度优化带来了困难。因此，如何采取合理的调度方式、选择合理的路径，并及时将救援物资运达灾区成为保障人民生命健康与提升救援效果的关键。

为此，本篇首先对当前应急车辆调度与路径优化现状进行分析研究，然后先后研究应急救援路径选择、应急救援路径寻优、应急救援车辆单阶段调度与两阶段调度问题，以求解出合理的应急救援调度方案。

在"第16章：应急车辆调度与路径优化研究综述"中从应急车辆调度与路径优化等理论内容、灾后救援车辆调度研究现状、各种模型与算法研究等方面对应急车辆调度优化进行综述性分析研究，明确了应急车辆调度优化研究范围。

在"第17章：基于 TOPSIS 方法的应急救援路径选择"中，基于 TOPSIS 方法对应急救援路径进行选优，建立应急救援路径选择评价指标体系，运用模糊层次分析法确定各评价指标组合权重，求得最优选择路径。

在"第18章：城市突发事件下的应急物资配送路径寻优"中，针对城市车辆行驶速度特征进行分析，构建道路拥挤情景下双层规划路径寻优模型，并设计混沌萤火虫算法对模型进行求解，得出了最优路径选择方案。

在"第19章：震后伤员救援车辆两阶段规划模型及算法研究"中，针对地震伤员伤情恶化、紧迫性时变性等特点，解决了救援区域划分问题、各受灾点救援需求预测问题和灾区路网联通问题，构建了伤员救援车辆两阶段调度模型，并使用改进萤火虫算法对模型进行求解，得到了较优的应急救援车辆调度方案。

在"第20章：基于萤火虫算法的应急救援车辆调度"中，针对灾后救援车辆调度时间紧迫的特点，以路径最短模型为基础，引进 BPR 路阻函数对车辆行驶时间进行预测，构建了路径最短与时间最短双目标优化模型，并采用改进离散萤火虫算法对问题进行求解，改进后算法得到了更优秀的满意解。

第16章 应急车辆调度与路径优化研究综述

16.1 研究背景

近年来，世界环境与地区局势急剧变化，区域安全稳定与社会经济发展受到严重威胁，人们正常的生产和生活受到了极大干扰。国外方面，2010 年智利发生 8.8 级地震灾害，由于灾难发生后的救援不力、救灾物资的分配不均造成了灾区暴动①；同年海地地震造成超过 20 万人遇难②等。国内方面，受庞大的人口数量、复杂的地理条件、资源分布以及天气气候等因素综合影响，我国突发性自然灾害与人为事件发生频率越来越高，给我国人民带来了巨大的安全威胁与财产损失。特别在近几年间，全国突发灾害事件案例发生频率明显增加，如 2008 年南方特大冰雪灾害、西藏"3·14"暴力事件、2009 年乌鲁木齐恐怖袭击事件、2010 年青海玉树地震、2014 年上海外滩踩踏事件等。这些大规模自然灾害和重大突发事件，给我国人民带来巨大伤痛与损失的同时，也严重破坏了我国经济发展和安全稳定的局面。整体上看，突发灾害事件极大地威胁到人类的生存和发展，而如何依靠现有的应急救援系统做好突发事件发生后的紧急救援工作，从而减少人员伤亡和财物损失成为近些年来亟待解决的难题，也是研究者们的研究重点。

---

① 央视网："智利发生 8.8 级强震"专题报道，（http：//news. cctv. com/world/20100227/103032. shtml）。

② 2010 年 1 月 12 日，海地曾发生 7.0 级大地震，首都太子港及全国大部分地区受灾情况严重，造成 20 余万人死亡。

自然灾害等突发事件发生时，应急救援的主要任务是在最短的时间内进行应急响应，以减少人员伤亡和财产损失。其中应急救援车辆调度与路径选择是应急响应主要工作之一，突发灾害事件情景下，建立合理的应急救援车辆调度优化模型，求解出契合应急救援实际的车辆行驶路径是减少生命、财产损失的有效途径。总的来说，突发事件发生时，在合理的应急救援体系下构建符合突发灾害事件特点的车辆调度与路径优化模型，以高效的求解算法，选择出正确的车辆调度与行驶方案，对保障灾后物资运输、合理安排伤员配送等救援工作具有十分重要的理论与现实意义。

16.2　理　论　基　础

16.2.1　基本概念

（1）应急车辆

应急车辆一般是指地震、水灾、火灾、车祸等重大自然灾害及大型事故现场，用来供给救援人员开展抢险救灾、人员救治、应急物资运输及后勤保障等的特种车辆，主要包括警车、消防车、救护车、工程抢险车等执行应急救援服务的车辆。

应急车辆是突发事件发生后重要的应急服务资源，且各种车辆具有不同属性，担负起多种多样的灾后救援任务，例如，工程抢险与消防车辆执行抢险救灾任务、应急物资运输车辆执行灾后物资运输与保障任务、应急救护车辆执行伤员救治与伤员转运任务等。在灾后相同救援任务中，多种运输车辆载重量、车厢尺寸等性能参数各异，考虑道路条件的限制等，使多车型车辆组织运输比单车型复杂得多，当多种车型配合救援时，灾后运输过程中的可载量、空车数、运输路径等也各不相同。

然而值得肯定的是，灾后多种运输车辆相互配合，提高了灾后运输保障与人员救治的力度，在灾后应急救援工作中发挥着重要作用。

（2）应急车辆调度特点

应急车辆调度与常规车辆调度存在诸多不同之处，结合突发灾害应急情景及其调度内容的特殊性，可以发现应急救援车辆调度有三特点。

①车辆调度重视配送时间。应急救援车辆运输中配送时间是一个至关重要的因素，当应急救援物资越早运达灾区，灾区人民生命健康就能及时得到保障；反之，灾区民众所承受的痛苦就会逐渐增加，由此造成灾区绝望情绪蔓延与救援效果降低。同时灾后应急救援车辆调度体现出一定的弱经济性，相对于常规车辆调度中对车辆运输及调度成本的优化，行驶里程或行程时间将作为优化的主要目标，单一针对调度成本的优化不再是灾后初期应急车辆调度的重点研究内容。

②道路网络存在不确定性。突发灾害性事件种类繁多，近年来地震灾害在自然灾害事件中较为常见、且破坏性极其强大。当地震灾害事件发生后，政府积极组织领导展开应急救援及物资运输活动，由于地震强烈的破坏性极易导致运输交通网络遭到严重破坏，灾后车辆调度中充满不安全、不稳定因素，譬如道路、桥梁的破坏，路段受损、阻断等问题严重影响着车辆调度的正常进行，甚至可能造成车辆在行驶过程中出现碰撞、倾覆等事故，由此给应急物资配送，伤员转运救治、救援器材运输等带来严重不良影响。

③资源有限性和需求不确定性。以地震灾害为例，在突发灾害事件发生后，灾区潜在静态的资源需求会瞬间转化为动态显性的物资需求，原始的资源供给状态将不能满足当下的灾区的物资需求，凸显出资源供给的极度有限性；同时地震灾害发生时间、地点、强度等完全无法预知，造成的大规模损失与破坏程度也无法及时确定，灾区伤员数量、救援器材需求、资源需求的种类、数量等均处于未知状态，这无疑给开展应急救援车辆调度工作带来了困难。

（3）车辆路径选择属性

在以往研究中，一般认为快速性是常规车辆出行的唯一属性。应急车辆与常规车辆在路径选择时所考虑的属性有一定的区别，应急车辆调度是为了安全、快速到达现场展开救援活动，相比于常规车辆，应急车辆路径路径选择时需要考虑突发事件所造成的影响。而根据 SP 的调查，应急车辆路径选择的属性包括快速性、可靠性、安全性等，具体体现在

451

路段行程时间、行程时间可靠性和路网可靠性等方面（彭国雄，2015）
（见图16.1）。

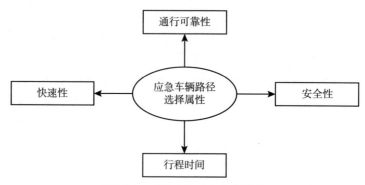

图16.1　应急车辆路径选择属性

资料来源：笔者参考云美萍的文章《应急车辆出行前救援路径选择的多目标规划模型》
绘制。

①行程时间。在进行应急车辆调度与路径优化时，行程时间的预测
是基于历史数据、实时数据两方面的信息，将历史数据作为先验信息，
把实时数据作为后验信息，由此可得出行程时间的预测。

②通行可靠性。应急车辆的通行可靠性可以表示为：在规定的时间
内，规定的条件下，路网单元能够使得应急车辆通行的可能性，其概率
测度为通行可靠度。

③路径安全性。应急车辆在出行过程中的安全性也是路径优化必须
考虑的方面。从事故发生的原因看，交叉口发生冲突是主要原因。尽管
应急车辆不受交通信号的限制通过交叉口，但是却留下了发生事故的隐
患。在通过无信号控制交叉口时，应急车辆很容易产生冲突，而应急车
辆的行驶方向和相冲突的交通流量是影响应急车辆通过交叉口的主要因
素（刘杨和云美萍，2009）。

此外，除了应该考虑道路的长度、交通流量等综合因素外，还需要
考虑物资运输车辆的阻断风险（如地震时车辆进入灾区途中遇到余震或
突发状况而受困）等。

（4）路段阻抗函数

美国公路局（U. S. Bureau of Public Roads，BPR）对大量路段进行
交通调查后，通过回归分析得到BPR函数，旨在用数学公式来描述出

行时间与路段流量、最大通行能力之间的关系。BPR 函数是一个最常用的路段性能函数，它将路段出行时间表达为流量与通行能力之比的函数。其公式如式（16.1）所示：

$$t = t_0 \left[1 + \alpha \left(\frac{q}{c} \right)^{\beta} \right] \qquad (16.1)$$

其中，t_0 表示路段自由流出行时间；q 为路段流量；c 为路段通行能力；α、β 为待标定参数，它们所表示的物理意义是流量变化对路段上速度大小的影响程度，若没有数据进行标定，一般采用 $\alpha = 0.15$，$\beta = 4.0$ 进行标定。

在交通分配过程中要多次计算路阻函数，复杂的函数形式将带来沉重的计算负担，BPR 函数形式简单，分配模型求解速度快。但 BPR 是严格的单调递增函数，没有反映出随着车流密度的增大，车流量先增后减的过程，这与理论不符。BPR 函数中路段流量不受通行能力的控制，即 $q/c > 1$ 时，函数依然成立，这也不符合我国交通情况。出现这种情况的主要原因是：

①该函数最早用于公路网规划，并未考虑交叉口延误，而交叉口作为城市道路的重要组成部分，在道路衔接中起着举足轻重的作用，交叉口通行能力的大小很大程度上决定或制约着整个城市路网通行能力的大小，所以在对模型进行修正时，应考虑交叉口延误。

②该函数是美国交通部所得出的半理论半经验公式，与我国交通情况不同，美国交通网中以机动车为主，受非机动车干扰小；而我国交通网是由机动车和非机动车（包括行人等）构成的混合交通形式，且非机动车占有很大的比例。

我国多位学者做出了本土化改进，引入非机动车影响来建立适合我国国情的路阻函数，已提出的路阻模型形式如式（16.2）所示：

$$t = t_0 \left[1 + k_1 \left(\frac{Q_1}{C_1} \right)^{k_3} + k_2 \left(\frac{Q_2}{C_2} \right)^{k_4} \right] \qquad (16.2)$$

或式（16.3）：

$$t = t_0 \left[1 + k_1 \left(\frac{Q_1}{C_1} \right) + k_2 \left(\frac{Q_2}{C_2} \right) \right] \qquad (16.3)$$

其中，Q_1 和 Q_2 广分别为机动车、非机动车路段交通量（辆/小时）；k_1、k_2、k_3、k_4 分别为回归参数；C_1 和 C_2 分别为机动车、非机动车路段实际通行能力（辆/小时）。关于参数 k_1、k_2、k_3、k_4，可根据道路交通量，车速调查数据用最小二乘法来确定。

原则上该模型引入了非机动车对我国交通的影响，比较符合国内交通状况。但该模型是通过对某一路段大量观测数据回归。确定模型中的系数，也存在如下不足：①该模型的通用性较差。国内每个路段的通行能力，通行状况不同，若通过观测对每条路段建立自己的路阻函数模型，精度符合要求，但是工作量太大，此方法不现实。若全国采用统一的路阻模型参数，相关系数很低，远远不能满足工程设计要求。②此模型是通过大量数据观测得到的，但路段的交通情况是在不断变化的。一旦城市中的路况发生变化，用现在观测到的数据回归得到的系数也就不再适用了。

（5）应急车辆路径选择

应急车辆路径选择的主要影响因素体现在路段行程时间、行程时间可靠性和路网可靠性等方面，下面针对应急车辆调度与路径选择各属性值的计算做简要说明（杨兆升，2013）。

①路段行程时间。路段行程时间包括路段平均行驶时间 $T_a^r(t)$ 和交叉口通过时间 $T_a^q(t)$ 部分，如式（16.4）所示：

$$T_a(t) = T_a^r(t) + T_a^q(t) \qquad (16.4)$$

图 16.2 所示为路段行程时间示意图：

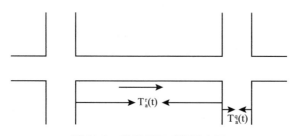

图 16.2　路段行程时间示意图

资料来源：杨兆升，于尧，孙文飞. 城市路网下应急救援路径选择方法［J］. 哈尔滨工程大学学报，2013，34（12）：1567-1574.

突发灾害下短时间内道路交通需求激增，且部分路段存在阻断。根据常态下路段行程时间 BPR（bureau of public road）计算函数（Mendoza，2013），引入阻滞系数 α，β，给出突发灾害条件下的路段行驶时间：

$$T_a^r(t) = \lambda_{ta} t_a \left[1 + \alpha \left(\frac{q_a}{\lambda_{ca} C_a} \right)^{\beta} \right] \quad\quad (16.5)$$

其中，$T_a^r(t)$ 为突发灾害下路段行程时间；λ_{ta} 为突发灾害下对路段行程时间的影响修正函数；λ_{ca} 为突发灾害下对路段通行能力的影响修正函数；一般 α，β 参数的取值分别为 $\alpha = 1.4$，$\beta = 3$。

由于应急救援车辆在通过交叉口时一般会给予优先通行权，因此，计算通过交叉口的行程时间仅与交叉口路段长度 L 及救援车辆通过的速度 $\overline{v_t}$ 有关，如式（16.6）所示：

$$T_a^q(t) = \frac{L}{\overline{v_t}} \quad\quad (16.6)$$

②行程时间可靠性。北京交通大学熊志华提出行程时间可靠性的计算方法（Dakeda，2007），将路段阻抗函数作为行程时间可靠性的评价指标，分别选取常态下与非常态下的路段通行能力值 C 和 C_0，设在这 2 种状态下的路阻函数分别为 $u_{rs}(C)$ 与 $u_{rs}(C_0)$，则行程时间可靠性计算公式如式（16.7）所示：

$$TR_{rs}(\overline{\pi},\ C) = Pr\left(\frac{u_{rs}(C)}{u_{rs}(C_0)} \right) \leqslant \overline{\pi} \qu\quad (16.7)$$

其中，$u_{rs}(C)$ 为通行能力恶化情况下路段阻抗；$u_{rs}(C_0)$ 为常态下路段阻抗，$TR_{rs}(\overline{\pi},\ C)$ 为路段行程时间可靠性，$\overline{\pi}$ 为阈值。

③路网可靠性。路网通行能力一般取值为 ［0，1］ 区间，计算方法采用西南交通大学陈坚提出的引进灾害影响系数的方式来描述路网连通的可靠性（姜贵艳，2010）。计算公式如式（16.8）所示：

$$r_e = \frac{1}{\sigma_e \sqrt{2\pi}} \int_{x_e}^{\infty} \exp\left(-\frac{x - \overline{C_e'}}{2\sigma_e} \right) dx \ququad (16.8)$$

其中，r_e 为路段 e 的连通可靠性，$\overline{C_e'}$ 为路段 e 受突发灾害影响后的路段通行能力 C_e' 的平均值，σ_e 为路段 e 在突发灾害影响后的路段通行能力 C_e' 的标准差。

④行程时间与通行能力修正系数。路段行程时间修正系数。突发灾害对灾后道路通行的影响主要分为物理性破坏和功能性破坏两个方面。突发灾害下，部分路段发生阻滞，道路通行能力显著降低（陈坚，2011；冷军强，2010），不同性质灾害下自由流行程时间修正参数如表16.1、表16.2 所示。

表 16.1　　　　　物理性破坏下（地震）自由流行程时间修正系数

道路损坏程度	修正系数
轻微损坏	1.1
中等破坏	1.3
严重损坏	1.5

资料来源：杨兆升，于尧，孙文飞. 城市路网下应急救援路径选择方法［J］. 哈尔滨工程大学学报，2013，34（12）：7.

表 16.2　　　　　　　功能性破坏自由流行程时间修正系数

灾害天气情况	修正系数
大雨	1.3
大雪	1.35
大雾	1.3

资料来源：杨兆升，于尧，孙文飞. 城市路网下应急救援路径选择方法［J］. 哈尔滨工程大学学报，2013，34（12）：7.

　　路段通行能力修正系数。路段通行能力修正系数以美国 HCM2000 中对地震、雨、雪条件下路段通行能力的折算研究为基础（王艳萍，2010），可分别设计计算得到不同等级灾害下路段通行能力修正系数。

　　当路段车道发生物理性损毁时，整幅道路的通行能力都会受到极大的影响，对此重点考虑路面以及桥梁的破损坍塌情况对路段通行能力的影响，其通行能力修正系数如表 16.3 所示。

表 16.3　　　　　　　　地震灾害下通行能力修正系数

总车道数	可用车道数							
	1		2		3		4	
	折算系数	系数差	折算系数	系数差	折算系数	系数差	折算系数	系数差
2	0.4	—	—	—	—	—	—	—
3	0.2	0.4	0.6	—	—	—	—	—
4	0.1	0.2	0.3	0.4	0.7	—	—	—

资料来源：杨兆升，于尧，孙文飞. 城市路网下应急救援路径选择方法［J］. 哈尔滨工程大学学报，2013，34（12）：7.

功能性破坏：暴雨、暴雪等突发灾害会导致路面摩擦系数严重降低，其修正系数如表16.4所示。

表16.4　　　　　　雨、雪灾害下路段通行能力修正系数

灾害天气情况	折算系数
中雨、小雨	0.98
大雨	0.85
中雪、小雪	0.90
大雪	0.70

资料来源：杨兆升，于尧，孙文飞. 城市路网下应急救援路径选择方法［J］. 哈尔滨工程大学学报，2013，34（12）：7.

⑤路段阻断风险。地震发生时，对道路破坏的原因主要有：一是路面、桥梁受损和破坏；二是建筑物的倒塌等，若以城市应急救灾车辆调度为研究对象，则必须考虑建筑物倒塌所造成的路段阻断风险，针对此类型的阻断风险，需要考虑以下几个方面。

建筑物倒塌概率。影响建筑物倒塌概率的因素主要有地震等级以及建筑物耐震设计强度。假设 m 为建筑物的抗震强度，但随着使用年限的增加，建筑物的耐震强度会随之降低则建筑物的倒塌概率 P_i 计算如式（16.9）所示：

$$P_i = \begin{cases} 1 & m < m_0 \\ 1 - \dfrac{1 - e^{-\beta(m=m_0)}}{1 - e^{-\beta(m_\mu=m_0)}} & m_0 < m < m_\mu \\ 0 & m > m_\mu \end{cases} \quad (16.9)$$

其中，m_0、m_μ 分别代表预测地震等级或规模的上、下限。

路段的阻断严重性。建筑物倒塌是否会阻断道路，除了受建筑物本身破坏概率影响外，也受建筑物高度与其所处位置道路宽度的影响，建筑物高度越高或者道路宽度越小的路段，其阻断发生概率将比其他路段高，因此可将街道调和比定义为路段阻断严重性，所谓街道调和比是指街道沿线的建筑物高度 H 与道路总宽度 D 之比，若 H/D 太大，建筑物出现倒塌，将完全截断道路，造成交通中断。其计算公式为式（16.10）：

$$S_i = \frac{H_i}{D_i} \qquad (16.10)$$

其中，S_i 为路段 i 的街道调和比；H_i 为路段 i 的建筑物平均高度，D_i 为路段 i 的道路总宽度。

阻断曝光量。曝光量指道路系统可能发生阻断的机会，一旦道路两侧出现建筑物，则该路段就有机会于震灾时发生阻断，而建筑物密度越高的路段其产生建筑物倒塌的数量可能越多，相对地，道路阻断风险值亦随之增加，因此，影响曝光量的因子为道路两侧建筑物的多寡，此处定义路段阻断曝光量为路段中两侧建筑物密度乘以各路段的长度，阻断曝光量的计算公式如式（16.11）所示：

$$E_i = K_i L_i \qquad (16.11)$$

其中，E_i 为路段 i 的阻断曝光量；K_i 为路段 i 两侧建筑物的密度；L_i 为路段 i 的长度。

综合 P_i，S_i，E_i 可求得路段的阻断风险概率值公式为：

$$R_i = P_i S_i E_i \qquad (16.12)$$

其中，R_i 为路段 i 的阻断风险概率值，P_i 为建筑物倒塌概率，S_i 为路段 i 的街道调和比，E_i 为路段 i 的阻断曝光量。

（6）震后应急救援车辆行程时间的确定

我国将地震的强度分为 12 级，其中发生 7~8 级地震时地面将出现裂缝，9~11 级地震时道路地面将严重损坏，发生 11~12 级地震时则面临全面的破坏。地动灾害的发生往往伴随着路网交通的损坏，从而导致应急救援车辆运输过程中行驶时间的不确定性，进而造成受灾地点人员和财产的损失加重。所以，在地震灾害发生时，合理的车辆行驶时间表述方法将对应急救援工作的顺利开展有重要影响。

在地震灾害情景下，应急救援活动中运输车辆的行驶时间是一个无法预测的过程，为了表现这个不确定的过程，结合上面对车辆行程时间的描述，以及地震情景下应急救援道路的不同结构形式、道路行驶时间影响因素：道路两侧建筑物倒塌占路概率、道路等级和道路行驶长度三个方面，得出应急救援车辆行驶过程中的地震强度对行驶时间的修正系数、道路等级对行驶时间的修正系数和路段长度对行驶时间的修正系数，重新定义调度车辆在救援过程中行驶时间的修正公式，从而求解出应急救援调度车辆顺利经过该路程的行程时间的预计值。

通过文献综述发现，城市道路的震后通行能力主要和该条道路的路宽、瓦砾堆积的面积占路面积比等相关，国内外学者分别提出了相关的瓦砾分布模型，如式（16.13）所示：

$$城市道路通行能力修正系数 = \frac{道路宽度 - 瓦砾占道宽度}{道路宽度}$$

$$(16.13)$$

利用这种方法计算城市道路通行能力的修正系数，需要对道路的实际情况进行调查，包括道路旁的建筑物结构和特点、数量等，然后建立相应的数据分析系统，在经过模拟分析得到车辆行驶路段被损坏的概率，进而对比道路的原通行能力和现剩余车道面积求得地震灾害事件后的实际通行能力。但是这种方法虽然科学，但是前期的大量调研工作导致在实际应用中难以推广。为较为简单地计算地震灾害事件发生后路段可以通行的能力，结合许良（2006）关于道路通行能力的研究，利用房屋塌毁占据道路的概率对通行能力进行修正，修正系数如表16.5所示。

表 16.5 房屋塌毁占路程度对通行能力修正的 ξ_m 取值

震程	房屋随时倒塌占路	房屋倒塌可能性较小但占路可能性较大	房屋随时倒塌占路可能性较小	房屋倒塌可能性较大但占路可能性较小	房屋倒塌和占路可能性都较小
ξ_m	0	0.5	0.6	0.8	1.0

资料来源：许良. 交通运输网络可靠性研究分析［J］. 中国安全科学学报，2007，17（1）：6.

利用房屋塌毁占据道路的概率对通行能力进行修正，应用于地震情景下应急救援车辆调度问题，主要考虑了道路交通网络的连通性。道路交通网络的连通性体现了道路行驶的可靠程度，这里可靠程度有两个状态：最大可通行能力和通行能力为零。当道路两节点之间的可通行不为零时表现为该路段是可以正常通行的，否则为不能正常通行。在地震灾害情景下，道路两节点之间的可通行性是介于完全可通行和完全不可通行之间的，因此，将房屋倒塌时瓦砾的占路比率分为五种情况，对每一种情况发生的概率给定一个值，最终计算得到的值的大小表示的是对道路受损程度估计以及对通行能力的修正值，如表16.6所示。

表 16.6 不同房屋倒塌占路概率对通行能力修正系数

震程	房屋随时倒塌占路	房屋倒塌可能性较小但占路可能性较大	房屋随时倒塌占路可能性较小	房屋倒塌可能性较大但占路可能性较小	房屋倒塌和占路可能性都较小
受级	一级	二级	三级	四级	五级
pr	0.1	0.4	0.3	0.1	0.1
ξ_m	0	0.5	0.6	0.8	1.0

资料来源：许良. 交通运输网络可靠性研究分析 [J]. 中国安全科学学报, 2007, 17 (1): 6.

$pr(\xi_m)$：两道路节点之间的路段因瓦砾占路受损为对应情况下的概率。

例如，如果两道路节点之间的路段受损为房屋随时倒塌占路可能性较小，这种情况下受损级别为三级，$pr(\xi_m) = 0.3$，那么该段路的破坏程度的期望值就是 $\sum_m pr(\xi_m) \times \xi_m$，将 $\sum_m pr(\xi_m) \times \xi_m = 0.18$ 作为该路段的通行能力修正系数 I_v。

不同的道路等级具有不同的结构，其道路状况也不尽相同，在地震灾害情景下，道路的等级是考虑道路抗震性的重要指标，是判断道路是否受到破坏的重要衡量标准，如果道路等级较差，那么道路的宽度较窄，容易被瓦砾占道使得不能通行，反之则能通行。本书将道路等级用快速路、主干路和次干路表示，并赋予不同的震后车辆行驶时间的影响系数，如表 16.7 所示。

表 16.7 道路等级对时间的影响系数

道路等级	快速路	主干路	次干路
影响系数 p′	1.0	1.1	1.4

资料来源：笔者绘制。

应急救援车辆的行驶路径的长短是影响车辆行驶时间的一个重要因素，车辆行驶路径的长度越短，行驶过程中遇到的不确定因素越少，救援的可靠性越高，柳春光等（2006）在研究了交通救援工程的系统后，发现了最终救援路径中路段的可靠性和该条路段的长短有关。另一位学者许添本（1995）也在研究中验证了行驶道路的长短是车辆行驶过程中被阻断的一个重要因素。对此，本书结合已有文献的研究，将两节点之间的路段长度作为影响应急救援车辆行驶时间的一个因素，影响系数如表16.8所示。

表16.8　　　　　　　　　　道路长度对时间的影响系数

路段长度 d（千米）	d<0	0.6<d<1.2	1.2<d<1.8	d>1
影响系数 d′	1.0	1.1	1.3	1.7

资料来源：笔者绘制。

根据以上研究分析，概括总结道路两侧建筑物倒塌占路概率、道路等级和道路行驶长度三个方面对应急救援车辆行驶时间的影响之后，综合得出地震灾害事件后车辆在两节点之间的路段行驶时间的估计公式如式（16.14）所示：

$$T_{i,j,k}^0 = \frac{p'd'}{I_v}T(c)_{i,j,k} \qquad (16.14)$$

其中，$T_{i,j,k}^0$：应急救援车辆 k 从待救援点 i 行驶到待救援点 j 的行驶时间估计值；$T(c)_{i,j,k}$：常态下车辆 k 从出发点 i 行驶到目的地 j 的行驶时间估计值如式（16.15）所示：

$$T(c)_{i,j,k} = \frac{D_{ij}}{v_{ij}} \qquad (16.15)$$

对于时间的处理，只考虑车辆行驶路径最短是远远不够的。应急救援具有紧急性、急迫性和不确定性，在最短的时间里以最快的速度将应急救援物资送至待救援点是首要目的，也是减少人员伤亡、财产损失等各种损失的主要途径。

（7）应急车辆调度优化问题

应急救援车辆调度及路径优化问题是根据旅行商（TSP）问题发展而来，在旅行商问题中，求得的满意解是一个从出发点开始到最后一个点结束的一组序列。而在应急车辆调度领域，对应急救援车辆调度问题可以描述为在一个供求关系中，有若干应急救援配送中心、车辆和待救援点，在一定的条件限制下，通过合理的应急救援车辆调度，把应急物资（药品、救援器材等）从配送中心送达各救援点，在满足各救援点

461

需求情况下，使得车辆调度最优化。

为突出研究的一般形式，一般有如下限制：

①救援中心有足够的救援车辆进行救援，每条救援路径上待救点的需求量不超过该救援车辆的车载容量；

②每个待救援点有且只有一辆救援车辆对其进行物资的配送或伤员的接送，每辆救援车辆从应急救援中心出发后必须返回救援中心；

③在整个救援活动的过程中，所有待救援点必须得到服务；

④待救援点的位置坐标和救援物资需求量或伤员数量已知。

（8）车辆调度时间窗限制

国内外研究现状表明，在地震灾害情景下的应急救援工作，车辆调度的工作都是围绕着时间展开的，时间窗的约束是调度工作的核心内容。类似于物流运输的时间窗约束，应急救援车辆调度的时间窗问题就是在充分考虑待救点对救援到达时间有一定要求的基础上，将待救点时间要求限制加入车辆救援路线优化问题中，便成为带时间窗的车辆路径问题。

本书中篇已对时间窗的类型进行简要介绍，具体可用以下进行概括：在一个应急救援车辆调度的过程中，有多个应急救援中心，n 个受灾待救点，k 辆物资配送运输车辆，如果救援中心和受灾待救点的位置确定，运输车辆的可运输数量确定，在待救援点时间约束的范围内求解车辆的运输路径，达到最短时间进行救援的目标。

一般车辆调度问题根据时间窗类型可以分为硬时间窗车辆调度问题和软时间窗车辆调度问题（姜淑珍，2005）。硬时间窗车辆调度问题是指如果车辆无法在受灾点所要求时间窗内将货物送达需求点，则放弃接收该物资；软时间窗车辆调度问题是指如果车辆不在受灾点规定的时间内将物资送达应急需求点，不论早到或迟到都可以接收该物资，但要对其进行一定程度的处罚。

设受灾点 i 需要应急物资的时间表示为 T_i；且受灾点 i 需要在一定的时间范围 $[E_i, U_i]$ 内接收物资，其中 E_i 为灾点 i 允许接收物资的最早时间，U_i 为灾点 i 允许接收物资的最迟时间。

①硬时间窗。硬时间窗要求救援车辆需要在时间窗的约束范围内抵达，在时间窗之前到达必须等候，而在时间窗之后到达则拒绝服务，如图 16.3 所示。

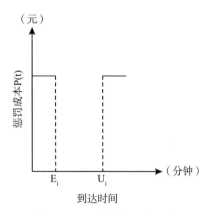

图 16.3 硬时间窗函数图像

资料来源：笔者绘制。

　　硬时间窗约束可描述为：在时间窗 [E_i, U_i] 内，车辆必须完成待救援点 i 的救援任务，否则该待救援点就拒绝该车辆的服务，拒绝服务时对该车辆的惩罚是一个较大的数 M。

　　②软时间窗。软时间窗是指车辆不一定必须在时间约束的范围内抵达，但是如果在时间约束范围之外抵达则必须接受处罚，以惩罚替代等候与拒绝服务是软时窗与硬时窗最大的差别，如图 16.4 所示。

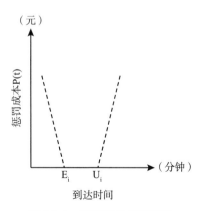

图 16.4 软时间窗函数图像

资料来源：笔者绘制。

　　软时间窗约束可描述为：待救援点的期望救援时间窗为 [E_i, U_i]，如果配送车辆到达待救援点 i 的时间早于 E_i，或者晚于 U_i，仍然可以接收该物资，但配送车辆要付出一定的惩罚费用 $P(t_i)$。

鉴于应急车辆调度所处情境为灾后突发应急事件，凸显出时间与物资到达的紧迫性，一般现实情景中对应急车辆提前到达应急需求点的时间没有限制，而对车辆最晚到达时间有一定约束，这是因为物资延迟到达可能会加重灾区因灾损失或加剧灾区绝望情绪，降低预期救援效果。因此，一般情况下应急车辆调度问题大多是单边软时间窗车辆调度问题。

③单边模糊时间窗。通过分析，在地震条件下，由于特殊的救援环境和救援任务，待救援点对待时间窗提出了特殊的要求，传统的时间窗约束已经不适合应用，通过文献检索和总结，本书提出单边模糊时间窗的概念，如图 16.5 所示。

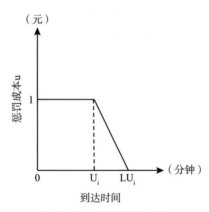

图 16.5　单边模糊时间窗

资料来源：笔者绘制。

描述为在地震条件下，车辆在救援过程中，对于待救援点来说，救援时间是越早越好，晚一分钟都有可能造成人员伤亡和财产损失，所以，对于待救援点的时间窗，早到不受惩罚，晚到会受到一定的惩罚，惩罚会随着时间的增加而增加，惩罚用客户满意度 u 表示：

$$u = \begin{cases} 1, & 0 \leq t \leq U_i \\ \dfrac{LU_i - t_i}{LU_i - U_i}, & U_i \leq t \leq LU_i \\ 0, & t \geq LU_i \end{cases}$$

其中，U_i 表示时间窗到达要求，LU_i 表示时间窗到达要求的下限。

（9）应急车辆路径问题分类及特点

①车辆路径问题主要类型。第一，多供货点问题（multiple depot VRP，MDVRP）：多个供货点可以同时对客户进行供货，该类问题的研究涉及供货点如何选择；第二，带有时间窗的问题（VRP with time windows，VRPTW）：每个客户对车辆的最早到达时间（earliest time）、最迟到达时间（latest time）及服务时间（service time）均有一定的要求；第三，随机问题（stochastic VRP，SVRP）：问题涉及的某类元素具有随机性，如需求到达服务时间等，也有研究者将该类问题定义为动态车辆路径问题（dynamic VRP，DVRP）。第四，分批交货问题（split delivery VRP，SDVRP）：相当于满载问题，一个客户的需求需要多个车来满足。第五，回程时集货的问题（VRP with backhauls，VRPB）：该类型问题是指当所有的货物都送完之后车辆还要到一些客户处取货的问题。第六，集货供货一体化问题（VRP with pick-ups and deliveries，VRPPD）：即车辆在送货之前要先取货的问题。

②车辆路径问题特点及一般表述。该类问题数学模型的特点有三个。

第一，容量大。该种模型对参数的容纳能力很强，能够表达任何大规模的问题。

第二，灵活性高。随着实际应用需求的出现，数学模型的表达形式会随着问题条件的变化而发生一些改变，但是无论数学模型采用何种形式，基于 VRP 问题的基本含义，它们都可归结为如下所示的模型基本结构如式（16.16）和式（16.17）所示：

目标函数：

$$\text{min or max} z = f(x) \tag{16.16}$$

约束条件：

$$\left\{ \begin{array}{l} \text{与车辆能力相关的约束} \\ \text{与任务相关的约束} \\ \text{与道路网络流量相关的约束} \\ \text{其他约束} \\ \text{变量设定} \end{array} \right. \tag{16.17}$$

在该结构中要增加、减少或者改变一些约束，只需要对相应约束内容对应的式子进行操作。

第三，通用性强。一旦将路径规划问题抽象成上述的数学模型，从模型本身就很难看出原问题所属领域，任何可以抽象成该类型模型的其他管理决策问题都可以用这类模型表示。这一特点也使得 VRP 在抽象成上述数学模型的过程中失去了本身的问题特征，其求解过程单纯是对数据的操作，因此求解的结果将是不带任何领域知识和信息的数据，若要将这些数据包含的意思还原成用户能够理解的形式，需要寻找建模之初对这些变量做出的假定含义，进而对这些模型进行相应领域的适应性改造，这个过程往往需要专家来实现，这时会造成模型复杂化、专业化，但同时会使模型解决实际问题的能力得到巨大提升。

（10）车辆调度情况下的最短路径问题

①常规车辆调度中最短路径问题。

第一，行驶距离最短。最优目标设为车辆行驶距离最短，道路权重为路段长度。虽然这一权重容易获得，但实用性不强，只适用于路网道路条件极好的情况。在实际路网中，情况复杂，距离最短的路线上往往极易拥堵，此时，行驶距离最短并无太大的实际意义和参考价值。

第二，行程时间最短。在拥挤的路网中，距离因素不能作为衡量标准，而此时车辆行驶时间最短成为最期望得到的结果，也是衡量路线最优的有力标准。这里若选择平均行驶时间，但用平均车速这一反映道路技术等级的静态变量，只能反映一部分现实情况，因而只具有一定的参考价值；若选择实际行驶时间，但得到的当前最优路径在下一段时间里并不一定最优，同样具有一定局限性；此时可以引用模型预测交通流影响下的行驶时间，这样得出的预测方案具有实时性和有效性。

第三，道路路况最优。道路状况指路段长度、路段宽度、路面类型、道路线形、坡度等指标情况，将上述指标的实际情况进行综合评价，通过层次分析法等方法确定各指标权重并求和，得到路段的综合路况，并以此为依据选择最优路径。

第四，交通状况最优。如果路段的车流密度较小，交通设施良好，道路管控水平较高，那么车辆出行将会很方便，这样的路段是车辆出行优先选择的路段。将上述因素整理后进行实时分析，通过综合对比，可选择出最优的车辆行驶路径。

第五，出行成本最小。最优目标为出行成本最小，出行成本包括车辆出行的固定成本和路段上行驶的单位成本，求得这两种成本之和作为路段的权重，体现了经济效益。在资源有限的情况下，也需要考虑成本因素，为出行决策和路径选择也提供了一定的依据。

第六，可靠程度最高。车辆行驶路网路段所处环境比较复杂时，需要考虑实际的地形和实时天气状况及路网中通信质量等因素，这些因素都会影响车辆出行，同时还要考虑在复杂路网中驾驶员的生理和行为反应、其他行人出行影响等，所以综合上述分析，这里就需要评价出路段的车辆行驶可靠性来确定路段的优劣，进而选择出最优路段。

②应急车辆调度中最短路径问题。自然灾害事件发生后，应急车辆调度与运输过程会受到灾害事件本身及其衍生灾害的影响，为了使应急物资和救援人员可以及时、安全抵达应急需求点，应急救援系统必须进行有效指挥调度，选择出应急救援情景下的最优车辆路径，而此时最优路径是指各指标综合权重最小的路径，是具有实际意义的最短路径，与常规情形下最短路径有明显区别。

灾害发生后，应在第一时间进行应急救援响应，同时展开应急资源的输送，此时应急救援情景下最短路径问题一般将时间因素放在第一位，在保证时间最短的情况下，同时考虑其他复杂因素的影响。

上面提到的复杂因素是指自然灾害发生后引发的严重后果，如路网道路的损坏和道路周边的建筑物倒塌而对道路的破坏，直接阻碍或阻断车辆的通行；道路状况和各种车辆的行驶又会导致车辆的拥堵，使得应急车辆通行不畅；灾害后可能持续的恶劣天气和灾害后引发的次生灾害也会给应急车辆运送应急资源带来诸多不便和干扰；基础设施也会在灾害中受到严重破坏，使得通信和电力等中断，给应急救援带来许多问题，使得应急车辆路径选择也更加困难。综上，应急车辆调度除了考虑时间问题外，还必须考虑路网路段上应急车辆行驶的可靠性，避免不必要的交通事故的发生，即选择车辆行驶较可靠的路径。

在自然灾害事件发生后，应急车辆与路径调度优化是以应急物资配送或救援中心为起始点，在受灾地区的救援需求点确定的情况下，进行应急车辆调度和最佳路径的选择。因此，应急救援车辆调度与路径优化问题是综合权衡各种因素，同时兼顾时效性和应急车辆行驶可靠性的最优路径选择问题。

（11）应急车辆路径选择多目标优化法

多目标规划问题是数学规划问题的一个重要分支，主要研究在给定约束范围内多个目标函数的最优化问题。例如，自然灾害下不同应急救援阶段车辆路径优化问题就面临着多个目标同时优化的情形，在应急救援的两个阶段里分别对应急车辆行驶可靠度和时间、应急车辆行驶成本和时间进行优化处理。

解决一个多目标优化问题时存在两个重要的问题：搜索和决策。依赖于搜索与决策两个过程的优化关键是如何使两者最佳组合，即在搜索与决策间寻找平衡点，分为三种情况：①搜索前决策。②决策前搜索。③搜索和决策相互融合（李紫瑶，2011）。

搜索前决策是指充分利用经验信息，经典求法就是将多目标优化的目标转化或合成为一个单目标；决策前搜索是在没有任何经验信息的情况下进行优化，搜索过程的结果是候选解的集合，最后决策出结果；搜索和决策相互融合是指在交互优化过程中，求得大量的折中方案，决策者可以给出更深的经验信息加以引导更深层解的搜索。

求解多目标规划问题的优化方法主要包括两大类。第一类是评价函数法，主要是在解决问题之前就能向目标赋予权重或优先级，那么多目标优化问题将转化为一个单目标问题，以便于问题求解。转化的方法主要有两种：一是通过计算所有目标的加权总和就可以把不同的目标转化为一个单一目标；二是不同的解可以按照优先顺序排序并且按照字典顺序互相比较；第二类是分层序列法，该方法根据目标函数重要程度的排序，在求得排序靠前的目标最优解的前提下，在相对重要的目标函数最优解集的基础上求解下一个相对不重要的目标函数的最优解，直到得到所有目标函数都满足最优的共同解。

（12）震后伤员救援车辆调度问题简化

震后伤员救援车辆调度问题类似于多配送中心的车辆优化调度问题，只是前者的约束条件更加苛刻。该情况下，需要采用聚合优化算法对问题进行简化，结合前文多目标优化方法的介绍，将多救援中心问题简化为多个单救援中心问题，各救援中心和其所分配到的灾点就形成几个暂时独立的救援区域，即把整个灾区划分为若干个相对集中的救援小区域。

地震应急救援是一个统筹规划的问题，首先对各个灾区的灾情轻重缓急要有一个大致的了解，重灾区理应在救援初期投入更多的救援车辆，灾情较轻的区域可以考虑占用较少的救援车辆，做到对救援物资的合理调度。此外，救援区域的划分还可以做到化整为零，避免救援初期因对灾情不了解而随意动用有限的救援车辆，同时划分救援区域后救援力量更有针对性，通过各救援区域的有效沟通可以快速收集灾情，为后续救援提供信息保证。所以，对应急救援区域的划分是一个救援行动能否及时开展以及后期救援能否取得成功的先决条件。

救援区域的划分有两个重点：一是明确哪些位置是潜在的灾点；二是采用什么方法来划分。

在救援区域的划分中，首先可以针对伤员集中区和救援中心两个救援主体来考虑。在伤员集中区这一块，本书拟以建筑楼层高度、建筑新旧程度、人口密度的大小以及路网分布情况来划分救援区域。类似于城市划分中的市中心、中心朝外以及郊区，本书针对城市中心区域楼层最高、人口密度最大，市中心以外人口密集的住宅小区，城市郊区的居民集中区以及工厂学校等潜在的重灾点进行救援区域划分。在救援中心这一块，虽然各地的医院也是受灾区，但是医院毕竟有更多的急救物资，同时救援人员也更集中，围绕医院建立救援中心不仅方便周边伤员，同时救援人员在熟悉的场所进行救治可以更好地克服地震带来的恐慌心理。综上所述，本书确定了灾点和救援中心的特征，方便了后面的区域划分。

在简化方法的选择上，本书明确受灾地各灾点和救援中心的坐标位置，采用聚合优化算法判断各灾点的归属情况。聚合优化算法的核心是通过比较灾点与相邻的两个救援中心的距离值的大小来确定灾点的归属。在救援区域的划分过程中，不需要特别具体的距离值，同时实际距离的估算确实费时费力，因此决定采用较为简单的欧氏距离来代替。这里存在一种特殊情况就是，灾点和相邻的两个救援中心的距离值相差较小，如果简单地把灾点划归与其距离较近的救援中心可能会出现某一个救援中心所承载的救援量过大，而导致救援调度失衡，因此提出了边缘系数的概念。边缘系数是灾点与相邻的两个救援中心的距离值的比值。只有当灾点与其中一个救援中心的距离远远小于该灾点与另一个救援中心的距离，即边缘系数较小时，才能明确地将其划分到此救援中心的救援范围之内。若灾点到任意一个救援中心的欧式距离相近，即边缘系数较大，则该灾点暂时不参与划分，将其纳入边缘点集合，直到所有灾点全部划分完毕。对于边缘点集合里面的点，要综合考虑该灾点救援需求量、救援中心剩余救援能力以及灾点距各救援中心的距离来确定归属。

为了帮助灾点划分，设定参数 f 为边缘值，当灾点的边缘系数小于该值时则该灾点应该分配到与之最近的救援中心，反之则划入边缘点结合。

算法的实施步骤如下：

步骤 1：计算所有灾点与各救援中心的欧式距离，形成一个距离集合 $\{d_{ij}|i=1, 2, \cdots, n; j=n+1, n+2, \cdots, n+m\}$，其中，i 对应的是灾点，j 对应的是救援中心；

步骤 2：计算各灾点的边缘系数值 $f_{ij}=d_{ij_{n+1}}/d_{ij_{n+2}}$，其中，$d_{ij_{n+1}}$ 是灾点 i 和最近的救援中心的距离值，$d_{ij_{n+2}}$ 是灾点 i 和次近的救援中心的距离值；

步骤 3：设定 f 为边缘值，若 $f_{ij}<f$，则灾点 i 归属于救援中心 j_{n+1}；若 $f_{ij}>f$，则灾点 i 是救援中心 j_{n+1} 和 j_{n+2} 的边缘点，归入边缘点集合；

步骤 4：重复上述步骤完成每一个灾点的划分。

经检验设置边缘值 f 为 0.85，使得一部分灾点落入边缘集合内，结合各救援中心所分配到的灾点情况，将边缘集合内的灾点合理分配给与之相接近的两个救援中心，可以有效平衡各救援中心的救援压力，做到救援物资的合理分配。

结合人口集中区和地理上距离较近的救援中心来划分救援区域，不仅可以把多个出救点的救援问题简化为单个出救点问题，同时从各自救援区域的角度来分析伤员情况以及路网动态变化情况也更为方便，避免因救援区域较大造成救援需求预估不合理，以致后续救援车辆调度无法快速有效地开展。

16.2.2 常见车辆路径问题类型

（1）配额旅行商问题

应急车辆应该尽快地对每一个受灾点进行服务，而此时每个受灾点的需求往往是不相同的，但是应急车辆本身所能装载的应急物资是有限的，并不能完全服务所有的受灾点，因此应急车辆还需尽可能快地回到出发点进行补给，以便尽快地服务更多的受灾点。这种要求运输工具返回出发点，并且只要求运输工具服务部分固定需求情形下的以总费用或者所消耗的总时间最少为目标的问题可以用配额旅行商问题（quota TSP）来描述（吴腾宇，2015）。

（2）需求可分的车辆路径问题

在传统的 VRP 中，通常假设每个顾客的单次需求仅由一辆车完成，即假设每个需求是不能分割的。但在现实中，经常会出现这样的情况，车辆在为一系列顾客补货后，此时车上所载商品数量不能完全满足下一顾客的需求，仍将车上所载剩余商品配给该顾客后，返回配送中心补充商品，该顾客未被满足的需求可通过其他路径来实现，也就是说，一个顾客的需求可由同一车辆的多次服务或者多辆车的服务来实现（谢秉磊，2012）。这个问题被称为需求可分的车辆路径问题（split delivery vehicle routing problem，SDVRP）。

（3）模糊车辆路径问题

在以往的绝大多数 VRP 研究中，人们一般假定在构造路径之前，所有信息（包括顾客信息、车辆信息、路况信息以及线路制定者信息等）都是已知的、确定的，提出的算法也是用来求解确定性条件下的 VRP。但在许多实际的应用中，由于受客观世界中存在的不确定性因素以及人类观察、认识事物的模糊性的影响，车辆路径问题的某些信息可能是模糊的、不确定的。在这种情况下，传统确定性条件下的 VRP 理论和方法不能处理该类问题，需要研究一整套新的、与传统确定性 VRP 理论和方法相对应的不确定 VRP 理论与方法——模糊车辆路径问题（FVRP）（张建勇，2006）。

在现实生活中，模糊车辆路径问题往往不只存在一种模糊因素，且考虑的因素包括车辆数、车辆容量、行驶时间、节点效能、安全性等多个因素，因此，模糊车辆路径问题往往是带约束和多重模糊性的多目标组合优化问题。模糊车辆路径问题是车辆路径问题其中的一个分支，其含义为：在外部环境（如交通状况、客户需求量、车辆旅行时间等）无法精确预测的情况下，如何合理地为每个客户分配车辆，安排车辆的行驶路线和出发时间，以使得某些指标（如总费用、总行驶距离等）最优。

（4）静态与动态车辆路径问题

在经典的车辆路径问题（vehicle routing problem，VRP）中，人们一般假定在路径规划之前，所有信息如顾客的地理位置、顾客请求服务时间、顾客请求服务量、现场服务时间和旅行时间等在路径规划前是已知的，并且这些信息均与时间无关，不随时间推移而变化。在这样的假

471

定下，安排的路径也是相对固定的，因而这类车辆路径问题被称为静态车辆路径问题（赵燕伟，2010）。

但在实际的物流配送过程中，顾客的需求是随时变化的，如在车辆已出发后，仍可能出现新客户提出服务请求或客户信息发生变化的情况，调度系统需要快速响应信息的更新，重新制订线路计划，这类需求动态变化的问题就称为动态车辆路径问题（PSARAFTIS，1995）。

（5）带时间窗和同时取送货的车辆路径问题

带时间窗和同时取送货的车辆路径问题（vehicle routing problem with simultaneous pickups and deliveries and time windows，VRPSPDTW）是指一组具有相同类型的车辆从配送中心出发，对其确定的客户集进行服务，完成服务后返回配送中心。每个客户的需求量和希望得到服务的时间窗是已知的，车辆在配送中心装好客户需要的货物在客户允许的时间窗内将货物送达，同时按取货要求从客户手中将货物取回配送中心，每个客户仅由一辆车访问一次，问题是如何给每辆车确定其行驶路线，使车辆在行驶过程中满足车辆装载能力和行驶距离等限制条件下，以最少的车辆数、最低的行驶成本满足所有的客户需求。

VRPSPDTW 是在 VRPTW 基础上加上取送货作业，按照取送货时各客户点间的关系可细分为多种类型，如取货作业一定要在所有送货作业完成后才能进行——即先送后取；各个客户点在进行送货服务的时候又可以顺便完成取货任务，但有可能在该客户点取到的货物将送到另一个客户点，即前点取后点送；各个客户点可以在取货的同时也送货，但是取到的货物带回配送中心，即同时取送。

此外，在添加了时间窗约束的情况下，又可以根据客户对时间要求的严格程度，把 VRPSPDTW 分为带硬时间窗和同时取送货的车辆路径问题（VRPSPDHTW）、带软时间窗和同时取送货的车辆路径问题（VRPSPDSTW）。

（6）多目标车辆路径问题

多目标车辆路径问题是指：给定若干具有一定需求量的客户，若干具有一定装载能力的车辆从配送中心出发，为客户进行配送服务后回到配送中心，同时使总路程最短、车辆数最少、费用最省等多个目标达到最优。与单目标车辆路径问题相比，多目标车辆路径问题更接近于现实生活，对实际问题更有指导意义。现实生活中，为了根据实际情况提高效益，在 VRP 中有时要考虑多个目标，如路程最短、车辆最少、时间最短、费用最少等，在情况比较复杂时，如何取决要看决策者对各目标的定位（张晓倩，2015）。

（7）多车场车辆调度问题

多车场车辆调度问题（MDVSP）可以描述为：物流配送渠道由 m 个车场、n 个送货点（城市）组成，送货的车辆有 k 种车型，配送车辆从各个车场出发到各送货点送货，每个送货点的需求货物重量、时间窗以及每辆车限定容量都是已知的，每辆车到达各送货点把货物卸载完之后返回原出发车场。费用函数为总路程数，目标为使总路程数最小（王晓博，2009）。

16.2.3　常见车辆路径问题数学模型

（1）配送车辆优化调度问题模型

①多配送中心车辆优化调度问题（MDVRP）的约束。随着问题研究的不断深入，单配送中心的车辆调度问题逐渐发展为多配送中心的车辆调度问题。多配送中心车辆优化调度问题有如下几个约束：

第一，多配送中心约束，各物料中心都可以给物料需求方送货，物料中心和需求方所在位置确定，各物料中心的存货量能够满足一定客户的需求；

第二，荷载量约束，每台配送车辆的荷载量一定，每个客户的需求量受为其提供服务的车辆的荷载量限制；

第三，服务次数约束，一次配送即可满足客户点的需求；运输车辆出发和返回于同一个物料中心；

第四，运输车辆单次服务有最大行驶距离限制；各物料中心和物料需求点之间的行车距离和时间都是已知的；

第五，时间窗约束，包括硬、软两种时间窗约束，运输车辆需在各物料需求点的时间窗期限内将物料送达，否则将受到惩罚。

②无时限多配送中心车辆优化调度问题的数学模型。某城市有 H 个救援中心，要给 N 个灾点提供救援。一个救援中心（因其救援量的限制）只能救援一定数量的灾点，所以就需要将城市进行区域划分，配合 H 个救援中心，考虑将城市分为 H 个区域，按照相应规则，把每个

灾点分配给各自所属救援区域的救援中心。问题要求如下：

救援中心 h 有 K_h 台救援车辆，每辆车存在两个限制条件：一是车辆的荷载量 $Q_{hk}(k=1, 2, \cdots, K_h)$，二是一次行驶的最大距离 D_{hk}；救援中心 h 要救援 $L_h(h=1, 2, \cdots, H)$ 个灾点；救援中心 h 救援的第 i 个灾点的救援需求量为 $q_{hi}(i=1, 2, \cdots, L_h)$；假定灾点 i 到 j 的距离为 $d_{ij}(i, j=1, 2, \cdots, L_h)$，救援中心 h 和灾点 j 的距离为 $d_{hj}(h=1, 2, \cdots, H; j=1, 2, \cdots, L_h)$；救援中心 h 中第 k 台救援车辆的实际救援量为 n_{hk}；k 台救援车辆就有 k 条救援路径，救援中心 h 中的救援路径用集合 R_{hk} 表示，其中的元素 r_{hki} 表示灾点在第 h 个救援区域中的路径 k 中的顺序为 i（不包含救援中心），令 $r_{hk0}=0$ 表示救援中心。

目标函数为车辆行驶距离最短，建立如式（16.18）所示的数学模型：

$$minZ = \sum_{h=1}^{H} \left\{ \sum_{k=1}^{K_h} \left[\sum_{i=1}^{n_{hk}} d_{r_{hki}r_{hk(i+1)}} + d_{r_{hkn_{hk}}r_{hk0}} \cdot sign(n_{hk}) \right] \right\} \quad (16.18)$$

约束条件有：

第一，各救援路径上的总需求量满足救援车辆的荷载量限制，如式（16.19）所示：

$$\sum_{i=1}^{n_{hi}} q_{hr_{hki}} \leqslant Q_{hk} \quad (16.19)$$

第二，每条救援路径的长度不超过救援车辆单次救援的最大行驶距离如式（16.20）所示：

$$d_{r_{hki}r_{hk(i+1)}} + d_{r_{hkn_{hk}}r_{hk0}} \cdot sign(n_{hk}) \leqslant D_{hk} \quad (16.20)$$

第三，各救援区域内的伤员都得到救援，如式（16.21）所示：

$$\sum_{k=1}^{K_h} n_{hk} = L_h \quad (16.21)$$

第四，每个灾点均得到救援，且仅得到一辆救援车辆的救援如式（16.22）和式（16.23）所示：

$$\sum_{h=1}^{H} L_h = N \quad (16.22)$$

$$R_{hk_1} \cap R_{hk_2} = \varnothing, \forall hk_1 \neq hk_2 \quad (16.23)$$

第五，$sign(n_{hk})$ 表示救援区域 h 内的第 k 辆车参与了救援；反之，没有参与，具体如式（16.24）所示：

$$sign(n_{hk}) = \begin{cases} 1, & n_{hk} \geqslant 1 \\ 0, & 其他 \end{cases} \quad (16.24)$$

（2）应急车辆调度问题一般模型

选择总路径最短作为目标。只有一个救援配送中心负责向 n 个待救点进行救援物资配送任务，车载容量 Q_k 一定，K 辆车为 n 个待救援点服务（其中救援中心有统一的车型，本书以救护车为统一车型），完成对待救援点服务后回到救援中心。该模型的示意图表述如图 16.6 所示。

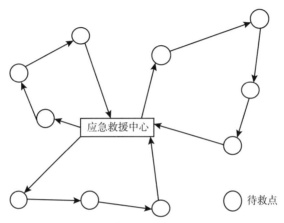

图 16.6　单目标车辆调度示意图

①参数设置。

K：配送车辆数；

Q_k：第 k 辆车的载重量（k = 1，2，…，K）；

n：待救点总数；

q_i：第 i 个待救点需求量；

d_{ij}：第 i 个待救点与第 j 个待救点之间的距离；

D：车辆行驶上限；

$(x_0，y_0)$：表示救援中心位置；

$(x_i，y_i)$：表示待救点位置；

②变量定义和模型建立。

变量定式如式（16.25）和式（16.26）所示：

$$x_{ij}^k = \begin{cases} 1，\text{车辆 k 从 i 到 j} \\ 0，\text{其他} \end{cases} \quad (16.25)$$

$$y_i^k = \begin{cases} 1，\text{待救援点 i 的需求由车辆 k 满足} \\ 0，\text{其他} \end{cases} \quad (16.26)$$

i，j：表示应急待救点。

具体模式如式（16.27）~式（16.32）所示：

目标函数：

$$f_1 = \min \sum_i^n \sum_j^n \sum_k^K d_{ij} x_{ij}^k \qquad (16.27)$$

约束条件：

$$\sum_{i=1}^{n_k} q_i \times y_i^k \leqslant Q_k, \ k \in \{1, 2, \cdots, K\} \qquad (16.28)$$

$$\sum_{k=1}^K y_i^k \geqslant 1, \ i \in \{1, 2, \cdots, n\} \qquad (16.29)$$

$$\sum_{i=1}^n x_{ij}^k = y_j^k, \ j \in \{1, 2, \cdots, n\}, \ k \in \{1, 2, \cdots, K\} \qquad (16.30)$$

$$\sum_{j=1}^n x_{ij}^k = y_i^k, \ i \in \{1, 2, \cdots, n\}, \ k \in \{1, 2, \cdots, K\} \qquad (16.31)$$

$$d_{ij} = \sqrt{(x_i - x_j)^2 + (y_i - y_j)^2} \qquad (16.32)$$

模型中，式（16.27）为目标函数，表示行驶总里程最短；式（16.28）表示每辆车的运载量不超过其最大载重量；式（16.29）表示第i个待救点只能由一辆车完成配送；式（16.30）表示某待救点必定有一辆来自另一点车完成运输，并且只有一辆车完成该任务；式（16.31）表示某待救点必定有一辆车去向另一点，并且只有一辆车；式（16.32）表示两待救点之间的距离。

（3）带有时间窗约束的车辆调度模型

基于前文单边时间窗和应急救援车辆行程时间的介绍，以救援路径最短和救援时间最少建立应急救援车辆调度的单边时间窗车辆调度模型，如式（16.33）~式（16.41）所示：

定义变量：

$$\text{sign}(n_k) = \begin{cases} 1, & n_k \geqslant 1 \\ 0, & \text{其他} \end{cases} \qquad (16.33)$$

目标函数：

$$f_1 = \min \sum_i^n \sum_j^n \sum_k^K d_{ij} x_{ij}^k \qquad (16.34)$$

$$f_2 = \min \sum_i^n \sum_j^n \sum_k^K T_{ij} x_{ij}^k \qquad (16.35)$$

476

约束条件:

$$\sum_{i=1}^{n_k} q_i \times y_i^k \leqslant Q_k, \ k \in \{1, 2, \cdots, K\} \tag{16.36}$$

$$\sum_{k=1}^{K} y_i^k \geqslant 1, \ i \in \{1, 2, \cdots, n\} \tag{16.37}$$

$$\sum_{i=1}^{n_k} D_{k_j k_{j+1}} + D_{k_0 k_n} sign(n_k) \leqslant D \tag{16.38}$$

$$\sum_{k=1}^{K} \sum_{j=1}^{N} x_{ij}^k = 1 \quad k = 1, 2, \cdots, K, \ j = 1, 2, \cdots, n \tag{16.39}$$

$$\sum_{i=1}^{N} x_{ij}^k - \sum_{i=1}^{N} x_{ji}^k = 0 \quad i, j = 1, 2, \cdots, N; \ k = 1, 2, \cdots, K \tag{16.40}$$

$$0 \leqslant RT_i \leqslant LU_i \quad i = 1, 2, \cdots, n \tag{16.41}$$

式（16.34）、式（16.35）表示目标函数为总路程最短和总行驶时间最短；式（16.36）表示每辆车在救援过程中都不超出其最大容载量限制；式（16.37）表示每个待救援点都有一辆车进行配送；式（16.38）表示每辆车都不能超过其最大运输距离限制；式（16.39）表示每个待救援点只能有一辆救援车辆进行救援任务；式（16.40）表示每个待救援点仅仅被访问一次；式（16.39）、式（16.40）表示每辆救援车辆从应急救援中心出发后返回该救援中心；式（16.41）要求所有车辆都必须在时间窗内到达。

（4）需求量变动干扰调度模型

在地震灾害情境下，应急救援车辆调度的过程中，由于随时可能发生的余震、泥石流等灾害，导致原先制定的初始配送路径会因为待救援点的变动、车辆的瘫痪、或者道路的不可通行等问题必须做出适量的改变。例如，某待救援点由于地震余震的影响，造成伤员的增加，应急救援资源的需求增加，按照原先的应急救援计划，若应急救援车辆不进行救援计划改变的话，就会导致在该条应急救援路径上的其他待救援点的需求可能无法满足，如果为不影响其他待救点的救援任务而放弃该待救援点的救援任务，又会造成该待救援点的损失。面对此种情形下，本书利用干扰调度的思想，选择对原救援计划扰动最小的救援模式（王旭坪，2008）。

地震等突发灾害事件，在救援之前制订好的应急救援计划，当出现

477

干扰事件并对整个救援计划产生扰动后，主要受影响的扰动主体是待救援点的受灾人员和原先制订的应急救援车辆调度方案，这里选取平均受灾点不满意度作为扰动指标。

①平均受灾点不满意度。在应急救援车辆调度体系中，由于地震等突发灾害事件的特殊性，受灾点对于救援的急迫性使得应急救援车辆必须在受灾点要求的时间窗内将应急救援物资按时送达或者将伤员按时接送进行治疗，本书引入受灾点平均不满意度的概念，若车辆在规定的时间窗内到达，则受灾点的满意度最高，不满意度为 0，因为应急救援不同于一般的物流配送车辆调度，当车辆提前到达时，不做任何处罚，若车辆推后将应急物资送达受灾点，则受灾点的满意度将会降低，假设 $u_i(t_i)$ 表示受灾点的满意度，受灾点平均不满意度最小化扰动目标如式（16.42）和式（16.43）所示：

$$f = \min\left(1 - \frac{1}{n}\sum_{i=1}^{n} u_i(t_i)\right) \qquad (16.42)$$

$$u_i(t_i) = \begin{cases} 1, & 0 \leqslant t \leqslant U_i \\ \dfrac{LU_i - t_i}{LU_i - U_i}, & U_i \leqslant t \leqslant LU_i \\ 0, & t \geqslant LU_i \end{cases} \qquad (16.43)$$

②路径偏移程度。在应急救援车辆调度的整个活动过程中，交通路网之间的连接错综复杂，有连通的路径，也有相互断连的路径，如果应急救援车辆原始救援计划在救援过程中被不确定因素打断，随之改变的将是整个未被救援的待救点救援计划。因此，为减少由于不确定因素导致原救援计划被打断而增加的时间，在干扰调度中应首要考虑的是尽可能在原计划不变的情况下降低新路径与原计划路径的偏离程度。

在一个应急救援车辆调度计划中，图 16.7 所示是车辆的初始配送路径，可表示为：R = {(0, 3), (3, 2), (2, 1), (1, 0), (0, 4), (4, 5), (5, 6), (0, 10), (10, 9), (9, 8), (8, 7), (7, 0)}，图 16.8 所示为原救援计划受到干扰后根据扰动变化做出新的应急救援车辆行驶路径的调整方案，可表示为：R′ = {(0, 4), (4, 3), (3, 2), (2, 1), (1, 0), (0, 5), (5, 6), (6, 0), (0, 10), (10, 9), (9, 8) (8, 7), (7, 0)}。通过对比得到新增的路径集合 R⁺ = {(4, 3), (0, 5)}，取消的路径集合为 R⁻ = {(0, 3), (4, 5)}。假设增加或取消一条路段均要受到一定的惩罚 k，增加的路段为 (i, j)，取消的

路段为（m，n），则由于路段偏移引起的干扰惩罚 f 为：$f = k \times d_{i,j} + k \times d_{m,n}$。

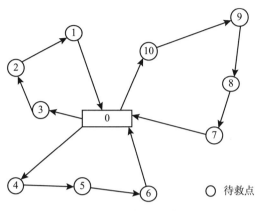

图 16.7　救援原始路径

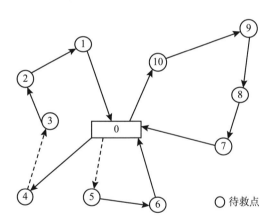

图 16.8　救援改变后的路径

路径偏移程度的模型具体如式（16.44）、式（16.45）所示：

目标函数：

$$f = \min\left(1 - \frac{1}{n}\sum_{i=1}^{n} u_i(t_i)\right) \qquad (16.44)$$

$$f = \min\left(k \times \sum_{(i,j)\in R^+} d_{i,j} + \sum_{(i,j)\in R^-} d_{m,n}\right) \qquad (16.45)$$

约束条件：

$$\sum_{i=1}^{n_k} q_i \times y_i^k \geqslant Q_k, \ k \in \{1, 2, \cdots, K\} \tag{16.46}$$

$$\sum_{k=1}^{K} y_i^k \geqslant 1, \ i \in \{1, 2, \cdots, n\} \tag{16.47}$$

$$\sum_{i=1}^{n_k} D_{k_j k_{j+1}} + D_{k_0 k_n} sign(n_k) \leqslant D \tag{16.48}$$

$$\sum_{k=1}^{K} \sum_{j=1}^{N} x_{ij}^k = 1 \quad k = 1, 2, \cdots, K, \ j = 1, 2, \cdots, n \tag{16.49}$$

$$\sum_{i=1}^{N} x_{ij}^k - \sum_{i=1}^{N} x_{ji}^k = 0 \quad i, j = 1, 2, \cdots, N; k = 1, 2, \cdots, K \tag{16.50}$$

$$0 \leqslant RT_i \leqslant LU_i \quad i = 1, 2, \cdots, n \tag{16.51}$$

$$u_i(t_i) = \begin{cases} 1, \ 0 \leqslant t \leqslant U_i \\ \dfrac{LU_i - t_i}{LU_i - U_i}, \ U_i \leqslant t \leqslant LU_i \\ 0, \ t \geqslant LU_i \end{cases} \tag{16.52}$$

式（16.44）、式（16.45）表示目标函数为最小化待救点不满意度和最小化路径偏移度；式（16.46）表示每辆车在救援过程中都不超出其最大容载量限制；式（16.47）表示每个待救援点都有一辆车进行配送；式（16.48）表示每辆车都不能超过其最大运输距离限制；式（16.49）表示每个待救援点只能有一辆救援车辆进行救援任务；式（16.50）表示每个待救援点仅仅被访问一次；式（16.49）、式（16.50）表示每辆救援车辆从应急救援中心出发后返回该救援中心；式（16.51）要求所有车辆都必须在时间窗内到达；式（16.52）表示待救点的满意度。

（5）需求可分的车辆路径问题模型

①问题描述。可用图论的语言对 SDVRP 进行描述：完全网络 $G = (V_0, A)$ 中，顶点集合 $V_0 = \{0, 1, \cdots, n\}$，顶点 0 表示配送中心，$V = V_0 /\{0\}$ 表示顾客集合，V 中各顶点的需求表示为 $d_j(j = 1, \cdots)$。SDVRP 在寻求总运输成本最小车辆行驶路径的同时，必须满足以下 3 个条件：第一，每个顾客需求可由同一车辆的多次服务或者多辆车的服务来实现；第二，所有车辆从配送中心出发，经过一系列的巡游后，又回到配送中心；第三，每条车辆路径所服务的总顾客需求不能超过车辆容量 Q。

②模型构建。SDVRP 是典型的 NP – hard 问题，取得精确解的计算量往往随着问题的规模呈指数增长，而求解 SDVRP 的算法大多采用空间搜索法，在处理大规模问题时搜索速度往往受到约束条件的限制。因此，为了提高计算效率，根据 SDVRP 的性质，合理地缩减搜索空间，构成改进的 SDVRP 模型，此处给出 SDVRP 的模型 P（谢秉磊，2012），具体如式（16.53）~式（16.59）所示：

目标函数：

$$P: Z = \min \sum_{i=0}^{N} \sum_{j=0}^{N} c_{ij} u_{ij} + \sum_{i=1}^{N} c_{i0}^{e} x_i \qquad (16.53)$$

约束条件：

$$\sum_{k=0,k\neq i}^{N} x_{ki} \& = \sum_{j=0,j\neq i}^{N} x_{ij}, \ i = 0, 1, \cdots, N \qquad (16.54)$$

$$\sum_{k=0,k\neq i}^{N} u_{ki} - \sum_{j=0,j\neq i}^{N} u_{ij} = d_i, \ i = 1, \cdots, N \qquad (16.55)$$

$$\sum_{i=1}^{N} u_{oi} = \sum_{i=1}^{N} d_i, \ i = 1, \cdots, N \qquad (16.56)$$

$$u_{ij} \leq Q x_{ij}, \ i = 0, 1, \cdots, N; \ j = 1, \cdots, N, \ i \neq j \qquad (16.57)$$

$$x_{ij} \geq 0 \text{ 且为正数}, \ i, j = 0, 1, \cdots, N, \ i \neq j \qquad (16.58)$$

$$u_{ij} \geq 0 \text{ 且为正数}, \ i, j = 0, 1, \cdots, N, \ i \neq j \qquad (16.59)$$

其中，Q 是车辆的最大容量；c_{ij} 是弧（i，j）上单位货物的运输成本对任意的 i，j，k 满足 $t_{ij} = t_{ji}$ 和 $t_{ik} \leq t_{ij} + t_{jk}$；$c_{ij}^{e}$ 是弧（i，j）上空车的行驶成本；d_i 是顾客 i 的物资需求量；u_{ij} 是弧（i，j）上运输的物资量；x_{ij} 是弧（i，j）上通过的车辆数。

式（16.53）是目标函数，使载荷运输成本和空驶运输成本之和最小化；式（16.54）是车流的平衡约束；式（16.55）和式（16.56）是物流的平衡约束；式（16.57）说明车流与物流之间的关系；式（16.58）和式（16.59）是变量约束。

（6）模糊车辆路径问题模型

具有模糊需求的车辆路径问题可以描述为（曹二保，2007）：某一运输网络中有一车场和 n 个待服务的顾客，分别用 0 和 1，2，⋯，n 表示，车辆从车场出发，服务一定数量的顾客后返回车场；每辆车具有相同的容量 C 和最大行驶距离 L；每个顾客只能由一辆车一次完成服务；每辆车只能使用一次；每个顾客的需求量为三角模糊数 d = (d_1, d_2,

481

d_3），顾客 i 与顾客 j 之间的距离为 c_{ij}，k^- 为配送中心最大车辆数目；求完成所有顾客服务的最短车辆行驶路线。考虑车辆到每个顾客装货的服务（送货时是在车场用货物把车装满，下个顾客的需求量大于车上货物量时，车辆返回车场，可以类似考虑），由于每个顾客的需求为模糊数，对于给定的顾客 i 的需求模糊数 $d_i = (d_{i1}, d_{i2}, d_{i3})$，某一车辆服务 k 个顾客后，其总运载量 $d'_k = \sum_{i=1}^{k} d_i$ 车辆的剩余运载能力为 $Q_k = C - \sum_{i=1}^{k} d_i$，$Q_k$ 也为一个三角模糊数，且 $Q_k = (C - \sum_{i=1}^{k} d_{3i}, C - \sum_{i=1}^{k} d_{2i}, C - \sum_{i=1}^{k} d_{1i})$，则下一节点需求量小于车辆剩余运输能力的可能性 $p = pos\{d_{k+1} \leq Q_k\}$ 可以表示为式（16.60）：

$$p = \sup\{\min\{u_{d_{k+1}}(x), u_{Q_k}(y)\} \mid x \leq y\}$$

$$D = \begin{cases} 1, & d_{2,k+1} \leq q_{2k} \\ \dfrac{q_{3k} - d_{1,k+1}}{(q_{3k} - q_{2k}) + (d_{2,k+1} - d_{1,k+1})}, & d_{2,k+1} \geq q_{2k}, d_{1,k+1} \leq q_{3k} \\ 0, & d_{1,k+1} \geq q_{3k} \end{cases}$$

$$(16.60)$$

在顾客的需求为模糊数时，当车辆的剩余运输能力越大，下一个顾客的需求量越小，该车能够服务下个顾客的机会就越大。考虑模糊可能性理论，车辆服务下一顾客时，下一个顾客的需求量不超过车辆剩余运输能力的可能性在置信区间 α 内，$\alpha(\alpha \in [0, 1])$ 表示决策者就是否安排车辆继续服务下一任务的主观偏好值（或主观临界值），该值作为决策者风险态度的某种反映，对于希望充分利用车辆剩余运输能力，而甘冒车辆剩余能力不能满足下一顾客需求而导致"失败"风险的"风险追求者"来说，通常会选择较小的 α 值，以充分利用车辆剩余能力；对于害怕"失败"风险的"风险规避者"，通常会选择较大的 α 值，以保证派往下一个顾客的车辆的剩余能力能够满足该顾客需求的可能性尽量大，从而减少"失败"的风险。

对于给定的 α 值，下一顾客需求量小于车辆运输能力的可能性为 p，在车辆路径的安排过程中，当 $p \geq \alpha$ 时，派车继续完成下一个顾客的运输任务；当 $p < \alpha$ 时，则该车返回车场，新派车完成剩余运输任务。重复上述过程，直到顾客排列中所有顾客都安排完毕，这样可产生一个可行的车辆安排，但在实际的配送过程中，由于需求量的模糊性，当车

辆按计划的可行路径达到某个顾客时，可能会由于车辆剩余运输能力不能满足该顾客需求而导致任务失败，车辆只能返回车场卸货后空驶至该失败点继续完成剩余运输任务，从而产生额外的行驶距离。因此，在对一个车辆路径安排的优劣进行评估时，不仅要考虑按计划路径行驶的预计运行距离，而且应该考虑由于可能存在的路径失败而产生的额外行驶距离。由于顾客需求的模糊性，安排路径前并不确切知道路径失败产生的地点、次数及由此产生的额外行驶距离，因此，在车辆路径安排优劣的评估中，采用模糊模拟的方法对可能产生的额外行驶距离进行评估。变量定义如式（16.61）、式（16.62）所示：

$$x_{ijk} = \begin{cases} 1, & \text{车辆 k 从顾客 i 直接到达顾客 j} \\ 0, & \text{否则} \end{cases} \tag{16.61}$$

$$x_{ijk} = \begin{cases} 1, & \text{车辆 k 从顾客 i 直接到达顾客 j} \\ 0, & \text{否则} \end{cases} \tag{16.62}$$

则基于可能性理论的 VRPFD 的模糊机会约束规划模型为式（16.63）~式（16.72）：

目标函数：

$$\min \sum_{k=1}^{\bar{k}} \sum_{i=0}^{n} \sum_{j=0}^{n} c_{ij} x_{ijk} \tag{16.63}$$

$$\min c' \tag{16.64}$$

约束条件：

$$pos(\sum_{i=1}^{n} d_i y_{ik} \leqslant C) \geqslant \alpha, \ k = 0, 1, \cdots, \bar{k} \tag{16.65}$$

$$\sum_{i=0}^{n} \sum_{k=1}^{\bar{k}} x_{ijk} = 1, \ j = 1, 2, \cdots, n \tag{16.66}$$

$$\sum_{i=0}^{n} x_{ijk} - \sum_{i=0}^{n} x_{jik} = 0, \ j = 0, 1, \cdots, n; \ k = 0, 1, \cdots, \bar{k} \tag{16.67}$$

$$\sum_{j=1}^{n} x_{0jk} \leqslant 1, \ k = 1, 2, \cdots, \bar{k} \tag{16.68}$$

$$\sum_{i=0}^{n} x_{ijk} = y_{jk}, \ j = 0, 1, \cdots, n; \ k = 0, 1, \cdots, \bar{k} \tag{16.69}$$

$$\sum_{j=0}^{n} x_{ijk} = y_{ik}, \ i = 0, 1, \cdots, n; \ k = 0, 1, \cdots, \bar{k} \tag{16.70}$$

$$\sum_{i=0}^{n} \sum_{j=0}^{n} d_{ij}x_{ijk} \leqslant L, \ k = 0, 1, \cdots, \bar{k} \quad (16.71)$$

$$x_{ijk} \in \{0, 1\}, \ y_{ik} \in \{0, 1\}, \ i, j = 0, 1, \cdots, n; \ k = 0, 1, \cdots, \bar{k} \quad (16.72)$$

在上述表达式中，目标函数（16.63）为最小化计划行驶距离；目标函数（16.64）为最小化由于"路径失败"而产生的额外行驶距离，该值通过模糊模拟方法产生；约束条件（16.65）说明每辆车的载运量不超过容量的可能性应在置信区间内；约束条件（16.66）每个客户仅由一辆车一次完成服务约束条件（16.67）说明对每个客户达到和离开它的车辆相同；约束条件（16.68）说明最多只能使用 k 辆车；约束条件（16.69）和约束条件（16.70）表明两个决策变量间的关系；约束条件（16.71）是每辆车的行驶距离约束；L 是每辆车的最大行驶距离；约束条件（16.72）为决策变量属性。

（7）资源供不应求下应急车辆路径优化模型

①模型假设。为便于建立模型，对问题作如下合理假设：第一，各受灾点对应急物资的需求服从正态分布，并且相互独立；第二，所有车辆类型相同，每个受灾点的需求仅由一辆车进行配送，完成任务后须返回原供应点，不考虑车辆返回后的二次运输；第三，车辆在各应急需求点的服务时间，均包含在相应的行驶时间之内；第四，只考虑目前现有道路网络可以访问到的受灾点。

②变量定义。DN 为受灾点（即应急物资需求点）的集合；SN 为应急物资供应点的集合，$N = DN \cup SN$，且 $i, j, k \in N$；V 为所有车辆集合；d_k 为受灾点 $k \in DN$ 对应急物资的实际需求量，为随机变量且其概率密度函数为 $d_k(x)$；z_k 为受灾点 $k \in DN$ 上应急物资的实际到达数量；α 和 β 分别为应急物资供应不足和供应过量时，每单位需求未被满足或浪费时带来的损失成本；ϑ_i 为供应点 $i \in SN$ 的车辆数量；ω 为车辆出行一次的固定成本；Q 为车辆最大载重量；t_i^v 为车辆 $v \in V$ 到达应急需求点 $i \in DN$ 的时间；T 为点 $i \in DN$ 所能接受应急物资的最晚时刻；t_{ij} 为车辆从 i 到 j 的行驶时间；l_{ij} 为 i 到 j 之间的距离；c_{ij} 为 i 到 j 之间单位距离的运输成本；M 为足够大的正数。

定义决策变量如式（16.73）所示：

$$x_{ij}^v = \begin{cases} 1, & \text{节点 } j \text{ 是车辆 } v \text{ 行驶路径上点 } i \text{ 后的紧邻点} \\ 0, & \text{否则} \end{cases} \quad \forall i, j \in N, \ \forall v \in V$$

$$(16.73)$$

③模型构建。如前所述，在关键救援期内应急资源往往不足，但是对于任何一个受灾点，分配物资过多或过少都会影响救援效果。因此对于受灾点的需求，应在不浪费的前提下尽可能满足，即各受灾点被分配的物资数量应尽可能与实际需求相符。对此可在模型目标函数中增加罚函数以对分配量不足或过的情形加以衡量和评价。

具体而言，对于任意点 $k \in DN$，当其应急物资分配数量与实际需求不符时，其不足量 Δd_k^- 和超出量 Δd_k^+ 分别为式（16.74）和式（16.75）：

$$\Delta d_k^- = \max\{0, \ d_k - z_k\} \tag{16.74}$$

$$\Delta d_k^+ = \max\{0, \ z_k - d_k\} \tag{16.75}$$

根据前面定义，可知受灾点 h 上实际供给量大于实际需求量的概率为式（16.76）：

$$P_k(z_k) = P_k(d_k \leqslant z_k) = \int_0^{z_k} f_k(t)\,dt \tag{16.76}$$

由此可知，对于受灾点 h，其供应不足量和供应超出量的期望值应分别为式（16.77）：

$$E(\Delta d_k^+) = \int_0^{z_k} (z_k - t) f_k(t)\,dt \tag{16.77}$$

$$E(\Delta d_k^-) = \int_{z_k}^{+\infty} (t - z_k) f_k(t)\,dt \tag{16.78}$$

根据以上的供应不足和供应过量的期望值，即可计算由此带来的损失。

另外，在关键救援期内，能用于救援的车辆往往也是有限的，因此在满足实际需要的前提下，车辆使用数量当然是越少越好，对此可在目标函数中增加对车辆使用成本的衡量。由此，可以建立考虑随机需求的应急物流车辆路径优化模型，如式（16.79）~式（16.87）：

目标函数：

$$\min\varphi = \sum_{k \in DN} \left(\alpha \int_{z_k}^{+\infty} (t - z_k) f_k(t)\,dt + \beta \int_0^z (z_k - t) f_k(t)\,dt \right) \\ + \sum_{v \in V} \sum_{i \in N} \sum_{j \in N} c_{ij} l_{ij} X_{ij}^v + \omega \sum_{v \in V} \sum_{i \in SN} \sum_{j \in DN} X_{ij}^v \tag{16.79}$$

485

约束条件:

$$\sum_{i \in N} \sum_{k \in DN} X_{ik}^v z_k \leqslant Q, \forall v \in V \qquad (16.80)$$

$$\sum_{j \in DN} X_{ij}^v \leqslant \vartheta_i, \forall i \in SN \qquad (16.81)$$

$$t_i^v + t_{ij} - t_j^v \leqslant (1 - X_{ij}^v)M, \ \forall i, j \in DN, \ \forall v \in V \qquad (16.82)$$

$$t_j^v \leqslant T_i, \ \forall i \in DN, \ \forall v \in V \qquad (16.83)$$

$$\sum_{j \in SN} X_{ji}^v = \sum_{j \in SN}^v X_{ij}^v = 0, \forall i \in SN, \forall v \in V \qquad (16.84)$$

$$\sum_{j \in DN} X_{ji}^v = \sum_{j \in DN}^v X_{ij}^v \leqslant 1, \forall i \in SN, \forall v \in V \qquad (16.85)$$

$$\sum_{v \in DN} X_{ji}^v \leqslant 1, \forall i \in SN, \forall v \in V \qquad (16.86)$$

$$\sum_{ji}^v \in \{0, 1\}, \forall i, \forall \in N, \forall v \in V \qquad (16.87)$$

目标函数式（16.79）由四部分构成，其中 $\sum_{k \in DN} \alpha \int_{z_k}^{+\infty} (t - z_k) f_k(t) dt$ 为由于受灾点的物资供应量少于实际需求而导致的期望损失；$\sum_{k \in DN} \beta \int_0^z (z_k - t) f_k(t) dt$ 则为由于供应量超过实际需求时所导致的期望损失；$\sum_{v \in V} \sum_{i \in N} \sum_{j \in N} c_{ij} l_{ij} X_{ij}^v$ 为系统的全部运输成本；$\omega \sum_{v \in V} \sum_{i \in SN} \sum_{j \in DN} X_{ij}^v$ 为车辆使用成本。

约束式（16.80）为车辆荷载限制；式（16.81）表示由同一个供应点发出的车辆数，不能超过该供应点所拥有的车辆总数；式（16.82）定义了车辆到达受灾点 j 的时刻；式（16.83）表示车辆到达受灾点的时间必须满足服务时间窗要求；式（16.84）表示车辆不能行驶于应急物资供应节点之间；式（16.85）表示所有车辆都是从车场出发进行配送任务，最后均返回原车场；式（16.86）表示每个受灾点只能由一辆车提供救援服务，并且只能接受一次服务；式（16.87）为变量取值约束。

（8）资源分批配送的车辆路径模型

①模型假设。假设突发事件（如大规模自然灾害）在某地区造成 A 个灾点。该地区有且仅有一个车场。V 台车辆由车场出发，依次对若干

灾点配送救援物资，最后空载返回车场，可能形成 R 条（闭合）路径。为简化分析，做如下假设：第一，救援物资为统一包装（重量、体积）的单元（包括药品、饮用水、食物等）。第二，运输车辆运载容量相同，行驶速度一致。第三，各灾点与车场均有道路连通，车辆无须原路返回。第四，各灾点各周期的需求已知或可准确估计，且在该规划周期内保持不变。第五，车场库存可满足所有灾点的需求总量，故只需关注如何将足量物资送达。第六，各灾点物资需求量较大，单车单次配送无法满足，必须由多车分批配送。第七，车辆从车场出发，前往通行距离（由道路长度及损毁程度共同决定）最远的灾点，也可当日返回。第八，救援行动持续 T 个周期，灾后 T 个周期外送达的物资无效。第九，模型中所有变量均为整数，属于整数规划问题。

②变量定义。t 表示周期集 T ＝ {1，2，…，t，…，T} 中的编号，结合救灾 72 小时黄金时间的一般原则，设 T ＝ 3，即尽量将救援物资在 3 天内送达灾点。v 表示车辆集 V ＝ {1，2，…，v，…，V} 中的编号；r 表示路径集 R ＝ {1，2，…，r，…，R} 中的编号；$R_v(t)$ 表示车辆 v 在周期 t 中经过的路径集，$R_v(t) \in R$；a 表示灾点集合 A ＝ {1，2，…，a，…，A} 中的编号；$A_r(t)$ 表示周期 t 内，经路径 r 配送的灾点集，$A_r(t) \in A$；$d_a(t)$ 表示灾点 a 在周期 t 的物资需求量；$q_{arv}(t, \tau)$ 表示为满足灾点 a 在周期 t 的需求，车辆 v 经由路径 r 在周期 τ 送达的物资量，显然 $t \leqslant \tau \leqslant T$。$\tau = t$ 为如期配送，$t < \tau \leqslant T$ 为延期配送，$\tau > T$ 为无效配送；t_r 表示车辆在路径 r 上的行驶时间。t_r 是路径里程、行车速度和灾害破坏状况的函数，路径越长、车速越低、损毁越严重，t_r 越大；反之，则 t_r 越小。$\sigma_{rv}(t) = 1$ 表示路径决策函数，若车辆 v 在周期 t 经过路径 r，$\sigma_{rv}(t) = 1$，否则，$\sigma_{rv}(t) = 0$，如式（16.88）所示：

$$\sigma_{rv}(t) = \begin{cases} 1, & r \in R_v(t) \\ 0, & r \notin R_v(t) \end{cases} \qquad (16.88)$$

Q 表示单车的额定容量，H 表示车辆在每个周期内的工作时间；S_a 表示灾点 a 的满意度，如式（16.89）所示：

$$S_a = \frac{\sum\limits_{t=1}^{T} \sum\limits_{r=1}^{R} \sum\limits_{v=1}^{V} \sum\limits_{\tau=1}^{T} \sigma_{rv}(t) q_{arv}(t, \tau)}{\sum\limits_{t=1}^{T} d_a(t)} \quad \forall a \in A \qquad (16.89)$$

表示救援行动终止时，灾点 a 获得的救灾物资总量与其需求总量之比值。S_a 越大，需求满足得越充分，则该灾点的满意度越高。

③目标函数。

目标函数：

$$minz_1 = \sum_{t=1}^{T} \sum_{a=1}^{A} \{ d_a(t) - [\sum_{r=1}^{R} \sum_{v=1}^{V} \sum_{\tau=1}^{T} \sigma_{rv}(t) q_{arv}(t, \tau)] \}$$

$$(16.90)$$

z_1 为受灾地区所有灾点总需求与总配送的差值，最小化式 (16.90)，要求尽量满足灾区的物资需求。

$$minz_2 = \sum_{t=1}^{T} \sum_{v=1}^{V} \sum_{r=1}^{R} t_r \sigma_{rv}(t) \qquad (16.91)$$

z_2 为所有车辆在救援路网中的总耗时，最小化式 (16.91)，反映了救援的及时性要求。

$$minz_3 = max\{ s_i - s_j \} \qquad \forall i, j \in A \qquad (16.92)$$

z_3 为任意两灾点 i，j 的满意度差异的最大值，最小化式 (16.92) 力求均衡各灾点的供需比，反映了救援的公平性原则。

④约束条件。

单车单次需至少给一个灾点配送救援物资，如式 (16.93) 所示：

$$q_{arv}(t, \tau) \begin{cases} > 0, & r \in R_v(\tau) \\ = 0, & otherwise \end{cases} \qquad (16.93)$$

单车单次配送物资量不得超过其额定容量，如式 (16.94) 所示：

$$\sum_{a \in A_r(\theta)} \sum_{t=1}^{\theta} q_{arv}(t, \theta) \leq Q \qquad \forall v, \forall r \in R_v(\theta) \qquad (16.94)$$

各灾点获得物资总量不应超过其需求总量，如式 (16.95) 所示：

$$\sum_{t=1}^{T} \sum_{r=1}^{R} \sum_{v=1}^{V} \sum_{\tau=1}^{T} \sigma_{rv}(t) q_{arv}(t, \tau) \leq \sum_{t=1}^{T} d_a(t) \forall a \in A \qquad (16.95)$$

结合式 (16.89) 有 $0 \leq S_a \leq 1$。

灾害损毁交通设施，限制了运输车辆的运行时段。即车辆在一个周期内的总行驶时间存在上限，如式 (16.96) 所示：

$$\sum_{r=1}^{R} t_r \sigma_{rv}(t) \leq H \qquad \forall v, \forall t \qquad (16.96)$$

(9) 考虑禁止时间窗的车辆路径模型

①变量定义。给定交通网络 $G = (N, A)$，其中 N 为节点集合，表示城镇、村庄、工厂、学校等具有实际意义的具体地点；A 为枝线集

合，表示连接各个节点的道路（注意，网络 G 中不允许存在没有枝线连接的孤立节点）。由于运送物资的特殊性或交通状况本身的限制，对于节点 n（n = 1，2，…，N），存在一个禁止时间窗 $[NF_n^{start}, NF_n^{end}]$，在该时间窗所规定的时间段上，运输车辆不得从此节点通过；与此相类似，对于某一枝线 a（a = 1，2，…，A），也存在一个禁止时间窗 $[AF_n^{start}, AF_n^{end}]$，在该时间窗内不允许车辆登上该枝线所代表的路段（已经登上该路段并在其上行驶的车辆不受此禁止时间窗的限制）。

假定当运输车辆到达某一节点 n 时，时间为 T。正好位于该节点的禁止时间窗内（即 $T_n \in [NF_n^{start}, NF_n^{end}]$），则它必须在此等待，直到时间窗结束才能通过，在节点 n 的等待时间记为 t_n^{wait}。相似地，如果运输车辆到达某一枝线的时间 T 正好处于该枝线的禁止时间窗内（即 $T_n \in [AF_n^{start}, AF_n^{end}]$），那么车辆同样必须在此等待到禁止时间结束才能登上该枝线，等待时间记为 t_a^{wait}。此外，对于速度已知的应急物资运输车辆，其走完枝线 a 所需时间表示为 t_a^{run}；车辆通过节点不消耗时间。

现假定在网络中某一节点 n^{acci} 发生突发应急事件，需要从另一节点 n^{stor} 紧急调运应急物资。为不失一般性，将运输车辆离开出发节点 n^{stor} 的时间标记为基准时刻 0（即 $T_{n^{stor}} = 0$），网络 G 中其他节点和枝线的禁止时间窗均基于该时刻进行定义。那么，所要解决的问题就是在禁止时间窗的限制下，在网络 G 中选择从节点 n^{acci} 到节点 n^{stor} 的运输路径，以使车辆到达应急事件发生节点的时间最小。

②模型构建。由于网络路径由节点和枝线组成，因此通过定义如下两组决策变量，来确定所选择的运输路径，如式（16.97）~ 式（16.98）所示：

$$x_n = \begin{cases} 1, & \text{节点 n 位于所选的路径上} \\ 0, & \text{其他} \end{cases} \quad n = 1, 2, \cdots, N \quad (16.97)$$

$$y_a = \begin{cases} 1, & \text{枝线 a 位于所选的路径上} \\ 0, & \text{其他} \end{cases} \quad a = 1, 2, \cdots, A \quad (16.98)$$

在上述定义的基础上，根据对问题的描述，可构建基于禁止时间窗的车辆路径问题优化模型（何正文，2009），如式（16.99）~ 式（16.104）所示：

目标函数：

$$\min T_{n^{acci}} = \sum_{n=1}^{N} (t_n^{wait} x_n) + \sum_{a=1}^{A} [(t_a^{run} + t_a^{wait}) y_a] \quad (16.99)$$

约束条件：

$$x_{n^{stor}} = x_{n^{acci}}$$

$$\sum_{a \in S_{n^{stor}}} y_a = \sum_{a \in S_{n^{acci}}} y_a = 1 \qquad (16.100)$$

$$x_{n_a^I} = x_{n_a^O} = \begin{cases} 1, & \text{如果 } y_a = 1 \\ 0, & \text{其他} \end{cases}$$

$$\sum_{a \in S_{n^{other}}} y_a = 2 \qquad (16.101)$$

$$T_{n^{stor}} = 0$$

$$T_{n_a^O} = (T_{n_a^I} + t_{n_a^I}^{wait}) + (t_a^{wait} + t_a^{run}) \qquad (16.102)$$

$$t_n^{wait} = \begin{cases} NF_n^{end} - T_n, & T_n \in [NF_n^{start}, NF_n^{end}] \\ 0, & \text{其他} \end{cases}$$

$$t_a^{wait} = \begin{cases} NF_n^{end} - T_n, & T_n \in [NF_n^{start}, NF_n^{end}] \\ 0, & \text{其他} \end{cases} \qquad (16.103)$$

$$x_n, y_a \in \{0, 1\}, \quad n = 1, 2, \cdots, N; \quad a = 1, 2, \cdots, A$$

$$(16.104)$$

490 其中，$S_{n^{stor}}$ 和 $S_{n^{acci}}$ 分别表示与节点 n^{stor} 和 n^{acci} 相连枝线的集合，n^{other} 表示除 n^{stor} 和 n^{acci} 以外的其他节点，$S_{n^{other}}$ 为与节点 n^{other} 相连枝线的集合，n_a^I 和 n_a^O 分别是运输车辆在枝线 a 上的进入和离开节点。

上述优化模型为一个整数规划模型。目标函数式（16.99）最小化运输车辆到达应急事件发生地点的时间，等式右边第一项为运输车辆在所选路径上各节点的等待时间，第二项为其在各枝线的等待时间与行驶时间之和；约束条件（16.100）包含了两个式子，第一个式子确保应急物资存储地点和应急事件发生地点都位于所选路径上，第二个式子保证在与起始节点和终止节点相连的所有枝线中，有且只有一条被选中；式（16.101）是一个路径连通性约束，其中，第一个式子使得当某一枝线被选中时，其两端的两个节点同时被选中，第二个式子确保当某一节点（节点 n^{stor} 和 n^{acci} 除外）被选中时，与其相连的枝线中有且只有两条被选中；式（16.102）为车辆运输时间递推约束，第一个式子将运输车辆离开应急物资存储地点的时刻定义为0，第二个式子通过与节点相连的枝线，将车辆运输时间由某一个节点递推到与其相邻的下一个节点；式（16.103）为等待时间约束，通过这两个式子可以分别计算出由于禁止时间窗的限制，运输车辆在某一节点或枝线的等待时间；式（16.104）

为决策变量的定义域约束。

（10）多车型开放式动态需求车辆路径模型

多车型开放式动态需求车辆路径问题描述为：有 1 个中心车场，共有 K 辆车辆，拥有 M 种不同车型，每一种车型以 m 表示，m 型车的容量为 b_m，对 L 个用户进行货物配送，用户 i 的货物需求为 d_i，每个用户可由任何一辆车服务，但只能由一辆车服务一次，每辆车完成任务后不必返回原车场。在服务的过程中，存在客户需求的动态变化，表现为新客户的出现及原有客户需求量的变化。

问题的目标是寻找一个合适的车辆调度方案，满足客户的实时需求，并使车辆总运输成本最低。该问题需要解决两个子问题：车辆分配问题，即哪些客户分配到哪辆车；路线优化问题，即每辆车对分配的客户如何安排路线，使总成本最低。

多车型开放式动态需求车辆路径问题的两阶段数学规划模型包括预优化阶段模型和实时动态优化阶段模型。

① 预优化阶段模型。预优化阶段模型的建立如下：配送中心的编号为 0，用户编号为 1，2，…，L；配送中心及客户点均以点 i，j 表示；车辆用 k 表示，编号：1，2，…，K；车型用 m 表示，编号：1，2，…，M；车辆的载重 b_m，$m \in \{1, 2, …, M\}$，对于多车型问题，b_m 各不相同；用户 i 的货物需求为 $d_i (i = 1, 2, …, L)$，$d_i < b_m$；发车的固定费用 F_k，$k \in \{1, 2, …, K\}$；从 i 地到 j 地的运输成本 c_{ij}，i，$j \in \{1, 2, …, L\}$，对于开放式车辆路径问题，假设每辆车依然回到虚拟的配送中心，客户与配送中心间的距离为 0，及 $c_{i0} = 0 (i = 1, 2, …, L)$；车型为 m 的车辆 k 从 i 地到 j 地的运输量 ω_{ijk}^m，i，$j \in \{1, 2, …, L\}$，$k \in \{1, 2, …, K\}$，$m \in \{1, 2, …, M\}$。

定义决策变量，如式（16.105）和式（16.106）所示：

$$x_{ijk} = \begin{cases} 1, & \text{车辆 k 从用户 i 到 j} \\ 0, & \text{其他} \end{cases} \qquad (16.105)$$

$$y_{ik} = \begin{cases} 1, & \text{客户 i 由车辆 k 配送} \\ 0, & \text{其他} \end{cases} \qquad (16.106)$$

则预优化阶段的数学模型表示如式（16.107）～式（16.115）所示：

目标函数为：

$$\min Z = \sum_{k=1}^{K} \sum_{i=1}^{L} \sum_{j=1}^{L} x_{ijk} c_{ij} + \sum_{k=1}^{K} F_k \sum_{j=1}^{L} x_{0jk} \qquad (16.107)$$

491

约束条件：

$$\sum_{i=1}^{L} d_i y_{ik} \leqslant b_m, \ \forall k, m \qquad (16.108)$$

$$\sum_{k=1}^{K} y_{ik} = 1, \ \forall i \qquad (16.109)$$

$$\sum_{i=1}^{L} x_{ijk} = y_{ik}, \ \forall j, k \qquad (16.110)$$

$$\sum_{j=1}^{L} x_{ijk} = y_{ik}, \ \forall i, k \qquad (16.111)$$

$$\omega_{0jk}^{m} = x_{0jk} b_m, \ \forall j, k, m \qquad (16.112)$$

$$\sum_{i=1}^{L} x_{ijk} (\omega_{ijk}^{m} - d_j) \geqslant 0, \ \forall j, k, m \qquad (16.113)$$

$$\sum_{i,j \in S \times S} x_{ijk} \leqslant |S| - 1, S \subset \{1, 2, \cdots, L\}; S \neq \underline{\approx}, \ \forall k$$

$$(16.114)$$

$$x_{ijk} = 0 \text{ or } 1, \ \forall i, j, k; \ y_{ik} = 0 \text{ or } 1, \ \forall i, k \qquad (16.115)$$

式（16.107）是目标函数，为车辆的运输成本和发车成本的最小化；约束条件式（16.108）保证每辆车的能力约束；约束条件式（16.109）保证每个客户都被服务；约束条件式（16.110）和约束条件式（16.111）保证客户是仅被一辆车访问；约束条件式（16.112）表示从车场出发的货车的运输量为货车的载量，即满载出发；约束条件式（16.113）表示进入任意客户之前，火车有足够供给这个客户的货物；约束条件式（16.114）表示消除子回路；约束条件式（16.115）表示变量的取值范围。

②实时优化阶段模型。实时优化阶段的模型如下：该阶段客户实时需求信息不仅考虑原客户需求量的减少或增加，更多的是考虑新的客户需求，在满足车载量的前提下，如何将新客户加入已有路径中，若当前不存在该路径时，需要重新安排新的车辆服务。对于原客户需求量减少的情况，局部路线无须调整。若需求量变为0，则跳过此客户。对于原客户需求量增加的情况，如果出现超出车载量的情况，选择此子路径上最后服务的客户作为新客户需求处理，直至满足车载量限制。因此，实时优化针对的是新客户需求。在实时优化阶段调度的开始时刻，预优化阶段调度的车辆因为驶离了配送中心，已服务了部分客户，车辆的剩余载重量变得不相同，且由于车辆位于客户处，直接调度将无法进行，本书引入虚拟配送中心的概念，将车辆所在的客户点设为虚拟的配送中

心，建立如下多配送中心多车型车辆路径问题模型。

假设第一阶段剩余车载量为 b_k（$k = 1$，2，$\cdots$，K），N 表示第一阶段未服务的客户和第二阶段新客户的总数量，新派车 T 辆。K 表示虚拟配送中心数量，虚拟配送中心编号为 $N+1$，$N+2$，$\cdots$，$N+K$，原配送中心编号为 $N+K+1$，具体模型如式（16.116）~ 式（16.124）所示。

目标约数：

$$\min Z = \sum_{k=1}^{K} \sum_{i=1}^{N+K+1} \sum_{j=1}^{N+K+1} x_{ijk} c_{ij} + \sum_{k=1}^{K+T} \sum_{i=1}^{N+K+1} \sum_{j=1}^{N+K+1} x_{ijk} c_{ij} + \sum_{k=K+1}^{K+T} F_k \sum_{j=1}^{N} x_{(N+K+1)jk}$$

$$(16.116)$$

约束条件：

$$\sum_{i=0}^{N} d_i y_{ik} \leqslant b_k \qquad (16.117)$$

$$\sum_{k=1}^{K+T} y_{ik} = 1 \qquad (16.118)$$

$$\sum_{i=1}^{N+K+1} x_{ijk} = y_{jk} \qquad (16.119)$$

$$\sum_{j=1}^{N+K+1} x_{ijk} = y_{ik} \qquad (16.120)$$

$$\omega_{(N+K+1)jk}^{m} = x_{0(N+K+1)jk} b_m \qquad (16.121)$$

$$\sum_{i=1}^{N+K+1} x_{ijk}(\omega_{ijk}^{m} - d_j) \geqslant 0, \forall j, k, m \qquad (16.122)$$

$$\sum_{i,j \in S \times S} x_{ijk} \leqslant |S| - 1, S \subset \{1, 2, \cdots, L\}; S \neq \approx, \forall k$$

$$(16.123)$$

$$x_{ijk} = 0 \text{ or } 1, \ \forall i, j, k; \ y_{ik} = 0 \text{ or } 1, \ \forall i, k \qquad (16.124)$$

式（16.117）~ 式（16.123）中，$k = 1$，2，$\cdots$，$K+T$；$i = 1$，2，$\cdots$，$N+K+1$；$j = 1$，2，$\cdots$，$N+K+1$；$\forall m$。式（16.116）是目标函数，包括三部分：第一部分为第一阶段派出车辆对第一阶段未服务的客户和第二阶段新客户的运输成本；第二部分为第二阶段新派出车辆的运输成本；第三部分为第二阶段新派出车辆的发车成本。约束条件式（16.117）保证每辆车的能力约束；约束条件式（16.118）保证每个客户都被服务；约束条件式（16.119）和约束条件式（16.120）保证客户是仅被一辆车访问；约束条件式（16.121）表示从车场出发的货车的运输量为货车的载量，即满载出发；约束条件式（16.122）表示进入任一客户之前，货车有足够供给这个客户的货物；约束条件式（16.123）表示消除子回路；式（16.124）表示变量的取值范围。

（11）具有最大等待时间和运输时间限制的多目标 VRPTW 模型

①问题描述。该问题所研究的是总路程和车辆数均受限的多目标 VRPTW，不仅要求配送车辆完成配送任务所行驶的总路程最短，而且要求在总路程最短的基础上完成任务所使用的车辆数最少。假设所有车辆都相同且容量相等，所探讨的问题也必须同时要满足以下条件。

服务约束：每辆车可以服务多个客户，但一个客户只能由一辆车服务。

配送中心约束：所有车辆由单一配送中心出发，配送完路径上所有客户后返回到配送中心。

装载量约束：每条路径上所有客户需求量之和不能超过车辆的最大载重量 WE。

最大运输时间约束：每辆车的运输时间（行驶时间、服务时间以及等待时间之和）不能超过最大运输时间 T。

时间窗约束：客户 i 接受服务时间不能超过其时间窗 $[e_i, l_i]$ 的限制。其中，e_i 为客户 i 最早接受服务的时间，l_i 为其最晚接受服务的时间。

最大等待时间约束：车辆给任一客户配送货物时的等待时间不能超过 W，车辆若早于客户最早服务时间 e_i 到达，则需等待一段时间，若等待时间过长会影响车辆配送效率，增加企业成本。

②变量定义与数学模型。下面对具有最大等待时间和运输时间限制的多目标带时间窗的车辆路径问题建立数学模型。

已知一个配送中心（配送中心用 1 表示）和 N 个客户（$i = 1, 2, \cdots, N$），设总的车辆数为 K；每辆车的最大载重量和最大工作时间分别为 WE 和 T；车辆到达客户 i 的时刻为 t_i；客户 i 允许服务的最早开始时间和最晚开始时间分别为 e_i 和 l_i；客户 i 的需求量、服务时间和等待时间分别为 d_i、s_i 和 w_i（有上限）；w_j 为客户 j 的等待时间；客户 i 到客户 j 的距离为 c_{ij}；车辆从客户 i 到客户 j 所需要的行驶时间为 t_{ij}，S 为某一车辆的配送客户集，$|S|$ 表示集合 S 中所含的顶点个数。

决策变量如式（16.125）和式（16.126）所示：

$$x_{ijk} = \begin{cases} 1, & \text{车辆 k 从客户 i 行驶到客户 j} \\ 0, & \text{其他} \end{cases} \tag{16.125}$$

$$y_{ik} = \begin{cases} 1, & \text{客户 i 的需求由车辆 k 完成} \\ 0, & \text{其他} \end{cases} \tag{16.126}$$

具体数学模型如式（16.127）~式（16.138）所示：

目标函数：

$$\min \sum_{i=1}^{N+1} \sum_{j=1}^{N+1} \sum_{k=1}^{K} c_{ij} x_{ijk} \tag{16.127}$$

$$\min \sum_{j=2}^{N+1} \sum_{k=1}^{K} x_{1jk} \tag{16.128}$$

约束条件：

$$\sum_{i=2}^{N+1} d_i y_{ik} \leqslant WE, \ k \in \{1, 2, \cdots, K\} \tag{16.129}$$

$$\sum_{k=1}^{K} y_{ik} = 1, \ i \in \{2, \cdots, N+1\} \tag{16.130}$$

$$\sum_{j=2}^{N+1} x_{1jk} - \sum_{i=2}^{N+1} x_{1jk} = 0, \ k \in \{1, 2, \cdots, K\} \tag{16.131}$$

$$\sum_{i=1}^{N+1} x_{ijk} = y_{jk}, \ j \in \{2, \cdots, N+1\}; \ k \in \{1, 2, \cdots, K\} \tag{16.132}$$

$$\sum_{j=1}^{N+1} x_{ijk} = y_{ik}, \ i \in \{2, \cdots, N+1\}; \ k \in \{1, 2, \cdots, K\} \tag{16.133}$$

$$\sum_{i,j \in S \times S} x_{ijk} \leqslant |S| - 1, \ k \in \{1, 2, \cdots, K\} \tag{16.134}$$

$$\sum_{i=1}^{N+1} \sum_{j=2}^{N+1} x_{ijk}(t_{ij} + s_i + w_j) + \sum_{i=2}^{N+1} x_{i1k} t_{i1} \leqslant T, \ k \in \{1, 2, \cdots, K\} \tag{16.135}$$

$$\sum_{k=1}^{K} \sum_{i=1}^{N+1} x_{ijk}(t_i + w_i + s_i + t_{ij}) = t_j, \ j \in \{2, \cdots, N+1\} \tag{16.136}$$

$$e_i \leqslant t_i + w_i \leqslant l_i, \ i \in \{1, 2, \cdots, N+1\} \tag{16.137}$$

$$w_i = \max\{0, \ e_i - t_i\}, \ i \in \{1, 2, \cdots, N+1\} \tag{16.138}$$

模型中，式（16.127）和式（16.128）分别为要求总路程和车辆数最少的目标函数；式（16.129）为车辆载重量限制；式（16.130）表示每一个客户只能由一辆车服务；式（16.131）表示从配送中心出发的车辆在完成配送任务后要返回配送中心；式（16.132）表示车辆在服务完客户 i 后紧接着服务客户 j；式（16.133）表示车辆在服务完客户 j 之前只服务客户 i；式（16.134）表示消除子回路，式（16.132）和式（16.133）共同形成可行回路；式（16.135）为车辆运行时间限制；式（16.136）为到达每个客户的时间表达式；式（16.137）为时间窗限制；式（16.138）为等待时间表达式。

（12）同时取送货车辆路径优化问题

在 VRP_SPD 中，不仅要求车辆向顾客送货，而且同时也从顾客处取货。通常假设所有的货物运输必须通过配送中心进行。此外，假设使用车辆的数量不是预先固定的。

VRP_SPD 是一个 NP 难问题，它可以被构造为一个混合整数线性规划模型。从车辆维护和司机的持续工作能力角度出发，往往同一车辆不能无限制地被连续使用，因此，需要在车辆路径模型中引入最大行驶距离约束，这对车辆路径安排提出了更高的要求（彭春林，2008）。

①变量定义。

n：顾客总数；

d_{ij}：顾客 i 和 j 之间的距离；i，j = 0，…，n，其中 0 表示配送中心，其他为顾客号；

C：车辆容量；

MD：任一车辆 k 所允许行驶的最大距离；

K：配送中心所拥有的最大车辆数。

模型中的决策变量如式（16.139）所示：

$$x_{ijk} = \begin{cases} 1, & \text{如果弧}(i, j)\text{属于车辆 k 行驶的路径} \\ 0, & \text{其他} \end{cases} \quad (16.139)$$

y_{ij}：当车辆行驶在弧（i，j）上时，它到达路径上节点 i 为止（包括节点 i）在各节点取货的总和；

z_{ij}：当车辆行驶在弧（i，j）上时，将要运送给节点 i 之后（不包括节点 i）的各顾客的送货总量。

②模型构建。

目标函数：

$$\min \sum_{k=1}^{K} \sum_{i=0}^{n} \sum_{j=0}^{n} d_{ij} x_{ijk} \qquad (16.140)$$

约束条件：

$$\sum_{k=1}^{K} \sum_{i=0}^{n} x_{ijk} = 1, j = 1, 2, \cdots, n \qquad (16.141)$$

$$\sum_{i=0}^{n} x_{ijk} - \sum_{i=0}^{n} x_{jik} = 0, j = 0, 1, \cdots, n; k = 1, \cdots, K \qquad (16.142)$$

$$\sum_{j=1}^{n} x_{0jk} \leqslant 1, k = 1, 2, \cdots, K \qquad (16.143)$$

$$\sum_{i=0}^{n} \sum_{j=0}^{n} d_{ij} x_{ijk} \leqslant MD, k = 1, 2, \cdots, K \qquad (16.144)$$

$$y_{ij} + z_{ij} \leqslant C, i, j = 0, 1, \cdots, n \qquad (16.145)$$

$$x_{ijk} \in \{0, 1\}, i, j = 0, 1, \cdots, n; k = 1, 2, \cdots, K \qquad (16.146)$$

$$y_{ij} \geqslant 0, i, j = 0, 1, \cdots, n \qquad (16.147)$$

$$z_{ij} \geqslant 0, i, j = 0, 1, \cdots, n \qquad (16.148)$$

目标函数（16.140）是使车辆总的运行距离最小。式（16.141）保证每个顾客有且仅有一辆车进行配送服务；式（16.142）保证每一辆车到达它所服务的每一个顾客并离开；式（16.143）规定，从配送中心最多发出一辆车直接到某一个顾客处；式（16.144）是最大行驶距离约束；式（16.145）为运输车辆的容量限制；式（16.146）、式（16.147）、式（16.148）定义了决策变量的性质。

模型中的约束保证了每一辆车离开仓库时的装载量等于它所服务的路径上的顾客的送货需求之和，而当它回到仓库时的装载量等于同一条路径上顾客的取货需求之和，并且要满足车辆容量和最大行驶距离约束。

与经典 VRP 相比，该 VRP_SPD 模型需要两个新的变量 y_{ij} 和 z_{ij}，而且在约束中增加了式（16.145）、式（16.147）、式（16.148）三个约束，这些变量和约束是 VRP_SPD 问题所特有的，也因此而增加了模型的复杂性和求解的难度。

16.3 应急救援车辆调度问题研究

16.3.1 国外应急车辆调度问题研究

对于灾后救援车辆的调度问题，国外学者开展了较为深入的研究，采用多种方法考虑不同灾害下救援车辆调度问题。肯鲍尔库克等（Kemball-Cook et al.，1984）提出在进行救援物资调运过程中应当采用物流管理的方法，以提高救援物资的运输效率。杰菲等（Najafi et al.，2013）针对地震发生初期资源短缺的特点，提出了一种多目标、多模式、多商品、多周期随机模型来管理地震条件下两种商品的物流，该模型旨在综合考虑应急救助条件所涉及的不确定性因素。哈冈尼等（Haghani et al.，2004）通过构建仿真模型，针对震后需求随机的特点，提出了医疗救护车辆的调度和路径优化策略。杨等（Yang et al.，2005）考虑车辆救援任务较重时，在实时信息下通过多阶段协调各区域救援车辆的类型和数量，从而提高应急响应的水平。

在灾害条件下的救援车辆调度方面，穆罕默德等（Mohaymany et al.，2003）研究了基于生命损失减轻原则的城市应急交通网络，在此基础上进行救援车辆的调度。奥兹达马尔等（Ozdamar et al.，2004）对应急情况下的物资运输调度进行了探讨，该研究假定当前和将来一段时间内供应的物资数量有限，当前需要的物品数量已知且将来需要的物品数量可以预测，目标是使救援中心的需求在请求的时间里满足最大化。

王等（Wang et al.，2014）在现有路网中，以总成本和交付可靠性为目标，建立非线性整数开放式应急救援路径优化模型，并且构建了非支配排序遗传算法和非主导分类差分算法，对上述模型进行求解，具有良好的效果。谢乌等（Sheu et al.，2007）提出了信息不完善条件下的应急物流作业的救援需求管理模型。沃尔格穆特等（Wohlgemuth et al.，2012）采用多路径旅行时间预测和区域需求整合方法，建立了一个多阶段混合整数问题模型，可以预测运输时间窗以及紧急状态下的救援物资需求量，降低应急车辆旅行时间和受灾点需求量的不确定性对物资运输作业的干扰，提升应急物资交付效率。常等（Chang et al., 2014）根据需求点的需求动态调整配送计划，对可用资源的分配进行调节，自动为决策者生成可供执行的调度候选方案，通过创新的多目标贪婪搜索遗传算法，为上述问题提供求解方案，其求解结果优于标准贪婪算法。

16.3.2　国内应急车辆调度问题研究

国内学者对灾后救援车辆调度和救援车辆路径选择的研究主要是针对应急救援物资调度以及灾后不确定信息下的车辆调度问题。文献检索可以看到，对应急配送车辆调度优化问题的研究基本上沿袭了从静态模型到动态模型、从单目标优化到多目标优化、从单个算法到混合算法、从单一理论到综合理论以及从整体建模到分阶段建模这一演化过程。

从优化目标来看，何建敏和刘春林（2001）等提出了以"应急开始时间最早"为目标的数学模型及相应解法，其中运用了模糊多目标规划等方法实现应急组合调度问题的求解。夏红云等（2014）为了在有限时间域内最大化各灾区应急资源需求满足量、减少延迟成本，采用网络流理论及双层规划建模方法，构建了含时间窗的应急救援车辆多次、多阶段动态调度模型，并利用基于动态规划的两阶段启发式算法进行求解。马祖军等（2014）为了提升城市突发公共事件应急资源调配效率，考虑实时/时变路网环境下出救点的选择与救援车辆路径的集成优化问题，设计了一种实时/时变交通信息的结合策略，并提出了满足先进先出原则的路段行驶时间计算方法。王炜等（2010）通过实例研究了基于马尔科夫决策过程的应急资源调度方案动态优化问题。石彪等（2012）针对大规模突发事件暴发后应急物资运输车辆不足，需要多次、分阶段将应急物资运送到需求点的情况，以应急物资运输的全局完成时间最早为目标，建立了基于车辆紧缺假设的两阶段车辆调度模型，并根据问题的特点设计了相应的启发式算法，有效提升了应急物资运输车辆的使用效率。谈晓勇等（2014）针对应急救援车辆调度优化问题的特征和需求，以可变双向距离、道路风险和成本最小为主要目标，建立了应急救援车辆调度优化问题的多目标优化模型，并且为避免过早陷入局部最优，提出了基于混沌扰动的改进蚁群系统优化算法。王旭坪等（2005）为解决由顾客需求变化引发的物流配送干扰问题，提出了基于干扰管理思想构建扰动恢复策略和方案。

在运输时间不确定方面，国内学者的主要研究方法是将震害分析预测同路网连通性相结合，通过分析震后道路通行能力，构建灾害条件下的交通网络模型，为应急救援提供支持。如姚凡凡等（2013）针对战时弹药保障路径的特点，对传统的解决最短路问题的蚁群算法进行改进，提出了基于动态蚁群遗传算法的路径优化算法。杨善林等（2008）考虑到由拥挤路段交通流量波动引起的行程时间不确定性，建立了考虑行程时间可靠性要求的车辆调度数学模型，给出了相应的启发式算法。杨继君等（2008）从多灾点所需应急资源的角度出发，提出了基于非合作博弈的应急资源调度模型和算法。张汉鹏等（2016）在考虑配送时间最短的目标下，通过构建受灾点与道路随机抢通的时间组合关系模型，并评估其发生概率，用三阶段法来解决，该方法提升了救灾物资交付效率。

16.3.3 评述总结

通过上述研究文献可以发现，关于应急救援车辆调度的问题，研究对象主要集中在物资调度上而缺乏伤员的紧急运送研究，而关于地震条件下的伤员紧急运送的理论研究还有待完善。

16.4 地震伤员救援车辆路径选择及优化研究

传统物流配送车辆的路径优化研究是建立在物流配送中心及物资需求点坐标位置已知，以及道路交通状况、需求点物资需求量等条件也已知的基础上。而震后环境下应急救援车辆路径规划中，救援需求点位置具有模糊性、道路交通状况具有不确定性、且随时间推移救援信息具有时变性等因素使得该情景下的车辆路径优化问题变得异常复杂；而且在应急救援初期救援车辆是有限的，合理选择救援路径尤为重要。因此，在应急管理中要想实现灵活的车辆调度，不仅要合理安排车辆救援，同时还要选择最优的车辆路径方案，由此才能确保应急救援工作能够及时、有效地开展。根据地震的特殊性，将伤员应急救援车辆路径选择及优化概括为两个重要特点，如下所述。

16.4.1　震后救援车辆调度更加重视救援时间

应急救援过程中，伤员早一点得到救援，生命就会得到多一点的保证。应急救援是一个弱经济性过程，成本不再是研究的重点，相对于成本，行驶里程和行驶时间将是优化的主要目标。沃恩塞尔等（Woensel et al.，2008）考虑应用排队论的方法描述潜在的交通拥堵，以解决动态行程时间的车辆最短路问题，通过排队逼近的方式捕获实时的行程时间，此外还分析了该方法相对其他逼近方法的优越性。塔克达等（Takeda et al.，2007）建立了一个超立方体排队模型，考虑将城市内部的救援车辆分散再重新分布，以及适当增加救援车辆以减少响应时间。诺瓦等（Novoaa et al.，2009）从动态和重优化观点出发，构建了单车随机需求条件下最短路问题的一个近似动态规划算法。波特文等（Potvin et al.，2007）研究了带有时间窗的动态车辆路径和行程安排问题，同时考虑了实时客户需求和动态出行时间，定义了不同的反应派遣策略和通过设置一个"容忍"参数来进行比较。约西等（Jotshi et al.，2009）基于数据融合技术，采用聚类分析法划分伤员类型，并且在综合考虑伤员优先级、救援车辆距离以及救援需求报告的准确性的情况下，对救援车辆的最短出救路线进行了计算和仿真。汪寿阳等（2000）就单出发点物流运输问题，研究运输车辆行程路线安排，最后提出了该研究领域应该关注的几个重要发展方向。

时间就是生命，救援行动应该尽量考虑以缩短救援时间为目标，约束条件也应该尽量从影响救援时间的方面考虑。同时，由于突发灾害事件的大规模性和不确定性，导致了路网交通、路况等的不稳定性，在约束条件的选取中，应尽可能地将影响救援时间的因素加入约束条件中，准确进行救援时间的预测，提高模型约束的实际应用能力。

16.4.2　应急救援交通网络的不稳定性

地震情境下突发事件破坏性极大，道路破坏严重，救援交通网络不稳定性增加，联合救援以及考虑时变条件的救援将是研究的主要目标。

米勒霍克等（Miller‒Hooks et al.，2005）研究了车辆在路网中行驶的行程时间，根据实际情况不断变化的特点，利用重新优化的算法使计算时间显著减小。谈晓勇等（2012）针对灾后车辆路径优化问题的特征和需求，研究了救援通行时间、道路风险和道路付出成本等多目标的评估方法，以此为基础建立了震后车辆路径优化问题的多目标优化模型。陈刚等（2014）从供应链的角度构建一个包含应急物资供应点、集散点、配送中心及受灾点四层结构的应急物资保障系统。但是，因为道路交通状况的复杂性以及多变性，静态距离最短路径不一定就是最优路径。对此，刘春年等（2014）提出了基于路阻函数理论与 Dijkstra 算法的最优路径数学模型，并以实例计算说明模型及算法的有效性。阮俊虎等（2014）针对大规模灾害中难以使用直升飞机运送医疗物资到每个医疗救助点这一问题，提出一种基于聚类的两阶段医疗物资联合运输方法。范文璟等（2011）针对时变网络环境下城市应急救援路径优化问题，提出了一种城市路段行驶时间计算方法，设计了一种改进遗传算法（GA）对模型进行求解。

综合以上文献研究内容可以看出，救援车辆路径优化虽然考虑到了路网的动态特性，但是研究主要还是集中在寻找车辆行驶最短路径这个目标上。然而地震情况下的应急救援车辆路径优化不同于普通的物流路径问题，最短的路径不一定就是最优的路径，时间就是生命，应该优先考虑如何实现以最短的时间完成最大化的救援。

16.5　应急救援车辆调度及路径优化模型研究

对于应急救援车辆路径问题优化模型的构建，国内外学者通过总结大量突发事件的应急救援特点，结合实际突发事件案例，采用不同的扰动因子来完善应急救援车辆路径问题的优化模型，以达到模型尽可能与实际情况相符合的目的。结合大量文献综述可以看出，国内外学者对于模型的建立主要是从应急救援物资和应急救援时间两个角度出发，建立不同的约束条件，从多个角度进行研究，从而找到减少伤员、降低财产损失的途径。

16.5.1　应急救援物资配送车辆调度模型

针对应急救援物资配送的车辆调度模型中，研究人员从突发事件发生后受灾点的需求和应急救援中心的供给两个方面进行研究。

（1）受灾点需求研究

研究人员研究的重点是需求的模糊性和不确定性，沃尔格穆特等（Wohlgemuth et al.，2012）分析了确定性需求条件下应急救援车辆的动态路径问题。谢秉磊（2012）等为优化传统的车辆路径，提出需求可分的车辆路径优化模型，并加强模型的约束，将原模型转变为等价的改进 SDVRP。刘波（2016）等针对受灾点对救灾物资需求量不确定的情况，以道路连通可靠性和行程时间可靠性为扰动因子，建立了应急物资车辆调度的鲁棒双层优化模型，并将具有不确定系数的鲁棒双层规划模型转换为确定性的双层规划，通过实例验证了模型的可行性和有效性。曹二保（2007）等研究了具有模糊需求的车辆路径问题，并基于模糊可能性理论构建模糊机会约束规划数学模型。张铱莹（2011）在文献中引入需求点危险权重系数，并建立综合可靠性的多目标应急资源配送模型。

（2）应急救援中心供给研究

在应急救援中心对救援物资的供给方面，解决供给不足的问题、如何合理分配资源是现阶段亟待解决的难题之一。阮等（Ruan et al.，2015）针对受灾点信息的不确定性，提出一种新的三角模糊数比较方法，最终建立按比例分配有限应急救援物资的模型。王旭坪等（2013）研究了大规模突发事件下的应急救援物资调度问题，将受灾人群的损失量化，建立以受灾人群损失最小为目标的混合整数规划模型，用以求解运力受限情况下的应急救援车辆路径优化问题和物资配送问题。吴腾宇等（2015）针对应急物资车辆装载能力有限和受灾点被提前获知但是不能马上被服务的情形，提出了具有预知信息的在线配额旅行商问题。程碧荣等（2016）研究了救援关键期内应急物资可能供应不足的特点，假设物资需求服从正态分布，以最小化供应不足和供应过量所带来的损失、运输成本和车辆使用成本等为优化目标，考虑服务时间窗和车辆装载能力等约束，建立随机需求环境下应急物流车辆路径问题的优化模

503

型。苏兵等（2013）针对应急救援物资总量紧缺的情形，以单个需求点最大缺货量最小为目标，建立基于单个配送中心、车辆数目有限和带时间窗的应急救援物资配送车辆路径优化模型。

16.5.2 考虑应急救援时间的应急救援车辆调度模型

应急救援时间是突发灾害事件应急救援过程中的重要因素之一，减少应急救援时间是降低生命财产损失的关键。应急救援时间窗是满足救援及时性、急迫性要求的重要约束和目标，尼古拉科普卢等（Nikolakopoulou et al.，2004）研究了平衡车辆使用时间为目标的车辆路径优化问题。徐志宇等（2012）将应急救援物资的配送目标分为供需差异最小、配送时间最短、各灾点失衡度最低，提出分批配送模型，并将救援的紧迫性、动态性和公平性通过加权求和的方式量化。何正文等（2009）研究了交通网络道路和节点均带有禁止时间窗的车辆路径优化问题，以最小化应急物资调运时间为目标构建整数规划优化模型。突发灾害事件伴随着大规模的破坏性，在车辆行驶时间处理上，王等（Wang et al.，2014）考虑行程时间、总成本和可靠性的分配问题，构造了一个非线性整数开放位置路径优化模型。张晓倩（2015）针对突发事件下应急物流的特点，引入道路通畅率作为约束条件，综合考虑救援时间最短、救援成本最低的应急物资车辆路径调度方法。杨晓璐等（2008）为提高应急救援的响应效率，充分考虑并研究了城市交通网络的复杂性，以安德伍德模仿流体力学导出的车速—密度模型为基础，利用路段信息表来表示城市道路信息，并建立了城市道路交通数据库。徐寅峰等（2013）考虑方格路网上道路堵塞位置和数量信息不完全的情形，研究了两辆应急救援车辆在线路径选择问题，建立至少有一辆车最小化到达待救援点为目标的路径优化模型。刘杨等（2009）考虑通行可靠性、安全性、道路条件限制等干扰因子，以出行时间最小、行程时间可靠度最大为目标函数，建立应急救援车辆路径选择的多目标优化模型。吴青等（2007）首先分析了地震发生时路段行程时间的变化情况，并运用车流波动理论原理分析车辆排队问题，将道路长度、交通流量等因素量化为车辆行驶时间；其次考虑建筑物的倒塌概率、路段的阻断严重性和阻断曝光量对建筑物的倒塌所造成的路段阻断风险，建立了地震发生时应急物资车辆路径选择模型。杨兆升等（2013）综合考虑了突发事件造成的道路损毁、交通堵塞等特点，结合路网可靠性、行程时间可靠性和路网交通分配的时变性，建立基于双层规划思想的应急救援路径选择模型。

16.5.3　不确定环境下的应急救援车辆路径优化模型研究

国内针对不确定环境下的应急救援物资配送车辆路径优化研究主要有：吴瑶（2011）针对城市突发公共事件暴发后的伤员救治问题，建立了以不同等级伤员等待救援加权时间和最小为目标的综合数学模型。杨文国等（2010）对大规模灾后伤员救助工作展开了研究，给出了总体救助时间最小化为目标的救护车分配优化模型，最后通过数值算例表明所给模型的有效性。刘春林等（2002）研究了应急物资连续供应条件下，分别以应急开始时间最早、出救点数目最少等为优化目标，并通过组合优化、模糊规划、两阶段规划等方法求解模型。郑斌等（2008）以物资运达总时间最短和系统总成本最小为目标，建立了应急物资需求模糊的多目标定位—路径问题（LRP）优化模型，并提出了一种多目标遗传算法。范文璟（2011）针对时变网络环境下城市应急救援路径优化问题，提出了一种城市路段行驶时间计算方法。孙华灿（2008）为了提高多式联运经营人运输决策的科学性和可行性，提出了联合运输合理路径概念。张雷等（2013）针对城市内涝灾害救援过程中的救援车辆及队伍指派工作进行了研究，采用反点法对建立的指派模型进行了求解。姜金贵等（2014）针对城市内涝突发情况下，引用连通系数和畅通系数来计算车行速度，建立相应的救援路径优化模型。王新平等（2012）针对多疫区多周期环境下的应急物资配送协同优化问题做出了相关研究，构建了多目标物资调度模型。

16.5.4　针对车况、路况约束的路径优化模型研究

应急救援车辆路径优化模型主要体现在目标函数以及约束条件方面，以救援成本最低、车辆行驶时间最短、救援路径最短等为目标建立数学函数，约束条件主要反映不同车型的容量、路况对车速的影响、车

辆单程最远行驶距离等限制因素。国内主要代表性研究有，朱文兴等（2005）提出了交通流密度图的定义和城市动态交通网络模型，同时还给出了动态交通网络中 OD 对的路径优化模型。杨兆升等（2013）分析了城市突发灾害对路网造成不确定的道路损坏、交通拥堵程度，建立了时变下应急救援路径选择模型。徐琴等（2008）在文献中引入弧阻尼系数，把路网图中的固定弧权改为随时间变化的动态弧权，来反映道路交通流量对车速的影响。张毅等（2006）将多属性决策理论与加权和法相结合构造决策效用函数。

16.5.5 模型优化研究评述

通过以上文献综述，不难发现在模型中影响车辆行驶速度的不确定参数几乎无法用数字直接衡量，对此多数学者选择采用随机模拟、模糊数学、不确定理论、层次分析、数理统计等方法进行分析处理。但是，大多数文献只在需求点位置及模糊需求量或者城市路网对车辆速度方面做了简单的突破，而把两者系统地结合在一起或者对单个方面进行深入研究的重大成果还没有出现。所以，全面地考虑物资配送过程中的不确定因素，规划多时段的车辆往返路径还需进一步研究。

16.6 应急救援车辆路径优化算法研究

16.6.1 经典启发式算法的应用

（1）Dijkstra 算法

李等（Lee et al.，2001）提出了一个可以找到最优疏散路径的模型，使用 Dijkstra 最短路径算法、可以缩短计算时间的可行路径法、遗传算法等，利用 MATLAB 并行处理进行最优路径的计算，并利用帕累托效应进行结果分析，然后使用虚拟网络对模型进行验证。利姆等（Lim et al.，2015）提出了一种以时间为扩展的多种类动态网络流问题规划，旨在寻找疏散区域每个节点上的疏散路线，疏散流量以及疏散进度。研究使用 Dijkstra 算法求解最佳路径，用 Ford - Fulkerson 算法求最短路径上可通过逃生者的最大可能数。研究独特之处在于模型的假设，认为路径上的流量是恒定的。这种启发式算法拥有计算速度快且鲁棒性强等优点。覃凤梅（2012）在相关论文里研究了城市火灾下的应急救援车辆路径优化，采用改进的 Dijkstra 算法进行求解。朱昌锋（2013）利用模拟退火算法，求解了多式联运条件下应急车辆调度的优化模型。刘春年等（2014）提出了基于 Dijkstra 算法和路阻函数理论的数学模型来计算灾害情况下最优的撤退路径，研究优点在于结合实时的道路环境提供最优路径，为应急决策提供依据。

（2）模拟退火算法

杨善林等（2010）研究了时变条件下带时间窗车辆调度问题，将车辆行驶速度考虑成时变分段函数，并利用模拟退火算法进行求解，最后通过实验结果验证了算法的有效性。裴小兵等（2016）引入记忆函数，结合 GIS 并运用 SPSS 聚类分析来确定初始化状态种群、多种群并行机制和新状态的产生用来改进模拟退火算法，通过改进的模拟退火算法求解多目标车辆路径优化问题，提高了算法的优化效率，验证了算法的可行性与实用价值。王超等（2014）利用 2 - opt 法和 or-opt 法进行路径内搜索、swap/shift 法和 2 - opt * 法进行路径间搜索优化模拟退火过程，利用提出的模拟退火算法求解带时间窗和同时取送货的车辆路径问题。

（3）禁忌搜索算法

玛等（Ma et al.，2012）提出了一种带有自适应惩罚机制的禁忌搜索算法，解决带时间窗和车辆吨位容量限制的车辆路径问题，并应用于香港某运输公司的危险材料运输项目，经过大量计算验证了方法的有效性。张晓楠等（2016）针对模糊需求的车辆路径问题，结合混合分散搜索和变邻域搜索的搜索方式，设计变邻域分散搜索算法求解。马华伟等（2008）构造了改进的禁忌搜索算法求解带可选时间窗约束的车辆调度问题，该算法首先用改进的 PFIH 算法提供较好的初始解，然后利用禁忌搜索算法对初始解进行改进。钟石泉等（2005）研究了多车场车辆路径优化问题中的容量、时间窗、多车型等多种约束的处理方法，并设计了禁忌搜索算法求解。谢小良（2009）针对模糊需求信息条件下物流配送路径优化问题进行了分析，并构造了一种改进的禁忌搜索算法进行求解。赵建民（2010）为了克服并购算法在求解有时间窗物流配送路径优化问题时局部最优的缺陷，提出了混合并购算法的构想。

（4）遗传算法

乌尔萨尼等（Ursani et al.，2011）介绍了局部优化框架，提出局部遗传算法求解带时间窗的车辆路径问题，通过验证发现 LGA 能够产生更好的解决方案。王晓博等（2009）采用混合遗传启发式算法求解多车场、多车型的装卸混合车辆调度模型，引入了 2－opt 交换变异策略，并结合爬山算法加强染色体的局部搜索能力，最后对混合遗传算法求得的精英种群进行禁忌搜索，以此提高搜索效率。彭春林等（2008）采用改进的边重组交叉算子，保证遗传进化中保留父代路径上边之间邻接关系的映射信息，并应用自适应策略控制遗传进化中的参数，仿真实验求解 VRP_SPD 问题，验证了算法的性能提高和稳健性。李晶晶等（2008）提出了一种基于遗传算法的疏散路径的优化设计方法，将疏散路径转化为距离完全图，将目标点、源点和中间点分离，用 Prim 算法求出最小生成树，最终用遗传算法求解最优路径，并验证了算法的可行性。但是算法没有考虑火灾发生时人员疏散情况下的人群密度，烟雾密度等约束条件。霍良安等（2013）以大型展馆为背景，从展会管理者与参观者之间的利益关系出发，运用博弈论分析两者之间的矛盾，建立 Stackelberg 模型，使用标准优化方法 F－W 算法求解，并使用遗传算法进行优化，求得最短疏散时间，制定最佳疏散策略。该模型既能满足疏散要求，又能满足费用目标，有效协调两者利益，为管理者制订合理的疏散方案提供依据。研究创新点在于考虑了多方的利益冲突，并加以协调，和谐的利益关系有利于紧急情况下决策的制定。

（5）蚁群算法

依等（Yi et al.，2007）提出一种元启发式蚁群算法求解应急救援车辆路径问题，物流规划包括在受灾区域内配送中心进行救援物资调度和撤离伤员到医疗中心，所提出的方法将原始问题分解成两个阶段，即车辆路径问题和多物资调度问题，子问题以一个迭代的方式解决。卡妮卡等（Kanika Singhal et al.，2016）在蚁群算法的过渡概率准则下，研究了建筑物救援中的物理干扰，提出了一种利用蚁群算法对各种应急场景进行比较的方法，目标是将整个疏散时间最小化。李紫瑶（2011）针对应急救援车辆路径优化模型，提出了基于精英蚂蚁排序信息素更新方式的改进蚁群算法。陈金等（2010）运用 sweep 算法和 saving 算法求解带中转点的优化调度模型中中转点和需求点的分派问题，然后运用改进的蚁群算法对每个中转点的车辆运输路线进行优化。陈建军（2011）利用蚁群算法求解物流配送路径优化问题，并利用仿真证明蚁群算法具有搜索速度快的特点。葛斌等（2015）针对传统蚂蚁遗传混合算法中参数静态设置、冗余迭代及收敛速度慢等缺点，提出一种动态混合蚁群优化算法（DHACO）求解带时间窗车辆路径问题。首先运用蚁群算法求解出初始可行解，其次采用遗传算法对局部解和全局最优解进行二次优化，进而得到最优解，最后利用蚂蚁遗传混合算法融合策略根据云关联规则自适应控制蚁群算法参数。雷秀娟等（2008）为避免基本粒子群算法产生局部极小，引入遗传操作来提高种群的多样性，再加入收缩因子加快收敛速度，通过求解公交车辆智能排班问题验证了算法的有效性。刘云等（2016）利用单亲遗传算法结合基本蚁群算法求解多目标带时间窗的车辆路径问题，验证了单亲混合蚁群算法具有很好的计算性能和稳定性。费腾等（2014）为解决基本蚁群算法中参数不可控问题，将 DNA 算法的交叉编译思想引入基本蚁群算法，有效控制了算法参数的选择，将算法应用于车辆路径优化问题，提高了算法的寻优能力。张培红等（2008）建立了大型公共建筑物的空间模型，并用自适应的蚁群算法对人员疏散路径进行寻优计算，使所建模型与智能疏散联动控制系统达到了集成统一。梅志斌等（2008）考虑了火灾发生时疏散人员的行为特点，建立了人员疏散路径自适应蚁群算法数学模型，自适应调整了路径选择策略和信息素更新策略，提高了运算的速度和疏散效率，缩短了疏散时间。

除此之外，缪成等（2006）分析了多货物多起止点网络流问题和多种运输方式满载车辆调度问题，并设计了一种多模式分层网络，提出了一种基于拉格朗日松弛法的求解方法。王飞（2014）提出了一种改进的粒子群算法求解带时间窗车辆调度问题，该算法在惯性权重递减的基础上通过群体极值进行 t 分布变异，克服了标准粒子群算法存在早熟收敛和易陷入局部解的问题。温惠英等（2011）采用自适应离散粒子群算法求解带时间窗协同车辆路径问题，并针对该类问题定义了可行解的粒子编码方式。

16.6.2　新型启发式算法的应用

陈等（Chen et al.，2010）应用混合变邻域搜索算法求解有容量限制的车辆路径问题，通过实验测试得出良好的实验结果。珀翰等（Po - Han Chen et al.，2009）提出了快速流控制算法，基于最小的整体疏散时间和每条疏散路径上最优疏散人员数量，以平面图和疏散人员总数为基础计算疏散路径，并根据不同疏散场景设计不同的流控制算法，最后加以实现。哈立德等（mohd nor akmal Khalid et al.，2015）提出了一种考虑疏散者个体相互作用和人群集体模式的人群疏散模型，并利用人工免疫算法求解 ERP（应急路径规划）问题，最后对模型进行评价，通过各种实验进行参数校准，以达到最佳效果。张景玲等（2010）提出了混合 2 - opt 量子进化算法求解多车型开放式动态需求车辆路径问题，在算法中将整数编码转换为量子比特编码，引入 2 - opt 方法对子路径进行局部优化，提高了算法的收敛速度。刘士新等（2008）设计了动态车辆路径优化问题的导向局域搜索算法，在算法产生初始解之后，运用 2 - opt 局域搜索算子更新车辆服务顾客的顺序，并通过仿真实验验证了算法具有实时、高效的特点。何健飞等（2013）在考虑疏散人群拥挤度和服从度的情况下，建立了地铁站的应急疏散模型，模型首先使用前 k 条最短路径算法生成初次分配方案，再用改进的拍卖算法为所有个体规划新的疏散路径，从而降低了疏散过程的拥挤程度，提高了疏散效率。此算法具有复杂度低，最短路易被跟踪的优点。米什拉等（Gopinath Mishra et al.，2015）提出了一种改进的算法解决 SSEP（单源单汇疏散路线计划）问题，并与 CCRP（能力约束路径规划）算法进行比较，结果表明，无论是最终疏散时间还是算法运行时间都优于 CCRP 算法（聚类分析算法）。其研究缺点在于解决了单源单汇问题，但突发事件发生时，人员的疏散实际是一个多源多汇的问题，未来应努力将单源单汇问题转化为多源多汇问题，更符合实际。董崇杰等（2016）针对布谷鸟搜索算法的不足将其与差分进化法合并，提出了基于差分进化法的改进布谷鸟搜索算法，建立了基于疏散时间、拥挤度及总路径长度为指标的人群疏散多目标模型。彭华等（2010）建立了存在约束的多出口选择模型，并用加权法将多目标问题转化为单目标问题，算法考虑了人员半径，导航点数量及路径长短等因素，可解决导航点与目标点连接且与威胁区域相交情形的路径规划问题。

16.7 总结与展望

从国内外相关文献来看，对地震情景下伤员配送模型的研究也存在一定的局限性。目前对地震情景下应急物资的调度研究较多，而对地震伤员的特点和合理配送研究较少，在伤员配送过程中针对伤员伤情时变性演化的研究更少。地震发生时，不同伤情的伤员批量出现，在伤员统计分类、急救分类、救灾决策和合理配送等方面均值得研究。

国内的应急车辆调度的研究未来还需从以下几点着手：第一，扩大研究视角，积极学习国外先进理论成果，整体完善国内的方法和技术体系；第二，在路径的选择上综合考虑多种影响因素，建立完整的约束条件，合理设置各因素的权重值，同时道路的通行能力、车辆的运载能力以及安全性也将考虑在内；第三，针对需求点、需求量以及路况等不确定因素，综合运用不确定理论、模糊规划模型和智能仿生算法来分析问题。

综上所述，国内外学者在分析救援车辆路径优化问题模型时，在目标函数选择上均是从单目标优化模型发展到多目标函数优化模型；在目标选取层面上，大多数学者以最短车辆行驶距离、最大满足受灾点的需求等为主要目标；在约束条件选择层面上，大多数学者以道路通行能力为切入点建立模型的约束。然而，突发灾害事件有不同于一般事件的特点，模型中所考虑的约束只能够反映出突发事件发生后，应急救援过程的一个或者几个干扰因素，远远不能够反映应急救援的实际情况。

在突发灾害事件应急救援车辆路径优化问题的求解方面，由于研究问题日趋复杂，需要用到组合优化的思想求解。在模型求解算法方面，其发展历程可总结为精确算法、亚启发式算法和群智能优化算法。通过文献综述发现，多数学者倾向于采用智能优化算法求解此类组合优化问题，但在算法创新与改进方面，一部分学者采用以基本算法框架为基础，通过控制算法参数或者改进算法优化过程来提高算法稳定性、有效性和实用性；另一部分学者则是通过融合两种或者两种以上算法，以一种算法为基础，通过融合另一种算法来改变基础算法的搜索方式或者优化过程来提高算法的性能。虽然这两种算法改进措施都能有效地解决应急救援车辆路径优化问题，但研究人员无法以统一标准去衡量哪种算法改进方式较优，特别是近几年来，群智能优化算法的兴起，各种新型算法层出不穷，算法改进方式日趋多样化，笔者认为，在应急救援车辆调度求解算法改进过程中，针对改进算法建立相应多样化基准测试平台将是未来发展的重点方向。

本章参考文献

[1] 曹二保，赖明勇，张汉江．模糊需求车辆路径问题研究［J］．系统工程，2007，25（11）：14－18．

[2] 陈刚，张锦，付江月．应急物资保障系统模糊多目标 LARP 研究［J］．交通运输系统工程与信息，2014，14（4）：160－167．

[3] 陈坚，晏启鹏，霍娅敏，等．基于可靠性分析的区域灾害应急物流网络设计［J］．西南交通大学学报，2011，46（6）：1026－1031．

[4] 陈建军．蚁群算法在物流配送路径优化中的研究［J］．计算机仿真，2011，28（2）：268－271．

[5] 陈金，蔡延光．带时间窗的中转联盟运输调度问题的混合算法研究［J］．工业控制计算机，2010，23（1）：70－72．

[6] 程碧荣，赵晓波，秦进．考虑供应不足的应急物流车辆路径优化模型及算法［J］．计算机应用研究，2016，33（6）：1682－1685．

[7] 程魁，马良．平面选址问题的萤火虫算法［J］．上海理工大学学报，2013，35（3）：205－208．

[8] 董崇杰，刘毅，彭勇．改进布谷鸟算法在人群疏散多目标优化中的应用［J］．系统仿真学报，2016，28（5）：1063－1069．

[9] 范文璟，马祖军．时变网络环境下城市应急救援路径优化［J］．计算机应用，2011，31（S1）：125－128．

[10] 费腾，张立毅，孙云山．基于 DNA－蚁群算法的车辆路径优化问题求解［J］．计算机工程，2014，40（12）：205－208．

[11] 高尚，杨静宇．群智能算法及其应用［M］．北京：中国水利

水电出版社，2006.

[12] 葛斌，韩江洪，魏臻，等. 求解带时间窗车辆路径问题的动态混合蚁群优化算法 [J]. 模式识别与人工智能，2015，28 (7)：641 - 652.

[13] 葛娜娜，夏文汇. 应急物流成本效益的影响因素及对策分析 [J]. 中国储运，2009 (7)：102 - 104.

[14] 龚亚伟. 应急救灾物资车辆最优路径选择的研究与实现 [D]. 武汉：武汉理工大学，2008.

[15] 何建敏，刘春林. 限制期条件下应急车辆调度问题的模糊优化方法 [J]. 控制与决策，2001，16 (3)：318 - 321.

[16] 何健飞，刘晓. 基于拥挤度的地铁应急疏散路径优化方法 [J]. 中国安全科学学报，2013，23 (2)：166 - 171.

[17] 何正文，贾涛，徐渝. 基于禁止时间窗的应急物资调度车辆路径问题 [J]. 运筹与管理，2009，18 (2)：1 - 6.

[18] 胡昱昊. 舟山市石油储运行业政府应急管理研究 [D]. 大连：大连海事大学，2014.

[19] 胡中功，李静. 群智能算法的研究进展 [J]. 自动化技术与应用，2008，27 (2)：13 - 15.

[20] 黄园园. 重大突发事件灾后应急救援车辆的路径选择与协调研究 [D]. 秦皇岛：燕山大学，2013.

[21] 霍良安，黄培清. 基于 Stackelberg 博弈模型的展会人员应急疏散问题 [J]. 系统管理学报，2013，22 (3)：425 - 430.

[22] 姜金贵，张鹏飞. 基于改进蚁群算法的城市内涝救援路径优化 [J]. 计算机应用，2014，34 (7)：2103 - 2106.

[23] 姜淑珍，李倩，柳春光. 泰安市交通系统抗震可靠性分析 [J]. 地震工程与工程振动，2005，25 (6)：189 - 193.

[24] 郎茂祥. 多配送中心车辆调度问题的模型和算法研究 [J]. 交通运输系统工程与信息，2006，6 (5)：65 - 69.

[25] 郎茂祥，胡思继. 车辆路径问题的禁忌搜索算法研究 [J]. 管理工程学报，2004，18 (1)：81 - 83.

[26] 郎茂祥. 配送车辆优化调度模型与算法 [M]. 北京：北方交通大学，2008.

［27］郎茂祥．物流配送车辆路径问题的模型和算法研究［D］．北京：北方交通大学，2002．

［28］雷秀娟．群智能优化算法及其应用［M］．北京：科学出版社，2012．

［29］雷秀娟，史忠科，付阿利．改进的粒子群优化算法求解车辆调度问题［J］．计算机应用研究，2008，25（9）：2674－2675．

［30］冷军强，张亚平，韩丽飞，张伟．冰雪条件下城市路网容量可靠性［J］．哈尔滨工业大学学报，2010，42（4）：592－596．

［31］李晶晶，纪庆革．基于遗传算法优化多出口疏散路径问题［J］．上海师范大学学报：自然科学版，2008，37（4）：383－389．

［32］李双琳，马祖军，郑斌，代颖．震后初期应急物资配送的模糊多目标选址多式联运问题［J］．中国管理科学，2013，21（2）：144．

［33］李紫瑶．应急救援车辆路径寻优——多目标改进蚁群算法［J］．技术经济与管理研究，2011（9）：7－10．

［34］刘波，李砚．应急物资车辆调度的鲁棒双层优化模型［J］．系统工程，2016，34（5）：77－81．

［35］刘春来，王建军，赵传立．具有学习效应的平行机排序问题［J］．系统管理学报，2014，23（1）：144－148．

［36］刘春林，施建军，李春雨．模糊应急系统组合优化方案选择问题的研究［J］．管理工程学报，2002，16（2）：25－28．

［37］刘春年，邓青菁．应急决策信息系统最优路径研究——基于路阻函数理论及 Dijkstra 算法［J］．灾害学，2014，29（3）：18－23．

［38］刘春年．应急决策信息系统最优路径研究——基于路阻函数理论及 Dijkstra 算法［J］．灾害学，2014，29（3）：18－23．

［39］刘利军．应急物流［M］．北京：中国财富出版社，2015．

［40］刘鹏，周晓晔，荣楠．带有学习效应和恶化工件的双代理调度问题［J］．系统工程学报，2012，27（6）：841－846．

［41］刘士新，冯海兰．动态车辆路径问题的优化方法［J］．东北大学学报：自然科学版，2008，29（4）：484－487．

［42］刘杨，云美萍，彭国雄．应急车辆出行前救援路径选择的多目标规划模型［J］．公路交通科技，2009，26（8）：135－139．

［43］刘云，张惠珍．多目标带时间窗的车辆路径问题的单亲遗传

混合蚁群算法 [J]. 公路交通科技, 2016, 33 (6): 95 - 100.

[44] 柳春光, 张敬伟. 交通系统地震服务性能分析 [J]. 地震工程与工程振动, 2006, 26 (4): 182 - 186.

[45] 路甬祥. 仿生学的意义与发展 [J]. 科学中国人, 2004 (4): 22 - 24.

[46] 罗凤连, 郭强. 急救中心选址及其配车问题研究 [J]. 计算机工程与应用, 2011, 47 (28): 241 - 244, 248.

[47] 马华伟, 杨善林. 可选时间窗车辆调度问题的改进禁忌搜索算法 [J]. 系统仿真学报, 2008, 20 (16): 4454 - 4457.

[48] 马惠钦. 昆虫与仿生学浅谈 [J]. 应用昆虫学报, 2000, 37 (3): 170 - 172.

[49] 马祖军, 胡萍. 实时/时变路网环境下城市出救点选择与救援车辆路径的集成动态优化 [J]. 管理工程学报, 2014, 28 (4): 022.

[50] 梅志斌, 文辉, 潘刚, 等. 建筑物火灾中人员疏散路径优化自适应蚁群算法 [J]. 沈阳建筑大学学报: 自然科学版, 2008, 24 (4): 671 - 674.

[51] 缪成, 许维胜, 吴启迪. 大规模应急救援物资运输模型的构建与求解 [J]. 系统工程, 2006, 24 (11): 6 - 12.

[52] 裴小兵, 贾定芳. 基于模拟退火算法的城市物流多目标配送车辆路径优化研究 [J]. 数学实践与认识, 2016, 46 (2): 105 - 113.

[53] 彭春林, 梁春华, 周泓. 求解同时取货和送货车辆路径问题的改进遗传算法 [J]. 系统仿真学报, 2008, 20 (9): 2266 - 2270.

[54] 彭华, 引擎, 孙旋, 等. 疏散过程中的路径规划与多出口选择 [C]. 北京: 2010 中国消防协会科学技术年会论文集, 2010.

[55] 任喜功. 浅析风险辨识与控制在企业应急管理体系建设中的地位和作用 [C]. 全国地方机械工程学会学术年会暨海峡两岸机械科技论坛, 2013: 199 - 201.

[56] 阮俊虎, 王旭坪, 杨挺. 大规模灾害中基于聚类的医疗物资联合运送优化 [J]. 中国管理科学, 2014, 22 (10): 80 - 89.

[57] 石彪, 池宏, 祁明亮, 等. 应急物资运输的两阶段车辆调度模型 [J] 系统工程, 2012, 30 (7): 105 - 111.

[58] 舒忠安, 苏贵影, 孔鲁晋. 浅论灾害应急物流 [J]. 机械管

理开发，2009，24（2）：128－129.

[59] 苏兵，张萌，姬浩. 应急救援物资紧缺的配送车辆路径选择研究 [J]. 运筹与管理，2013，22（6）：57－64.

[60] 孙华灿，李旭宏，陈大伟，于世军. 综合运输网络中合理路径优化模型 [J]. 东南大学学报：自然科学版，2008，38（5）：873－887.

[61] 谈晓勇，林鹰. 基于改进遗传蚁群算法的灾后救援路径规划 [J]. 计算机工程与设计，2014，35（7）：2526－2530.

[62] 谈晓勇，林鹰. 基于混沌蚁群算法的应急救援车辆调度优化 [J]. 计算机应用研究，2014，31（9）：2640－2643.

[63] 谈晓勇，刘秋菊. 应急配送车辆调度优化研究综述与展望 [J]. 计算机应用研究，2012，29（9）：3212－3215.

[64] 覃凤梅. 城市火灾应急救援车辆路径选择研究 [D]. 成都：西南交通大学，2012.

[65] 汪寿阳，赵秋红，腹国平. 集成物流管理系统中定位——运输路线安排问题的研究 [J]. 管理科学学报，2000，3（2）：69－75.

[66] 王超，穆东. 基于模拟退火算法求解 VRPSPDTW 问题 [J]. 系统仿真学报，2014，26（11）：2618－2623.

[67] 王飞. 带时间窗车辆调度问题的改进粒子群算法 [J]. 计算机工程与应用，2014，50（6）：226－229.

[68] 王凌，刘波. 微粒群优化与调度算法 [M]. 北京：清华大学出版社，2008.

[69] 王炜，刘茂，王丽. 基于马尔科夫决策过程的应急资源调度方案的动态优化 [J]. 南开大学学报：自然科学版，2010，43（3）：18－23.

[70] 王晓博，李一军. 多车场多车型装卸混合车辆路径问题研究 [J]. 控制与决策，2009，24（12）：1769－1774.

[71] 王新平，王海燕. 多疫区多周期应急物资协同优化调度 [J]. 统工程理论与实践，2012，32（2）：283－291.

[72] 王旭坪，傅克俊，胡祥培. 应急物流系统及其快速反应机制研究 [J]. 中国软科学，2005（6）：127－131.

[73] 王旭坪，马超，阮俊虎. 运力受限的应急物资动态调度模型

及算法 [J]. 系统工程理论与实践，2013，33（6）：1492-1500.

[74] 王旭坪，许传磊，胡祥培. 有顾客时间窗和发货量变化的车辆调度干扰管理研究 [J]. 管理科学，2008，21（5）：111-120.

[75] 王艳萍，刘文堂，赵宜宾，牛永君，黄猛，赵永安. 多发点情况下地震救援路径的优选算法 [J]. 世界地震工程，2010，26（1）：121-124.

[76] 温惠英，孙博. 基于离散粒子群算法的协同车辆路径问题 [J]. 公路交通科技，2011，28（1）：149-153.

[77] 吴青，亚伟. 地震救灾物资的路径选择 [J]. 东南大学学报：自然科学版，2007，37（S2）：343-347.

[78] 吴腾宇，徐寅峰，温新刚. 预知信息和有限运载能力下应急车辆路径选择问题 [J]. 系统工程理论与实践，2015，35（5）：1224-1229.

[79] 吴瑶. 城市突发公共事件伤员救治出救点选择与车辆路径集成优化研究 [D]. 成都：西南交通大学，2011.

[80] 夏红云，江亿平，赵林度. 基于双层规划的应急救援车辆调度模型 [J] 东南大学学报：自然科学版，2014，44（2）：425-429.

[81] 谢秉磊，胡小明，张一喆. 需求可分的车辆路径问题模型与算法 [J]. 运筹与管理，2012，21（3）：72-76.

[82] 谢小良，符卓. 模糊机会约束规划下的物流配送路径优化 [J]. 计算机工程与应用，2009，45（18）：215-218，244.

[83] 徐剑，牟燕妮，张尹聪，王中颖. 物流配送车辆调度优化方法比较研究明 [J]. 物流科技，2006，29（126）：46-49.

[84] 徐琴，马祖军，李华俊. 城市突发公共事件在应急物流中的定位 [J]. 华中科技大学学报：社会科学版，2008，22（6）：36-40.

[85] 徐琴. 突发公共事件应急物流系统优化中的定位——路径问题研究 [D]. 成都：西南交通大学，2008.

[86] 徐寅峰，张惠丽，余海燕，等. 基于方格路网的两车应急救援路径在线选择 [J]. 系统工程理论与实践，2013，33（1）：175-180.

[87] 徐志宇，张杰，彭嘉臻，等. 应急物流的分批配送模型及亚启发式算法求解 [J]. 系统仿真学报，2012，24（12）：2500-2505.

[88] 许良. 基于可靠性分析的城市道路交通网络设计问题研究 [D]. 北京：北京交通大学，2006.

[89] 许良. 交通运输网络可靠性研究分析 [J]. 中国安全科学学报，2007，17（1）：135-140.

[90] 许添本，饶智平. 都市道路交通安全改善方法 [J]. 交通企业管理，1995（10）：39-40.

[91] 杨继君，许维胜，黄武军，等. 基于多灾点非合作博弈的资源调度建模与仿真 [J]. 计算机应用，2008，28（6）：1620-1623.

[92] 杨善林，凌海峰，刘业政. 基于蚁群算法的混合方法求解车辆路径问题 [J] 福州大学学报，2005，19（3）：14-17.

[93] 杨善林，马华伟，顾铁军. 时变条件下带时间窗车辆调度问题的模拟退火算法 [J]. 运筹学学报，2010，14（3）：83-90.

[94] 杨文国，黄钧，郭田德. 大规模突发事件中伤员救助的救护车分配优化模型 [J]. 系统工程理论与实践，2010，30（7）：1218-1224.

[95] 杨晓璐，赵江平，王珂，等. 城市救援最佳路线的确定 [J]. 中国安全科学学报，2008，18（10）：50-56.

[96] 杨兆升，于尧，孙文飞. 城市路网下应急救援路径选择方法 [J]. 哈尔滨工程大学学报，2013，34（12）：1566-1572.

[97] 姚凡凡，杜君，王俊. 基于动态蚁群遗传算法的弹药保障路径选择研究 [J]. 系统仿真学报，2013，25（8）：1856-1859.

[98] 张汉鹏，廖毅，邱菀华. 两级车辆路径问题下的应急物资配送策略与绩效 [J]. 控制与决策，2015，30（2）：266-270.

[99] 张建勇，李军. 具有模糊旅行时间的 VRP 的一种混合遗传算法 [J]. 管理工程学报，2006（4）：13-16，41.

[100] 张景玲，赵燕伟，王海燕，等. 多车型动态需求车辆路径问题建模及优化 [J]. 计算机集成制造系统，2010，16（3）：543-550.

[101] 张雷，孔艳岩. 城市内涝灾害应急救援指派模型 [J]. 中国安全科学学报，2013，23（1）：171-176.

[102] 张培红，张芸栗，梅志斌，等. 大型公共建筑物智能疏散路径优化自适应蚁群算法实现及应用 [J]. 沈阳建筑大学学报：自然科学版，2008（246）：1055-1059.

［103］张世翔. 灾害应急物流系统的分析和建立 ［J］. 商场现代化, 2008 （35）：135 – 136.

［104］张晓楠, 范厚明. 模糊需求车辆路径优化及实时调整 ［J］. 上海交通大学学报, 2016, 50 （1）：123 – 130.

［105］张晓倩. 应急救援中多目标车辆路径问题研究 ［J］. 交通科技与经济, 2015, 17 （1）：40 – 44.

［106］张铱莹. 多目标应急服务设施选址与资源配置问题研究 ［J］. 中国安全科学学报, 2011, 21 （12）：153 – 158.

［107］张毅, 郭晓汾, 王笑风. 应急救援物资车辆运输线路的选择 ［J］. 安全与环境学报, 2006, 6 （3）：51 – 53.

［108］赵建民, 刘芳华, 徐慧英, 等. 有时间窗物流配送路径优化问题的混合并购算法 ［J］. 浙江师范大学学报：自然科学版, 2010, 33 （2）：121 – 127.

［109］郑斌, 马祖军, 方涛. 应急物流系统中的模糊多目标定位 – 路径问题 ［J］. 系统工程, 2008, 27 （8）：21 – 25.

［110］钟石泉, 贺国光. 多车场有时间窗的多车型车辆调度及其禁忌算法研究 ［J］. 运筹学学报, 2005, 9 （4）：67 – 73.

［111］朱昌锋, 庆荣. 多式联运条件下应急车辆径路优化研究 ［J］. 统计与决策, 2013 （18）：46 – 48.

［112］朱文兴, 贾磊, 赵建玉, 刘红波. 城市交通网络路径优化建模与仿真 ［J］. 系统仿真学报, 2005, 17 （7）：1556 – 1559.

［113］Azi N, Gendreau M, Potvin J Y. An exact algorithm for a single-vehicle routing problem with time windows and multiple routes ［J］. European Journal of Operational Research, 2007, 178 （3）：755 – 766.

［114］Chang F, Wu J, Lee C, et al. Greedy-search-based multi-objective genetic algorithm for emergency logistics scheduling ［J］. Expert Systems With Applications, 2014, 41 （6）：2947 – 2956.

［115］Cheng T C E, Cheng S, Wu Wenhung, et al. A two-agent single-machine scheduling problem with truncated sum-of-processing times-based learning considerations ［J］. Computers & Industrial Engineering, 2011, 60 （4）：534 – 541.

［116］Chen P H, Feng F. A Fast Flow Control Algorithm for Real-time

Emergency Evacuation in Large Indoor Areas [J]. Fire Safety Journal, 2009, 44 (5): 732 –740.

[117] Chen P, Huang H, Dong X. Literated variable neighborhood descent algorithm for the capacitated vehicle routing problem [J]. Expert Systems with Applications, 2010, 37 (2): 1620 –1627.

[118] Clarke G, Wright J W. Scheduling of vehicles from a central depot to a number of delivery points [J]. Operations Research, 1964, 12 (4): 568 –581.

[119] Cuesta A, Abreu O, Balboa A, et al. Real-time Evacuation Route Selection Methodology for Complex Building [J]. Fire Safety Journal, 2017, 91 (1): 947 –954.

[120] Haghani A, Tian Q, Hu H. Simulation model for real-time emergency vehicle dispatching and routing [J]. Transportation Research Record Journal of the Transportation Research Board, 2004, 1882 (1): 176 –183.

[121] Jin M, Liu K, Bowden R O. A two-stage algorithm with valid inequalities for the split delivery vehicle routing problem [J]. International Journal of Production Economics, 2007, 105 (1): 228 –242.

[122] Jotshi A, Gong Q, Batta R. Dispatching and routing of emergency vehicles in disaster mitigation using data fusion [J]. Socio-Economic Planning Sciences, 2009, 43 (1): 1 –24.

[123] Kemball – Cook D, Stephenson R. Lessons in logistics from Somalia [J]. Disasters, 1984, 8 (1): 57 –66.

[124] Khalid M N A, Yusof U K. An artificial Immune Approach for Optimizing Crowd Emergency Evacuation Route Planning Problem [C]. Nottingham University: International Conference on Agent and Artificial Intelligence, 2015.

[125] Lee C G, Epelman M A, li C W, et al. A shortest path approach to the multiple-vehicle routing problem with split pick-ups [J]. Transportation Research Part B: Methodological, 2001, 40 (4): 265 –284.

[126] Lee J, Kang C, Song J. Route Optimization for Emergency

Evacuation and Response in Disaster Area [J]. Journal of The Korea Society of Civil Engineers, 2014, 34 (2): 617.

[127] Lee W C, Chuang M C, Yeh W C. Uniform parallel-machine scheduling to minimize make span with position-based learning curves [J]. Computers & Industrial Engineering, 2012, 63 (4): 813 – 818.

[128] Lim G J, Zangeneh S, Baharnemati M R, et al. A capacitated network flow optimization approach for short notice evacuation planning [J]. European Journal of Operational Research, 2012, 223 (1): 234 – 245.

[129] Ma Hong, Cheang B, Lim A, et al. An investigation into the vehicle routing problem with time windows and link capacity Constraints [J]. Omega, 2012, 40 (3): 336 – 347.

[130] Mendoza J E, Villegas J G. A multi-space sampling heuristic for the vehicle routing problem with stochastic demands [J]. Optimization Letters, 2013, 7 (7): 1503 – 1516.

[131] Miller – Hooks E, Yang B. Updating paths in time-varying networks given arc weight changes [J]. Transportation Science, 2005, 39 (4): 451 – 464.

[132] Mishra G, Mazumdar S, Pal A. Improved Algorithm for The Evacuation Route Planning Problem [C]. International Conference on Combinatorial Optimization and Applications. New York: Springer – Verlag Inc, 2015: 3 – 19.

[133] Mohaymany A S, Hosseini M, Habibi H M. Obtaining the emergency transportation network for rescue and relief activities in large cities based on the life loss mitigation criteria [C]//Proc of the 6th Workshop on Lifeline Earthquake Engineering, 2003: 231 – 240.

[134] Najafi M, Eshghi K, Dullaert W. A multi-objective robust optimization model for logistics planning in the earthquake response phase [J]. Transportation Research Part E: Logistics and Transportation Review, 2013, 49 (1): 217 – 249.

[135] Nikolakopoulou G, Kortesis S, Synefaki A, et al. Solving a vehicle routing problem by balancing the vehicles time uilization [J]. European Journal of Operational Research, 2004, 152 (2): 520 – 527.

[136] Novoaa C, Storerb R. An approximate dynamic programming approach for the vehicle routing problem with stochastic demands [J]. European Journal of Operational Research, 2009, 196 (2): 509 –515.

[137] Ozdamar L, Ekinci E, KuDukyazici B. Emergency logistics planning in natural disasters [J]. Annals of Operations Research, 2004, 129 (14): 217 –245.

[138] Potvin J Y, Xu Y, Benyahia l. Vehicle routing and scheduling with dynamic travel times [J]. Computers & Operations Research, 2006, 33 (4): 1129 –1137.

[139] Psaraftis H N, Dynamic vehicle routing: status and prospects [J]. Annals of Operations Research, 1995, 61 (1): 143 –164.

[140] Rostami M, Pilerood A E, Mazdeh M M. Multi-objective parallel machine scheduling problem with job deterioration and learning effect under fuzzy environment [J]. Computers & Industrial Engineering, 2015, 85 (C): 206 –215.

[141] Ruan J, Shi P, Lim C C, et al. Relief supplies allocation and optimization by interval and fuzzy number approaches [J]. Information Sciences, 2015, 303 (5): 15 –32.

[142] Sheu J B. An emergency logistics distribution approach for quick response to urgent relief demand in disasters [J]. Transportation Research Part E: Logistics & Transportation Review, 2007, 43 (6): 687 –709.

[143] Sheu J. Dynamic Relief-Demand Management for Emergency Logistics Operations Under Large-Scale Disasters [J]. Transportation Research Part E: logistics and Transportation Review, 2010, 46 (1): 1 –17.

[144] Singhal K, Sahu S. Fire Evacuation Using Ant Colony Optimization Algorithm [J]. International Journal of Computer Applications, 2016, 139 (8): 0975 –8887.

[145] Takeda R A, Widmer J A, Morabito R. Analysis of ambulance decentralization in an urban emergency medical service using the hypercube queuing model [J]. Computers and Operations Research, 2007, 34 (3): 727 –741.

[146] Ursani z, Essam D, Cornforth D, et al. Localized genetic algo-

rithm for vehicle routing problem with time windows [J]. Applied Soft Computing, 2011, 11 (8): 5375 –5390.

[147] Wang H, Du L, Ma S, et al. Multi-objective open location-routing model with split delivery for optimized relief distribution in post-earthquake [J]. Transportation Research Part E – logistics and Transportation Review, 2014: 160 –179.

[148] Wang J B, Ng C T, Cheng T C E, et al. Single-machine scheduling with a time-dependent learning effect [J]. International Journal of Production Economics, 2008, 111 (2): 802 –811.

[149] Wang J B. Single machine scheduling with a time-dependent learning effect and deteriorating jobs [J]. Journal of the Operational Research Society, 2009, 60 (4): 583 –586.

[150] Woensel T V, Kerbache L, Peremans H, et al. Vehicle routing with dynamic travel times: a queuing approach [J]. European Journal of Operational Research, 2008, 186 (3): 990 –1007.

[151] Wohlgemuth S, Oloruntoba R, Clausen U. Dynamic vehicle routing with anticipation in disaster relief [J]. Socio-Economic Planning Sciences, 2012, 46 (4): 261 –271.

[152] Yang S, Hamedi M, Haghani A. Online dispatching and routing model for emergency vehicles with area coverage constraints [J]. Transportation Research Record Journal of the Transportation Research Board, 2005, 1923 (1): 1 –8.

[153] Yi W, Kumar A. Ant colony optimization for disaster relief operations [J]. Transportation Research Part E: Logistics&Transportation Review, 2007, 43 (6): 660 –672.

523

第17章 基于 TOPSIS 方法的应急救援路径选择

17.1 研究背景

近几年来各类突发事件相继暴发，地震、泥石流、暴雨等突发灾害事件发生频繁，仅以 2008 年自然灾害为例，汶川 8.0 级特大地震、南方冰雪灾害（21 个省遭受了这场意外的冰冻灾害）、华南地区突发的洪涝灾害、骇人的"黑格比"台风（严重危害广东、广西地区）、新疆的严重干旱（历史降水量第二少的一年）、长江及江南地区严重的秋涝、宁夏粮食受干旱影响严重减产、四川在一年内同时遭遇泥石流、地震及洪涝灾害、西藏遭受数日强降雪，这被称为十大"历史罕见"灾害①。频发的灾害事件既考验了经济、社会系统的承载能力，又挑战了政府的应急决策水平。而伴随着各国政府和研究者对突发事件的关注，突发事件下应急管理作为一门新兴学科正在快速而理性地发展。

频繁发生的非常规突发事件造成重大生命、财产损失的背后既反映出灾害的严重性，同时也说明在灾害发生后，事故点和外界信息不对称会导致在应急救援物资的输送环节出现诸多问题，使得救援物资输送数量不够或者输送不够及时，进而应急救援物资输送环节出现混乱，这是导致不必要的受灾人员死亡和财产损失的关键。鉴于救援时间的紧迫性，应急救援物资能否在第一时间运送到事故点，成为关系到受灾人民群众生命安全最重要的问题，并直接决定着受灾人群的伤残率和

---

① 中华人民共和国自然资源部民政部国家减灾中心公布的"2008 年度中国十大自然灾害事件"（https://www.mnr.gov.cn/zt/hd/dqr/40dqr/wcdz/201807/t20180709_2054899.html）。

死亡率。

突发事件的应对是一项需要统筹规划并及时实施救援的复杂工程，当灾害发生后，决策人员必须快速制订物资配送方案，寻找源点与目标点之间的最优救援路径。但是现代交通网络的快速发展带来了复杂的路径选择问题，特别是在突发灾害事件下，无法预料情况的频繁出现更是增加了应急救援部门在路径选择方面的难度，且突发事件的暴发会引发一些伴生事件，如暴雨引发的山体滑坡、地震造成的交通瘫痪、民众聚集等事件以及由其引起的伴生事件都会影响到道路的通行状态，而合理的应急救援路径选择是减少人员伤亡和财产损失的有效途径。因此，有必要对应急路径的选择进行研究。

17.2　研　究　综　述

救援车辆运行畅通与否还与路网交通状态的随机变化相关，因此仅仅提高救援系统的运行效率并不能完全解决问题。现实中有很多随机因素都影响着路网交通效能的发挥，如自然灾害、交通事故或者常发性交通拥挤等，因此评价路网交通随机变化对救援车辆通行的影响对于提高救援车辆响应效率也尤为重要，而可靠性指标是衡量随机因素作用下路网性能的重要指标。

既有路网交通可靠性研究成果可以分为两类：第一类是研究灾害情况下作为生命线的城市路网节点两两保持连通的概率，一般以连通可靠度来表示；第二类是研究交通供需情况的随机变化对出行者出行质量的影响，此类可靠性指标包括行程时间可靠度、路网容量可靠度、畅通可靠度等。上述两类可靠性指标中，前者更注重道路网络的物理稳定性，只从网络拓扑结构上来研究其可靠性，而对于交通流基本不考虑；后者则比较注重网络功能的综合表现，而不只局限于路网结构本身的评价（杨晓光，2007）。

突发情况下的应急救援路径规划与一般的物流路径规划不同，其环境不确定性、信息不完备性、弱经济型等特征比较突出。近年来，此类问题日益受到学术界重视，徐志新等对核事故应急决策的多属性效用分析方法进行了研究；谢乌等（Sheu et al.，2010）对不完全信息条件下

525

的应急物流救援需求进行了研究；刘等（Liu et al.，2011）基于云理论对城市应急物流中的多救援点单目标优化问题进行了研究；陈森等（2011）建立了最优变路网情况下多库房应急物资调度模型，探讨了车辆所依托的路网结构可变和多库房对调度算法的双重影响；李紫瑶（2011）研究了多目标应急救援的单一起点与终点的车辆路径问题；汪传旭等（2011）研究了不确定环境下多需求点应急转运库存策略；祖尔（Zuol，2010）和考恩耶等（Caunhye et al.，2012）对近年来相关文献进行了评述，并探讨了以后可能的研究方向。

在应急救援路径规划问题中，对时效性的研究是一个重点。目前通用的方法是用时间窗来建模。何正文（2009）、卫（Wei，2007）等都基于时间窗对应急救援路径规划问题进行了研究。但在应急救援中，时间窗往往不能很好地反映应急救援的实际场景，因为对救援对象服务的时间并不是该问题中的重要考虑因素，在不确定环境下，决策因素复杂多变，需要决策者综合考虑，灵活决策。例如，在巨大地震、洪水等自然灾害发生后，救援车队会时刻面临着余震、滑坡、泥石流等次生灾害的巨大威胁，这将导致路段通行的不确定性成本支出和安全性问题。在这种情况下，决策者应首先对比分析救援风险、综合成本和时间等多种投入产生的救援效用的实际大小，再实时进行路径规划与调整，只有这样，才能最大限度发挥有限的应急资源的实际效用价值。

弗拉米尼等（Flammini F et al.，2009）提出了一种定量方法和工具来解决铁路运输系统的安全风险评估与管理问题。谢乌（Sheu J B，2010）提出了不完全信息下动态的救灾需求管理模型。佘洋洋等（2015）利用有向网络图表示交通运输网络，建立多属性危险化学品运输路径优化模型。杨晓光等（2007）引入可靠性理论对路网交通流影响下的救援车辆畅通通行可靠性进行分析，并构造救援车辆通行畅通可靠度的模糊综合评价模型。骄飞扬等（2016）设计了多应急救援组织结构，建立基于改进逼近理想解排序法的处置点应急救援决策方法，以此实现动态情景下的应急救援。陈露等（2015）利用网络层次分析法建立影响因素间的关联关系，利用超级决策软件计算考虑关联关系的各影响因素客观权重，通过计算城轨网络中各线路的相对贴近度，构建城轨网络应急能力决策优化模型。崔强等（2014）将空港网络抽象成小世界网络，结合熵值和小世界网络博弈动力学建立空港联盟决策算法，并且运用大空港的数据进行实证研究。

针对路网救援能力和救援路径的选择问题，国内外学者作了一定的研究。例如，缪成等（2007）和杨继君等（2009）运用场景集来描述突发事件下交通网络的不确定性，提出了一种不依赖于弧的旅行时间概率分布的可靠路径搜索方法；魏航等（2009）将路网中各路段的行驶时间视为一个与出发时间相关的随机变量建立了随机时变网络下应急路径选择模型，并设计了求解算法；刘春林等（2000）把应急条件下的道路网络看作一个模糊网络系统，每个路段的行程时间用对称三角模糊数表示，并且定义了路径满意度函数，将最大满意度路径的选取问题转换为比例路径问题求解；许等（Hsu et al.，2004）在傅等（Fu et al.，2005）研究的基础上，将震后的交通路网视为随机时变网络，构建了灾后救援车辆的可靠路径选择模型；陈等（Chen et al.，2005）构建了三种在不确定路网中寻找最优路径的随机规划模型并针对这些模型，提出了基于随机模拟的遗传求解算法。

国内外很多学者在缩短救援车辆行程时间，提高响应效率方面也作了研究，他们研究重点主要集中在救援系统规划设计和管理方面：如佐格拉福斯等（Zografos et al.，2002）研究了救援区域划分以及救援资源的合理分布问题，哈冈尼等（Haghani et al.，2003）研究了救援车辆动态最短路径导行问题，麦克海尔（Gene，2002）和艾尔（Eil Kwon，2003）等对交叉口救援车辆优先通行方法进行了研究。

非常规突发事件一再发生，严重影响着我国社会的安全如何应对非常规突发事件已经成为必须面对的挑战和亟待解决的难题。国内外学者在应急救援路径优化方面进行了深入的研究。王绍仁等（2010）建立了多目标优化模型，适用于救援中心定位，并安排物资输送路线及多种运输方式相结合的方式来解决在短时间内完成救援物资输送的问题。王旭坪等（2012）研究了在不确定的应急运输道路网建立情景分析树和救援理想路径，并建立了嵌入情景的应急路径选择模型。代颖等（2011）在考虑震后救援物资配送问题上更进一步，更符合事故情景，同时考虑了救援物资需求的模糊性、不固定性和救援道路遭受破坏后的恢复状况，建立了在定位模糊情况下的路径优化模型以达到将救援物资输送到各需求点总时间最短的目的。

综上所述，针对车辆路径选择的研究已有一定的理论基础。例如，

527

通过层次分析法建立指标评价体系和通过 TOPSIS 方法的多目标决策等，这些方法和应用在一定程度上为多目标决策提供了参考。但是，针对突发灾害事件情景下的应急救援车辆路径选择的研究，现有的大多数文献仅仅通过精确算法或者智能优化算法进行仿真，由于突发灾害事件的特殊性，文献求解结果的参考价值较低。本章充分考虑突发灾害事件应急救援的特点，基于 TOPSIS 模型建立应急救援路径选择评价体系，运用模糊层次分析法确定评价指标的权重，计算结果通过与理想方案的对比，求得最优的应急救援路径。

17.3　理论基础

17.3.1　应急救援路径评价指标体系

突发灾害事件应急救援过程具有紧急性和弱经济性，如何以最短的时间将伤员送到医院或者将应急物资发放到待救援点是救援工作者首要的任务。由于突发灾害事件的破坏性和大规模性，导致救援车辆在应急路径选择的时候，要考虑多个目标和多种约束，结合现有文献的研究，将应急救援路径评价指标总结为车辆行驶时间、车辆行驶距离、运输费用、可靠性、阻断风险、实际交通流量以及路径交叉路口数（安全性）等 7 个指标（谭晓勇，2015；马祖军，2014；阎俊爱，2016；张杰，2011），用于建立救援路径选择评价指标体系。

（1）车辆行驶时间

突发灾害事件情景下应急救援的首要目标是减少应急救援时间，伤员多一分钟的等待，就增加一定的生命危险，在应急救援过程中，需要做到在最短的时间内，使用一切可以使用的资源对伤员进行救治。

（2）车辆行驶距离

由于应急救援工作的复杂性、车辆行驶过程中的不确定性，车辆行驶距离和车辆行驶时间不是严格的正比或简单的函数关系，在计算车辆行驶距离时，要根据车辆行驶的实际情况进行计算。

（3）运输费用

车辆在不同路段行驶时的实际交通情况不同，行驶中车辆消耗的资源也不尽相同，所以其运输包含的具体使用费用也不相同。车辆行驶费用需要根据实际行驶情况计算，与车辆行驶时间和行驶距离构造简单的函数关系进行计算是不合理的。

（4）可靠性

应急救援车辆行驶过程中，路网通行能力及其可靠性是应急救援车辆是否选择该条路径的重要判断条件之一，也是评价应急救援路径的重要因素之一。

（5）阻断风险

由于应急车辆在出行中经过各个路段的道路环境、地形地貌及事态严重程度存在差异，各路段的危险程度是不同的，有必要对各路段进行风险评估，建立应急车辆出行路径的阻断风险函数。

（6）实际交通流量

路网实际交通流量的多少是救援车辆是否选择该救援路径的重要判断条件，同等情况下，应急救援车辆总是避过等待，选择路网车流量少的路段行驶。

（7）路径交叉路口数（安全性）

本章采用救援路径行驶过程中经过的交叉路口数代替车辆行驶安全性，重要原因之一是交叉路口个数决定了路网的复杂性，应急救援车辆总是倾向选择路径复杂程度较低的路径行驶，以确保能及时到达指定地点。通过上述分析，结合突发灾害事件应急救援的特点和实际，本章建立应急救援路径选择的评价指标体系。通过评价指标的选择，可将指标分为成本型指标和效益型指标两类，如表 17.1 所示。

表 17.1　　　　　　　　应急救援路径选择的评价指标体系

目标层 X	准则层 Y	指标层 Z
应急救援最优路径选择	成本 Y_1	车辆行驶时间（分钟）Z_1
		车辆行驶距离（米）Z_2
		运输费用（元）Z_3

目标层 X	准则层 Y	指标层 Z
应急救援最优路径选择	效益 Y_2	可靠性 Z_4
		阻断风险 Z_5
		实际交通流量（辆/h）Z_6
		路径交叉口数（安全性）Z_7

资料来源：笔者依据前面所构建的应急救援路径评价指标绘制。

17.3.2　TOPSIS 方法简介

TOPSIS 是最著名的经典指标方法之一，最初是在 1981 年首次提出，在 1992 年做了进一步的发展。TOPSIS 方法引入了两个基本概念：理想解和负理想解。理想解是设想的最优解（方案），它的各个属性值都达到各备选方案中的最好的值；而负理想解是设想的最劣解（方案），它的各个属性值都达到各备选方案中的最坏的值。方案排序的规则是把各备选方案与理想解和负理想解做比较，若其中有一个方案最接近理想解，而同时又远离负理想解，则该方案是备选方案中最好的方案。即 TOPSIS 方法利用欧氏距离测量方案与理想解和负理想解的距离，并假定每个属性是单调递增或者递减的，通过比较各方案的欧几里得距离，以最接近理想解且最远离负理想解的标准来确定最优选择方案。TOPSIS 执行过程如下：

第一步：标准化决策矩阵，如式（17.1）所示：

$$r_{ij} = \frac{x_{ij}}{\sqrt{\sum_{k=1}^{m} x_{kj}^2}}, \ i = 1, 2, \cdots, m; j = 1, 2, \cdots, n \quad (17.1)$$

r_{ij} 表示归一化第 i 个选择方案的属性值 j。

第二步：计算加权标准化决策矩阵，如式（17.2）所示：

$$v_{ij} = w_j r_{ij}, \ i = 1, 2, \cdots, m; \ j = 1, 2, \cdots, n \quad (17.2)$$

w_j 是属性值 j 的权重。

第三步：确定正理想解和负理想解，如式（17.3）和式（17.4）所示：

$$A^+ = \{ v_1^+, v_2^+, \cdots, v_n^+ \} \quad (17.3)$$

$$A^- = \{ v_1^-, v_2^-, \cdots, v_n^- \} \tag{17.4}$$

其中，A^+ 代表正理想解，A^- 表示负理想解。如果属性值 j 表示利益属性，那么 $v_j^+ = \max\{ v_{ij}, i = 1, 2, \cdots, m \}$，$v_j^- = \min\{ v_{ij}, i = 1, 2, \cdots, m \}$，相反，如果属性值 j 表示成本属性，那么，$v_j^+ = \min\{ v_{ij}, i = 1, 2, \cdots, m \}$，$v_j^- = \max\{ v_{ij}, i = 1, 2, \cdots, m \}$。

第四步：计算每个备选方案到正理想解和负理想解的距离，如式（17.5）和式（17.6）所示：

$$D_i^+ = \sqrt{\sum_{j=1}^{n} (v_{ij} - v_j^+)^2}, i = 1, 2, \cdots, m \tag{17.5}$$

$$D_i^- = \sqrt{\sum_{j=1}^{n} (v_{ij} - v_j^-)^2}, i = 1, 2, \cdots, m \tag{17.6}$$

D_i^+ 表示方案 i 到正理想解的距离，D_i^- 表示方案 i 到负理想解的距离。

第五步：计算最接近理想解的方案，如式（17.7）所示：

$$C_i = \frac{D_i^-}{D_i^+ + D_i^-} \tag{17.7}$$

第六步：方案排序按照 C_i 依次递减的顺序排列。

531

17.3.3　熵权法

（1）方法概述

熵最先由香农引入信息论，目前已经在工程技术、社会经济等领域得到了非常广泛的应用。熵权法是一种客观赋权方法，在具体使用过程中，根据各指标数据的分散程度，利用信息熵计算出各指标的熵权，再根据各指标对熵权进行一定的修正，从而得到较为客观的指标权重。

其基本思路是根据指标变异性的大小来确定客观权重。一般来说，若某个指标的信息熵越小，表明指标值得变异程度越大，提供的信息量越多，在综合评价中所能起到的作用也越大，其权重也就越大。相反，某个指标的信息熵越大，表明指标值得变异程度越小，提供的信息量也越少，在综合评价中所起到的作用也越小，其权重也就越小。

（2）一般步骤

①对数据进行预处理。假设有 n 个要评价的对象，m 个评价指标

（已经正向化）构成的正向化矩阵如式（17.8）所示：

$$X = \begin{bmatrix} x_{11} & x_{12} & \cdots & x_{1m} \\ x_{21} & x_{22} & \cdots & x_{2m} \\ \vdots & \vdots & \ddots & \vdots \\ x_{n1} & x_{n2} & \cdots & x_{nm} \end{bmatrix} \tag{17.8}$$

对数据进行标准化，标准化后的矩阵记为 Z，Z 中的每一个元素，如式（17.9）所示：

$$z_{ij} = \frac{x_{ij}}{\sqrt{\sum\limits_{i=1}^{n} x_{ij}^2}} \tag{17.9}$$

判断 Z 矩阵中是否存在负数，如果存在的话，需要对 X 使用另外一种标准化方法。

对矩阵 X 进行一次标准化，标准化公式如式（17.10）所示：

$$\tilde{z}_{ij} = \frac{x_{ij} - \min\{x_{1j}, x_{2j}, \cdots, x_{nj}\}}{\max\{x_{1j}, x_{2j}, \cdots, x_{nj}\} - \min\{x_{1j}, x_{2j}, \cdots, x_{nj}\}} \tag{17.10}$$

②计算第 j 项指标下第 i 个样本所占的比重，并将其看作相对熵计算中用到的概率。在上一步的基础上计算概率矩阵 P，P 中的每一个元素如式（17.11）所示：

$$p_{ij} = \frac{\tilde{z}_{ij}}{\sum\limits_{i=1}^{n} \tilde{z}_{ij}} \tag{17.11}$$

③计算每个指标的信息熵，并计算信息效用值，并归一化得到每个指标的熵权。

对第 j 个指标而言，其信息熵的计算公式如式（17.12）所示：

$$e_j = \frac{1}{\ln n} \sum\limits_{i=1}^{n} p_{ij} \ln(p_{ij}), \ (j = 1, 2, \cdots, m) \tag{17.12}$$

e_j 越大，则第 j 个指标的信息熵越大，其对应的信息量越小。

定义信息效用值 d_j，公式如式（17.13）所示：

$$d_j = 1 - e_j \tag{17.13}$$

将信息效用值归一化，得到每个指标的熵权如式（17.14）所示：

$$W_j = \frac{d_j}{\sum\limits_{j=1}^{m} d_j} \tag{17.14}$$

17.3.4　模糊层次分析法

（1）方法提出

众多的风险评价方法中，层次分析法（the analytic hierarchy process，AHP）以其定性和定量相结合地处理各种评价因素的特点，以及系统、灵活、简洁的优点，受到工程技术领域专家学者的特别青睐。其特点是将人的主观判断过程数学化、思维化，以便使决策依据易于被人接受，因此，更能适合复杂的社会科学领域的情况。由于 AHP 在理论上具有完备性，在结构上具有严谨性，在解决问题上具有简洁性，尤其在解决非结构化决策问题上具有明显的优势，因此在各行各业得到了广泛应用。

层次分析法最大的问题是某一层次评价指标很多时（如四个以上），其思维一致性很难保证。在这种情况下，将模糊法与层次分析法的优势结合起来形成的模糊层次分析法（FAHP），将能很好地解决这一问题。模糊层次分析法的基本思想和步骤与 AHP 的步骤基本一致，但仍有以下两方面的不同点。

①建立的判断矩阵不同：在 AHP 中是通过元素的两两比较建立判断一致矩阵；而在 FAHP 中通过元素两两比较建立模糊一致判断矩阵。

②求矩阵中各元素的相对重要性的权重的方法不同。而模糊层次分析法改进了传统层次分析法存在的问题，提高了决策可靠性。FAHP 有一种是基于模糊数，另一种是基于模糊一致性矩阵。

（2）一般步骤

模糊层次分析法基本思想是根据多目标评价问题的性质和总目标，把问题本身按层次进行分解，构成一个由下而上的梯阶层次结构。因此在运用 FAHP 决策时，大体上可分为以下四个步骤。

步骤 1：分析问题，确定系统中各因素之间的因果关系，对决策问题的各种要素建立多级（多层次）递阶结构模型。

步骤 2：对同一层次（等级）的要素以上一级的要素为准则进行两两比较，并根据评定尺度确定其相对重要程度，最后据此建立模糊判断矩阵。

步骤 3：通过一定计算，确定各要素的相对重要度。

步骤 4：通过综合重要度的计算，对所有的替代方案进行优先排序，从而为决策人选择最优方案提供科学的决策依据。

（3）数学应用

①模糊互补判断矩阵的建立。在模糊层次分析中，在进行因素间两两比较判断时，采用一个因素比另一个因素的重要程度定量表示，则得到的模糊判断矩阵 $A = (a_{ij})_{n \times n}$，如果其具有如下性质：

$a_{ii} = 0.5$，$i = 1, 2, \cdots, n$；

$a_{ij} + a_{ji} = 1$，$i, j = 1, 2, \cdots, n$。

则这样的判断矩阵称为模糊互补判断矩阵。为使任意两个方案关于某准则的相对重要程度得到定量描述，通常采用 $0.1 \sim 0.9$ 标度法给予数量标度。

$a_{ii} = 0.5$ 表示因素与自己相比同样重要；若 $a_{ii} \in [0.1, 0.5)$ 则表示因素 x_j 比 x_i 重要；若 $a_{ii} \in [0.5, 0.9]$，则表示因素 x_i 比 x_j 重要。

依据数字标度，因素 a_1，a_2，$\cdots$，a_n 相互进行比较则得到如式（17.15）的模糊互补判断矩阵：

$$A = \begin{bmatrix} a_{11} & a_{12} & \cdots & a_{1m} \\ a_{21} & a_{22} & \cdots & a_{2m} \\ \vdots & \vdots & \ddots & \vdots \\ a_{n1} & a_{n2} & \cdots & a_{nm} \end{bmatrix} \quad (17.15)$$

②模糊互补判断矩阵的权重公式。推导出求解模糊互补判断矩阵权重的一种通用公式，该公式充分包含了模糊一致性判断矩阵的优良特性，其判断信息计算量小且便于计算机编程实现，为实际应用带来了极大方便。该求解模糊互补判断矩阵权重的公式如式（17.16）所示：

$$W_i = \frac{\sum\limits_{j=1}^{n} a_{ij} + \frac{n}{2} - 1}{n(n-1)} \quad (17.16)$$

③模糊互补判断矩阵的一致性检验方法。式（17.16）得到的权重值是否合理，还应该进行比较判断的一致性检验。当偏移一致性过大时，表明此时将权向量的计算结果作为决策依据是不可靠的。

推导出用模糊判断矩阵的相容性来检验其一致性原则的方法。

设矩阵 $A = (a_{ij})_{n \times n}$ 和 $B = (b_{ij})_{n \times n}$ 均为模糊判断矩阵，称矩阵 $Z(A, B)$，如式（17.17）所示：

$$I(A, B) = \frac{1}{n^2} \sum\limits_{j=1}^{n} \sum\limits_{i=1}^{n} a_{ij} + b_{ij} - 1 \quad (17.17)$$

为 A 和 B 的相容性指标。

设 $W = (W_1, W_2, \cdots, W_n)^T$ 是模糊判断矩阵 A 的权重向量，其中 $\sum_{i=1}^{n} W_i = 1$，$W_i \geqslant 0$，$(i = 1, 2, \cdots, n)$，令 $W_{ij} = W_i W_i + W_j$，$(i, j = 1, 2, \cdots, n)$，则称 n 阶矩阵，如式（17.18）所示：

$$W^* = (W_{ij})_{n \times n} \qquad (17.18)$$

为判断矩阵 A 的特征矩阵。对于决策者的态度 A，当相容性指标 $I(A, W) \leqslant A$ 时，认为判断矩阵为满意一致性的。A 越小表明决策者对模糊判断矩阵的一致性要求越高，一般可取 A = 0.1。

对于实际的问题，一般都是由多个（设 $k = 1, 2, \cdots, m$）专家给出同一因素集 X 上的两两比较判断矩阵如式（17.19）所示：

$$A_k = (a_{ij}^{(k)})_{n \times n}, \quad (k = 1, 2, \cdots, m) \qquad (17.19)$$

它们均是模糊互补判断矩阵，则可分别得到权重集的集合，如式（17.20）所示：

$$W^{(k)} = (w_1^{(K)}, w_2^{(K)}, \cdots, w_n^{(K)})(k = 1, 2, \cdots, m) \qquad (17.20)$$

则进行模糊互补判断矩阵的一致性检验，要做以下两方面的工作：

第一，检验 m 个判断矩阵 A_k 的满意一致性：$I(A_k, W^{(k)}) \leqslant A$，$k = 1, 2, \cdots, m$；

535

第二，检验判断矩阵间的满意相容性：

$I(A_k, A_l) < A$，$k \neq l$；$k, l = 1, 2, \cdots, m$ 可以证明在模糊互补判断矩阵 $A_k(k = 1, 2, \cdots, m)$ 是一致可接受的情况下，它们的综合判断矩阵也是一致可接受的。权重向量表达式如式（17.21）所示：

$$W = (W_1, W_2, \cdots, W_n) \qquad (17.21)$$

其中，$W_i = \dfrac{1}{n} \sum_{k=1}^{n} w_i^{(K)}$，$i = 1, 2, \cdots, n$

即只要当两个条件满足时，m 个权重集的均值作为因素集 X 的权重分配向量是合理和可靠的。

17.3.5 应急救援中 DEA 对抗型交叉评价方法

（1）方法描述

DEA 基本方法在利用线性规划求解过程中，存在极端和不合理的权重分配。例如，对有利于自己的输入和输出指标赋权很大，对不利于自己的指标赋权很小，甚至赋零权，因此不能有效区分各决策单元的优劣，最后的结果很可能出现多个单元同时为相对有效，无法再做进一步的评价与比较。为了解决这个问题，根据已有文献，可使用 DEA 交叉评价模型。其基本思想是：用每一个决策单元DMU_i的最佳权重 $w_i^* = [v_i^* \quad u_i^*]^T$ 去计算其他决策单元DMU_k的效率值，得到交叉评价值：

$$CE_k = \frac{y_k^T u_i^*}{x_k^T v_i^*} \tag{17.22}$$

其中，x_j 和 y_j 是决策单元DMU_j的输入、输出向量。效率值CE_{ij}越大对DMU_j越有利，对DMU_i越不利。由于线性规划的最优解并不唯一，且交叉评价值仍然具有不确定性，为此，可引入对抗型交叉评价。其算法的具体步骤有四步。

第一步，利用上式计算DMU_i的自我评价值CE_{ii}（$1 \leqslant i \leqslant n$），如式（17.23）和式（17.24）所示：

$$\max y_j^T u = CE_{ii} \tag{17.23}$$

$$\text{s. t.} \begin{cases} y_j^T u \leqslant x_j^T v \\ x_i^T v = 1 \\ u \geqslant 0, \ v \geqslant 0 \end{cases} \tag{17.24}$$

第二步，给定 $i \in \{1, 2, \cdots, n\}$，$k \in \{1, 2, \cdots, n\}$，解以下线性规划，如式（17.25）和式（17.26）所示：

$$\min y_j^T u \tag{17.25}$$

$$\text{s. t.} \begin{cases} y_j^T u \leqslant x_j^T v \\ y_i^u u = CE_{ii} x_i^T v \\ x_k^T v = 1 \\ u \geqslant 0, \ v \geqslant 0 \end{cases} \tag{17.26}$$

第三步，利用步骤 2 中线性规划的最优解 $w_{ik}^* = [v_{ik}^* \quad u_{ik}^*]^T$，求交叉评价值，如式（17.27）所示：

$$ACE_{ik} = \frac{y_k^T u_{ik}^*}{x_k^T v_{ik}^*} = y_k^T u_{ik}^* \tag{17.27}$$

由交叉评价值构成交叉评价矩阵，如式（17.28）所示：

$$ACE = \begin{bmatrix} ACE_{11} & ACE_{12} & \cdots & ACE_{1n} \\ ACE_{21} & ACE_{22} & \cdots & ACE_{2n} \\ \vdots & \vdots & \ddots & \vdots \\ ACE_{n1} & ACE_{n2} & \cdots & ACE_{nn} \end{bmatrix} \qquad (17.28)$$

矩阵中的主对角线元素为自我评价值，非主对角线元素为交叉评价值，上述矩阵的第 i 列是各决策单元对 DMU_i 的评价值，这些值越大，说明 DMU_i 越优；ACE 的第 i 行（对角线元素除外）是 DMU_i 对其他各决策单元对的评价值，这些值越小对 DMU_i 越有利。

第四步，计算 ACE 的第 i 列的平均值 $e_i = \dfrac{1}{n} \sum\limits_{j=1}^{n} ACE_{ji}$ 作为衡量各决策单元对 DMU_i 的总评价，e_i 越大说明 DMU_i 越优。

（2）DEA 决策单元指标确定与量化

在救援活动中，投入要素主要涉及时效性、经济性和安全性等几个方面。时效性投入应主要考虑每个路段的可能通行时间；经济性投入要考虑为保证该路段通行的所有成本付出，其中，除了车辆运输油费等正常支出外，还可能包括通山开路、遇水架桥、改换交通工具（如利用海陆空，多式联运）等的成本付出；安全性方面，则可通过风险因子度量该路段风险投入的程度大小。

救援的基本目标是对灾区人员和财产损失最大程度的挽救。由于受灾地区信息的高度不完备性，人们对受灾地区损失的精确统计是不可能实时实现的，但其应该与人口数量有直接关系。DEA 有一个重要特点即其有效性与决策单元对应的输入和输出同倍"增长"无关。因此，在确定每条路段产出指标时，只需要取本路段连接的受灾人口数量为受益目标即可，一般情况下，受灾人口数量很容易确定。同时，为了反映决策者偏好或确定受灾点救援优先级等决策信息，可另外选取一项指标如重要性作为其产出指标。

由于应急救援决策处在不确定环境当中，决策数据易变且不易获得，从现实角度考虑，采用专家评价法比较可行。此方法可充分利用专家的知识、经验和已有数据综合获得决策数据，当有重大变化时，也便于快速重估。

通过专家评估，即可获得每个路段的可能通行时间、可能成本付出以及各路段的风险评估值。同时，决策者对每个灾区的重要性也可给出自己的评估。

有了以上数据，按 DEA 对抗型交叉评价模型的计算步骤即可得到各救援路段 DEA 决策效用值，以此为基础即可进行路径选择与优化。

17.4　应急救援路径选择评价的 TOPSIS 模型

TOPSIS 法是一种针对多目标、多属性问题的决策评估方法，该方法将待测对象的评估转化为计算理想最优解、最劣解间的欧氏距离，并计算各个评估对象的相对贴近度，根据相对贴近度对评估对象进行优劣排序，最后，根据相对贴近度的值选择较优的方案（吴冲，2014）。

17.4.1　建立初始决策矩阵

假设应急救援过程中有 m 条路径可以通行，方案集表示为 $X_i = \{X_1, X_2, \cdots, X_m\}$；每条路径都有 n 个评价指标，指标集表示为 $Z_i = \{Z_1, Z_2, \cdots, Z_n\}$；每个方案对每个指标的评价系数为 $p_{ij}(i = 1, 2, \cdots, m; j = 1, 2, \cdots, n)$，故初始决策矩阵可以表示为式（17.29）：

$$P = (p_{ij})_{m \times n} = \begin{bmatrix} p_{11} & \cdots & p_{1n} \\ \vdots & \ddots & \vdots \\ p_{m1} & \cdots & p_{mn} \end{bmatrix} \tag{17.29}$$

17.4.2　初始决策矩阵标准化

根据应急救援路径选择评价指标体系，成本型和效益型指标的量纲各不相同，必须对指标进行无量纲化处理，目前对初始矩阵无量纲化常用的两种方法，如式（17.30）、式（17.31）所示：

$$p'_{ij} = \frac{p_{ij}}{\sqrt{\sum_{i=1}^{m} p_{ij}^2}}, i = 1, 2, \cdots, m; j = 1, 2, \cdots, n \tag{17.30}$$

$$p'_{ij} = \frac{p_{ij}}{\sum_{i=1}^{m} p_{ij}^2}, i = 1, 2, \cdots, m; j = 1, 2, \cdots, n \tag{17.31}$$

538

通过比较发现，这两种方法虽然都能够较好地进行无量纲化，但是由于成本型和效益型指标对矩阵的影响不尽相同，本章将成本型指标和效益型指标作不同的无量纲化处理，如式（17.32）、式（17.33）所示：

成本型指标无量纲化：

$$p'_{ij} = \frac{p_{jmax} - p_{ij}}{p_{jmax} - p_{jmin}}, \ i = 1, 2, \cdots, m; \ j = 1, 2, \cdots, n \quad (17.32)$$

效益型指标无量纲化：

$$p'_{ij} = \frac{p_{ij} - p_{jmax}}{p_{jmax} - p_{jmin}}, \ i = 1, 2, \cdots, m; \ j = 1, 2, \cdots, n \quad (17.33)$$

通过对指标无量纲化处理得到标准化初始决策矩阵如式（17.34）所示：

$$P' = \left(p'_{ij} \right)_{m \times n} = \begin{bmatrix} p'_{11} & \cdots & p'_{1n} \\ \vdots & \ddots & \vdots \\ p'_{m1} & \cdots & p'_{mn} \end{bmatrix} \quad (17.34)$$

17.4.3　确定指标权重

层次分析法，简称 AHP，是由美国运筹学专家于 20 世纪 70 年代中期提出的决策方法，其基本过程是：首先将复杂问题分解成递阶层次结构，其次将下一层次的各因素相对于上一层次的各因素进行两两比较判断，构造判断矩阵，通过对判断矩阵的计算，进行层次的排序和一致性检验。最后进行层次总排序，得到各因素的组合权重，并通过排序结果分析和解决问题。虽然层次分析法是确定权重的较好工具，但是计算复杂，计算量大，本章采用改进的模糊层次分析法进行计算，步骤如下所示：

步骤 1：建立比较判断矩阵 A，如式（17.35）所示：

$$A = a_{ijn \times n}, \ i = 1, 2, \cdots, n; \ j = 1, 2, \cdots, n \quad (17.35)$$

其中，$a_{ij} + a_{ji} = 1$。

步骤 2：将比较判断矩阵转化为模糊一致矩阵 B，如式（17.36）所示：

$$B = b_{ijn \times n}, \ i = 1, 2, \cdots, n; \ j = 1, 2, \cdots, n \quad (17.36)$$

其中，$b_i = \sum\limits_{j=1}^{n} a_{ij}$，$b_{ij} = \dfrac{b_i - b_j}{2(n-1)} + 0.5$，$i = 1, 2, \cdots, n$；$j = 1, 2, \cdots, n$。

步骤3：上述 B 矩阵满足一致性，将其转化成互反矩阵 C，如式（17.37）所示：

$$C = (c_{ij})_{n \times n} \qquad (17.37)$$

其中，$c_{ij} = \dfrac{b_{ij}}{1 - b_{ij}}$，$i = 1, 2, \cdots, n$；$j = 1, 2, \cdots, n$。

步骤4：利用和归一化求得权重向量 ω，如式（17.38）所示：

$$\omega = \{\omega_1, \omega_2, \cdots, \omega_n\}^T \qquad (17.38)$$

其中，$\omega_i = \dfrac{\sum\limits_{j=1}^{n} c_{ij}}{\sum\limits_{j=1}^{n} \sum\limits_{i=1}^{n} c_{ij}}$，$i = 1, 2, \cdots, n$；$j = 1, 2, \cdots, n$。

17.4.4　确定正负理想方案

确定正理想方案 H^+ 和负理想方案 H^-，如式（17.39）和式（17.40）所示：

$$H^+ = \{\max_i p'_{ij} \mid j = 1, 2, \cdots, n\} \qquad (17.39)$$

$$H^- = \{\min_i p'_{ij} \mid j = 1, 2, \cdots, n\} \qquad (17.40)$$

17.4.5　计算距离和相对贴近度

计算方案 i 到理想方案的欧几里得距离，将模糊层次分析法计算的权重 ω_i 与欧几里得距离加权，得到方案 i 到正理想方案的加权欧几里得距离 S_i^+ 和到负理想方案的欧几里得距离 S_i^-，如式（17.41）和式（17.42）所示：

$$S_i^+ = \sqrt{\sum_{j=1}^{n} \omega_i (p'_{ij} - H^+)} \qquad (17.41)$$

$$S_i^- = \sqrt{\sum_{j=1}^{n} \omega_i (p'_{ij} - H^-)} \qquad (17.42)$$

通过加权距离计算方案 i 到理想方案的相对贴近度 E_i，如式

（17.43）所示：

$$E_i = \frac{S_i^-}{S_i^+ + S_i^-} \tag{17.43}$$

17.5　案例分析

张杰等（2011）考虑路段行程时间、路径阻断风险、路径复杂度在其《突发事件下应急救援路径选择模型的构建和求解》一文中通过改进多目标遗传算法，对应急救援物资从救援中心 1 运往灾点 20 的复杂路网结构进行分析寻优，求解出从应急车辆出行起始点到终点的 3 条可行路径，分别为：X_1：1→2→4→9→13→15→20；X_2：1→3→6→14→20；X_3：1→3→8→9→13→15→20，但作者最终并未给出如何进行路径选择。本书认为在突发事件下，应急决策者在进行决策时，需要继续根据交通路网的实际情况，从 3 条备选方案中选择最优车辆行驶路径。基于此文献案例，将建立的应急救援路径选择评价指标体系应用于 3 条可行路径，对其进行评价，选择最优路径。根据该文献（张杰，2011）求解结果，得出各指标评价系数如表 17.2 所示。

541

表 17.2　　　　　应急救援路径选择的评价系数

项目	X_1：（1→2→4→9→13→15→20）	X_2：（1→3→6→14→20）	X_3：（1→3→8→9→13→15→20）
运行时间（分钟）	22	18	21
运行距离（米）	13.934	11.544	13.4
运输费用（元）	69.67	57.72	67
可靠性	0.9339	0.8789	0.9191
阻断风险	0.2653	0.1341	0.2263
实际交通流量/（辆/小时）	878	980	847
路径交叉路口数/安全性	6	4	6

17.5.1　建立初始决策矩阵

因为各指标之间的评价指标不一样，所以我们需要对各个指标进行指标正向化，同时根据表 17.2 的数据建立初始决策矩阵，如式（17.44）所示：

$$P = (p_{ij})_{m \times n} = \begin{bmatrix} 22 & 13.934 & 67.67 & 0.9339 & 0.2653 & 878 & 6 \\ 18 & 11.544 & 57.72 & 0.8789 & 0.1341 & 980 & 4 \\ 21 & 13.4 & 67.00 & 0.9191 & 0.2263 & 847 & 6 \end{bmatrix}$$

(17.44)

17.5.2 建立标准化决策矩阵

这一步骤的目的是消除不同指标量纲的影响，根据式（17.32）、式（17.33）可以建立标准化决策矩阵，如式（17.45）所示：

$$P' = (p'_{ij})_{m \times n} = \begin{bmatrix} 0 & 0 & 0 & 0 & 0 & 0.767 & 0 \\ 1 & 1 & 1 & 1 & 1 & 0 & 1 \\ 0.25 & 0.223 & 0.223 & 0.269 & 0.297 & 1 & 0 \end{bmatrix}$$

(17.45)

542

17.5.3 构造比较判断矩阵

经过了正向化和标准化的修正之后，接下来就是进行评分指标的构建，通过专家打分的形式构造比较判断矩阵，如表 17.3 所示。

表 17.3　　　　　　　　　比较判断矩阵

X	Y_1	Y_2	Y_1	Z_1	Z_2	Z_3	Y_2	Z_4	Z_5	Z_6	Z_7
Y_1	0.5	0.5	Z_1	0.5	0.6	0.8	Z_4	0.5	0.6	0.7	0.6
Y_2	0.5	0.5	Z_2	0.4	0.5	0.7	Z_5	0.4	0.5	0.4	0.3
			Z_3	0.2	0.3	0.5	Z_6	0.3	0.6	0.5	0.8
							Z_7	0.4	0.7	0.2	0.5

17.5.4 计算指标权重

我们按照如上方法得到判断矩阵的时候是假定各个因素对于最终的评价都是等价的，没有重要性之分，然而现实中各个指标都具有相应权重，所以我们需要依据模糊层次分析法计算出各个指标权重，通过式（17.35）～式（17.38）计算得到每个指标权重 ω 如下：

$$\omega = (0.249 \quad 0.172 \quad 0.079 \quad 0.165 \quad 0.089 \quad 0.142 \quad 0.104)$$

$$(17.46)$$

17.5.5　确定正负理想方案

这一步骤主要是计算出有限方案中的最优方案和最劣方案，根据式（17.39）、式（17.40）可确定正负理想方案 H^+，H^-：

$$H^+ = (1 \quad 1 \quad 1 \quad 1 \quad 1 \quad 1 \quad 1) \qquad (17.47)$$

$$H^- = (0 \quad 0 \quad 0 \quad 0 \quad 0 \quad 0 \quad 0) \qquad (17.48)$$

17.5.6　计算距离和相对贴近度

分别计算各评价对象与最优方案和最劣方案的距离，根据式（17.41）、式（17.42）、式（17.43）计算出距离和相对贴近度 S^+，S^-，E，如式（17.49）、式（17.50）和式（17.51）所示：

$$S^+ = (0.930 \quad 0.377 \quad 0.726) \qquad (17.49)$$

$$S^- = (0.289 \quad 0.926 \quad 0.436) \qquad (17.50)$$

$$E = (0.237 \quad 0.711 \quad 0.375) \qquad (17.51)$$

通过上述计算结果的比较，得出 $E_1 < E_2 < E_3$。

贴近度 E_i 越接近 0，表示方案 X_i 越接近负理想方案，该方案越差；反之，该方案越好。所以，通过计算得到 $E_2 = 0.711$，最接近 1，该方案最接近正理想方案，故选择方案 X_3 作为最优方案，应急救援车辆行驶路径应选择 X_3：$1 \rightarrow 3 \rightarrow 8 \rightarrow 9 \rightarrow 13 \rightarrow 15 \rightarrow 20$。

17.6　总结与展望

本章提出了突发灾害事件情景下的应急救援车辆路径选择评价方法，并将该方法应用于现有文献的求解结果。通过对现有文献的求解结果做进一步优化，最终得到最优应急救援路径而不是满意路径或建议备选路径，具有较好的应用价值。本章可以得出以下两个结论，能够为救援工作者正确进行决策提供参考依据。

第一，本章应急救援路径选择的评价指标体系是充分研究现有文献，结合应急救援实际情况建立的，其包含了成本型和效益型两类共7个指标，并且这7个指标均为救援工作者需要首要考虑的因素。

第二，本章不再局限于采用智能优化算法求得的满意解，而是进一步将评价指标体系应用于满意解的评价，从而选出最优解。

本章参考文献

[1] 陈露，马驷. 基于ANP和改进TOPSIS的城轨网络应急能力决策优化 [J]. 安全与环境学报，2015 (1).

[2] 陈淼等. 未定路网结构情况下应急物资车辆配送问题模型与应用 [J]. 系统工程理论与实践，2011，31 (5)：907 – 913.

[3] 崔强，武春友，匡海波. 基于熵值Topsis和博弈动力学的空港联盟决策研究 [J]. 运筹与管理，2014 (2)：191.

[4] 代颖，马祖军，朱道立，等. 震后应急物资配送的模糊动态定位——路径问题 [J] 管理科学学报，2011，15 (7)：60 – 70.

[5] 何正文等. 基于禁止时间窗的应急物资调度车辆路径问题 [J]. 运筹与管理，2009，18 (2)：1 – 6.

[6] 骄飞扬，赵庶旭. 改进TOPSIS在铁路应急救援决策中的应用研究 [J] 中国安全科学学报，2016，26 (1)：155 – 161.

[7] 李紫瑶. 应急救援车辆路径寻优基于多目标改进蚁群算法 [J]. 技术经济与管理研究，2011 (9)：7 – 10.

[8] 刘春林，何建敏，盛昭瀚. 应急模糊网络系统最大满意度路径的选取 [J]. 自动化学报，2000，26 (5)：609 – 615.

[9] 刘永强，常青，熊华钢. 改进蚁群算法求解时变网络中最短路径问题 [J] 北京航空航天大学学报，2009，35 (10)：1245 – 1248.

[10] 马祖军，胡萍. 实时/时变路网环境下城市出救点选择与救援车辆路径的集成动态优化 [J]. 管理工程学报，2014，28 (4)：165 – 172.

[11] 缪成，吴启迪，许维胜突发灾害下可靠路径搜索模型与算法

[J]. 计算机工程与应用，2007，43（28）：1-3.

[12] 佘洋洋，鲁顺清，王艳丽，等. 基于 TOPSIS 法的多属性危险化学品运输路径优化 [J]. 安全与环境工程，2015，22（4）：114-118.

[13] 谈晓勇，龚科. 基于决策效用分析的应急救援路径优化 [J]. 系统工程，2015（4）：131-135.

[14] 谈晓勇，刘秋菊. 应急配送车辆调度优化研究综述与展望 [J]. 计算机应用研究，2012，29（9）：3212-3215，3220.

[15] 谭国真，高文. 时间依赖的网络中最小时间路径算法 [J]. 计算机学报，2002，25（2）：165-172.

[16] 汪传旭等. 不确定环境下多需求点应急转运库存策略 [J]. 计算机集成制造系统，2011，17（9）：2022-2028.

[17] 王绍仁，马祖军. 震后随机动态 LRP 多目标优化模型及算法 [J]. 计算机应用研究，2010，27（9）：3283-3286.

[18] 王旭坪，李小龙，郭武斌. 基于情景分析的应急路径选择研究 [J]. 运筹与管理，2012（5）：67-72.

[19] 魏航，李军，魏洁. 时变条件下多式联运有害物品的路径选择 [J]. 系统管理学报，2007，16（6）：644-652.

[20] 魏航，魏洁. 随机时变网络下的应急路径选择研究 [J]. 系统工程学报，2009，24（1）：99-103.

[21] 吴冲，万翔宇. 基于改进熵权法的区间直觉模糊 TOPSIS 方法 [J]. 运筹与管理，2014（5）：42-47.

[22] 徐志新，奚树人，曲静. 原核事故应急决策的多属性效用分析方法 [J]. 清华大学学报：自然科学版，2008，48（3）：445-448.

[23] 阎俊爱，郭艺源. 非常规突发事件救援物资输送的路径优化研究 [J]. 灾害学，2016（1）：193-200.

[24] 杨继君，许维胜，酆生等. 基于多模式分层网络的应急资源调度模型 [J]. 计算机工程，2009，35（10）：21-24.

[25] 杨晓光，彭春露. 救援车辆通行畅通可靠度模糊综合评价方法研究 [J]. 土木工程学报，2007，40（1）：79-84.

[26] 张杰，志勇，许维胜，等. 突发事件下应急救援路径选择模型的构建和求解 [J]. 计算机应用研究，2011，28（4）：1311-1314.

[27] Caunhye A M, Nie X F, Pokharel S G. Optimization models in emergency logistics: A literature review [J]. Socio-Economic Planning Sciences, 2012, 46 (1): 4 – 13.

[28] Chen A, JI Z. Path finding under uncertainty [J]. Journal of Advanced Transportation, 2005, 39 (1): 19 – 37.

[29] Flammini F, Gaglione A, Mazzocca N, et al. Quantitative security risk assessment and management for railway transportation infrastructures [J]. Critical Information Infrastructure Security, 2009, 5508: 180 – 189.

[30] Fu L P, Rilett L R. Expected shortest paths in dynamic and stochastic traffic networks [J]. Transportation Research Part B: Metho-dological, 1998, 32 (7): 499 – 516.

[31] Haghani A, Tian Qiang, Hu Huijun. A simulation model for real-time emergency vehicle dispatching and routing [J]. Transportation Research Board, 2003, 1: 1 – 21.

[32] Hsu T P, Jung W S. The more reliable path for post great earthquake traffic management networking [C]//Proc of IEEE International Conference on Networking, Sensing and Control, 2004: 1131 – 1136.

[33] Kwon E, Kim S. Development of dynamic route clearancestrategies for emergency vehicle operations, Phase I [R]. Technical Report Documentation. University of Minnesota, 2003.

[34] Liu H Z, Xiong J Q. Research on the city emergency logistics scheduling decision based on cloud theory-based genetic algorithm [J]. Communications in Computer and Information Science, 2011 (217): 181 – 185.

[35] Mchale G M. An assessment methodology for emergency vehicle traffic signal priority system [D]. Virginia: F allsChurch, 2002.

[36] Miller-hooks E MAHMASSANI H S. Least possible time paths in stochastic time varying networks [J]. Computers and Operations Research, 1998, 25 (12): 1107 – 1125.

[37] Opasanon S, MILLER – HOOKS E Multicriteria adaptive paths in stochastic time-varying networks [J]. European Journal of Operational Research, 2006, 173 (5): 72 – 91.

[38] Pretolani D. A directed hypergraph model for random time de pen-

dent shortest path [J]. European Journal of Operational Research, 2000, 123 (8): 315 – 342.

[39] Sheu J B. Dynamic relief-demand management for emergency logistics operations under large-scale disasters [J]. Transportation Research Part E: Logistics & Transportation Review, 2010, 46 (1): 1 – 17.

[40] Wei Y, Arun K. Ant colony optimization for disaster relief operations [J]. Transportation Research Part E, 2007, 43 (6): 660 – 667.

[41] Zografos K G, Androutsopoulos K N, Vasilakis G M. A real-time decision support system for roadway network incident response logistics [J]. Transportation Research Part C, 2002, 10 (1): 1 – 18.

[42] Zuol X F, Ran Q, Gu W Z. Research on situations and development trends of emergency logistics at home and abroad [J]. Advances in Grey Systems Research, 2010, 45 (1): 581 – 587.

第 18 章　城市突发事件下的应急物资配送路径寻优

18.1　研究背景

近年来，社会经济的高速发展和城镇化进程的加快，城市里各种不确定危险源与致灾因素显著增加，导致各类城市突发公共事件（火灾、交通事故、暴乱、疾病疫情等）频发，造成重大的人员伤亡和经济损失。突发事件下应急物资调度是一项复杂的系统工程，保障应急救灾物资的及时供应是救援工作的重中之重，是关乎人民群众生命安全和维持社会安定的重大问题。为此，需要建立一套科学、高效的应急物流系统，从而在最短的时间内实现应急救灾物资供应，以最大限度地降低自然灾害造成的损失和危害后果。

城市内部公共突发性事件层出不穷，其带来的生命威胁与财产损失不可忽视。城市中一旦发生突发公共事件，公安、消防、医疗急救、交通等相关应急部门必须做出快速、有效的决策，选择恰当的出救点，并在最短的时间内赶到现场实施救援。如我国《城市消防站布局和技术装备标准》中要求"城镇消防队必须在起火后 15 分钟内到场出水，称为 15 分钟消防"。再如美国急救医疗服务（emergency medical system，EMS）条例规定"对乡村的紧急医疗救护必须在 30 分钟到达，城市必须控制在 10 分钟"。可以看到在城市范围突发性事件的救援工作中，对于救援响应时间和救援时间周期的紧迫性更加严格。

由于城市区域内复杂的路网和时变的路况对于救援车辆行驶速度有着明显的影响，在实际的应急救援工作中，经常会发生由于无法预测的因素延误应急救援力量或救灾物资到达被救援地点的时间，造成人员伤亡或经济损失的事件。如 2007 年 2 月 5 日，广州某医院接到一起 120 指挥中心调度电话，虽然救护车出动仅用时 2 分钟，但由于途中堵车，几经绕道均无法到达，最后在交警的疏导下赶到患者家中，遗憾的是此时病人已经不治身亡[①]。同年 8 月广东省揭阳市某村发生火灾，从消防队至火灾发生地点需约 20 分钟的车程，但因为主要道路发生交通事故导致无法通行消防车绕行其他道路赶到现场后，已有 6 人死亡[②]。

以上案例充分说明，城市车流量增大、道路建设滞后，已经成为制约应急救援力量第一时间赶到现场施救的最大障碍。而研究一套符合实际应急救援情况下的最优路径算法，使其可以根据道路情况以及救援特种车辆自身的属性选择合适的道路，并调度应急救援力量或救援物资准确、快速、高效地到达被救援地点十分重要（陈则辉，2014；李创，2013）。

18.2 研 究 综 述

目前，国内外学者就应急救援物资配送路径问题作了大量研究。丹蒂齐格等（Dantizig et al.，1959）于 1959 年提出车辆路径问题，并指出该问题本质上属于运筹学与组合优化领域。杰伊洪（Ceyhun，2007）研究基于救援中心属于覆盖模型环境下的车辆路径寻优问题，为使得每台救援车辆能够高效地服务更多的待救点，建立了一种多目标车辆路径寻优模型。普雷托拉尼（Pretolani，2000）分析某城市路段行驶时间的结果分布规律，总结出该城市路段行驶时间呈正态分布，该结果对应急救援车辆行驶速度的判定有着很大启发作用。马祖军等（2014）对洪灾地震等自然灾害和城市公共突发事件下的应急救援中心的选址及车辆路径寻优问题进行研究，提出应急物资配送中心定位与配送车辆路径安排的联合决策问题，对此建立了模糊多目标定位及路径寻优模型。姜金贵等（2014）针对城市内涝突发情况下，引用连通系数和畅通系数来计算车行速度，从而反映出道路积水阻碍交通等影响因素，建立相应的

---

① 王赛特. 广州市 120 急救调查：抢救途中基本无人让道 [N]. 中国新闻网，2007－02－09.
② 张勇. 广东一民宅大火六人死 有 7 旬老妇与 5 岁童 [N]. 新华网，2007－08－21.

救援路径寻优模型，以提高救援效率降低灾害损失。萨尔梅龙等（Salmeron et al.，2010）将多目标规划与随机规划结合运用到解决人道主义物流设施扩建、物资配送问题中。李士勇（2004）对物资调运，受灾点救援以及救援地点的设置进行了研究。

在问题模型上，托瑞等（Torre et al.，2012）在分析各种自然灾害的基础上，分类梳理了各类救援路径的模型；杨菊花等（2012）运用多式联运和路网的脆弱性理论，建立了应急物资全程调拨时运输方式和路径选择问题的综合模型；佟常青等（2010）研究了城市交通背景下的军队应急物资配送路径优化选择问题，以军队应急物资配送的时效性和安全性特征作为评价指标，建立了评价备选路径的多目标决策模型；杨等（Yang et al.，2009）针对应急车辆线路规划，建立了多目标数学规划模型，并给出了合理有效的求解算法；蔡鉴明等（2011）将时效性和可靠性作为应急物流运输路径选择主要评价指标，构建了预测和评价应急物流运输路径的多目标决策模型；詹沙磊等（2013）考虑了灾害预测准确性和物流成本效率之间的悖反关系，从多目标规划和随机规划的角度，建立了应急物资配送的多目标随机规划模型；陈森等（2011）利用时延要素和物资要素之间的转换，同时考虑抢修毁损路段和车辆配送，实施路网结构、车辆路径联合优化，并求得了符合决策者意愿的配送体系，建立了该问题的联合优化模型；瑞恩等（Ren et al.，2012）在路网连通的不确定性条件下，建立了多种应急物资配送的多周期动态运输模型。

在求解方法上，乔茹等（2009）基于改进蚁群算法研究移动机器人全局路径规划问题。普雷萨等（Pureza et al.，1991）运用禁忌搜索算法求解车辆优化调度的问题；托基等（Torki et al.，1997）提出用自组织的神经网络算法来求解车辆路线优化问题；宋晓宇等（2010）用遗传算法求解了灰色规划模型，通过测试种群数目、交叉率和变异率3种控制参数值以提高算法性能。墙戈等（Changa et al.，2014）研究了一个基于遗传算法的多目标应急物资调度模型的贪婪算法，该算法可根据需求点的需求动态调整配送计划，以减少资源浪费，缩短交付时间和降低运输成本。袁博等（2012）分析影响救援的交通流量、道路等级等因素，运用 Arcgis Engine 平台软件算法进行了应急救援路径优化研究。

针对受灾信息不确定情况，巴尔奇克等（Balcik et al.，2008）针对灾害后不确定信息下的救援和物资配送进行研究，以总成本最小为目标，建立了从供应点到资源需求点的多物品网络流模型。根德劳等（Genderau et al.，1996）考虑了受灾点位置不确定及受灾点的需求量是随机数的车辆路径问题，给出了求解该模型的禁忌搜索算法。努瓦等（Novoa et al.，2009）建立了随机需求下车辆路径模型，利用蒙特卡罗随机模拟算法将随机需求量转化为确定性需求量，并给出了该模型的近似动态规划算法。张（Zhang，2012）在不确定环境下建立了车辆路径问题的模型。钟石泉等（2005）可在资源、需求、时间等动态或静态信息约束条件下对路径最优化问题进行了研究。

近年来，动态时变条件下的路径优化问题也引起了不少学者的关注，如谭国真等（2002）从理论上证明了传统最短路径算法不能有效求解时变网络中的最短路问题，并且给出了求解最小时间路径的优化条件和 SPTDN 算法。范文璟等（2011）对时变网络环境下城市应急救援路径优化提出了跨越多时段的计算方法，设计了改进遗传算法进行求解。魏航等（2007）研究了一般时变和随机时变两种时变网络下的路径选择，都采用了动态标号法进行求解。刘永强等（2009）将遗传算法（genetic algorithm，GA）嵌入蚁群算法中求解时变最短路问题，提高了全局搜索效率。普雷托拉尼（Pretolani，2000）通过某城市的数据收集，得出该城市的路段行驶时间服从正态分布规律，给出了该背景下时变网络的求解。米勒胡克等（Miller-hooks et al.，2006）研究了多标准和最小机会时间的随机时变网络的最短路问题，分别用遗传及改进Djkstra 标号法求解。

上述有关应急救援车辆路径寻优研究中，仅仅采用 1－0 决策判断方法处理道路是否能够通行，而忽略了城市本身道路交通拥堵特征。其中采用的多目标路径寻优模型在建立目标函数时，大多是采用权重分配的方法处理时间最短和成本最低多目标之间的关系，而该方法所得出的结果容易忽略应急救援过程中的及时性，即使时间的权重比较大，也会出现结果偏向于所耗时间和成本较小的可能。在求解方法上基本采取智能启发式算法，对于群体智能算法的应用相对不够成熟。基于此，本章针对城市车辆行驶速度特征进行分析，提出道路拥挤条件下的双层路径寻优模型，并构建混沌萤火虫算法进行求解。

18.3 理 论 基 础

18.3.1 应急救援时间干扰因素分析

应急救援情况下最优路径的选取是受各种因素影响的复杂选取过程。交通流量、路面宽度、路段限高、路段限重等因素都会成为影响路径选取的因素。而交通阻抗的大小就是选择路径的标准。交通阻抗是一个广义的概念，阻抗的主要因素是交通时间，所以通常将交通行程时间作为阻抗的主要度量。应急救援情况下的路径选择就是要使救援单位到达救援地点的时间最短也即是交通阻抗最小，这样才能最大限度地减少损失（袁博，2012）。

经典的路径选取算法 Djkstra 算法思想是遍历所有起点至终点的道路进而选择最短的路径。然而实际情况并非如此，如应急救援车辆通常为特种车辆，以消防机构灭火救援为例，仅一辆普通消防水罐车就可载 5 吨水，当遇到限重的桥梁时就无法通过；又如当救援时间在城市交通的高峰期，距离最短的道路往往都堵塞严重，延误到达被救援地点的时间。所以不能只考虑距离的长短。

在开展应急救援行动的实际情况中，会有若干因素影响到救援时间，大体可分为以下三类。

（1）路段行驶时间延误

①道路等级。由于道路级别不同，路面质量及限定最高时速都会有所不同。另外，不同级别道路会设置不同通行方式，如双向全封闭、双向半封闭等，因此会对应急救援车辆的路径选择有一定的影响。

②道路长度。路段行驶时间一般与道路长度成正比，道路距离越远，行程所需时间越长；反之，则越短。

③交通管制。由于某些特殊原因，如道路养护、大型集会等，公安机关会暂时封闭或者限制某个路段的通行；如果是应急救援车辆的计划出行路线，则需协调相关部放行或绕行。

④交通流量。交通流量是指在选定时间段内通过道路某一地点、某

一断面或某一车道的交通实体数。此因素会随时间不同而相应变化。

⑤行驶速率。应急救援车辆的行驶速率越快到达救援地点的时间越短，反之则越长。但由于应急救援车辆属紧急车辆受交通规则约束较小，只要条件允许，此因素可由司机主观决定，所以在模型当中不予考虑。

（2）路口行驶时间延误

①信号管制。路口的交通管制主要指信号灯管制。虽然应急救援车辆属于紧急车辆，但出于道路行驶安全的考虑也要遵守交通规则，因此，因素会对应急救援车辆到达救援地点的时间产生一定的影响。

②交通流量。同上节中的交通流量。

③左转延误。在实际道路通行过程中，某些路口的左转会有不同程度的压车现象造成堵车形成交通流量的增大进而影响到达救援地点的时间。

④右转延误。同样某些路口的右转也会存在不同程度的压车现象。

（3）道路属性对救援车辆限制的延误

此类延误包括路段限高、路段限宽、路段限重等因素。应急救援车辆大部分均为特种车辆，其车辆高度、宽度、车重都不同于其他普通车辆，所以对道路的通行能力有一定的要求。如果某一路段或桥梁限制了通行车辆的高度、宽度或车重，那么救援车辆就必须绕行其他的线路。

553

18.3.2　时变条件下车辆行驶时间计算

对于城市路网，通过大量日常交通数据的采集分析，可获得车辆在各路段随时间变化的行驶时间，据此规划出符合时变规律的动态最佳车辆路径。但时变信息无法反映决策时刻的实时交通状况，这需要通过获取实时交通信息来解决。根据决策时刻车辆所处位置，结合时变交通信息来规划车辆路径，能更准确地为车辆行驶进行导航。当前通信和信息技术、智能交通系统（intelligent traffic system，ITS）等领域的进步已使相关信息的实时获取和处理在技术和经济上都变得可行，从而为该问题的实时决策创造了条件。

（1）实时交通信息的获取与传递

实时交通信息可由ITS获取，再通过无线通信技术实时传输给调度中心功能强大的服务器。经过后台软件的处理分析，将这些交通数据转化为能够反映实时交通状况和计算旅行时间的有用信息。基于卫星通信，集成全球定位系统（global positioning system，GPS）和地理信息系统（geographic information system，GIS）功能，调度中心不仅可以在电子地图上实时显示车辆运行的当前位置，还可以将实时信息和下一步行车指示，通过车载导航系统和先进的出行者信息系统传递给司机，以提高车辆行驶效率。

（2）时变交通信息的结合策略

设每隔固定的时间段 Δt 更新一次路况信息，设计实时信息和时变信息结合的策略为：距决策时刻 t 车辆所处位置一定范围内（如行驶时间在 Δt 范围内）的路段的交通状况根据实时信息获得，其余路段的交通状况用时变数据获得，即如式（18.1）所示：

$$\hat{v_{ij}}(t+f) = \begin{cases} v_{ij}^r(t), & t \in (0, \ \Delta t) \\ v_{ij}^h(t+f), & t \geqslant \Delta t \end{cases} \tag{18.1}$$

其中，$v_{ij}^r(t)$ 为任意路段（i，j）在决策时刻 t 的实时测量速度，$v_{ij}^h(t+f)$ 为路段（i，j）在 $t+f$ 时刻所处时段的时变速度，$\hat{v_{ij}}(t+f)$ 为路段（i，j）在 $t+f$ 时刻所处时段的速度估计。

（3）时变条件下车辆行驶时间计算流程

为保证在时变路网环境下车辆行驶时间满足先进先出（first in first out，FIFO）原则，设计以下方法来计算车辆在任意路段（i，j）上的行驶时间 t_{ij}。

设 s 为起点，d_{ij} 为路段（i，j）的距离，v_{ijk}^h 表示 k 时段路段（i，j）上的时变行驶速度，v_{ij}^r 表示决策时刻路段（i，j）上的实时速度。Δt 表示采用实时测量速度的时间范围，t_s 表示车辆离开起点 s 的时刻。若车辆到达节点 i 的时刻 t_i 处于第 k 个时段内，t_k 和 $\overline{t_k}$ 分别表示 k 时段的下限和上限，即 $t_i \in \left[t_k, \ \overline{t_k} \right]$，则 t_{ij} 的计算分为路段（i，j）完全在、部分在和完全不在时间范围 Δt 内三种情况。其中，d 为中间变量，表示路段（i，j）上距离 i 点的距离。

当车辆行驶到 i 点时，断 t_i 所处时段，对行驶时间是否在 Δt 范围内做出判断：若在 Δt 范围外，则 t_{ij} 为以时变速度行驶的时间；否则，再判断路段（i，j）是否完全在 Δt 时间范围内若在，则 t_{ij} 为以实时速度行驶的时间；否则 t_{ij} 由 Δt 范围内由实时速度行驶的时间和 Δt 范围外由时变速度行驶的时间构成。

18.3.3　应急配送路径调整方法及计算流程

（1）应急物资路径调整方法分析

以往研究最短路径问题的方法都是静态网络将各个路段设定一个固定的权值，但突发事件发生后会对道路发生阻碍，现实生活中道路也不是静态的，是随时间和事件而改变的动态网络。应急救援时间多延误1分钟就会对受灾人员造成多一分的危险，因其他增加了应急反应的时间，时间就是生命，减小应急救援车辆在路途中的时间事关重要，因此，需要采用时变信息相结合的方法，动态调整救援车辆的路线。

道路网络状态可以用行驶时间来反映，道路的畅通与否直接影响行驶时间的长短。道路网络具有动态网络的一般特性，分为可预测的时变特性和不可预测的实时特性。道路网络具有时间依赖性，即每天的不同时刻行驶某一固定路段的时间不同，而不同时期同一时刻车辆的行驶时间相似。对于这种动态特性，求某一路段的最优化路径时，采用时变方法来计算。由于道路状态会受到天气情况、意外交通事故以及施工等一系列特殊情况影响，使得时变算法不再适用，对于此种动态特征需进行不断的优化，不断调整路段的最短路径，通过实时测量的方法来适应不可预测的道路网络变化。ITS 称作智能交通系统，通过它提供实时的道路信息。所以，实时信息针对一定时间范围内所提供信息的可靠性，而时变信息强调的是整体信息的可靠性。

选择将时变信息相结合的方法动态调整输送应急救援物资的路径是基于以下两点原因（阎俊爱，2016）。

第一，实时信息可以准确提供当前时刻的道路信息，随时间推移不断改变，无法提前获得。而实时信息对于提供未通过的路段的道路信息会存在误差，因为当车辆真正通过那个路段时，当前的信息便会成为历史信息。

第二，时变信息是根据大量历史数据得出不同时间段道路的平均行驶速度相对准确地提供了未行驶路段的速度变化趋势。将时变信息相结合，也就是车辆行驶路段使用实时信息，及时调整路面信息，在其余路段采用统计的时变信息，这样可以准确地为车辆导航，保证输送救援物资车辆在根据道路的真实情况在最短时间到达事故点。

（2）采用时变信息相结合方法动态调整路径的计算流程

将时变信息相结合的方法求解车辆通过路段（i，j）的时间：假设车辆通过路段（i，j）时的实时速度为 v_{ij}；车辆从节点 i 离开的时刻为 t，此刻车辆落在第 k 个时段，即 $t \in [T_{k-1}, T_k]$，车辆通过路段（i，j）的时间的计算流程如下：

步骤 1：令 k = 1；

步骤 2：若 $t_i < T_k$，判断节点 i 是否为起点 s，如果是，转入步骤 3，如果不是，转入步骤 4；

步骤 3：在路段（i，j）上，车辆的行驶时间是 $t_{ij}(t_i) = \dfrac{l_{ij}}{v_{ijk}^r}$；

步骤 4：计算路段 $d_{ik} = d = (T_k - t_i)v_{ijk}^r$；

步骤 5：如果路段（i，j）长度小于 d，转到步骤 7，求路段（i，j）上车辆的行驶时间 $t_{ij}(t_i) = T_k - \dfrac{d - l_{ij}}{v_{ijk}^h} - t_i$，否则，转到步骤 6；

步骤 6：重新求 d，转到步骤 5；

步骤 7：算法结束。

18.3.4 基于混沌策略的萤火虫算法介绍

（1）混沌策略

混沌是非线性系统所特有的一种非周期运动现象，行为复杂且类型随机，但存在精致的内在规律性。混沌优化就是利用混沌运动的随机性、遍历性和初值敏感性来提高随机优化算法的效率。基本思想为将优化变量通过混沌映射规则映射到混沌变量空间的取值区间内，利用混沌变量的遍历性和随机性寻优搜索最后将获得的优化解线性转化到优化空间。

产生混沌序列的模型有很多，经仿真研究发现逻辑自映射函数产生的混沌序列遍历性要优于常用的 Logistic 映射，逻辑自映射函数产生混沌序列时，其数学表达式为式（18.2）：

$$y_{(n+1),d} = 1 - 2y_{n,d}^2, \quad y_{n,d} \in (-1, 1), \quad n = 0, 1, \cdots \quad (18.2)$$

映射的定义域为（-1，1）且不能取值 0 和 0.5，d 表示 D 维搜索空间的第 d 维。

混沌优化过程为：在搜索过程中萤火虫位于 D 维空间内的某个位置根据逻辑自映射函数的性质，首先，将萤火虫个体所处空间位置的每一维映射到 $[-1,1]$ 上然后按照方程（18.2）进行载波操作，将产生的混沌变量引入优化变量中，利用混沌变量进行搜索，从而得到混沌算子操作后新的个体。其次，将获得的混沌变量序列变换到原解空间。在此过程中，如果搜索到更优的解则将这个更优位置代替萤火虫原先的位置。

为了在运算时间和求解精度之间取得平衡，不需要对全部萤火虫个体进行混沌优化，可以根据需要选取部分个体进行混沌运算。同时，为了提高搜索效率，搜索区域动态变化，让算法在初期搜索范围广一些，以免过早陷入局部最优；在后期搜索范围小一些以加快收敛速度，根据式（18.3）和式（18.4）来动态收缩搜索区域：

$$x_{min,j} = \max\{x_{min,j},\ x_{g,j} - \rho(x_{max,j} - x_{min,j})\} \tag{18.3}$$

$$x_{max,j} = \min\{x_{max,j},\ x_{g,j} - \rho(x_{max,j} - x_{min,j})\} \tag{18.4}$$

其中，$[x_{min,j},\ x_{max,j}]$ 表示第 j 维变量的搜索范围；$x_{g,j}$ 表示当前处于最好空间位置的萤火虫个体的第 j 维收缩因子 ρ 采用式（18.5）进行计算：

557

$$\rho(t) = 1 - \frac{1}{1 + \exp(-0.04t + 4)} \tag{18.5}$$

其中，t 为当前萤火虫算法的搜索次数。

（2）算法流程

综上所述，具有混沌搜索策略的萤火虫优化算法实现过程如下：

步骤 1：初始化算法基本参数。设置萤火虫数目为 m，最大吸引度为 β_0，光强吸收系数为 y，步长因子为 α，精英群体比例为 n%，混沌搜索迭代次数为 K，最大搜索次数 maxT 或搜索精度 ε；

步骤 2：在搜索区域内随机初始化萤火虫的空间位置，根据所处位置计算萤火虫的目标函数值作为各自最大荧光亮度 I_0；

步骤 3：计算群体中萤火虫的相对荧光亮度 I 和吸引度 β，更新萤火虫的空间位置；

步骤 4：对萤火虫群体进行评估。选取性能最好的 n% 的个体作为精英采用混沌优化策略进行优化；选取性能最差的 n% 的个体，重新随机产生新的萤火虫个体予以替换；

步骤 5：根据式（18.3）动态收缩搜索区域，并根据移动后萤火虫的位置，重新计算各萤火虫的最大荧光亮度；

步骤6：当满足搜索精度或达到最大搜索次数转第七步，否则转第三步，进行下一次搜索；

步骤7：输出全局极值点和最优个体值。

18.4　路径寻优模型

18.4.1　问题描述与模型假设

传统物流配送车辆路径寻优问题，是在物流配送中心以及物资需求点坐标位置、道路交通状况、需求点物资需求量等因素已知的基础上进行的。而应急救援车辆路径规划的过程中，救援需求点位置的随机性、道路修复状况、时变下的道路拥堵信息等不确定因素使得该情景下的车辆路径寻优问题变得异常复杂。对应急救援路径选择问题的描述如下：选择车辆行驶时间最短以及车辆运输成本最少作为目标。系统中只有一个救援配送中心，且地理坐标位置及所拥有的救援车型、数量、单车容量已知，救援中心派出车辆对多个待救点进行服务，完成物资配送后返回救援中心。

车辆行驶过程中应满足以下几个假设条件：

假设1：道路节点之间有可行通路；

假设2：每个待救点只能接受一辆车一次救援；

假设3：每辆车在一次救援巡回过程中的载重不能超过其最大容量；

假设4：车辆行驶速度小于等于其最大限制行驶速度。

以城市交通路网作为建立应急救援车辆最优路径模型基础，节点（待救点）与节点之间的路线设定为一条弧段。应急救援车辆路径问题可以用图论形式表示出来：记 $G(I, L)$ 为赋权图，I 为顶点集，L 为边集，定义决策变量如式（18.6）和式（18.7）所示：

$$x_{ij}^k = \begin{cases} 1, & \text{车辆 } k \text{ 从待救援点 } i \text{ 至 } j \\ 0, & \text{其他} \end{cases} \qquad (18.6)$$

$$y_i^k = \begin{cases} 1, & \text{待救援点 i 被车辆 k 服务} \\ 0, & \text{其他} \end{cases} \qquad (18.7)$$

其中，i，j 表示待救点序号，i，j = 0，1，…，m；k 代表派使的第 k 台救援车辆，k = 1，2，…，K；其中 i，j = 0，表示救援中心。式（18.6），式（18.7）为决策变量，判断救援车辆是否通过 i 和 j 节点，以及节点 i 是否被第 k 辆救援车所提供服务。

18.4.2 双层路径寻优模型

双层路径寻优模型不同于以往的多目标路径寻优模型。多目标模型一般是以车辆行驶路径最短、成本最低、时间最短等作为目标，并且诸多目标之间以设定权值来综合考虑。而双层路径寻优模型更加强调突发事件发生后对应急物资配送的及时性，该模型以应急救援物资配送车辆行驶总时间最短为主要优化目标，在充分体现及时性的基础上再以车辆行驶所耗总成本最低为辅助目标，从而使救援中心位置能够及时服务于待救点伤员，并且尽量降低救援车辆所耗成本。双层路径寻优数学模型表达如式（18.6）~式（18.15）所示：

目标函数：

$$\min Z_1 = \sum_{k \in V} \sum_{i \in V} \sum_{j \in V} c_k l_{ij} x_{ij}^k \qquad (18.8)$$

$$\min Z_2 = \sum_{k \in V} \sum_{i \in V} \sum_{j \in V} \tau_{ij} x_{ij}^k \qquad (18.9)$$

其中，

$$v_{ij} = \begin{cases} p_{ij} q_{ij} \bar{v} p_{ij} q_{ij} \bar{v} < v_{max} \\ v_{max} p_{ij} q_{ij} \bar{v} \geqslant v_{max} \end{cases} \qquad (18.10)$$

$$\tau_{ij} = \frac{l_{ij}}{v_{ij}} \qquad (18.11)$$

约束条件：

$$\sum_{k \in K} y_i^k \leqslant 1 \qquad (18.12)$$

$$\sum_{k \in K} n_k = m \qquad (18.13)$$

$$\sum_i d_i y_i^k \leqslant D \qquad (18.14)$$

$$\sum_i x_{ij}^k = y_i^k \qquad (18.15)$$

$$\sum_j x_{ij}^k = y_i^k \tag{18.16}$$

$$\sum_i \sum_j x_{ij}^k \leqslant s - 1 \quad s \in V \tag{18.17}$$

其中，(x_0, y_0) 表示救援中心位置；(x_i, y_i) 表示待救点位置；d_i 表示各待救点对该物资的需求量；D 表示每辆救援车的最大容量；c_k 表示第 k 辆车，每行驶单位距离所消耗的成本；l_{ij} 表示 i 与 j 之间距离；v_{ij} 表示车辆行驶于 i 与 j 之间的速度；τ_{ij} 表示车辆行驶于 i 与 j 之间所耗时间；$\bar{v}$ 表示车辆的平均速度；v_{max} 表示车辆的最大速度；q_{ij} 表示 i 与 j 之间道路的畅通度；p_{ij} 表示 i 与 j 之间道路的最大通行量。式（18.10）引入最大速度和平均速度，当路径畅通度与路容量以及平均速度的乘积小于最大速度时，则实际速度为三者之积；反之，速度则控制在最大速度，不允许超速；式（18.8），式（18.9）分别为应急物资配送车辆行驶时间和所耗成本优化函数；式（18.12），式（18.13）表示每个待救点均得到车辆救助，并且每个待救点只出现在一台救援车辆的路径上；式（18.14）保证每台救援车辆历经的所有待救点总需求量小于该车最大容量；式（18.15）～式（18.17）保证每一台车辆能够形成可行回路。

18.5　算法改进与设计

18.5.1　混沌萤火虫算法基本思路

在标准萤火虫算法的基础上引入惯性权重，使算法的全局搜索和局部寻优能力得到一定改善。但是实验发现，一旦达到局部极值点附近，算法收敛速率慢，且在极值点附近振荡；对于一些多峰、多极值点问题，算法仍存在陷入局部最优问题。混沌运动具有遍历性、随机性等特点，为此，本章在萤火虫算法的基础上引入混沌思想，从而提高萤火虫种群的多样性和寻优的遍历性，增加算法摆脱陷入局部极值点的能力。改进后的混沌萤火虫算法是利用载波的方式，将混沌变量映射到萤火虫优化算法的搜索空间，再利用混沌变量进行搜索寻优（刘长平，2013）。搜索的过程分为两个阶段。

第一阶段，粗略搜索为提高算法收敛速度，在迭代运算初期，利用基于惯性权重的萤火虫算法进行大范围全局搜索，寻找整个搜索空间中的满意极值点。

第二阶段，细致搜索选取粗略搜索法所得适应度高的 10% ~ 20% 萤火虫，结合混沌映射再进行局部搜索，在粗略搜索的极值点附近寻找出全局下最优解。

18.5.2　混沌萤火虫算法求解步骤

改进混沌萤火虫算法流程如下。

步骤 1：系统初始化。

生成萤火虫初始种群的规模、位置信息（$X_a(t)$），设置光强吸收系数（γ）、最大吸引度（β_0）和步长因子（α）等参数。

步骤 2：计算群体中每个萤火虫的荧光亮度，如式（18.18）所示：

$$I(r) = I_0 e^{-\gamma r_{ab}} \tag{18.18}$$

步骤 3：对所有萤火虫个体进行邻域搜索。

此时的搜索半径最大，并且计算出邻域中所有候选萤火虫个体的吸引度，如式（18.19）所示：

$$\beta(r) = \beta_0 e^{-\gamma r_{ab}^m} \tag{18.19}$$

步骤 4：根据式（18.20），式（18.21）更新萤火虫位置。

最亮的萤火虫个体随机移动：

$$X_a(t+1) = \omega(t) X_a(t) + \beta(X_b(t) - X_a(t)) + \alpha \varepsilon_a \tag{18.20}$$

$$\omega(t) = \omega_{max} - (\omega_{max} - \omega_{min}) t / t_{max} \tag{18.21}$$

其中，t 表示迭代次数；t_{max} 表示最大迭代次数；$\omega(t)$ 表示惯性权重；ω_{max}，ω_{min} 表示最大、最小权重。

步骤 5：在有限的迭代次数内，通过以上步骤可以得出一组萤火虫亮度数据，从中选取萤火虫种群中适应度高的 20% 个体，进行混沌局部搜索。

步骤 6：将萤火虫位置信息 X_b^t 按下式映射为 0 到 1 之间的混沌变量 $C(X_b^t)$：

$$C(X_b^t) = \frac{X_b^t - X_{mins}}{X_{maxs}^t - X_{mins}}, \quad s = 1, 2, \cdots, n \tag{18.22}$$

561

其中，X_{maxs}和X_{mins}分别为搜索空间中 s 维的上界和下界（假设萤火虫的位置空间为 s 维，当 s = 1 时，$X_{maxs} = X_{max}$，$X_{mins} = X_{min}$）。

步骤 7：当迭代次数 $t = t + 1$ 时，根据式（18.22）计算得到下步迭代的混沌参量 $C(X_b^{t+1})$，并将混沌参量 $C(X_b^{t+1})$ 按式（18.23）映射转化为 X_b^{t+1}：

$$X_b^{t+1} = X_{mins} + C(X_b^{t+1})(X_{maxs} - X_{mins}), \quad s = 1, 2, \cdots, n \qquad (18.23)$$

步骤 8：候选萤火虫个体适应值大于当前萤火虫的适应度值，则替换当前萤火虫个体，实现萤火虫对较优个体位置的移动。

步骤 9：按式（18.24）和式（18.25）收缩搜索区域：

$$X_{mins} = \max\{X_{maxs}, X_{maxlight.s} - r(X_{maxs} - X_{mins})\} \qquad (18.24)$$

$$X_{maxs} = \min\{X_{maxs}, X_{maxlight.s} + r(X_{maxs} - X_{mins})\} \qquad (18.25)$$

其中，$X_{maxlight.s}$ 表示当前最亮萤火虫个体的第 s 维变量的值，$0 < r < i$。

步骤 10：若混沌搜索已到预先设定的精度或迭代次数，则将新解作为算法的最终结果，否则令 $t = t + 1$ 并返回步骤6。

18.6　算 例 分 析

18.6.1　算例背景描述

某城市道路车辆行驶速度一般在 20 千米/小时左右，但是在高峰期时段内，由于车流量过大导致车速受到严重影响。由该城市道路交通部门的车辆行驶监控资料分析路网拥堵状况，道路畅通系数取值为 0.5 ~ 1.0，道路交通容量取值于 2 ~ 4，根据抽检的车辆速度计算得该城市内车辆行驶的最大速度为 9.6 千米/小时、平均速度为 3.6 千米/小时。另外，该城市大多数道路为东西和南北方向，为了方便理解在求解过程中直接取绝对值距离。取应急救援中心周围长宽均为 10 千米区域为研究范围，设待救点的坐标为（x_i，y_i），根据该城市历史突发事件相关数据，救援中心（5，5）和待救点具体数据如表 18.1 所示。此外假设，应急物资配送车辆最大容量为 10 吨，车辆行驶 1 千米所耗成本为 5 元。

表 18.1　　　　　　　　　　　需求点坐标及需求量

需求点编号	横坐标（千米）	纵坐标（千米）	需求量（吨）
1	8.4	6.0	0.8
2	5.2	5.6	1.0
3	5.6	5.4	1.5
4	6.2	6.6	1.8
5	6.4	6.8	1.2
6	4.0	4.6	1.3
7	3.8	6.6	0.9
8	6.4	4.4	1.3
9	6.2	3.2	1.5
10	7.0	4.8	2.0
11	3.0	9.0	1.9
12	1.0	2.6	1.7
13	2.0	4.4	1.7
14	6.6	3.8	0.6
15	4.4	1.0	1.0
16	4.6	3.6	1.4
17	9.0	8.6	1.5
18	9.8	8.0	1.7
19	7.0	3.2	1.4
20	5.4	7.8	1.6

资料来源：模拟仿真案例数据。

以该城市路网拥堵环境下的应急物资配送问题为研究对象，优化目标是在应急物资配送车辆总行驶时间（T）可以接受的范围内（[T_{min}，T_{min}（1% +2%）]）使得车辆行驶成本最低。

18.6.2　算例求解步骤

（1）参数设定

在 Matlab 环境下建立相关数据库，其中包括救援中心及待救点坐标（x_i，y_i）、各待救点的物资需求量（d_i）、车辆数目（K）、车辆 k 行驶单位距离消耗成本（c_k）、单车最大容量（D）、车辆平均速度（$\bar{v}$）、最大速度（v_{max}）、待救点间距离（l_{ij}）。另外，随机产生 21×21 组道路畅通系数和通行容量（p_{ij}，q_{ij}）。该案例涉及的救援中心及待救点地理分布如图 18.1 所示。萤火虫算法求解参数设定为萤火虫数 m=10，光强吸收系数 γ=1.0，最大吸引度 $β_0$=1.0，步长因子 α=0.2，迭代次数 t_{max}=200，$ω_{max}$=1，$ω_{min}$=0.4。

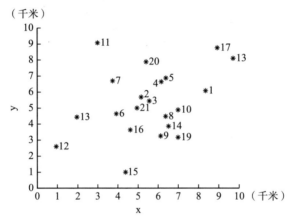

图 18.1　救援中心及待救点地理分布（随机生成）

资料来源：由 MATLAB 绘图程序导出。

（2）初始路径方案

根据最近邻域法得出第一个车辆行驶路径方案，共派出 3 辆应急物资配送车辆，第 1 辆共载重为 9.3 吨，行驶 22 千米，路径为 0 - 2 - 3 - 4 - 5 - 20 - 7 - 6 - 0；第 2 辆共载重为 9.0 吨，行驶 24.4 千米，路径为 0 - 16 - 9 - 19 - 14 - 8 - 10 - 1 - 0；第 3 辆共载重为 9.5 吨，行驶 38 千米，路径为 0 - 15 - 12 - 13 - 11 - 17 - 18 - 0（简记①：0 - 2 - 3 - 4 - 5 - 20 - 7 - 6 - 0；0 - 16 - 9 - 19 - 14 - 8 - 10 - 1 - 0；0 - 15 - 12 - 13 - 11 - 17 - 18 - 0），如图 18.2 所示。

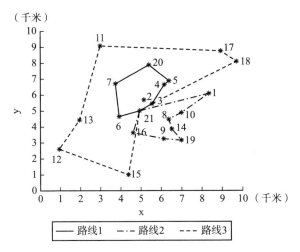

图 18.2　初始车辆行驶路径方案

资料来源：由 MATLAB 绘图程序导出。

对第一个车辆行驶路径方案进行邻域搜索，再产生 9 个初始方案，方法如下：

第一，同一车辆，将某 2 个待救点位置进行互换，共 3 种方案。每辆车历经的第 2，第 4 点交换；每辆车历经的第 3，第 5 点交换；每辆车历经的第 4，第 7 点交换。

第二，两个车辆路线，各选取一个待救点位置进行互换，共 3 种方案。第 1 辆，第 2 辆车所历经的第 3 点交换；第 1 辆，第 3 辆车所历经的 4 点交换；第 2 辆，第 3 辆车所历经的 6 点交换。

第三，两个车辆路线，取前者当中某个待救点，将其插入后者车辆路径当中，共 3 种方案。将第 1 辆车经过的第 2 待救点，转移到第 2 辆车经过的第 2 待救点；将第 1 辆车经过的第 2 待救点，转移到第 3 辆车经过的第 2 待救点；将第 2 辆车经过的第 5 待救点，转移到第 3 辆车经过的第 5 待救点。

（3）全局寻优

将以上 10 个应急物资配送车辆路径方案及对应的目标函数值（由式（18.8），式（18.9）计算得出）看作萤火虫初始种群，根据惯性权重萤火虫算法进行求解得到最优的 10 个路径方案及时间值。以①车辆行驶路径方案为例，再次进行邻域搜索，比较当前萤火虫亮度值和候选萤火虫亮度值，再根据位置更新公式实现萤火虫位置的优化，经过 200 次迭代，最终得出①方案对应的最优结果，记作①″，同样方法，得到另外 9 个最优方案。全局搜索环境下车辆耗时的寻优结果如图 18.3 所示。

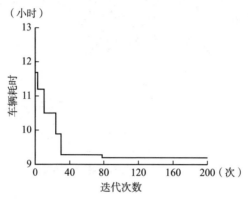

图 18.3　全局搜索寻优结果

资料来源：由 MATLAB 绘图程序导出。

（4）混沌序列

从上述 10 个最优方案当中选取目标值最小的前 2 个方案。路径方案 A（0－2－14－6－5－4－17－18－1－0；0－3－10－19－13－7－11－0；0－8－9－16－15－12－20－0），车辆总行驶时间为 9.312 小时，车辆总行驶距离为 76.4 千米，车辆总行驶所耗成本 382 元；路径方案 B（0－2－14－6－4－5－17－18－1－0；0－3－10－19－13－7－11－0；0－8－9－16－15－12－20－0），车辆总行驶时间为 9.191 小时，车辆总行驶距离为 75.6 千米，车辆总行驶所耗成本 378 元。

将以上两个结果对应的萤火虫位置信息，按照式（18.22）映射到 0 到 1 之间的混沌变量 $C(x_j^i)$，其中解为 1 维空间（j = 1），x_{min} 代表路径方案 A（0－2－14－6－5－4－17－18－1－0；0－3－10－19－13－7－11－0；0－8－9－16－15－12－20－0）作为搜索空间下限，x_{max} 代表路径方案 B（0－2－14－6－4－5－17－18－1－0；0－3－10－19－13－7－11－0；0－89－16－15－12－20－0）作为搜索空间上限。

（5）局部寻优

在局部寻优过程中先不考虑救援中心，把路径方案看作 20 进制的一个数字（且每个位置上的数字不重复），由此可根据式（18.22）来实现方案 A 和方案 B 的［0，1］映射。需要注意的是，在搜索的过程中，会产生不可行解，对于不可行解点进行"＋1"处理，直至找到该数值的最近可行解，然后通过式（18.23）进行循环比较择优，在限制的迭代次数内得到最优局部解点。局部搜索环境下车辆耗时的寻优结果如图 18.4 所示。

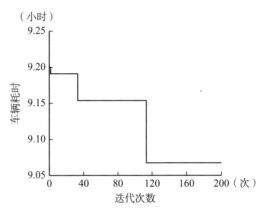

图 18.4　局部搜索寻优结果

资料来源：由 MATLAB 绘图程序导出。

18.6.3　算例求解结果

通过先后对解集进行全局搜索及局部寻优，最后得到以车辆行驶时间最短为目标的前三组最优解，如表 18.2 所示。

表 18.2　　　　　　　　　　　　　路径寻优方案

方案	路径	所耗时间/小时	行驶距离/千米	所耗成本/元
1	0－2－14－6－4－5－17－18－1－0－3－10－19－13－11－7－0－8－9－16－15－1－2－20－0	9.067	74.0	370
2	0－14－6－2－4－5－17－18－1－0－3－10－19－13－11－7－0－8－9－16－15－12－20－0	9.153	72.8	364
3	0－2－14－6－4－5－17－18－1－0－3－10－19－13－7－11－0－8－9－16－15－12－20－0	9.191	75.6	378

从表 18.2 可以看出车辆行驶路径方案耗时最少为 9.067 小时，则救援时间可接受范围是 $[9.067，9.248]$（由 $[T_{min}，T_{min}(1\%+2\%)]$ 计算得出）。以上 3 个方案的车辆行驶时间值均在可接受范围以内，则选取其中所耗成本最低的方案作为最优方案，即方案 2：共派出 3 辆救援车进行应急物资配送，总路线长度为 72.8 千米，共耗时 9.153 小时，车辆行驶所耗成本为 364 元。3 辆救援车的具体路径分别为：0 – 14 – 6 – 2 – 4 – 5 – 17 – 18 – 1 – 0；0 – 3 – 10 – 19 – 13 – 11 – 7 – 0；0 – 8 – 9 – 16 – 15 – 12 – 20 – 0，如图 18.5 所示。

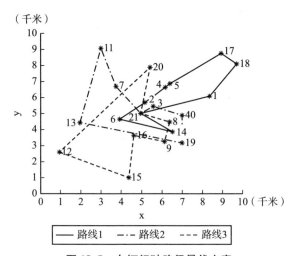

图 18.5　车辆行驶路径最优方案

资料来源：由 MATLAB 绘图程序导出。

为进一步证明所提出的两阶段混沌萤火虫算法在求解过程与求解结果中的优越性，文中禁忌搜索算法对相同的案例进行求解，两种算法求解结果对比见表 18.3。由表 18.3 可看出，本章给出的混沌萤火虫算法寻优能力强、车辆行驶耗时更短，费用更少。

表 18.3　　　　　　　　　两种算法结果对比

算法	路径	所耗时间（小时）	行驶距离（千米）	所耗成本（元）
本章	路线 1：0 – 14 – 6 – 2 – 4 – 5 – 17 – 18 – 1 – 0 路线 2：0 – 3 – 10 – 19 – 13 – 11 – 7 – 0 路线 3：0 – 8 – 9 – 16 – 15 – 12 – 20 – 0	9.153	72.8	364

续表

算法	路径	所耗时间（小时）	行驶距离（千米）	所耗成本（元）
禁忌搜索	路线1：0 - 6 - 16 - 13 - 12 - 15 - 18 - 14 - 0 路线2：0 - 9 - 19 - 10 - 1 - 18 - 17 - 0 路线3：0 - 4 - 5 - 20 - 11 - 7 - 2 - 3 - 0	11.908	103.6	518

18.7　总结与展望

本章主要分析了城市上下班高峰期环境下道路车流量和道路通行容量对应急物资配送车辆行驶速度的影响。在模型求解过程中，通过引入惯性权重和混沌算法有效地平衡了萤火虫算法的全局搜索能力和局部寻优能力。算例结果表明，在求解突发事件情境下应急救援车辆路径优化问题时，以耗时和费用为目标函数时，新模型与算法相对于禁忌搜索算法的求解结果更优，体现在总耗时更少，总费用更少，所提出的路径优化模型及算法对于应急救援工作的顺利开展有一定的指导性意义。

不足之处在于选择车辆路径时假设所有节点之间均可以通行，并且直接取绝对值距离作为节点间距离，而城市实际路网错综复杂、各节点间的道路方向多种多样，因此模拟出城市实际路网作为路径寻优的依据、计算出精准的节点间距离是应急救援车辆路径寻优的下一步研究重点。

569

本章参考文献

[1] 蔡鉴明，戛苗，杨光华. 基于时变性和可靠性的地震灾害应急物流运输路径选择 [J]. 铁道科学与工程学报，2011，8（5）：101 - 106.

[2] 陈荣，李超群. 基于ABC法和自适应混合遗传算法的仓储区域布局优化策略 [J]. 安徽工业大学学报（自然科学版），2011，28（2）：183 - 187.

[3] 陈森，姜江，陈英武. 未定路网结构情况下应急物资车辆配

送问题模型与应用 [J]. 系统工程理论与实践, 2011, 31 (5): 907 – 913.

[4] 陈则辉, 刘诚, 吕品, 等. 不确定环境下应急物资配送问题研究 [J]. 铁道科学与工程学报, 2014 (5): 82 – 89.

[5] 代颖, 马祖军. 应急物流系统中的随机定位—路径问题 [J]. 系统管理学报, 2012, 21 (2): 212 – 217.

[6] 范文璟, 马祖军. 时变网络环境下城市应急救援路径优化 [J]. 计算机应用, 2011, 31 (S1): 125 – 128.

[7] 高尚, 杨静宇. 混沌粒子群优化算法研究 [J]. 模式识别与人工智能, 2006, 19 (2): 266 – 270.

[8] 郜振华, 梅莉, 祝远鉴. 复合策略惯性权重的粒子群优化算法 [J]. 计算机应用, 2012, 32 (8): 2216 – 2218.

[9] 管小俊, 王喜富, 王翠华, 等. 基于竞争的物流中心选址双层规划模型及算法研究 [J]. 武汉理工大学学报 (交通科学与工程版), 2009, 33 (5): 956 – 959.

[10] 姜金贵, 张鹏飞. 基于改进蚁群算法的城市内涝救援路径优化 [J]. 计算机应用, 2014, 34 (7): 2103 – 2106.

[11] 李创. 国内外应急物流研究综述 [J]. 华东经济管理, 2013, 27 (6): 160 – 165.

[12] 李士勇. 蚁群算法及其应用 [M]. 哈尔滨: 哈尔滨工业大学出版社, 2004.

[13] 刘长平, 叶春明. 具有混沌搜索策略的萤火虫优化算法 [J]. 系统管理学报, 2013, 22 (4): 538 – 543.

[14] 刘永强, 常青, 熊华钢. 改进蚁群算法求解时变网络中最短路径问题 [J]. 北京航空航天大学学报, 2009, 35 (10): 1245 – 1248.

[15] 马祖军, 代颖, 李双琳. 带限制期的震后应急物资配送模糊多目标开放式定位—路径问题 [J]. 系统管理学报, 2014, 23 (5): 658 – 667.

[16] 乔茹, 章兵, 赵光兴. 基于改进蚁群算法的移动机器人全局路径规划 [J]. 安徽工业大学学报 (自然科学版), 2009, 26 (1): 77 – 80.

[17] 宋晓宇, 刘锋, 常春光. 面向应急物资调度的一种灰色规划

模型 [J]. 计算机应用研究, 2010, 27 (4): 1259 – 1262.

[18] 苏有良, 周德俭, 吴兆华, 等. 不同映射的混沌免疫进化算法性能分析 [J]. 计算机工程, 2010, 36 (2): 222 – 224.

[19] 谭国真, 高文. 时间依赖的网络中最小时间路径算法 [J]. 计算机学报, 2002, 25 (2): 165 – 172.

[20] 汤金春, 王培珍. 基于遗传算法的钢锭配切优化 [J]. 安徽工业大学学报 (自然科学版), 2012, 29 (1): 67 – 69.

[21] 佟常青, 王景国, 陈博文. 军队应急物资配送备选路径优化多目标规划模型研究 [J]. 物流技术, 2010, 29 (2): 206 – 208.

[22] 王凌, 刘波. 微粒群优化与调度算法 [M]. 北京: 清华大学出版社, 2008: 39.

[23] 魏航, 李军, 魏洁. 时变条件下多式联运有害物品的路径选择 [J]. 系统管理学报, 2007, 16 (6): 644 – 652.

[24] 阎俊爱, 郭艺源. 非常规突发事件救援物资输送的路径优化研究 [J]. 灾害学, 2016 (1): 193 – 200.

[25] 杨菊花, 朱昌锋, 田志强. 基于蚁群算法的应急物资运输路径优化 [J]. 铁道科学与工程学报, 2012, 9 (6): 90.

[26] 尤勇, 王孙安, 盛万兴. 新型混沌优化方法的研究及应用 [J]. 西安交通大学学报, 2003, 37 (1): 69 – 72.

[27] 袁博, 杨杨, 赵建辉. 考虑实际路况的应急救援路径优化算法 [J]. 消防科学与技术, 2012, 31 (2): 180 – 184, 196.

[28] 詹沙磊, 刘南. 基于灾情信息更新的应急物资配送多目标随机规划模型 [J]. 系统工程理论与实践, 2013, 33 (1): 159 – 166.

[29] 钟石泉, 贺国光. 有时间窗约束车辆调度优化的一种禁忌算法 [J]. 系统工程理论方法应用, 2005, 14 (6): 523 – 525.

[30] Araz C, Selim H, Ozkarahan. A fuzzy multi-objective covering-based vehicle location model for emergency services [J]. Computers & Operations Research, 2007, 34 (3): 705 – 726.

[31] Balcik B, Beamon B M, Smil K. Last mile distribution in humanitarian relief [J]. Journal of Intelligent Transportation System, 2008, 12 (2): 51 – 63.

[32] Changa F S, Wua J S, Leea C N, et al. Greedy-search-based

multi-objective genetic algorithm for emergency logistics scheduling [J]. Expert Systems with Applications, 2014, 41 (6): 2947 – 2956.

[33] Dantizig G, Ramser J. The truck dispatching problem [J]. Management Science, 1959, 6: 80 – 91.

[34] de la TORRE L, Dolinskaya I S, Smilowitz K R. Disaster relief routing: Integrating research and practice [J]. Socio Economic Planning Sciences, 2012, 46 (1): 88 – 97.

[35] Genderau M, Gilbert L. A tabu search heuristic for the vehicle routing problem with stochastic demands and customers [J]. Operations Research, 1996, 4 (23): 469 – 477.

[36] Liu Y, Yun M, Peng G. A multi-objective programming model of route choice of emergency vehicles before travel [J]. Journal of Highway and Transportation Research and Development, 2009, 26 (8): 135 – 139.

[37] Novoa C, Robert S An approximate dynamic programming approach for the vehicle routing problem with stochastic demands [J]. European Journal of Operational Research, 2009, 196 (2): 509 – 515.

[38] Opasanon S, Miller-hooks E. Multicriteria adaptive paths instochastic, time-varying networks [J]. European Journal of Operational Research, 2006, 173 (5): 72 – 91.

[39] Pretolani D. A directed hypergraph model for random time-dependent shortest path [J]. European Journal of Operational Research, 2000, 123 (8): 315 – 342.

[40] Pureza V M, Franca P M. Vehicle routing problems via tabu search metaheuritic [R]. Centre De Recherche Sur Les Transports Publication, 1991.

[41] Ren X, Zhu J, Huang J. Multi-period dynamic model for emergency resource dispatching problem in uncertain traffic network systems [J]. Engineering Procedia, 2012, 22 (5): 37 – 42.

[42] Salmeron J, Apte A Stochastic optimization for natural disaster asset prepositioning [J]. Production and Operations Management, 2010, 19 (5): 561 – 574.

[43] Torki A, Somhon S, Enkawa T. A competitive neural network

algorithm for solving vehicle routing problem ［J］. Computers & Industrial Engineering, 1997, 33 (3): 473 −476.

［44］ Zhang Jing. Control of the supply chain optimization with vehicle scheduling of logistics under uncertain systems ［J］. Procedia Environmental Sciences, 2012, 12 (Part B): 1440 −1415.

第 19 章 震后伤员救援车辆两阶段规划模型及算法研究

19.1 研 究 背 景

地震灾害具有低发生概率、高救援需求及信息的高度不确定性的特点，这使得地震灾害几乎不可能准确预测。我国处于地震活动十分频繁的地区，根据中国地震烈度区划图，我国地震基本烈度Ⅶ度以上的地区面积约占全国国土面积的41%，70%的大中城市位于Ⅶ度和Ⅶ度以上地震区内，同时，我国也是世界上地震灾害最严重的国家，因地震造成的人员伤亡居世界之首。例如，1976年河北唐山7.8级地震，死亡24.2万人，16.4万人受重伤，仅唐山市区终身残疾的就达1700多人[①]；2008年四川汶川8.0级地震，遇难6.9万人，3.7万人受伤，失踪1.8万人，1000万余人无家可归[②]。随着我国社会城市化进程的加速，现代城市日趋交通立体化，人口高度密集，不但增加了城市的负荷和脆弱性，也使得地震对城市的影响和破坏更加严重（张洁，2011）。

在应对地震灾害方面，尽管人类在防震抗震科学方面取得了巨大的进展，但由于地震灾害本身的复杂性和不可预测性，地震应急管理只能通过灾后的紧急救援来减少地震造成的损失。破坏性地震造成的损失可综合概括为人员伤亡和经济损失两大方面，其中，人员伤亡又是最为重要、最引人注目的。目前抗震减灾的首要目标仍是减少人员伤亡，震后

---

① 中国科学院科普云平台：河北唐山地震资料，网址：https：//www.kepu.net.cn/gb/earth/quake/document/dcm015.html。

② 崔丽霞. 汶川地震直接经济损失8451亿元 [N]. 人民日报，2008 – 09 – 05.

初期应急救灾的重点是伤员救援，即利用一切可用资源使地震中受伤的人员尽快得到救治。因此，如何在有限的时间段内组织高效、有序的应急救援活动，合理区分伤员伤害程度、优化伤员配送路径、将灾害造成的人员伤亡降到最低程度，显得尤为重要（李双琳，2014；王付宇，2017）。

19.2　研　究　综　述

对于灾后应急救援的调度问题，国内外学者研究了不同灾害下应急救援的调度策略。

针对救援物资调运，肯伯等（Kemball et al.，1984）首先提出在进行救援物资调运过程中采用物流管理的方法提高救援物资的运输效率。汪寿阳等（2000）就单出发点物流运输问题，提出了该研究领域应该关注的几个重要发展方向。杰菲等（Najafi et al.，2013）针对地震发生初期资源短缺的特点，提出了一种多目标、多模式、多商品、多周期随机模型。奥兹达马尔等（Ozdamar et al.，2015）对应急供应物资数量有限情况下的物资运输调度进行了探讨，目标是使救援中心最大化满足救援需求。刘长石等（2016）综合考虑应急物流网络中的应急物资模糊需求、时间窗限制等特性，以应急物资总供应时间最短为目标，构建了一个震后应急物资多方式供应的多周期模糊 LRP 优化模型。石彪等（2012）针对大规模突发事件暴发后应急物资运输车辆不足，建立了基于车辆紧缺假设的两阶段车辆调度模型。阮俊虎等（2014）针对大规模灾害中医疗物资运送问题，提出一种基于聚类的两阶段医疗物资联合运输方法。

针对医疗救护车辆调度，费希尔等（Fisher et al.，1986）考虑在实时信息下通过多阶段协调各区域救援车辆的类型和数量。胡安等（Juan et al.，2013）通过构建仿真模型，提出了医疗救护车辆的调度和路径优化策略。莫哈曼尼等（Mohaymany et al.，20003）研究基于生命损失减轻原则的应急救援车辆调度。张等（Zhang et al.，2015）针对震后需求随机的特点，提出了医疗救护车辆的调度和路径优化策略。何建敏等（2001）提出了以应急开始时间最早为目标的数学模型及相应解法。杨善林等（2010）研究时变条件下带时间窗车辆调度问题，将车辆行驶速度考虑成时变分段函数，并利用模拟退火算法进行求解。王旭坪等（2011）研究了带有模糊时间窗的车辆调度组合干扰管理模型及其混合遗传算法。丁秋雷等（2014）运用干扰管理思想，构建字典序的物流配送多目标干扰管理模型并采用改进蚁群算法求解。

为提高救灾效率，通常需要对灾区路网实施交通管制。李达等（Lida et al.，2000）阐述了在救灾中实施交通管理措施的必要性；常和诺基玛（Chang and Nojima，2001）考虑地震对交通道路系统的破坏，而衡量交通道路在灾后救援过程中所发挥的作用。峰和文（Feng and Wen，2003；2005）以台湾"9·21"级大地震区域交通管制为研究背景建立了震后区域交通管制模型，并在此基础上，基于双层规划又建立了模糊多目标交通管制模型，并通过算例验证该模型能够较好实现区域交通管制控制救援车辆与非救援车辆进入灾区的比例。这些文献虽然引入了交通管制，却都是从区域交通管制角度，确定救援车辆与非救援车辆进入灾区的比例，并未探讨应急物资调运路径问题。而李永义等（2011）将震后道路里程、车辆速度、行程延误、交通负荷度以及路网连通可靠度等因素遴选为震后交通生命线系统的交通阻抗效用指标，提出将这些效用指标转化为一种广义交通阻抗，即运输时间的理论方法建立震后多需求点、多服务点应急物资调度的双层规划模型。

从建模的目标选择及考虑的约束方面来看，最初针对该问题的研究大多是基于传统运输问题和 VRP 问题的简单扩展，将单出货点、单种物资问题扩展为多出救点、多种物资问题，目标也由单一注重成本最小化扩展为效率优先、兼顾成本的多目标优化。而近期有些学者开始逐渐将应急物资运输的一些特殊约束引入建模使得针对这一问题的研究更为贴近实际，如莱内特等（Linet et al.，2004）研究了多运输方式、多种物资、多供应点和多需求点的情形，并假设车辆数和物资供应量等参数都是动态变化的等，其应急物资运输的目标是最小化各运输周期内未满足货物的总量虽然其考虑的约束较为全面，但其对需求动态变化下的应急物资运输仍然采用各个单一周期内最优的方法，而缺乏针对多个周期内全局最优的考虑；缪成等（2006）也类似地考虑了车辆紧缺假设下的车辆动态调用问题，将最小化运输时间和运输费用同时引入目标，但其对车辆调度效率的提高仍然只局限于单个阶段内的最优，对应急物资运输的全局考虑不足。

目前，对救援车辆路径的研究主要集中在不同模型下的车辆最短路径选择上。针对车辆路径优化建模，沃恩塞尔等（Woensel et al.，2008）考虑应用排队论的方法描述潜在的交通拥堵。塔克达等（Takeda et al.，2008）建立了一个超立方体排队模型，以减少响应时间。诺瓦等（Novoaa et al.，2009）从动态和重优化观点出发，构建了单车随机需求条件下最短路径问题的近似动态规划模型。刘杨等（2009）考虑通行可靠性、道路条件限制等干扰因子，建立应急救援车辆路径选择的多目标优化模型。代颖等（2012）综合考虑应急物资需求的模糊性、动态性和震后受损路网的动态恢复状况，以各物资需求点的应急物资运达时间之和最小为目标建立了一个模糊动态定位—路径问题优化模型。王海军等（2016）以平均车辆运输时间最小化和系统总成本最小化为目标，建立了基于多车型、双目标的开放式选址——路径问题混合整数规划模型。

对于路径和行程安排策略，托帕洛卢等（Topaloglu et al.，2007）研究了带有时间窗的动态车辆路径和行程安排问题，同时考虑了实时客户需求和动态出行时间。马祖军等（2014）考虑实时/时变路网环境下出救点选择与救援车辆路径的集成优化问题，设计了一种实时时变交通信息的结合策略，并提出了满足先进先出原则的路段行驶时间计算方法。李妍峰等（2014）讨论了带有实时交通信息的动态网络车辆路径派送问题，提出在关键点更新路线的调度机制。王等（Wang et al.，2016）将运行时间假定为联合概率质量函数的随机变量，讨论了交通网络中的最短路径约束问题。

文献检索可以看到，对灾后救援车辆调度和救援车辆路径选择的研究主要针对的是应急救援物资调度以及灾后不确定信息下的车辆调度问题，关于震后伤员应急救援车辆调度的研究相对较少，研究对象主要集中在物资调度而不是伤员的紧急运送上；救援车辆路径优化虽然考虑到了路网的动态特性，但是研究主要集中在找寻车辆行驶最短路径这个目标上，然而地震情况下应急救援的首要任务是伤员救援，且其救援车辆路径优化不同于普通的物流路径问题，最短的路径不一定就是最优的路径，应该优先考虑如何实现以最短的时间完成最大化的救援。并且，在早期的救援过程中救援车辆是有限的，合理选择路径尤为重要。所以，

577

在应急救援管理中要想实现灵活的车辆调度不仅要合理安排车辆救援，同时还要选择最优的车辆路径方案，由此才能确保应急救援工作及时、有效地开展。

根据地震的特殊性，可以将伤员应急救援车辆调度及路径选择优化概括为两个重要特点：第一，救援车辆调度更加重视救援时间。应急救援是一个弱经济性过程，成本不再是研究的重点，相对于成本，行驶里程和行驶时间将是作为优化的主要目标；第二，应急救援交通网络的不稳定性。地震情境下突发事件破坏性极大，道路破坏严重，救援交通网络不稳定性增加，分区救援以及考虑动态变化条件的救援将是研究的主要目标。

针对地震伤员救援工作的上述特点，本章需要解决以下四个问题：第一，救援区域划分问题，探讨分区救援和整体救援的优劣，以及如何合理划分救援区域；第二，各受灾点救援需求预测问题，探讨伤员伤情合理分类方法，确定各灾点伤员需求综合权重；第三，灾区路网联通问题，探讨直接连通灾点和非直接连通灾点之间的行车时间差异，确定两灾点之间的通行时间；第四，伤员救援车辆调度模型构建及求解问题，探讨模型的最终目标和约束条件，构建贴合地震伤员救援特点的数学模型，并设计性能优越的求解算法。

19.3 理 论 基 础

19.3.1 道路交通量

交通量是指单位时间内通过道路上的某一地点或者某一断面交通参与者（机动车、非机动车、行人）的数量。一般来说，影响车辆行程时间的交通量主要为机动车交通量，非机动车与行人属于干扰因素，在地震情况下可以忽略非机动车及行人对机动车的影响。

救援车辆在道路行驶过程中，社会车辆同时也存在于道路上。由于救援任务的紧迫性，救援车辆在道路上通常具有优先通行权，从而保证能更快到达救援地点。但在救援车辆的行驶过程中，由于地震灾害引起路段中断和道路断面变窄，导致道路上的救援车辆和社会车辆都更容易选择较为安全快捷的道路，这样就会造成道路交通拥挤，救援车辆需要等待交通拥挤消散之后才能通行，这种情况严重影响救援车辆的运行时间，同时也影响着救援车辆的路径选择。

　　震后道路交通量跟常态道路交通量有很大差异。常态交通量在一天内或一周内都有着显著的规律，通常可以通过前几个时段或前一个周期的交通量预测得到。而由于地震本身的不确定性、灾区人民的心理因素以及相应的道路管控措施，震后的交通量也是不确定的。

19.3.2　伤员伤情恶化描述

　　常用的伤势严重程度评分法主要有创伤指数法、创伤积分法、改良创伤积分法、CRAMS 法等。其中创伤指数评分方法使用方便，准确度较大，不需精密仪器，也不需专门医生来评定，由现场抢救人员或救护车工作人员在很短时间内就能计算出来。因此，可以采用创伤指数评分方法，将震后初期伤员的各种生理指标作为评分参数予以量化及权重处理，显示其伤情严重程度，确定震后初期伤员运送治疗的优先级别。如表 19.1 所示，伤员创伤评估总分小于 9 分为轻伤或中度损伤，10～16 分为重伤，大于等于 17 分为极重伤。根据伤员伤情严重程度确定现场抢救规则：先救命后治伤、先重伤后轻伤。根据伤员不同的评分结果，确定伤员运送治疗的优先级别，并使用四色十字卡表示。

表 19.1　　　　　　　　　　　　　伤员创伤评估方法

创伤评估总分	十字卡	优先级别	伤情描述
17～29 分	红色	第一优先	伤情严重，但经过及时抢救能救活
10～16 分	黄色	第二优先	伤情中等，暂时没有生命危险
>9 分	绿色	第三优先	伤情比较轻，可以采取就地治疗的方案
≤30 分	黑色	第四优先	伤势太重，濒临死亡或已经脑死亡

　　资料来源：1983 年美国加州霍格医院和新港海滩消防局数据资料。

19.3.3 震后路径选择特点

常态下，人们选择出行路径主要受到出行者自身认知和外部环境的双重影响。

出行者的自身认知是基于对道路的熟悉程度、个人偏好、舒适度等因素综合形成的。而外部环境包括出行成本、道路条件、沿途行车环境及交通延误的影响等，其中，交通延误属于动态因素，包括行车时间及延误。出行者一般在出行前对起讫点的每条路线进行综合评价，然后根据自身情况选择出行成本低、道路服务水平较高、出行舒适度较高且延误较少的路线作为出行路径。

在震后应急情况下，交通运输的核心任务是伤员抢救和物资保障，交通出行不再按照自身意愿进行，选择常态下的路径会有许多不确定因素，包括安全问题及时间问题等。因此，震后应急救援路径选择的特点如下：

（1）紧迫性

地震的紧迫性体现在救援的各方各面。在医疗救援时，只有争分夺秒才能减少人员的伤亡；物资救援时，应急物资能否及时送达受灾点也关系到灾民的生命生活状况。

（2）组织性

在进行地震救援时，救援车辆不能按照驾驶员自己的意愿随机到达目的地，这样的救援是杂乱无章的，无法及时准确地完成救援任务。在救援车辆出发前，需要提前规划路线以及确定运送物资或人员数量，有序进行，安全高效地到达目的地。

（3）多目标性

地震灾害应急救援车辆的路径选择问题常具有多个目标，例如高效性、公平性、安全性等，用来满足决策者对于不同应急救援目标的需求。所以在震后路径选择时应综合考虑多个目标，才能满足需求。

（4）动态性

震后道路网络具有不确定性，地震会造成路面开裂、路基沉陷、桥梁破坏及道路附近建筑物倒塌等现象。在应急救援的过程中，路网的安全性及行程时间长短会随着时间的推移呈现不同的状态，所以震后的路径选择是动态的，需要考虑实时的路网变化并采取相应的措施以更好地完成救援。

（5）客观性

在常态路径选择中，出行费用、个人喜好、舒适性等个人因素很有可能会成为车辆选择路径的最主要因素，路线规划也是以该因素最优为目标。在救援活动中，路径的选择是通过对道路的可靠性、行程时间等客观因素的综合考虑完成的。

（6）弱经济性

相比于出行者日常选择路径时将出行费用作为重要考虑因素，在震后应急救援中，为了更快更好地运送物资和伤员，往往难以顾及出行成本问题，故经济性对应急救援而言处于次要位置。

19.3.4　震后路径选择原则

在地震应急救援阶段，为了保证救援的准确安全高效，救援车辆路径选择应该遵循以下原则：

第一，安全第一。在地震应急救援中最重要的就是保证救援人员与被救援人员的生命安全，在救援过程中很可能发生余震及次生事故，人员有被砸伤的危险性。要选择相对安全的区域，无建筑物塌落危险的道路行驶，同时也要实时观察路况，在原定线路受到威胁时，及时更换其他线路。

第二，科学分析。不论是灾害发生前的应急准备还是发生后的相关指挥工作，都必须用专业的知识、科学的方法对震源、灾害程度、道路情况、地理条件等进行分析，然后根据实际情况选择救援路径，并果断实施。

第三，时间最短。应急救援，就是争取在最短的时间内完成救援活动。在保证安全的情况下快速高效地进行救援，一方面保证受灾群众的生命安全，另一方面也在经济上减少了损失。

第四，精准规划。虽然地震一般是很难预测的，但相关单位必须对可能发生的地震灾害做好应急准备，提前规划路径。一旦发生危险，反应必须要迅速，同时建立合适的应急救援组织层次，保证信息能够快速、准确地传播。

第五，系统规划。城市交通网络是一个复杂的系统，由道路、交叉口及交通设施设备等组成。救援路径的选择不应该仅仅考虑局部的交通情况，而是要系统地分析整个道路网络的总体情况，保证交通系统总体救援效率最优。

19.3.5 震后时变路径可靠性分析

大地震后往往有多次余震，主震已将震区运输网络及路段周边的环境进行了不同程度的破坏，余震将会进一步增加对路段及周边环境的影响而引发次生灾害，如部分损坏的路段会被完全中断，路段旁边已开裂倾斜的建筑物或山坡上松动的岩石可能会突然垮塌冲向道路等，从而影响运输路径的安全可靠性。各路段的安全可靠性可根据各路段的周边环境因素和余震可能引起的次生灾害情况，并结合专家的知识和经验进行评估和预测。余震的发生可能会引起新的安全隐患，安全隐患一旦暴发，隐患也就有可能被解除。因此，同一路段在不同的时间段内，其安全可靠性是不同的，也就是说具有时变性（蔡鉴明，2011）。

在地震灾害应急物流运输时变网络 TVN ＝ (V, A, W, R) 中，假设路径 P 经过的节点集合 $V_p = \{v_1, v_2, \cdots, v_x\}$，弧集合 $A_p = \{e_1, e_2, \cdots, e_{x-1}\}$，那么，路径相当于经过该路径所有节点和弧的串联系统。根据系统可靠性理论，路径的可靠性是这些节点和弧在给定时间内的可靠性的乘积。这里，可靠性指在规定条件下和给定时间内路径、节点和弧正常运行的概率。时变路径可靠性可用式（19.1）来描述：

$$P_r(t) = P_x(t) \prod_{i=1}^{x-1} (P_{v,i}(t) P_{e,i}(t)) \tag{19.1}$$

其中，$P_r(t)$ 为路径在时间段 t 的可靠性；x 为节点数量；$P_x(t)$ 为第 x 个节点在时间段 t 的可靠性；$P_{v,i}(t)$ 为第 i 个节点在时间段 t 的可靠性；$P_{e,i}(t)$ 为第 i 个弧在时间段 t 的可靠性。则网络在时间段 t 的最大可靠性 $P_{max}(t)$ 为式（19.2）：

$$P_{max}(t) = \max P_r(t) = \max(P_x(t) \prod_{i=1}^{x-1} (P_{v,i}(t) P_{e,i}(t))) \tag{19.2}$$

$P_r(t)$ 越大，表示该路径在时间段 t 的可靠性越大。

19.4　震后伤员救援车辆调度数学模型构建

19.4.1　问题描述与模型假设

地震发生后，有 m 个救援中心，每个救援中心有 k 个救援车队，各救援车队荷载量一定，各灾点位置和需求量根据指挥中心预测确定，救援中心的救援总量满足其所救援各灾点的需求量，要求安排合理的救援路径，使救援车队从各自所属的救援中心出发前往各灾点进行救援，完成救援后又回到救援中心，目标是最大救援时间最短和相对救援综合权重值最大，需同时满足如下四个条件：

第一，各救援中心救援的总人数不超过其最大救援能力；

第二，各救援路径上的救援车队救援的总人数不超过其荷载量；

第三，每个灾点都被救援，且只有一次；

第四，各救援车队从某救援中心出发最终回到该救援中心。

19.4.2　救援区域划分

采用聚合优化算法对灾区进行应急救援区域划分，将多救援中心问题简化为多个单救援中心问题，各救援中心和其所分配到的灾点就形成几个暂时独立的救援区域，即把整个灾区划分为若干个相对集中的救援小区域。算法的实施步骤如下。

步骤 1，计算所有灾点与各救援中心的欧式距离，形成一个距离集合 $\{d_{ij} | i = 1, 2, \cdots, n; j = n+1, n+2, \cdots, n+m\}$ 其中，i 对应的是灾点，j 对应的是救援中心；

步骤 2，各灾点的边缘系数值 $f_{ij} = d_{ij_{n+1}} / d_{ij_{n+2}}$，其中，$d_{ij_{n+1}}$ 是灾点 i 和最近的救援中心的距离值，$d_{ij_{n+2}}$ 是灾点 i 和次近的救援中心的距离值；

步骤 3，设定 f 为边缘值，若 $f_{ij} < f$，则灾点 i 归属于救援中心 j_{n+1}；若 $f_{ij} > f$，则灾点 i 是救援中心 j_{n+1} 和 j_{n+2} 的边缘点，归入边缘点集合；

步骤 4，重复上述步骤，完成每一个灾点的划分。

19.4.3　灾点救援需求分析

（1）伤员分类及预测

地震灾害具有突发性和延续性等特征，震后伤亡人数处于"两期"动态变化阶段。历次重大事件的抢救经验表明（Galindo，2013），将大部分救援力量放在重伤员身上，往往会得不偿失，既不能挽救重伤员的生命也使轻伤员错失了稳定伤情的时机。本章从伤员接受救治的顺序角度出发将伤员分为以下四类。

一类伤员：立即治疗类，多数是重伤员，如失血过多、重度休克等，该类伤员需要救援车辆及时将其送往医院接受手术治疗。

二类伤员：延迟治疗类，受伤程度中，暂时不会危及生命，该类伤员对救援需求略低于重伤员，只需在规定时间内送往医院接受治疗即可。

三类伤员：简单治疗类，受伤程度较轻，可采取自救互救等救治方式。

四类伤员：无救援机会类，该类伤员的救援需要使用到大量的救援物资，同时伤员存活下来的概率极低。

在震害初期，为应对救援物资短缺和伤员需求过大的问题，本章采用上述分类方法对伤员进行分类，同时只考虑将第一类和第二类伤员作为救援对象。在建立伤员救援需求模型的过程中，伤员种类对伤员救援顺序的影响较大，所以定义一类伤员的权重 $\beta_1 = 0.5$，二类伤员的权重 $\beta_2 = 1$。

学者研究历次震害统计数据得知（初翔，2014）：死亡人数、一类伤员和二类伤员的比例接近 $1:2:5$，所以震后一二类伤员人数预测模型如式（19.3）、式（19.4）所示：

$$D_{ei} = \sum_{j=1}^{4} S_j A_j d_j \times P_j \rho_j \qquad (19.3)$$

$$D_{in} = \gamma_n D_{ei} \qquad (19.4)$$

其中，D_{ei} 表示灾点 i 预估丧生的人数；S_j 表示 j 类建筑的总面积；A_j 表示在某震级条件下 j 类建筑的倒塌率；d_j 表示 j 类建筑完全倒塌面积内的人员死亡率；P_j 表示 j 类建筑的人员在室率；ρ_j 表示 j 类建筑内的人口密度；D_{in} 表示灾点 i 处，第 n 类伤员的预测人数；γ_n 表示第 n 类伤员的比例系数。

（2）确定伤员需求综合权重值

在震后应急车辆调度过程中，考虑各灾点预估伤员情况、灾点到所属救援中心的距离这两个因素，同时为了便于安排救援顺序，给各灾点赋予综合救援权重值，使救援初期的车辆调度具有明确的参考依据，避免救援车辆分配不均。从伤员情况角度出发，各灾点的应急救援权重值计算公式如式（19.5）所示：

$$D_{i1}\beta_1 + D_{i2}\beta_2 \tag{19.5}$$

为了便于比较各灾点救援次序，对各灾点的救援权重值作无量纲处理，得出各灾点的伤员因素相对权重值，如式（19.6）所示：

$$FW_i = \frac{D_{i1}\beta_1 + D_{i2}\beta_2}{\sum_{i \in I} D_{i1}\beta_1 + D_{i2}\beta_2} \tag{19.6}$$

地震灾害下，路网处于一种动态变化过程，各道路的震后通行时间已不能依据正常情况下的通行能力来计算，然而各灾点之间以及灾点与救援中心之间的欧式距离是不变的。因此，将各节点之间的欧式距离作为灾点救援需求权重值的影响因素，对任意灾点 i，在其所属救援区域内，该灾点与救援中心的距离因素在所有灾点中的无量纲权重如式（19.7）所示：

$$FL_i = \frac{L_i}{\sum_{i \in I} L_i} \tag{19.7}$$

其中，L_i 表示救援车辆从救援中心出发到灾点的欧氏距离，I 表示所有灾点的集合。对各灾点因伤员因素和距离因素所产生的救援需求无量纲权重求和处理，考虑伤员是本次救援的目标对象，行车距离是客观因素，所以赋予伤员因素权重值 $\omega_1 = 0.6$，距离因素权重值 $\omega_2 = 0.4$，各灾点救援需求综合权重如式（19.8）所示：

$$F_i = \omega_1 FW_i + \omega_2 FL_i \tag{19.8}$$

19.4.4　路网通行能力分析

由于地震灾害是一种毫无征兆突然发生的重大自然灾害，道路两旁的建筑物也会在第一时间遭到破坏，继而影响道路上车辆的正常通行。

而路网上的车辆运行是否顺畅，决定着救援车辆能否及时到达待救点对伤员进行救援，此时，研究路网通行情况变得十分重要。

对于各灾点之间不能直接连通的情况，从救援的角度出发，经过救援区域划分以后，任意一个救援区域内的灾点可能形成不了一条通路，即生成不了一条回路。因此，考虑加入一个不连通修正系数 π，来修正任意两个不直接连通的节点之间的行车时间，不直接连通节点之间的行车时间计算公式为式（9.9）和式（19.10）：

$$行车时间 = \frac{两节点间的欧氏距离}{v_{修正}} \times \pi \tag{19.9}$$

$$v_{修正} = 0.587 t_e r_e \times v_{平均} \tag{19.10}$$

则震后直接连通和非直接连通节点间行车时间预测公式可表示为式（19.11）、式（19.12）：

$$T_{ij直接} = \frac{l_{ij}}{v_{ij}} \times \frac{1}{q_e t_e l_e c_e r_e} \tag{19.11}$$

$$T_{ij非直接} = \frac{L_{ij}}{v_{修正}} \times \pi \tag{19.12}$$

其中，各类道路对震后车速的修正为 q_e，不同时间段地震对路网通行的影响程度修正为 t_e，建筑物倒塌占路影响车速系数为 r_e，路段长度对震后道路通行速度的影响系数为 l_e，岔路口数量对震后道路行车速度影响系数为 c_e，$v_{平均}$ 是城市平均行车速度，T_{ij} 为救援车辆从节点 i 行驶到节点 j 的预测时间，l_{ij} 是直接连通的节点 i 到节点 j 的实际距离，L_{ij} 是非直接连通的节点 i 到节点 j 的欧式距离，v_{ij} 是正常情况下节点 i 到节点 j 的平均行驶速度。对于非连通节点无法明确两节点间车道类型、距离以及岔路口数量，因此取上述三个因素的综合影响值 0.578 来代替。

19.4.5 两阶段车辆调度模型

针对救援车辆调度的特征，采用两阶段的数学规划模型：第一阶段随机生成初始救援路径；第二阶段以总救援时间最短和相对综合救援权重值最大为目标，对初始救援路径进行优化。救援区域划分后，单救援中心的数学模型如下：现有 N 个灾点向 1 个救援中心发出救援需求，记救援中心编号为 0，灾点编号为 i（$i \in \{1, 2, \cdots, N\}$）。救援中心车队编号为 k（$k = 1, 2, \cdots, k$），各车队救援量分别为 $Q_1, Q_2, \cdots, Q_k$，救援中心的救援总量为 Q；各灾点的伤员救援需求量记为 q_i，救援车队 k 到达灾点 i 的时间为 T_{ik}，D_j 表示每个伤员必须在最迟到达时间 D_j 之前送达医院，车辆运送伤员过程中，视伤员伤情考虑，一辆救援车辆在未达到荷载量的前提下，可以前往两个甚至多个灾点救援伤员，最后返回医院。目标是求最大救援时间最小，同时相对综合救援权重最大的救援方案。定义变量如式（19.13）~ 式（19.17）所示：

$$d_{ij} = \begin{cases} l_{ij}, & \text{节点 i 和节点 j 直接连通} \\ L_{ij}, & \text{节点 i 和节点 j 非直接连通} \end{cases} \tag{19.13}$$

$$v_{ij} = \begin{cases} v_{ij}^0 \times q_e t_e l_e c_e r_e & \text{节点直接连通} \\ v_{i\text{平均}} \times 0.578 t_e r_e & \text{节点非直接连通} \end{cases} \tag{19.14}$$

$$t_{ij} = \frac{d_{ij}}{v_{ij}} \tag{19.15}$$

$$x_{ijk} = \begin{cases} 1 & \text{救援车队 k 从 i 前往 j 救援} \\ 0 & \text{否则} \end{cases} \tag{19.16}$$

$$y_{ik} = \begin{cases} 1 & \text{受灾点 i 由车队 k 救援} \\ 0 & \text{否则} \end{cases} \tag{19.17}$$

以 f_i 为灾点 i 的应急救援综合权重值，建立数学模型，如式（19.18）~ 式（19.24）所示：

目标函数：

$$\text{minmax} f_1 = \sum_i \sum_j \sum_k t_{ij} x_{ijk} \tag{19.18}$$

$$\text{max} f_2 = \sum \frac{F_i}{T_{ik}} \tag{19.19}$$

约束条件：

$$\sum_k y_{ik} = 1 \tag{19.20}$$

$$\sum_k y_{ik} \times q_i \leqslant Q_k \tag{19.21}$$

$$\sum_i \sum_k y_{ik} q_i \leqslant Q \tag{19.22}$$

$$\sum_i \sum_k x_{ijk} = y_{jkk} (j = 0, 1, \cdots, N) \tag{19.23}$$

$$\sum_i \sum_k x_{jik} = y_{jk} (j = 0, 1, \cdots, N) \tag{19.24}$$

$$T_{jk} = T_{ik} + t_{ij} \tag{19.25}$$

587

$$T_{jk} \leqslant D_j \qquad\qquad (19.26)$$

式（19.20）表示每个灾点只由一个救援车队进行救援；式（19.21）表示救援车队的救援量不超过其荷载量；式（19.22）表示救援中心的救援总量不超过其最大救援能力；式（19.23）和式（19.24）表示任意车队的起始点相同；式（19.25）和式（19.26）表示伤员送到时间满足最晚时间窗约束。

19.5 改进萤火虫算法设计

19.5.1 基本萤火虫算法描述

（1）算法仿生学原理

萤火虫算法是由印度学者凯帕和浩斯（Kaipa and Ghose，2017）提出的一种新型仿生群智能优化算法。萤火虫算法提出后，以其参数少、易实现、效率高等特点引起了国内外众多学者的关注，并在自动控制（顾忠伟，2017）、态势预测（李纪真，2015）、组合优化、路径规划（marinaki，2016）等领域得到了理论研究和实践应用。

萤火虫算法是模拟自然界中萤火虫的生物发光行为构造出的一类随机优化算法。自然界中多数种类的萤火虫都会发出短促、有节奏的荧光，其生物学意义是利用物种特有的闪光信号来定位并吸引异性，借此完成求偶交配及繁殖的使命；少数萤火虫利用闪光信号进行捕食，还有的用来作为警戒信号。如前所述，在萤火虫算法中舍弃了萤火虫发光的某些生物学意义，只利用其发光特性来根据其搜索区域寻找伙伴，并向邻域结构内位置较优的个体移动，从而实现位置进化。

算法仿生学原理为通过搜索空间中的点来模拟自然界中的萤火虫个体，将搜索和优化过程模拟成萤火虫个体的吸引移动过程，将求解问题的目标函数值与个体所处位置的优劣相关联将个体的优胜劣汰过程类比为搜索和优化过程中用较好可行解取代较差可行解的迭代过程。在寻优过程中，萤火虫彼此吸引的原因取决于荧光亮度和吸引度这2个要素。如前所述，其中，荧光亮度取决于自身所在位置的目标值亮度越高表示所处的位置越好，目标值越佳；吸引度和亮度相关，越亮的萤火虫拥有越高的吸引力，可以吸引视线范围内亮度比其弱的萤火向自己移动。亮度和吸引度与萤火之间的距离成反比，都随着距离的增加而减小，体现出荧光在空间传播时被传播媒介吸收而逐渐衰减的特性。

（2）算法数学描述

萤火虫种群的繁衍过程中，为方便识别各萤火虫的特征，做如下定义：令 $x_j(t)$ 表示第 t 代的萤火虫 j 所在的位置，$l_j(t)$ 表示第 t 代的萤火虫 j 的萤光素的值。算法每一次迭代过程如下。

①荧光素的更新。萤火虫算法中，每个萤火虫个体的荧光素值由初始值的剩余值及适应度函数的修正附加值两个部分组成，通过对目标函数值进行处理，使其和适应度函数值的变化保持同步，从而对每一次迭代的荧光素值产生影响，并最终朝荧光素最亮的个体靠近。

荧光素值更新法则如式（19.27）所示：

$$l_j(t) = (1 - \rho)l_i(t-1) + \gamma J(x_i(t)) \tag{19.27}$$

其中，$\rho \in (0, 1)$ 为荧光素挥发参数，每经过一次迭代荧光素值就相应减少；γ 为适应度函数修正系数，$J(x)$ 为适应度函数。

②萤火虫运动阶段。在这个过程中，萤火虫 i 以式（19.28）选择邻域范围内的目标个体 j 并朝其运动，第 t 代的第 i 个萤火虫邻域内的萤火虫个数用 $N_i(t)$ 表示，计算如式（19.29）所示，萤火虫 i 由式（19.30）进行位置更新，在运动阶段结束时用式（19.31）进行决策域半径的更新。

路径选择概率公式为式（19.28）：

$$P_{ij} = \frac{l_j(t) - l_i(t)}{\sum\limits_{k \in N_i(t)} l_k(t) - l_i(t)} \tag{19.28}$$

邻域范围内同伴个数计算公式为式（19.29）：

$$N_i(t) = \{j: \ \|x_j(t) - x_i(t)\| < R_d^i; \ l_i(t) < l_j(t)\} \tag{19.29}$$

位置更新公式为式（19.30）：

$$x_i(t+1) = x_i(t) + s \times \left(\frac{x_j(t) - x_i(t)}{\|x_j(t) - x_i(t)\|} \right) \tag{19.30}$$

其中，$\|\cdot\|$ 是计算欧氏距离的符号；$s(>0)$ 表示移动步长。

决策域半径更新公式为式（19.31）：

$$r_d^i(t+1) = \min\{r_s, \ \max\{0, \ r_d^i(t) + \beta(n_t - |N_i(t)|)\}\} \tag{19.31}$$

其中，r_s 是给定的标准半径值；β 是一个给定的比例常数；n_t 是限制萤火虫邻居个体数量的修正系数。

19.5.2　基本萤火虫算法局限性分析

（1）连续型组合优化的局限

基本萤火虫算法主要应用于实数、连续型的组合优化问题领域，在震后伤员救援车辆调度这一类离散型问题求解中无法对离散型的救援路径顺序进行有效的更新。

（2）求解过程过早收敛的局限

标准萤火虫算法通过设置萤火虫初始种群数，使得多个萤火虫同时参与寻找最优解，所以该算法的全局搜索能力很强。但是，有些问题的求解过程中往往会存在多峰值、多极点的状况，随着迭代次数的增加，萤火虫算法在运行后期容易出现过早收敛，陷入局部最优。因此，本章通过离散化处理、三角函数扰动等对标准萤火虫算法进行改进设计。

19.5.3　基本萤火虫算法改进与设计

（1）离散化处理

基于常规萤火虫算法在求解车辆调度这一类离散型组合优化问题中的局限性，需要对萤火虫算法的每个个体进行离散化处理，使萤火虫个体的实数编码能够和离散调度序列相对应，使算法可以更好地求解离散类问题。

在萤火虫算法的解空间中，假定某萤火虫个体所处位置用向量 $x_i = \{x_{i1}, x_{i2}, \cdots, x_{in}\}$ 表示，每个分量均是（0，1）之间的随机数。用每个分量表示一个灾点，基于升序排列的编码方式对分量重新排列，排列后分量所在位置和分量所代表的灾点的被救援顺序相关联，从而明确各灾点在救援路径中的被救顺序。

萤火虫算法离散化处理过程：随机生成一个向量 $x_i = \{0.86, 0.12, 0.65, 0.43, 0.91, 0.05, 0.73, 0.56\}$，对每个分向量按从小到大的顺序重新进行排列，则新向量 $x_i = \{0.05, 0.12, 0.43, 0.56, 0.65, 0.73, 0.86, 0.91\}$。分量 0.05 在原始向量中的顺序为 6，分量 0.12 在原始向量中的顺序为 2，分量 0.43 在原始向量中的顺序为 4，分量 0.56

在原始向量中的顺序为 8，分量 0.65 在原始向量中的顺序为 3，分量 0.73 在原始向量中的顺序为 7，分量 0.86 在原始向量中的顺序为 1，分量 0.91 在原始向量中的顺序为 5。因此，编码后的救援顺序为 6→2→4→8→3→7→1→5，即先对原始灾点序列中的第 6 个灾点进行救援，接着是第 2 个灾点、第 4 个灾点、第 8 个灾点、第 3 个灾点、第 7 个灾点、第 1 个灾点，最后是第 5 个灾点。

通过上述编码方式，赋予带连续型编号的灾点一个随机向量值，通过对向量值的升序排列，继而达到对灾点进行排序的目的，使萤火虫算法可以有效解决离散型问题。

（2）三角函数扰动

针对萤火虫算法存在早熟的问题，引入三角函数对当前解进行扰动，从而解决过早收敛问题。三角函数扰动过程如式（19.32）：

$$x_i = x_i [1 + k \times |\sin\theta|] \tag{19.32}$$

其中，x_i 是当前萤火虫个体所代表的解；k 是在区间（0，1）之间递减的变量；$\sin\theta$ 为正弦函数的随机值，通过对当前状态进行扰动，扩大算法的搜索范围，避免算法早熟，从而提高搜索的效率和准确度。

591

19.5.4　改进萤火虫算法求解步骤

改进后的萤火虫算法求解伤员救援车辆调度问题的实现步骤为：

步骤 1：初始化参数设定，例如荧光素增强因子 γ，邻域半径初值 $r_d^i(t)$，个体最大感知半径 r_s，邻域半径更新率 β，迭代最大次数 G_{max} 等；

步骤 2：对车辆调度问题进行随机编码，产生 n 个萤火虫初始解；

步骤 3：计算萤火虫个体适应度值，并更新其荧光素值；

步骤 4：依据萤火虫移动概率公式选择下一步移动的对象；

步骤 5：更新移动后萤火虫个体的位置、邻域半径以及荧光素值；

步骤 6：观察萤火虫的状态更新，当出现连续三次状态不变或变化很小时，即 $|\Delta x < \mu|$ 时，判定算法陷入局部最优，用历史最优状态值取代当前较差的状态值，即 $x_{now} = x_{max}$；μ 为三角函数变异参数，一般在 $10^{-4} \sim 10^{-3}$ 之间取值；

步骤 7：对当前解进行三角函数变异，跳出局部最优解，算法继续运行直到取得满意解或者达到迭代次数；

步骤8：判断是否满足终止条件，如果满足则跳出循环，输出目标函数值和救援车辆行驶路径；否则回到步骤3。

改进萤火虫算法的求解流程如图19.1所示。

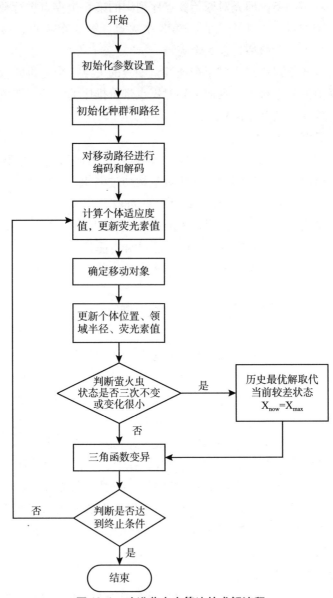

图 19.1　改进萤火虫算法的求解流程

资料来源：笔者依据改进后算法框架步骤绘制。

19.6　模型的算例验证

19.6.1　算例背景描述

假定某日下午三点，A市发生5级地震。则沿街建筑物倒塌对道路通行修正系数 $r_e = 0.65$，地震发生时间对道路行车速度修正系数 $t_e = 1$。现有三个救援中心，节点编号分别为12、22、32，每个救援中心有三个救援车队，每个救援车队的荷载救援人数为30人，各救援中心最大救援量均为90人。各灾点坐标和伤员人数如表19.1所示。

表 19.1　　　　　　　　　　　灾区待救援节点信息表

节点编号	1	2	3	4	5	6	7	8	9	10	11
横坐标 x（千米）	3	3.48	3.68	3.7	4.26	3.76	3.72	1.9	1.3	1.32	0.36
纵坐标 y（千米）	4.72	3.92	3.22	2.42	2.02	1.98	1	1	0.16	1	1.46
伤员人数	8	8	7	5	17	7	3	8	4	7	8
最迟时间（分钟）	3	13	5	3	11	7	20	5	12	9	4
节点编号	12	13	14	15	16	17	18	19	20	21	22
横坐标 x（千米）	1.3	0.38	1.28	1.92	2.44	2.98	0.4	1.3	1.9	2.44	3
纵坐标 y（千米）	1.02	2	2.02	2	2.02	1.98	2.76	2.58	2.6	2.84	2.38
伤员人数	0	3	8	9	9	11	3	7	12	8	0
最迟时间（分钟）	2	5	20	8	10	12	9	14	13	6	2
节点编号	23	24	25	26	27	28	29	30	31	32	33
横坐标 x（千米）	0.42	1.32	1.92	2.46	3	0.54	1.04	0.86	1.26	2.14	2
纵坐标 y（千米）	3.2	3.2	3.24	3.22	3.24	3.7	3.74	4.24	4.64	4.6	5.84
伤员人数	4	4	5	8	4	11	8	7	0	15
最迟时间（分钟）	9	20	20	10	8	23	11	13	3	10

资料来源：模拟仿真案例资料。

19.6.2 算例求解结果

采用带三角函数变异的萤火虫算法进行求解，设萤火虫数 m = 50，荧光素挥发参数 ρ = 0.4，光强吸收系数 γ = 0.6，最大吸引度 $β_0$ = 0.08，步长因子 α = 0.2，初始荧光素值 l_0 = 5；$ω_{max}$ = 1，$ω_{min}$ = 0.4，算法在迭代次数 T = 100 时，独立运行 10 次。以灾区 A1 为例，求得三条路径的救援时间和救援权重值，如表 19.2 所示。鉴于灾区 A1 内各救援车辆同时出发进行救援，因此最大救援时间取决于救援时间最长的救援线路，则灾区 A1 的总救援时间为 24.2 分钟。一次较优运行曲线如图 19.2 所示，灾区 A1 所派救援车辆的救援路径如图 19.3 所示。分别对三个救援灾区进行计算，得出综合救援路径如图 19.4 所示。

表 19.2　　　　　　　　　　灾区 A1 救援路径统计表

救援线路	救援时间（分钟）	相对综合救援权重值	最终解（分钟）
12→15→20→19→12	24.2	0.7579	
12→11→13→18→23→14→12	22.6	1.5700	24.2
12→8→10→9→12	17.6	0.6196	

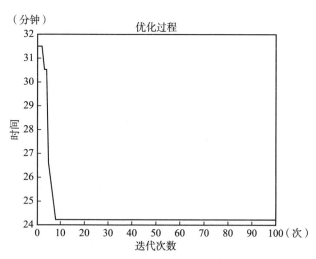

图 19.2　求解过程运行曲线

资料来源：由 MATLAB 绘图程序导出。

594

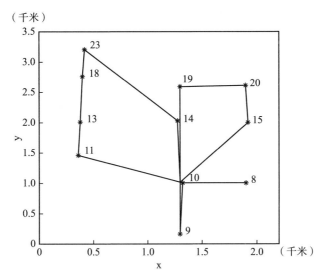

图 19.3　灾区 A1 的救援路径

资料来源：由 MATLAB 绘图程序导出。

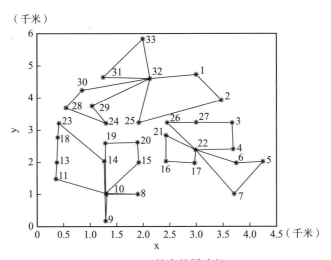

图 19.4　综合救援路径

资料来源：由 MATLAB 绘图程序导出。

　　从算法求解过程运行曲线可以看出，用本章所提出的算法对应急救援车辆救援路径问题进行求解，在第 10 次迭代之前，算法进行收敛并趋向稳定。说明该算法求解效率较高，优化速度较快。

由灾区救援路径及时间统计表可知，灾区 A1 的总救援时间为 24.2 分钟，三条救援路径的总相对综合救援权重值之和为 3.8315；同理，可计算出灾区 B1 的总救援时间为 30.8 分钟，三条救援路径的总相对综合救援权重值和为 3.5297；灾区 C1 的总救援时间为 34.8 分钟，三条救援路径的总相对综合救援权重值和为 3.0624。因此，本次救援的总时间为 34.8 分钟。

19.6.3　求解结果分析

第一步，以灾区 A1 的计算为例，改进后萤火虫算法与遗传（GA）算法的比较。

将案例数据代入相应算法单独运行 10 次，实验结果对比情况如表 19.3 所示，两种算法的优化过程对比如图 19.5 所示。

表 19.3　　　　　　GA 与带三角函数变异 GSO 算法计算结果对比

迭代次数	目标函数值	遗传算法	GSO（三角函数）
T = 20	平均救援时间（分钟）	26.41	24.2
	相对综合救援权重值	0.72777	0.75790
T = 50	平均救援时间（分钟）	26.08	24.20
	相对综合救援权重值	0.73442	0.75790
T = 100	平均救援时间（分钟）	25.41	24.2
	相对综合救援权重值	0.75405	0.75790

从表 19.3 及图 19.5 中的对比结果可以看出，在迭代次数相同的情况下，本章所提出的算法在优化速度、优化结果方面均优于遗传算法，说明算法可行性较高、适合求解此类优化问题。

第二步，分区域救援与以整个灾区为整体进行救援的计算结果比较。

由上述计算结果可知，单就某一个灾区（节点数较少）的救援路径计算来说，改进后的萤火虫算法计算结果明显优于遗传算法。下面将分区域救援与以整个灾区为整体进行救援的计算结果进行对比。计算结果对比情况如表 19.4 所示。

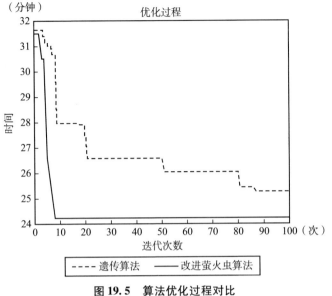

图 19.5 算法优化过程对比

资料来源：由 MATLAB 绘图程序导出。

表 19.4   分区救援与整体救援的求解结果对比

类别	最大救援时间（分钟）	参与救援车队总数
常规整体救援	40.4	8
聚合优化算法分区救援	34.8	9

由表 19.4 计算结果可知，在整个灾区范围内进行救援可以有效整合每个灾点的伤员数量，实现救援车队的最大单次装载量，最终救援车队使用数为 8 队，分灾区进行救援的车队使用数为 9 队；但是，采用聚合优化算法对灾区进行划分以后，可以更快速地对各自灾区所覆盖的灾点进行救援，总救援时间（单次最大救援时间）为 34.8 分钟，以整个灾区为救援对象的救援过程所需时间为 40.4 分钟，前者时间明显小于后者，救援效率更优。

19.7 总结与展望

本章研究了地震情境下伤员应急救援车辆调度及路径优化问题。采用聚合优化算法对灾区进行应急救援区域划分；设定了兼顾伤员因素和救援距离因素的各灾点伤员需求综合权重计算规则；研究了直接连通灾点和非直接连通灾点之间的行车时间差异，确定了两灾点之间的车辆通行时间的计算方法。以此为基础，从总救援时间最短和伤员救援权重值最大两个角度出发，建立了震后伤员救援车辆应急调度两阶段数学规划模型，并对基本的萤火虫算法进行了离散化处理和带三角函数扰动的改进。

通过算例进行模拟实验，分别对改进萤火虫算法与遗传算法、分区救援与整体救援进行了对比分析。研究结果表明在迭代次数相同的情况下（如 $T = 50$），带三角函数变异的萤火虫算法能够迅速趋稳，收敛速度更快，救援效率提升 7.76%；同时基于聚合优化算法的分区救援策略相较于整体救援策略下的救援时间大大缩短，效率提升了 13.86%。综合来看，本章所构建的两阶段数学规划模型和改进萤火虫算法相对于传统算法更优。

然而，本章仅仅研究了地震伤员救援车辆的调度和路径优化问题，而没有将后续伤员的手术调度结合进来，因此，如何在不确定环境下进行地震伤员救援车辆和手术调度集成优化问题也是未来的研究方向。

本章参考文献

[1] 蔡鉴明，李夏苗，杨光华. 基于时变性和可靠性的地震灾害应急物流运输路径选择 [J]. 铁道科学与工程学报，2011，8（5）：101 - 106.

[2] 初翔，仲秋雁，曲毅. 大规模伤亡事件应对流程的前摄性调度优化 [J]. 运筹与管理，2014（6）：7 - 11.

[3] 代颖，马祖军，朱道立，等. 震后应急物资配送的模糊动态定位—路径问题 [J]. 管理科学学报，2012，15（7）：60 - 70.

[4] 丁秋雷，胡祥培，姜洋. 基于前景理论的物流配送干扰管理模型研究 [J]. 管理科学学报，2014，17（11）：1 - 9.

[5] 顾忠伟，徐福缘. 一种新颖的萤火虫算法求解 PID 控制器参数自整定问题 [J]. 系统管理学报，2017（1）：101 - 106.

[6] 何建敏，刘春林. 限制期条件下应急车辆调度问题的模糊优

化方法 [J]. 控制与决策, 2001 (16): 318 - 321.

[7] 何建敏, 刘春林. 限制期条件下应急车辆调度问题的模糊优化方法 [J]. 控制与决策, 2001, 16 (3): 318 - 321.

[8] 何正文, 贾涛, 徐渝. 基于禁止时间窗的应急物资调度车辆路径问题 [J]. 运筹与管理, 2009, 18 (2): 1 - 6.

[9] 计雷等. 突发事件应急管理 [M]. 北京: 高等教育出版社, 2005: 100 - 101.

[10] 李纪真, 孟相如, 温祥西, 等. 萤火虫群算法优化高斯过程的网络安全态势预测 [J]. 系统工程与电子技术, 2015, 37 (8): 1887 - 1893.

[11] 李少愉, 许娜飞, 裘凤英, 等. 多出救点、单需求点应急物资车辆路径——分配优化决策模型 [J]. 物流技术, 2010 (8): 82 - 84.

[12] 李双琳, 马祖军. 后交通管制下多出救点应急物资调运问题 [J]. 管理科学学报, 2014, 17 (5): 1 - 13.

[13] 李彤, 王众托. 模拟植物生长算法与知识创新的几点思考 [J]. 管理科学学报, 2010, 13 (3): 87 - 96.

[14] 李妍峰, 自友, 李军. 动态网络车辆路径派送问题研究 [J]. 管理科学学报, 2014, 17 (8): 1 - 9.

[15] 李永义, 李伯权, 储浩. 交通生命线系统震后应急调度模型及方法 [J]. 南京工业大学学报 (自然科学版), 2011, 33 (1): 33 - 37.

[16] 刘长石, 寇纲, 刘导波. 震后应急物资多方式供应的模糊动态 LRP [J]. 管理科学学报, 2016, 19 (10): 61 - 72.

[17] 刘杨, 云美萍, 彭国雄. 应急车辆出行前救援路径选择的多目标规划模型 [J]. 公路交通科技, 2009, 26 (8): 135 - 139.

[18] 马祖军, 胡萍. 实时/时变路网环境下城市出救点选择与救援车辆路径的集成动态优化 [J]. 管理工程学报, 2014 (4): 165 - 171.

[19] 缪成, 许维胜, 吴启迪. 大规模应急救援物资运输模型的构建与求解 [J]. 系统工程, 2006, 24 (11): 6 - 12.

[20] 阮俊虎, 王旭坪, 杨挺. 大规模灾害中基于聚类的医疗物资联合运送优化 [J]. 中国管理科学, 2014 (10): 80 - 89.

［21］石彪，池宏，祁明亮，等．应急物资运输的两阶段车辆调度模型［J］.系统工程，2012，30（7）：105－111.

［22］汪寿阳，赵秋红，夏国平．集成物流管理系统中定位——运输路线［J］.管理科学学报，2000，3（2）：69－75.

［23］王付宇，叶春明．地震伤员配送及手术调度优化问题研究进展［J］.计算机应用研究，2017，33（3）：653－657.

［24］王海军，杜丽敬，马驻华．震后应急物流系统中双目标开放式选址：路径问题模型与算法研究［J］.管理工程学报，2016，30（2）：108－115.

［25］王旭坪，阮俊虎，张凯，等．有模糊时间窗的车辆调度组合干扰管理研究［J］.管理科学学报，2011，14（6）：2－15.

［26］徐震浩，李继明，顾幸生．基于GMOGSO的多目标流水车间调度问题［J］.控制与决策，2016，31（10）：1772－1778.

［27］杨继君，许维胜，黄武军，吴启迪．基于多灾点合作博弈的资源调度建模与仿真［J］.计算机应用，2008，28（6）：1620－1623.

［28］杨善林，马华伟，顾铁军．时变条件下带时间窗车辆调度问题的模拟退火算法［J］.运筹学学报，2010，14（3）：83－90.

［29］叶一苊，张小宁．基于随机运输路径选择的物流中心选址模型［J］.管理科学学报，2017，20（1）：41－52.

［30］张洁，高惠瑛，刘琦．基于汶川地震的地震人员伤亡预测模型研究［J］.中国安全科学学报，2011，21（3）：59－64.

［31］Chang S E，Nojma N. Measuring post-disaster tansportation system performance：The 1995 Kobe earthquake in comparative perspective ［J］. Transportation Research Part A：Policy and Practice，2001，35（6）：475－494.

［32］Equi L，et al. A combined transportation and scheduling problem ［Z］. Pisa University，1996：523－538.

［33］Feng C M，Wen C C. A fuzzy bi-level and multiobjective model to control taffic flow into the disaster area post earthquake ［J］. Journal of the Eastern Asia Society for transportation studies，2005（6）：4253－4268.

［34］Feng C M，Wen C C. Treffe control management for earthquake-raided area ［J］. Journal of the Easterm Asia Society for transportation studies, 2003 (5): 3261 – 3275.

[35] Fisher M L, Jaikumar R, Van Wassenhove L N. A multiplier adjustment method for the generalized assignment problem [J]. Management Science, 1986, 32 (9): 1095 – 1103.

[36] Galindo G, Batta R. Review of recent developments in OR/MS research in disaster operations management [J]. European Journal of Operational Research, 2013, 230 (2): 201 – 211.

[37] Ibri S, Nourelfath M, Drias H. A multi-agent approach for integrated emergency vehicle dispatching and covering problem [J]. Engineering Applications of Artificial Intelligence, 2011 (10): 1 – 12.

[38] Jotshi A, Gong Q, Batta R. Dispatching and routing of emergency vehicles in disaster mitigation using data fusion [J]. Socio – Economic Planning Sciences, 2009 (43): 1 – 24.

[39] Juan A A, Faulin J, Jorba J, et al. Using parallel & distributed computing for real-time solving of vehicle routing problems with stochastic demands [J]. Annals of Operations Research, 2013, 207 (1): 43 – 65.

[40] Kaipa K N, Ghose D. Glowworm Swarm Optimization [M]. Berlin: Springer International Publishing, 2017.

[41] Kemball – Cook D, Stephenson R. Lessons in logistics from Somalia [J]. Disasters, 1984, 8 (1): 57 – 66.

[42] Knott R. The logistics of bulk relief supplies [J]. Disasters, 1988 (11): 113 – 115.

[43] Lida Y, Kurauchi F, Shimada H. Traffic management system against major earthquakes [J]. IATSS Research, 2000, 24 (2): 6 – 17.

[44] Marinaki M, Marinakis Y. A Glowworm swarm optimization algorithm for the vehicle routing problem with stochastic demands [J]. Expert Systems with Applications, 2016, 46 (C): 145 – 163.

[45] Mohaymany A S, Hosseini M, Habibi H M. Obtaining the Emergency Transportation Network for Rescue and Relief Activities in Large Cities Based on the Life Loss Mitigation Criteria [C]//Proc of the 6th Work – Shop on Lifeline Earthquake Engineering, 2003: 231 – 240.

[46] Najafi M, Eshghi K, Dullaert W. A multi-objective robust opti-

mization model for logistics planning in the earthquake response phase [J]. Transportation Research Part E Logistics & Transportation Review, 2013, 49 (1): 217 – 249.

[47] Novoaa C, Storerb R. An approximate dynamic programming approach for the vehicle routing problem with stochastic demands [J]. European Journal of Operational Research, 2009, 196 (2): 509 – 515.

[48] Ozdamar L, Ertem M A. Models, solutions and enabling technologies in humanitarian logistics [J]. European Journal of Operational Research, 2015, 244 (1): 55 – 65.

[49] Rathi A K, Church R L, Solanki R S. Allocating resources to support a multicommodity flow with time windows [J]. Logistics and Transportation Review, 1993 (28): 167 – 188.

[50] Takeda R A, Widmer J A, Morabito R. Analysis of ambulance decentralization in an urban emergency medical service using the hypercube queuing model [J]. Computers & Operations Research, 2007, 34 (3): 727 – 741.

[51] Topaloglu H, Powell W B. Sensitivity analysis of a dynamic fleet management model using approximate dynamic programming [J]. Operations Research, 2007, 55 (2): 319 – 331.

[52] Venkata Rao, Dhiraj P, Rai J B. Multi-Objective Optimization of Machining and Micro-Machining Processes Using Non Dominated Sorting Teaching – Learning – Based Optimization Algorithm [C]. Journal of Intelligent Manufacturing.

[53] Wang L, Yang L, Gao Z Y. The constrained shortest path problem with stochastic correlated link travel times [J]. European Journal of Operational Research, 2016, 255 (1): 43 – 57.

[54] Woensel T V, Kerbache L, Peremans H, et al. Vehicle routing with dynamic travel times: A queuing approach [J]. European Journal of Operational Research, 2008, 186 (3): 990 – 1007.

[55] Zhang Y, Haghani A. A gradient boosting method to improve travel time prediction [J]. Transportation Research Part C: Emerging Technologies, 2015 (58): 308 – 324.

第20章 基于萤火虫算法的
应急救援车辆调度

20.1 研究背景

现代社会的高速发展使人口、资源、环境、公共卫生等社会矛盾日益尖锐，21世纪以来，"9·11"恐怖袭击①、禽流感、印度洋海啸②、新奥尔良飓风等相继发生的多起灾难性的突发事件引起了全世界的关注。

当前随着我国经济社会的高速发展，许多深层次的矛盾逐渐显现，事故灾害、公共卫生和社会安全等领域暴露的问题日益突出，同时，城市化进程的加快使人口和经济高度聚集各种突发性事件的危害程度、危险系数也明显增高，据统计，2003年我国因生产事故损失2500亿元、各种自然灾害损失1500亿元、交通事故损失2000亿元、卫生和传染病突发事件的损失500亿元，以上共计达6500亿元，相当于损失我国GDP的6%；2004年全国发生各类突发事件561万起，造成21万人死亡、175万人受伤，全年自然灾害、事故灾难和社会安全事件造成的直接经济损失超过4550亿元③（李长宽，2006）。人们正常生产、生活由于这些频繁发生的突发事件受到了极大的干扰。

---

① "9·11"事件是发生在美国本土的恐怖攻击行动，共造成2977名平民遇难及19名劫机者死亡，对美经济损失达2000亿美元。

② 印度洋海啸，也称为南亚海啸，发生在2004年12月26日，由印度洋大地震引发，造成约22.6万人死亡。

③ 资料来源：2009年3月5日中国人大网报道。

突发事件造成巨大的人员伤亡和经济损失，必然需要大量的应急物资，以资解决或处理伤者救助、卫生防疫、灾后重建、恢复生产、恢复秩序等。否则受灾面积、人员、损失将会扩大，灾害有可能会演化为灾难。尽管当今世界科技发展日新月异，对灾害的预报已发展到相当水平，某些自然灾害可以预报它发生的地域、强度及季节或时间等，如洪水、台风等；但更多的突发性自然灾害、公共卫生事件，如地震、火山爆发、山洪、泥石流、大面积食物中毒、矿井安全事故、突发性传染病等都难于预测和预报，有些灾害即使可以预报，但因预报时间和发生时间相隔太短，使赈灾的应急物资难以实现其物流过程。

这样的情况使得突发灾害事件具有不确定性和大规模性等特征，往往此类事件的发生都伴随着应急物资（如食品、医疗人员、设备等）的配送。早在1959年丹齐格（Dantzig）就提出车辆调度问题，并提出相应的解决办法。但随着城市结构日益复杂、计算机网络等发展，该类问题已经上升到一定的高度，研究对象和解决办法也相对于以前有了较大的改变。

而应急资源调度是突发事件应急保障体系中的重要环节，针对应急物资运输的车辆进行调度则是应急资源调度中的重要议题之一。在现实生活中，当大规模突发事件暴发以后，往往伴随着突发事件暴发点的应急物资需求突增，而现有应急服务设施的车辆不足以将突发事件所需要的应急物资一次运送到需求点的情况出现，这时应急物资运输的车辆出现紧缺，因此，如何对车辆进行多次、分阶段的调度来提高车辆的使用效率，尽可能准确高效地对突发事件暴发点实施应急救助，是应急救援车辆调度亟待解决的重要问题。

20.2 研 究 综 述

针对应急救援模型的研究，杰菲等（Najafi M et al.，2013）针对地震发生初期，资源短缺这个特点，提出了一种多目标、多模式、多种物资、多周期随机模型来管理地震条件下两种商品的物流，该模型旨在综合考虑应急救助条件所涉及的不确定性因素。尼古拉科普卢等（Nikola-kopoulou et al.，2004）研究了平衡车辆时间使用时间为目标的车辆路径优化问题。沃尔格穆特等（Wohlgemuth S et al.，2012）分析了确定性需求条件下应急救援车辆的动态路径问题。王等（Wang et al.，2014）考虑行程时间、总成本和可靠性的分配问题，构造了一个非线性整数开放位置路径优化模型。孙丽君等（2006）对车辆路径优化问题进行了综述，将原问题分为两种类型：图模型和数学模型，并分析了两类模型的优缺点。谈晓勇等（2014）以可变双向距离、道路风险和成本最小为目标建立应急救援车辆调度的多目标模型，以此来体现应急救援车辆调度问题与普通车辆调度问题的差别。谢秉磊等（2012）为优化传统的车辆路径优化问题，提出需求可分的车辆路径优化模型，并加强模型的约束，将原模型转变为等价的改进 SDVRP。

刘春林等（2001）研究了以"应急开始时间最早"为目标的数学模型及相应解法，其中运用了模糊多目标规划等方法实现了应急组合调度问题的求解。卢安文（2003）研究了应急情况下只考虑公路运输以及同时考虑多种运输方式的 0 - 1 整数规划模型和目标规划模型。张毅等（2006）将多属性决策问题转换成单属性决策问题确立了选择具有最高期望效用方案的方法，并进行了实例分析。缪成等（2006）分析了大规模突发性公共事件或自然灾害情况下救援物资运输与商业运输的不同特点，设计了一种多模式分层网络，利用延期费用和划分时段的方法构建了问题的多目标数学规划模型，提出了一个基于拉格朗日松弛法的解决方法将原问题分解为货物流与车辆流两个子问题，通过多货物流与最小费用循环流算法分别求解，通过实例验证了收敛性与计算效率。杨晓璐等（2008）考虑到城市交通系统的复杂性，采用路段信息表描述道路信息，建立了事故救援路线的模型，用 Floyd 算法构造了时间矩阵，对道路通行时间进行了优化，提高了救援行动的效率。孙敏等（2009）以一次性消耗系统为背景，提出了多应急点多出救点以及多资源的复杂网络应急调度模型，以应急点的损失最小和出救点的个数最少为目标，将损失量大小转换为应急时间长短进行衡量，运用理想点法求解，并验证了可行性和有效性。

针对求解算法的研究，纳比拉等（Nabila Azi et al.，2007）介绍了一种精确算法求解带时间窗和多路径的单车辆路径问题并将该算法分为两个阶段，第一阶段是路径的生成，第二阶段是路径的选取与排序。玛等（Hong Ma et al.，2012）提出了一种带有自适应惩罚机制的禁忌搜索算法，解决带时间窗和车辆吨位容量限制的车辆路径问题，并应用于香港某运输公司的危险材料运输项目，经过大量计算，验证了方法的有效性。王晓博等（2009）采用混合遗传启发式算法求解多车场、多车型的装卸混合车辆调度模型，引入了 2-opt 交换变异策略，并结合爬山算法加强染色体的局部搜索能力，最后对混合遗传算法求得的精英种群进行禁忌搜索，以此提高搜索效率。陈建军等（2011）利用蚁群算法求解物流配送路径优化问题，并利用仿真证明蚁群算法具有搜索速度快的特点。王飞等（2014）提出一种改进的粒子群算法求解带时间窗车辆调度问题，该算法在惯性权重递减的基础上通过群体极值进行 t 分布变异，克服了标准粒子群算法存在早熟收敛和易陷入局部解的问题。

谢红薇等（2005）在应急决策系统最优路径研究中提出了一种将模拟退火算法和遗传算法相结合的进化算法 GASA，增强了算法的全局收敛性，并对遗传算子（如选择、交叉、变异算子）进行重构，引入了新的交叉算子和变异算子，能根据种群的进化情况提高后期搜索的效率。潘郁等（2007）以连续性消耗应急过程为背景，运用了粒子群算法求解多目标的应急资源调度数学模型。赵彤等（2010）针对带时间窗的应急救助物资配送车辆路径优化问题进行研究，建立了以运输距离为目标函数的优化模型并运用了蚁群算法进行求解取得了较好的效果。宋晓宇等（2010）构建了基于广义粗糙集的应急物资多目标调度模型，建立了应急开始时间最短、出救点个数最少以及需求约束偏爱度最大的多目标灰色规划模型并通过算例用遗传算法实现了该问题的求解，通过测试优选了种群数目、交叉率和变异率三种控制参数值以提高算法性能。

刘武阳（2010）构建了突发事件应急处置中的物流优化与调度模型，提出了求解该模型的带有动态参数决策模型的改进蚁群优化算法。李周清等（2011）综合建立了一个区际救援物资中转调度动态决策模型并设计了一种矩阵编码的协进化遗传算法。陈森等（2011）考虑了一类大规模自然灾害应急救援情景，基于实际应用条件和需要建立了最优变路网情况下多库房应急物资调度模型，设计了一种求解问题的动态加速自适应遗传算法。徐志宇等（2012）针对应急物流的特点，建立分批配送车辆路径规划模型，通过改进最大最小蚁群算法，设定信息素增量的上下限，避免了结果陷入局部最优。唐连生等（2008）提出了一种用于求解突发事件下物流配送多目标优化问题的蚁群聚类优化算法。陈明华等（2009）通过分析应急物流车辆调度问题的特点，结合实际情况，确立了一般性非满载应急物流车辆调度优化的数学模型并采用人工免疫算法对该问题进行了求解。

综上所述，在应急救援车辆调度这个问题的研究中，国内外学者做了深入的研究，积累了丰富的理论基础。但是，对应急救援时间的处理，大多数学者都默认为应急救援车辆行驶路径最短即为车辆行驶时间最短，考虑到车辆行驶时间受到多种不确定因素的影响，为此，本章在路径最短的模型基础上，将路网容量限制应用于车辆行驶时间的预测，建立路径最短与时间最短双目标优化模型，并采用新型的群智能优化算法——离散的萤火虫算法对问题进行求解，以期待更加符合应急救援特殊情况下的车辆调度。

20.3　理 论 基 础

607

20.3.1　问题描述与基本假设

应急救援车辆调度优化问题可简要描述在一个存在供求关系的应急网络中，有一个应急救援配送中心、若干车辆、若干待救援点，要求合理安排车辆的行车路线，在应急环境和条件约束下，把应急物资从配送中心送达各救援点，使得目标函数取得整体优化（高伟，2012）。

为突出重点，对应急救援车辆调度问题作以下基本约定：

第一，应急救援中心有足够的运输车辆实施救援，一条线路救援点的投放量不超过单车（或车队）容量，每条线路投放量之和不超过车载限量；

第二，每个救援点有且只有一辆车（或车队）负责配送，每辆车从应急救援配送中心出发，完成配送任务后即刻返回配送中心；

第三，在救援活动中，所有救援点都应被遍历；

第四，需求点的位置和投放量已确定；

第五，只考虑应急物资配送，暂不考虑人员情况。

20.3.2 应急救援多目标的确定与数据评估

(1) 距离最短

应急救援下的车辆调度问题所实施的是应急事件，凸显的是时间紧迫性。在时间的处理上，许多文献用了一般车辆调度建模的做法，即用时间窗来考虑。事实上，对于应急救援来说，这样的设定并不恰当，因为对救援对象服务的时间并不是该问题的关键，不确定环境下的道路实际通行时间才是主要的考虑因素。在应急网络中，行驶距离往往是不确定的，特别是在地震、洪水等自然灾害发生后，道路会中断或被毁坏，使得实际行驶的距离不再是直线距离。因此，在应急救援背景下，需要根据具体情况，选择合适的距离计算方式。

例如，在计算距离时，可以首先应请专家对每个路段的双向距离给出评估值。若应急救援中心用 0 标记，有 n 个救援点，则距离矩阵可记为 D，如式 (20.1) 所示：

$$D = (d_{ij})_{(n+1) \times (n+1)}, \ i, \ j = 0, \ 1, \ \cdots, \ n \qquad (20.1)$$

其中，矩阵元素 d_{ij} 表示从救援点 i 到 j 路段的距离评估值。在评估中，两点间若可以建立多条交通通道（如海、路、空通道等），则可取当前优先考虑的那条通道；道路完全阻塞或者损毁，则可取一个很大的数表示难以通行。

(2) 救援安全性

在重大灾难发生时，以地震为例，灾难发生后，道路会发生不同程度的损坏，如道路开裂、楼房倒塌、山体塌方等原因，均会导致道路无法正常通行，由此导致道路的安全风险极大增加，加之应急救援本身往往也是一项极具危险性的活动，如果应急车辆调度不当，不仅达不到预期的救援效果，还有可能造成新的生命和财产的损失。因此，在应急救援车辆调度问题中应考虑救援的安全性。

例如，对路段安全性可直接要求决策者在 {1, 2, 3, 4, 5} 范围内进行取值判断，取值越大越安全，如 5 级表示最安全，4 级其次，最不安全取 1。安全系数评估矩阵记为 S，如式 (20.2) 所示：

$$S = (s_{ij})_{(n+1) \times (n+1)}, \ i, \ j = 0, \ 1, \ \cdots, \ n \qquad (20.2)$$

（3）成本最低

虽然应急救援具有弱经济性特征，但成本也不可忽视。为此，需要选取风险、可变双向距离和成本为目标建立多目标优化模型。在不确定环境当中，专家评价法是一种比较简捷的数据获取方法。此方法可充分利用专家的知识、经验和判断快速获得决策数据，当有重大变化时，也利于重估。

例如，使用与上面计算距离同样的方法，可给出成本矩阵 C，如式（20.3）所示。这里的成本除了正常的油费支出外，还包括可能的道路通行费用支出，如临时修路、架桥等其他费用。

$$C = (c_{ij})_{(n+1) \times (n+1)}, \quad i, j = 0, 1, \cdots, n \qquad (20.3)$$

（4）救援及时性

灾害发生后，各受灾地点由于受灾严重程度不同、所处自然环境不同、受次生灾害可能性大小不同，从而导致其接收救援的紧急程度不同，在救援力量有限的情况下，第一时间救援更高优先级的灾区是十分重要的，因而，模型中需要考虑重点受灾区域得到救援的及时性。

（5）时间最短

突发灾害发生背景下，救援时间十分珍贵，时间就是生命，多争取一分钟的时间往往就意味着能够抢救更多的生命，因而，必须尽最大可能减少从救援点到达灾区的时间，模型对救援时间的估计也必须尽可能准确。

20.3.3　萤火虫算法介绍

自然界中，萤火虫通过发光吸引同伴求偶或进行觅食行为，萤火虫的发光现象是因为萤火虫自携带一种叫荧光素的物质，并且携带的荧光素越多，发光越亮，萤火虫个体的吸力越强，越容易使周围的萤火虫向其靠拢。基于此，我们可以理解为：萤火虫发光越亮，其所处的位置就越好，在此位置感知周围的能力越强，即感知范围越大，位置差的萤火虫就会向位置好的萤火虫靠拢。但是，在感知范围内，萤火虫个体集合是有一定数量限制的，以保证有适当的邻居数。萤火虫算法就是基于这种思想提出的。

现有文献表明，萤火虫算法在求解问题时算法步骤简单以实现，相较于其他算法鲁棒性较强等优点，在现实问题中，组合优化问题、多模态函数优化、探测信号追踪定位等问题均成功应用，并且表现出良好的优化性能。虽然萤火虫算法的优点明显，但是主要应用的领域目前还局限于连续型问题，然而地震情景下的应急救援车辆调度问题属于离散型问题，其中的算法步骤在求解过程必须经过相应的修改才能实现，求解结果才能准确。另外，标准萤火虫算法的机制是对多个萤火虫个体随机布置在搜索空间里，这样的好处是多个萤火虫同时进行搜索，使得算法的全局搜索能力强。但是在有些问题中，算法搜索过程会出现多个峰值和多个极点的问题，同时，过早收敛和陷入局部最优的缺点明显。

（1）标准萤火虫算法

在利用 GSO 算法求解具体问题时中，每一只萤火虫都随机地布置在搜索空间 V 中，假设在初始时刻每一只萤火虫都携带相同数量的荧光素 l_0，迭代过程中，第 i 只萤火虫在第 t 次迭代时位置用 $x_i(t)$ 表示，萤火虫的荧光素值由适应度函数值求得，用 $f(x_i(t))$ 表示适应度函数，并且在每次迭代时都伴随着萤火虫位置的更新，位置更新取决于个体的荧光素差值。具体萤火虫算法步骤如下：

步骤 1：第 i 只萤火虫在 t 迭代次数时所处位置 $x_i(t)$ 对应的适应度函数值 $f(x_i(t))$ 转化为荧光素浓度值 $l_i(t)$，具体可表示为式（20.4）。

$$l_i(t) = (1 - \rho)l_i(t-1) + \gamma f(x_i(t)) \tag{20.4}$$

其中，ρ 表示荧光素挥发因子，γ 表示荧光素增强因子，ρ，$\gamma \in [0, 1]$。

步骤 2：在 t 迭代次数时第 i 只萤火虫的动态决策半径 $r'_d(t)$ 内，选择荧光素浓度值大于 i 的个体组成其邻域集合 $N_i(t)$，具体可表示为式（20.2）：

$$N_i(t) = \{j : \|x_j(t) - x_i(t)\| < r'_d(t) : l_i(t) < l_j(t)\} \tag{20.5}$$

其中，$\|x_i(t)\|$ 表示 x 的范数，即距离。

步骤 3：计算第 t 次迭代时第 i 只萤火虫向其邻域中个体 j 的移动概率 $p_{ij}(t)$，具体可表示为式（20.6）：

$$p_{ij}(t) = \frac{l_j(t) - l_i(t)}{\sum\limits_{k \in N_i(t)} (l_k(t) - l_i(t))} \tag{20.6}$$

步骤 4：对移动后的第 i 只萤火虫位置进行更新，具体可表示为式（20.7）：

$$x_i(t+1) = x_i(t) + s \times \left[\frac{x_j(t) - x_i(t)}{\|x_j(t) - x_i(t)\|} \right] \qquad (20.7)$$

其中，s 表示移动步长。

步骤 5：对动态决策域半径进行更新，具体可表示为式 (20.8)：

$$r_d'(t+1) = \min\{r_s, \ \max\{0, \ r_d'(t) + \beta(n_t - |N_i(t)|)\}\} \qquad (20.8)$$

其中，r_s 表示萤火虫个体的最大感知半径；n_t 表示个体邻域集合内种群数量的阈值，β 表示动态决策更新率。

（2）多种群萤火虫算法

如前所述，虽然标准的萤火虫算法全局搜索能力相较于一般常用算法强，但是过早收敛和容易陷入局部最优解的缺陷始终无法避免。为了解决这方面的问题，可以结合多种群的思想，将多种群结构与萤火虫算法相结合，利用多个种群同时搜索的方法，同时加入高斯变异的规则，对标准的萤火虫算法进行改进，将这种具有多种群结构的萤火虫优化算法称为具有种群结构的多种群萤火虫优化算法。

①多种群改进原理。种群是多个个体聚集在一起的产物，多个种群形成种群内相互竞争，优胜劣汰，种群间相互学习，形成共同进步，这种自然法则使得生物得以进化。标准萤火虫算法的产生就是模仿生物界萤火虫的觅食求偶现象提出来的。将生物进化的多种群思想与标准萤火虫算法相结合，基于这种机制，将萤火虫算法分为两个阶段：

第一个阶段：将标准萤火虫算法的萤火虫个体分为萤火虫数量相同的多个种群，对每个种群设置参数并形成每个种群的差异化，使得每个种群在优化过程中达到不同的优化效果并形成对比；

第二个阶段：每个种群各自求解最优值与最差值，种群间进行信息共享机制，将上一个种群的最优解代替下一个种群的最差解，再次更新各种群的萤火虫位置，重复迭代选取各种群的最优解进行比较，得到最终的满意解。

算法机理如图 20.1 所示。

②求解步骤。多种群萤火虫优化算法的流程可以描述如下（以 Sphere 函数为例）：

步骤 1：在萤火虫算法运行之前，对萤火虫种群进行初始化，种群的初始化遵循随机布置的原则。设置萤火虫种群个数为 mp，最大迭代的次数为 t，初始荧光素 $l_i(0)$，初始决策半径 $r_d'(0)$，最大感知半径 r_s，

荧光素挥发因子 ρ，荧光素增强因子 γ，动态决策更新率 β，个体邻域集合内种群数量的阈值 n_t，求出初始最优解和初始化萤火虫群。

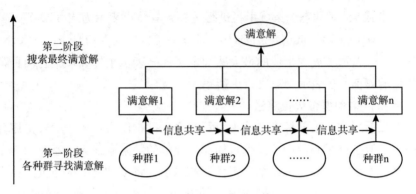

图 20.1　多种群的萤火虫算法

资料来源：笔者绘制。

步骤 2：计算适应度函数值 $f(x_i(t))$，其中适应度函数的值选择函数值的相反数表示，即 $f(x_i(t)) - f(x)$，再根据式（20.4）将适应度函数值转化为荧光素值 $l_i(t)$；

步骤 3：确定移动对象。其中在确定移动对象之前首先利用公式（20.5）求解 t 迭代次数时个体 i 在动态决策半径内的邻域，其次利用式（20.6）计算在邻域集合内个体 i 向个体 j 的移动概率，在通过"轮盘赌"的方法选择下一步移动对象。算法表述如下所示：

for（种群个数）

　　if norm（个体 i，j）< 动态决策半径 && 个体荧光素 i < j

　　　　获取邻域

end

for（种群个数）

　　移动概率计算

　　if 判断邻域集合是不空

　　else "轮盘赌"选择

　　　　个体利用式（20.7）移动，并完成位置更新

　　end

end

步骤 4：利用式（20.8）更新动态决策半径；

步骤 5：判断最优解是否联系三次不变化，是进行第六步，否则进行第七步；

步骤 6：高斯变异，算法表述如下：

if 判断最优值连续三次不变

$$种群个体高斯变异\ f = \exp\left[-5 \times \left(\frac{t}{T_{max}}\right)^2 + 0.03\right]$$

历史最优解个体位置替代当前最差解个体位置

end

步骤 7：种群间相互学习，其学习机制表述如图 20.2 所示。

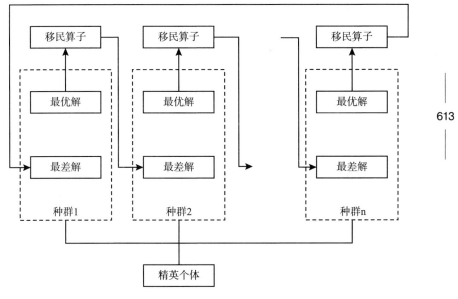

图 20.2　多种群学习机制

资料来源：笔者绘制。

for（种群个数）

　　　　选择第一个种群的最优解和最差解

　　　　将最优解个体定义为移民算子

　　　　用移民算子替代下一个种群最差解

end

步骤8：判断是否达到迭代次数，若是，则输出结果，若不是，则返回第二步继续进行算法。

改进的萤火虫算法如图20.3所示。

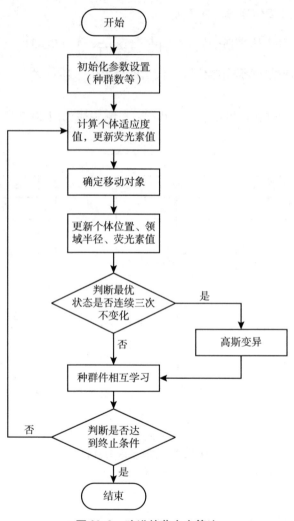

图20.3 改进的萤火虫算法

资料来源：笔者依据改进后算法框架步骤绘制。

（3）萤火虫算法在车辆调度领域的应用

在当前学者研究中，萤火虫算法大多用于多信号源的定位、追踪等问题，另外在多模态函数优化问题和机器学习问题中也有成功应用的案例，但是这些成功案例大都是应用于解决连续型优化问题，对于车辆调度问题这种离散型组合优化问题的应用相对较少；有部分学者将萤火虫算法应用于解决旅行商问题，通过实验证明了该算法在离散型车辆调度问题求解上也具有一定的应用价值，且求解结果和收敛速度相较于其他算法效率更高（刘洪霞，2011；黄凯，2012；周永权，2012）。

　　上一节所介绍改进后多种群萤火虫算法在每个子种群的算法进化和迭代过程中，都是遵循基本萤火虫算法框架进行算法优化的进化过程。对于应急救援车辆调度问题，该问题属于离散型问题，基本萤火虫算法必须经过适当改进才能求解离散型优化问题，而连续型优化转化为离散型优化问题时，其改进过程主要体现在算法的编码和位置的更新等过程中，具体离散化步骤详见本章算法编码与解码过程。

20.4　路径最短优化模型

20.4.1　多目标的确定

　　应急救援具有紧急性、急迫性和不确定性，在最短的时间里以最快的速度将应急救援物资送至待救援点是首要目的，也是减少人员伤亡、财产损失等各种损失的主要途径。对于时间的处理，只考虑车辆行驶路径最短是远远不够的。

　　在正常道路运行过程中，交通路网是有车辆流通容量限制的，在突发灾害事件情景下，路网容量的限制对车辆行驶时间的影响更是凸显无疑。例如，地震发生后，路面遭到破坏，交通路网的实际通行能力将受到限制，如果再以交通路网的设计通行能力对车辆行驶时间进行估计，将增大时间估计量的误差，会对应急救援产生巨大影响。

　　本章为对救援时间进行较为准确的估计，将不再采用通常的时间计算方法，即时间 = 距离/速度，而是引进 BPR 路阻函数，路阻函数用于描述车辆在道路上的行程费用（或时间）与道路交通条件之间的关系，能反映道路网络各组成部分的交通容量限制和拥挤效应，是交通量分配预测中的一项十分关键的技术，也是实施交通量分配的前提条件（王锐，2012；刘宁，2013；周彪，2013；边霞，2010）。将路阻函数引用于车辆行驶时间的预测，提高了模型与突发事件发生时实际情况的切合度，符合本章研究的需求。路阻函数公式如式（20.9）所示：

$$T_{ij} = t_{ij} \left[1 + \beta \left(\frac{y_{ij}}{C_{ij}} \right)^n \right] \tag{20.9}$$

其中，T_{ij} 表示路段（i，j）的运行时间；t_{ij} 表示该路段的自由流程时间；C_{ij} 表示实际通行能力；y_{ij} 表示路段（i，j）的实际交通流量；β、n 为给定参数，虽然 BPR 函数在国内研究起步较晚，但其具有一定的代表性，为不失一般性，本章中给定参数选择 $\beta = 0.15$，$n = 4$，不作调整（周彪，2013）。距离最短作为应急救援的代表性目标，将其作为第二个目标函数与时间预测函数一起建立应急救援车辆调度模型，通常距离的求解为待救援点与待救援点的直线距离，即欧氏距离，而本章考虑到道路与道路通常以"井"字形交叉，所以采用绝对值距离，即（x_1，y_1）、（x_2，y_2）表示两个待救援点，两待救援点之间的距离为：$d_{12} = |x_1 - x_2| + |y_1 - y_2|$。

616

20.4.2　应急救援车辆调度模型

定义变量如式（20.10）~式（20.12）所示：

$$\text{sign}(n_k) = \begin{cases} 1, & n_k \geq 1 \\ 0, & \text{其他} \end{cases} \tag{20.10}$$

$$x_{ij}^k = \begin{cases} 1, & \text{车辆 k 从 i 到 j} \\ 0, & \text{其他} \end{cases} \tag{20.11}$$

$$y_i^k = \begin{cases} 1, & \text{待救援点 i 的需求由车辆 k 满足} \\ 0, & \text{其他} \end{cases} \tag{20.12}$$

构建应急救援车辆调度模型，如式（20.13）~式（20.19）所示：

目标函数：

$$f_1 = \min \sum_i^n \sum_j^n \sum_k^K d_{ij} x_{ij}^k \tag{20.13}$$

$$f_2 = \min \sum_i^n \sum_j^n \sum_k^K T_{ij} x_{ij}^k \tag{20.14}$$

约束条件：

$$\sum_{i=1}^{n_k} q_i \times y_i^k \geqslant Q_k, \ k \in \{1, 2, \cdots, K\} \tag{20.15}$$

$$\sum_{k=1}^{K} y_i^k \geqslant 1, \ i \in \{1, 2, \cdots, n\} \tag{20.16}$$

$$\sum_{i=1}^{n} x_{ij}^k = y_j^k, \ j \in \{1, 2, \cdots, n\}; \ k \in \{1, 2, \cdots, K\} \tag{20.17}$$

$$\sum_{j=1}^{n} x_{ij}^k = y_i^k, \ i \in \{1, 2, \cdots, n\}; \ k \in \{1, 2, \cdots, K\} \tag{20.18}$$

$$\sum_{j=1}^{n_k} D_{k_j k_{j+1}} + D_{k_0 k_n} \text{sign}(n_k) \leqslant D \tag{20.19}$$

其中，K 表示配送车辆数；Q_k 表示第 k 辆车的载重量（k = 1, 2, …, K）；n 表示待救点总数；q_i 表示第 i 个待救点需求量；d_{ij} 表示第 i 个待救点与第 j 个待救点之间的距离；D 表示车辆行驶上限；（x_1，y_1）表示救援中心位置；（x_i，y_i）表示待救点位置；n_k 表示第 k 辆车服务的待救点数；k_j 表示第 k 辆车历经的第 j 个待救点所对应路线中待救点集合中的顺序。

式（20.13）、式（20.14）表示目标函数为总路程最短和总行驶时间最短；式（20.15）表示每辆车在救援过程中都不超出其最大容载量限制；式（20.16）表示每个待救援点都有一辆车进行配送；式（20.17）、式（20.18）表示每个待救援点有且只有一辆车进行配送；式（20.19）表示每辆车都不能超过其最大运输距离限制。

20.5　算　法　描　述

20.5.1　编码与解码

（1）编码

萤火虫算法在求解连续型问题中已得到应用，由于路径优化问题是组合优化问题，在编码的过程中必须满足对应路径编码的唯一性和必须满足不同的路径组合。所以，本章利用文献（周永权，2012）提出的编码规则进行编码，其优势在于将萤火虫算法应用于离散的问题求解中，利用待救点直接排列的方法，将所有待救点用整数 1～n 编号构成全排列形成一个序列 $(0, x_1, x_2, \cdots, x_n)$，其中 0 表示救援中心，$x_i$ 表示第 i 个待救点被访问的序号。例如编码，024135，2 表示编号为 1 的待救点在第二个被救援，所以救援顺序为 031425。

（2）解码与二次解码

若按照原始编码顺序逆向执行解码操作，解码得到的路径只能显示待救援点被访问的顺序，无法看出有几辆车进行救援行动和每辆救援车辆访问待救援点的数量和承担的救援任务（周永权，2012）。这里，本章利用救援车辆最远运输距离限制和最大载重量限制对每一可行编码进行配送中心插入操作，此为编码的二次解码过程，具体操作如下：

假设救援过程中所使用的车辆是统一的，每台车的最远运输距离 (D_k) 和最大载重量 (Q_k)，即 $D_k = D$，$Q_k = Q$。将一次解码得到的可行编码记为 road，可行编码代表的可行路径中待救援点间的距离用 D_road 表示，每个待救援点的救援物资需求量用 Q_road 表示，按照可行路径中待救援点的顺序将每个待救援点间的距离和救援物资需求量累计向下求和，得到 D_road_l 和 Q_road_l，其中 D_road_l（i）和 Q_road_l(j) 表示第 i，j 个点的相关指标。执行以下操作：

步骤 1：计算 D_road_l 和 Q_road_l，将 D 与 D_road_l 逐个比较，Q 与 Q_road_l 逐个比较，若比较过程中发现 D_road_l（i－1）< D 且 D_road_l(i) > D，记 $i_1 = i$，同时找到 Q_road_l（j－1）< Q，且 Q_road_l（j）> Q，$j_1 = j$，比较 i_1 与 j_1，取 $z = \min\{i_1, j_1\}$，在 z 位置插入 0 作为救援中心，更新 road，D_road，Q_road_l；

步骤 2：对 D_road_l 和 Q_road_l 归零操作，并进行累计向下求和计算，每遇到编码中的 0，就将 D_road_l 和 Q_road_l 归零并在此处再次重新进行累计向下求和计算；

步骤 3：重复以上两步操作直至遍及所有待救点，最终得到的编码中，0 的个数即为救援车辆的台数。

20.5.2 初始最优解

采用邻域搜索算法产生初始解。即第一步搜索距离救援中心最近的待救援点作为第一个被访问的点；第二步以第一个被访问的点作为搜索起始点，搜索其邻域空间内距离最近的点作为第二个被访问的点，以救援车辆的最大载重量作为约束条件，满足车辆载重限制时返回救援中心，进行第二辆车的搜索，最终得到的即为初始最优解。

20.5.3　种群初始化

算法进行开始后，需要对搜索空间内的萤火虫进行初始化，本章采用的方法是对待救援点进行随机排列的方法。

20.5.4　萤火虫个体间距

根据萤火虫算法的基本原理，在算法运行过程中，位置差的萤火虫需要向位置好的萤火虫移动，此时，需要确定两萤火虫间的间距。由于本章所求的问题不是连续型函数问题，萤火虫个体的位置以编码形式确定的，无法直接计算出两萤火虫间的间距。本章利用编码差异度来代替距离。

设个体 i，j 在 t 迭代过程中的编码为 $x_i(t) = [x_{i1}, x_{i2}, \cdots, x_{in}]$，用表示编码差异度，具体如式（20.20）、式（20.21）所示：

$$\sigma_{ij}(t) = \frac{\sum\limits_{i=1}^{n} |d_{ij}(t, m)|}{M} \tag{20.20}$$

$$D_{ij}(t) = c\sigma_{ij}(t) \tag{20.21}$$

其中，$|d_{ij}(t, m)|$ 表示编码对应位置的绝对值差值。c 为调整萤火虫个体维度的常系数，本章取 c 的值为 20。

M 表示 $|d_{ij}(t, m)|$ 可能取得的最大值，可表示为式（20.22）：

$$M = \begin{cases} \dfrac{(n-1)(n+1)}{2}, & n \text{ 为奇数} \\ \dfrac{(n-1)n}{2}, & n \text{ 为偶数} \end{cases} \tag{20.22}$$

20.5.5　萤火虫位置更新

一般的萤火虫算法（GSO）利用固定步长 s 进行位置更新只适用于

619

求解连续函数问题，所以本章利用轮盘赌法的思想对位置更新公式作如下改变：萤火虫个体 i 向萤火虫 j 移动，具体如式（20.23）所示：

$$x_i(t+1, m) = \begin{cases} x_i(t, m), & r_m < p_1 \\ x_j(t, m), & p_1 < r_m < p_2 \\ randscr(1, 1[1, n]), & r_m \geqslant p_2 \end{cases} \quad (20.23)$$

其中，$m \in \{1, 2, \cdots, n\}$，$r$ 表示 $\{0, 1\}$ 之间的随机数 $r_0 = 0$，$r_s = \{r_0, r_1, \cdots, r_n\}$，$p_1$，$p_2$ 为更新参数，p_1，$p_2 \in [0, 1]$。

此时，萤火虫个体 i 在 t 迭代次数更新编码时，以概率 p_1 保留第 m 维上的数字，以概率 $p_1 - p_2$ 将个体 j 上第 m 维数字转移到个体 i 上，以概率 $1 - p_2$ 将第 m 维编码转变为 $[1, n]$ 之间的随机数。

20.5.6　不可行编码处理

若个体 i 在 t 迭代过程中的编码 $x_i(t) = [0, x_{i1}, x_{i2}, \cdots, x_{in}]$ 为不可行编码，则保留前两维编码 0，x_{i1}，以 x_{i1} 为第一个被访问的点并进行最近邻域搜索，以此方法将不可行编码改成可行编码。

20.6　算 例 求 解

20.6.1　算例背景描述

现假设某地区发生地震，政府组织了一个应急救援中心囤放应急救援物资，有 20 个应急救援待救点需要救援物资（救援中心和待救援点依据某地区交通道路网络图随机选取），配送中心和待救点分布在边长为 20 千米的正方形区域内，救援中心有 5 辆配送车辆可以利用。现截取待救援点与救援中心所在范围内的交通道路网络图，建立合适坐标系，随机产生待救点坐标和需求量如表 20.1 所示，现利用新建立的模型合理安排救援物资车辆运输路径，使救援车辆最快到达应急待救点。在该问题中设定每辆救援车辆的最大载量是 8 吨，车辆一次配送最大行程是 60 千米。随机产生救援中心坐标（10.0 千米，10.0 千米）。

表 20.1 待救援点坐标及需求量

需求点编号	横坐标 x（千米）	纵坐标 y（千米）	需求量（吨）
1	8.8	15.0	1.6
2	7.6	5.1	1.8
3	15.3	10.1	0.7
4	15.9	14.0	1.6
5	3.7	19.8	1.3
6	9.8	19.2	0.2
7	8.9	10.9	0.6
8	12.9	2.8	1.1
9	14.2	3.0	1.9
10	15.1	5.2	0.7
11	5.5	16.8	0.3
12	13.6	5.1	1.9
13	13.1	16.3	1.2
14	3.3	4.9	1.0
15	2.4	18.6	1.6
16	10.0	7.0	0.5
17	19.2	3.9	0.8
18	6.8	5.0	1.8
19	11.7	12.3	1.6
20	4.5	9.5	1.7

资料来源：模拟仿真案例资料。

20.6.2 路段间车辆行驶时间

在案例的特殊背景下，随机产生交通路网实际容量如表 20.2 所示，假设交通路段设计流量和实际通行能力均为 1000 辆/小时，路段（i，j）的自由流程时间 t_{ij} 由路段（i，j）的距离与车辆在该路段上的速度之商得到，即 $t_{ij} = d_{ij}/v$，车辆的自由流行驶速度在这里统一用 v = 40 千米/小时表示。

621

表 20.2　交通路网实际交通流量

単位：辆/小时

序号	1	2	3	4	5	6	7	8	9	10	11	12	13	14	15	16	17	18	19	20
1	0	36	77	699	92	602	8	123	58	81	21	262	52	779	49	454	37	128	38	179	0
2	91	0	80	891	29	263	40	184	6	929	30	603	23	715	17	432	20	999	58	423	78
3	13	934	0	959	76	654	26	240	23	776	47	711	49	904	98	825	49	171	25	94	42
4	91	679	49	0	75	689	80	417	35	487	23	222	62	891	71	84	34	33	29	599	9
5	63	758	45	139	0	748	43	50	82	436	84	117	68	334	50	133	95	561	62	471	27
6	10	743	65	149	57	0	91	903	2	447	19	297	40	699	47	173	92	882	27	696	15
7	28	392	71	258	8	84	0	945	4	306	23	319	37	198	6	391	5	669	82	700	28
8	55	656	75	841	5	229	26	0	17	509	17	424	99	31	68	831	74	190	98	639	44
9	96	171	28	254	53	913	15	489	0	511	23	508	4	744	4	803	27	369	73	34	53
10	96	706	68	814	78	152	14	338	73	0	44	86	89	500	7	61	42	461	34	69	46
11	16	32	66	244	93	826	87	900	65	795	0	263	91	480	52	399	55	982	58	320	88
12	97	277	16	929	13	538	58	369	45	644	92	0	80	905	10	527	94	156	11	531	52
13	96	46	12	350	57	996	55	111	55	379	43	29	0	610	82	417	42	856	91	654	94
14	49	97	50	197	47	78	15	780	30	812	18	929	26	0	82	657	98	645	88	408	64
15	80	824	96	251	1	443	85	390	74	533	90	730	34	859	0	628	30	376	82	820	96
16	14	695	34	616	34	107	62	242	19	351	98	489	68	806	15	0	70	191	26	718	68

续表

序号	1	2	3	4	5	6	7	8	9	10	11	12	13	14	15	16	17	18	19	20	0
17	42	317	59	473	16	962	35	404	69	939	44	579	14	577	66	432	0	428	59	969	0
18	92	950	22	352	79	5	51	97	18	876	11	237	72	183	52	16	54	0	2	531	29
19	79	34	75	831	31	775	40	132	37	550	26	459	11	240	97	984	70	121	0	325	67
20	96	439	26	585	53	817	8	942	63	623	41	963	65	887	65	167	67	590	31	0	70
0	66	382	51	550	17	869	24	956	78	587	59	547	49	29	80	106	18	226	16	611	0

20.6.3 算法求解步骤

步骤 1：在萤火虫算法运行之前，对萤火虫的参数进行初始化，设置萤火虫种群个数 a，最大迭代次数 b，初始荧光素 $l_i(0)$，初始决策半径 $r_d'(0)$，最大感知半径 r_s，荧光素挥发因子 ρ，荧光素增强因子 γ，动态决策更新率 β，个体邻域集合内种群数量的阈值 n_t，求出初始最优解和初始化萤火虫群，设置更新参数 p_1，p_2；

步骤 2：解码和二次解码，以路径的距离的倒数为适应度函数，计算适应度函数值 $f(x_i(t))$，根据式（20.4）将适应度函数值转化为荧光素值 $l_i(t)$；

步骤 3：根据式（20.20）、式（20.21）计算个体间距离，求出邻域集合 $N_i(t)$；

步骤 4：利用式（20.6）计算移动概率，根据轮盘赌法选择决定移动的个体；

步骤 5：利用式（20.17）更新编码；

步骤 6：对不可行编码进行处理；

步骤 7：利用式（20.8）更新萤火虫个体的动态决策半径；

步骤 8：判断是否达到迭代次数，若是，则输出结果；若不是，则返回第二步继续进行算法。

20.6.4 算例求解结果

在 Matlab 运行环境下，输入初始参数：萤火虫种群个数 a = 60，最大迭代次数 b = 200，初始荧光素 $l_i(t)$ = 5，初始决策半径 $r_d'(0)$ = 4，最大感知半径 r_s = 20，荧光素挥发因子 ρ = 0.4，荧光素增强因子 γ = 0.6，动态决策更新率 β = 0.08，个体邻域集合内种群数量的阈值 n_t = 5，更新参数 p_1 = 0.7，p_2 = 0.9。对算例求解 10 次，对路径最短的三组方案进行时间比较，求解结果如表 20.3 所示。

表 20.3　　　　　　　　　　算例求解结果

序号	路径方案	距离（千米）	时间（分钟）
1	a：0 - 3 - 10 - 12 - 14 - 18 - 2 - 0； b：0 - 1 - 6 - 15 - 5 - 11 - 20 - 0； c：0 - 9 - 17 - 4 - 13 - 19 - 7 - 0； d：0 - 16 - 8 - 0	140.4	1609.6
2	a：0 - 2 - 12 - 3 - 4 - 7 - 0； b：0 - 1 - 11 - 5 - 15 - 6 - 13 - 19 - 0； c：0 - 8 - 9 - 17 - 10 - 18 - 14 - 16 - 0； d：0 - 20 - 0	135.2	1345.7
3	a：0 - 1 - 11 - 15 - 5 - 13 - 19 - 0； b：0 - 20 - 14 - 10 - 17 - 9 - 8 - 16 - 0； c：0 - 3 - 4 - 12 - 18 - 2 - 0； d：0 - 7 - 6 - 0	142.2	1667.7

　　通过表 20.3，首先取时间最短，我们得到方案 2，方案 2 中 a：0 - 3 - 10 - 12 - 14 - 18 - 2 - 0；b：0 - 1 - 6 - 15 - 5 - 11 - 20 - 0；c：0 - 9 - 17 - 4 - 13 - 19 - 7 - 0；d：0 - 16 - 8 - 0。最短时间接受范围是 ［1108.3，1413.0］（由 ［T，T（1 + 5%）］ 计算得出），在时间接受方案内没有满意解，所以这里选择方案 2，即：a：0 - 3 - 10 - 12 - 14 - 18 - 2 - 0；b：0 - 1 - 6 - 15 - 5 - 11 - 20 - 0；c：0 - 9 - 17 - 4 - 13 - 19 - 7 - 0；d：0 - 16 - 8 - 0 作为应急救援车辆的行驶路径。其优化过程和救援路径如图 20.4、图 20.5 所示。

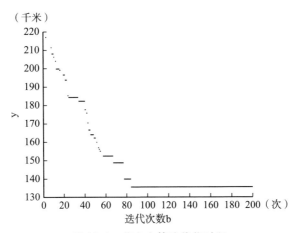

图 20.4　萤火虫算法优化过程

资料来源：由 MATLAB 绘图程序导出。

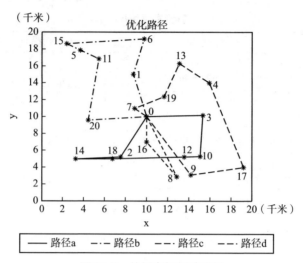

图 20.5　救援车辆行驶路径

资料来源：由 MATLAB 绘图程序导出。

20.6.5　求解结果对比

利用遗传算法对本章的算例进行求解，设置遗传算法的交叉概率为 0.9，变异概率为 0.1，求解问题 10 次选择最优值，结果与本章算法求解的结果进行对比，得到表 20.4 和遗传算法寻优过程如图 20.6 所示。由表 20.4 的结果对比可以看到，萤火虫算法在求解应急救援车辆路径优化问题的过程中，改变算法的编码和解码规则，使之适用于求解离散问题，利用本章改进的萤火虫算法，对本章模型进行求解，得到的最终结果要优于基本遗传算法求解的结果并且在求解过程中算法更加稳定。

表 20.4　　　　　　　　　　　算法对比

	方案	距离（千米）	时间（分钟）
遗传算法	a：0 - 1 - 11 - 6 - 16 - 8 - 14 - 15 - 5 - 0； b：0 - 20 - 18 - 2 - 12 - 10 - 0； c：0 - 13 - 4 - 3 - 17 - 9 - 19 - 0； d：0 - 7 - 0	142.4	1363.8

续表

方案	距离（千米）	时间（分钟）
萤火虫算法 a：0 – 3 – 10 – 12 – 14 – 18 – 2 – 0； b：0 – 1 – 6 – 15 – 5 – 11 – 20 – 0； c：0 – 9 – 17 – 4 – 13 – 19 – 7 – 0； d：0 – 16 – 8 – 0	140.4	1609.6

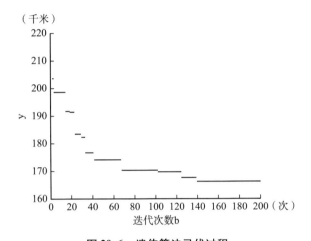

图 20.6　遗传算法寻优过程

资料来源：由 MATLAB 绘图程序导出。

627

20.7　总结与展望

本章研究了路网容量对应急救援时间的影响，提出救援车辆行驶时间最短和行驶路径最短双目标应急救援车辆调度优化模型，并设计离散的萤火虫算法。最后通过设计具体的算例对模型求解，在求解过程中对比验证了本章算法要优于一般的遗传算法，并得到应急救援车辆行驶路径的满意解。

然而本章在验证改进萤火虫算法求解效果时，仅用了遗传算法与之对比，从而无法得知其与其他主流算法之间的优劣。此外，本章的多目标模型仅考虑了时间最短和距离最短两个目标，而没有考虑救援成本以及救援的安全性等目标，并且仅考虑了一个救援中心，而实际生活中还会出现有多个救援中心的情况。未来多组救援人员、多出救点、多补给点的应急救援车辆调度问题是一个有待进一步研究的问题。此外，由于次生灾害的存在，自然灾害发生后道路网的安全风险和时间花费可能是不确定的和动态的，如何解决应急救援路线规划中的随机和动态优化问题是非常有实际意义的研究课题。

本章参考文献

[1] 艾兴政，唐小我，倪得兵. 价格上涨环境下供应链的渠道协调机制研究 [J]. 管理科学学报，2004，7 (5)：24 - 30.

[2] 边霞，米良. 遗传算法理论及其应用研究进展 [J]. 计算机应用研究，2010，27 (7)：2425 - 2429，2434.

[3] 陈建军. 蚁群算法在物流配送路径优化中的研究 [J]. 计算机仿真，2011，28 (2)：268 - 271.

[4] 陈明华，李迎秋，罗耀琪. 应急物流车辆调配问题的研究 [J]. 计算机工程与应用，2009，45 (24)：194 - 197，245.

[5] 陈森，杨婧，陈英武，等. 变路网情况下多库房应急物资调度模型及算法 [J]. 计算机应用研究，2011，28 (6)：2016 - 2019.

[6] 丁利军，夏国平，葛健. 两次生产和订货模式下的供应链契约协调 [J]. 管理科学学报，2004，7 (4)：24 - 32.

[7] 符强，童楠，赵一鸣. 一种基于多种群学习机制的萤火虫优化算法 [J]. 计算机应用研究，2013，30 (12)：3600 - 3602.

[8] 高伟，张国印，宋康超，等. 一种基于 D - S 证据理论的 P2P 信任模型 [J]. 计算机工程，2012，88 (1)：114 - 117.

[9] 郭敏，王红卫. 合作型供应链的协调和激励机制研究 [J]. 系统工程，2002，20 (4)：49 - 53.

[10] 何建敏，刘春林. 限制期条件下应急车辆调度问题的模糊优化方法 [J]. 控制与决策，2001，5 (3)：318 - 320.

[11] 李长宽. 我国突发公共事件损失情况 [J]. 中学政史地：高中历史版，2006 (1)：1.

[12] 李雪竹. 基于免疫萤火虫算法的 RFID 仓储车辆动态调度 [J]. 计算机工程与应用，2014，50 (6)：235 - 239.

［13］李周清，马祖军．区际救援物资中转调度的动态决策模型与算法［J］．运筹与管理，2011，20（3）：46－52．

［14］刘春林，何建敏，施建军．一类应急物资调度的优化模型研究［J］．中国管理科学，2001，9（3）：26－29．

［15］刘宁，赵胜川，何南．基于 BPR 函数的路阻函数研究［J］．武汉理工大学学报（交通科学与工程版），2013，37（3）：545－548．

［16］刘武阳．突发事件应急处置中的物流优化与调度研究［J］．湘潭大学自然科学学报，2010，32（3）：122－126．

［17］柳键，马士华．供应链合作及其契约研究［J］．管理工程学报，2004，18（1）：85－87．

［18］卢安文．紧急情况下的物流配送模型［J］．西南石油学院学报，2003，25（1）：80－83．

［19］卢震，黄小原，管曙荣．不确定 JIT 交货条件下供应链协调及主从对策问题研究［J］．中国管理科学，2003，11（4）：15－19．

［20］缪成，许维胜，吴启迪．大规模应急救援物资运输模型的构建与求解［J］．系统工程，2006，24（11）：6－12．

［21］潘郁，余佳，达庆利，等．基于粒子群算法的连续性消耗应急资源调度［J］．系统工程学报，2007，22（5）：556－560．

［22］宋晓宇，刘锋，常春光．基于广义粗糙集的应急物资调度模型［J］．控制工程，2010，17（1）：119－122．

［23］宋晓宇，刘锋，常春光．面向应急物资调度的一种灰色规划模型［J］．计算机应用研究，2010，27（4）：1259－1262．

［24］孙丽君，胡祥培，王征．车辆路径规划问题及其求解方法研究进展［J］．系统工程，2006，24（11）：31－37．

［25］孙敏，潘郁．多资源复杂网络的应急调度研究［J］．运筹与管理，2009，18（6）：165－169．

［26］谈晓勇，林鹰．基于混沌蚁群算法的应急救援车辆调度优化［J］．计算机应用研究，2014，31（9）：2640－2643．

［27］谈晓勇，刘秋菊．应急配送车辆调度优化研究综述与展望［J］．计算机应用研究，2012，29（9）：3212－3215，3220．

［28］唐连生，程文明，梁剑，等．应急物流配送问题的蚁群聚类算法研究［J］．铁道运输与经济，2008，30（9）：66－69，73．

[29] 王飞. 带时间窗车辆调度问题的改进粒子群算法 [J]. 计算机工程与应用, 2014, 50 (6): 226 – 229.

[30] 王锐. 基于智能交通的路阻函数的改进研究 [J]. 计算机光盘软件与应用, 2012 (21): 75 – 76.

[31] 王晓博, 李一军. 多车场多车型装卸混合车辆路径问题研究 [J]. 控制与决策, 2009, 24 (12): 1769 – 1774.

[32] 王勇, 裴勇. 需求具有价格敏感性的供应链的利益共享合约 [J]. 中国管理科学, 2005, 13 (6): 29 – 33.

[33] 谢秉磊, 胡小明, 张一喆. 需求可分的车辆路径问题模型与算法 [J]. 运筹与管理, 2012, 21 (3): 72 – 76.

[34] 谢红薇, 张晓波, 袁占花, 等. 基于遗传算法求解应急决策系统中的最优路径 [J]. 计算机应用, 2005, 25 (4): 737 – 789.

[35] 徐志宇, 张杰, 彭嘉臻, 等. 应急物流的分批配送模型及亚启发式算法求解 [J]. 系统仿真学报, 2012, 24 (12): 2500 – 2505.

[36] 杨晓璐, 赵江平, 王珂, 等. 城市救援最佳路线的确定 [J]. 中国安全科学学报, 2008, 18 (10): 51 – 56.

[37] 张菊亮, 陈剑. 销售商的努力影响需求变化的供应链的合约 [J]. 中国管理科学, 2004, 12 (4): 50 – 56.

[38] 张毅, 郭晓汾. 应急救援物资车辆运输线路的选择 [J]. 安全与环境学报, 2006, 6 (3): 51 – 53.

[39] 赵彤, 范厚明, 王桂琳, 等. 带时间窗的应急救助物资配送车辆路径优化路径模型 [J]. 物流技术, 2010, 29 (10): 63 – 68.

[40] 周彪, 智路平, 李彬. 改进 BPR 路阻函数及其在 EMME 中的应用 [J]. 上海海事大学学报, 2013, 34 (4): 67 – 70, 90.

[41] 周永权, 黄正新, 刘洪霞. 求解 TSP 问题的离散型萤火虫群优化算法 [J]. 电子学报, 2012, 40 (6): 1164 – 1170.

[42] 周永权, 黄正新. 求解 TSP 的人工萤火虫群优化算法 [J]. 控制与决策, 2012, 27 (12): 1816 – 1821.

[43] Azi N, Gendreau M, Potvin J Y. An exact algorithm for a single-vehicle routing problem with time windows and multiple routes [J]. European Journal of Operational Research, 2007, 178 (3): 755 – 766.

[44] Doerner K, Hartl R F, Reimann M. Competants for problem sol-

ving: The case of full truckload transportation [J]. Central European Journal for Operation Research and Economics, 2003, 11 (2): 115 –141.

[45] Ha A Y. Supplier-buyer contracting: asymmetric cost information and cutoff level policy for buyer participation [J]. Naval research logis-tics, 2001, 48 (1): 41 –64.

[46] Ma H, Cheang B, Lim A, et al. An investigation into the vehicle routing problem with time windows and link capacity constraints [J]. Omega, 2012, 40 (3): 336 –347.

[47] Najafi M, Eshghi K, Dullaert W. A multi-objective robust optimization model for logistics planning in the earthquake response phase [J]. Transportation Research Part E: Logistics and Transportation Review, 2013, 49 (1): 217 –249.

[48] Nikolakopoulou G, Kortesis S, Synefaki A, et al. Solving a vehicle routing problem by balancing the vehicles time utilization [J]. European Journal of Operational Research, 2004, 152 (2): 520 –527.

[49] Wang H J, Du LJ, Ma SH. Multi-objective open location-routing model with split delivery for optimized relief distribution in post-earthquake [J]. Transportation Research Part E: Logistics and Transportation Review, 2014 (69): 160 –179.

[50] Wohlgemuth S, Oloruntoba R, Clausen U. Dynamic vehicle routing with anticipation in disaster relief [J]. Socio-Economic Planning Sciences, 2012, 46 (4): 261 –271.